徂徠学の教育思想史的研究

―― 日本近世教育思想史における「ヴェーバー的問題」――

河原 国男

溪水社

目　次

凡　例　v

本研究の課題と方法
　——　丸山眞男徂徠学研究の教育史における有効性の問題　——　………… 3

第 1 章　問題の設定
　——　日本近世教育思想史における「ヴェーバー的問題」——

　第 1 節　M. ヴェーバー「考量」»Erwägung« 概念の
　　　　　教育思想史的考察
　　　　　　——「問題」の予備的考察　——　………………………………… 29
　第 2 節　日本近世教育思想史における「ヴェーバー的問題」
　　　　　　——　M. ヴェーバー儒教論における「合理主義」»Rationalismus«
　　　　　の 2 類型と教育史的問題の構成　——　…………………………… 153

第 2 章　人間形成における理念的超越性と現実的
　　　　　所与性の志向
　——　仁斎学における陶冶論的教授の思想　——

　第 1 節　課題と方法
　　　　　　——「師道」への問い　——　…………………………………… 177
　第 2 節　人間形成思想における両極志向性 ………………………………… 185
　第 3 節　「活物」としての生に対する「学」の方向づけ
　　　　　　——「公」の理念　——　………………………………………… 187
　第 4 節　陶冶論的教授の思想
　　　　　　——　教授の構想・問答の実践・師説の展開　——　………… 189
　第 5 節　歴史的意義
　　　　　　——　両極志向性の分離へ　——　……………………………… 202

i

第3章　理念的超越性の立場からの徂徠学の構想
　　　　── 秩序構成主体に関する種々の人間形成思想の展開 ──

第1節　本章の課題
　　　── ヴェーバー「考量」概念と測定術的思考様式への問い ── ……… 211
第2節　主体形成の方法
　　　──「気質」「長養」「自得」の思惟とその展開を中心に ── ………… 219
第3節　「学」の基本的様式
　　　──「道」を志向する媒介的師弟関係の思想 ── ……………………… 241
第4節　公共善にむけての「人材」の育成
　　　──「気質」と「職分」の関係の問題をめぐる発達の観念 ── ……… 301
第5節　「礼・楽」制度をつうじての人間形成諸機能
　　　── 両極的な人間形成課題と Sachlichkeit 原理の展開 ── ………… 326

第4章　公的領域における現実的所与の立場
　　　　──「正学」派朱子学者頼春水の「学政」論の一特質 ──

第1節　課題と方法 ………………………………………………………… 355
第2節　徂徠学の公概念
　　　── 教育思想としての「職分」の論理 ── …………………………… 361
第3節　頼春水「学政」論における「師弟分け」観念
　　　── 教育機構の家産官僚制的組織化の主張と
　　　　「人間関係優先主義」（Personalismus）── ……………………… 365
第4節　春水「師弟分け」思想の史的意義 ……………………………… 373

第5章　私的領域における現実的所与の立場
　　　　── 宣長学における一元論的思惟傾向と教育認識の問題性 ──

第1節　課題と方法 ………………………………………………………… 385
第2節　徂徠学の二元論的立場
　　　── "生と形式" の関係にかかわる人間形成的意義の認識 ── ……… 394
第3節「作り事」の主張 …………………………………………………… 398

第4節　直接的所与としての＜生＞の立場 ……………………… 402
第5節　「自然」の教育認識
　　　── 人格主体の意図的形成についての否定 ── ……………… 414
第6節　むすび ………………………………………………………… 428

第6章　日本近世教育思想史における
　　　　「ヴェーバー的問題」の思想構造
　　　── 人間形成思想における理念的超越性の契機の後退 ──
　　　……………………………………………………………………… 467

引用書目　489
初出一覧　505

あとがき　507

Zusammenfassung　519
基本概念解説　535
事項索引　543
人名索引　559

凡　例

1．括弧について
- ＜　＞は本研究にかぎって主要な理念型的概念として筆者が規定し、この概念と同一、近似、相違等の関連性をもって対応する研究対象の個々の事例から区別して使用した。後者については「　」を用いて表記し、対象固有のものであることを示した。例：＜思慮＞とヴェーバーの「考量」概念、＜生＞と本居宣長の「真情」概念など。
- »　«は引用したドイツ語原文で表記されているもの。例：»Erwägung«
- 本研究全体の主題もしくは、研究対象にかかわって重要な特定の語句や文については" "で括った。例："確実性"、"制作"、"形づける"

2．引用文について
- 原漢文は、使用したテキストにしたがって適宜、読み下し文を用いた。
- 原文に読み仮名がほどこされていない場合、適宜、通例の読みにしたがってほどこした。例：伊藤仁斎『童子問』の諸章。
- 原文にほどこされている読み仮名が、片仮名の場合には原則としてすべて平仮名に直し、他の例に合わせて統一した。例：『徂徠先生詩文國字牘』『古事記伝』など。
- 底本の漢字は、できるだけ新字体、通行の字体に改めた。
- 引用文中の省略箇所は、…で表記した。
- テキストが欧文で邦訳がすでにある場合には、注記し参照させていただいた。

3．傍点について
- 引用文の傍点は、とくに断らぬかぎり邦文の場合は原文のままで、欧文（独文）の場合はゲシュペルトで強調されている部分である。ただし、欧文の場合、欧文原語を括弧内で表記したケースが多々あるが、ゲシュペルトをそのまま使用テキストどおりに表記してはいない。

4．注記について
- その記載箇所は、もっぱら便宜的な判断から、第2、4、5、6の各章については、章末に一括した。第1、3の各章については、節ごとに記載した。
- 典拠の表記は適宜、簡略化した。例：「荻生徂徠全集」第1巻→「全集・1」

徂徠学の教育思想史的研究

―― 日本近世教育思想史における「ヴェーバー的問題」――

本研究の課題と方法
―― 丸山眞男徂徠学研究の教育史における有効性の問題 ――

1.

はじめに本研究の第1章から第6章までの論述が全体としてどのような基本的意図に基づいているか、明らかにしておきたい。

本研究の主題を一言にしていえば、徂徠学の特質を日本近世教育思想史の展開をつうじて、しかも近代的な教育思想の形成という観点に基づく「ヴェーバー的問題」という視角から究明するものである。

日本近世といっても、この時代に属する個々の思想を網羅的に究明することは企図しない。限定して、とくに18世紀に属する思想史上の系列をとりあげる。すなわち、伊藤仁斎（1627－1705、寛永4－宝永2）、荻生徂徠（1666－1728、寛文6－享保13）、頼春水（1746－1816、延享3－文化13）、本居宣長（1730－1801、享保15－享和元）といった、専門（日本思想史）の研究者には馴染み深い系列である。

かれらのあいだには、先行者に対する同意、批判を含んだ一連の思想史的系列が示されている。一連といっても単線的ではない。その流れを単純化して、あらかじめここに把握しておこう。先行する思想（朱子学）に対する懐疑とともに仁斎は超越性と所与性という人間形成における思想的契機を重んじた。そのうち一方の超越性の契機は、「道」に対する「教え」という人間の後天的な働きによる人間の価値的変化を重んずる行為としてあらわれた。それによって、人間のあり方の所与性を越える、近代的といえる人間形成思想の史的形成にあずかった。こうした超越性の契機をより顕著に、徂徠がうけ継いだ。そして近代的といえる主体形成の思想を展開した。しかし、徂徠以後、人間形成において超越性を重視する徂徠の立場に反撥して、宣長は人間のあり方の所与性を根本的なものとして主張した。同様に春水も、徂徠とのかかわりのなかで所与性を主張した。かくして人間形成の思想における超越性の契機は後退していった。

こうしたストーリーに登場する人物の生没年は、17-19世紀にわたる。けれども教育思想として理論構成（人性論、教材論、教授論、学習論、教師論、学校論、教育制度論、社会教育論など）のいかんの見地から主要なテクストと見なしうるものの成稿年は、みな18世紀に属している。すなわち、仁斎『童子問』の生前最終稿本（林景范本）は宝永元年（1704）、徂徠『学則』の刊行が享保12年（1727）、春水の「学術ノ弁」（『春水遺響』）が寛政２年（1790）、そして「道」についてふれた宣長の「直毘霊」（刊本『古事記伝』所収）の原形をなした稿本『直霊』は明和８年（1771）がその成稿年とされる。
　これらは儒学と国学を内容とする。その点は明らかだが、思考法の史的経過という点で普遍史的視野から仮定的にいえば、丸山眞男『日本政治思想史研究』（東京大学出版会、1952、以下『研究』）所収の２論文、すなわち、「近世儒教の発展における徂徠学の特質並びにその国学との関連」（1940）と「近世日本政治思想における『自然』と『作為』――制度観の対立としての――」（1941-2）がほぼ同一の対象について論証したように、朱子学の自然法的普遍的理法――「理」の概念によって、自然法則（「所以然」）と当為規範（「所当然」）とを連続的・統一的に捉える思考法――に対する懐疑を起点として展開する一連の思想史系列、としてその基本的な性格を捉えることができる。その経過のなかに、本研究は近代的と認定しうる教育思想の特徴を摘出しようとする。
　近代的という場合、その概念を諸研究の所見をふまえて本研究が教育思想史のアプローチからどう規定するか、この点は後述する。ただ、教育学・教育史の分野で大方が予想する規定内容を考えてはじめに断っておけば、単独で形成された近代的な教育思想は、もしそれがいかに開明的で高度な理論的達成（たとえば「統一的学校体系」の構想）を示すものであっても、あるいは個々の地域社会の場で民衆的主体性に根ざすものであっても、本研究の考察の対象から除いた。それらが無価値というのではなく、なによりもつぎの点を近代性を評定するさいの基本的な条件として選択した。古典の読解をつうじて日本近世の知性的世界で共有された特定の一主題、すなわち、「理」というものに依拠しえぬとすれば、「道」とは何か、その知

的認識に関する批判と同意から成り立つ教育思想史の対話的系列をたどること、という一点である。一般にどの分野でもそのときどきに活発な論争の場はあるだろう。しかし、歴史的対話の乏しいと考えられる日本の精神的風土のなかでは、そうした本研究の試みは、日本教育思想史研究としても不可欠な課題の一つと考えた。たとえ歴史のなかで思考をひき継ぎ、構造的に積み重ねてゆく知的伝統という面で脆弱であるにせよ、その系列を教育思想史の分野でもたどりうる、なにほどかの余地がとりわけ上記の丸山の『研究』によって示唆されるとするならば、その可能性を検証する方向を重んじた。

こうした判断から対象を選択するゆえに、思想主体（担い手）が儒臣として政治権力の中枢内部にいようが、離れて民間にいようが、また、社会的活動や影響力、同時代の社会的諸問題に対する論策（武士土着論、戸籍法、銭貨鋳造論、等）の問題解決力はどのような内容で、どれほどの程度であったか、そのような点は二次的な事項とした。これらが思想の形成に決定的ともいえる影響（因果関係）をおよぼしている場合もあるだろう。また直接の影響関係はなくとも、照応関係が認められる場合もありうるだろう。たとえば、上記系列上の人物でいえば、三宅正彦『京都町衆伊藤仁斎の思想形成』（思文閣出版、1987）、はこのような思想と社会史的諸関連（京都の惣町的結合など）についての問題関心を顕著に示した卓越した業績といえる。けれども、思想そのものの評価を重視する本研究では社会史的諸事項は主要な考察の対象から除外した。

これらとは区別した、系列をなすという意味で基本的に重んじた思想の歴史的対話性は、継時的な時間の位相のなかで思想そのものが孤立していないことを意味する。そのこととつぎのことを本研究では同一視ししなかった。すなわち、思想の担い手が地域的辺境に居住していないことや、たがいに人格的な接触があって親密であること、あるいは同一の門流に属すること、「道」についての基本的見解を同じくすること、儒学、国学といった同種の観念内容をもつことなどである。これらを本研究では歴史的対話の成立にさいしての本質的な要件とは捉えなかった。

2.

　上記系列の人物のなかで、本研究がもっとも重点的に主要な対象としてきわだたせとりあげたのは、荻生徂徠である。紹介の意味を含めて、その略歴について、信頼できる手近な記述（平石直昭）から見ておこう。

　「江戸の元禄・享保期の大儒。名を双松、字は茂卿、通称は惣右衛門、徂徠は号。将軍徳川綱吉の侍医荻生方庵の次男として江戸に出生。14歳のとき江戸払いに処された父に従い、家族とともに上総国本納（母方在住）に移住。以後足かけ12年間を辛苦のうちに田舎ですごす。『四書大全』などを読み、大内流軍学を外祖父から学ぶ。のちに許されて江戸に戻り舌耕生活を送る。1696年（元禄9）柳沢保明（のちの吉保）に仕える。藩公用日誌の編纂、将軍綱吉から保明に預けられた小姓衆の教育に従事。また政治上の諮問にあずかり、綱吉の学問相手も務めた（赤穂浪士処断時の献言は有名）。40歳のころ、李攀龍、王世貞の文集を入手、発奮して古文辞研究に志す。1709年（宝永6）吉保の隠居にともない茅場町に町宅、家塾蘐園を開く。この前後に山形周南、安藤東野、服部南郭、太宰春台らが入門。ほかに僧侶や大名も門人に加わる。詩文の添削を請う者も多くなった。堀河学派（伊藤仁斎）や新井白石、室鳩巣らとライバル関係に立つ。正徳年間（1711-16）『訳文筌蹄』『蘐園随筆』を板行、一躍文名を馳す。藩命のもと『憲廟実録』（綱吉一代記）編纂に当たり、その褒賞100石を加え、500石となる。長年の儒典研究の最初の成果として、17年（享保2）『弁道』を完成。以後数年間に『弁名』『論語徴』など経学上の主著をまとめた。21年将軍吉宗の下問に応じ『太平策』を献呈。また幕府により『六諭衍義』に訓点を付す。官儒としての登用を内命されるも辞退。『明律』読解の仕事を高弟と進める。『隠密御用』の一環として26年幕府全般の改革にふれた『政談』を執筆献呈した。翌年吉宗に拝謁（陪臣として異例）。この年『徂徠先生答問書』『学則』を刊行、軍学書『鈐録』をまとめる。翌年正月死去した。」（『日本史大事典』第1巻、平凡社、1992、p.1170、なお、ここでは思想についての記述部分と一部のルビを省略した）。

こうしたその生涯や一門に関しては、周知のように同時代では、門流にある湯浅常山（1708－1781、宝永5－天明元）『文会雑記』や著者未詳『蘐園雑話』が、さまざまな身辺の出来事を断片的な逸事の形で書き記している。ややくだっては原念斎（1774－1820、安永3－文政3）『先哲叢談』（源了圓・前田勉校注『先哲叢談』東洋文庫、平凡社、1994）などが興味深い逸話で描写している。こうした逸話風に点描される人物の個性は、今日でも一般には講談「徂徠豆腐」でよく知られる。

年譜を中心に客観的な事実の確定を重点にして本格的にその生涯を究明したのは、上記の平石直昭の『荻生徂徠年譜考』（平凡社、1984）であった。書簡・詩文等を集録した難解をきわめる『徂徠集』等を手がかりに綿密な考証態度をもって、上総国から江戸帰還の年（元禄3）、『太平策』の執筆時期（享保6）、『政談』成稿の時期（享保12）、門弟（山形周南、藪震庵など）との書簡をつうじての交流時期、等を明らかにしている。とりわけ教育史的に興味深い所見は、徂徠が儒臣として仕えた柳沢吉保邸（神田橋）内での教場の性格についてである。これについては、将軍綱吉の城中での講筵とは別におこなわれた大名、家臣等の邸に臨んでの講筵、とくに側用人柳沢保明（のち吉保と改名）邸臨賀の実態（元禄4年〔1691〕3月から宝永5年〔1708〕10月まで58回）として、すでに和島芳男が「柳沢経筵について」（1978）（『日本宋学史の研究　増補版』吉川弘文館、1988）において「常憲院殿御実記」（『徳川実記』）の記述を手がかりに詳細を明らかにしていた。たとえば、この実記の宝永5年10月5日の条からその内容を見ておこう。

「松平美濃守吉保が邸にならせたまふ。御講説、進講例のごとくはて〻、家臣十六人出て、太極の義を荻生惣右衛門茂卿に問答す。又御みづから孟子の枉戸直尋の章、好貨好色の章を御難問ありて、惣右衛門答へ奉る。つぎに御みづから大学の序を諳講し給ひ、畢て猿楽あり。吉保はじめ家族、家臣等に、みな布帛、采緞をかづけらる。惣右衛門は御義論の御相手つかふまつりしとて、こと更三所物印籠をたまはる。」（『新訂増補国史大系　徳川実記第六篇』吉川弘文館、1931、p.712）。

こうした綱吉の振る舞い、とりわけその学問・教育の活動面について、

将軍による経書（論語、大学、中庸など）の「御講釈」を「拝聴」する城中での「御講筵」のようではなく、家臣等の質疑応答、討論をも含んだ、いわゆる「経筵」であったこと、そして、こうした活動は綱吉自身の個人的好学の性格をもっていた、と和島は指摘していた。この個人的好学としての性格づけに対して、平石はさきに略歴の記述にもあるように、将軍綱吉の「御弟子」の教育に徂徠をはじめとした20名以上の儒臣が従事していたという見解を、その教場の閉鎖時期（宝永6年2、3月）についての所見とともに、『徂徠集』に収められた書簡等から明らかにした（平石、前掲書、pp.189-195）。いずれにしても、同時代の湯島聖堂、とりわけ湯島聖堂の落成した元禄4年（1691）ころから林大学頭信篤による士庶に対する公開講釈のはじまった湯島聖堂（林家の私塾から幕府の官学となるのは、のちの寛政9年〔1797〕）の講釈の取り組み（石川謙『日本学校史の研究』日本図書センター、1977、pp.183-184）とともに「文治主義実践下の教育政策」（本山幸彦『近世国家の教育思想』思文閣出版、2001）として記述しうる日本近世教育史上の重要な断面といえる。そこに登場する儒臣としての徂徠が将軍綱吉やその側用人柳沢吉保に重用されたとはいっても、期待される役割に対する適合的な遂行に隠された真情は、むしろ距離感をもった「勤労」（春台の評）ぶりであったことなどを、表現された漢詩によって考証している一海知義、池澤一郎の仕事（『江戸漢詩選』第2巻儒者、岩波書店、1996）も研究史上で貴重な成果であるにちがいない。

　人物の断面にかかわる若干の見解にふれたが、本研究は人物研究をめざすものではない。その点を断ったうえで、一つだけかれの逸すべからざる所見にここでふれておきたい。それは、荻生徂徠という人物の特性にふれるとともに、本研究で中心的にとりあげる徂徠学の思想傾向の本質的事項について、それを明瞭な社会的現実の姿で具体的に刻み込むと思われる関心を示している。江戸に帰還する以前の上総国で見聞した「飛騨ノ匠」のことである。

　「上総国松ガ谷ト言村ニ釈迦堂アリ。飛騨ノ匠ガ建タルト言伝タリ。棟札ヲ見レバ四五百年ニモナルベシ。飛騨ノ匠ト云ルハ総ジテ飛騨ヨリ出ル

大工也。其時分上総ノ国ニ大工ナシ。飛騨大工上京シテ公役ヲ勤ルモアリ、国々ヲ廻ルモアリ。先々ニテ普請ヲ受取テ木取ヲシ、夫ヨリ五里モ十里モ脇へ行キ、段々先ヨリ先へ往テ、右ノ最初受取タル普請ノ木ノ得ト枯タル時分ニ廻リ来テ、木ヲ削リ立、得ト拵テ、又脇へ行キ、其削リ置タル木ノ得ト枯タル時分ニ来ル故、一所ノ普請ニ二年モ三年モ懸ル也。貫孔ヲ内ブクラニホリ、貫ヲ少シ太ク削リテ、タタキヒシギ、指込故、クサビ入ラズ。年ヲ歴テ風雨ニ当ル故、扣キ褊タル処、湿テフクルレバ、柱モ貫モ豪厘ノ透間ナク、一ツノ木ノ如クニナリ、其丈夫サ言計リナシ。飛騨ノ匠ノクサビ一本ニテ占ムルト言ハ此事也」『政談』巻之二（『荻生徂徠』日本思想大系36、岩波書店、1973、pp.310−311）。

　自由で便利な城下における何事も「当座賄い」にする気風とは対照的なものとして、徂徠は上総で見聞した伝統的な大工職人の念入りな仕事ぶりについて、以上のように共感とともに書き記していた。こうした関心のありようは、徂徠という人物の12年間におよぶ南総時代（1679−1690、延宝7−元禄3）の見聞の付随的な一例にとどまらず、なにかしら本質的なことがらを指し示していなかったかどうか。目的に対してふさわしい道具と確かな技術をもって"制作"するという行為（作為）に対するかれの根本的な価値感情を培い、徂徠学を特徴づける本質的事項を形成したのではないか。そのように仮定することもできよう。「椎鑿刀鋸備りて、しかるのち匠事なすべく」（『弁道』14）ということばは、万人それぞれの「職分」の働きをもって公共善が達成されるという根本的な認識内容についての日常卑近な比喩として、しばしばかれの用いたものだった。思想形成にかかわる諸契機（出自、南総での体験とその意味など）については、平石、前掲書の年譜的諸事実の確認とともに、とくに黒住真の労作『近世日本社会と儒教』（ぺりかん社、2003）所収の論文「荻生徂徠──差異の諸局面──」(1982)「初期徂徠の位相」(1994) などの思想的解明に重要な所見を見出すことができる。この方面の解明は本研究では課題としないので、上の仮定を掘り下げて検証することは本研究ではおこなわない。いずれにしても、「匠」の行為に対するかれの評価の姿勢の一例は、後述する本研究の主題

と密接に関連するという点で注目するに値する。

3.

本研究で主要な関心をむけるのは、思想形成も含めた人物の特性でも生涯の事実ではなく、著作等に示された経学（一応の目安として著作等を分類すれば、『弁道』、『弁名』、『論語徴』、『読荀子』、『大学解』等）、学問教育論（『学則』『徂徠先生答問書』『学寮了簡書』等）、経世論（『政談』、『太平策』）、刑法学（『明律国字解』）、兵学（『鈐録』）、音楽論（『楽律考』、『琴学大意抄』）等の多様な諸領域にわたる学問・思想の総体である。『補訂版国書総合目録　著者別索引』（岩波書店、1991）では150をこえる著作等が確認されている。これらの学問・思想の総称を同時代からの通例にしたがって「徂徠学」と呼んでおく。その用語は、同時代、とりわけ江戸中期以降、「正学」としての宋学（朱子学、朱学、程朱の学ともいう）と対比し、異端的な一門戸を立て、そのゆえに固有名で呼ばれるべき学として、非難の意味をこめて呼称された場合もすくなくなかったであろう。しかし、研究対象としてとりあげるこの場合にはもちろん価値中立的な呼称とする。

明治期において明六社出身の知識人たち（西周、加藤弘之）に徂徠学に対する好意的な関心がむけられたが（山田洸「明六社同人の儒教意識」研究代表者子安宣邦『徂徠以後 ―― 近世後期倫理思想の研究』1988、子安宣邦『江戸思想史講義』岩波書店、1998）、本格的な思想史研究という点では、周知のように井上哲次郎『日本古学派之哲学』（1902、明治35）での論述が先駆的できわだっている。その井上は、西、加藤の見解の内容にそった形で徂徠学にふれ、性悪説をふまえて制度（礼楽）の必要を説いていた点でホッブス（Thomas Hobbes,1588－1679）に近いと総括していた。

井上の日本近世儒学諸派（朱子学、古学、陽明学）発展史研究によって先鞭をつけられた――しかも普遍史的な関心にささえられた――徂徠学への研究関心は、以後どのように発展したか、その詳細な年譜づくりは他の論稿にゆだねたい。ここでは、現在までの研究の蓄積をアプローチの特徴から類別し、それによって本研究がめざす方向を明らかにしよう。まずは2

つのアプローチに注意したい。

1）一つは、思想界に出現した徂徠学の反響の度合いに着目して、同時代・没後（明治以降も含め）において、肯定的に、もしくは反撥、批判をもって受容された徂徠学を検討の対象にする方向。小島康敬『徂徠学と反徂徠』（ぺりかん社、1987）、子安宣邦『「事件」としての徂徠学』（ぺりかん社、1990）、同、『江戸思想史講義』岩波書店、1998、テツオ・ナジタ『懐徳堂——18世紀日本の「徳」の諸相——』（岩波書店、1992）、陶徳民『懐徳堂朱子学の研究』（大阪大学出版会、1994）、宮川康子『富永仲基と懐徳堂』（ぺりかん社、1998）、田中加代『広瀬淡窓の研究』（ぺりかん社、1993）、丸山眞男「荻生徂徠の贈位問題」（家永三郎教授東京教育大学退官記念論集刊行委員会編『近代日本の国家と思想』三省堂、1979）などがその方向の業績で、関係する論述を含んでいる。

2）もう一つは徂徠学それ自体をおもな対象する方向である。これには3つの接近がさらに区別できる。

ⅰ）第一に、徂徠の生涯との関連で徂徠学の形成過程を解明するもの。今中寛司『徂徠学の基礎的研究』（吉川弘文館、1966）、同『徂徠学の史的研究』（思文閣、1992）は、ともに多角的な接近を示しているが、とくに家塾開設の宝永6年（1709）を境にその前半生と後半生とにわけて、徂徠学の形成過程にかかわる出来事（柳沢藩邸に仕えたころの岡島冠山、釈大潮らとの交流による華語・華音の習得など）を論証している。吉川幸次郎「徂徠学案」（1973）『仁斎・徂徠・宣長』（岩波書店、1975）も、この方向に属した、かずすくない業績といえる。幼時から40まで、『訓訳示蒙』『訳文筌蹄』といった漢和字典を作成した語学者の時期、つづいて40代（宝永・正徳年間）、漢詩文集『徂徠集』において「古文辞学」を主張し、実践した文学者の時期、そして50以後（享保）、二弁、『学則』、『論語徴』などの経学をつうじて「先王の道」を認識する哲学者の時期を吉川は区分した。黒住、前掲書の論文「初期徂徠の位相」は、吉川の区分を認めたうえで、訳学、古文辞学、経学の諸側面を「構造的な連続性」をもって展開させる初期条件を究明している。

ⅱ）こうした時系列のなかで、おもに『学則』、『弁名』、『弁道』などの経学上の著作が成立した完成期の徂徠学に着目し、その内部構造をできるだけそれ自身に即して全体的に、もしくは部分的に解明しようとする方向が第二の接近である。古くは、その教育論をも視野に入れ、系統的に「教育の意義及び目的」「教育の範囲」「個性の尊重」「自学啓発主義」「教育の四術」「知識教育」「教育行政論」という組み立てをもって教育論を一章に整理、記述していた岩橋遵成『徂徠研究』（1934、〔名著刊行会、1969〕）が、今日でもなお基本的理解の適切さを失っていない業績の一つといえる。「彼の思想は往々にして近世欧州諸学者の見解と合致する所もあって、我国近世教育思想史に於ては重要な地位を占むるものである」（p.312）と教育説を総括していた。近年では田原嗣郎『徂徠学の世界』（東京大学出版会、1991）、や今中の上記書、野口武彦『荻生徂徠』（中央公論社、1993）、黒住、前掲書の「徂徠学の基底」（1982）等も、この方向に属した貴重な見解のかずかずを含んだ代表的な成果である。そして、ここでは一々列挙しないが、『日本思想史学』（日本思想史学会編）、『季刊日本思想史』（日本思想史懇話会編）、『思想』等に掲載された、「道」、「礼楽」、「学」、「職分」、「風俗」など重要な概念をとりあげて論究した、近年（20数年来）に蓄積される個別論文も、その成果として着目できよう。

4.
　本研究は、大別する2つの区分からいえば、基本的には後者2）に属する。その場合、上記の2つの方向ⅰ）ⅱ）の試みを、本研究でも部分的にはもちろんとり入れたが、基本的には選択しなかった。本研究がめざしたのは第三のアプローチⅲ）で、徂徠学そのものを中心的対象としながらも、内部構造をそれ自身に即して、というよりも、むしろ対象の外側からの超越的な観点をもって思想を自覚的に構成することに重点をおくものである。この方向に属する業績はといえば、「近代意識」の形成という観点からの丸山の『研究』である。中心的対象に即していえば、徂徠学研究としての近世儒教の発展史に関するこの研究が、今日でもなおそのような方

法的態度の点でも代表的なものとしてとりあげられる。丸山のこの研究、とくに「朱子学」についての丸山の理解の仕方に対する批判的検討の意味をもって、朱子学に対する「古学」の系列を、古学者の朱子学についての錯綜する思想像に即して考察した田原嗣郎『徳川思想史研究』（未来社、1967）も、上記の第二の接近の仕方に基本的に依拠しつつも、対象の自覚的な構成に配慮している。すなわち、田原は、ａ）批判の対象としている、徳川前期社会のなかで「朱子学」という名において実在しているもの、ｂ）古学者の主観のなかで実在している「朱子学」、そしてｃ）古学者によるｂ）の「朱子学」に対抗することをつうじて形成される「古学」、との区別を重視し「古学」の系列（山鹿素行、伊藤仁斎、荻生徂徠）を究明した。源了圓「徂徠試論」（『季刊日本思想史』第2号、1976）も、M．ヴェーバーの「目的合理性」の概念をもって政治思想の近代性を究明したものとして重要で、ここに逸することはできない。このような第三のアプローチのなかで本研究の場合には、政治思想の性格に留意しつつも、なによりも徂徠学の人間形成に関する思想的側面を究明することを主眼とする。その基本的観点も、丸山の観点をうけ継ぎ、近代的 (modern) として特徴づけられうる教育思想が日本近世史、とりわけ18世紀の知性的世界にどのように形成されたか、その究明である。

　こうした本研究の基本的な課題をより明確化するために、以下にややたち入って異同、類似を区別すべき先行研究のいくつかの動向に着目しておきたい。

　まずとりあげるべき潮流ともいえる動向は、丸山の徂徠学研究が示した歴史への問いかけに対する疑義である。すなわち、近代への眼ざし——朱子学の連続的思惟様式の解体過程との関連において徂徠学を位置づけた丸山の場合には、文化的諸価値の固有法則性の自覚史（「政治の発見」）や、「自然」から「作為」への秩序観の転回——をもって近世思想史を問い、記述された歴史像に対して、その時代固有の歴史的個体性を重んずる立場から、その歴史像は人為的構築の産物であって「読み込み」として批判し、「江戸から」という方法的な関心態度をもって、あらたに固有な「江戸の

思想」像へと書き直す試みが、近年、組織だった形で展開している。

　しかしこうした書き直しの試みがあったとしても、近代の成り立ちのいかんの問いかけに関して、教育思想の分野にけっして確固たる対応する解答がすでに蓄積されてきたわけではなかった。戦後間もなく「教育史研究会」（「教史研」）に属する気鋭の研究者たち（海後勝雄、広岡亮蔵、長尾十三二ら）による『近代教育史』3巻が刊行され、この問いに組織的に取り組まれたことが想起される。その第1巻、市民社会の成立過程と教育（誠文堂新光社、1951）には「徳川封建社会の教育」がとりあげられ、「封建支配に奉仕する教育」(p.292) であったと概括された。ただし、「徳川封建教育における真理および科学の内含は、教育をして、封建支配への奉仕機能ばかりには、満足せしめなかった。いや多分に封建支配に奉仕しながらも、そのなかに次第に、封建社会を否定する契機を増大せしめて行ったのである」(p.293) と指摘され、正学たる朱子学に対する水戸学、崎門学（山崎闇斎学派）など倒幕運動の思想となった尊皇思想が、その否定する契機として着目されていた（広岡亮蔵「封建反動の教育」）。こうした「教史研」の取り組みも、もちろん種々の問題が見出せるにちがいない（佐藤学「教育史像の脱構築へ──『近代教育史』の批判的検討──」『教育学年報6』世織書房、1997）。けれども、「近代市民社会」への教育というべきものがあるとすれば、その教育が日本史の領域においてはどう成立したのか、という問題関心を明確に示した組織的な取り組みであったこと、その点は明らかに先駆的であった。この取り組みから半世紀をへた近年では、「戦後教育学」（堀尾輝久、など）がいつのまにか習性として身につけてしまった「オーソドキシー」、に対する批判を一つの重要な契機として「近代教育」を総点検しようとする、組織的にきわだった特徴の取り組みがある。すなわち、「近代教育思想」、とりわけルソー、ペスタロッチ、ヘルバルト、デューイ、シュプランガーなどによってその生成と展開がもたらされたヨーロッパにおける近代教育思想をおもな対象として、それらがはらんだ問題性──「呪縛する力としての『近代』」（『近代教育フォーラム』第9号、p.1、森田伸子）──を批判的・多角的に検討することをめざした教育思想史学会（1991年発足の「近

代教育思想史研究会」を前身とする）の活動である。いくつかのフォーラム、コロキウム形式で論議を集中的に深める毎年の大会とともに、その誌上において、近代を総体的に検討する問題群（教育目的論、教育可能性概念、教育的関係の概念、身体・都市・物語・読み書き・メディア・臨床知、等と教育との関連など）について、活発で緊密な知的交流のある議論を展開している。欧米系の教育哲学と西洋教育史の出身者を中心とした俊英によるこうした組織的取り組みが上のこの問いに自覚的にかかわって、かずかずの貴重な成果を蓄えている。現在の、一種の思想運動ともいえる批判的方向性をもったこうした試みの続行にもかかわらず――あるいはまさにその種の批判的方向性のゆえにか――日本近世、とりわけ西欧の衝撃をうける以前の知的世界をフィールドとした近代教育思想の形成という問いは、「いまさら」というのではなく、実証性をともなった形で現在でもひきうけるべき研究課題として、依然としてなお、われわれの前に残されている。

たしかに、日本教育史の領域に近代教育思想の形成史を問うという場合、個々においては、該当する一定の研究成果を日本教育史の研究者たちはすでに知っている。すなわち、近・現代日本の教育状況において、すでに歴史的社会的諸現実として実現し、ひとびとにも認知され、共有されている所与の学校制度、教育理念、教育実践等の諸事象のなかからその発生史的な起源を近世教育史にさぐるという基本的関心であれば、その関心に基づく確固とした研究の蓄積をわれわれは知っている。「学校観念」の発達史などを跡づけた石川謙の『日本庶民教育史』、『日本学校史の研究』等の一連の日本近世教育史の卓越した業績はその部分を多く含む。「向上」の可能性（the possibilitiy of "improvement"）の観念の普及など、徳川期教育の遺産についての R. P. ドーアの実証的研究も、この方面の成果として石川謙のつぎにとりあげなければならない。試験制度とその観念については、橋本昭彦『江戸幕府試験制度史の研究』（風間書房、1993）が着目される。「立身のため、褒美のためという功利的学習観」にささえられた試験制度の実証的研究をつうじて、明治以降（勉学と選抜との関連のありよう）との断層の指摘とともに、基本的な連続性が強調されていた。徂徠学に即し

ても、同様な起源史的関心は明治期に遡って今日まで持続していた。さきにふれた岩橋遵成以前では、「開発主義」という名の下で学校教育界にすでに普及していた明治中期において、山路愛山が『荻生徂徠』（民友社、1893、明治26）を著していた。そのなかで、「彼に於いて近世の所謂開発主義が少しく実行せらるゝを見たり」と評価し、「『サゼッション』を与へ、『イントロダクション』を与へ、其他は自ら論り、自ら解するを待つを以て師道なりとなせり」と愛山はその先駆性を指摘していた。近年では、近代日本における国家主義的な国民統合を理念とする公教育思想の「原型構造」を究明した辻本雅史『近世教育思想史の研究――日本における「公教育」思想の源流――』（思文閣、1990）の場合も、研究の中核部分においては同様な関心のもち方を示している。徂徠学、君主教育のための細井平洲の折衷学、徂徠学に依拠する亀井南冥の学校論、天明・寛政期「正学」派朱子学、水戸学、などの諸事例の精密な論証とともに、近代教育史への歴史的展望を明らかにし、日本教育思想史研究の水準を飛躍的に高めた成果として、辻本のこの著作はすでに高い評価を与えられている（江森一郎による上掲書に対する書評『教育学研究』第57巻2号、1990、など）。

　こうした現実的な所与としての近代の発生的起源への関心は、もちろん固有の研究意義をもっている。現代の教育の成り立ちを、病理にしても、偉業にしても、先鋭な典型性をもった形象として明確に認識する意味でも重要で、今後も継続されるべき研究課題たりうる。

　しかし本研究がめざしたのは、こうした発生史的起源の究明ではない。むしろ思想の史実たるも、同時代のみならず、それ以降も――ひょっとしたら現在でもなおも――当の歴史的社会的な現実の所与にかかわる存在を超越した思想内容であって、しかも将来実現すべき理念像として、当の所与であるその現実的存在を変形させる働きをひき起こしうるという意味で、カール・マンハイムのいうユートピアとしての要素（Karl Mannheim, *IDEOLOGIE UND UTOPIE*, Dritte, vermehrte Aufl., Frankfurt / Main, G.Schulte－Bulmke,1952、『イデオロギーとユートピア』高橋徹・徳永恂訳、世界の名著68、中央公論社、1979）をもった、そのような近代的な教育思想のいかんを根本的

16

な問いとした。こうした働きを有した近代的な教育思想が、過去 (18世紀) の日本においてどのように形成されたか、そしてその形成以後どのような思想的困難が生じて、さらなる思想発展が断ち切られ、その思想的困難が問題の構造として固着し、持続せねばならなかったか、という思想史的系列の問いである。そのような史的発展における未発の思想的契機として、なおもユートピアともいえる理念にとどまり続ける近代教育思想 (群) は、日本教育思想史研究にたずさわる者にとってけっして自明な史実として確定的に認識されてはないであろう。その点に本研究は看過すべからざる根本的検討の余地を見出した。

5.

当の対象に即して、このユートピアともいえる理念と対比して、同様に非現実的な観念だが、それと区別すべき思想の要素にふれておこう。徂徠の主張する「聖人の道」「先王の道」「聖人の世」といった根本規範や「作為」の論理に基づく理想社会像、あるいは、この「道」について為政者に期待される「学」の理念も、それらを厳密に吟味するかぎり、かれが生きる同時代の現実と相当の隔たりがあること、その点は明らかである。けれども学問 (儒学) による政権内社会的活動の面では、まぎれもなく徂徠は「封建支配に奉仕する」(広岡) 立場であった。綱吉も、つぎのような意見をもっていたと記されている。「いにしへの堯舜、禹湯、文武などいひし聖人たちは皆儒者なり。今のごとく読書をもて業とする者のみを儒といふは後世の事にて、大なる誤なり。是は務めて聖人の道を狭隘にするなりと仰せられけり」(「御常憲院御実記附録巻中」、前掲書、p.735)。ここにとりあげられている綱吉の意見に、徂徠の上記の諸観念はその大筋は呼応し親和的関係にあったことも打ち消しがたい。そして、理想的為政者たち (堯、舜、禹といった中国古代の理想的君主) の業績を聖道として尊崇する徂徠の思想的内容 (学者政治家の主張、礼楽の重視など) は、たとえかれ自身、その積極的な意欲がなかったとしても、一種の偏執狂ともいわれる専制的君主の政治の現実——とりわけ「側用人政治」ともいわれる構造の政治の現実 (大石

17

慎三郎『将軍と側用人の政治』講談社、1995)、典礼性をもった文治主義政治の現実、あるいは「時君」として「作為」が要請される将軍の行為そのものを過去の理念的カテゴリーをもって蔽い隠して正当化し、秩序維持的に機能するイデオロギー的要素を含んでいること、その点も認めねばならない。

しかし、この場合のように、思想が歴史の現場で現実的に存在するものを明るみに出さず、蔽い隠すイデオロギーとして機能する要素とは区別して、もしも徂徠学そのものに内在する（と考えられる）教育的論理の関連構造を解き明かしてゆくならば、ユートピアというべき未発の思想的内容の要素もまた徂徠学の教育思想領域に見出せるのではないか。

このような問いを立てると、その一方、思想が実生活においてどれほどの有効性をもっていたか、という問いも、ただちに生ずる。後者については、日本思想史研究のうえで重んじられてきた経緯があった。儒学について先駆的には津田左右吉によって、外来の書物からの知識は実生活を動かすことがなかったと否定的な形で強調されたことは、周知のことであろう。『文学に現はれたる国民思想の研究』のなかの徂徠学についての記述も他の例と同様に断片的であるが、明らかにそれとわかる部分で、しかも教育認識に関する部分に着目すれば、「君を堯舜にするといふやうなこともいはれていたが、それが実現のできないものであることは、いふまでもない」という指摘がある（第3巻、1953、p.483)。こうした津田の問題意識をうけて、尾藤正英が儒学の「官学」としての社会的機能いかんという形でその有効性を具体的に検証してきたこと（尾藤『日本封建思想史研究』青木書店、1961）も、専門の研究者には周知のことに属する。こうした方向は、儒学と幕府との「体制」的関係いかんも含め近世日本社会における普及の質とその度合いの問題として多角的に検討されている（渡辺浩『近世日本社会と宋学』東京大学出版会、1985、黒住真、前掲書ほか）が、近世儒学教育史の領域で、斉藤太郎がこの儒学の有効性の問題を、人間のあり方の領域で検討していたこともここに逸することはできない（斉藤「横井小楠における儒学の妥当性の問題」『東京教育大学教育学部紀要』第13巻、1967)。

本研究では、思想研究におけるこうした検討の可能性と意義を認めるとしても、思想と現実とのあいだに認められる「分離」(津田)あるいは「隔絶性」(尾藤「封建倫理」『講座日本歴史』第10巻、岩波書店、1967、p.276)といわれる状態を、ユートピアとしての思想の積極的な可能性を示唆するものとして捉えたい。当の人物における主要な関心の対象が、「権」という特殊な状況下における倫理的行動規範ではなく、よりむしろなにほどか普遍性をそなえた規範原理としての「道」であるとするならば、なおさら上のような問題の関心を積極的な意味で重んじたい。

本研究はこのような基本的な問題意識から、徂徠学の教育思想——形づけるという人間形成の本質的働きに注視するとともに、直接的な意図に基づく人間形成の行為のみならず、結果的に作用する人間形成も含めるならば、より的確な呼称は人間形成思想——を究明することをめざした。専門の研究者には周知のように、徂徠学の教えといえば、18世紀の後半ある一定の評価があらわれた。「己を修む」、あるいは「修身」——そのことばは、周知のように、格物・致知…平天下と続く『大学』の八条目の一つを指す——を軽視し、このゆえに、その教えに学べば、軽薄な文学才子となって、「人ガラ」が悪くなる、との定評である(伊東多三郎「江戸時代の学者の生態と学者批判論」〔1970〕『近世史の研究』第3冊、吉川弘文館、1983、pp.338-340、小島康敬、前掲書、pp.138-140、など)。「徂徠の教にては子弟放蕩になりやすくて、其の親兄弟も学問をする事を制するやうになり、今また朱子学を為にも珍しからぬ」(管茶山『筆のすさび』巻之二、 徂徠学)という類の評言はすくなくなかった。こうした評価(「徂徠の毒」!)とは別に、研究上の課題として、一見、疎略にされているかに思えるその人間形成の思想を明るみに出し、上記の問題意識から究明することをめざした。

この教育課題に関しても、もっとも意義深いものとして本研究の視野にはいってくるのは、丸山の徂徠学研究である。

『研究』所収の2論文における丸山の個々の見解——徂徠の万人役人説(同上、p.91)、宣長学における「学」概念の転回(同上、p.166)、宣長において継承された主体的作為の論理(同上、pp.270-272)など、深い洞察に

みち、かずかずの示唆にとむ見解——を本研究がどう継受したかについては、第2章以下の各論でふれる。ここでは、教育思想史を究明しようとする本研究の基本的関心にかかわるつぎの点だけを指摘しておこう。周知のように、秩序観の対立の問題をとりあげた『研究』の第二の論文で、われわれの生きる社会というべき全体的秩序は、天地自然によってではなく、人間の「主体的作為」によって能動的に形成（構築）されるべきものであって、その理想的範型をわれわれは古聖人の世に見出すことができる、という認識立場が徂徠学において明確に自覚されたことが、朱子学の自然法的秩序観との対比をつうじて究明された。さきにふれた「飛騨ノ匠」に対する徂徠の評価の姿勢の例も、このような思想的文脈のなかでも理解できよう。こうした「作為」——神の「御所為」としての自然ではなくて、人間の「作為」——の自覚に示された「形成意志」は、その理想的社会を集合的に構成する人間主体そのものを対象とし、理想的人間のあり方の実現をめざした、人間による主体的形成の思想としてどのように明らかにされたかどうか、という問題を提起する。「自然」との原理的対立の関係の自覚を本質的にともなった思想的立場にかかわる点で、この問いもまたけっして自明なものではなく、同時代（近世史）の現実において、ユートピアとしての要素をもった未発の契機の一つといえる。

　この問いを教育思想の問題領域として捉えた場合にも、ある種の方法的考慮を要すると、本研究では理解した。近世儒教発展史における徂徠学の特質を普遍史的に意義づけるさい、思想史の方法上、丸山が基本的に考慮したことの一つは、到達した思想内容の近代性（たとえば、固定的な封建的身分秩序そのものの打破をめざした革新的思想）ではなく、思想内容を基礎づける「思惟様式」の近代性の解明であったが、その場合と同様に、思考様式の特徴に対する徹底的な考察が徂徠学の人間形成思想の究明にも必要であると本研究では判断した。

　たしかに、「自然」と「作為」という対立項は、認識枠組みとして政治思想のみならず教育思想の特質を捉える場合にも部分的には有効に働く。ひとびとの集合的な全体にせよ、人間個人にせよ、ひとしく秩序の形成に

かかわるからである。いずれの場合でも、無自覚的な「自然」からの受動的な形成と、自覚的な「作為」をもっての能動的な形成とを識別することができる。そして「作為」の論理は、たしかに秩序構成主体の人間形成のあり方をも「道」の実現にかかわる不可欠な課題として要請するであろう。

　しかし、本研究では、その認識の枠組みのみではユートピアとしての人間形成思想に modern を捉える視点として十分に有効であるとは考えなかった。この場合、他者による支配ではなく、自己自身による支配（自己支配）というものをどう規定するかという問題を根本的に重視した。主体と客体（対象）とを切り離して識別したうえで、主体としての自己、とりわけ価値を志向する精神的主体としての自己が、外的環境のなかの客体としての自己自身——情動・身体等を含む自然部分をおもな成分とした客体としての自己自身——を対象として支配すること、そのような精神的自立を課題とすることを自己支配の概念として捉えたい。こうした課題を本質的契機としてともなう人間形成においては——「自然」と「作為」という秩序観の対立の視点をふまえて、価値規範と自然（法則）とを区別するかぎり——、情動等の自然部分を含んだ個人の内部秩序の問題とともに、個人の外部秩序の問題にもかかわる。なぜなら、個人の性の自然において、善の端緒というべき諸性質（仁斎の重んずる「四端」）あるいは、善の機能的要件というべき諸性質（徂徠のいう「運用営為の才」、「相親しみ相愛し相生じ相成し相輔け相養ひ相匡し相救ふ」の心）はあったとしても、朱子学説のいう「本然の性」のような絶対善（「至善」）を内包してはいないと、自己支配という概念は含意するからである。それならば、諸個人の内部の規範そのものを絶対化せず、独我的ともいえる自己の主体性の発揮にいたらないためにはどうすることが要請されるか。この点で、自然法的普遍的理法というものに依拠しえぬとすれば、諸個人に共有され、現実の諸個人の所与を越えるとともに、なにほどか普遍性（客観性）をそなえた価値的理念的な基準尺度との関連を含んだ、諸個人の外部秩序（諸価値の現実態としての文化財を本質的に含む）のいかんが問われる必要がある。本研究ではそのような人間

のあり方の課題にかかわる思考様式の特徴を徂徠学の教育思想に対する分析の視角として根本的な重要性をもって考慮に入れた。「心を治むるの道」(『弁道』18) という自己支配をともなう教育課題も、「国家を治むるの道」と相似的に——朱子学の場合のように、前者(「修己」)が後者(「治人」)の方法的前提とみなさるのではなく——徂徠にとって基本的な固有な課題として把握されていたからである。このような課題の二重性の把握の点で、かのプラトン対話篇『国家』の場合を思い起こすこともできよう。徂徠の場合にも主要な三部分が区別され、支配する役割をになう部分などに自己内と国家内とで対応関係が認められるかどうか、その点はたち入った論議の対象にはしない。けれども、徂徠が教育課題を理想的な社会秩序を構築するという政治的課題と同様に固有な課題領域として把握し、社会的秩序に関する諸制度の改革のみでは不十分で、秩序構成主体の改革をも視野に入れていたこと、そう予想することはできよう。秩序構成主体にかかわって、いかなる人間形成思想が徂徠学において展開していったか。この点に本研究は中心的な問題の関心をむける。その場合、人間形成の実現にさいして、もっぱら内部的に「我が心を以て我が心を治むる」(同上)のではなく、人間のあり方を外部的に価値理念的な基準尺度をもってして適切に測ることを課題とした思考様式が、日本近世において展開したとするならば、その思想は具体的にどのような達成を示したか、という問いを設定した。「みずから高しとせず、みずから聖とせず」という態度は、恭という徳の名として重んじられていた(『弁名』)。「高しとせず」、あるいは反対に「傲然としてみずから高しとし」(同上) という動作の表現は、「高い」「低い」という形容詞による状態の表現とは違って、道徳的規範の意味をもった尺度による"測定"の行為を要請するものではなかったか。そのような仮定とともに、秩序構成主体にかかわる上の問いを設定する。そしてこの問いとともに、このユートピアとしての要素を含んだ教育思想が歴史的対話の知的現場のなかで継続的に発展してゆくことなく、もし断ち切られたとすれば、その場合にはどのような思想的困難に直面するものであったか、という点をも視野に入れ、この史的展開のありようを論理構造に注意

しつつ本研究では実証的に究明した。

6．
　日本近世教育思想史の領域における modern の形成いかんという問いをより明確に具体化すると同時に、丸山の徂徠学研究の教育史における有効性の問題を解決するために、本研究では手続きとして迂遠とも思われるが、マックス・ヴェーバー (Max Weber,1864-1920) に着目した。
　この点では、研究的関心のレベルで系譜的にいえば、かつて箱根会議と呼ばれた検討会での提言をうけ継ぐといってよいだろう。ただしその場合、ヨーロッパ近代を唯一の近代化の範型として本研究が捉えるものではなく、アジア、アフリカ諸国を含めた文化の多元性に対する認識を、本研究の方向も基本的に支持する。その点をここに断ったうえで、この会議の件にふれておこう。そのおりの議論や研究成果は、周知のように M．B．ジャンセン編『日本における近代化の問題』（細谷千博編訳、岩波書店、1968）としてまとめられた。近代化を定義するとともに、日本の場合に適用するにともなう概念上の諸問題について検討した、アジア学会に属する近代日本研究会議の主催によって、1960年に箱根で開かれたこの会議では、ヴェーバーの「合理性」の概念にも注目すべきことが提言された（同上、第1章「日本の近代化にかんする概念の変遷」、pp.18-19）。その場合、この概念は物的・社会的環境に対する人間の統御と調整の技術の一様態として捉えられていた。
　本研究では、この議論の所見を再認識する形で、官僚制化等をあらわすこうした特性とともに、「個人の価値観」（丸山眞男、同上、pp.22-23）にかかわる人間形成の問題領域として「合理主義」の概念に着目した。
　そのさい、この概念を中心にヴェーバー社会科学の方法・成果を自覚的に適用することによって、とりわけその思想の達成と困難を把握すること、すなわち「ヴェーバー的問題」（内田芳明『ヴェーバーとマルクス』岩波書店、1972）という視角を本研究では教育思想の分野で構成した。ここに社会科学の方法・成果という場合、本研究ではかれの諸論述のなかから「人

格」(Persönlichkeit) 論を構成し、その人間形成思想を摘出した。すなわち、かれの理論的、実証的記述のなかから理想的人間像として一種の実践的知性に導かれた生活態度のあり方についての認識を跡づけた。したがって、本研究がめざしたのは、近年の日本におけるヴェーバー研究で重要な潮流となっている近代の「合理化」が孕む問題性についてのヴェーバーの認識 (山之内靖『マックス・ヴェーバー入門』岩波書店、1997) であるよりは、むしろ近代の可能性を教育思想の領域において検証する方向である。その内容をここに要約しておこう。すなわち、行為において価値理念、目的、諸手段、予想される結果等についての計算可能性 (Berechenbarkeit) を準則とする、「考量」(Erwägung) という実践的知性の働きを本質的要件とした、「ひたむきに即事的な合理主義」(rein sachlicher Rationalismus) であった。そしてこの合理主義は、ヴェーバー研究者には周知の、現実的所与への適応をめざす「秩序の合理主義」と対比された。こうした計算可能性を準則とする実践的知性こそが、倫理的意味での「人格」をいわば恩寵として結果的にその行為者にもたらすと、ヴェーバーは捉えた。このような知性は、ヴェーバーによれば禁欲的プロテスタンティズムの「生活態度」に示される一種の精神の働きとして見出されるものであるが、伝統的な枢要徳のリストから、本研究でヴェーバーの自覚をこえて理念型的な概念構成をもって捉えれば、「測定術」(Meßkunst) の思考様式をもった、いわゆる四元徳の一つとしての「思慮」と近似的であった。それゆえ、思慮するとは何か、どのように思慮ある人間のあり方を実現すべきか、という問いが、本研究で直接的に検討する諸事項 (徂徠学の教育思想史的研究) の根底において意識されるべき重みをおびた。

7.
　本研究は、徂徠学の特質を日本近世教育思想史の展開をつうじて、しかも近代的な教育思想の形成という観点から解明するために、以上にふれた諸概念のなかでもとりわけ「合理主義」を中心的な分析視角として構成した (第1章)。すなわち、超越する価値理念を志向しつつも、「計算可能性」

を準則とした実践的知性をもってひたむきに「即事的な」態度で生きる人間形成の思想（第1章第1節）は、等しく中国とともにアジア社会に属する日本近世の場合には、どのように重んじられたか、あるいは逆に、現実的所与の志向が優位となることによって、この理念的超越性の立場の成熟をさまたげたか、という問いを構成した（第1章第2節）。この第1章によって、われわれは本研究の課題の解決に深くかかわる「理念的超越性」と「現実的所与性」という重要な2つの指標を構成することになる。その指標に基づく日本近世への問いは、「日本思想の近代化の型（パターン）、それが一方西欧に対し、他方アジア諸国に対してもつ特質」（丸山『研究』あとがき）を教育思想史の角度から究明しようとすることを意味するであろう。このような基本的関心態度をもって、本研究は日本近世史の思想的対象にむかいあった。

　その場合、まずはじめに18世紀初頭における徂徠の先行者・伊藤仁斎（第2章）をとりあげ、「道」の追究に基づく人間形成の思想的契機として、上記の理念的超越性と現実的所与性という2つの指標を示した両極志向性を明らかにした。その後に、測定術的思考様式をもって一方の理念的超越性の方向をより顕著に重んじた立場から構想された、荻生徂徠の人間形成の諸思想の展開を重点的、多角的に究明した（第3章）。「作為」の論理に基づき構築されるべき全体的社会秩序は、それを集合的に構成するいかなる主体の形成を要請するものであるか。この点にかかわる近代的として規定しうる教育思想の種々相をわれわれは具体的に見出すことができるだろう。その検証の後に、18世紀後半の徂徠以後、どのような思想を展開していたか、その特徴的な断面を跡づけた。すなわち、理念的超越性ではなく、むしろ現実的所与性の方向を積極的に追求する思想傾向を究明した。その思想傾向は公・私の領域に展開していた。前者（公）は、頼春水（第4章）、後者（私）は、本居宣長（第5章）である。公私とはいえ、それぞれの現実的所与の領域の内容は非対称的であるが、その立場からは、ともに徂徠学が示した理念的超越性に対する志向は示されなかった。こうした一連の思想史系列を跡づけながら、結論として、理念的超越性の契機が後退

25

してゆく、18世紀に属する一連の日本近世教育思想史の展開とその特質を「ヴェーバー的問題」の思想構造として把握した（第6章）。

　以上のような論文構成のなかで中核的な成分はもちろん第3章の徂徠学の記述であるが、本研究全体の分量から見て、第1章第1節のM．ヴェーバーについての記述（本文・注記）は、他の章節と較べて長大である。その内容と分量からして、日本近世教育思想史にとっては補論の位置におかれるべきことを承知している。しかし、徂徠学の特質を日本近世教育思想の諸傾向との関連で究明するということ、そのような本研究の課題に対するあらたな分析視角そのものを精緻化することをめざす構築作業（予備的論考）として、あえて第1章に配置した。しかもその記述の対象は理論的な言明のみならず現実の具体的内容をともなう。そのことは理論的抽象性をもとめる概念的視角の道具的機能をなにほどか損なうことが懸念される。けれども本研究ではむしろ分析概念が内容との緊密な連関を抜きにして平板化するのを怖れた。本研究で私が方法上望んだのは、具体的内容とともに精緻化した形で把握したこの概念的視角に基づき、個々の歴史的対象とその思想系列をできるだけ普遍的な視野のもとにおくこと、そうして個々の対象と概念との近似、等質、相違の諸相をきわだたせることであった。ヴェーバーを媒介とすることによって丸山眞男徂徠学研究を教育史領域で批判的にひき継ごうとする、本研究のこうした無謀とも見える接近方法が、徂徠学の教育思想史的研究としてどれほど成果をあげたか、たんに「私意妄作」というべきものだったか、その点の判断は読者にゆだねたい。

第 1 章
問題の設定
―――日本近世教育思想史における「ヴェーバー的問題」―――

第1節　M. ヴェーバー「考量」»Erwägung« 概念の教育思想史的考察
――「問題」の予備的考察――

1．課題と方法
――視角としての＜思慮＞概念とヴェーバー人格論の問題――

　思慮するとは何か。思慮深さというものに、一個の徳――あるいは徳に属する名が付与されていなくとも、徳といえる卓越性を具現化した人間のあり方――が認められるとするならば、ひとはいかなる努力によって自らの生にそれを実現することが期待されるのか。そして思慮するとは、人間のあり方の問題としてどのような行為と区別され、あるいは対立するのだろうか。

　人生上のこうした基本的ともいえる問いに対する応答が、抽象された原理をもって説明する形で、あるいは個々の具体的諸事実について言明する形で歴史のなかに展開し、これまでにかずかずと蓄積されてきた。

　本節はその具体例としてマックス・ヴェーバー (Max Weber, 1864–1920) の「人格」論を中心にとりあげ、とりわけ「考量」概念に焦点をあてて、その特質を教育思想史的な接近から考察することを課題とする。

　この課題は、本研究の全体（本書）において、2つの基本的な関心にささえられている。一つは、ヨーロッパ、とくにドイツ近代教育思想の一断面をヴェーバーを中心的な対象として解明することである。もう一つは――本研究の主題にとってはこちらが主要であるが――その解明の成果をもって徂徠学の特質を究明するための接近視角として[1]把握する「ヴェーバー的問題」と称しうる構成的問題を、できるかぎり確固とした学的基礎で導く予備的考察をおこなうことである。後者は第2節であつかう。本節では、前者の関心により即して、以下論じてゆくことにしよう。

29

第1章　問題の設定

　思慮するとは、注意深く考え思うこと、またその考え、とも一般にはいわれる[2]。そうしたことばの説明を本節では基本的には認めておこう。しかし、この規定では、研究上の最広義の分析概念として見た場合、けっして十分とはいいがたい。語義的にとくに「慮」についてみよう。たとえば本研究でもっとも主要な人物としてとりあげる日本近世の儒学者・荻生徂徠は、「思の精（くわ）しきなり。委曲詳悉の意あり。多くは事に処するを以てこれを言う」とも意解した[3]。ここに委曲詳悉という点が強調されるように、思慮するという精神の働きに、知的認識についての"確実性"（Gewißheit）の要求[4]があることを、われわれは認めたい。しかもこの場合には、「営為する所の事ありて、その処置する所以の方法を論定する」とも徂徠のいうように、生活態度あるいはよりひろくいえば正しい行為の仕方を導くものと考えられる。この点では目的、手段についての認識も重視されよう。こうした"確実性"の要求を推しすすめてゆくと、その精神の働きは経験的に、もしくは、ア・プリオリに"計算測定"（Messung, measurement / calculation）するという認知的働きと密接に結びつく。その対象には行為にかかわる目的と手段のほかにも、むろん数も含まれる。しかしかならずしも抽象的に数に限定されないで、より具体的には自然の脅威や恵み、全知全能全慈の神の偉大さ、現実の人間のさまざまな快楽と苦痛の総量、救いの現実（恩寵）、将来起こりうる人間のありよう（結果）、そして心の深淵など、事物と人間について多種多様なものが計測する対象となりうるだろう[5]。そのかぎりでは、行為と結びついた上級の知的認識能力といえる。数による計測可能性（Berechenbarkeit）の観点にたてば、経験的には統計的な確率計算によって確証する精神の働きも考えられよう。あるいは逆に、測りがたい、計測不可能として判断せざるをえない精神の働きもありえよう。こうした予想に基づきわれわれが本研究の全体で着目するのは、つぎの点である。

　すなわち、"確実性"の度合について幅があったとしても、いずれにせよ正しい行為を導くことをめざして、事物あるいは人間について計測する——かならずしも数による計測とはかぎらず、「より大きい」、「より小さ

い」といった量に関する比較計測も含まれる——という精神の働きとしばしば結びつく、なにほどかの"確実性"の要求にささえられた、行為に対する指導的な知性（実践的知性）の働きである。

この場合の"確実性"の要求ということを決定的標識として、われわれはこの種の知的働きを本研究で、＜思慮 (Weisheit) ＞[6]と呼ぶことにする。そして、個々の歴史的対象からそれを区別し、これらの現実の諸事例を分析するにさいしての中心概念として構築する。

ここに一つの概念を構築するとはいえ、構築されるこの概念におおむね相応する、あるいは近似する精神の働きの事実についての論説、あるいはそれを徳として評価する論説には、過去にすくなからぬ蓄積がある。ここにその二、三を例示しよう。まず第一に古典ギリシヤでは、後述するプラトン（前427-347）『国家』等のなかの「思慮」（$\sigma o\phi\iota\alpha$ /sapientia［希］, Weisheit［独］）説、その説をより明確にしたアリストテレス（前384-322）『ニコマコス倫理学』のなかの「思慮」(phronesis［希］, sittliche Einsicht［独］, prudence［英］) 説[7]があげられよう。中世では、アリストテレスのそれをより顕著にうけ継いだアクィナス（1225-1274）『神学大全』のなかで枢要徳（cardinal virtues［英］, virtutes cardinales［羅］）の一つとしてとりあげられる「思慮」(Prudentia［羅］, Klugheit［独］) 説[8]が、スコラ哲学の盛期における代表的なものとして注目される。近代ではホッブズ（1588-1679）『リヴァイアサン』のなかの「慎慮」(prudence)[9]などや、あるいは、「共通感覚」を重んずるヴィーコ（1668-1744）『われわれの時代の学問の方法について』（1709）で主張される「賢慮」[10]の事例がただちに想起されよう。個人の行為のあり方というよりもむしろ諸個人の集合に関心がむけられるが、快・苦の計算という点を強調すれば、「幸福計算」の観念[11]なども、関連するものとして注意される。歴史的にこのようにかずかずと持続的に関心をむけられてきた、＜思慮＞の働きが、人間本性論のなかで精神諸機能の目録の一つとして価値中立的に記述されるにとどまらず、より積極的に道徳的な卓越性（知性的徳）を示した人間のあり方の理想的類型として捉えられ、しかもその実現をめざす人間形成の主要なあるいは基

31

第1章　問題の設定

礎的な目的課題として主張される場合がある。本節はこうした事例を中心的にとりあげる。

　現代教育の領域ではこのような事例はどうだろう。かならずしも確立された枢要徳として明確に自覚的に性格づけられなくとも、＜思慮＞としてわれわれが把握できる主張の論説が見られないわけではない。デューイ (John Dewey, 1859-1952) の所説はその代表的なものとして着目されよう。行為と知識との関係をめぐる「確実性」(certainty) についての問題関心から、「熟慮」(deliberation / reflection) の本質、「熟慮」と「計算」(calculation) との関連を論究していたこと（『人間性と行為』1922等）をはじめにまず想起したい。大浦猛「デューイにおける教育目的設定の態度」(1960)[12] 等を共有財産としてきたわが国の専門（教育哲学）の研究者には、その所見はすでに周知のことかもしれないが、本節でおもに検討するヴェーバーの思想像との対照性をきわだたせるため、あらためてここで具体的内容とともにふれておこう。

　「熟慮」するとは、かれによれば、活動とその結果との関連について「洞察」(insight) することによって精密に「見通し」(foresight) することを指している[13]。その洞察の精密度が高まれば、極限的には数学的な確率であらわされることになる。その予測について、デューイはこういう、「数学的確率がどんなに大きくても、その推論は仮説的である――確率の問題なのである。予測された日食の日付と位置に関する仮説は未来の行動の仕方を形成するための材料となる。観測装置が準備され、おそらく、地球上のある遠い地点への探検が行なわれるだろう。ともかく、ある物理的条件を現実に変える何らかの積極的処置がとられる。しかも、そのような処置とその結果生じた状況の変更は別として、思考の行動は完結してはいないのである」[14]。熟慮における計算の契機は、けっして必然的に決定されるものではなく、あくまでも仮説的であることが、このように強調される。

　ここにいう仮説的とは、真偽がつねに事後的に検証されるべき事項とされることをいう。この点を個々の自然現象の測定、とくに「日食」の例示

第1節　M. ヴェーバー「考量」»Erwägung«概念の教育思想史的考察

とともに本節で後にふれる事例——同様に月食や日食の現象を正確に算出することと類比する、行為についての深い「洞察」(Einsicht) に関するカントの見解、自然現象の算定と対比して人間行為の計算可能性について主張するマックス・ヴェーバーの見解——との対照性を理解するために記憶しておこう。行為者の動機、とくに目的に関する意志ではなくて、行為とその結果として起こる事態との関連いかんが、デューイの場合には問われる。同じく熟慮と訳される Deliberation についての論のなかの「思考における仮の稽古」[15]という所見も同じ意味といえる。

　こうした仮説性を基本的性格とする計算予測を「熟慮」の本質的な働きの要件としつつ、デューイは、等しく結果についての計算予測が重視されるとはいえ、「熟慮」についての功利主義の立場からの損得、快苦の計算説を区別することに注意をうながした。第一にこうした説では快楽の追求と苦痛の回避という私的な感情を計算することにもっぱら関心が集中し、その一方では思考と行動とはこの目的のための外的手段にとどまっていること[16]。第二に、「熟慮」とは、人生の進路、行動の選択にかかわる質的な衝突をあらわにする試みであるにもかかわらず、この説では金銭的な利得の計算に解消してしまう[17]。

　以上のように批判し、デューイが「熟慮」という働きを予測として把握して、その働きを重視するのは、教育目的の考え方にかかわっていた[18]。大浦が指摘するように、「結果の見通し」「見通される結果」(end - in - view) こそが、教育目的を規定していた。その場合「われわれの活動の外部にある目的、その情況の具体的構造とは関係しない目的、ある外的根源から生じた目的を想定する」ことをかれは自覚的に拒否した[19]。

　こうしたデューイの重んずる「熟慮」もたしかに＜思慮＞概念として把握できようが、しかしその場合でも＜思慮＞概念に属する一つの規定ではなかったか。教育目的にかかわってかれの批判的に捉える「固定された目的への愛着」という態度は、否定されるどころか、それに基づいた＜思慮＞概念もまた見出されるのではないか。しかもそれは倫理思想史の主要潮流に現前しているのではないか。

33

第1章　問題の設定

　こうした予想に対しては、倫理思想史上における Kantian Ethics と Consequentialism という、対比的関係において把握される基本観念[20]が、ただちに想起されるだろう。本節も、この基本観念にかかわる議論に含まれる部分がある。その場合、行為者の目的動機の点も、行為の現実的帰結の点も、両立的に考慮しようとする立場に属する例をとりあげたい。ただし本節は、中心的視角や対象、さらに対象を分析する視点のうえでも、せまく限定しておく。まず中心的視角は、たんなる＜思慮＞概念一般ではない。教育思想としての意味をもった概念である。すなわち、自己もしくは他者によって、目的意識的に、人間を能動的に"形成する"（bilden）ことをめざすこと、より明確にいえば、主体と客体とを分離峻別したうえで、人間の理想的類型を目標として追求し、人間を"形づける"という意図的作為に属する主体的努力をあらわした思想を意味する[21]。本節でとりあげるのは、その努力の目標となる実践的知性としての＜思慮＞概念である。そうした意味での＜思慮＞概念に対応する事例が歴史のなかでどのように展開しているかを、思想史的考察をつうじて解明したい。その考察では、検討の対象とする人物によってかならずしも、当の概念が明確には自覚されない場合も含める。史的連関をたどる場合には、意味づけ、発想法、思考方法、認識の根拠づけなどの連続、断絶のいかんを問う。そして、系統的に、あるいは断片的な形で明らかにされた思考内容を教育思想の視角から本研究が自覚的に再構成する[22]。こうした考察を、本節ではおもに近代以降――概括的にいえば、中世的世界像の解体にともなう諸傾向の出現以降――に焦点づける。＜思慮＞をめぐる近代以降の思想史的動向としてつぎの点を素描できよう。すなわち、ⅰ）諸徳そのものの存立根拠が根本的懐疑にさらされ――たとえばそのなかには「現世の価値喪失」（Entwertung der Welt）というヴェーバーの有名な論説「宗教的現世拒否の段階と方向に関する理論」のなかのことば、あるいは今日の「道徳的不一致」という状況に問題関心をむけるマッキンタイヤーの著述[23]なども想起されよう――、それゆえ「思慮」についても4個の枢要徳の一つとして重みづけが希薄になり[24]、実現すべきものとして積極的に評価されることも乏しくな

第 1 節　M. ヴェーバー「考量」»Erwägung« 概念の教育思想史的考察

るという事態であり、ii）その一方では知的関心のうえで「尺度」（Mass, measure）や「意志行為」（Willenshandlung, intentional Action）などへの根本的問いかけ[25]のなかで、あるいは個別的具体的諸問題（性的快楽など）との関連でよりザッハリヒに究明される[26]傾向が増大する事態である。iii）さらにより日常の生活意識では、デューイがみずからの重んずる「熟慮」と快楽主義的計算とを区別したように、狡猾さ（Gerissenheit / Schlauheit）と「思慮」が同一視され、むしろ悪徳として否定的な意味合いをおびてくるという一般的な状況も注意されよう[27]。そのような近代以降の、とくに教育思想史の景観のうちに、どのようにその＜思慮＞概念は展開しているか。その一断面として近代以降ドイツ思想史上のマックス・ヴェーバーを中心に究明することを本節の主題とする[28]。

　この主題をヴェーバーにかかわる先行研究に即して明らかにしよう。われわれはさきに＜思慮＞という精神の働きの概念のうちに、"確実性" ということ、なにほどかの計算可能性（Berechenbarkeit）に対する要求にささえられた "確実性" を認めたが、ほかでもない計算可能性は、ウェーバー社会学にとっては周知のように官僚制の職務機能を特徴づける一要素として規定されるものだった。すなわち「愛や憎しみおよび一切の純個人的な感情的要素、一般に計算不能なあらゆる非合理的な感情的要素を職務の処理から排除するということ」[29]、そうした「非人間化」の一方において個々の職員は、みずからに限定的に割り当てられた職務そのものに対してザッハリヒな姿勢で、「計算可能な諸規則」（berechenbaren Regeln）にしたがって処理すること、すなわち「合理化」が本来的に重要になってくると、かれは論じたのであった。よく知られたこの官僚制論に着目される計算可能性の要素は、職務処理の規則をささえる原理となるとともに、制度的傾向性としては各個人を「小さな歯車」（Rädchen）として無情な計量にさらすものだった。かれはいう、「わずかに残る人間性を、魂のこの「分割状態」（Parzellierung der Seele）から、官僚制的生活理想の独裁から守るために、なにを対抗させることができるか」[30]。このように「魂の分割」をもたらす契機として注視されていた「計算可能性」であったが、しかし

35

この要素は同時にヴェーバーにおいて、人間のあり方としてかならずしも否定的意味をもつものではなかった。いやそれどころか、カール・レーヴィット (Karl Loewith, 1897-1973) がマルクスとの対比で鋭く指摘した[31]ように、むしろ肯定的に、倫理的意味をもった「人格」の概念をその根底から規定していた。この場合にそれは「自然主義」的に規定される、そのかぎりの「人格」(Persönlichkeit) 概念とは対蹠的なものとして区別されていた。この本節では、レーヴィットの卓抜な論稿が示した所見をひき継ぎ、さらに一歩をすすめて教育思想としての＜思慮＞の概念——ヴェーバーの用語に即せば、「考量」と訳されることが多い、Erwägung の概念——がどのように展開していたかどうかを検討したい。

　その問いは、まずもってヴェーバーの著作から「教育的なもの」(erzieherisch) への関心をたどる試みにかかわる。この点で、ヘニース (Wilhelm Hennis) の指摘、すなわち、ヴェーバーが学問そのものの担うべき Beruf（職分）を、「みずからの生をどのようにわれわれは確立すべきか」という課題に独自な仕方で応えるものとしてうけとめていたこと、そしてその課題が古代的伝統とりわけプラトンにいかに根ざしていたかを、ヴェーバーの自覚とともに重視するヘニースの指摘を、本研究は強く支持したい[32]。ただしその教育思想として示唆にとむとともに、＜思慮＞概念にかかわる包括的な理論的認識の点でより着目すべきなのは、——ヘニースとの対立点がたがいにしばしば強調されるが——シュルフター (Wolfgang Schluchter) の価値に関する見解である。本研究での参照基準という点で、かれがヴェーバーの価値に関する葛藤（緊張）としてつぎのように区別していることを重視したい。

　第一に、価値と現実との二元論。
　第二に、価値志向（信念）と現実結果との区別。
　第三に、諸価値領域間の葛藤（緊張関係）。

　これらはシュルフターの固有の見解というよりも、ヴェーバー研究者には共有されうる知見といってよいだろう。シュルフターの独自性はこうした区別ををふまえて「反省的な原理的倫理」と呼ぶ類型を把握している点

にあるが、ここではそれにはたち入らない。以下においては、第一の二元論——本研究の対象とする日本近世思想史の特質の究明にさいしては、この基本的な認識のいかんがきわめて重要であることを、ここで注意を喚起しておきたい——に基づく、第二、第三についての見解にふれておこう。

第二の点について。「ヴェーバーはカントの批判主義的精神に対して、彼の哲学上の保証人たちよりも、すなわち西南ドイツ新カント学派の代表者たちよりも忠実であたった」[33]。こう述べて、かれはカントと対比させながらつぎのように両者の異同を指摘していた。ヴェーバーの倫理にとっても、人倫的に妥当する自律性の命令が妥当する。「ヴェーバーが自由と必然性の問題にかんして、自由による因果性というカントの理論には触れずとも、この理論と結びつきうるような立場を主張していることは明らかである。いずれにせよ、『経験的』自由が存在するがゆえに計算可能な行為 (berechenbares Handeln) も存在しうる、といえる。あるいはまた計算可能な、それゆえ理解可能な人間の行為が可能になるための条件は自由である、といえる」（傍点は引用者）[34]。このように両者は類似する。しかし重要な違いも見逃せない。シュルフターはいう。人間の行為は人倫的信念から発するものでなくてはならないが、同時にまた「結果の見積り (Folgenabschätzung) によっても自らを根拠づけなければならない。意志の規定にさいしてはカントの場合のように、行為の諸結果が捨されてはならない」（傍点は引用者）[35]。シュルフターのこうした見解が基本的に意味することといえば、ヴェーバーの場合には「批判主義」、あるいは Kantian Ethics とともに Consequentialism にも同等の重みをもって依拠していた、という点である。

第三の点について。人生（とりわけ近代以降の）における不可避的事態のヴェーバーの認識としてシュルフターが注視するのは、ある種の「葛藤」(Konflikt) であった。文化的な諸価値領域のあいだでの実質的ならびに形式的な同格性——生に対して諸価値それぞれに優劣順位なく、たがいに同格に支配するということ、「神々の闘争」とも称される性質——に由来した、諸価値領域間の葛藤が、それである。この点にかかわって、シュルフ

第1章　問題の設定

ターはこう指摘していた。「葛藤は『止揚される』>aufgehoben< べきものか、そうでなければ『耐える』>auszuhalten< べきものとみなされうる。ヴェーバーの人生観に特徴的なのは、立場は主観的でなければならず、葛藤は耐えるべきものだという考え方である」[36]。

　こうした価値葛藤を倫理的な意味をもったものとして理論的に考察するシュルフターの接近態度は、さきにふれた3つの葛藤（緊張）の視点とともに本章にとっても示唆的である。葛藤は耐えるべきものだというヴェーバー人生観についてのシュルフターの把握に対しても、本研究では、第一、第二の葛藤をも含めた見解としての意味をもったものとして支持する。歴史的状況のただなか (inmitten) における人間・ヴェーバーがうけとめた実存的ともいえる課題についてのレーヴィットの指摘を、ヴェーバーその人ではなく、より普遍的な人間のあり方の課題についてのヴェーバーの認識として定式化したものとして評価できる。本節では、シュルフターの所見をひき継ぎつつも、こうした価値葛藤が人間形成の課題としてどのようにヴェーバーによって認識されているか[37]、という点をさらに掘り下げてゆきたい。ただし、その場合、若干の限定をおこなえば、第三の諸価値間の葛藤にかかわって、本節では、信仰と知的認識とのあいだの「葛藤」の領域をとりあげてゆきたい。したがって、その領域における「葛藤」一般ではなくて、あくまでも教育思想の問題として性格づけられる「葛藤」事態に注視してゆきたい。本節はこの種の教育問題に対して、ヴェーバーの関心がどのように展開していたかに研究の中心的な焦点をさだめる。

　この焦点化にさいしては、シュルフターも留意していたように、人間のあり方を測定する (messen / berechnen) という精神の働きがどのように理論的に把握されていたか、また具体的な生活事実としてどう記述されていたか、に注意をむける。その場合、とりわけ"確実性"をもった行為にかかわる「考量」という概念に中心的に着目しよう。その検討をつうじて、ヴェーバーの＜思慮＞概念を把握したい。この展開のありようを、ヴェーバーのみならずかれにいたる時系列をたどる思想史的接近とともに見さだ

38

第1節　M. ヴェーバー「考量」»Erwägung« 概念の教育思想史的考察

めてゆけば、本研究の主題である日本近世の歴史的対象の究明に対して決定的に重要な概念的指標をうることができるだろう。このような仮定（期待）をもって、ヴェーバー教育思想の特質を「考量」概念を中心に究明することを本節の主要な課題とする。

　中心とする対象はヴェーバーであるが、本節ではこの対象への歴史的な順次的縦起に注意をむけて、つぎの諸点を重んじて主題に接近してゆく。

　ⅰ）先行する研究に依拠しつつ限定された角度から、ヘニースも重視するように、プラトン対話篇との関連を検討したい[38]。その場合そのなかに＜思慮＞概念をたずね、とくに「測定術」の基本的考え方を特徴づける。「思慮」（フロネーシス）概念といえば、アリストテレス－アクィナスの系列で把握することが一般に認められるが[39]、本節ではプラトンを根底的に位置づけ、そのうえでカント－ヴェーバー系列を思想史的に跡づける。そのさいプラトン対話篇に、デューイの「熟慮」の概念とは対蹠的に位置づけられるような＜思慮＞概念の原初的な具体例を把握したい。たしかにそれは史的形象の一つにとどまる。けれどもその古典のなかの一例は、いわば「理念型」的な典型概念としての役割をはたし、個々の具体的対象との等質、近似、相違などを測定する知的道具として機能しうると期待する[40]。

　ⅱ）プラトン対話篇をとりあげて後に、シュルフターも論及するように本節でも、カント（Immanuel Kant, 1724–1804）との緊密な思想的連関を重視する。カント道徳哲学、とくに「徳論」（Tugendlehre）をたずね、「道徳的完全性」の実現をめざす人間形成の課題に関する認識の展開を明らかにする。そのさい明確に示された自覚よりはむしろ、論述の客観的事実としてどのようにプラトン対話篇の「測定術」の考え方がうけ継がれているかを検証し、＜思慮＞概念の展開例を跡づけたい。具体的にはカントの「崇高」・「謙抑」・「自己支配」の諸説をとりあげる。

　ⅲ）こうした先行系列についての論及を基礎作業として、ヴェーバーに着目し、その『科学論集』や「プロテスタンティズムの倫理と資本主義の精神」（以下、「倫理」論文）等の著作論文から「人格」（Persönlichkeit）論を構成してゆく[41]。そのなかに＜思慮＞概念がどのように展開していたか、

第 1 章　問題の設定

その詳細な究明にさいしては、とくにカントの根本的な問題意識との緊密な関連を重視して、目的と手段との関係とともに、原因と結果との関連性についての因果性諸論（因果不可解性の原理、個別的因果性の原理、道徳法則的な因果決定性の原理、自然法則的な因果決定性の原理、適合的因果連関性の原理）を識別しておこう。それによって、ヴェーバーを同時代のひとびとの思想の諸傾向と対比して、相互の等質、近似、異質などの諸関係のありようを明らかにしたい。この場合、ヴェーバーのが行為論を展開するさいに依拠する「適合的因果連関説」»die Lehre von der adäquaten Verursachung«[42]を唱えたクリース（Johannes v. Kries, 1853–1928）、ラートブルッフ（Gustav Radbruch, 1878–1949）とともに、カント哲学の自覚的な継承者で、しかも20世紀初頭のデューイと同時代に位置する、ヴィンデルバンド（Wilhelm Windelband, 1848–1915）、リッケルト（Heinrich Rickert, 1863–1936）らNeukantianismus（新カント主義）として特徴づけられる思想圏との近縁性をもなにほどか明らかにしてゆきたい。さらにヴィンデルバンド、リッケルトらと等しく「実証主義」に対して批判意識をもちながら文化価値の重要性を認識しつつも、その根拠づけ等で対蹠的だったディルタイ（Wilhelm Dilthey, 1833–1911）の系列に属する精神科学（Geisteswissenschaft）の立場からの教育認識に着目し、その思想傾向との違いにも注意をむけたい。

　iv) ヴェーバー自身とその同時代の歴史的社会状況（知識社会、大衆社会状況、政治体制、官僚制社会、ロマン主義の精神傾向、等々）との関係が興味のつきせぬ問題群として論究されるように、ヴェーバー＜思慮＞概念そのものもまた、歴史的意味をもって近代化過程[43]の史的形象の一つとしての場を確保しているであろう。とすれば、そのようなヴェーバー＜思慮＞概念はどのような思想史的意味を示していたか、この点を検討するために、本節のさいごにアクィナス『神学大全』の「思慮」論と対比する。トマス倫理学のなかで＜思慮＞概念がKantianismともconsequentialismとも違った選択肢を提示していた[44]とすれば、ヴェーバーもまたこの両者のどちらか一方には還元しえない思想的立場をとっていた。そしてかれの＜思慮＞概念もその例外ではなかったと推測する。ヴェーバー自身が着目して

第1節　M. ヴェーバー「考量」»Erwägung« 概念の教育思想史的考察

いたアクィナスのそれと対比することにより、ヴェーバーの＜思慮＞概念が示した人間形成原理――どのように諸個人の精神の働きの自立性が期待されているかどうか――にかかわる見逃しえない問題の思想的構造を究明したい。

　本節でふれるその対象は細部までを含めば、たしかに広範囲におよぶ。しかしけっして網羅的にならないように注意する。M. ヴェーバー人格論の「考量」»Erwägung« 概念の特質を教育思想史的に考察するということ、そのような限定された角度から論述する。その点を銘記しておきたい。

2. プラトン対話篇における＜思慮＞の概念
　　――「測定術」の思考様式と教育課題（G、W、S、の系統）――

　「正義」（Gerechtigkeit）とは何かを主題にしたプラトン対話篇『国家』のなかに、「思慮あること」（Weisheit）が、「勇気」（Tapferkeit）、「節制」（Besonnenheit／Massigung／Selbstzucht）、そして「正義」という4個の枢要徳の一つとして規定されていること、その場合に「思慮」は、"国家と人間魂の内的構造の一致"についての説のなかで、心魂のなかの理知的部分（denkende Seelenteil）の働きの徳であるとともに、諸部分全体を調和的に支配すること（Selbstbeherrschung）を本質とするという点で、国家における統治者固有の職分の徳としてもまた規定されていること。当の専門の研究者ならずともよく知られたこうした所見を、ここに想起しよう。その支配の働きとしては、諸研究[45]が指摘するところによれば、測ること（Messen）、数えること（Zählen）、秤にかけること（Wägen）、こうした諸要素からなる「測定術」（metretike［希］, Meßkunst［独］, measurement［英］）という精神の働きが、対話法（ディアレクティケー）とともに重視されていた[46]。本研究ではこの点に根本的な関心をむける。研究全体の主題に中核的にかかわるものとして、「測定術」という精神の働きについての諸論説に着目したい。ドイツ語でいえば erwägen（考量する）という動詞も、この「測定」の意味から論理的に導出されよう[47]。後にふれるヴェーバーの用いるこの

41

第1章　問題の設定

語は、かれの自覚いかんは別として、プラトンの重んずるこの方法的立場を事実上うけ継いだものとして考えられる。そう推測するのだが、ここでは速断せずに、本研究の中核的概念を示すものとして注意をうながしておきたい。計測するというその精神の働きは、文献学的精査で知られるように他の対話篇（『テアイテトス』、『ソフィステス』、『ピレボス』、『プロタゴラス』、『ゴルギアス』）でもしばしばソクラテスによって言及されている。"徳は知である"——アリストテレスの把握にしたがえば、"すべての徳は思慮なしには存在しない"（『ニコマコス倫理学』第6巻第13章114b）——、という根本的主張のなかでもとりわけ注目すべき所説のうかがえるのは、政治家がもつべき知識（ないし技術）について主題にした対話篇『ポリティコス』である。エレアの客人とソクラテスの対話のなかで、周知のように、相互の間の超過と不足と等しさ（類比による相似と同一）を測る「測定術」のことが話題にされた。そして、つぎのような2種類がとりあげられ（283d）、両者の同意するところとなった。リッター（Constantin Ritter）にしたがって、その点をここにまとめておこう[48]。

1）相対的に、諸事物のあいだの相互比較に基づいて数、長さ、深さ、幅などについて、より大きい、より小さい、より多い、より少ない、より強い、より弱い、より長い、より短い、より浅い、より深い、といった比較級の形で諸事物を計る。個々の内容を考慮にいれることなく、抽象した純粋に概念的な形で、しかも価値理念ないし当為的命令とは関係しない形で測定する。純粋数学（算術ならびに、地面測定学、立体測定学としての幾何学）がその典型とされる。

2）絶対的につねに固定した理想的基準と照らし合わせて、実践的関心に基づいて「適正」「相応」「時宜」「正当性」などあらゆる適合的なものをもとめる（適正な限度との比較対照）。現実の時間的空間的諸条件のもとで不断に生成流動する具体的な諸事物について測定する。それゆえその理想的基準は、「いっさいの生成するものにとって不可欠なものとして与えられる本質規定（die für alles Werdende als notwendig gegebenen Wesensbestimmtheit）」[49]といえる。その意味では Idee は、リッターの把握にしたがえば、

第1節　M. ヴェーバー「考量」»Erwägung« 概念の教育思想史的考察

発展法則 (Entwicklungsgesetz)、あるいは形成法則 (Bildungsgesetz) としても特徴づけられる[50]。さまざまな応用的諸科学がこの種類にはいる。

１）と２）とはいずれも"尺度"を基準とした比較をつうじて、そのものの特性を規定すること[51]が基本課題といえる。そうした課題の１）と２）とは密接に関連する。どちらか一方のみに属する「測定術」というものは、現実には想定しがたい。「総じて大きいほうといえる部類のものを、ただ小さいほうのものとだけしか比較することをみとめないばあいには、適正な限度との比較対照ということはぜったいに不可能になってくるはずだから」(『ポリティコス』)[52]といわれる。それゆえ「事物を大きい方のものであるとか、小さい方のであるとかして測定する作業が、それらを相互に比較してみることによってのみ進められるべきではなくて、適正な限度に合致したものを作りだそうと目ざすさいにも進められるべきなのだ、という点をも同じように強固に確信しなければならないのだ。つまり、この適正な限度というものに合致したものが存立するなら、種々の技術の方も存立するのだ。逆に、この後者が存立するなら、前者もまた存立するのだ」(同上)[53]。

２種類に分けられるこの「測定術」(Meßkunst) は、対話篇『ポリティコス』ではとりわけ政治家のもつべき知識ないし技術として重視されるが、森羅万象に適用されうることも同時にエレアの客人によって指摘 (285A) される。この適用範囲のなかでもとりわけ注目すべき項目は、諸徳についての知識の導きをもって意図的に人間を形成してゆく技術である。たんに経験的に習得した勘でも、学問的な知識でもなく、知識、しかももろもろの善にかかわる知識にささえられた技術である。これをイェガー (Werner Jeager) にしたがってパイデイア (Paideia) と呼ぶこともできよう[54]。そのような人間形成の技術は、どのように把握されているだろうか。この点にかかわって、以下のような人間のあり方の課題[55]が、『ポリティコス』その他の対話篇のなかに提起されていることに注意をむけたい。それらは、プラトン対話篇にとどまらず、「測定術」の思考様式の範型として、本研究の課題（徂徠学の教育思想史的研究）にとっても根本的な重

43

第1章 問題の設定

要性を示すことになるだろう。

　課題ⅰ）自己（諸個人）がみずからの感覚にうったえる印象（幻像、快不快）そのままを知識として信ずるという感覚的判断、すなわち自己（とくに感性的判断）を万物の尺度とするという認識態度の限界性を認め、その主観の感覚的判断の恣意性（Willkürlichkeit）を可能なかぎり克服すること、その場合とりわけ人間を正しい行為へと導くために現実のなかの適切な目的とそれを達成する手段について洞察（Einsicht）すること[56]。本研究では、かりにW系統の課題と呼んでおこう。

　その課題はつぎのように提示されている。『プロタゴラス』においてソクラテスは、快楽をもとめて生きることは善であるという主張を吟味して、このようにいう。

　「もしかりにわれわれの幸福が、長いものを選んで行い、短いものを避けて行わないようということに依存するとしたならば、われわれは、生活を安全に保つものを何に見だしただろうか。計量の術だろうか、それとも、目に見えるがままの現象が人にうったえる力だろうか？——後者はわれわれを惑わし、同じものをしばしばあべこべに取り違わせ、行為においても大小の選択においても、しまったことをした、と思わせる因となるものではなかったかね。これに対して計量の術は、もしそれを用いたならば、このような目に見えるがままの現象から権威をうばうとともに、他方、事物の真相を明らかにすることによって、魂がこの真相のもとに落ち着いて安定するようにさせ、もって生活を保全しえたところのものではないかね」。「とにかくどのようなときにより多いほうを、どのようなときにより少ないほうを正しく選ぶべきかによって、生活が左右されるとしたらどうだろう。その場合、われわれの生活の安全に保つのは何であろうか。知識ではないだろうか。それも、計量術の一種としての知識ではないだろうか」[57]。

　課題ⅱ）こうした認識の方法態度の限界性の自覚にとどまらず、よりいっそう重要なことは、普遍的に人間本性の限界性として、さらにくわえて人間相互の比較をともなった形で現実の自己自身の限界性に着目し、自己

第1節　M. ヴェーバー「考量」»Erwägung« 概念の教育思想史的考察

のありようの微小、脆弱たること（Geringfähigkeit / Gebrechlichkeit）を自暴自棄とはならず、それとして自覚、認識することである。本研究ではそれをかりにG系統の課題と呼んでおこう。

その課題――「汝自身を知れ」ということ、汝が人間であり、汝と神の間には越え難い深淵のあることを知れ、という慢心（ヒュブリス）を戒める意味のデルポイの箴言にそったものといえる、その「測定術」の課題は――はつぎのように提示されている。『テアイテトス』のなかでソクラテスはいう。

「めいめい自分が自分自身にとって一番よい判定者なのでしょうか」、「すべての人の思いなしが皆すべて真であるというようなことはないのだ」、「人と人との間には知の優劣があるということ、それからまた、その知の優者こそ尺度なのであって、私のような知識のない者は、どんなにしても、尺度にならねばならんというようなことはないのであって…」[58]。

以上2つの課題の主眼とするところは、"われわれの外にあって、絶対的に超越する理想的基準尺度との比較において、われわれ自身を測ること"[59]である。その場合われわれの何を測るか、その強調の違いから課題 ⅰ ）と ⅱ ）に区分できる。もう一つの課題は、つぎのようにわれわれ自身の内部にかかわる。

課題 ⅲ ）自己のうちなる両極的な契機を適正に混合配分（rechte Mischung）すること。とりわけ一方では自己のうちに野性的な激情等の反規範的な心理的事実（自然的領域に含まれる）を認めつつ、他方ではそれを理知的部分の働きによって抑制＝節制（Mäßigkeit）する。こうした精神諸部分の内的均衡の保持によって、自己のありようを自己自身が支配統御する（Selbstbeherrschung）こと[60]。本研究では、かりにS系統の課題と呼んでおこう。

適切な混合配分の課題については、つぎのように提起されている。『ピレボス』でソクラテスはいう。

「善は混合のない生き方のうちに求められるべきではなく、混合された生活のうちに求められるべきである」、「そもそもわれわれは、あらゆる快

45

第 1 章　問題の設定

楽をあらゆる思慮に混ぜ合わせることによって、美しき混合という目的を最大限に達成することができるだろうか」、「すると、思慮と快楽の両者各々のもっとも真実な部分だけを、まず混合した上で、そもそもこれらが混ぜ合わされるなら、それだけでこの上なく、有難い生活をつくり上げて、これをわれわれに授けることが充分できるのか、それとも、何かなおそうでないものを追加要求しなければならなくなるのか」[61]。

　こうした混合配分の課題は、とりわけ為政者たる者の徳の実現にとって重視される。『国家』ではつぎのような対話によって、この点が同意される。「ただもっぱら体育だけを事としてきた人たちは、しかるべき限度以上に粗暴な人間になる結果となるし、他方逆に、ただもっぱら音楽文芸だけを事としてきた人たちは、彼らにとって望ましい以上に柔弱になってしまうということですね」（グラウコン）、「国の守護に当たる者たちはいま挙げた二つの素質を、両方とももっていなければならないと主張する」（ソクラテス）「調和している人の魂は、節度があり、また勇気があるのだね」（ソクラテス）[62]。

　こうした混合配分の課題と別に、抑制をつうじて内的均衡をもとめる課題がある。それは、『ゴルギアス』において、「幾何学的平等」と類比されて、つぎのように明らかにされている。強者の自然的欲望の実現を正義と主張するゴルギアスに対してソクラテスはいう。

　「つまり、『より強い』と、『より力がある』と、そして『より優れている』とは同じ意味だという考えだね。…どうか、まさにその点をはっきりと規定してくれたまえ」[63]、「ところで、より優れた人は、より多く持つべきであると、こう君は言っているのではないか」、「では、どうだろうね。自分自身のことは、君、どうなっているのかしら。はたして、その支配する人たちは、自分自身をなんらかの意味で支配しているのだろうか、それとも、逆に、自分自身については、支配されたままになっているのだろうか」、「君の主張だと、もしひとが、人間としてあるべきような者になろうとするなら、もろもろの欲望を抑えてはならず、むしろ、それらをできるだけ大きくなるままに放置しておいて、ともかく何とかして、それらに満

46

第1節　M. ヴェーバー「考量」»Erwägung« 概念の教育思想史的考察

足を与えるように工夫すべきであり、それこそが、人間の徳であると、こう言っているのだね」[64]、「君は、幾何学的な平等が、神々の間でも、人間たちの間でも大いなる力をもっていることに気がついていないのだ。それどころか君は、なにがなんでも余計に持つことに努めなければならないと考えている。これもつまりは君が、幾何学の勉強をおろそかにしているからなのだ」[65]。

　こうしたソクラテスのことばが明らかにするように、不必要な分量の抑えることも、「測定術」の課題の一つとしてあげられる。

　以上に論及した G、W、S、の3系統の課題とそれをあらわす対話の内容は、いずれも「測定術」の使用を本質的特性とすると把握できる。だが、それらすべてが、プラトン対話篇『国家』で主張される、統治者の徳としての「思慮」(Weisheit) であると総括できるかどうかは、なお検討の余地をのこす。というのも、生産者の徳としての「節制」(Besonnenheit) の働きも、この「測定術」の課題に一部ではあるが重要な課題（S系統）として事実含まれているからである。それゆえ、プラトン対話篇に見られる phronesis「思慮」という歴史的概念をもって以上の内容の全体を過不足なくあらわすものとして把握することは、部分的な正当さを認めつつもなにほどか躊躇される[66]。それゆえこの歴史的概念ではなく、むしろ構築概念として＜思慮＞として把握することが適当かどうかを吟味したい。この点で、絶対的・相対的基準との比較測量をつうじてえられた知性の導きで、"確実性"をもって人間の正しい行為を実現することが、人間のあり方の基本的な課題として理解されていたことを認めることができる。したがって、こうした実践的な知的判断をもとめる「測定術」の思想を、われわれは＜思慮＞の事例として把握したい。

　そう把握できるとすれば、こうした3系統の内容についての課題の認識を本質とする＜思慮＞の概念が、プラトン以降の思想史的文脈において、主体の継承の自覚いかんをこえて、どのようにうけ継がれていたかを、われわれはつぎに問いたい。その場合に思考の内容的差異については背景に退け、思考の一定の形式を特徴づける思考様式のいかんを前景にして着目

47

第1章　問題の設定

しよう。しかも非連続性よりは連続性（系統性）を顕著に示すその歴史的継起の一面、とくに20世紀初頭のヴェーバーへと堅固に架橋するにいたる18世紀の事例を見てゆきたい。

3．カント道徳哲学における「崇高」「謙抑」「自己支配」の教育説
　　——プラトン「測定術」の思考様式との関連において——

　「自分自身に対して法則であろうとする意志」について、カッシーラー (Ernst Cassirer, 1874–1945) は『カントの生涯と学説』において、つぎのように述べていた。その「意志こそ、事実的な現実性を、つまり事実の単なる『現存在』を、すでに根本的にその真に自立的なあらゆる作用において超越しているものである。なぜならこの意志は、所与のものにおいて拘束を受けずに、むしろ純粋にもっぱら、意志をあらゆる所与性を越えて高め駆りたてる道徳的課題にたちむかうからである。……意志と道徳的理念のこの高揚を、経験の制限や実行可能性の制限を指示することによって妨げようとする者には、観念論の第一の根本思想と、この観念論によって理念と現実の間に創り出される新しい関係によって、答えられるべきであろう。まさしくこのような連関において、カントがプラトンに依拠し、これまでまったくプラトン主義者として感じまた語っていることは、決して偶然ではない」[67]。

　このようにカントの系列について所与性と超越性を区別し、所与性を越えて高め駆り立てること (über alle Gegebenheit erhebt und fortreißt) に道徳的課題を追求する——本研究でやはり18世紀に属する日本近世の教育思想領域に構成する「ヴェーバー的問題」にとって、この超越性と所与性は決定的に重要な概念指標として特徴づけられることに、あらかじめここに注意しておきたい——意志の働きを見出すカッシーラーの見解とともに、上述した＜思慮＞概念についての問題意識をもって、両者にうかがわれる思考様式の連続的継起の一端を以下においては明らかにしてゆきたい。すなわち、プラトンの「測定術」の使用を本質的に重んずる＜思慮＞の概念

第1節　M. ヴェーバー「考量」»Erwägung« 概念の教育思想史的考察

が、カント自身の継承の自覚いかんは別として、その著作においてどのように展開しているか、とくに人間の理想的あり方とその実現——カントの場合には人間の「道徳的完全性」(moralische Vollkommenheit) の実現——に関する中心的課題の言説にどのようにうけ継がれているか。こうした限定された問題を設定する。以下ではカント道徳哲学に関する著作『実践理性批判』の「純粋実践理性の方法論」ならびに、『人倫の形而上学』の第二部「徳論の形而上学的基礎原理」をおもにとりあげる。

　これらの道徳哲学関係の資料のなかで基本的に注意すべき概念はといえば、＜思慮＞するという働き、あるいはその徳を直接的に指示する、指示することが可能なことば、たとえば Überlegung や Reflexion、あるいは Klugheit であるよりは、とくに「測定術」の考え方の中核概念として性格づけられる「尺度」(Masse) である[68]。任意にここに関連することばを列挙すれば、「感官のいかなる尺度をも超越するような心的能力」[69]、「経験的な尺度」[70]、「比較の尺度」、「ア・プリオリに与えられる尺度」[71]、「客観的な尺度」、「絶対的尺度」[72]、「第一の尺度、すなわち基本的尺度」[73]、「別の非感性的尺度」[74]、「小さい尺度によるとともに大きい尺度によっても測る」[75] など「尺度」に関する語彙が、その著述全般にうかがえる。「尺度」といっても、むろんあれこれの個々のものがここで重要なのではない。「徳論」(Tugendlehre)——等しく「人倫」あるいは「義務」の範疇にはいるとはいえ、内的意志を問う点で外的法則をあつかう「法論」から区別される——において、それは特定の「尺度」として性格づけられる「道徳的法則」を指す[76]。以下ではこの所論をとりあげよう。そのさい「徳論」のなかでも、とくに「道徳的陶冶とその練習の方法論」(Methodenlehre einer moralischen Bildung und Übung)[77] の内容に着目する。それは、教育思想としてのまとまりと理論的な精度をそなえている。その所説にプラトン対話篇にうかがえた「測定術」の思考様式に類似し、しかも実質的に教育思想として特徴づけられるカントの＜思慮＞概念を把握したい。「尺度」の概念を根底的に成り立っているかれの＜思慮＞概念を分析的に捉えれば、つぎの諸説にうかがわれる。すなわち W、G、S、の3系統に対応して「崇

49

第1章　問題の設定

高」・「謙抑」・「自己支配」の諸説である。

　1)「崇高」(Erhaben) の説
　さきにふれたプラトン「測定術」の教育課題のなかで、かりにW系統と呼んだものにここで注意をむけよう。感覚的判断の限界性を認めることが、その要点だった。それと類似する、人間の理想的あり方の課題が、カントの道徳哲学のうちにどのように認識されているか。
　われわれは一般に、動物、樹木、家屋、山などについてたんに「大である」という。その判断の場合には、この対象がある量をもつことを表示するだけではなく、同じ種類に属する他の多くのものに比して量的に優れていることを意味している。こうした判断とは区別して、「絶対的に大であるところのもの」をカントは「崇高」と名づける。それは「一切の比較を絶して大であるところのもの」(was über alle Vergleichung groß ist)[78] である。そうした崇高なるものは何か。感官の対象としての自然についてかれはいう、「われわれは詩人に倣って、大洋をわれわれの眼に映ずるままに崇高と見なければならない、すなわち静穏な海洋は見渡す限り大空を果てとする明澄な鏡として崇高である、しかしまた荒天で波浪の天に沖する海洋は、あらゆるものを呑みつくさんばかりの深淵として、それでも崇高なのである」[79]。
　こうした実例はわれわれの外にある自然であるが、しかしその崇高なるものは自然という客観的対象そのものではなく、対象そのものはあくまで機縁をなすにすぎない。崇高なものは、なによりもわれわれ判断者の心意識 (Gemüthe) の状態——ただし、それはわれわれの「感官の一切の尺度以上に大」なるもの (über allen Maßstab der Sinne groß ist)[80] ——にもとめられねばならない[81]。それゆえ、「自然における崇高なものに対する感情は、実はわれわれ自身の本分に対する尊敬の感情なのである」[82]。その本分とは何を指すか。「道徳的法則」についての見解をたずねよう。感性界に属して全自然の自然必然的機制 (メカニズム) に服するわれわれの人格も、同時に可想界に属するものとして、感性界にまったくかかわりなく、

50

第1節　M. ヴェーバー「考量」»Erwägung« 概念の教育思想史的考察

ア・プリオリな必然性をもった認識根拠からしたがうことがもとめられる「道徳的法則」も、「われわれ自身の超感性的実在の崇高さをわれわれに感じさせ、また主観的には人間のうちにかれの道徳的存在よりもいっそう高い規定に対する尊敬を生ぜしめる」[83]。

この種の必然性について、カントはこう述べていた。ひとが「行為の一切の動機を、しかも極めて微細な動機にいたるまで悉く知り尽くすほどの、同様にまたこれらの行為に及ぼす一切の外的機縁をも余さず知り尽くすほどの深い洞察 (Einsicht) が我々に可能であるとするならば、我々はこの人間の今後の行動をあたかも将来おきる月食や日食を正確に算出するの同様の確実さで算定しうる (mit Gewißheit, so wie eine Mund-oder Sonnenfinsterniß ausrechnen könnte) ことを認めると同時に、それにもかかわらずこの人間は自由であると主張することができる」(傍点、引用者) [84]。

ただちに気づくように、ここにいう計算可能性――自然現象を測定する場合と類同的なものとして強調される、洞察をつうじての計算可能性は、経験的に (実験的に) その真偽が検証され確認されるべき仮説性の意味ではない。(仮説性の意味の算定可能性であれば、教育界では通常一般に認められ、本節のはじめにふれたデューイの場合にも重視されていた。) カントがここで強調する算定可能性はあくまでもア・プリオリな範疇に属している。しかもそれは、厳密にいえば必然性という一種の決定性、すなわちマリオネットのごとく機械的に操作されてしまう意味の自然必然性ではなく、目的の表象にしたがう「実践的必然性」に基づく決定性を特質とするものであった。こうした実践は、「意志の行為の格律がその意志を通じてあたかも普遍的自然法則となるべきであるかのように行為せよ」(『道徳形而上学の基礎づけ』) という義務の普遍的命法として規定されるのだった。その命法たる、道徳的法則に対する尊敬という行為の動機を重視するということは、周知のように行為の結果 (成果) が道徳的法則に事後的に適っているかどうかという「適法性」を尊重することから、厳しく区別された。そのような意味のカントが重視する算定可能性は、たしかに諸個人のそのつどの感覚的判断とはきわだって峻別されるべき"確実性"をあらわしていた。

51

第1章　問題の設定

　こうした実践的な必然性にしたがう主観的原理から「道徳的陶冶と練習の方法論」も導かれる。すなわち、カントはつぎのように述べていた。よく知られたことばを含むが、ここにとりあげよう。
　「義務の神聖性を重視して、諸他いっさいのものを軽視すること、また我々自身が或ことを理性の命令として承認し、そのことを為すべし (sollen) と命ずるがゆえに、われわれはそのことを為しうる (können という意識をもつこと) である。そのことは、「いわば感性そのものを完全に超越することを意味する」。「もっとも実際にはかならずしもつねにこのような効果をともなうというわけにはいかない。しかしいずれにせよこの効果は、かかる動機としばしばかかわりをもつことによって、最初はこの動機の使用を少しずつ試みるだけであるが、次第にわれわれの心に道徳的法則に対する最大の、とはいえ純粋の道徳的関心を　生み出す」[85]。
　こうした「当為」に基づく可能性の意識を根底にすることをカントは、「道徳的陶冶」の課題としてもとめつつ、以下のような練習方法 (Übung) を指示した。第一に、現実の自身の行為のみならず他人の行為を観察して、客観的に道徳的法則に合致しているかどうかを判定すること。さらに、それらの行為は行為者の主観においても道徳的法則のために生じたのかどうかを判定すること。こうした判定を日常の習慣にすることである[86]。第二に道徳的心意の実例をつうじていきいきと表示することによって、意志の純粋性に気づかせてゆく。「生徒は、このような練習によって、かれの自由の意識を注意深く見守るようになり、たとえ傾向性による動機を断念することは、はじめのうちはかれの心に苦痛の感情を生ぜしめるにせよ、しかしやがてはこの生徒から、かれには真実と思われたところの必要 (しかし実は傾向性から生じた) による強制そのものを除」いてゆくことになる[87]。

　２）「謙抑」(Demütigung) の説
　つぎにプラトン「測定術」の教育課のなかで、G系統と呼んだもの想起しよう。理想的価値基準との比較において、現実における自己の存在の

52

第1節　M. ヴェーバー「考量」»Erwägung« 概念の教育思想史的考察

微々たる脆弱性を自覚し、その限界をわきまえ認識することがその要点だった。この課題はカントにおいても、上にふれたＷ系統のものと密接に結びついている。すなわち、「崇高」についてカントはこうも規定していた。「崇高とは、それと比較すれば他の一切のものはすべて小であるようなものである」[88]。道徳的法則との比較において、みずからの道徳的価値を知的に測定するさいに生ずる、「この微小なるもの（Geringfähigkeit）の意識と感情」[89]、あるいは人間本性についての「脆弱性」(Gebrechlichkeit)[90]の意識こそが、「謙抑」の感情を特徴づける。

「知性的軽蔑」(intellectuelle Verachtung) とも称されるこの「謙抑」について、カントはいう。道徳的法則はわれわれに尊敬の感情を呼び起こす一方、われわれのうちにある主観的対立物としての傾向性に反対して、われわれの自己中心的な我執 (Selbstsucht) をうちのめす。そして何びとにせよ、かれの自然的本性の感性的傾向を道徳的法則とつき合わせてみると、この法則は、必然的にかれを、知性的に軽蔑せざるをえなくなる。こうした自己否認 (Selbstverläugnung)[91]がおのずからに要請されてくる。プラトンがその場合とくに問題にしていたのは「めいめいがおのおの判定者なのか」という点で諸個人一般であるが、カントがとくに注意をむける典型的な対象は、ストア学派たちのいわゆる「賢人」であった。

カントはいう、「かれらは、およそ徳を純粋な法則たらしめるほどの高度の徳が、すでにこの世の生において、完全無欠な相で実現せられ得ると思いなした。そこでかれらは人間の道徳的能力を賢人という名のもとに過度に強調して、そのあげく有限な人間の本性に加えられている一切の制限を無視して賢人なるものを、その人格の卓越性にかんがみて神格と等しからしめ、また（いささかも他をまつことのない彼の内心の満足という点に着目して）自然とはまったくかかわりのないものとした」[92]。

要するに、不遜ということだ。別のところでカントはこの種の不遜について「ドイツ語の vermessen（測り損なう、身の程知らずのことをする）という語はなかなか意味深い好語である」[93]といっていたが、ストアのいう賢人も、同じように現実の人間の不完全なありようを正確に認識せずに測り

53

第1章 問題の設定

損ねている、とカントは捉えている。

　カントが本質的に人間本性に対して認めるこの「脆弱性」はけっして消極的意味でたんなる諦念を導くものではない。むしろ積極的に、理想的な人間のあり方を実現してゆく努力を本質的にうながすものだった。「自己の道徳的完全性を高める」ことについて、こう述べられている。本性は脆弱である。このゆえに、「それにむかって努力すること（das Streben）はなるほど義務ではあるが、それに（この世において）到達すること（das Erreichen）は義務ではない」[94]。諸個人の意志が道徳的法則に完全に一致することをカントは「神聖性」と呼び、それについて「感性界に属する理性的存在者としては、かれの現実的存在のいかなる時点においても、（すなわち、かれの生涯においては、ついに）達成しえないような完全性である」と述べていた[95]。そのゆえに現実の人間に課せられ努力の特質についても、こう指摘せざるをえない。

　「それだからキリスト教の掟の要求する神聖性についていえば、かかる道徳的完全性は被創造者としての人間に、無限の進行だけしか残さないのである。しかしだからこそ被創造者には、無限への進行を持続しようとする希望をいだく機能が認められるのである」[96]。

　「到達」ではなく、「努力」すること、それによって「無限の進行」をもたらすこと（「心の不死」が要請される）。その過程にはおのずから先行者（die Vorgänger）と後人（die Nachfolgenden）の差が生じてこよう。カントの批判的に注意をむける「道徳陶冶」の課題と方法に関する「功績」（Verdeinst）とその「模倣」（Nachahmung）の問題は、この関係についての認識の欠如にかかわっている。

　「功績」（Verdeinst）を尊重する教育について、カントはいう。「子供たちに、高邁でもっぱら功績を尊重する高尚な行為を手本として示し、このような行為に対する感激を少年たちの心に吹き込もうとする積りなら、それは所期の目的にまったく反するやり方である。少年たちは、ごく普通の義務を守ることにも、それどころか義務を正しく判定することにすら未熟であるから、こういう教育方針は彼等をいちはやく空想家に仕立てるよ

54

第1節　M. ヴェーバー「考量」»Erwägung« 概念の教育思想史的考察

うなものである」[97]。また、「現代の感傷的な読み物がむやみに引用するようないわゆる高貴な（過度に功績を強調する überverdienstlicher）行為の実例によって子供たちを惑わすことをやめて、道徳に関するいっさいの事項を、義務と道徳的価値とを規準として是非する、ということである」[98]。功績を強調することはその模倣をもとめる教育となりやすい。模倣についてカントはいう。「道徳的狂熱に由来するこのような所業をかれらがいくら真似してみたところで——換言すれば、かかる模倣（Nachahmung）を原理としたところで、かれらはそれによって法則の精神をいささかも満足させはしないだろう」[99]。

　功績にしても模倣にしても、共通して「道徳的法則」に対する尊敬とそれに従うという義務が行為の動機となるような原理として重視されていないということをカントは問題にした。しかしそれにしても、われわれは、道徳的に賞賛されてよい模範的人物というものをたしかに知る。その場合にこの人物をわれわれはどのように解釈すべきか。この問いはカントにとっても重要だった。この点についてかれは、即自的な形で「功績」を示した「手本」(Muster) とは厳しく区別されるべき、あるべき理念のなにほどかの「証蹟」(Spuren)、あるいは「証拠」(Beweise) として認められる、そのような条件において重視する。

　かれはいう、「多大の犠牲を払い、しかも義務のためにだけに為された諸人の行為は、たしかに高貴にして崇高な所業として賞賛されてよい。しかしそれはこの行為がひとえにかれらの義務に対する尊敬に基づいて生じたものであり、徒に興奮した心情に発するものではないということを確かに推せしめるような証蹟 (Spuren) のある場合に限られる」[100]。

　「手本」ではなく、「道徳的法則」についての「証蹟」あるいは「証拠」を具体的事実として体現した、そのかぎりの模範的人物を指導者として仰ぎ、その人物に対して「従順」[101] たることをつうじて「法則」を「継承」すること。そのような「謙抑」の姿勢が、先行する指導者においても、指導者に対しては後人たる随行者においても期待される。

55

第 1 章　問題の設定

3）「自己支配」（Herrschaft über sich selbst）の説

　もう一つ、われわれはプラトン「測定術」の教育課題のなかでS系統と呼んだ自己支配の課題に関するカント道徳哲学の所見をたずねよう。

　「汝自身を知れ（究め、探れよ）、汝の自然的完全性（…）にしたがってではなくて汝の道徳的完全性にしたがって。汝の胸を吟味せよ——それが善であるか、悪であるか、汝の行為の源泉が清純であるか、否かを」[102]。この主張が、カントの徳論においても根本的に重要である。人間は崇高なるものと対比してなにゆえに「謙抑」すべき存在なのか。すでにふれたように積極的には、「道徳的法則」に対する尊敬によって、消極的には自己の道徳的価値を軽蔑せざるをえないことから、この謙抑の感情が生ずる。

　ここでは後者の問題が問われねばならない。「およそ人間が、どんな時にももつことのできる道徳的状態は徳（Tugend）である。すなわちそれは、つねに闘争（Kampfe）している道徳的心意であって、意志の心意は純粋無雑（Reinigkeit）であるというような思い違いした状態の神聖性（Heiligkeit）であるはずはない」[103]。ここにいう闘争の対象とされているものは、傾向性（Neigung）にほかならない。それはしばしば諸人のこころに「経験論」という実践原理としてひろく迎えられるものであることを、カントは認識している。けれども、傾向性とは、カントの理解するところでは、人間の内部に習慣化した、善きにせよ悪しきにせよしょせん盲目的で隷属的な感性的欲望にすぎない。理性的存在者にとってつねに厄介なものであり続けると、カントは捉えた。したがって、これは断じて実践的原理とすることはできない。むしろ闘争せねばならない。自己内部における傾向性との闘争こそ、徳を本質的に規定するものとされる。この傾向性は、相集まって、「自己中心的な我執」（Selbstsucht）をなす[104]。

　こうした悪徳への傾向性についてのカントの摘出から、われわれはプラトン『国家』第9巻の一節、「眠りのうちに目覚めるような欲望」（571C）、のことを想起できる。この場合、プラトンでは予測を超えた不法で放縦な欲望のありようが直視されているのに対し、むしろカントでは、計算の働きをともなう欲望こそが洞察されている。道徳的法則との関連ではなく自

第1節　M. ヴェーバー「考量」»Erwägung« 概念の教育思想史的考察

他との比較において自己の利己的幸福の実現を計算に入れようとする、このような形で「自己中心的な我執」があらわれている。

「謙抑」することが期待されるというのは、積極的には道徳的法則への尊敬とともに、消極的には、こうした内面の傾向性をわれわれが有するからである。そのゆえに、法則に反抗するその傾向性と闘争し、これを支配することが要請される。「自己自身を支配すること」とは、その意味にほかならない。その精神を自覚的に働かす努力が、徳の獲得には要求される[105]。この闘争のために、徳は教えうるし、また教えられねばならないと、カントは基本的に捉える。「徳論はそれゆえ一つの教説である」(die Tugendlehre ist also eine Doktrin) と認識される。教説にあたる「道徳教授(Moralunterweisung) 論において、カントはつぎのような内的意識の喚起を説く。

道徳的原理に照らして「恥ずべきである」という意識をつねに喚起させること。

より積極的にはどうすべきか。

「汝の内なるそして汝の周囲なる自然のあらゆる諸力と戦闘を開始し、そしてもしそれらが汝の道徳的諸原則と争う場合には、それらに打ち勝とうとあえて邁進するところのもの、それは汝の内に存する何者か、と。もしもこの問いが…心胸に現われるならば、心のこの自己認識における不可解性さえも、かえって心を高揚せしめ、かくて心が悩まされればされるほど、いよいよこれを激励しておのれの義務を神聖に保たせるようになるのである。」[106]。

義務概念に対する主観的条件として、何びとにも自然の、感性的素質が有することをカントは認めていた。すなわち、道徳的感情、良心という人間の内なる内的裁判所（「そこにおいて自分の考えが相互に訴えたり弁明したりする」）の意識、人間愛、尊敬などだった。

これらを生徒のうちに呼び覚ますことが期待される。その教授の方法は何か。「いかに問うべきであるかを知らない」という意味で未熟なる生徒に対して、教師は「質問者」(der Fragende) として「問答的教授」

(katechetische Lehrart)をほどこす。それは教師がひとり語る「教義的教授」(dogmatische Lehrart)とも、教師がと生徒が対等に問うたり答えたりする「対話的教授」(dialogische Lehrart)とも異なる。教師は生徒に対して「決疑論的問題」——たとえば、他人に親切を施すにあたって、自己の資力の支出にどの程度までおこなうべきであるか、とか、自己の使命の崇高性の感情、すなわち自己自身の尊重としての心情の高揚が、「謙抑」に正反対と類似の関係にあるならば、人を励まして前者に導くには不得策ではないか、といった「解答困難な課題」——を提出して、真理探究の訓練とすることが、「道徳的陶冶」(sittliche Bildung)にとってはなはだ重要であると、カントは考える[107]。

以上のようにカントの「徳論」のなかに、「崇高」、「謙抑」、「自己支配」の諸説をたずねることができる。人間は尊大のあまりみずからを「測り損ねる」(vermessen)ことなく、いかにして自己自身の動機を道徳的法則によって支配し、「道徳的完全性」に導かれた行為を実現するか。教育、とくに「道徳的陶冶」にかかわるこうした根本的問いに対するカントの解答と、さきにふれたプラトン対話篇の〈思慮〉概念を規定する「測定術」の考え方（人間の理想的あり方の実現をめざすG、W、S、の3系統の課題）とを、ここにあらためてひき合わせて異同を検証しておこう。たしかにカントは、中間的な「程度」(Grad)のうちに徳をもとめる測定の仕方をしりぞけていたということ、また「崇高なもの」というW系統の課題についての認識根拠を判断者の心意識にもとめ、けっして個人に超越する形而上的存在には認めなかったということ、人間諸個人における欲望の利己的計算の事実を洞察していること、これらの点で顕著にプラトンとは異なっている。しかし自己を尊大ならしめることなく——後にふれるマックス・ヴェーバーの用語でいえば「神によって充たされた状態」という意味での「自己神化」——自己の感性を超えた価値基準にしたがって理想的人間を形成しようとする教育課題それ自体の基本的な認識については、プラトンとカント共通している。カントは「意志をあらゆる所与性を越えて高め駆りたてる道徳的課題にたちむかう」とカッシーラーは述べ、この点にプラトン

第1節　M. ヴェーバー「考量」»Erwägung« 概念の教育思想史的考察

との強固な連続性を指摘していたが、本節で究明したところもこの指摘にそうものであった。その場合、「思慮」(Weisheit) ということばではなく、とりわけ「尺度」(Maßstab) にかかわる原理的な課題意識のうちに、カントの＜思慮＞概念が教育認識として具体的に展開していた。

　このことを指摘したうえで以下にも留意しておこう。よく知られていることだが、カントの思想が以下に跡づけてゆくヴェーバー人格論の思想と対比して、どのような違いと共通性を明らかにしていたか、この点をきわだたせる意味でここに再確認しておきたい。第一に、行為の動機と結果について。人間の「道徳性」は、行為にかかわるとはいえ「道徳的法則」のために行為するという内面的な意志の動機によってこそ実現されるのであって、「道徳的法則」と行為の結果と合致のいかんという「適法性」によるのではないとカントは捉えた。したがって、行為の成果を顧慮して行為を規定することにかれは「道徳性」を認めなかった。第二に、目的と手段との関連について。「目的に対する手段の関係」を判定するのはたしかに理性の仕事であるとカントは認めた。そして両者の必然的な結びつきを洞察することも、その仕事の範囲内であることも、かれは承知していた[108]。ただし「なんらかの他の目的のために善である」もの、つまり「有用なもの」については「善」と称せられることがあっても絶対的な善ではなく、「われわれの感性に関係してのみ、すなわち快、不快の感情にかんしてのみ善と称せられるにすぎない」と判断した[109]。第三に、倫理的責任の捉え方について。責任 (Schuldigkeit) は義務とともに、適法性にしたがってではなく、道徳的法則に対するわれわれの関係のうちに与えられねばならないとカントは考えた[110]。とくにア・プリオリな実践的自由を欠くならば「およそ道徳的法則は——したがって、この法則にしたがうところの道徳的帰責 (Zurechnung) は不可能になる」とかれは判断した[111]。

59

4．M. ウェーバー「人格」論における
「考量」» Erwägung «概念の展開
―― 行為についての計算可能性に基づく「適合的因果連関説」と
それに基づく「創造」性論批判、ならびに「人格」形成の方法認識 ――

1）カント倫理学に対するヴェーバーの理解について

　さて以上の先行思想についての論述を基礎作業としてふまえ、ここに本章のおもな対象としてマックス・ヴェーバーの思想をとりあげることができる。宗教社会学的な歴史叙述、社会学理論、社会科学方法論、政治論集、音楽論、労働調査論などの広範多岐にわたるその論著からかれの教育論一般を構成することは、むろんここでは意図しない。本研究が限定的な視角から問い、究明しようとするのは、その＜思慮＞概念のいかんである。より明確にいえば、プラトン対話篇に見られた「測定術」の思考様式が、カントとともにヴェーバー社会科学における教育認識の展開のうちに、内容的な違いをこえていかに等質的な刻印を具体的に与え、それによって一つの思想系列を形づくっているかである。以下においては、この点を課題として究明してゆきたい。

　この課題をヴェーバー自身の関心に即して把握するために、まずカント倫理学の意味についてのヴェーバーの論及にふれておこう。カントの倫理的命題はいかなる内容的指示をも含まないという考えが重大な誤解であることを指摘し、その形式主義を擁護するとともに、その特質をつぎのようにかれは要約していた。「1、倫理以外の自立した諸価値領域の承認、2、この諸領域に対する倫理の領域の境界づけ、最後に3、倫理以外の諸価値に奉仕する行為にもなお、倫理的尊厳の差異が生じうるということ、またどのように意味でそのような差異が生じるのかということの確定」[112]。これらの所見が哲学的に見てカント理解としてどの程度妥当かつ適切かどうかは、ここでは問わない。むしろここで関心をむけるべき点は、こうした所見、とりわけ第三のものをヴェーバーはどのようにみずからの課題と

第1節　M. ヴェーバー「考量」»Erwägung«概念の教育思想史的考察

して、しかも、具体的内容をともなった形で立証していたかどうか、という思想的な問いである。本節の結論的事項をさきどりしていえば、それは以下に論及するように、＜思慮＞概念にかかわるヴェーバーみずからの教育認識の特質をも基本的に規定する所見としての意味をもっていた。

　誰の所見ということもなく、抽象的に概括していえば、学問の場合には命題、芸術の場合には作品、いずれにしても創造するのは、事柄 (Sachen) に属する。これに対して、倫理の場合には人格 (Persön) の創造にかかわる。教育もその固有の対象とするのは、この区別にしたがうならば人格——この場合には特別の倫理的意味がこめられ価値関係づけられた「人格」よりは、むしろ価値自由に一般的な意味での「人間」といいかえるべきだろう——の形成にむけられる。

　われわれはヴェーバー社会科学における教育認識をとりあげるにさいしても、こうした所見にあらかじめ留意しておきたい。そのうえで、まずはその人間論、より明確にいえば、かれによる「人格」論に着目しよう。とくに学問論集、とくに歴史学ならびに国民経済学の倫理的方法的諸問題を論究した論文「ロッシャーとクニース」「文化科学の論理学の領域における批判的研究」、そして宗教社会学的な歴史叙述「プロテスタンティズムの倫理と資本主義の精神」(「倫理」論文) の諸論稿から「人格」論を構成しつつ、さきに記した課題を究明してゆきたい。

　2)「人格」説
　「『人格』たることは、人が意図して欲しえない何かである (eine »Persönlichkeit zu sein« etwas ist, was man nicht absichtlvoll wollen kann)」(傍点引用者)。
　ヴェーバーは、「事柄」への没我的献身 (Sachlichkeit / Hingabe an eine »Sache«) という主張とともに、なにほどか挑発的にこう述べていた。ここにいう「事柄」は、かならずしも学問・芸術そのものの営為に関する事項にはかぎらずに、日常生活上、もしくは職業生活上の要求される課題的事項を含んでいる。こうした「事柄」そのものへの没我的献身という努

61

第1章　問題の設定

力をもって、いいかえればその努力を媒介的形式の要件として、「人格」
——ここでは倫理的な意味で価値関係づけられた、そのかぎりの「人格」
——は、人に結果的に与えられる、という認識と結びついている。さきの
カント倫理学についてのヴェーバーの第三の所見に対応するともいえる。
同時代は一面において「人格崇拝」(Persönlichkeitskult) の精神的雰囲気と
しても特徴づけられる。むろんかれもまた、人間形成の目的としての意味
の点で、「人格」の本質的な重要性を認めるひとりであるにちがいない。
けれどもかれはけっして直接的な意図の形式で——「『人格的』なもので
あるというだけで人格的なものを崇拝する」という仕方で——実現可能な
目的として「人格」を把握しようとはしなかった[113]。

　"いかなる「事柄」にむかいあうか。その「事柄」そのものへの没我的
献身によって、ひとはいかにして「人格」たりうるか。"

　人間形成の目的とともに方法の基本原理にかかわるこの根本的な問い
は、本研究の主題——徂徠学の教育思想史的研究——の根底におかれた、
〈思慮〉概念に関する問いに決定的重要性をもって深く結びついている。
こうした認識にささえられ、どのように「人格」説を展開していたか、お
もに「ロッシャーとクニース」論文を手がかりに原理的な形で展開される
かれの認識をつぎに分析してゆこう。

　歴史的方法を用いて国民経済学を展開した二人の学者、ロッシャー
(Wilhelm Roscher, 1817–1894) とクニース (Karl Knies, 1821–1898) は、と
もに人間行為について、第一に「因果性」(Kausalität) と「法則性」
(Gesetzlickeit) を同一視して「因果法則」(Kausalgesetz) として把握し、第
二に、こうした行為の諸条件の法則的決定性に、人間の自由な行為と個性
的な、それゆえに類的ではない行為を同一視して、対立させた。こうした
把握に対して、ウェーバーは、つぎのような基本的認識を明らかにした。
すなわち、1）因果性は法則性から峻別されねばならない。2）人間の個
性的行為 (individuelles Handeln) を根拠づけるのは、機械的な因果性に対
する「計算不可能性」(Unberechenbarkeit) という意味での非合理的な行為
であるのではなく、むしろ「計算可能性」にささえられた人間行為であ

第1節　M. ヴェーバー「考量」»Erwägung« 概念の教育思想史的考察

る。

　以下においては、1）の見解に基づく2）の見解を主にとりあげてゆく。
　人間の個性的行為を根拠づけるものは何か。
　その典型的な見解の一つとして、ヴェーバーが歴史における人間行為についての学問的理解の仕方にかかわって懐疑的に注意をむけるのは、人間行為の計算不可能性についての説である[114]。「この計算不可能性とは、クニースや、相変わらずきわめて多くの他のひとびとの考えによれば、人間の『意志の自由』の徴候たるべきものであり、また『精神科学』の一種独特な尊厳性は、これをそのうえに基礎付けようと試みられるのである…ところで、さしあたって『体験された』現実のなかには、人間の所為に特有の『計算不可能性』を感知させるようなものはまったく何もない。いかなる軍事命令、いかなる刑罰法規、またわれわれが他人との交渉において行ういかなる表出も、それがむけられるひとびとの『心』における一定の結果の出現を『計算している』（»rechnet«）——ただしあらゆる関係とすべてのひととにおける絶対的一義性ではなく、命令や具体的表出が一般に役立とうち欲する目的にとっての十分な一義性をである。…『自然事象』に対する人間行為の原理的区別というようなものは存在しない。『天気予報』などの領域における『自然事象』の『計算可能性』は、われわれに熟知の人物の行為を『計算』（»Berechnung«）することよりも、『確実』（»sicher«）だということではけっしてない。実際それは、非常な高度で完成されたわれわれの法則論的知識におけると同等の確実性にまで高められることはまったくできないのである。…個別的行為は、その意味にみちた解明可能性（Deutbarkeit）のゆえに、それがおよぶ限りは、個別的な自然事象よりは、原理的には『非合理性』が少ないのが特質である」[115]。
　このように自然現象を算定する精神の働きと類同的なものとされる——すでにふれたデューイとカントによる日食や月食の算定の例示をここで想起しておきたい——人間の個別的行為についての計算可能性の説明は、一種の決定性を強調するもの[116]であるが、しかしこの場合には因果帰属のなかで「必然的判断」（»Notwendigkeitsurteil«）に達しうるという意

味では断じてない。因果性と自然法則的な必然的決定性とを混同してはならず、両者は峻別しておかねばならないのだった。そのうえで、ヴェーバーが重視する計算可能性とは、原因と結果との「適合的因果連関」(adäquate Verursachung) というものである。確率論を展開した「生理学者」——とヴェーバーは認識するが、『論理学』(*LOGIK Grundzüge einer kritischen und fomalen Urteilslehre,* Tübingen, J.C.B. Mohr, 1916) の著作もある——クリース[117]やその理論を刑法上の「帰責」(Zurechnung) 論に応用したラートブルフらの所説に依拠しつつ、この連関についてかれは把握していた。とくに「助成する」「阻害する」というかれらの使用した概念を用いて、つぎのように概括的にこの「適合的連関」について説明した。

「所与の結果を"助成している"(»begünstigenden«) 諸条件とか"阻止している"(»hemmenden«) 諸条件とかが述べられる場合でも、それは具体的な場合の特定の諸条件が終局的に惹き起す結果をいたずらに阻止せんと試みていたとか、他の諸条件ではこうした諸条件をものともせずに終局的にその結果をひき起こすに成功したとかいうことは意味しえない。そうでなく"助成している"という用法が例外なしにつねに意味していることは、結果に時間的に先行する現実のなかで切り離して考えられた (isoliert gedacht) ある構成条件が、当の一つの結果を一般的な経験規則 (Erfahrungsregeln) にしたがって一般的に"助成している"のを常としていること、すなわち、われわれの知るごとく、その構成条件が他の諸条件との可能的に考えらた無数の組み合わせのなかで、当の結果をひき起こすのを常としている、という点である」[118]。

ここにいう「可能的に」とは、行為者の側によってあくまでも主観的に制約された構成条件のなかでの抽象化された因果連関の事実を「適合的因果連関」の規則として把握できる、という意味を示す。そしてその場合でも、客観的に可能的なものとしてヴェーバーは重視する。すなわち、いわば確率論的に一般的な程度で「助成」的にひき起こされるという確実性の傾向——ヴェーバーの用いるクリースの表現でいえば、"助成的事情"(»begünstigender Umstand«)——を「規則」として重んずるのである。そし

第1節　M. ヴェーバー「考量」»Erwägung« 概念の教育思想史的考察

てこの規則についての認識は、ヴェーバーの場合、たんに客観的な可能性を明らかにするものにとどまらない。すなわち、行為者がみずからの行為における当為的準則をも、この規則は示唆するものとして、ヴェーバーは捉える。かれはつぎのようにいう。

「たとえば1765年におけるフリードリッヒ2世の挙措は、きわめて個性的な個々の状況において、かの岩石の破砕のように法則論的に『可能』（»möglich«）なものとしてのみならず、『目的論的に』合理的なものとして (als »teleologisch« rational)、われわれに妥当するのである。だがそれは、われわれが因果帰属のなかで必然的判断に到達することができる、という意味においてではなくてむしろ、われわれがその事象を『適合的に惹起せしめられた』（»adäquat verursacht«）ものとして——すなわち、王の意図および（正しい、もしくは誤った）洞察、またそれらによって規定された合理的な行為を前提とした場合、『十分に』動機をもったものとして——考える、という意味においてなのである。『解明可能性』（»Deutbarkeit«）はここでは、『解明可能』ではない自然現象と比較して『計算可能性』（»Berechenbarkeit«）に対する一つのプラスである。…したがってたとえば『非合理的』な情熱が働きかけているときですら、事態はすくなくとも依然同じようなものでありうる。というのは、『性格』を知っておれば、われわれはかかる情熱をも、その結果を『理解しうる』ような要因として計算に入れること (in die Zurechnung einzustellen) が可能だからである」[119]。

ここに指摘される例示（7年戦争終了後の大王の挙措）が具体的に何を指すのか、関連する文脈のなかでは明確にすることはできないが、そのことはここでの論及に対して決定的な不都合にはならない。むしろ「目的論的に」ということばで特徴づけられる人間行為の形式的特質にここでは注目しよう。価値－目的－手段の範疇に組み入れた形で動機－行為－行為の結果の因果的諸連関にかかわる「助成」の程度（＝確実性の度合）についての判断を、行為者みずからが実践的な格率として下しうること、そうした評価（説明ではなく）の態度をそのことばは強調する。その場合にもこの「助成」という中心概念——「阻止」という反対概念——が示すように、たし

65

第1章　問題の設定

かに確率論の原理を行為の出現のあり方に適応することにほかならないが、しかしこの場合に強調される「計算可能性」（»Berechenbarkeit«）とは、けっして「数で」測りうるという「数学上の算定可能性」（zahlenmäßige Bestimmbarkeit）を指し示すものではない。ヴェーバー自身は明示していないが、たしかに道徳統計論 (moralische Statistik) では、犯罪、結婚、自殺などの出現について百分率であらわされる規則性を明示する。けれども、個々の歴史的行為の場合には、けっして自然法則的な必然性をもってその数量的規則性に運命的にしたがわねばならないというものではない。そうした「数学上の算定可能性」ではなく、外的な所与として存在する諸条件のもとで原因と結果との「助成」の程度を考量する、因果連関の「適合性」についての客観的な可能性判断 (objektiver Möglichkeitsurteil) が、価値の志向、目的の設定、手段の選択、という実践的行為において重要な主体的決断の知的根拠として成り立つと、ヴェーバーは捉える。

そうした把握は、ヴェーバー自身の認識の総体のなかで２つの重要な意義をもっていた。第一に、この「目的論的に合理的な」行為という概念は、人間の行為を「解明」する社会学の基本範疇の一つとして組み入れられた。ヴェーバーの「理解社会学」に関する論文はその成果を示す[120]。のみならず第二に、倫理的道徳的意味をもち、そのゆえに実践的に尊重すべきものとしてかれの理解する「人格」の概念を規定した。

本節でおもに注目すべき事項は、この第二の点である。かれはつぎのように述べていた。ヴェーバー「人格」論ではとくに重要なものとしてよく知られているが、本節でもここに着目しておきたい。

「行為者の『決意』が『より自由に』なるにつれて、すなわち『外的な』強制とか抑えることのできない『激情』とかに曇らされない『自己の』『考量』（»Erwägungen«）に基づいてなされることがしだいに多くなるにつれて、動機づけは、他の条件がひとしい場合には (ceteris paribus)、ますます徹底的に『目的』と『手段』との範疇のなかへはめこまれ、したがってそれの合理的分析、および場合によっては合理的な行為のシェーマへそれをあてはめるということが、ますます完全におこなわれる。だがその結

第1節　M. ヴェーバー「考量」»Erwägung« 概念の教育思想史的考察

果——一方においては行為者、他方においては分析をおこなう研究者にあって——、法則論的な知識 (nomologische Wissen) がはたす役割もまたますます大きくなる。前者は、『手段』について、ますます余計に『決定されている』のである。だがそれだけではない。『行為』がここで述べられている意味において『より自由』であればあるほど、すなわち、それが『自然的生起』という性格 (Charakter des »naturhaften Geschehens«) をおびることがしだいに少なくなってゆくにつれて、それとともに最後には、つぎのような『人格』(»Persönlichkeit«) の概念がますます多く力をもってくる。すなわち、特定の究極的『価値』(»Werten«) と生の『意義』(»Bedeutungen«)——これらは上の人格の営為のなかでみずからを目的と化して、かくして目的論的に合理的な行為 (teleologisch – rationales Handeln) へと転化せしめる——に対する恒常的な内的関係のうちのその『本質』が見出されるという人格の概念である。したがって逆に、人格的生のほのぐらい未分化の植物的『基層』のなかに、すなわち、気質と気分の展開のかぎりない精神物理的諸条件の錯綜に基づいた『非合理性』——『人間』はそれを動物とまったく共有するのであるが——のなかに、人格的なものの固有の神聖さをもとめる、こうした『人格』思想のかの浪漫的、自然主義的用法は、ますます消失してゆくのである」[121]。

「人格」一般ではなく、「人格」の特殊な用法にここでは注意をむけたい。その場合にかれが否定的に区別しようとするのは、浪漫主義的、自然主義的用法で把握される「人格」の概念である。これから区別され救い出される「人格」の説につき、つぎの諸点を補足しておこう。

第一に、価値について。ヴェーバーにとっても価値とは、まずなによりも現実そのものから厳しく区別されねばならないものだった。その区別なしに現実のなかに価値的なものを無造作に発見する認識態度をかれは批判していた。現実そのものと区別される価値に対する行為者の関係として、ⅰ) 価値に対する理論的関係づけ、ⅱ) 大別すれば、賞賛あるいは非難という形で評価すること (実践的価値判断)、そしてⅲ) 価値自由な「客観的」な態度、という諸点をかれは——リッケルトに依拠しつつ——区別した[122]。

上にいう究極的「価値」も、これらを混同せず厳しく識別せんとする認識態度に基づいた ⅰ）の意味として捉えることができる。こうした識別に基づいて、たんなる「自然的生起」のままに過ぎゆくのではなく、「当為の意識」、あるいは価値の現実化を理念として志向するという動機（「価値合理的」な動機）に基づく主体的決断の態度が行為者に期待されているのである。

　第二に、目的－手段の関係について。因果性と法則性（とくに自然法則的決定性という意味での法則性）を識別する（既述）場合のかれの基本的意図は、目的と手段の系列に組み入れ可能な人間行為にかかわる、そのかぎりの目的論的立場からの因果性[123]を因果性一般から区別しようとするものであった。自然法則的な因果的必然性が普遍的なものとして性格づけられるとすれば、この目的論的因果性にあっては、行為者自身の「意図」「洞察」などを含んだ「十分な動機」そして「責任」の自覚によって規定された個別的因果性（Individuelle Kausalität）と呼ぶべきものである。しかしその場合でも「法則論的」とよぶべき「客観的可能性」をもったものとして、したがって計算可能な——"数で"測れるようなものではない——"確実性"を目的—手段の系列のなかに行為者は思念することができる、とヴェーバーは主張するのである[124]。その論述でゲシュペルトをもって強調されていることがすくなくない Erwägung という「考量」（まれに「比較衡量」）と訳されることばは、こうした"確実性"の要求、とくに計算可能性という形で自然現象について精密に算定する認識と類比される程度の"確実性"が、個々の行為における精神の働きに要求されることを表現している[125]。

　第三に、責任の把握について。ヴェーバーが「適合的因果連関」を重んずるという場合にはまずは行為の動機、とりわけ目的をめざすという動機が問われるが、しかし、それのみを考慮するというのではなく、目的動機と行為の帰結との因果連関がどの程度の「適合性」を示しているかが注視される。それゆえ、ヴェーバーの先行者カントの場合には、「責任」（Schuldigkeit）と「道徳的帰責」（Zurechnung）とは、「適法性」（Legalität）にしたがってではなく、「道徳的法則」そのものに対するわれわれの関係

のうちに与えられねばならないとされたのに対して、ヴェーバーの場合にはカントのいう「適法性」の問題もまた動機と同等の重みをもって重視されるにいたった[126]。ヴェーバーでは、目的に対する行為の帰結について適合性の点で行為者の倫理的責任を問う「責任倫理」が、結果（帰結）のいかんを問わない「心情倫理」と対照的にとりあげられていた。

　以上、ヴェーバーの重んずる「人格」概念——たんなる「人格」一般ではなく、倫理的道徳的意味をもった「人格」の特殊な概念、そのなかでも「自然主義的用法」（ヴェーバーの否定的意味合いを込めた呼称）として重視されるものから、厳格に峻別されるべきものとして対置されるもの——は、その本質において、こう要約できる。すなわち、妥当する「価値」への志向、目的の設定、意欲された目的に適応する手段の選択、行為のありうる諸結果についての予測、そして現実の結果に対する責任、という一連の行為系列について"確実性"をもとめて計算測定するという精神の働きによって根拠づけられるものだった。こう要約できるとすれば、ヴェーバーの重視する「人格」は、＜思慮＞することを本質的特性とする働きにより実現されると規定できる。本節のヴェーバー理解で強調されるべきことは、まずはこの点である。

3）教育認識

　さて以上をふまえて、こうした＜思慮＞する精神の働きを要請する「人格」の説が、かれの著述等のうちにうかがえる教育認識にどのように展開しているかを究明しよう。その場合に対応する2つの認識に着目したい。一つは消極面、もう一つは積極面である。後者の認識（教育認識というべき）については、その＜思慮＞の概念がプラトン、カントらによって重んじられたものとどう近接しているかを吟味してゆく。

3）-ⅰ）「創造的なもの」の発展説に対する批判——消極的側面——

　個々の人格の内側からの「創造的なもの」（das »Schöpferische«）の発展を主張する議論をヴェーバーは重大な問題性を含んだものとしてとりあげて

第1章 問題の設定

いる。その問題性とは何か。

　第一に、価値と現実とが原則的に区別されず、いいかえれば「存在と当為との対立」が尊重されないという問題[127]がこの「発展」の概念に内包していること。この事例には2つの場合がある。

　一つは「行為する人格の『創造的』(»schöpferisch«) 意義が自然生起の「機械的」(»mechanischen«) 因果性に対置せしめられることによって、『自由』の結果とされる人格的行為の「計算不可能性」(»Unberechenbarkeit«) は、まったく直接的にであれ婉曲にであれ、つねにくりかえして人間のしたがってまた歴史に特有の尊厳性と呼ばれている」[128]という場合。この主張では、計算不可能性、さらにいえば不可解性は、不可解であるがゆえに尊いという以上に積極的に価値づけられる何かが存する、とされる。その何かを示す例として人格の「内奥なる神殿」というマイネッケの所説[129]がとりあげられている。「『精神科学』の一種の独特の尊厳性」も、この例に属すとされる[130]。

　もう一つは、ヴント (Wilhelm Wundt, 1832–1920) の実験心理学（精神測定学）的考察によって導かれる「創造的なもの」の「創造的合成」(»schöpferische Synthese«) の原理について。「『いかなる個性的ならびに普遍的なプロセスにおいても』――したがって、もちろん宗教的天才のそれと同様に生来大酒呑みや殺人淫楽狂においても――、ヴントによれば『それに与えられている特有の性質のなかに元来はけっして存在しなかった』精神的な（すなわちヴントの解釈によれば、論理的、倫理的、美的な）価値がつくり出されるのである。というのは――ヴントによれば――生命現象の内部においては物理的エネルギー恒存の原理にくわえて『心理的エネルギー（すなわち現実的または潜在的な価値）増大』(»Wachstum der psychishen Energie«) の法則があらわれるからである、と」[131]。

　こうした何か価値的な実体を現実の人格のうちに内在的に把握し、その発展を「創造的」なものと尊ぶマイネッケ（ならびに精神科学的立場）と実験心理学のヴント――計算可能性についての評価の点ではたしかに両者は鋭く対照的ではあるが、しかしここでは共通して人格に内在するあるものに

70

価値的なものそれ自体を見出す立場を示している[132]——に対して、ヴェーバーはつぎのような見解を明らかにした。「『客観化された』、すなわち価値理念への関係から解き放たれた『心的』生起 (von der Beziehung auf Wertidee gelöste »psychische« Geschehen) は、単に質的変化という概念を認めるのみであり、またこの変化の客観化された因果的観察は因果不等式の概念を認めるのみである。『創造的なもの』という概念は、われわれが『それ自体』は完全に中立的なかの変化系列の個性的な構成部分を価値へと関係させ (auf Werte zu beziehen) 始めるところに、ようやく働き出すことができるのである」[133]。「創造的なもの」という名称それ自体をかれはただちに問題にしているのではない。そうではなく、現実（この場合では個々の現実の人格）と区別した価値へと関係づける、という認識態度が見られるかぎりにおいてのみ、「創造的なもの」を——もしそのことばをあえて使用するとすれば——認めることが可能であると、ヴェーバーは把握するのである。

第二に、上にふれた後者のヴントの「創造的なもの」という概念の問題性として、ヴェーバーは、因果性と法則性との混同——既述のように、この同一視においては因果性は法則性の形式においてのみ存在すると把握するヴントの場合においても同様に——に基づいた、「創造的なもの」の「法則的発展」という観念について指摘した。上に引いた「心理的エネルギー（すなわち、現実的または潜在的な価値）増大」について、ヴェーバーはつづけてつぎのようにヴントの見解を示している。「『増大する価値量』形成へのこの普遍的な『傾向』(Diese generalle »Tendenz« zur Bildung »wachsender Wertgrößen«) は、なるほど『障害』によって『部分的もしくは全面的に挫折せしめられる』ことがあるかもしれないが、しかし『心理的発展のこのような中絶のもっとも重要なものの一つ、個性的な精神活動の停止』——これは明らかにもっと簡単に『死』と呼ばれる現象の謂である——すら、ヴントによれば『これによって、その個人の属している共同体の内部における精神的エネルギーが損失の分を補われるばかりか…増大する』ことが『絶えず見られる』のを『つねとする』のである」[134]。要

71

第1章　問題の設定

するに、「『創造的合成』からは『歴史的合成の法則』(das Gesetz der »historischen Resultanten«) が導出される」とヴェーバーはヴントの把握を明らかにしている。

「創造的なもの」の発展がこのように普遍的な「法則」であるとするヴントの説に対して、ヴェーバーはつぎのような自己の見解を対置していた。「…これらすべての根拠から『創造的に』行為する人間の有する『固有の価値』の意味や程度と、かれに帰因せしめられる結果のそれとのあいだには、何らの必然的な関係が存在しないことがただちに判明するのである。その『固有の価値』にしたがって測ってみた場合、われわれにとって絶対的に無価値でありまったく無意味な行為も、その結果が、歴史的な運命の連鎖を通じてすぐれて『創造的』になりうるのであるし、しかも他方それだけを孤立して『把握』すると、われわれの『価値感情』によってきわめて荘厳な色合いに侵されるような人間の所為も、おのれに帰因せしめられるその結果が、歴史にとっては因果的に意義のないものとなることがある」[135]。ここでヴェーバーが強調しているのは、人間の歴史的現実においては個別的な形での発展——ヴェーバーの基本的見解にしたがえば、この場合に行為系列についての計算可能性を想定した精神の働きを否認することなく、むしろ積極的にその精神の働きを要請する——が認識されうるということ、しかしこの場合でも因果性と法則性との同一視（混同）に基づく必然的な法則性にしたがう発展といったものは、人間の行為の場合にはけっして見出しえないということである。

第三に、「創造的なもの」の「発展」説における個人「人格」と集合的全体との同一視について。個人人格における「創造的合成」、恒久的な「心理的エネルギー増大」の「法則」というヴントの概念は、上の引用も明らかにするように、個人の発展とその個人の属する共同体の発展とが無造作に連続的に結びつけられ、『文化民族』となづけられるような民族の発展をこそ価値の増大（Wertsteigerung）と判断する」。この点にかかわって、ヴェーバーはカントの「人格」説についてふれる。「カントの『自由の因果性』(»Kausalität durch Freiheit«) は、哲学的思考のいっそうの展開の

72

なかでこの概念から発生してきた複雑な分岐とともに、この種の形而上学的『文化』『人格』理論すべての哲学的原型である。なぜならば、知的人格が倫理的規範に適った行為を媒介して経験的な因果の連鎖のなかへ働きかけるということは、規範に適合するものはすべて、似たような方法で『物それ自体』の世界から経験的な現実へと織りこまれていなければならないという見解に」うつりゆく、と指摘して後、ヴェーバーはこうつけ加えた。「さらにすすんで、現実のなかのすべての価値転換は、われわれの『価値判断』とは無関係な別の質的変化の系列としてこれと別個の因果性の土台になっているような、『創造的』諸力（»schöpferisch« Kräfte）によって生ずるという見解に、実にきわめて容易に移り広がってゆくからである。『創造的合成』および『増大する心理的エネルギー』の法則というヴントの概念におけるかの思考系列はこの後者の形式であらわれるのである」[136]。「創造的なもの」は――ヴント説では――連続的に個人人格から民族的全体にいたるまでの経験的現実のうちに形而上学的な実体性をもった発展要因として認められると、ヴェーバーは捉える。

　こうした連続的な関係についてのヴントの把握に対して、かれは何を問題にしているか。この点についてヴェーバーは、「ロッシャーとクニース」論文でのヴントに即した言及のかぎりでは明確な認識を明らかにしてはいない。さきに引いたように「『文化民族』となづけられるような民族の発展をこそ価値の増大と判断する」という指摘にとどまるのである。この指摘を重視すれば、連続的という場合に個人と超個人的全体（ヴェーバー自身の把握にしたがえば、個人の集合としての全体）とのいずれがその本質的な実在根拠になるのかといえば、――ヴェーバーによれば――ヴントにおいてもまた後者であるという帰結となるだろう。こうした連続性の把握に対するヴェーバーのより明確な問題認識は、ロッシャーの「発展」概念についての所見にうかがえる。ヴェーバーによれば、その所見は個人に対する全体、とりわけ「民族」を「形而上学的実在」（metaphysische Realitäten）と見なし、それを「本質」として無数の「個別的なもの」（das »Einzelne«）、とくに個人人格はそれから必然的に発現流出するというもので、基本的に

第1章　問題の設定

「流出論的」（»emanatischen«）観念から導かれるものであった[137]。こうした所見に対してヴェーバーは個別的な「発展」、とくに個人人格の「発展」を、「民族」共同体など超個人的な全体的形象に本質的な実在根拠をもって従属するものとしてではなく、むしろ「価値関係」性を本質とした個別的で固有な形象として、したがって「民族」もまた個人の集合的な団体の一種として原子論的に認識する。

3）－ⅱ）「考量」（Erwägung）をつうじての「人格」形成の認識
——積極的側面——

以上のような、人間一個人としての、また民族など超個人的全体（共同体）としての「創造的なもの」の発展説——それを本節で規定する「教育」の範疇に含みうるかどうかは、ここでは問わない——についてのヴェーバーの問題認識は、教育的なもの（erzieherisch）の消極的側面にとどまる。より積極的にはどうか。以下に明らかにするように、＜思慮＞するという知的働きを、たんに精神の諸機能の一つとして「価値自由に」事実認識するにとどまらず、積極的な意味で「価値関係」的に理想的といえる人間のあり方を範型とする、かれの基本的認識に上の問題認識は相補的に対応している。

この場合、理想的、という意味について補足する必要がある。倫理的意味をもち、しかも人間形成の普遍的な目的理想としての意味をもった「人格」の概念との関連でいえば、ヴェーバーの＜思慮＞の概念は、たしかに形成すべき「人格」に対しては方法手段としての意味をもつことになる。けれども、この「人格」概念との関連を抜きに＜思慮＞概念自身として捉えれば、"確実性"をもった、あるべき精神の働きを示した人間のあり方として理想的課題と価値づけられることになる。それゆえ理想的人間類型とその現実化をめざす教育の認識という場合、原理的にいえば、「理想的」の意味の捉え方で水準の異なった——手段方法としての意味と人間のあり方の課題としての意味をもった——教育認識が導き出せることになるだろう。ヴェーバーの認識の展開において、その点かならずしも厳密に識別さ

第1節　M. ヴェーバー「考量」»Erwägung« 概念の教育思想史的考察

れてはいない。

　こうした留意点があるが、ヴェーバーが実際にどのように＜思慮＞概念を展開したか、という点に注意をむけて、その教育認識をたずねてゆこう。＜思慮＞するということ、ヴェーバーの用語でいえば「考量」するということの精神の働きそのものについての例示は、「ロッシャーとクニース」論文でもいくつかあった。取引所での仲買人の「合理的行為」の例も、その一つとして把握できよう[138]。しかしわれわれは、かれによって理想的人間類型の事実として「価値関係」的にいっそう明確に認識された、具体的内容に即した事例を跡づけたい。この点で以下においては「プロテスタンティズムの倫理と資本主義の精神」(初出、1905年) に着目する。周知のように、この著述ではプロテスタンティズム諸派といえる4つの源泉、すなわち、カルヴィニズム、ルター派の基礎のうえにたつドイツ敬虔派——カントはこの敬虔派の影響をうけている、とヴェーバーは理解している[139]——、メソジスト派、そして洗礼派 (バプティスト派、メノナイ派、クウェイカー派) などがとりあげられ、これらの信仰と実生活 (世俗的職業労働) との関係が分析されていた。このあいだの関係をとり結ぶ概念であり、しかもプロテスタンティズムのあらゆる諸派の中心的教義となったのは、いうまでもなく「天職」»Beruf« であった。「あたかも労働が絶対的な自己目的」であるかのように励むというこの心的態度 (心情) こそが、結果として近代資本主義的企業のもっとも「適合的な精神的推進力」となったということを、ヴェーバーは論証したのであった。ところでこの心的態度 (心情) についてかれはつぎのように強調していた。「しかし、こうした心情は、けっして人間が生まれつきもっているものではない。また、高賃金や低賃金という操作で直接作り出すことのできるものでもなくて、むしろ、長年月の教育の結果 (Produkt eines lang andauernden Erziehungsprozesses) としてはじめて生まれてくるものなのだ」[140]。いったいどのような「教育」であったのか。賃金とその額を計算する (rechnen) ということと対置される「宗教教育」(religiöse Erziehung)[141] の認識のありようが、ここで問われねばならない。むろん問題はせまく限定する必要がある。すなわち、こ

のザッハリヒな歴史叙述を主とする宗教社会学の著述のうちに、「測定術」の教育課題（G、W、S、系統の課題と呼んだもの）と等質的なものが、どのように認識されているかどうかである。より端的にいえば、ヴェーバー＜思慮＞概念は、思想（理論学説も含め）の具体的内容の違いをこえて、とくに思考様式の点でカントの「徳論」のうちに見られたように、いかにプラトンに接近しているか。こうした点に問題の関心をただちに限定してゆかねばならない。

α）世俗超越的な価値理念の志向に基づく自己の限界性の自覚
——G系統の課題——

　上にふれた「天職」とは各人の生活上の地位から生ずる世俗内的義務の遂行であって、それこそが神から与えられた「召命」にほかならぬと考えるものだった。世俗的職業はすべて神の前ではまったく等しい価値をもつということが説かれた。そのことは一方では神の絶対性を強調するものであったが、同時に他方では2つの重要な意味をもっていた。一つはひとびとの職業についての上下の価値秩序を「自然的原因」とみるトーマス・アクィナスとは異なって、それをたんに相対的なものとしてという以上に、さらに原理的に否認したということ。すなわち「修道士的禁欲を世俗内的道徳よりも高く考えたりするのではな」いこと、いやそれどころか、「修道院にみるような生活は、神に義とされるためにはまったく無価値というだけでなく、現世から逃れようとする利己的な愛の欠如の産物だ、とルッターは考えた」[142]。もう一つは、神の絶対性、すなわち、「測るべからざる決断」（»heimliche Ratschluß«）[143] とともに、さらにいえば「人生を支配する超越的な神性」（transzendente Gottheit Macht über das Leben）[144] をもった絶対性との関連で人間の職業的秩序の相対性を強調する第一の点を徹底して主張される、「被造物の無価値」という思想（der Gedanke der »Nichtigkeit des geschöpflichen Daseins«）[145]。ルッター派以上にとりわけカルヴニズムの場合に見られる。といってもそれはたんなる自暴自棄に陥るというのでは断じてなく、むしろ逆であった。この点についてヴェーバーはつぎのように指摘していた。「被造物の堕落を強調するカルヴァン派的思想が感情的

に——たとえば「蛆虫感」(»Wurmgefühls«) の形で理解されるとすれば、職業生活における活動力を死滅させるものになりえた。さらに予定の思想さえも——純粋のカルヴァン派的宗教意識とは正反対の方向に——情感的または感情的に受け取るばあいには、宿命論にもなりえた。…しかし、そうした感情性の強調から生じる極端な効果が意図されていないかぎり、すなわち、改革派内部の敬虔派が世俗的職業生活の内部で救いの確信をえようと努めるかぎり、敬虔派的諸原理の実践的効果は、…むしろ職業生活の禁欲的統御がいっそう厳格となり、職業道徳の宗教的基礎づけがいっそう強固になるという方向にあらわれた」[146]。絶対者との対比で注視される、現実の人間存在が示す徹底的な脆弱性は、それを情緒的にうけとめることによって宿命論にいたる、というものでは断じてなかった。むしろこの脆弱性の自覚は、一定の積極的な努力をうながし実践的行為へと転化されねばならなかった。こうした思想と、プラトン対話篇のうちにG系統の課題と呼んだもの、ならびにカントの「謙抑」説、とを対比させてみると、具体的な思想内容の違いをこえて、感性的に超越するものとの関連で人間の脆弱性をわきまえ知ろうとすることと等質の謙抑 (Demut) の自覚を認めることができる。

　β) 自己自身に対する「統御」——S系統の課題——

　上にいう積極的な実践的行為とは、本質的にどのような課題を諸個人がひきうけることになるのだろうか。「職業生活の禁欲的統御」とはどういうことか。世俗外の禁欲もたしかにありえた。「最初は世俗から去って孤独のなかに逃避したキリスト教の禁欲は、世俗を放棄しつつ、しかも修道院の内部からすでに世俗を教会の支配下においていた。しかしそのばあい、世俗的日常生活のおびる自然のままでとらわれるところのない性格を、概してそのままに放置していた」。しかし、上にいう「禁欲的統御」とはけっしてそのような消極的なものではなかった。その「統御」はたしかに「神の意志に合わせ全存在を合理的に形成するということを意味した」が、その場合ヴェーバーがとりわけ強調するのはつぎの点だった。「こうして、宗教的要求のもとづく聖徒たちの『自然の』(natürlichen)」ま

まの生活とは異なった特別の生活は——これが決定的な点なのだが——もはや世俗の外の修道院ではなくて、世俗とその秩序のただなかで行われることになった」[147]。世俗的日常のただなかに立つということ。それは、どういう事態とむかいあうことだろうか。かれはいう。「自然の地位を克服し人間を非合理的な衝動の力と現世および自然への依存から引き離し計画的意志の支配に服させ、彼の行為を不断の自己統御（Selbstkontrolle）と倫理的意義のある考量（Erwägung）のもとにおくことを目的とする、そうした合理的生活態度の組織的に完成された方法として、すでにできあがっていた。…こうした——能動的な——自己統御は、聖イグナテイウスのexercitia（修練）のみでなく、およそ合理的な修道士的徳行の最高形態における目標だったように、ピュウリタリズムの実践生活における決定的に重要な理想であった。ピュウリタンの殉教者の審問記録のうちには、かれらの平静で寡黙な態度に比較して、貴族である高僧や役人たちのとり乱した怒号、不快軽蔑をもって記されているが、そこにはすでに、今日でもイギリス人とイギリス系アメリカ人の『紳士』の最良の類型のうちに見られる、あの抑制した自己統御（Selbstkontrolle）への尊敬が、明らかに認められる。われわれの使いやすい表現で言えば、こうだろう。ピュウリタニズムの禁欲——およそ『合理的』な禁欲はすべてそうだが——の働きは、『一時的な感情』に対して『持続的な動機』をとくに禁欲自体によって『修得』された持続的動機を固守し主張する能力を人間にあたえること、——つまり、こうした形式的心理的意味における『人格』（»Persönlichkeit«）に人間を教育すること（zu erziehen）だった。禁欲の目標は、往々一般に考えられているところと違って、意識的な、覚醒し明敏な生活をにないうるということであり、無軌道な本能的享楽を絶滅することが当面の課題であって、その信奉者たちの生活を秩序あるものにすることが、もっとも重要な手段となった」[148]。世俗的日常のなかに生きながら自己統御するということは、みずからのうちなる本能的享楽とむかいあいその統御をはかるという課題をひきうけるということでもある。より一般的にはどうか。「衝動的な利潤の追求」[149]も克服されねばならない。「時間の浪費が、な

第1節　M. ヴェーバー「考量」»Erwägung«概念の教育思想史的考察

かでも第一の原理的にもっとも重い罪となる。人生の時間は、自分の召命を『確実にする』ためには、限りなく貴重」だからだ[150]。「自己統御」という教育課題についてのヴェーバーの認識は、その内容の違いをこえて、プラトンのS系統の課題とカントの「自己支配」の説にきわだって接近している。

　γ）「考量」をつうじての職業への即事的な専心態度
　　　　　——W系統の課題——

　どうすれば自分の救いを確証することができるか、救われている事態を知りうるという意味でプロテスタンティズムにおいては「救いの確信」、「救いの確かさ」（»Bewährung«　»certitudo salutis«）を得ることが切実にもとめられた。恣意的ではない形でどこにその確証をもとめるか。とりわけカルヴィニズムの場合、それは、「心情」のなかでも、「知識」（神学上の知識）のなかにでも、「制度」のなかにでもなかった。それらではなく、「行為」、すなわち、職業生活と日常生活のなかにおいてであった。

　カルヴィニズムはそれ以外からどのように区別されたか、かれの認識はつぎのようだった。

　カトリック信徒の「心情」倫理について、ヴェーバーはこう指摘していた。「中世では通常のカトリック平信徒は、倫理のうえでは、いわば『その日暮らし』（»von der Hand in den Mund«）をしていた。かれらはなによりも伝統的な義務を誠実に実行した。が、それ以上にかれらが『善き行為』をするにしても、それらの行為は、通常はかならずしも相互に関連性をもたず、すくなくとも一定の生活体系として合理化されてはいない個々の行為の羅列にすぎないもので、…。もちろんカトリックの倫理は『心情』倫理（»Gesinnungs« ethik）だった。しかし、個々の行為の具体的な »intentio«「意図」がその行為の価値を決定した。そして、個々の——善き業にせよ悪しき業にせよ——行為が行為者自身に帰せられ、かれの現世と来世の運命に影響をあたえるものとされた。もちろん、人間が一定の明確な動機で動くものと評価しうるような統一体ではなくて、その道徳的生活は通常いくつかの争いあう動機をもつ、しばしば矛盾にみちた行動だということ

79

第1章　問題の設定

を、カトリック教会はきわめて現実的な態度で考慮に入れていた。また、理想として人間に原則のある生き方を要求したことも確かだ。しかし、カトリック教会のもっとも重要な権力手段または教育手段の一つで、かつ、その機能がカトリック的宗教意識の最奥の特性と深く結合しているあの懺悔の秘蹟という聖典礼によって、この要求も平均的信徒のばあいにはきわめて弱いものとなってしまったのだ」[151]。カトリックも、たしかに「争いあう動機」にも目配りするほどの現実的態度をもち、「善き行為」の志向といったものも留意されてはいた。しかしその場合に「意図」そのものが行為の価値を決定してしまう「心情」倫理であって、「行為の羅列」にすぎなかったと、かれは指摘した。

　ルッター派信徒の情感的内面性について、ヴェーバーはこう指摘していた。「17世紀のあいだとくに発達をみたのが、ルッター派の信仰が最高の宗教的体験として追求したものは、神自身との『神秘的合一』だった。…神秘主義の現世に対する態度には、当然に外面的な活動の積極的な評価というものが欠けている。ところがルッター派の『神秘的合一』には、さらに原罪による人間の無価値という深い感情が結びついていて、これが、罪の赦しをえるのに必要な謙遜と単純さを維持してゆく、あのルッター派たちの »poenitentia quotidiana«『日々の悔い改め』を注意深く育むのだとされた。これに反して改革派の独自な宗教意識は、パスカルの静寂主義的な隠遁に対立するとともに、こうしたひたすら内面にむかおうとするルッター派の情感的な信仰とも初めから激しく対立していた。改革派では、紳的なものが人間の霊魂のなかに現実に入り込むというようなことは、全被造物に対する神の絶対的超越性からしてありうべからざる事とされた。…宗教的達人が自分が救われていることを確信しうるかたちは、自分を神の力の容器 (Gefäß) と感じるか、あるいはその道具 (Werkzeug) と感じるか、その何れかである。前者のばあいには彼の宗教生活は神秘的な感情の培養に傾き、後者のばあいには禁欲的な行為に傾く。ルッターは第一の類型により近かったし、カルヴィニズムは第二の類型に属していた」[152]。こうした内面的傾向性のいちじるしいルッター派は、必然的に行為に対して否

定的に評したと、ヴェーバーは捉える。かれはいう。「改革派教会や信団の内部でしだいに明瞭な形をとっていったこのような思索の過程を、ルッター派がくりかえし『行為主義』だと非難したことは周知のとおりだ。この非難は…改革派の平均的信徒の日常生活に見られる実践上の帰結について言われるかぎりは、確かに正当である。…この種の『行為主義』がもつ実践上の意味に関して決定的に重要なのは、何よりもまず、それに応ずる生活態度を特徴づけ、中世の平均的平信徒の日常生活とまったく異なるものたらしめた、そうした独自な性質を識別することであろう」[153]。

「禁欲的な行為に傾く」というカルヴィニズムの系譜をひく改革派の場合はどうか。「改革派の信徒もまた『信仰のみ』（»sola fide«）によって救われようと欲した。しかし、すでにカルヴァンの意見によっても、すべて単なる感情や気分はどんなに崇高にみえても欺瞞的なものであり、したがって信仰は『救いの確かさ』の確実な基礎として役立ちうるには、客観的な働きによって確証されねばならない」[154]。客観的な働きとは何か。「カルヴァン派の信徒は自分で自分の救いを —— 正確には救いの確信 (Gewißheit) を、と言わねばならない ——『造り出す』のであり、しかも、それはカトリックのように個々の功績を徐々に積みあげることによってではありえず、どんな時にも選ばれているか、捨てられているか、という二者択一のまえに立つ組織的な自己統御 (systematischen Selbstkontrolle) によって造り出すのだ」[155]。

「カルヴァン派プロテスタンティズムの禁欲とカトリックの修道院生活の合理的形態とに共通して見られるあの倫理的生活態度の組織化は純粋に外面的なことがらについても、『厳格な』ピュウリタン信徒がたえず恩恵の地位にあるか否かをみずから審査した方式のうちにも、明瞭に現われている。罪と誘惑、そして恩恵による進歩のあとを継続的にあるいはまた表にして記入する信仰日記は、イエズス会派によって始められた近代カトリックの敬虔感情（とくにフランスの）にも、また改革派教会のもっとも熱心な信徒のそれにも共通して見られるものだった。しかし、…改革派のクリスト者たちはそれを用いて、自分で『自分の脈拍をみた』のだった。著名

81

第1章　問題の設定

な道徳神学者たちについてはすべてそうした事実が伝えられているが、ベンジャミン・フランクリンが自分の一つ一つの徳性における進歩について統計的な表示の形でおこなった記帳も、その古典的事例の一つとなるだろう」[156]。「こうした道徳生活の記帳はもちろん、そのほかにも広く行われていた。しかしそのばあい——そうした『計算』(»Kalkulation«) への配慮や注意に対する決定的な心理的刺戟剤も欠けていた」[157]。「洗礼派の宗教意識が正常な世俗的職業生活に流れ込むとともに、被造物が沈黙するとき（「自然」のままの人間の衝動的非合理的な傾向性を克服すること——引用者注）にのみ神が語り給うとの思想は、明らかに、行為を冷静に考量させ、良心の個人的吟味を注意ぶかくおこなわる、という方向への教育 (ein Erziehung zur ruhigen Erwägung des Handelns und zu dessen Orientierung an sorgsamer individueller Gewissenserforscung) を意味するものとなった」[158]。

　以上のようにヴェーバーが重視したのは、救いの確かさを内面的な情感などの主観的恣意にまかせることなく、行為、とりわけ世俗的職業生活をつうじてできるだけ客観的に証明せんする、そのために行為について「計算」への要求に導かれて冷静に「考量」する——ヴェーバーによってこのことばがしばしば強調されていることに注意——という姿勢であった。こうした精神の働きを示した人間のあり方への「教育」が、とりわけカルヴァン派プロテスタンティズムに実践されていたと、ヴェーバーは論証するのだった。かれのこのような認識、とくに行為についての「考量」の概念と、プラトン「測定術」の使用を本質的特性とする＜思慮＞概念とを対比した場合両者の具体的な内容の違いをこえて、「考量」の概念は後者にうかがわれるW系統の課題と同質のものを認めることができる。

　以上にふれた、α)「被造物の無価値」の思想、β)「自己統御」の思想、γ)「考量」をつうじての「確証」の思想、という内容に導かれた行為——「事柄」それ自体への没我的献身というヴェーバー論では周知の主張を具体的内容として裏づける日々の行為を意味する——をつうじて「人格」へと媒介的に形成するという「人格」形成の「教育」認識として、ヴェーバーの＜思慮＞概念を構成することができる。ヴェーバー自身のこと

ばに即していえば、考量という訳語がふつうあてられる »Erwägung« という概念が、けっして十分ではないが、単一の用語としてその＜思慮＞概念にもっとも適合する。「方法的熟慮」(methodischer Überlegung) ということば[159]は、かれの重視する「考量」が「人格」に対して手段方法としての意味をもっていることを証示すると考えられる。こうした思想内容のうちに、プラトン対話篇にうかがえた教育課題（W系統の課題、S系統の課題、G系統の課題）と近似するものが展開していることを、われわれはたしかに認めることができる。

5．ヴェーバー「考量」概念の「批判的主観主義」的性格とその近代的な「緊張関係」構造
――アクィナス『神学大全』「思慮」(Prudentia) 説と対比して――

さいごにわれわれは、ヴェーバーの＜思慮＞概念が、以上に把握したごとくプラトンに接近するとともに、同時に、近代化過程における思想史的形象としてどのような特質を示していたかを検討しておきたい。そのさいとくに対照するのは、ヴェーバー自身が「倫理」論文でもしばしばプロテスタンティズムとの職業観の特質をきわだたせるために言及していた、中世スコラ哲学をその最盛期において代表するアクィナスである。その主著『神学大全』（『大全』と略記）第二部第47問題－第55問題で主題として集中的にとりあげられる prudentia ——邦語では「思慮」「賢慮」「知慮」といった訳語が、英語では prudence、独語では Klugheit、といった訳語があてられる[160]——の説をたどってゆこう。それによって両者の異同にふれ、ヴェーバーの「考量」概念がもっている特質を究明したい。

『大全』上記箇所でアクィナスはこの「思慮」について系統的につぎの事項にわたり論じていた。すなわち、ⅰ）思慮それ自体の諸特性（意志のうちにあるか、理性のうちにあるか。徳であるか。被支配者たちのうちにあるか、支配者たちのうちにのみあるか。「中」を規定するか。本性としてわれわれに内在するか。など）について。ⅱ）思慮の全体を構成する諸部分（理性、予知、熟考、順応、慎重など）について。ⅲ）思慮の下位に属する諸部分（立法、国政、家政、戦

術は思慮の種として措定されるか）について。iv）思慮に対立する諸々の悪徳（無節義、怠惰など）について。v）思慮に対立してしかも思慮と類似を有する諸々の悪徳（肉の思慮、姦智など）について。これらについて「討論」の形式にしたがい、先行する相対立する見解を呈示し、その比較検討とともにみずからの見解を明らかにしていた。まずつぎの所見に着目しよう。「思慮は直接的には認識的なちからに属するものである」[161]。「思慮が賞賛されるのは、単に考察（consideratio）にのみ存するのではなく、行為への適用ということ（applicatio ad opus）に存する」[162]。「予知は何か或る遠くにあるものへの或る種の関わりを含意し、その遠くにあるものへと現在生起しているところのものどもが秩序づけられるべきであるというのだから。それゆえ、予知は思慮の部分である」[163]。わずかなこれらの所見のかぎりでも、prudentia の概念が基本的には本研究で構成した＜思慮＞にあたるものとして把握できる。こうした prudentia の概念もまた、アクィナスの場合、他の枢要徳などの諸徳と同様にかれの自覚ではプラトンではなくアリストテレス『倫理学』『トピカ』や聖書、アウグスティヌス『自由意思論』、グレゴリウス『道徳論』などを引照して展開している。この「思慮」概念を――よりプラトン的であるところの――ヴェーバーの＜思慮＞概念と対比する場合、どのよう点で近似しているか、いやそれ以上にいかに隔たっているかどうかを、つぎに検証しておこう。

　ヴェーバーと共通するところはつぎのⅰ）にとどまる。

　ⅰ）感覚的判断の恣意性を可能なかぎり少なくして"確実性"を高めるというW系統の課題について。

　アクィナスはこう述べる。「『イシドルスが『語源集』において述べているごとく、『思慮がある』（prudens）とは、いわば先を見る・先が見える（porro videns）の謂いである。…』然るに、見ること（visio）は、欲求的なちからにではなく、認識的なちからに属している。それゆえ、思慮は直接的には認識的なちからに属するものである。…感覚的な力によって認識されるのは、眼前に存在し、かつ、諸感覚に現前しているところのもののみだからである。これに対して、現在のことがらや過去のことがらから未来

第1節　M. ヴェーバー「考量」»Erwägung« 概念の教育思想史的考察

のことがらを認識するということが思慮に属するところのこと…」[164]。「思慮は、本来的には、目的への諸々のてだてに関わる。そして、てだてを目的へと適切な仕方で秩序というこのことが、本来的に思慮にの任務に属している。ところで、或ものどもは目的のために必然的なものとして存しているけれども、それらのものは神の予知・摂理（providential）の下におかれている、これに対して、人間の思慮の下に配されているのは、非必然的な諸々の行為のことがらでしかないのである…予知は何か或る遠くにあるものへの或る種の関わりを含意し、その遠くにあるものへと現在生起しているところのものどもが秩序づけられるべきというのだから。それゆえ、予知は思慮の部分である」[165]。あるいは、つぎのように指摘される。「思慮に関わるところのことがらは、行為の領域に属する非必然的なことがらである。こうした行為のことがらにおいては、ことがらの多面性のゆえに、真が偽と混ざるごとき、悪も善と混ざりうる。…だからして、悪を避け、善を採るために、慎重が思慮に必要なのである」[166]。感覚的な判断の制約をこえて、「予知」(providentia / Weitblick) や「慎重」(cautio / Vorsicht) さを「思慮」の部分として把握するこうした所見に、われわれはヴェーバーにも認められた、行為の"確実性"の要求をうかがうことができる。

このような点で両者は共通するが、しかし ii) 現実の人間存在の脆弱性について認識に基づく G 系統の課題についても、iii) 自己自身を支配する S 系統の課題についても、両者は決定的な違いを明らかにしている。

ii) アクィナスはいう、「行為は個別的なものどもにおいて生ずる。それゆえ、思慮あるひとは、理性に属する普遍的な基本的諸命題をも認識し、また行為がそれに関わるところの、個別的なものどもをも認識する、ということが必然である」[167]。理性に属する普遍的な基本的諸命題——「一個の人間の私的善」のみならず、「多数者に属する共通の善」の実現に関わること[168]——を認識することは、そのことと必然的な形でかかわって、「個別的なものども」に属する現実の人間存在の脆弱性について認識することに結びつかないのかどうか。プラトン＜思慮＞概念をうかがい知り、G 系統の課題を意識するわれわれがこうした問題意識をいだくこと

85

は、けっして不当ではないだろう。しかし『大全』第二部第44－56問題であつかわれる「思慮」説にかぎっては、こうした認識は導かれることはない。むしろつぎのような注目すべき認識を別の箇所で明らかにしていた。われわれのうちに「愚かさ、無知、冷酷さ」といったかずかずの欠陥が見出されるとしても、聖霊の誘発に対して善く従属するように状態づけられている「完全性」、すなわち「賜物」を有している、人間の「自由意志」にしても、この聖霊の賜物として与えられている。このようにアクィナスは説明する[169]。神は「普遍的原動者」（universalis motor）なのだ[170]。この点では神の絶対的超越性との関連で「被造物」の無価値を主張したカルヴィニズムを評価するヴェーバーの強調姿勢とは明確に区別される。

iii）regere（規整する）ということが「思慮」の任務として重視される。それはたしかにヴェーバーと共通するかに見える。「思慮は奴隷たるかぎりの奴隷に属する徳でも、被支配者たるかぎりの被支配者に属する徳でもない。しかし、どの人間も、理性的なるかぎり、理性の決定に基づいてなにがしかの統治に与るのだから、そのかぎりにおいて、思慮をもつことが人間に適合する。…人間は思慮によって他のひとびとに命令するのみならず、自分自身にも命令する」[171]。すなわち、「自己自身を規整するところの思慮と、ひとがそれによって多数者を規整するところの思慮」[172] がある。「人間は、奴隷であれ、他のいかなる配下であれ、他のひとびとによって命令によって動かされるのであるけれども、それは、自由意志によって自己自身を動かすのである。だからして、彼らは支配者たち（principatus）に従う場合、それによって自己自身を指導するところの、或る種の規整の正しさ（rectitudo regiminis）というものが自らのうちに必要とされる。そして、これに関わるのが、国政と呼ばれるところの思慮の種なのである」[173]。自己自身を規整するということを任務とする、こうした「思慮」概念をみるかぎりは、ヴェーバー人格論にもうかがえた自己支配の課題の自覚をたしかにわれわれは認めることができる。

しかしアクィナスの「思慮」説には、ヴェーバーのそれから区別されるつぎのような重要な所見が明らかにされている。すなわち、「順応性」

(docilitas / Belehrbarkeit) を「思慮」の部分とすることに同意する所見である。かれはいう、「思慮は行為の領域に属する個別的なことがらに関わるものである。これらのことがらにはほとんど無限ともいうべき多様性があるのだからして、一人の人間によってすべてが十分な仕方で考察されるということはありえないし、…長い時間がかかるのである。だからして、人間は思慮に属する領域においてこそ最高度に他の人間によって教えられることを必要とする。しかも、とりわけ、年長者たちから教えられることが必要なのであって、かれらは、為すべき諸行為の諸目的（fines operabilium）について健全な知性を有しているのである。アリストテレスが『倫理学』第6巻において『経験を積んだ、年長の、思慮あるひとびとの論証されざる発言や見解に対しては、論証に劣らず注意をはらわなくてはならぬ。…』と述べているのはこのゆえにである。また、『箴言』第3章に『己が思慮に頼るなかれ』といわれているのも、このゆえである。…或るひとが善く教えを聞き入れることができる（bene disciplinae susceptivus）ということは順応性に属している。それゆえ、順応性が思慮の部分として指定されるのは適切である」[174]。『大全』では自己が自己自身を規整するということが「思慮」の課題とされる一方で、自己ではなく年長者によって教えられ規整されるという「思慮」の働きが、年長の「権威あるひとびと」自身に期待される「順応性」[175]以上に強調された形で要請されている。

　こうした見解に対して、ヴェーバーはどうか。諸個人がそれぞれみずからによって、自己自身を＜思慮＞（統御）することが期待されるという事例を、かれはプロテスタンティズム（とりわけカルヴィニズム）に認めたのだった。この事例に呈示されているのは「反権威的原理」だったとかれは強調していた[176]。

　どのような性質の自己が、自己自身を支配するのか。その主体の根本的な性質を問う必要がある。

　この点でヴェーバーの見解はアクィナスのそれと比して決定的に違っている。たしかに事実はそのとおりである。その違いを認めたうえでただち

第1章 問題の設定

につぎの点を付言しておかねばならない。すなわち、指導者なき民主主義を選ぶか、指導者を要する民主主義 (Führer – Demokratie) を選ぶか、という例の政治上の根本的問い (『職業としての政治』) が、自己一身についての自己支配という教育の課題に対しても同質的な意味をもってむけられるのではないか、という点である。ヴェーバーが重視するのは、むろん指導者を要するものである。その選択が＜思慮＞についての諸個人の教育課題の領域においても妥当なものとかれが認めるならば、その選択肢はあらためてアクィナスの見解と較べた場合に、どのような特質を示していたか。「生徒」(discipulum, Schüler) に対する「教師」(magistros, Lehrer) と対比されるのは、ヴェーバーのいう「指導者」(Führer) である[177]。すくなくともここにいう「教師」と「指導者」とは外見的には類似している。その外見の根底に上の事実 (自己を支配する主体に関する捉え方の相違) に整合的な、なにかしら本質的な違いがあるとすれば、それはどのような点であるか。アクィナスのいう「教師」とヴェーバーのいう「指導者」との概念上の異同との関連でヴェーバー＜思慮＞概念の特質をさらに究明してゆこう。

　アクィナスのいう「教師」とは、「権威ある人」とも同等な意味で同じ箇所では用いられている[178]。より具体的には教会の聖職位階制において「任命された」、すなわち聖職叙任に授けられる高位聖職者たち——司教と、司教に従属して補佐する司祭、助祭たち——あるいは修道者たちなどを指すと考えてよいだろう[179]。かれらはともに「説教」(predicare / Predigen) や「教授」(docere / Lehren) を「職分」(officum) として委任されたひとびとである[180]。「ある目的の実現のためには訓育または鍛錬される者はすべて、誰かの指導に従う要があり、その者に従って、いわば師匠の下にある弟子として、訓育または鍛錬される」[181]。そのような職分の担い手として高位聖職者たち、修道者たちが任命されている。とりわけ司教は神への愛、ならびに隣人愛というキリスト教的生活の「完全性」の身分にあって、「完全性の教導職」(perfectionis magisterium / Meisterschaft in der Vollkommenheit)[182] としての職務が期待される。それゆえ「司教への従順は、徳の必要性に属する事柄に関しては、余徳に属するものではなく、万

88

第1節　M. ヴェーバー「考量」»Erwägung«概念の教育思想史的考察

人に共通する義務である」[183]とされる。「従順」の対象となるかれらは——ヴェーバーの所見にしたがえば——「教義」とその解釈[184]について制度的に認知された権威者という点で、平信徒とは厳しく区別されるにちがいない。しかも、「倫理」論文でのアクィナスに対するヴェーバーの理解にしたがえば、かれらは「摂理」に実在根拠をもった自然的所与として安定的な職制に属する。信徒たちはかれらに対しどのように従順であったか。ヴェーバーはこう捉えていた。「カトリック信徒は教会の聖礼典のもたらす恩恵によって、自分にはどうにもならぬものを補うことができた。司祭が呪術者として、ミサにおける化体の奇蹟をとり行い、天国の鍵をその掌中に握っていたのだった。信徒は悔い改めと懺悔によって司祭に助けを求め、彼らから贖罪と恩恵の希望と赦免の確信を与えられ、これによってカルヴァン派信徒に見るような恐るべき内面的緊張 (Spannung) から免れること (Entlastung) ができた」[185]。アクィナスが「教師」に対する「順応性」というものを「思慮」概念の不可欠な構成要素として認めるという場合に、この「緊張」状態がそうしたアクィナスの想定する各信徒の内面にも見出せるかといえば、むろん否である。『大全』の「思慮」説のみならず、『大全』全体にはいっさいが「聖霊によって動かされ、そして導かれる」[186]という根本的な認識がある。その導きが「制度」とそれが規定する「職分」によって保証される。ヴェーバーのいう「アンシュタルト的恩寵」[187]が、信徒に与えられるのである。

　その一方、ヴェーバーの重んずる＜思慮＞概念においてはどうだったか。「カルヴァン派の信徒にとっては、この恐るべき緊張のうちに生きることは、とうてい免れがたい、また何をもってしても緩和されない運命だった。…」。心の安定ではなくむしろ内面的緊張のうちに生きるということは、教会内部の聖典礼（祭儀）によってではなく、世俗内の日常の倫理的行為をつうじて救いの確かさをもとめるという、宗教的要請と現世の行為（日常的倫理的実践）とのあいだにひき起こされる内面的緊張をともなう教育課題を積極的にひきうけるということ、そうした事態を意味している。ヴェーバーはこう指摘していた。「カルヴィニズムの神がその信徒に

89

求めたものは、個々の『善き業』ではなく、組織（System）にまで高められた行為主義（Werkheiligkeit）だった。カトリックの信徒たちの罪、悔い改め、懺悔、赦免、そして新たな罪、それらのあいだを往来するまことに人間的な動揺や、また、地上の罪によって償い、聖礼典という教会の恩恵賦与の手段によって全生涯の帳尻が決済されるというようなことは、カルヴァン派信徒のばあいには全く問題にならなかった。こうして、人々の日常的な倫理的実践から無計画性と無組織性がとりのぞかれ、生活態度の全体にわたって、一貫した方法が形づくられることになった」[188]。世俗内の日常の実践が志向されるという点では、現実の行為の結果ではなく行為者の動機いかんを徹底的に問うカントの＜思慮＞概念との明確な違いがある。この基本的性格をここで強調しておきたい。価値、目的、手段、結果との関連で実践的行為のあり方を問うヴェーバーの重視する＜思慮＞概念の特質を把握するために、カルヴァン派信徒たちの行為についてのつぎの点にさらに注意をむけたい。一つは、救いの確信を、「権威によって」[189]恩恵として賦与されるものを受動的にうけ入れるというのではなく、みずからが積極的に作り出すということ、それをヴェーバーは宗教的な「貴族主義」と特徴づけた[190]。もう一つは、その貴族主義な課題の遂行の仕方は個人的にとどまるものではなく、「自由意志的につくられる集会という形をとった」こと、そしてそれは「信団」という自発的結社組織の形成にいたったこと。ヴェーバーの概念でいえば、その関係のなかで諸個人は相互間の同意による合理的協定で結びつくというゲゼルシャフトの性格をもちあわせている、と把握できよう。こうした結社組織においては、指導者の個人的なカリスマ的資質（アクィナスのいう「教師」の場合の任命された「職分」に対蹠的なもの）とその資質に対して自発的に帰依し、随行する信徒たちとの結合関係が成り立っている[191]。

　不可避的な内面の「緊張」の有無にかかわるこうした対比が成り立つとすれば、この２つの事例から帰結としてつぎの点を導くことができよう。＜思慮＞概念を構成する、自己一身を支配するという教育課題をみずから遂行するにさいしては、支配する主体性にかかわる２つの重要な依拠しう

第1節　M. ヴェーバー「考量」»Erwägung« 概念の教育思想史的考察

る選択肢がありうること。すなわち、こうである。

「アンシュタルト」(Anstalt) に順応するか、それとも諸個人の「内面的な習得」(innerliche Aneigung) に依拠するか。より明確にいえば、摂理という形で権威づけられた所与としてのアンシュタルト組織とその組織の職務上の権威者に対して、「恩寵」(聖霊の賜物) をうけているという認識——ヴェーバーのいう「官職カリスマ」[192] の性格が与えられるという認識——をもって無条件的な信仰とともにしたがうか、それとも、権威的な所与としての組織ではなく、個人の人格的資質に対して、みずからの知性的判断をもって帰依 (信託) に値する価値理念の「証し」(Bewährung) が認められるというかぎりで随行するか。原理的にはこの選択である[193]。

この場合に帰依する値する資質とは何か。ここでカントを思い起こそう。「証跡」の担い手についてかれは、こういっていた。「多大の犠牲を払い、しかも義務のためにだけに為された諸人の行為は、たしかに高貴にして崇高な所業として賞賛されてよい。しかしそれはこの行為がひとえにかれらの義務に対する尊敬に基づいて生じたものであり、いたずらに興奮した心情に発するものではないということを確かに推せしめるような証跡のある場合にかぎられる」。現実の人格を越えた価値理念を現実化するという目的意識を前提にした、そのかぎりの「証跡」の担い手に対する自発的服従＝帰依と随行といえる。その点では、ヴェーバーの＜思慮＞概念は、カント、「自由」(自由の因果性) の観念を尊び、「宗教的問答教授」と「道徳的問答教授」とを峻別 (注107)) していた近代のカントのそれに比較して、たしかに重要な違いが注意されるにしても——すなわち、超越的な価値理念の志向のみならず、世俗内の日常の外的行為に関する「考量」が期待されるということ、そのゆえに行為者の内面的緊張が不可避とされるという点においては、ヴェーバー＜思慮＞概念は、善意志という内面的動機を徹底的に重んずるカントのそれとはたしかに異なるが、——しかし明らかに共通する部分をそなえていた。教育思想を究明する場合でも、この点を見落としてはならない。そのゆえに＜思慮＞というものを特徴づける上記のこの根本的な問いは、中世教会の聖職位階秩序 (原理) に対する根本

第 1 章　問題の設定

的懐疑のはじまった近代にすでに成り立つものだった。

　一方、上にいう権威づけられた現実的所与は、ヴェーバーの指摘するごとく「摂理」としてたしかに中世神学において理論的に基礎づけられ、のみならず社会的に遂行されるものであったろうが、しかしそれはけっして遠い過去の遺物にとどまるものではない。ヴェーバーのいう意味でのアンシュタルトとしての学校（Lehranstalt）の制度[194]が確立し——日本近世では、本研究の第4章でその一端を明らかにするように、18世紀後半以降「学政一致」の理念のもとで学校（藩校）が内部的に組織化してゆくとともに、全国的に整備してゆく——、のみならず「没主観的」な計算可能性を特性とする職務遂行が重視される近代官僚制化がさまざまな組織（学校その他）に進行している今日の状況に、われわれも例外なしに宿命的なまでにまき込まれているとすれば、任命された権威者とその「教説」に「順応」しつつ自己を支配するというアクィナス〈思慮〉概念もまた、教会の外の世俗社会のうちに近代以降もなお重要な教育的意味をけっして失ってはいない。いやそれどころか、その「順応」の徳は、組織あるいはその任命された権威者に対する「恭順」と「服従」という組織のなかで適合的に生きる規律の形となって、ますます広範囲にその実践が期待されてきている[195]。

　以上のようにアクィナス〈思慮〉概念とヴェーバー〈思慮〉概念とをひき合わせて、感覚的判断の恣意性を可能なかぎり克服するW系統の課題を自覚するという点で共通しながらも、現実の人間存在の脆弱性の自覚をふまえたG系統の課題、ならびに自己自身を支配統制するS系統の課題の認識に関しては決定的な違いがあることを知った。その違いにうかがわれるヴェーバーの選択肢について考察した場合、それを二者択一することはできない事態がうかがえる。今日にとってもなおも持続的に問い、かつ応答することがもとめられるべき、宗教的価値とそれに隣接する知的認識のあいだの「緊張関係」（Spannungsverhältnis）が構造として現前しているのである。「われわれはここで、ウェーバーの倫理的世界観が謂わば細い隙間から覗くように見えて来る地点に立つ。彼はあり得べき一切の理想が極度

92

第 1 節　M. ヴェーバー「考量」»Erwägung«概念の教育思想史的考察

の緊張関係にある二つの対極へ分岐するのを見る」。こう指摘したマリアンネ夫人のことば、くわえてケスラー (Dirk Kaesler) によるヴェーバーの「媒介する働き」(Versuche der Vermittlung) という思想的態度も、ここに現前するこの思想構造についての認識として指示できよう[196]。

　以上の本節全体の論述からおわりに要点をまとめておこう。
　ⅰ）マックス・ヴェーバー「考量」概念が示した「緊張関係」構造は、Consequentialism に属するといえる＜思慮＞概念の一つ、すなわち、ヴェーバーと同時代のデューイが提出した、諸個人の活動とその結果の予測、しかも数学的に精密な計測と類比できる程度の予測の働きを本質とする「思慮」(deliberation / reflection) 概念と比較した場合、ヴェーバーでは結果の予測を一特質するという点では共通するが、妥当する価値への志向（主体的決断）を＜思慮＞概念の本質的な構成要件とするとともに、その一方この志向に導かれて自己自身を支配統御することをもその本質的要件とするという点で、デューイとは明確な違いが認められた。したがって——デューイのことばでいえば——「固定された目的への愛着」ということを基本的性格とする＜思慮＞概念も、たしかにプラトン、カント、ヴェーバーという主要潮流のうちに展開していた。
　ⅱ）教育界でひときわ目立ったデューイとは隔たったところで、とりわけ中世アクィナスの＜思慮＞概念と対比されるヴェーバーの＜思慮＞概念の内容は、こう簡潔に要約できる。(1) まずもって妥当する価値に対してみずからが依拠すべき価値理念として主体的に決断しつつも、具体的には徹底して日常の事柄へ没我的に献身する行為をめざして——この点では「価値合理性」とともに、行為の結果を照合する「目的合理性」をも重視するわけで、そのゆえに不可避的に内面的緊張をともなうことを覚悟して——「適合的因果連関」規則の認識に基づいて一般的な「助成」の程度（確実性）で期待される結果を予測して現実目的を設定する、(2) そのうえで、その目的にかなった手段を選択して行為する、(3) のみならず現実にひき起こされた行為の結果にも倫理的責任をとる。こうした一連の行為

93

第1章　問題の設定

過程を行為者みずからが「考量」(Erwägung) することによって「自己統制」する、このような＜思慮＞概念である。

ⅲ）行為者みずからが「考量」する場合に志向される行為の"確実性"の性格ついて、より普遍的に把握するとすれば、すでにふれた（注4）を参照）H. リッケルトの概念でいえば「批判的主観主義」(der kritische Subjektivismus) に基づく＜思慮＞概念と規定できる。「人格たることは、人が意図して欲しえない何かである」と言明されていたが、「人格たること」は、直接的な形をもってしては獲得されず、むしろ没我的にみずからの日常の具体的行為について「批判的」に「考量」するという、徳の一種としても再定義されうる努力を媒介することをもって獲得されうるものであった[197]。

ⅳ）行為の結果をも重視することは、徹底的に行為者の内面的な動機のいかんを重んじるカントと比べたとき、きわだったヴェーバーの特色といえるが、しかしプラトン「測定術」の思考様式を範型としたカントの「徳論」の思想系列をうけ継ぐヴェーバーの「考量」概念は、アクィナスと対比した場合には、要するに、自己支配にさいして、一種の自然的所与としての「教師」に「順応」（「恭順と服従」）するか、それとも価値の「証跡」の担い手としての「指導者」にしたがうか、という解決の容易ならぬ、宗教的価値とそれに隣接した知的認識とのあいだの近代的な「緊張関係」を示している。そしてこのような「緊張関係」は、近代以降の社会においてもなおも持続的な形で現前している。

ⅴ）こうした「考量」概念は、ヴェーバー「人格」論において、人間の理想的あり方の実現に関する「創造」説に対する問題性の認識と鋭く対比されるものだった。すなわち、この「創造」説では、当為と存在の区別の曖昧さ、因果性と法則性との混同、個人人格と全体的集合との区別の曖昧さ、などの諸問題がかれによって指摘されていた。

ヴェーバーのこうした問題認識をさいごに再確認したところで、『宗教社会学論集』第1巻に収められた論稿「儒教とピューリタニズム」のなかの結語部分に注意をむけざるをえない。「天職」(Beruf) という「考量」の

働きの対象となった世俗内の日常的行為の観念ほど、儒教における君子の理想（Vornehmheitsideal）と相容れないものはなかった——西洋のプロテスタンティズムについて論証したヴェーバーはこう論及していた。同論稿では主たる考察の外におかれた日本、とりわけ儒学をつうじて「道」を追求することが期待された日本近世において、その隔絶、とりわけ理念的超越性への志向の有無にかかわる隔絶についてのヴェーバーの見解はいったいどの部分、いかなる程度に妥当するものであったのか。そして本節で確認されたものと同質の近代的な「緊張関係」構造は——この点もきわめて重要なのだが——公概念が展開し、官僚制化が進行する18世紀の日本近世でも見出せるのかどうか。ひろくいえば「ヴェーバーとアジアの近代化」という主題[198]にかかわるこの普遍史的な問いを、われわれはこの本研究の主題の重要な部分にかかわる問題提起としてもうけとめておこう。本節はその「問題」の予備的考察としての働きを示したと思う。いまやわれわれは、その「問題」そのものをヴェーバーの具体的な論述とともに明らかにしてゆこう。

注

1.
1) 本研究では、一方を分析の方法（とくに接近視角）として人為的に構成し、他方を分析の対象として設定しようとする。この種の比較思想史的接近の意味について、あらかじめ2点述べておきたい。
　ⅰ）上記の形式的な側面について。こうした外側からの思想史的方法がどの程度の有効性を示すものであるかは、徂徠学を中心とした日本近世教育思想史に関する論述によって具体的に検証されねばならないと考える。その検証作業をぬきにして方法そのものの妥当性を疑うことは、方法の道具的性格をかんがみて適切とは思われない。しかし、その種の方法的態度については、考察の対象から離れ直接しないゆえに外在的であって恣意的であると批判し、同時にその一方ではネイティヴなもの（「土着」、「自生」、「在村」）を発掘し、実践的にも評価する傾向——ヴィンデルバンド（Wilhelm Windelband、1848-1915）の把握（*Präludien,* 2. Bd., J. C. B. Mohl, 1921）に基づけば、「批判的方法」（「目的論的必然性」teleologische Notwendigkeit に性格づけられる）と対比される、「発生的方法」（「事実的妥当」tatsächliche Geltung に根拠づけられる）への準拠として、あるいは『丸山真男講義録』第7冊、とくに第3章

第1章　問題の設定

思想運動としての国学、東京大学出版会、1998、において指摘される特質にしたがえば、particularism（特殊主義）としても性格づけられよう——が今日もなお持続している。だが、本研究が志向するところの方法が日本思想史研究、時代的に限定していえば近世以前の思想史研究の分野で、分析の接近視角としてどこまで自覚をもって的確に概念構築され、のみならず具体的な論証として実践されたかといえば、けっして多くの蓄積があるわけではない。ヨーロッパと関連づけた場合の顕著なものを以下例示すれば、「本研究の課題と方法」でもふれたが、先駆的にはルネッサンスと「古学」の類似性を論じ、より個別的には古学に属する徂徠学とホッブスとの相似性（ともに専制君主の制定する法律制度を重視した点）を指摘していた井上哲次郎の『日本古学派の哲学』冨山房、1902、が着目される。また、キリスト教における「否定」の思想との対比をもって鎌倉仏教（親鸞、道元、等）の絶対否定の思想を頂点的達成として論証した家永三郎『日本思想史に於ける否定の論理の発達』弘文堂、1930（新泉社、1969）、あるいは、中世盛期スコラ哲学（その頂点としてのトーミズム）による自然法的世界像が後期スコラ哲学（スコトゥス、オッカム）にいたり、いかにして漸次的に解体して近代的な思惟傾向（諸文化の内的な自己法則性 innere Eigengesetzlichkeiten の自覚）を形成していったか、その過程（後注196）参照）と近世儒教の発展過程とを照応関係性に注視しつつ究明した、丸山眞男の近世儒教発展史研究（「近世儒教の発展における徂徠学の特質、並びに国学との関連」1940）がある。教育史の領域においては、先駆的にはすでに『西洋教育史潮概説』（1925）を公刊していた石川謙の日本近世教育史研究がとりあげられる。もっぱら堅実な実証性の側面が強調され、それはそれで十分に根拠のあることだが、この場合に対象それ自体に直接的に埋没することなく、対象から一定の距離をもって対象の構成につとめていたことに注意したい。たとえば、「近世に於ける教育機関の超封建的傾向の発達」というサブタイトルをもつ『日本庶民教育史』（1929）では、徳川期教育の諸事例の特性が、Monitorial system, Volksschule, Universal education, Einheitsschule, Free education, Social realism, Elementary education、といった近代学校を特徴づける教授方法、教育内容、教育財政などに関する諸概念とともに発生起源史的関心をもって分析されていた。このような顕著な事例がないわけではないが、日本近世の教育思想史の研究全体における上記の方法的実践についてみれば、けっして多くのきわだった業績が残されているわけではない。ただし、日本近代についての教育史研究一般に視野をうつせば—— discipline あるいは Zucht 理論の受容についての研究とは別に——近代性に対する懐疑の問題意識とともに、典型的にはミッシェル・フーコー『監獄の誕生』田村俶訳、新潮社、1977、の「規律・訓練」の視角をもって、日本の近代学校（「学校管理」）に関する歴史像が再構成されてきている顕著な動向がある。なお、外側からの思想史の方法の問題とともに、その方法の仮構性についての批判も同様に留意されるが、この点については、本研究の第5章の注3）で言及する。

ii）上記の内容的な側面について。本研究はマックス・ヴェーバーと日本というテーマに属する。この場合、大正期以来、日本人がヴェーバーをどのように受容したかという関心それ自体についての研究——丸山眞男（1965）「戦前における日本のヴェー

バー研究」(『丸山眞男集』第9巻、岩波書店、1996、安藤英治他編『マックス・ヴェーバーの思想像』新泉社、1969)、内田芳明「文化受容としてのヴェーバー受容」『歴史と社会』第2号、リブロポート、1983、Wolfgang Schwentker, *Max Weber in Japan*, Tübingen, Mohr Siebeck, 1998。この近著についての紹介と批評を含んだ山之内靖「日本の社会科学とマックス・ヴェーバー体験」『現代思想』第27巻第5号、青土社、1999、など——も、ヴェーバーと日本というテーマに属するであろう。本研究も事実としてヴェーバー受容の一面があるわけであるが、本研究は受容それ自身を研究対象にするわけではない。ヴェーバーの近代化理論あるいは、より直接的にそのアジア論(断片的であるが封建日本論も含め)等の業績を参照しつつ、日本の現実(その資本主義発展史その他)を対象とする研究領域に、本研究の基本的関心はむけられる。この方面に属する研究としては、R. N. ベラー『徳川時代の宗教』(1957)をはじめとして、富永健一「ヴェーバーと中国および日本の近代化」『思想』767号、岩波書店、1998、小笠原真『近代化と宗教——マックス・ヴェーバーと日本——』世界思想社、1994、厚東洋輔「ヴェーバーのアジア社会論の射程と限界」『思想』第849号、岩波書店、1995、池田昭『ヴェーバーの日本近代化論と宗教』岩田書店、1999、などに重要な所見がみられる。本研究ではその逐一にはふれない。ここでは、ヴェーバーの業績内容を概念的視角として扱い、そのうえで日本、とくに近世思想史の解明を試みた高度な達成として、ベラーの業績に一言しておこう。「聖なるものと、聖なるものに対する人間の義務の捉え方が、経済的合理化に都合のよい諸価値や動機づけにどのように影響するか」という問題を中心に論究したこの業績は、タルコット・パーソンズの社会体系の A. G. I. L の分析枠組み (Adaptation, Goal Attainment, Integration, Latency) に方法的には準拠しつつも、主題的にはプロテスタンティズムの倫理と資本主義の精神の関連をたどるヴェーバーの周知の研究に根本的には導かれたものだった。ベラーの接近では、たとえ精神的次元の問題に限定されたとしても、その領域面では主として宗教的側面と経済的側面との内的関連についての論述——「心を知る」という心学(その創始者石田梅岩)の一見神秘的教えは世間から隠遁することを勧めるのではなく、「世俗内神秘主義」として現世の仕事に勤勉に献身するとともに、倹約と節約を日々実践することを促すことによって、広範囲の商人階級に支持されたということ——をとおして日本の近代化、とくに経済的合理化の「目標達成」にどのように貢献したかを究明しようしていた。このため宗教的側面と人間形成の問題(とくに教育の領域における「合理主義」Rationalismus の問題)については、研究の視野の中心から外された。

2) 『広辞苑第5版』岩波書店、1998。
3) 『弁名』(『荻生徂徠』日本思想大系36、岩波書店、1973、p.149)。徂徠は関係の研究者には周知のごとく、ことばの用法については一貫して厳格であった。その場合『弁名』におけるこの用語の記述は、辞書的な一般説明(漢和字典の述作『訳文筌蹄』がある)よりは自己の思想体系と緊密に繋がっている。すなわち、かれに先行した伊藤仁斎が「心思知慮は内なり。視聴動作は外なり。専ら心思知慮を貴んで、尽く視聴動作を廃して、可ならんや」(『童子問』巻の上、第22章)と述べて、感覚、運

第1章　問題の設定

動の面の働きとして表出する生の活動それ自体を肯定的に認めようとする見解と対照させてみると、微妙な違いだが、徂徠の「慮」の規定にあっては外的世界との対応ということが強調されていることが、注意される。諸個人に共通に準拠されるべき諸尺度＝「極」に対して原理的・実践的関心をむけていた徂徠（本研究の第3章第1節）において、そうしたことばの規定にとどまらず、より具体的にどのような教育認識を展開していたかが問題になる。この問いは、本研究全体のテーマの根底におかれるものとなるだろう。

4)　"確実性"というものを、心理的に規定すること、とくに無前提的な「純粋経験」によって根拠づけられる安定的状態として規定する試みも、一つの立場としてあるだろう。たとえばフォルケルト（Johannes Immanuel Volkelt, 1848－1930）の「確実性」（Gewißheit）の概念はその立場に属する。かれは「自己の意識過程の絶対的に自明な知識（absolut selbstverständliches Wissen von meinen eigenen Bewußtseinsvorgängen)」に根拠づけられるものとして「確実性」の概念を把握していた。ERFAHRUNG UND DENKEN, 1886, Hamburg, Leopold Voss, S.55.

　しかし本研究ではそのような心理主義的立場はとらない。Handbuch philosophisher Grundbegriffe, Band3, München, Koesel, 1973, GEWISSHEIT の項（S.586－587）を参照してみよう。つぎのような説明がある。——確実性は理論的な意味しかもちえないのではなく、それにとどまらず実践的な立場（praktische Stellungnahme)、場合によっては道徳的決断（sittliche Entscheidung）にも基礎をおく。しかし確実性は、もしそれを心理的に安定した状態としてのみ特徴づけるとすれば、その確実性の内容は不明確なものに消失してしまう。確実性ということばの通常の用法は、事物（Sache）の言表と内的確信（innere Überzeugung）の表現とが結びつき、対象に関する一つの知識を含んでいる。そうした確実性をもった知識は、一般に「疑い」(Zweifel）の働きに媒介された場合には、不十分な根拠を批判し、事柄について把握した知識への確信をよりいっそう根拠づける。それゆえに、こうした主観的な確実性は、もともと客観化する（objektivieren）契機を包含している。しかし他方では、その内的確信の根拠は、生活の諸事情のなかの偶然性（Zufälligkeit）とも結びつき、確実性に対する要求を維持することを困難にしている。以上のような説明を"確実性"の基本概念として、本研究では捉えておきたい。

　こうした規定に基本的には準拠しつつも、とくに本章の分析の中心的対象とするマックス・ヴェーバーの思想において、どのような種類の"確実性"の要求が示されていたか、この点を特徴づける試みは、とくに後注197）でおこなう。ここではその基礎作業としてつぎの概念にふれておこう。すなわち、リッケルト（Heinrich Rickert, 1863-1936）の著作、SYSTEM DER PHILOSOPHIE, ERSTER TEIL : ALLGEMEINE GRUNDLEGUNG DER PHILOSOPHIE, Tübingen, J. C. B. Mohr, 1921、の論ずる「批判的主観主義」（Der kritische Subjektivismus）の概念である。上にも一般的に指摘されるように、主観的な確実性は、もともと客観化する（objektivieren）契機を包含している。この点にかかわって、「客観性を根拠づける」（Objektivität zu begründen）ことを可能にする、この「批判的主観主義」の基本的性格について、

リッケルトは以下のように、「心理学的主観主義」と「形而上学的主観主義」から区別して、カントに依拠しつつ述べる。

「規則（Regel）において、規範（Norm）、指令（Vorschrift）、当為（Gesollten）の概念が想起させる。規則は、この場合には、ある心理的なものの現実的な意志にも、あるいは形而上学的主体の意志にも、いずれにも支えられることはできない。それは妥当する価値において（in einem geltenden Wert）根拠づけられねばならない」（ebenda, S.157）。そのような超個人的な形式的意味をもった「規則を明確な自覚にすることが『批判的』哲学の課題である」（ebenda, S.158）。「超越論的主観（transzendentale Subjekt）は、けっして客観にむけられるものではない。そうではなく、この主観はあくまでも中心にとどまる。そして客観的世界が、この主観へとむけられねばならない。…すなわち、対象的なもの、あるいは客観的なものとは、超個人的で規範的な主観（überindividuelles, normatives Subjekt）が、妥当する規則にしたがって、自己の客体として対置するものである。規則の概念をうちに含む価値思想がないとすれば、その場合にコペルニクス的立場は、形而上学的、あるいは心理学的主体のどちらかにささえられねばならない。かくすれば『独断主義』（Dogmatismus）か『懐疑主義』（Skeptizismus）へと帰着せざるをえない。『よき』主観主義としての批判主義（Kritizismus）の基礎に依拠して得られた客観性に関して決定的なのは、ただ妥当（Geltung）あるいは価値（Wertes）の類のみである。認識主観がみずからのものと所有し、それらに根拠づけられて主観は自己の世界を構築するのである。妥当する価値形式によって主観の構築した世界とは、対象的な、あるいは客観的な世界である」（ebenda, S.158）。「カントの意味における哲学は、いっさいのその諸部分にわたり、さまざまな生の諸領域の意味を付与する価値を自立的に、しかも秩序づけて明確な自覚へともたらそうとする努力でなければならない。したがって、主観主義であれ、客観主義であれ、いかなる見地においてもその『批判主義』は、価値の哲学として特徴づけられるものである」（ebenda, S.159）。

以上のように「批判的主観主義」の基本的性格をリッケルトは、主観に認識根拠をもとめつつも、個人における所与としてあるもの（Sein）によってではなく、超個人的に妥当する、その意味において客観的な、価値によって本質的に性格づけられるものとして規定した。この点において、「心理学的主観主義」（psychologische Subjektivismus）とも「形而上学的主観主義」（metaphysische Subjektivismus）とも明確に区別されるものだった。

そのような「批判的主観主義」が価値理論としての性格をもつかぎり、リッケルトはつぎのような2つ課題に応答することがもとめられていると、指摘していた。「世界の現実的側面に対して哲学はいかなる課題をもつかという問い、そして、現実的なもにと妥当するものとはいかにして統一的な世界全体の概念へと結びつくのかという問い」（S.162）。この根本的な問いと、それに対していかなる応答がありうるか、に本研究でも注意をむけておきたい。後注197）参照。

5) カッシーラーは、「尺度概念」が知の「範型」（Paradigma）として数学的思惟のみならず哲学的思惟、精神史において持続的に優位をたもってきた状況にふれつつ、

99

第1章　問題の設定

「今日の数学の問題状況からすれば、疑いもなく計量可能な量についての科学という数学の定義はあまりにも狭いといわねばならない」と指摘していた。CASSIRER, E., *DAS ERKENNTNISPROBLEM IN DER PHILOSOPHIE UND WISSENSCHAFT DER NEUEREN ZEIT*, IV（1956）, Sonderausgabe, Darmstadt, Wissenschaftliche Buchgesellschaft, S.56（『認識問題4』山本義隆・村岡晋一訳、みすず書房、p.61）．こうしたカッシーラーの指摘を本節は重視したい。関連して、注38）および51）にふれるカッシーラーの見解も参照。なお、これらに表明されているカッシーラーと同様の指摘を下村寅太郎も明らかにしていた。『科学史の哲学』（1941）の「精神史における数学の位置」の章で下村はいう、「今日では数学は自律性をもった一つの科学であり、哲学その他の実質的科学から独立な純粋に形式的な学問である。…しかしかかる数学は近世の展開の結果である。…通常の数学史は数学の歴史である。すでに数学として存在する数学の発展の歴史である。…『数える』ことや『はかる』ことは最も根源的な思惟であり、思惟の最も原始的な仕方である。しかし数的思惟の原始性は単に発生的に見て根源的であるのではない。数的思惟が最も日常的であると同時に最も彼岸的なるものに連なっている」（『数理哲学・科学史の哲学』みすず書房、1988、pp.191-193）。こうした見地にたって、下村は「人格」の概念も指摘していた。「かつて無限は人間の知力の及び得ぬものとして断念されていたが、近世において積極的に無限は有限者に内在するものとして把握されている。…カントにおける『人格』の尊厳はこの存在論の倫理的表白である」（同上、p.205）。

6）Weisheit という独語は、プラトン対話篇でとりあげられる四元徳＝枢要徳（思慮、節制、勇気、正義）の一つ、思慮についての独語訳として充てられている（後にふれる Jeager, Ritter, Stenzel などの研究、あるいは Apelt らの独訳）ものであるが、本節ではその場合とともに、全体としては個々の事例の分析にさいしての検索の便宜となる理念型的構築概念として規定する。この構築概念を＜思慮＞と記し、個々の歴史的概念としての「思慮」から区別しておく。

　構築概念に関して、たとえば *Wörterbuch der philosophischen Begriffe*, FELIX MEINER, 1998, S.722、を参照してみよう。Weisheit はギリシャ語のsophia、ラテン語の sapientia に対応すること、その意味は「思慮分別（Verständigkeit）、知ること（Wissen）、熟練（Erfahrenheit）、よりひろくいえば、技術（Kunst）あるいは策略（List）の包括的表現、今日一般的にいえば、事物と人間の正しい算定に基づく生活態度ならびに行為の仕方（die aus der richtigen Einschätzung der Dinge und Menschen entspringende Lebenshaltung und Handlungsweise）」と説明されている。こうした一般的な意味についての説明を本節でも尊重したうえで概念規定する。ただしその場合につぎの2点に留意しておきたい。

　第一に、ここに指摘されるように「技術あるいは策略」についてもこの概念のうちに視野におきたい。その点で、「目的を達成するために適合的な手段を認識し適用する自然的資質」（S.345）としての Klugheit 賢慮ならびに「ギリシャ語の phronesis の意味で、正しさ、合目的的なもの、善をもとめる思慮分別、知識」（ebenda, S.173）としての Einsicht（洞察）も、Weisheit に内包される構成概念として考慮さ

れねばならない。とくに Klugheit（賢慮）は、「あたえられた、あるいは設定した諸条件のもとで適切な目標を実現する実践的能力」を指すラテン語の prudentia、に対応する（S.531）という点も、われわれは重視しておきたい。

　第二に、上にいう正しい算定（Einschätzung）という認識にかかわって、本節では計算測定の知的働きということを＜思慮＞概念の構成契機として考慮にいれる。この点では――このことが重要なのだが、洞察、予見可能性、数による予測可能性とともに、「大きい」「小さい」等の量に関する「尺度」による測定、という点を考慮して――ソーフロシュネー（sophrosyne といわれる節制（Maßigkeit, Besonnenheit）も構築概念としての＜思慮＞ Weisheit のなかに含まれせることにする。その意味で「節制」が「快楽に適用された思慮深さ」であるという理解（アンドレ・コント＝スポンヴィル『ささやかながら、徳について』中村昇・小須田健・コリーヌ・カンタン訳、紀伊国屋書店、1999、p.68）を本節では重視したい。こうした規定は、周知のように、ソーフロシュネーが「節制」とともに、「思慮」の語をともなって邦訳される事情（たとえば『プラトン全集』第7巻、岩波書店、におさめられた対話篇『カルミデス――克己節制（思慮の健全さ）について――』山野耕治訳）とも相応するであろう。また、アリストテレスにも同様の規定を見ることができるだろう。後注7）参照。「節制」をも視野にいれるという点に関しては、注25）でふれるボルノーの所説、注60）でふれる「測定術」の自己支配の課題、ならびに注159）で言及するヴェーバーの計算可能性に関する概念にも注意をむけたい。したがって、構築概念としての＜思慮＞（Weisheit）は、歴史的概念としての Weisheit（思慮）と重複する部分がたしかに大きいが、直接的に同一なものとは捉えてはなるまい。枢要徳としての一つとしての「思慮」（Weisheit）のみならず「節制」（Maßigkeit, Besonnenheit）もまた構築概念に内包されるものとして着目することになるだろう。

　なぜ歴史的概念としての「思慮」ではなく構築概念としてこのような意味を包含した Weisheit という独語をもって「思慮」の概念を規定したか、逆になぜ本章における考察の主たる対象とする人物（マックス・ヴェーバー）の概念を直接的な形で使用しないか、というその理由については、ここでは論究の具体的作業の結果を若干さきどりしていわねばならない。つぎに2点ふれよう。

　第一に形式的条件。本節の標題にあるヴェーバーの「考量」Erwägung という概念の基本的な性格づけ、とりわけその宗教的・倫理的な教育思想としての普遍的な意味合い――徂徠学の教育思想史的研究に対しても接近視角としての有効性を発揮しうる、という道具性――を強調するにあたっては、ヴェーバーを中心としながらもプラトン、アクィナス、カントといった先行する諸思想との関連を同じ意味系列で視野にいれるために、諸思想のそれぞれを適度に（ひろすぎず、せますぎずに）包括できる概念を構成することをもって対処することが重視されたこと。もしもプラトンにしろヴェーバーにしろ、いずれか一つの対象それ自体の＜思慮＞に近接することばを直接的に用いるとなると、むろん原理的に不可能ではないが、実際問題としてどうしても排他的傾向を色濃くおびてしまい、個々の対象の固有性の認識とそれぞれの比較対照とを困難にすることが懸念される。その排他性が"徂徠学の教育思想史的研究"とい

101

第1章　問題の設定

う思想史像の解明に対してもおよぶとすれば、アプローチの仕方として不的確といわざるをえない。
　第二に内容的条件。本文および注でも後述するように「思慮」が「狡猾」を意味する自己中心的利害の計算の働きと同一視されてゆく歴史的経緯（とりわけ近代以降）がたしかに認められるとすれば、そうした同一視をうながす（必然化とまではいえない）であろう内的契機を歴史のなかに確認することが重視された。しかも、ヴェーバーを中心にするという第一の形式的条件にも違背しないという制約のもとで、この内的契機を確定することが重要視された。その場合、のちに本文でふれるようにプラトンの「測定術」の思考との連続性を示した継受のいかん——むろん当事者におけるその歴史的自覚はどうでもよい——がとりわけ注視された。この点で重要なことは、その思考の様式そのものをそれ自体として摘出し原理的に抽象してゆくことにほかならない。「測定術」の思考ではなく、プラトンの「思慮」の用例を分析していったとしても、その成果は本節の課題に対しては意味をもたないであろう。それゆえ、「測定術」の思考を考慮に入れた＜思慮＞という概念を上記のように構築する必要があった。こうした内容的考慮をともなって、本節ではヴェーバーをプラトン－カントの思想系列に結びつけることになる。その意味については、関連して注38）を参照のこと。

7)　「思慮」（フロネーシス）はプラトン対話篇『国家』第4巻、427e、ですでに知性的徳として「正義」「勇気」「節制」とともに明らかにしていたが、「知識」（エピステーメー）などとかならずしも区別されてはいなかった。アリストテレスはこの「思慮」（フロネーシス）を、『ニコマコス倫理学』でひとしく知性的働きにかかわる「学」（エピステーメー）とも「知恵」（ソフィア）とも「直知」（ヌース）とも区別して、行為において善なる目的とそれを達成する手段とを発見する能力をもった、実践的知性として性格づけた。そして国政に関する思慮、家政に関する「思慮」とともに自己一身についての「思慮」をその範囲に含めた。アリストテレスの重視する「思慮」（フロネーシス）とソフィアとの関連について、岩田靖夫『アリストテレスの倫理思想』岩波書店、1985、ではつぎのように指摘される。「観想（…）は、常にあらゆる者にとって同一の永遠不変の真理にかかわっているのである。これに対して、フロネーシスのかかわる善は相対的であり偶然的であることを免れない。なぜなら、善は各個人の個別的状況に応じて多様であり、また人間にとっての善と魚にとっての善とは異なるであろうからである。つまり、ソフィアはつねに同一であるが、フロネーシスは存在者があるだけそれだけ多元的に成立しているといえるのである」（同上、p.73f.）。「多元的」であるとはいえ、フロネーシスは実践的なものゆえ、一般的な面と、個別的な面とがともに必要とされる。『ニコマコス倫理学』第6巻第7章1141b。このうちの一方は、行為の確実性をもとめてソフィアに近づこうとする。もう一方は、個々の行為者のそのつどの快苦によって行為が左右されてしまう危うさををはらむゆえに、「節制」（Besonennheit）の救護（Retun）を必要とする（*ARISTOTERES WERK IN DEUTSCHER ÜBERSETZUNG* (Hrsg. Ernst Grumach) Bd.6, NIKOMACHISHE ETHIK, 1956, Darmstadt, Wissenschaftliche Buchgesellschaf,

S.450.『ニコマコス倫理学』第6巻第5章1140bについての注）。

8) アクィナスは周知のように『神学大全』で4つの徳, すなわち「思慮」(prudential)「正義」(justitia)「節制」(temperantia)「勇気」(fortitudo) を枢要徳として認め、それらを対神的諸徳（信仰、希望、愛）とともに重んじた。その場合、かれは「思慮」の見解をとりわけアリストテレス『ニコマコス倫理学』に中心的に依拠していた。アクィナス「思慮」説そのものについては、後に本文でふれる。信仰・希望・愛といった対神徳とは区別して4つの枢要徳の一つとして確固として秩序化され位置づけられる。この秩序の様相はマッキンタイヤー『美徳なき時代』箱崎栄訳、みすず書房、1993、の用語でいえば、「諸徳の一性」(the unity of the virtues) といってもよいだろう。後注23) を参照。

9) THOMAS HOBBES, *Leviathan* (Cambridge texts in the history of political thought), Cambridge University Press, 1991, p.22、ホッブス『リヴァイヤサン（1）』水田洋訳、岩波文庫、1954、p.61、では「慎慮」についてつぎのように説明される。「ときに人は、ある行為の結果を知ろうとする。そしてその場合には、かれはなにか類似の過去の行為について考え、その結果をつぎからつぎへと考える。かれは類似の行為には類似の結果が付随するであろうと、想定しているのである。それはたとえば、ある犯罪者がどうなるだろうかと予測する人が、以前の類似の罪に付随してかれがみたことを罪、殺人、牢獄、裁判官、絞首台という思考の順序で、再吟味するがごとくである。この種の思考は、予見 (Foresight) および慎慮 (Prudence) または神慮 (Providence)、またときに智恵 (Wisdom) とよばれる」(第3章)。類似の行為とその結果についての予測の働きとしての「慎慮」の意味は、われわれの構築概念としての＜思慮＞として説明できるとともに、のちにふれるヴェーバーの「考量」の概念を規定する「適合的因果連関」説にも近似している。ただしホッブスのこの「慎慮」は、「知的」と呼ばれる「徳」の一つとして性格づけられるものであっても（第8章）、「経験と記憶に依存する」(ibid., p.52, 同上、p.126) 思考の「系列」(Consequence) の特質として、心理学的に自然主義的な因果関係の見地から説明されている。経験的現実を離れた価値に対する明確な関係において把握されているのではない。この点で、のちにふれるヴェーバーのそれとは顕著に違っている。

10) 人間の行為、しかも個々の行為については「硬直した定規」によって裁断するのではなく「共通感覚」を用いた「柔軟な定規」によって判断される必要があると、ヴィーコは『われわれの時代の学問の方法について』のなかで主張した。その「柔軟な定規」による判断力としてかれは「賢慮」を評価し、一般原理にかかわる「知識」と区別した。「共通感覚」を重んじるこうしたヴィーコの「フロネーシス」の説をのちにガーダマーは『真理と方法』轡田収・麻生建・三島憲一・他訳、法政大学出版会、1986、でうけ継ぎ、グループ、民族、国家、人類など共通感覚を形づける倫理的徳であると指摘し、その思想的淵源がプラトンの「善のイデア」に対抗したアリストテレス、トマス・アクィナスにあるなどを論ずる。同上、pp.26−43。アーレントは、近代における人間の私的孤立化の傾向とともに生ずる「世界疎外」の問題に注視しつつ、人間を周囲のリアリティに適合させる、あるいは共通世界に適合させる感覚とし

第1章　問題の設定

て五感による「共通感覚」を把握し——その点で、この意味の共通感覚に対する理解を欠如させ、内省を重んじるデカルトを批判したヴィーコにアーレントは賛同する——、その感覚に根ざすものとしてアリストテレス流の「思慮」（フロネーシス）の判断力を重んじた。その場合彼女は、とりわけカントに依拠しつつ——ガーダマーは「共通感覚」論の点でカントに対しては否定的であったが——、他者のパースペクティヴを考慮に入れる共同体感覚（sensus communis）にかかわるものとして政治的な意味を付与した。H. アーレント『人間の条件』志水速雄訳、筑摩書房、1994、p.334、449、513、など。同『過去と未来の間』引田隆也、斎藤純一訳、みすず書房、1994、p.298f.。同『カント政治哲学の講義』浜田義文監訳、法政大学出版会、1987、第11-13講、川崎修『アレント』講談社、1998、p.339、参照。なお、「共通感覚」に根ざしたフロネーシス（「思慮」）とヴェーバーとの対比については、後注197）を参照。

11) 清水幾太郎『倫理学ノート』岩波書店、1972。

12) 『日本デューイ学会紀要』第1号、1960。大浦の論述内容をより発展させ著作として、牧野宇一郎『デューイ価値観の研究』東海大学出版会、1968、も参照されるべきだろう。

13) Dewey, J., *DEMOCRACY AND EDUCATION*, The Free Press, 1966, p.145、『民主主義と教育』上、松野安雄訳、岩波文庫版、p.231。

14) ibid., p.150、同上、p.239。

15) Dewey, J. *HUMAN NATURE AND CONDUCT*, The Modern Library, 1957, p.190、『人間性と行為』河村望訳、人間の科学社、1995、p.188。

16) ibid., p.201、同上、p.198。

17) ibid., p.216f.、同上、p.210f.。

18) Dewey, J., *DEMOCRACY AND EDUCATION*, p.101f.『民主主義と教育』上、松野安雄訳、岩波文庫版、p.164f.。

19) ibid., p.104、同上、p.168。

20) Kantian Ethics と Consequentialism について。両者の対立を調整する方向は、さまざまに考えられよう。ここではヴェーバーに即した概念に関する見解に簡潔にふれる。バウムガルテン（Eduard Baumgarten）は論稿 ERFOLGETHIK UND GESINNUNGSETHIK, in : *Blatter für deutsche Philosophie*, Bd.17,1943, において、ドイツの精神的道徳的な自己意識にあっては、志向（心情）（Gesinnung）のいかんを重視する倫理態度と結果（Erfolg）のいかんを重視する倫理的態度とが没交渉に切り離されてしまい、内面性（Innerlichkeit）と現実政治（Realpolitik）とに分岐してしまうという問題をとりあげ、この2つの態度が倫理的行為を成り立たせる2つの本質的な極として共属の関係にありうることを Denken の意味をあらためて検証しつつ究明する。その場合、バウムガルテンが鍵概念として重視するのは「慎重」（Sorgfalt）である。志向あるいは内面的意図は、「慎重」の働きによって、それ自身がどのような固有の実現過程を示すかその公算に注視して決断するのであると、かれは指摘する。「こうした結果への志向（Orientierung am Erforg）は、利己的な自己

享受の危険から心情への忠実をまもるとともに、堅実な率直さ(reelle Aufrichkeit)を内面的な誠実さに対して送付する」(S.111f.)。このような見解をふまえて、むろんかれはヴェーバーの所見についても末尾の注記において明確に言及して、かの「責任倫理」が両極を結合するものであること、自己の良心に対しても、世界の経過に対しても責任をひきうける堅実な行為の姿勢であると、論ずる(S.117)。この点については、本節で後述するように、シュルフターがヴェーバーの「反省的な原理的倫理」の思想的特質として、両極の緊張を強調した形で近年にいたって重視することになる。

21)「教育」の概念を本研究も意図的な人間形成として一般的に規定する。そのうえで本研究では、人間形成における"形づけ"の働きを中核的に重視する。その働きの特性として、つぎの3点に着目したい。α)主体と客体(対象)とを原理的に分けて峻別すること。この場合、他者を客体とする他者教育と、同一人物における主客の分離を前提とする自己教育とを区別する。β)フィクションとしての理念像もしくは実在する人物像という形で理想的な人間あり方の範型(モデル)が目標として追求されること。その範型が徳という形で指示される場合のみならず、行為の具体的事実として示される場合もとりあげる。いずれにしても、追求されるこの人間の理想的範型は、諸価値との関係をもつ。したがって、客体の変化はたんなる自然的な変化ではなく、価値の蓄積を本質的にともなった変化を意味する。γ)客体(対象)の変化を意図的作為に属する技術的働きによっておこなうこと。この場合、教室における教授・学習活動のほか、日常生活、職業生活におけるさまざまな実践的行為も含む。いずれにしても、その技術的働きにおいては、価値に対する顧慮とともに、行為の目的・手段・結果などに対する相互の考量が要請される。以上の諸規定の教育概念を本研究ではもちろん価値中立的に規定する。こうした概念がただちに実践的に、肯定的あるいは否定に評価されるわけではない。なお、以上の概念規定は本研究にかぎっての作業仮設的なものとする。

22) 本節の思想史的接近に基づく論述は、学説史研究ならびに哲学・倫理学研究と比較した場合、思考内容の点では一部分それらと共有しつつも、基本的には思考内容——日常生活的諸事項から学問的論理的諸事項も含め——の展開を基礎づける思考様式とその推移について究明してゆくことが、その特色といえる。本研究の論述内容に即してより具体的にいえば、プラトン対話篇で「測定術」と呼ばれる一種の技術が教育行為にかかわるどのような課題と方法を要請するものであると考えられているか、その「測定術」の思考の一定の形式的側面に注意をむけて思考様式の特質を摘出し、人物の継承の自覚いかんをこえて、思考様式それ自身の歴史的推移を解明する。したがって、道徳的判断等にかかわる主張の基礎づけにどこまで成功しているか、失敗しているか、ということについては、哲学あるいは倫理学研究とは異なって、本節では第一義的には判断を留保する。また、高度に抽象化した理論的認識のみならず、具体的日常行為のレヴェルにおける見解(具体的にはヴェーバーの宗教社会学的な歴史叙述「プロテスタンティズム倫理と資本主義の精神」)とそこに示された思考様式をも付随的ならず、本質的な思考の特質として把握してゆこうとする。この点では、学説

第1章　問題の設定

史との顕著な違いとなる。

23) Weber, M., Zwischenbetrachtung, in : *Gesammelte Aufsätze zur Religionssoziologie*, 1. Bd, 5. Aufl., Tübingen, J. C. B. Mohr, 1963、以下、RS1. と略記（『宗教社会学論集』第1巻）S.567、「宗教的現世拒否の段階と方向に関する理論」は周知のように『世界宗教の経済倫理』のなかで位置づけられている「中間考察」（『現代社会学大系5　社会学論集』青木書店、1971、『宗教社会学論選』大塚久雄・生松敬三訳、みすず書房、1972、p.159、『ウェーバー　宗教・社会論集』安藤英治他訳、河出書房新社、1988）である。「現世の価値の喪失」をまねく、宗教的価値と隣接するその他の諸価値領域のあいだで相剋する「緊張関係」（Spannungs verhältnis）が、教育の領域においてどのような意味を示すか、という点がきわめて重要な問題として注意される。とくに後注196）参照。

マッキンタイヤーは近代以降の精神的状況について『美徳なき時代』みすず書房、1993、において「道徳言語は秩序ある状態から無秩序な状態に移行した」として総括し、つぎのように論じた。プラトンにとって「諸徳は互いに両立するばかりでなく、各々の徳が現存するためにはすべての諸徳の現存が要求されるのである。諸徳の一性（the unity of the virtues）に関するこの強力なテーゼはアリストテレスとアクィナスの両者によって繰り返し唱えられている。もっともこの二人はいくつもの重要な点においてプラトンと——そして互いの間でも——異なっているけれども。これら3人すべてが共有している前提要件は＜ある宇宙秩序が存在し、それが人間の生という全体的に調和のとれた枠組みの中に各々の徳を位置付ける＞である。道徳の領域における真理は、道徳判断がこの枠組の秩序に適合することに存するのである。それとは鋭い対照を示す近代的な伝統があり、それを奉ずるところでは＜人間にとっての諸善はきわめて多様で異質なものなので、それらの追求は単一の道徳秩序ではどんな中でも調停されず、したがって、そうした調停を試みるか他のすべての組合せに対する一組の諸善の覇権を強めるかするいかなる社会秩序も、人間の条件を締め付ける装置、それもまず確実に全体主義的な装置に転化する運命にある＞ということだ。これは、アイザイア・バーリン卿が熱心に力説してきた見解である。そしてその先駆けは、先に注目したようにウェーバーの著作の中にある」（同上、邦訳、p.175f.）。マッキンタイヤーの見解にしたがえば、ヴェーバーは「諸徳の一性」を認めず、「価値の複数性」を認識し道徳的秩序が無調停に衝突する現実を覚悟した人物として、ニーチェとともに注目されるのだった。たしかにヴェーバーはひとびとに共有できる安定した「道徳的秩序」を確立することについては悲観的であった。この点ではヴェーバーとリッケルトとの基本的立場の違いが認められるだろう（W. シュルフター『近代合理主義の成立』、嘉目克彦訳、未来社、1987、p.31、など）。しかし、ヴェーバーにおいてはたして伝統的な枢要徳の確立に対する意志がなかったと断定できるかどうか、この点については検討の余地をのこすだろう。後注197）を参照のこと。

24) たとえば20世紀初頭の体系的な倫理学書の一例としてハルトマン（Nicolai Hartmann, 1882−1950）*Ethik*, Berlin, Walter de Gruyter, 1926, では「思慮」（Weisheit）は「人間における指導的な部局の価値」として、「正義」「勇気」「節制」

とともに論じられる。「現実の道徳的根本的立場、すなわち、行為そのものの第一に方向づける価値（primärer Richtungswert des Aktes selbst）のみが思慮を『徳』たらしめる」。基本概念としてはこのように把握されるが、歴史的にはつぎのように概括される。「プラトンにとって思慮（σοφια）は至高の徳であったとしても『魂の一部分』の徳として妥当した。アリステレスにとってそれは『知性的徳』として首位に位置づけられた。けれども、ストアにいたっては、『賢者の理念』のもとでほとんどその倫理の全内容がとりあつかわれた。こうした歴史的過程において思慮（σοφια）はいっさいの徳の総体となるまでに昇級した。この結果として思慮の特殊な意味は失われ、結局のところ内容的に色あせた姿が残存し、なかばは徳の模範、なかばは道徳的に生き生きしたものの悪夢となりえたのは、不思議なことではない」(ebenda, S.388f.)。

25）尺度一般ではなく、人間行為の実現にかかわる倫理的尺度について原理的に論究したものとして、ボルノー（Otto Friedrich Bollnow, 1903－1991）の *Mass und Vermessenheit des Menschen*, Vandenhoeck & Ruprecht, 1962, が着目される。「『尺度』（Mass）とは詳細な補足ぬきにしていえば、たいていは長さではなく一桝として特徴づけられる。すなわち、一定量の液体が注がれる瓶なのである」。しかし「尺度の概念」は人間の生活に対して転義した場合には決定的な重要性をもっているとの見地から、正しい「尺度」からの逸脱の諸形態としてつぎの事項を指摘した。

ⅰ）「無節制」（Unmäßigkeit）：意志的なものに対して暴飲、放蕩など本能的な衝動の欲望追求が優越し、「節制」（Mäßigkeit）、すなわち飲食物摂取についての節制、あるいは一般に感覚に媒介された享受一般の節制から逸脱すること。ⅱ）「無節度」（Maßlosigkeit）：みずからの主張、要求の実現を意味する。功名心、復讐など激情的な意欲の拡大欲求として現われ、明確な規律の行為に裏付けられた「中庸な（節度をまもる）こと」（Mäßigung）の逸脱を意味する。ⅲ）「不遜」（Vermessenheit）：「測り損ねる（sich vermessen）ということを主体そのものに適応し、自己の能力や可能性についての誤った算定（ein falsches Einschätzen）を意味している」。「人間はかれに対して人間として設定される限界を踏み越える。不遜というものは神的権利の簒奪（Anmassung eines göttlichen Rechts）なのである」。

こうした3つの逸脱形態とそれに対応する正しい「尺度」の実現という課題は、本研究も主題的事項（概念的視角）と深くかかわっている。しかし、直接的な形ではこのボルノーのこの概念を参照基準とはしない。ボルノー自身、「尺度原理」の純粋形態が達せられた古典古代ギリシャのアリストテレスとともにプラトンのソーフロシュネー（sophrosyne）概念に注意をむけて、それに相当する Mäßigkeit, Besonnenheit, Beherrschung という独語をあてているが、本研究もまたプラトンに着目する。その場合にもボルノーが整理する上記の3つは事実上、とり入れられることになるが、しかし、ボルノーの場合とは異なって、プラトンそのものから「尺度」に関する概念的指標を構成してゆきたい。

なお上記、ⅲ）「不遜」（Vermessenheit）の「測り損ねる」（sich vermessen）については、本節で論及するカントの問題意識――「謙抑」（Demütigung）とは正反

第1章　問題の設定

対の悪徳を意味する——につうずるものとして、とりわけ注目できる。
　以上の「尺度」への問いが、<思慮>の働きにおける計算の側面にかかわるのに対して、行為の側面にかかわって「因果性」と「志向性」への根本的問いかけが着目される。「価値」「目的」「規範」「動機」「理由」「自由」「必然」「偶然」「計画」「責任」などの基礎的諸概念とともに原理的に分析される行為理論（theory of action / Handlungstheorie）の領域で、「因果性」と「志向性」との関連にかかわる問題がどのように究明されてきたか、その議論についてここで概括する必要はとくにないであろう。黒田亘『行為と規範』勁草書房、1992、が基本文献として参照されよう。ヴェーバーについての後注123）の言及を参照。

26）ザッハリヒな研究に含まれる成果のなかから、本節の叙述内容に関係する重要な一つを例示すれば、フーコー『性の歴史』があげられる。性における「節制」の原則、すなわち、けっして快楽の欲望を除去消滅するのではなく、主体が「己れに克つ」ことによってその欲望を適度の分量をもって統制するという課題——たとえばプラトン『饗宴』では「肉体との関係がいかに低く評価され、いかに下位のものであろうとも、またその関係が美へのこの動きを逸脱させ停止させるかもしれない以上いかに危険であるかもしれないとしても、それでもその関係は一挙に排除されもせず、永久に否認されもしない」（『性の歴史Ⅱ』田村俶訳、新潮社、1986、p.303）ということ——が、すでに紀元前4世紀の古典期ギリシャの思索のなかで道徳的実践の領域として組立てられ、主体の「自己統御」の理想として表明されていることを、フーコーは論証していた。このことでフーコーが注意をむけるとともに、しかもわれわれにとっても興味深い点は、そうした「節制」の努力が「分別の行使」を本質的要件としていることである。「快楽を用いるさいに自分を道徳主体として構成できるためには、必ず同時に自分を認識主体として構成しなければならない」。つまり「知と節制とは切り離しえない」こと、「真理への関係が節制の本質的構成要素の一つだという点である」（同上、p.105f.）。こうしたフーコーの論及のうちに、「節制」（ソーフロシュネー）の要素をもちながらも、かならずしもその徳だけでは説明できない<思慮>の課題についてのザッハリヒな認識が、深い洞察とともに示されている。そのさいフーコーが重視するのは、「自己統御」という自己自身に対する形式であるよりは、むしろその対象である性的快楽という内容に対してである。後者は、フーコーにとってけっして自己統制の事例にとどまるものではない。この点において、本節で主としてとりあげるヴェーバーとの違いが認められるだろう。

27）「思慮」と「狡猾」（あるいは、前二者とも区別される「怜悧」）とを混同せず、明確に区別せねばならないという認識を集中的に明らかにしていた代表的事例を近代以前にもとめれば、周知のアリストテレス『ニコマコス倫理学』の第6巻第12章第13章（1144a）、アクィナス『神学大全』第2－2部第55問題、などが注目される。後者では、「思慮に対立してしかも思慮と類似を有するごとき諸々の悪徳」として、「肉の思慮」「姦智」などがとりあげられていた。近代にいたっては、周知のルソー『人間不平等起源論』（1755）には、「自己保存のための配慮」とは区別され、「自然の憐れみの情」とは正反対のreflexion（「熟慮」あるいは「反省」と訳される）の働きが、

つぎのように問題視されていた。「利己愛を生みだすのは理性であり、それを強めるのは熟慮である。人間に自分のことにばかりかかわずらわせるのが熟慮であり、人間を妨げ苦しめるすべてから離れさせるのが熟慮である」(『社会契約論 人間不平等起源論』作田啓一、原好男訳、白水社、1991、p.238)。ルソーの批判的な意図をもって注意をむける「反省」(熟慮)は、われわれの着目する「思慮」あるいは＜思慮＞を導く、より根源的な精神の働き——非反省的な感覚と対比されるべき——といえる(ストロバンスキー『J.－J.ルソー 透明と障害』松本勤訳、思索社、1973)。そして近年では、たとえばマッキンタイヤー『西洋倫理思想史 上』菅豊彦他訳、九州大学出版会、1985、p.145、にもその区別が注意されている。

28) ヴェーバーを枢要徳としての「思慮」の説の系譜に位置づけることは、たしかに定論といえずとも、しかしけっして唐突な扱いではない。たとえば、トーマス・アクィナス『神学大全』のラテン語原文対照独訳版 *SUMMA THEOLOGICA*, Übersetzt und Kommentiert von DOMINIKANERN UND BENEDIKTINERN DEUTSCHLANDS UND OESTERREICHS. Bd. 17B, F. H. Kerle u. Styria, 1966、に収められた Wilhelm Salber, Psycologischer Exkurs zur Abhandlung des Thomas von Aquin über die Klugheit、のなかでヴェーバーの Sachlichkeit の態度のことが「思慮」説との関連で言及(S.565)されている。くわしくは、後注175)をみよ。あるいはアンドレ・コント＝スポンヴィル『ささやかながら、徳について』中村昇・小須田健・コリーヌ・カンタン訳、紀伊國屋書店、1999、では枢要徳の一つとしての「思慮深さ」についての議論でヴェーバーにふれ、「責任倫理は私たちがみずからの意図や原理にだけでなく、予測できる範囲でみずからの行為の結果にも責任をもつことを要求する。これこそが思慮深さにかなった倫理であり、価値ある唯一の倫理である」と指摘していた。同書、p.52。こうした着眼点は貴重であり同意できるものである。そのことを断わったうえで、本節では、「現世の価値喪失」あるいは枢要徳についての認識の希薄化が進行する近代以降の思想的傾向に注意をむけて、むしろ理念型的に構築した＜思慮＞概念が、具体的な思想的事実としてどのように検証されうるかどうかにより注意をむけたい。ボルノーが『徳の現象学』森田孝訳、白水社、p.20、で指摘するように、徳の変遷とその廃棄（ないし相対化）とが同一視すべきではないとすれば、こうしたアプローチの方が「思慮」の変遷の様相をより明確に実質的内容とともに把握できると考えるからである。

29) Weber, M., *WIRTSCHAFT UND GESELLSCHAFT*, (以下、WuG. と略記) 2. Halbband, 5., rev. Aufl. Tübingen, J. C. B. Mohr, 1976, S.562、ヴェーバー『支配の社会学1』世良晃志郎訳、創文社、1960、p.93。「計算可能性」はとりわけ近代官僚制の職務機能の特性として顕著であるが、伝統的要素（臣下の人格的忠誠をもとめる領主の支配）含む「家産制的官僚制」(Patrimonialbüreaukratie) もその傾向を示すとされる。この場合についても、われわれは注意をむけておきたい。本節では具体的にこの事例を論述するものではないが、日本近世の藩校組織においてどのように「官僚制化」が理論的に正当化され、実際に進行していったか、等を検討すべき課題として重視したい。この点については、本研究の第4章で一部ふれる。

第1章　問題の設定

30)「市町村の経済的事業によせて」(中村貞二訳)『政治論集　1』みすず書房、1982、p.103。Max Weber, *Gesammelte Aufsätze zur Soziologie und Sozialpolitik*, Tübingen, J. C. B. Mohr, 1924, S.414.

31) Karl Loewith, Max Weber und Karl Marx, in：*ARCHIV FÜR SOZIAL-WISSENSCHAFT UND SOZIALPOLITIK*, Tübingen, J. C. B. Mohr, 1932, Bd.67. 『ウェーバーとマルクス』柴田治三郎、脇圭平、安藤英治訳、未来社、1966。レーヴィットはこう述べていた。「合理性と自由の統一は、人間ヴェーバーが専門人たる自己に対してとった特異な態度のなかにもっとも深刻な形で示されている。そしてここでも、かれの専門的関心の統一と分散に対応するものは、人間的矛盾の統一である。ヴェーバーはいかなるときでも自分を全体として示したことはなく、つねに特定領域の成員としてのみ、——何かきまった役割において、また何かきまった人間としてのみ——自分を示した…『論文においては経験的個別科学者として、講壇に立っては大学教授として、演壇にのぼっては政党人として、内輪のグループに入っては宗教的人間として』しかしこのように生活領域を分立させること——その理論的表現が『価値自由』である——にこそ、じつはヴェーバーそのひとの個性が、その全体の特質においてあらわされている。ここでもヴェーバーにとっての問題は、——マルクスの場合のように——合理化された世界の特殊的人間性、つまり専門人たることを、分業と同様にいかに止揚しうる (aufgehoben) かということではなく、不可避的に『分割せる』人間性のただなかにおいて (inmitten seiner unentrinnbar »parzellierten« Menschlichkeit)、なおかつ (dennoch) 人間そのものが個人の自己責任への自由 (Freiheit zur Eigenverantwortung des Individuums) を全体において保持することがどうしたらできるか、ということである。ここでもヴェーバーは、この、マルクスのいう人間の自己疎外を、実は肯定している」(ebenda, S.97、邦訳、p.68f.)。「なるほど彼は『秩序人』の優勢に対して『魂』を救おうとしている。しかしここにいう『魂』は、…無情な人間の計量にさらされた魂 (eine Seele inmitten der Herzlosigkeit menschlicher Berechnung) である。こうして個人そのものも、——ヴェーバーによるとこの個人たることにこそ人間としての本質がかかっているのであるが——近代的専門人という現実の特殊的存在を超え、またその外にある不可分的全体者としての個人を意味するのではない。個別化せる役割の中にそのつど全身を投ずるとき、はじめて個人は一個の『人間』となる。…このような個人性のおかげで、ヴェーバーはあらゆるもに自分を定着させたが、しかも何物にも安住することができず、与えられた状況に身をおきながら、しかもまったく自分の足で立つことができた。…ヴェーバーは意識的『多面的 (»allseitiges Menschentum«) 人間性』を断念し、専門人の専門の仕事に自分を限定した。それは、まさしく『今日価値ある行為一般の前提である。』ところが、この断念は同時に最高の要求、つまり、この『魂の分割』(»Parzellierung der Seele«) のただなかにありながら、それ自身では個別化せる行為の情熱によって、そのつど全身を打ちこまんとする要求を課すものである」(ebenda, S.97f.、邦訳、p.70f.)。計算可能性を原理とする歴史的状況のただなかにあって (inmitten)、科学者として、教授として、政党人として、ヴェーバー自身、

110

自己限定的な人間のあり方を「責任の自覚」をもって実現することが、「今日価値ある行為一般の前提」であると主張できるとすれば、その人間のあり方はヴェーバー自身の特質にとどまらず、近代社会における人間の普遍的な教育課題として、どのように認識され具体的に展開していたかということを、われわれは問い、そして検証することが要請されるだろう。

32) ヘニースは『マックス・ヴェーバーの問題設定』雀部幸隆、嘉目克彦、豊田謙二、勝又正直訳、恒星社厚生閣、1991、においてヴェーバーのテーマについてつぎのように述べる。「人間の『文化』問題、これが依然として作品の対象である。これは、人間を形成し、人間の能力を伸ばすか、あるいはそれを変形させて『魂の分割』まで生み出すような、そうした布置状況のなかに人間が社会的行為をなしうる存在として『投げ込まれる』ことから生じる問題である」。こう述べて、「人格と生活秩序」（»Persönlichkeit und Lebensordnung«）の関係がかれにとって重要なテーマであったと指摘する。そのうえで、このテーマは聴衆、とりわけ青年学生に対してつぎのように語るものではなかったか、とヘニースは推測する。「汝ら自身になれ。どういう場合でも君らは『諸秩序』のなかにいる。この諸秩序はそれぞれ固有法則性をもち、それぞれが要請をだすのだ。『人格』たりうるのは、諸君、この秩序のなかで日々の要求にしたがうことを心得ている者だけである」(p.80f.)。こうした教育上の(pädagogisch) 問題関心がヴェーバーにおいてきわめて重要だったとヘニースは強調していた。Wilhelm Hennis, *Max Weber Wissenschaft vom Menschen*, Tübingen, J. C. B. Mohr, 1996, S.94f.。そして、ヘニースは「その作品のもっとも重要な箇所ついて、ヴェーバーはプラトンに依拠することによってその正当性をえている」(ebenda, S.100) と指摘していた。

33) Wolfgang Schluchter, *RELIGION UND LEBENSFÜHRUNG* (Bd.1 STUDIEN ZU MAX WEBERS KULTUR-UND WERTTHEORIE) , Suhrkamp, 1988, S.171.『信念倫理と責任倫理』嘉目克彦訳、風媒社、1996、p.13。

34) Ebenda, S.258f. 同上、p.89、同上、p.222。

35) Ebenda, S.251f. 同上、p.81。この点は多くの研究者が指摘するところであるが、内田芳明も『ヴェーバー社会科学の基礎研究』岩波書店、1968、第1章6「プラーグマ論とその批判的諸問題」において同様の見解を明らかにしていた。p.119。

36) Ebenda, S.303f.、同上、p.136f.。

37) この点で「人格性の本質」に関する小倉志祥の以下の把握（『M. ウェーバーにおける科学と倫理』清水弘文堂、1971、pp.256-259) は、さきにふれたヴェーバーの価値論に関するシュルフターの認識に先行するとともに、教育思想として検出しようとする本章にとって示唆的であった。「人格の本質は究極的価値に対する『内面的恒常性』にあったが、心情倫理とはこの恒常性を欠いた人間像にほかならない。…このような人間像に対置されるものはウェーバーにおいては言うまでもなくピュウリタニスムスである。…歴史は理想と現実との対立の場面である。理想は価値或いは規範の世界であり、現実は因果の世界である。歴史はこの二つの世界の緊張関係であり、この緊張は人間行為の内に絶えず映現している。心情倫理がこの緊張を回避するのに

第1章　問題の設定

対して、責任倫理はこれを引受ける。そしてウェーバーの『人格性』はこの責任倫理の担い手である。…結果に対する責任感が強ければ強いほど、適合的因果連関に即して行為する目的合理性の意識は昂まってくる。しかしながら、責任倫理は『適応の倫理学』ではない。…不可能を通じて可能に到ることは、ウェーバーにおいては盲信ではない。それは理論的な裏づけをもっている。すなわち、歴史の適合的因果関連であり、あたかも必然的であるかのごとく見える発展傾向に対しても常に人間の行動の自由の介しうる『可能性』は残されている。…行為は価値と因果とを両極としている。両者は、それぞれ固有の理法を有する。この相異なるものを調和させようとするところに行為の意義がある。価値―目的―手段の系列を現実連関として一貫させようとするところに人格性の本質がある」。こうした小倉の論述から示唆されるのは、価値―目的―手段の系列を現実連関として「明証」的に一貫させようとすることによって、人格性が獲得される、というヴェーバーの一種の倫理教育に関する見解の存在である。こうした予想はさらに明確に検証される必要がある。

38）ヴェーバーをプラトン、カントとの関連で時系列上に位置づける試みは、けっして恣意的なものではない。そうした系列の把握の可能性と問題設定の重要性とをカッシーラー（Ernst Cassirer）の DETERMINISMUS UND INDETERMINISMUS IN DER MODERNEN PHYSIK, 1937, in : *ZUR MODERNEN PHYSIK*, Darmstadt, Wissenschaftliche Buchgesellschaft, 5., unveränderte Aufl., 1980,『現代物理学における決定論と非決定論』山本義隆訳、学術書房、1994、のなかの以下のプラトン、カントに共通する思想的関心についての論述（一部山本訳をかえた）は示唆する。以下のようにカッシーラーは述べていた。

　プラトンの場合でもスピノザの場合でもカントの場合でも、「彼等すべてにとって、自由は、不確定性というよりは、むしろある仕方での決定可能性（Bestimmbarkeit）を意味していた。純粋なイデア観照による決定可能性、同時に最高の存在法則でもある普遍的理性法則による決定可能性、自律つまり意志の自己法則性が表現されている純粋義務概念による決定性、これらこそが自由の問題が還元されるべき基本契機である。普遍的自然法則の内にあるもう一つの決定の様式は、そのさい否定されることも放棄されることもなく、むしろ前提されている。…倫理学的意味でのどのような『責任を負わせる事』（Zurechnung）も、つねになんらかの仕方の『事前の考量』（Vorausberechnung）を前提とし、その考量に拘束されている。ただ単に因果的連関から逸脱しただけの、根拠なく行き当たりばったりに行われる行為は、空をさまよい、永続的な倫理学主体に関連付けることも責任を負わせる（zugerechnet）こともできないであろう。なにがしかの仕方で『根拠付けられた』行為のみが、自ら責任を負うことのできる行為と見なし得るのであり、私達がその行為に与える価値は、その根拠の種類に、その根拠の質に依存しているのであって、根拠の不在にではない。…倫理学にとってその根拠づけこそが問題とされる意志の自由は、独断論的宿命論とはもちろん相容れないが、しかし批判的に考察され展開された決定論とは決して対立しない。…私達が自分の道徳的決断のためにそのようなありそうもないことを計算に入れ（zählen）、決断をゆだねざるをえないとすれば、それは惨めな状態といわねばな

112

らない。滅多にありそうもないことは実践的にみれば不可能なことと同義であり、もしも倫理学的自由がその概念と本来の意味からして計算可能性（Berechenbarkeit）と相容れないとすれば、量子力学に残されている予測可能性（Vorausberechenbarkeit）の度合は、倫理学的自由を破壊するにまったく十分であろう。…『永続性』は物理的カテゴリーであるだけではなく、たとえまったく異なる意味であったとしても、倫理学的カテゴリーでもある。というのも、すべての真に道徳的な行為は、ある特定の道徳的『人格』（Charakter）の統一性と永続性から生じなければならないからである。

すでにこのことからして、倫理学が野放図な『非決定論』に結び付き、いわばその腕のなかに身を投じようとするならば、それは倫理学にとってははなはだ悲惨というべきだろうということが導かれる。そのような立場からすると、私達は、ある行為を、それが恣意性や意外性や出鱈目さの刻印をより多く帯びているほど、それだけ高く評価しなければならないということになるだろう。しかし真の道徳的判断は、まったく逆の方向に向かっている。それは、気紛れで、目まぐるしく移り変わる『制御不能』（unkontrollierbare）な振舞いを評価しない。むしろそれは評価するのは、『人格』（Persönlichkeit）の基底層に発しそこに固く係留されている行為である。道徳的人格は、ただ単に外部から規定されるのではないこと、その決断にさいして瞬間毎に移り変わる条件に翻弄されることなく、一貫して自己を堅持し自己自身に固執するということ、まさにそのことによってきわだたされる。こうした自己の堅固な持続の力によってわれわれはそのような人格を『計算する』（rechnen）することができるのである」（ebenda, S.364−366）。

プラトンとカントに言及したカッシーラーのこの言明のなかで、われわれはつぎの諸点に注意をむけたい。

第一に、ここにいう決定可能性（批判的に考察され展開された決定論）は、恣意性から区別される Berechenbarkeit（「事前の考量」「計算可能性」）としての意味をもち、意志の自由と対立するどころか、むしろそれと両立し、その前提といえること。

第二に、この Berechenbarkeit が認識されるゆえに、倫理的責任の観念がともなってくること。

第三に、こうした決定可能性と倫理的責任との把握から、道徳的人格の概念が規定しうること。

第四に、逆に、計算し難いこと（Unberechenbarkeit）に依拠せざるをえないところには道徳人格は規定しえなこと。

こうした立場に——ヴィンデルバンドとの近似的関係とともに——ウェーバーもまた属していたと、本節は把握するものである。むろんその点は本節の全体をつうじて論証されるべき事項であるが、その把握が無根拠なものではないことをここに簡潔に明らかにするために、周知の講演「職業としての学問」のなかのつぎのような指摘をここに引いておこう。「それを欲しさえすれば、どんなことでもつねに学び知ることができるということ、したがってそこにはなにか神秘的な、予測しえない力がはたらいている道理がないということ、むしろすべての事柄は原則上予測によって意のまま

113

第 1 章　問題の設定

になるということ (man vielmehr all Dings——im Prinzip——durch Berechnen beherrschen könne) このことを知っている、あるいは信じているという、主知化しまたは合理化しているということの意味なのである」。「主知化」についてのこうした見解を明らかにしてのち、ヴェーバーは「人間生活一般における学問の職分」の問題を提起し、「概念」の意義をプラトンの貢献を強調するのであった。われわれはヘニース (Wilhelm Hennis) の、*Max Webers Wissenschaft vom Menschen*, Tübingen, J.C.B.Mohr, 1996, S.103f. とともにこうしたヴェーバーの講演を思い起こす必要がある。そして、とりわけ一種の倫理的意味で「決定可能性」を把握するカッシーラーの理解をここにひき合わせてみれば、ヴェーバー人格論のうちに＜思慮＞の概念に対応する思想的現実をたずね、行為のあり方についての"確実性"ともなった精神の働きの説を跡づけようとする本節にとって、カッシーラーの上記の論及は方法的接近の仕方はまことに示唆にとむ。すなわち、カッシーラーのいう「決定可能性」を教育思想としての＜思慮＞概念——プラトンとのヴェーバーの親縁的関連性に着目するヘニースにしたがえば「洞察」»Einsicht« の概念が両者を媒介する概念といえるが、この意味を＜思慮＞の概念は一つの構成契機として含んでいる——の視角から再把握することによって、ヴェーバー思想はプラトン、カントと比較してどのような点で異同特質を示していたか、という問題が提起されてくる。

　なお、こうした問題を提起する思想系列の把握の必然性を、いっそう確固と根拠づけるのは、プラトンそのものについての「測定学」の思想を論ずる下記のような先行研究である。Constantin Ritter, *PLATON*, II, München, C. H. Beck, 1923, Werner Jeager, *PAIDEIA DIE FORMUNG DES GRIECHISCHEN MENSCHEN*, Berlin, Walter de Gruyter, 1989、川田熊次郎「プラトンの測定学に就いて」『ギリシャ哲学研究』河出書房、1946、等。これらについては後にとりあげる。

　なおまた、上記第四にかかわってはディルタイ以降の精神科学的教育学の思想的傾向が注意される。この点については、注130) を参照のこと。

39) Daniel Mark Nelson, *The Priority of Prudence Virtue and Natural Law in Thomas Aquinas and the Implications for Modern Ethics*, Pennsylvania, The Pennsylvania State U. P., 1992 もその一例といえる。その「思慮」の徳の特質を、行為について測定 (measure) あるいは支配するという点で (p.85以下)「思慮」以外の諸徳に対して、また行為の正邪の決定を適切におこなうにさいしては一般的な第一原理ではなく習得的な習慣づけを要するという点で自然法に対しても、それぞれ優越していたと論ずる。

40) 理念型的に機能する典型性をプラトンに認めようとする本研究の関心は、ヴェーバー思想の一断面の特質についての事前の仮定的な把握に基づくものである。仮定されたその特質をきわだたせるという目的のために、本節ではプラトンに対して遡及的な関心からその特定の一面のみを強調する。したがってプラトン思想の解明ということは本研究の第一義的な主題とはしない。

41) Weber, M., *Gesammelte Aufsätze zur Wissenschaftslehre*(『科学論集』), 6. Aufl. Tübingen, J. C. B. Mohr, 1985, 以下、WL. と略記、に収められている周知の

諸論文「ロッシャーとクニースと歴史的国民経済学の論理的問題」「文化科学の論理学の領域における批判的研究」「社会科学および社会政策認識における『客観性』」「社会学・経済学における『価値自由』の意味」「理解社会学における若干のカテゴリー」「職業としての学問」などはこれまでのヴェーバー研究史においては一般にヴェーバーの科学的認識（理念型概念、因果性認識、価値自由と価値評価、認識の「客観性」、など）の方法論上の問題意識を解明するという関心に基づいて論究されていた。日本でのその種の研究の高度な達成としておもだったものを列挙すれば、先駆的には、田中真晴「因果性問題を中心とするウェーバー方法論の研究」1949（安藤英治他編『マックス・ヴェーバーの思想像』新泉社、1969、所収）をはじめとして、青山秀夫『マックス・ウェーバーの社会理論』岩波書店、1950、安藤英治『マックス・ウェーバー研究』未来社、1965、内田芳明『ヴェーバー社会科学の基礎研究』岩波書店、加藤明彦『社会科学方法論序説』風間書房、1991、嘉目克彦『マックス・ヴェーバーの批判理論』恒星社厚生閣、1994、そして近年の向井守『マックス・ウェーバーの科学論』ミネルヴァ書房、1997、など多数あげられる。そうした研究関心は、なによりもヴェーバー自身の科学方法論的な問題意識に即して十分根拠をもったものといえる。本節がめざすのは、ひとしく『科学論集』に収められているこれらの論説を考察の主たる対象にとりあげつつも、教育思想の視角から諸論説を再構成することである。その点で、さきの注37）でふれた小倉の論述ともに嘉目克彦の近年の業績『ヴェーバーと近代文化人の悲劇』恒星社厚生閣、2001、は教育思想としての検討の可能性を示唆しているという意味で重要である。嘉目は、その第4、第5章において、「生の形成」（Formung des Lebens）というヴェーバーの観点をとりあげ、「生の諸力」としての「ラチオの作用」に着目している。「生の問題」領域を中軸にすえるこうした研究の関心方向を教育思想としてうけとめたい。その場合、科学方法論分野の諸論説に断片的に明らかにされている「人格」についてのヴェーバーの論説の内容を、たとえ未完成であっても、われわれが構成的にまとめてゆきたい。そしてこの構成にさいしては、「倫理」論文の叙述内容とも関連づけて「人格」の思想像を提出したい。そうすることが、かれの教育認識をまずは明示的にとりだす基礎作業になり、かれの教育思想史上の位置づけに寄与することになると考える。

　なお、この教育思想史上の位置づけにかかわって、テノルト（H. Elmer Tenorth）は、その著『教育学における「近代」問題』小笠原道雄、坂越正樹監訳、玉川大学出版部、1998、所収の論稿「責任と監視人」（Verantwortung und Wächteramt, in: *Vierteljahrsschrift für Wissenschaftliche Pädagogik*, 1990）においてヴェーバーについて、「教育学という個別分野においても、必ずしも輝かしい経歴を残さなかった。」(ebenda, S.412、邦訳、p.165f.) と言及していた。

42) わが国の法学、とくに刑法学では「相当因果関係説」「相当惹起の理論」などと訳され、adäquat については「相当」の語がこれまで定訳とされている。『刑事法学辞典（増補版）』有斐閣、1962、p.40、『新法律学辞典』第3版、有斐閣、1989、p.888、荘子邦雄『刑法総論』青林書院新社、1969、p.238、岡野光雄『刑法における因果関係の理論』成文堂、1972、山中敬一『刑法における因果関係と帰属』成文

第1章　問題の設定

堂、1984、同『刑法における客観的帰属の理論』成文堂、1997など。なお山中（1997）によれば、わが国における「相当因果関係説」は明治期にすでに導入された（p.20）。本節ではヴェーバー研究の慣例（田中真晴、前掲論文、青山秀夫、前掲書、安藤英男、前掲書、小倉志祥、前掲書、そしてこの説をもっともまとまった形で展開しているヴェーバー「文化科学の論理学の領域における批判的研究」『歴史は科学か』みすず書房、1965、を訳した森岡弘通、その他）にならって、「適合的因果連関」説と訳す。「相当」とした場合、行為者に対する民事上、刑事上の非難可能にかかわる「帰責」の追及という点がより重点的に顧慮されるであろう。ヴェーバーの関心に即しても「責任倫理」の問題があって、「帰責」論が部分的に重要である点では同様であるが、その場合でも基本的には当の行為者自身の認識立場が問われる。それゆえに、「適合的」と訳すヴェーバー研究の慣例に教育思想を問題とする本節もしたがう。

43) 近代性という場合さまざまな本質規定が一般に考えられるが、ヴェーバーの場合には「合理主義」として概括される諸現象が重要視される。その諸現象についてのヴェーバーの認識を、社会、文化、人格という3つのレヴェルでハーバーマスは整理している。『コミュニケーション的行為の理論（上）』未来社、1985。こうした「合理主義」の進行、とくに人格レヴェルのそれに対するヴェーバーの基本的立場について、どの要素を強調するかという点で大別すれば2つの方向の論議が注意される。

一つは、近代化、とりわけ諸価値の葛藤という事態とともに展開する官僚制の進行という形での合理性の進行を避け難いものとしてうけとめながらも、その状況のただなかにあって、肯定的に合理性（計算可能性）を準則としてたつことを永続的な課題として積極的にもとめるヴェーバーの立場を強調する方向で、レーヴィット『ヴェーバーとマルクス』柴田治三郎・脇圭平・安藤英治訳、未来社、1966、シュルフター『近代合理主義の成立』嘉目克彦訳、未来社、1987、はこの方向の業績に属する。シュルフターはつぎのように論じた。諸価値の熾烈な、宥和し難い「永遠の闘争」という「日常に耐えうるのは、ただ究極的決断の連鎖の中で自分自身の運命を、つまりは自分の行いと存在の意味を意識的に選び取った者だけである。これはしかし、相対主義、日和見主義的な価値への従属ないしは恣意の勧めなどでは決してなく、むしろ自己の立場を定式化せよとの勧めである。…これが、ヴェーバーの歴史的・経験的な合理化論の歴史哲学的含意でなければならない。というのは、これによって、現実科学的に近代西洋の合理主義の準拠的依存的な先進性が診断されるだけでなく、明らかに価値哲学的にも他の合理主義に対する近代西洋の合理主義の価値の高さが診断されるからである」（同上、p.39f.）。

もう一つは近代の「合理化」の過程にともなう価値相対主義的状況とその病理（道徳的無秩序）を切開し直視しているヴェーバーの認識立場を強調する方向で、同様の近代の問題性をいちはやく直視していたニーチェとの思想的近縁的関連性を強調するものである。マッキンタイヤー『美徳なき時代』箱崎栄訳、みすず書房、1993、デートレフ・ポイカート『ウェーバー　近代の診断』雀部幸隆、小野清美訳、名古屋大学出版会、1994、アラン・ブルーム『アメリカン・マインドの終焉』菅野盾樹訳、

116

みすず書房、1988、山之内靖『ニーチェとヴェーバー』未来社、1993、同『マックス・ヴェーバー入門』岩波書店、1997、はその例に属する。

　こうした２つの方向は強調点の違いというべきで、いずれもヴェーバーの思想的契機として認められるべきであると、筆者は考える。けれども、「本研究の課題と方法」でふれたように前者の方向でヴェーバーの立場を捉える。その場合、カントとともにニーチェとの関連にふれたシュルフターの所見をとりわけ支持したい。かれはいう、「彼にとって義務衝突の問題は、カントの場合とは違って、結局たんなる決疑論的な問題ではない。それは実存的な問題であって、…実存主義的転換によって、ヴェーバーの人生観はカントのそれから原則上切断されている。この切断に反映しているのは、カントとヴェーバーの間にショーペンハウエルとニーチェの著作が書かれたという事実である。…ヴェーバーの場合、啓蒙が漂わせるバラ色の気分が啓蒙の弁証法――合理化のパラドックス、といった方がよい――の陰鬱な気分に打ち負かされるという事情がこれである。彼は、明示的な形態や、特にまた覆い隠された様ざまな形態をとる合理的ならざるものの諸力を発見するという、不滅の功績を残した世代の一人である。しかし、この世代のなかでも説得力のある人物たちは、彼らがこの諸力を合理的に制御しようとしている限り、啓蒙のプログラムに固執していた。私見では、ヴェーバーもそうした人物の一人である」(『信念倫理と責任倫理』p.120)。こうしたシュルフターの所見を重視して、前者の方向で本研究は検討したい。関連して、本節の注197)を参照。

　なお、その方向でヴェーバーを検討するにさいしては、ハーバーマスの区別にしたがえば人格レヴェルの「合理性」の問題を限定的にとりあげてゆく。

44) Nelson, D. M., *op. cit.*, Preface XII, p.131.

2.

45) Werner Jeager, *PAIDEIA DIE FORMUNG DES GRIECHEN MENSCHEN*, Berlin, Walter de Gruyter, 1989, S.697.

46) プラトン『国家』(下)、602b、岩波文庫、P.324、Otto Apelt, *PLATON SÄMTLICHE DIALOGE*, Bd.5, Der Staat, Leipzig, Felix Meiner, 1988, S.400。

47) プラトンの Metretike をドイツ語で Meßkunst として把握し、その上で erwägen、あるいは abwägen という語との親近性について明確に自覚している例は、Jeager, W., a. a. O., S.697, Stenzel, J., *PLATON DER ERZIEHER*, Leipzig, Felix Meiner, 1928, S.295、である。

　イェーガーはとくに対話篇『プロタゴラス』のなかの快と苦を秤にかける行為(356B)にふれ、つぎのように論じている。「何人といえども『欲望に負ける』という事実が意味しているのは、大衆は計算ミス (Rechenfehler) を犯していること、大きな欲望が一瞬でも近づいてきて、わずかな欲望が大きな欲望の座にとって代わったということ、それ以外のものではありえない。ソクラテスは欲望にまけるその過程を具体的に描いている。そのさい、ソクラテスは、行為へと決心せばならない人間に対して、快楽に対抗する快楽、不快に対抗する不快、あるいは不快に対抗する快

第1章　問題の設定

楽、を考量することのできる手元の秤（Waage）を観念している。かれは量的なものの領域に属する2つの広範な比較によって、誤解なくその比喩そのものの意味を説明する。われわれの生の救いや安全さが、ありうるかぎり長大な長さから距離を選択することに依存するとすれば、一切は測定術（Meßkunst）を発見することにかかってくる」。

またシュテンツェルも対話篇『ピレボス』にふれて、こう論じている。数えることの「実践的意義はつぎの命題のみを裏付ける。すなわち、一切の技術は数に関与するということ。このテーマは『ピレボス』で詳細にとりあげられたものである。『人間たるためには、人は数えることが可能でなければならない』。この命題はプラトンの固有の哲学的見地を明らかにしている。そしてそれは釣合のとれた数理論的考量（zahlentheoretische Erwägungen）とともに、つぎのような一般の哲学的な洞察を包括している。すなわち、数えるということは、もっとも外的な普遍的『統合』を表示している。抽象的な概念においてと同様に、日常生活の特殊で細々とした思考過程においても見出だすことのできる『統合』であって、しかも事実としていかなる意識の根本機能をも意味している。それゆえ、数えるということを原理的に考察することは教育的にも意義がある」（S.295）。

なお、ヴェーバーの「考量」（Erwägung）概念の用例については、注125）を参照、また辞書的定義については、注159）を参照。

48）Ritter, C., *PLATON*, II, München, C. H. Beck, 1923, S.141.
49）プラトン『ポリティコス』283d。2種類に分割される「測定術」の、その一方の規定についてここに説明されている。この箇所について、本節ではリッターの理解（ebenda, S.141）にしたがった。参考までに独訳 Hrsg. OTTO APELT, *PLATON SÄMTLICHE DIALOG*, Bd.6., Leipzig, Felix Meiner, 1988, S.67, では „nach dem durch die Natur der Sach gebotenen Zweckdes Werdens"（事柄の本質によって呈示される、生成の目的を基準として）とされ、その注記では逐語訳（S.129）として、nach dem notwendigen Sein des Werdens（生成の必然的なあり方を基準として）とも記されている。また英訳 *PLATO Statesman*, (cambridge texts in the history of political thougt), Cambridge U.P., 1995, p.42, では、"a necessary prerequisite for qualities to occur" と訳されている。いずれも、生成するものに不可欠な基準とする点で共通する。ただし邦訳『プラトン全集』第3巻、岩波書店、p.277、では一方の「測定術」について、「制作作業というものがそもそも成立しうるための絶対必要不可欠な基準を示す仕事にたずさわる技術」と訳されている。制作作業というこの訳は、川田熊太郎「プラトンの測定学に就いて」『ギリシャ哲学研究』、1946、によれば、A. E. テイラーにその先例をみる。どちらが適切か、筆者自身はその判断能力を欠く。いずれにしても、意図的な努力として実現される人間形成という課題が、よりひろくは生成の領域に属するとともに、意識的な制作の技術にも属するが本質的に要請されるとすれば、どちらでも大きな不都合はないと考える。そのことを断わったうえで、ここではプラトン「測定術」について精細に論述するリッターにしたがっておく。

50) Ritter, C., a. a. O., S.141.
51) Ritter, C., a. a. O., S.144. 「尺度」の概念はプラトンにかぎらずギリシャ人にとって決定的に重要であった。この点についてカッシーラーは、プラトン『ピレボス』を例示しつつ「事物の境界と尺度を、限定（$περαδ$）と無限定（$απειρον$）を見いだすことは、すべての認識の課題である」と指摘するとともに、「尺度概念はこの純粋に知な働きをはるかに越えるものであった。それは、宇宙的秩序の核のみならず、すべての人間的秩序の核をも成していた。それは論理学の中心点であると同時に倫理学の中心点でもあった」と述べている。CASSIRER, E., *DAS ERKENNTNISPROBLEM IN DER PHILOSOPHIE UND WISSENSCHAFT DER NEUEREN ZEIT*, IV, Sonderausgabe, Darmstadt, Wissenschaftliche Buchgesellschaft, S.56、『認識問題4』山本義隆・村岡晋一訳、みすず書房、1996、p.61。
52) プラトン『ポリティコス』284a、『プラトン全集』第3巻、岩波書店、p.279、1976。
53) 同上、284d、同上、p.281f.
54) Jaeger, W., *PAIDEIA*, S.1280. 測定ならびに測定術 Metretik の概念は「プラトンのパイデイアと知識の概念にとって根本的重要性をもっている」と指摘される。本節ではこのような指摘を基本的に重要視する。しかしそのことは、数論、計算術、幾何などの純粋数学的な意味をもった、そのかぎりの「測定術」の思想的成果を、本稿が否定し退けるものではないことはいうまでもない。その方面については、アンデルス・ヴェドベリ『プラトンの数理哲学』山川偉也訳、法律文化社、1975、ヴァン・デル・ウァルデン『数学の黎明』村田全、佐藤勝造訳、みすず書房、1984、D. H. Fowler, *The Mathematics of Plato's Academy*, Oxford, Clarendon, 1987、その他。
55) ここでわれわれが注目するのは、あくまでもなすべき課題として、しかも意図的な作為による人間形成の取り組み＝教育の意味をもった課題として、プラトン対話篇のなかに重視されている所見である。課題ではなく、可能性についての所見、とくに教育に関する可能性についての所見をここで注目するのではない。それゆえ、人間を計測可能な量的性質のものとしてプラトンが対話篇で把握していた（『ポリティコス』）としても、そのことを強調して「測定」（measurement）とともに「科学的操作」（scientific manipulation）の対象となりうる統制可能な受容的な資質をもつ者としてプラトンが人間理解していたと指摘すること（Warner Fite, *The PLATONIC LEGEND*, New York, Charles Scribner's Sons, 1934, p.227、とくに9-11章）は、本節のねらいとするところではない。
56) Jeager, W., a .a. O., S.695-697. イェガーは、つぎのように論ずる。

「測定術」は「距離の真実の長さに関する幻像からわれわれを守り、人を欺く見かけの要素をわれわれの決断から排除するものである。そのような測定術（Meßkunst）がなかったなら、われわれの選択はあちこちに浮動し、たんなる見かけの現象からいくたびも誤って導かれるであろう。そしてわれわれはその選択をしばしば後悔するにちがいない。たしかに測定術（Meßkunst）は、こうした誤謬の源をとり除き、われ

われの生を確固とした基礎のもとにおくであろう。とはいえ、われわれの幸運が、ことばの算術的意味において偶数と奇数の正しい選択に依拠する場合には、算術こそが、申し分ない人生が根拠づけられる技術となるであろう。大衆の意見にしたがって、人生の究極目標は好都合な快楽貸借表であるならば、肝要なのはつぎの点である。われわれの選択をこうした快楽の領域で、あまりにもしばしば偽った方向へと導くような距離錯覚を、真相から見かけを切り離すことを教える測定術（Meßkunst）を創造することによって回避すること、これである。こうした測定術（Meßkunst）がいかなるものであるか、その本質がどこに存するか、についてソクラテスはこう続けた。『われわれはのちの機会に吟味することになるだろうが、その本質はわれわれの行為の基準をあたえる知識であり認識であることが、これによって確証される。さらに、測定術の本質は、プロタゴラスと私が主張している見解を証拠立てることになる』」(S.697)。

リッターも、同箇所でつぎのように指摘する (Rittter, C., a. a. O., S.148)。人間が万物の尺度であるという主張に対して「むろん『テアイテトス』のなかのソクラテスはすでに真偽の識別の妥当性の前提条件として、以下のことを要求していた。すなわち、われわれは自身の主観的恣意によってなにものも実現しえないとすれば、ある領域がなんとしても発見されねばならない、と。いかなる者といえども、主観的恣意の無制限な全能に即しては、この領域をよく信じるものはいないことを、ソクラテスは示してきた。個人的な確信をもっていえば、主観的恣意のなしえない道徳的なものが、そのもとめらるべき領域に属す。道徳的なものは、人間行為の判断にとって、道徳的善が導かれるような、無条件的に普遍的に妥当する判断の基準を付与する。しかし『テアイテトス』ではこの領域の拡張はまだ与えられなかった。『ポリティコス』においてこのことが描かれた。事柄が、いかなる実践的技術活動を導く目的の視点におかれた場合には、対照される２種類の「技術」（測定術）は、観察の恣意が絶たれるということを明らかにする。けれども、素人に対する専門家の優越を成り立たせるものは、一般的な目的思想――それはどんな場合でもまやかし職人でさえいだいている――ではない。そうではなく、目的を達成する手段の知識、あるいは、目的にかなって形成されるに違いない素材の働き方や特質に対して習熟していること、これである」（傍点は引用者）。

57)『プロタゴラス』356d － 357a、岩波文庫、p.147f.
58)『テアイテトス』178e － 179b、岩波文庫、p.123。
59) Jaeger, W., a. a. O., S.885, Rittter, C., a. a. O., S.147.
60) 自己支配の課題については、注25) でふれたボルノーの「尺度の概念」について論述が参照される。とくに「中庸」(Mäßigung) と「節制」(Mäßigkeit) の課題が、これに相当する。その意味では、アリストテレスの「中庸」の課題にかかわり、ソーフロシュネーとも共通する。Plato, *Statesman*, (cambridge texts in the history of political thougt) 1995, p.44、の注40) を参照。
61)『ピレボス』61b － 61e、『プラトン全集』第4巻、岩波書店、pp.318－321、1975。
62)『国家』410d －411a、岩波文庫、p.240f.

63)『ゴルギアス』483c,d、岩波文庫、p.119f.
64) 同上、490d, 491d, 492d、岩波文庫、pp.138-144。
65) 同上、508a、岩波文庫、p.194。
66) Zdravko Planinc, *PLATO' S POLITICAL PHILOSOPHY Prudence in the Republic and the Laws*, Columbia, University of Missouri Press, 1961, p.69は、プラトン対話篇で主張されるフロネーシス（Phronesis）を、「測定（measure）にしたがって判断・行為する魂の徳」として把握し、強調する。

3.

67) Cassirer, Ernst, *KANTS LEBEN UND LEHRE*, Berlin, Verlegt bei Bruno Cassirer, 1921, S.268, カッシーラー『カントの生涯と学説』門脇卓爾・高橋昭二・浜田義文監訳、みすず書房、1986、p.267f.。
68) カント哲学のなかで Klugheit あるいは Überlegung については、固有な意味が与えられている。Klugheit は、アクイナス『大全』の「思慮」（prudential）のドイツ語訳として用いられる。たとえば、近年のものに属するが、*SUMMA THOLOGICA*, Übersetzt und kommentiert von DOMINIKANEREN UND BENEDIKTINERN DEUTSCLANDS UND OESTERREICHS, BAND17B, 1966, DIE LIEBE（2.Teil）, KLUGHEIT, がある。カントの同時代においてアクイナスの「思慮」(prudential)に対してどのようなドイツ語訳が一般的であったか。Klugheit の意味で把握することも可能であったかどうか。その点は一つの問題点になるだろう。本節ではこの点にはたち入らない。明らかなことは、カントはその意味では捉えなかったということである。すなわち、人間がみずからの最大の幸福を得るための手段を選択する「熟練」(Geschicklichkeit) としての「怜悧」の意味で Klugheit をかれは用いた。そして「仮言的」な例を示すものとして、かれは把握した。『道徳形而上学原論』篠田英雄訳、岩波文庫版、p.73。Überlegung（考慮）については「実践的自由」を実現する働きとして着目されている。『純粋理性批判』下、篠田英雄訳、岩波文庫、p.95この点について向井守『マックス・ウェーバーの科学論』ミネルヴァ書房、1997、p.367、には「カントの実践的自由はウェーバーの激情によって曇らされない『考量（Erwägung）』にもとづく『経験的自由』とまったく一致する」と指摘したうえで、両者の違いが言及されている。
69) Kritik der Urtheilkraft,（以下 KuU. と略記）, in : *Kant's gesammelte Schriften*, Hrsg.v.kön.preuss. Akadem. d. wiss. Bd.5, 1913, S.250,『判断力批判』上、篠田英雄訳、岩波文庫版、p.155。
70) Ebenda, S.249、同上、上、p.152。
71) Ebenda, S.248、同上、上、p.151。
72) Ebenda, S.251、同上、上、p.156。
73) Ebenda, S.251、同上、上、p.156。
74) Ebenda, S.261、同上、上、p.174。
75) Metaphysik der Sitten. Zweiter Teil : Metaphysische Anfangsgruende der

第1章　問題の設定

　　Tugendlehre（以下 MdS. と略記), in : *Kant's gesammelte Schriften*, Hrsg. v. kön. preuss. Akadem. d. wiss. Bd.6, 1907, S.435,『道徳哲学』白井成允・小倉貞秀訳、岩波文庫版、p.99。
76) Kritik der praktischen Vernunft（以下 KpV. と略記) in : *Kant's gesammelte Schriften*, Hrsg. v. kön. preuss. Akadem. d. wiss., Bd.5, 1913, S.130,『実践理性批判』篠田英雄訳、岩波文庫版、p.261。「道徳性」の完成をもとめるかれにとって「道徳的法則」という「尺度」こそが本質的に重要な概念である。それは「程度」と厳しく区別される。「徳をふたつの悪徳の中間におく」という「程度」Grad のなかに格率をもとめるアリストテレスの原則をカントは否定した。MdS., S.404,『道徳哲学』篠田英雄訳、岩波文庫版、p.77、KpV., S.161,『実践理性批判』篠田英雄訳、岩波文庫版、p.316。
78) KuU., S.248,『判断力批判』上、篠田英雄訳、岩波文庫版、p.150。
79) Ebenda, S.270、同上、上、p.190。
80) Ebenda, S.255、同上、上、p.164。崇高というものが感性的感覚に認識の根拠をもつものではないことを強調するために、カントは、『判断力批判』において「崇高」について自己に先行する見解を示していたエドマンド・バーク『崇高と美についてのわれわれの観念の起源の哲学的研究』1757（『崇高と美の観念の起原』中野好之訳、みすず書房、1999）をとりあげて、その見解に示された心理学的基礎づけ（戦慄の感覚）との違いを明確にしていた。
81) Ebenda, S.256、同上、上、p.256。
82) Ebenda, S.257、同上、上、p.167。
83) KpV., S. 88,『実践理性批判』篠田英雄訳、岩波文庫版、p.183。
84) Ebenda, S.99、同上、p.202。
85) Ebenda, S.159、同上、p.311f.
86) Ebenda, S.159、同上、p.312f.
87) Ebenda, S.160、同上、p.314f.
88) Ebenda, S.250,『判断力批判』上、篠田英雄訳、岩波文庫版、p.154。
89) MdS., S.435,『道徳哲学』白井成允・小倉貞秀訳、岩波文庫版、p.100。
90) Ebenda, S.446、同上、p.117。
91) Ebenda, S.437、同上、p.102。
92) KpV., S.126f.。『実践理性批判』篠田英雄訳、岩波文庫版、p.254。後にふれる（注145）を参照）ヴェーバーの用語でいえば、「神によって充たされた状態」という意味での「自己神化」あるいは「被造物神化」に対する批判がカントの論調に明らかにされている。ヴェーバー自身もカントがこうした思想特質をもっていたことを「倫理」論文、岩波文庫、p.325 、で指摘していた。
93) KuU., S.383,『判断力批判』下、篠田英雄訳、岩波文庫版、p.53。
94) MdS., S.446,『道徳哲学』白井成允・小倉貞秀訳、岩波文庫版、p.118。
95) KpV., S.122 ,『実践理性批判』篠田英雄訳、岩波文庫版、p.246。
96) Ebenda, S.128、同上、p.255。

122

97) Ebenda, S.157、同上、p.308。
98) Ebenda, S.155、同上、p.303。
99) Ebenda, S.85、同上、p.177。
100) Ebenda, S.85、同上、p.177f.。原文にある Nachfolge は「継承」と訳した。それは「模倣」と厳密に区別されねばならないとカントは考える。「古人がわれわれに示すところのすぐれた試みは、後代の人達をたんなる模倣者に仕立てるためのものではなく（nicht um die Nachfolgenden zu bloßen Nachahmern zu machen）後継者たちがかかる証跡にしたがって原理をみずからにもとめ、（sondern durch ihr Verfahren andere auf die Spur zu bringen、um die Prinzipien in sich selbst suchen）こうして自分自身の道——しかも時には従前にまさる道を行くように仕向けるためなのである。…われわれにとって範例となるような創始者の所産が後人におよぼす一切の影響を言い表すもっとも適切な語は、模倣（Nachahmung）ではなく継承（Nachfolge）である。そして継承とは、先行するものに対する関係にほかならない。要するにこのことは、かつて創始者が汲んだところと同じ源泉から今また後人も汲み、その場合先人の振る舞った仕方だけをかれから学びとることを意味することにほかならない。」KuU., S.283、『判断力批判』上、篠田英雄訳、岩波文庫版、p.213f.「義務」といい、「源泉」といい、「原理」というも、むろんこの場合には同じものを指示する。「善き範例（模範的品行）は手本（Muster）としてではなく、ただ義務に適った事柄をなしうるのだという証拠（Beweise）としてのみ役立つものである。それゆえある他人（彼がいかにあるか）との比較ではなくして却って彼はいかにあるべきかという（人間性の）理念、すなわち法則との比較こそ教師にむかって彼の教育上のけっして欠くべからざる規準を提供せねばならないのである」MdS. S.480、『道徳哲学』白井成允・小倉貞秀訳、岩波文庫版、p.168。
101) Pädagogik, in : *Kant's gesammelte Schriften*, Hrsg. v. kön. preuss. Akadem. d. Wiss., Bd.9, 1923, S.481、『カント全集』第16巻、理想社、p.71。関連して後注193) 参照。
102) MdS., S.441、同上、p.108。
103) KpV., S.84、『実践理性批判』篠田英雄訳、岩波文庫版、p.176。
104) Ebenda, S. 73、同上、p.154。
105) MdS., S.407f.、『道徳哲学』白井成允・小倉貞秀訳、岩波文庫版、p.60f.
106) Ebenda, S.482f.、同上、p.173f.
107) 「道徳的陶冶」（sittliche Bildung）において期待される問答教授（moralische Katechismus）は、宗教的問答教授（Religionskatechismus）から厳しく区別される。「宗教は普遍的に立法的な理性からは生ぜず、それゆえわれわれから先天的にではなく、たんに経験的にのみ認識可能な、したがってただ啓示せられた宗教にのみ属するところの特殊な義務を神的命令として含みうる」MdS., S.487,『道徳哲学』白井成允・小倉貞秀訳、岩波文庫版、p.181。それゆえに宗教的問答教授においては、ただ経験的に啓示された所与が教授されるのであって、この場合では知性の範囲を超える。それに対して、道徳的問答教授で期待されているのは、各自の知性（Verstand）

第1章　問題の設定

を訓練させることである。この違いは、アクィナスと対比されるヴェーバー＜思慮＞概念の特質を把握するうえで本質的に重要である。のちにふれるように、アクィナスは「教師」に対する無批判的受動的な「順応性」ということを「思慮」概念の重要な契機としていた。この点ではここにいう「宗教的問答教授」と親和的関係がある。他方、ヴェーバーの重視する＜思慮＞概念の場合には宗教的要請と知的認識とのあいだに生ずる一種の「緊張関係」の問題を示し、ここにいう「道徳的問答教授」と親和的である。後注183）187）193）195）をみよ。

108) KpV., S.58,『実践理性批判』篠田英雄訳、岩波文庫版、p.128。
109) Ebenda, S.62、同上、p.135。
110) Ebenda, S.82、同上、p.172。
111) Ebenda, S.97、同上、p.191。

4.

112) Weber, M., Der Sinn der »Wertfreiheit« der soziologischen und ökonomischen Wissenschaften, 1907, in : WL., S.506,『社会学および経済学における「価値自由」の意味』松代和郎訳、創文社、p.36f.。
113) Ebenda, S.494（同上、p.13f.）ヴェーバーのこの所見は、教育学的にみても注目に値する。すなわち、明確に自覚され、あるいは表明された教育的意図に直接的に基づいて人間形成をめざすのではなく、非人格的な事柄そのものへの没我的専心を根本的に重んじ、その専心の結果として媒介的に人間形成が実現される可能性をヴェーバーは強調している。人間形成における Sachlichkeit の原理の主張として捉えられる。同時代の教育分野では、周知のようにケルシェンシュタイナー（Georg Kerschensteiner, 1854－1932）が同様の原理を主張していた。梅根悟『労作教育新論』（1933）（『梅根悟教育著作選集1』明治図書、1977）、山﨑高哉「ケルシェンシュタイナーにおける『即物性』の概念とその教育的意義」『京都大学教育学部紀要』1992、第38号、参照。後者が学校における「労作教授」（Arbeitunterricht）を主張したのに対して、ヴェーバーの場合には、エートス（Ethos）としての「職業」（Beruf）の強調であった。安藤英治「マックス・ウェーバーと音楽」（M. ウェーバー『音楽社会学』創文社、pp.260－266）も参照。このような媒介的形式の人間形成は、ヴェーバー自身がいうようにたしかに「賜物」（Gnadengabe）として与えられる。Weber, M., Wissenschaft als Berf, in : WL., S.591,『職業としての学問』尾高邦雄訳、岩波文庫、改訳版、p.27. しかしその表現は、さもそうであるかのごとく、といった比喩用法として受けとめるべきだろう。そのような比喩を用いたかれの意図は、二つのことに対して懐疑することにあったと考えられる。第一は、「人格」への意図の直接性とそれに基づく働きかけに対して。この点は人格上の「模範的」な手本を示す指導者についての批判的意識と関連する。第二には、この種の直接性の問題と表裏した、「事柄」への専心という態度の軽視に対して。（とくに第一の点に属する考えられる代表的人物を同時代の教育分野から指摘すれば、——ヴェーバー自身は特定化してはいないが——学校教育の現場に即した「人格教育学」（Per-

sönlichkeitspädagogik）を主張したガウディヒ（Hugo Gaudig, 1860－1923）である。その主著に Die Idee der Persönlichkeit und ihre Bedeutung für Pädagogik, Leipzig, Quelle & Meyer, 1912、がある。とくにいかなる対象に対する Hingabe（献身あるいは没我的専心）が本質的に期待されるかという点で、ガウディヒはヴェーバーと比較して顕著な違いを明らかにしていた。Ebenda, S.26. ガウディヒの教育学思想そのものについてのわが国における詳細かつ体系的な内容は、田花為雄『ガウディヒ派教育学』新思潮社、1962、を参照。これらの批判意識に基づくヴェーバー自身の見解については具体的には、本論で論及する。たとえ媒介的な形式であるにせよ、人間形成にかかわる目的、適合的手段、予想される結果について事前に考量するという実践的知性の態度を一種の「合理主義」としてかれは重視する。なお、以上のヴェーバーの基本姿勢とは反対に、意図せざる結果を予見することが困難であることを、因果性に対する懐疑とともに強調しているのは、シュプランガーである。この点については後注123）でふれる。

114) Weber, M., Roscher und Knies und die logischen Ploblemе der historischen Nationalökonomie, 1903－1906, in : WL., S.46,『ロッシャーとクニース』松井秀親訳、未来社、1988、p.99。

115) Ebenda, S.64－67、同上、p.133f.、p139。

116) Ebenda, S.67、同上、p.139f.。自然法則的決定性からは峻別されるべき一種の決定性についてのこうした強調は、ヴィンデルバンドの内面的決定論の見解に近い。後注126）参照。

117) ヴェーバーは、Kritische Studien auf dem Gebiet der Kulturwissenschaftlichen Logik, 1906, in : WL.「文化科学の論理学の領域における批判的研究」森岡弘通訳（『歴史は科学か』みすず書房、1965、所収）のなかで、「生理学者」としてクリースの論文「客観的可能性とその若干の適用について」（J. v. Kries, Über den Begriff der objektiven Möglichkeit und einige Anwendungen desselben, in : Vierte-jahrsschrift für wissenschaftliche Philosophie, Bb.12, 1988）を引きつつ、その「確率論の観点」を類推的に利用するものであると断わっている。Weber, M., ebenda, S.269. この事情について若干ふれておきたい。

　クリースは同上論文で「客観的可能性」の概念の応用について以下のように説明していた。「なにほどか一般的な条件が一つの結果に関する特定の程度の可能性（Möglichkeit von bestimmter Groesse）をあらわしているということ、そのことが措定されうるのはつぎの場合である。すなわち、一般的条件が実現している事例の多数において、その結果がつねにおおよそ特定される相対的な頻度をもって（mit einer annähernd bestimmten relativen Häufigkeit）出現することが確実なものとして見なすことができる、という場合である。統計学を一瞥すれば、このことがいかなる範囲でそうした場合であるかを示してくれる」（J. v. Kries, ebenda, S.192）。

　「相対的頻度」をもって想定される一般的条件についてのこうした説明に基づき、クリースは「適合的」（adäquate）な因果連関のカテゴリーを「偶然的」（zufällige）なそれと対比していた。その説明において中心的位置を示す概念は「助成」（Be-

第1章 問題の設定

günstigung）あるいは「助成的事情」(begünstigender Umstand) である。ある特定の原因からある特定の結果が一般的な傾向として惹起される場合について、そのことばが用いられる。その説明は、「客観的可能性」の概念とともにヴェーバー自身もうけ継ぐ。「文化科学の論理学の領域における批判的研究」において、「適合的因果連関」についてのクリースの所説を具体的事例とともにうけ継ぎついで、みずからの見解を明らかにしていた（WL. S.285)。

118) Kritische Studien auf dem Gebiet der Kulturwissenschaftlichen Logik, 1906, in : WL., S.289,「文化科学の論理学の領域における批判的研究」『歴史は科学か』森岡弘通訳、みすず書房、p.210。

119) Roscher und Knies und die logischen Plobleme der historischen National-ökonomie, 1903-1906, in : WL., S.69,『ロッシャーとクニース』松井秀親訳、未来社、p.142。

120)「理解社会学」における「行為」(Handeln) の概念、「目的合理的」(zweckrational) におこなわれる行為の概念、自由意志による「目的結社」(Zweckverein) などに理念型的に代表される「ゲゼルシャフト行為」Gesellschaftshandeln についてのそれぞれの本質、または重要な一属性に関する規定にうかがわれる。すなわち、「行為（意識的な不作為や忍容を含む）」というのは、「客体」に対する行動のうちで理解可能なもの、すなわち、たとえ多かれ少なかれ無意識であっても、なんらかの「抱かれた」(gehabten) あるいは「考えられた」(gemeinten) 主観的な意味をもった特殊な行動であり（WL., S.429)、「目的合理的」行為とは主観的に一義的に捉えられた目的に対して「適合的」(adäquat) なものであると主観的に考えられた手段を、もっぱら基準にして行われる行動であり（WL., S.428)、そして「ゲゼルシャフト行為」にあってはその「行為にたずさわる者は誰でも、他の関与者たちが（近似的にかつ平均的に）協定に従って行動するであろうということを一定の範囲内であてにし、そして彼自身の行為の合理的な基準づけにさいして、この期待を計算に (in Rechnung) 入れる」Weber, M., Über einige Kategorien der verstehenben Soziologie, in : WL., S.447,『理解社会学のカテゴリー』林道義訳、岩波文庫、1968。向井守、前掲書、において「理解社会学」の理論化に凝縮的に示されるような、社会科学の「客観性」確保の努力において、ヴェーバーがいかに諸学説に批判的にむかいあい格闘したか、その哲学史的学問史的背景が詳細に究明される。

121) Roscher und Knies und die loigischen Plobleme der historischen National-ökonomie, 1903-1906, in : WL., S.132,『ロッシャーとクニース』松井秀親訳、未来社、p.270、価値を志向し、人生のなかの「自然的生起」をいかに超えて出て、理想とすべき人間のあり方を実現してゆくかという課題を、ヴェーバーもまたその代表的主張者としてプラトンの名とともに自覚している。Weber, M., Der Sinn der »Wertfreiheit« der soziologischen und ökonomischen Wissenschaften, 1907, in : WL., S.508,『社会学および経済学における「価値自由」の意味』松代和郎訳、創文社、p.40。

122) H. リッカートの主著の一つ、*DIE GRENZEN DER NATURWISSENSCHAFTLICHEN*

BEGRIFFSBILDUNG Eine logische Einleitung in die historischen Wissenschaften, 3. und4. Aufl. Tübingen, J. C. B. Mohr, 1921, の思考方法がヴェーバーの問題意識にも通底している。とくに「理論的価値関係」とは区別される実践的な「価値判断」＝「評価」の問題、とくに「教壇評価」(Kathederwertung) の適否については、注177) を参照のこと。「大学の授業において自己の倫理的、あるいは文化理想によって、あるいはその他世界観的に基礎づけられた実践的な評価を『告白』すべきか否かという問題」(Der Sinn der »Wertfreiheit« der soziologischen und ökonomischen Wissenschaften, 1907, in : WL., S.489,『社会学および経済学における「価値自由」の意味』松代和郎訳、創文社、p.4) にかかわって、「教師」の職分についてのヴェーバーの見解が重要になってくる。

123) ヴェーバーのいう「目的論的に合理的行為」とは、目的論的立場から行為者の目的設定が原因性として作用して結果をもたらす行為をいう。このような意味連関を大塚久雄はヴェーバーのうちに重視し、「目的論的関連の因果関連への組みかえ」とよんだ。『社会科学の方法』岩波書店、1966、p.59、以下。この用語法は、リッケルトの以下の説明をたずねるかぎり適切であると考えられる。リッケルトはいう、「原因的 (kausal) という概念と目的論的 (teleologisch) という概念とを、しばしばひとは対立項として設定する。この場合には、いかなる目的論も支持しがたいものとされる。なぜならば、目的論は因果論的見解とは結びつかないように見えるからである。もちろん、この対比は用語法的にいえば、とくに適切というわけではない。というのも、目的論的見解が原因論的見解を排除すべきであるとすれば、両者の区別と考えられるものは、まさにつぎの点に認められる。すなわち、因果論的見解では終局結果はそれよりも時間的に先立つ原因によって産み出されるものとして想定されるのに対して、他方、終局結果は目的論的把握においては目的として、終局結果が実現するより前に、働く能力もつべきである、という区別である。したがって、『原因的』(kausal) ということばには固有に2つの見解がある。なぜなら終局結果が目的として設定され、それとともに同時に価値に結び付けられるということは、因果的関係そのものとして変更するということではない。それゆえ、因果性と目的論一般の対立ではなく、2つの異なった種類の因果性について論じられるべきである。たとえばこのことは、causa efficiens (動力因) と causa finalis (目的因) ということばのなかに表現されている。あらゆる価値視点をわれわれが度外視するならば、目的因は、作用する原因 (wirkende Ursach) にとどまる。したがって、いうところの区別は、まさしくつぎの点に存する。すなわち、原因と結果の時間的系列は、目的論的因果性見解の場合には逆になっている、ということである。一方の場合には、原因となるものはひき起こすもの (das Bewirkte) を自己のもとへなにほどか近寄せるが、しかし他の場合には、価値が結び付けられる終局目標や、目的は、現実に生成すべきものを自己の方へとひき寄せるという能力をもっている」(Rickert, H., ebenda, S.259-260)。

この説明にも明らかにされているように、リッケルトならびにヴェーバーにおける目的論的因果性の見解では、価値 (Wert) あるいは価値視点 (Wertgesichtspunkt) に結びつけられるとともに、帰結＝結果 (Effekt) にもまた結びつけられている。そ

127

第1章　問題の設定

の場合に何によって媒介されるか。この点が重要である。リッケルトはすべての経験的現実の彼方に存在する原因を算定せねばならない目的論を形而上学的目的論 (metaphysis che Teleologie) として特徴づけ、その種の目的論から合理的目的論 (rationalistische Teologie) を区別した。そして、後者についてこう述べた。

「目標そのものではなく、目標についての思考が働く。しかも、時間の観点からは意図した結果にその思考は先行する。したがって、その種の目的論的経過は、経験的現実に対してだけに妥当する因果性の概念に徹底的に組み入れられる」(Rickert, H., ebenda, S.260)。

行為者におけるこうした思想、とりわけ自覚的な目的設定意志を媒介として、価値と結果は行為の歴史的経過のなかで結びつけられる。ヴェーバーが「目的論的に合理的な」行為という場合にも、こうしたリッケルトの「合理的目的論」の概念の規定にそったものといえる。

ただし、行為者の意志を重視するという点で共通するとはいえ、その場合にヴェーバーとリッケルトとは重要な違いを示している。2点指摘しておこう。第一に、諸価値の捉え方について。第二に、価値と行為について。

第一。ヴェーバーの場合、「具体的な歴史的諸連関の文化的意義の認識に努めること」という究極目標の自覚（「客観性」論文、『現代社会学大系5　ウェーバー』青木書店、1971、p.76）とともに、世界の「呪術からの解放」過程における多様な諸価値領域のあいだの調停しがたい「葛藤的事態」（「人生が、その真相において理解される限り、かの神々の永遠の争のみ成るといふ根本的事実」『職業としての学問』）についての基本的認識があった。それに対してリッケルトの場合には、むしろ文化の一切の価値の相対性の主張に対する危機意識をともなって (RICKERT, H. *GRUNDPROBLEME DER PHILOSOPHIE*, 1. Aufl. Tübingen, J. C. B. Mohr, 1934, bes. S.164)、無条件的に妥当するものとしての価値に対する形式的見地からの諸価値の「体系的秩序」——図式的な一覧表（『哲学体系』）に端的には明示される——についての認識をもとめたこと。

第二。ヴェーバーはいう、「行為の価値合理的な方向づけは、目的合理的な方向づけとさまざまな関係に立つことがあろう。けれども、目的合理性の見地からすると、価値合理性はつねに非合理的である。しかも、行為を方向づける価値を絶対的な価値にまで高めれば高めるほど、それはますます非合理的になるのである。それというのも、価値合理性にとって、行為の固有価値（純粋な心情、美、絶対的善、絶対的義務）だけが無条件に考慮されればされるほど、価値合理性は行為の結果をますます眼中におかなくなるからである。」Weber, M., Sozialogische Grundbegriffe, in : WL., S.567,「社会学の基礎概念」濱島朗訳（『現代社会学大系5　社会学論集』青木書店、1971、p.117）。ヴェーバーの場合には、ここに明らかなように、価値それ自身への志向（「価値合理性」の追求）と行為の結果についての考量（「目的合理性」の追求）とは、たがいに緊張関係をもって結びついている。したがって、上にいう行為者の目的設定意志による媒介についても、ヴェーバーの場合にはそうした「内面的緊張関係」理解をぬきにわれわれは把握できない。それに対して、リッケルトの場合に、こ

うした緊張関係についての認識自覚をわれわれは認めることはできない。行為者におけるこうした内面的緊張関係は具体的にどのようにあらわれるかについては、後述する。アクィナスの「思慮」概念と対比されるべき、ヴェーバーの重んずる「考量」概念の特質に注意をむけたい。とくに注188）の引用文をみよ。

124）行為者の「意図」「洞察」「動機」を重視するヴェーバーの因果性概念に関する所説の成り立ちを理解するために、まずは「個別的因果連関」説についてのリッケルトの所論をたずねておこう。その著（Rickert, H., a. a. O.）においてまず他の類似の概念と区別してリッケルトは、つぎのように指摘していた。「一切の生起はその原因をもつという前提を経験科学の自然法則から区別するために、因果性法則（Kausalität gesetz）ではなく因果性原則（Grundsätz der Kausalität）あるいは因果原則（Kausalprinzip）と呼ぶことにしよう。したがって、因果性のカテゴリーはいかなる経験的現実にとっても妥当するということは、いうまでもない。その場合、いかなる原因、いかなる作用も、その他の原因、その他の作用からも異なって、それゆえに個別的なものであることから、われわれの用語法にしたがえば、原因と作用についてのいかなる現実的連関も個別的因果連関であると同時にことばの普遍的意味において歴史的因果連関として特徴づけられるにちがいない。当然のことながら、因果性の一般的カテゴリーはそれ自身個別的ではない。けれども、われわれが原因と作用の関係として特徴づけるいかなる現実的連関も、必然的に、ある一回的個別的な現実の断片として考えられるのである。したがって因果法則（Kausalgesetz）ということばをわれわれはつぎのような場合について用いたい。すなわち、個別的、あるいは歴史的因果連関が、他の因果連関と共通するものが考察される場合、あるいは個々の自然法則がそうであるように、無条件的な判断（その内容については、任意の多数の個別的因果連関において繰り返されるものから成る）が形成される場合である」。リッケルトは「個別的因果連関」について、以上のように因果性原則一般とも、因果法則とも概念的に区別したうえで、さらにつぎのようにその特徴に言及していた。「重要なことは、つぎの点である。いかなる因果過程においても原因が結果とは異なっているということは、これまでには存在しなかった何か新たなものをつねに産出しているということである」（Rickert, H., a. a. O., S.288）。

ヴェーバーの「適合的因果連関」説は、たしかにこうした「個別的因果」説には属さぬものであるかに見える（たとえば『ウェーバー』世界の名著、中央公論社、1979、の富永健一の注解、p.479をみよ）。「適合的因果連関」説を基礎づけたクリースの所説では、前注117）のように「個別的因果連関」とは区別していた。けれども、ヴェーバーの説そのものをみた場合、人間行為の過程を説明するものとして重視する「目的論的」立場からの因果性は、基本的にはまずはリッケルトのこうした個別性を顧慮した因果性の規定を、ヴェーバーが行為者の「動機」「意図」「洞察」そして「責任」の自覚、などをその「因果性」の本質的契機とすることによって、承認したものといえる。その立場を承認するかぎりで、行為者にあっては適合的な因果連関をいかに思惟的に構成するかが行為者における重要な課題となる。ヴェーバーは「"どんなに単純な"個別的な因果連関（»einfachste« individuelle Kausalzusammenhang）

129

第1章　問題の設定

も、無限に分解され分割されうるものだということを忘れてはならない。われわれがこの分割や分解をどのあたりで止めるかということは、ただその時々に抱いている因果関心の限界に関するひとつの問題にすぎない」(WL., S.281、邦訳、p.226) と指摘し、「適合的」(»adäquat«) という場合に、「われわれが出来事の"素材"のなかにある"諸条件"の一部を抽象することによって遊離し、そして"可能性判断"(»Möglichkeitsurteilen«) の対象となすこと」(Ebenda, S.287、邦訳、p.208) だと述べている。したがってそのような判断を含む行為の過程の場合には、行為者によってそのつど「適合的」と判断できる「個別的因果」説なのであって、その意味で「必然的」(»notwendig«) とも、「偶然的」(»zufällig«) とも異なっている。このような「適合的因果連関の規則」の概念によって、――向井守『マックス・ウェーバーの科学論』ミネルヴァ書房、1997、終章第4節、において指摘される表現でいえば――個別的因果連関に示される無限性の「アポリア」を解決しようとしたのである。

　したがって、ここにいうヴェーバーの可能性判断についても、前注117)でふれたクリースの「客観的可能性」の概念と同様に、行為者によって個別的に主観的に構成された、そのかぎりの"確実性"の要求（注4）を参照）に根ざしたものと把握してよい。シュルフターの指摘、「盲目的に反応して発散するのではなく、自ら選択した法則に従う意志、それゆえに計算可能な意志だけが事実上この命令（自らを理性的たるべしとの命令――引用者注）に応ずることができた。カントの定式との類推で、次のようにいうことができよう。すなわち、ヴェーバーによれば自らをいつでも個性的法則に基づいて規定しうるような意志が善である、と」Schluchter, W., a. a. O., S.258f,『信念倫理と責任倫理』嘉目克彦訳、風媒社、1996、p.89、という指摘も、その意味において了解できる。ヴェーバーのこのような"確実性"の要求をよりきわだたせる意味で、かれが別種の「確実性」にも注意をむけていたことにふれておこう。すなわち、実験心理学の成果を教育上の認識にそのまま適用することによる、「精密な」(exakt) 確実性を志向するミュンスターベルクの教育認識について、ヴェーバーはつぎのように論及していた。Roscher und Knies und die logischen Ploblome der historischen Nationalökonomie, 1903－1906, in : WL.、『ロッシャーとクニース』松井秀親訳、未来社、1988。かれは――ヴェーバーによれば――「因果範疇の『主観化的』認識作用一般への適用可能性を認めない。なぜなら、と彼は考える、われわれがひとたび因果的説明をもってことを始めるならば、われわれは、『その経験可能な構造のほかになおも理解可能な内面を有する意思行為に偶然に出合う』ときにも、けっして説明をやめることができないからである。われわれは、むしろ今度は、この意思行為をも一連の精神物理的な基本過程へ解体しようと試みねばならぬであろう。そしてわれわれにそれができぬとすれば、われわれが『感情移入』によって『解明する』ことのない（だがそれはただ、精神物理学の意味でいうのである）であろうような『不分明の箇所があとにのこる』のである」(ebenda, S.77、同上、p.156f、傍点は邦訳原文)。その場合には「『理解されぬもの』を『客観化』という方法で説明する、という事態が生ずる」(ebenda, S.78f、同上、p.159)。すなわち、ミュンスターベルクは「実験心理学の成果を教育学 (Pädagogik) に使用しうる

130

ことを強調」する。たとえばこうだ。「具体的な一人の学生もしくは具体的な多数の学生は実践的な教育にとっては、教育的感化にとり関係あるその性質が『素質』および語の最広義における個性的『環境』のまったく具体的な影響の膨大な総計によって重要な点を制約されるところの、諸個人(Individuen)として考慮される」。そうした事例を特徴づけるのは、「法則」(Gesetz)(この場合には実験心理学の法則)をもって「個体」(Individuum)(この場合には学生)を一個の「範例」(»Exemplar«)として把握する――「『諸条件』が充分に細目化してあれば、法則はもっとも個性的な個別的ケースをも把握する」(Ebenda, S.75, 同上、p.164)――という仕方に基づく「精密な」確実性である。こうした把握の仕方は、当のミュンスターベルクにとっては当然のこととして肯定されるのであって、「まったく異質的な認識目的のためにかち得られた、科学的心理学的知識が、個別的ケースについて、時には教育上の『目的』実現のための『手段』を指示することができる、ということはまったく争うべくもない。」(傍点は原文)。この見解(ヴェーバーによって説明されるミュンスターベルクの見解)をミュンスターベルク自身の所見から補強して裏づければ、たとえばこういう記述が着目される。「注意、記憶、知覚、幻想、感情、いや、いかなる精神的機能の性質についての心理学的知見も、教育的決定(pädagogische Entscheidung)を深化するであろうし、また、こども部屋での言葉の学習や学校の教室での綴り方の学習から、大学授業の諸問題にいたるまで、科学的教育学に対して有益な援助をなすであろう」。Münsterberg, Hugo, *GRUNDZÜGE DER PSYCHOLOGIE*, Leipzig, Johann Ambrosius Barth, 2. Aufl., 1918, S.195. しかし、ヴェーバーはこうした把握について、つぎのような論評をくわえる。「しかしながら、まったく同様に、それに対する保証がア・プリオリになんら存在しえない、ということもたしかである。なぜなら、たとえば疲労の条件に関する、また注意力や記憶力に関する観察に用いられるような種類の心理学の普遍的『精密』観察が、同様に普遍的かつ『精密に』妥当するよう教育上の規則をどの程度まで生むことができるかは、いうまでもなくまさに教育活動(pädagogischen Tätigkeit)の具体的目的の内容にこそかかっているからである」(a. a. O., S.80, 前掲書、p.161f.)。以上のように論ずるヴェーバーの問題認識は、くり返せば、ミュンスターベルクの「法則と個体との関係」把握においては「因果範疇の『主観化的』認識作用」が認められないという点にむけられているが、その問題は同時に実践的に評価すること(Werten)と価値関係について認識することとがかれの場合には混同されているという点にもかかわる。a. a. O., S.77, 前掲書、p.167、の注をみよ。教育上の実践的評価は、心理学的な事実認識から峻別されねばならないということ、しかも前者は後者から論理必然的に導かれるものではないということを、ヴェーバーはここでも主張する。ただしこの場合に、後者の認識をけっしてヴェーバー自身疎かにするものではない。いやそれどころか、Zur Psychophysik der industriellen Arbeit (*1908-1909*), *Studienausgabe der Max Weber-Gesamtausgabe Band* I/11, Tübingen, J. C. B. Mohr, 1998,『工場労働調査論』鼓肇雄訳、日本労働協会、1975、というかれの後の調査研究が示しているのは、一面では「合理的考量」(rationale Erwägungen)の要素をもちつつも(ebenda, S.90、

第 1 章　問題の設定

同上、p.162)、他面では——ミュンスターベルクの見地をうけ継いだともいえる——工場労働者における「気分状態」や「練習効果」の増大が「疲労度」や労働能率などにどのように因果連関するか、という点に関する実験心理学的、精神物理学的、生化学的論証なのだった。なお、教育上の実践的評価については、後注177) も参照。

125) Erwägung という用例を同上書『ロッシャーとクニース』松井秀親訳、未来社、1988、と、それに関連して「行為」概念についての論文「社会学の基礎概念」濱島朗訳 (『現代社会学大系5　社会学論集』青木書店、1971) の範囲にもとめれば、以下の用例がとりあげられる。

「ロッシャーとクニース」
事例1：われわれが他人との交渉においておこなういかなる表現も、一定の結果の出現を「計算」しているという点で、「架橋技師の『静力学的』計算、農夫の農化学的計算、牧畜業者の生理学的な考量 (physiologische Erwägungen) となんら異なる意味においておこなわれるのではない。これらのものは、仲裁人や定期仲買人の経済的考量 (ökonomischen Erwägungen) がそうであるのと同じ意味において、『計算』(»Berechnungen«) なのである」(WL., S.64、邦訳、p.134)。

事例2：「どんなありふれた考量 (allertrivialsten Erwägungen) にすら、因果的還元の領域にもある意味において物事は『計算不可能性命題』の仮定することと反対であること…が示されている」(WL., S.65、邦訳、p.134)。

事例3：「度はずれた『激情』の非合理的な支配をも合理的な『考量』の経過 (Ablauf rationaler »Erwägungen«) とまったく同様によく『理解する』」(WL., S.100、邦訳、p.204)。

事例4：「意図した結果に対する手段の考量 (Erwägung der Mittel für einen beabsichtigten Erfolg)」(WL., S.128、邦訳、p.260)

事例5：「『外的な』強制とか、抑えることができない『激情』とかに曇らされない『自己の』『考量』に基づいて (auf Grund »eigener«, durch »äußeren« Zwang oder unwider stehliche »Affekte« nicht getrübter »Erwägungen«) なされることがしだいに多くなるにつれて、動機づけは、…ますます徹底的に『目的』と『手段』の範疇のなかへはめこまれ」(WL., S.132、邦訳、p.270)。

事例6：「ほかならぬ経験的に『自由に』すなわち考量に基づいて行為する者こそ (Gerade der empirisch »frei«, d. h. nach Erwägungen Handelnde) が、目的論的には、…手段を通じて、その目的の実現に結びついている」(WL., S.133、邦訳、p.272)。

「社会学の基礎概念」
事例7：「目的合理的には、外界の事物や他の人間の行動を期待することによって規定されるが、そのさいそうした期待は合理的に、すなわち結果として追求され考量される (als Erfolg, erstrebte und abgewogene) 自分の目的を達成するための「条件」または「手段」として利用される」(WL., S.565、邦訳、p.115)。

事例8：「あるひとが目的、手段および随伴結果とのかねあいでその行為を方向づけ

るとしたら、そのひとは目的合理的に行為していることになる。そういう場合にはかれは、目的に対する手段、随伴結果に対する目的、はては種々の可能的な目的を相互に関係づけながら合理的に考量する（gegeneinander rational abwägt）。したがっていかなる場合でも、感情的（とりわけ情緒的）に行為するのでもなければ、伝統的に行為するのでもない」(WL., S.566、邦訳、p.117)。

事例9：「行為者は、たがいに競合すし衝突しあう諸目的を「命令」や「要求」に価値合理的に方向づけるのではなしに、それらをたんに所与の主観的な欲求活動とみなすだけで、それら諸目的について行為者によって意識的に考量された緊急性の目盛をもって（in eine Skala ihrer von ihm bewußt abgewogenen Dringlichkeit）整序するかもしれない」(WL., S.566f.、邦訳、p.117)。

事例10：「社会関係の意味内容は、相互の同意によって協定されることがある。このことはそれに関与する人々が自分たちの将来の行動（…）について約束する、という意味をもっている。そういう場合にめいめいの関与者は——かれが合理的に考量するかぎり（soweit er rational erwägt）——さしあたり確実さはまちまちであるけれども、他の関与者もかれ（行為者）自身の理解する協定の意味に照らしてその行為を方向づけるだろう、と期待する」(WL., S.570、邦訳、p.122)。

以上について2つの点に着目したい。

第一に、ただちに気付くことは「考量」概念は行為についての「計算可能性」の認識に結びついていることである。その場合に行為者の意図を原因とする因果関係についての計算が、行為についての認識の確実性を明証するものとして重視されている。他の文献にみえる「因果的考量」（Kausalzurechnung）という関連することばも、その点を表現している。WG. 1. Halbband, 1976, 5. revidierte aufl., S.245、『宗教社会学』武藤一雄・薗田宗人・薗田担訳、創文社、1976、p.4。

第二に、プラトン対話篇に示されていた「測定術」の教育課題 W、G、S とどのように対応するかについて検討してみると、つぎのことがいえる。事例1、2、4、6、7、8、9、10は課題Wに属し、事例3、5は課題Sに属するということが明白である。課題G系統 G についてはたしかに「考量」ということばそのものによってはとくに説明されてはいない。しかし、この「考量」概念がいかなる「人格」概念に自覚的に対置せしめられているかに注意するならば、それは「人格的なものに固有の神聖さをもとめようとする」ところの「浪漫的自然主義的」立場（「精神科学」がその具体的事例）の「人格」概念であることがわかる。『ロッシャーとクニース』松井秀親訳、未来社、p.271。このような「人格」概念に対する問題認識が、ヴェーバー「考量」概念の前提にうかがえる。その点を重視すれば、「考量」概念そのものが「測定術」の教育課題のうち、G系統の自覚、すなわち、自己の存在の脆弱性を自覚を前提としていることが理解できる。

なお、後注159）も参照。

126）ヴェーバーは「倫理」論文で、抑制した自己統御への尊敬という点にかかわり注記し、ヴィンデルバンド『意志の自由について』p.77以下を指示していた。その著作から、目的動機と行為の帰結との適合的連関規則を重んずるヴェーバーの「責任」

第1章　問題の設定

に関する所見と類似する見解に、われわれはここで着目しておきたい。ひとに責任を負わせること（Verantwortlichmachen）ができる場合について、計算可能性との関連でヴィンデルバンドはつぎのように述べていた。Wilhelm Windelband, *Über Willensfreiheit*, Tübingen, J. C. B. Mohr, 3. Aufl. 1918, S.188f.「無原因に働く意志、なにかしらある種の無傾向の自由をもってしては、何びとも予見しえず、いかなる意味でも"計算できない"（"unberechenbar"）のであるから何事も始めることはできないだろう。そしてこの場合の計算不可能とは、われわれの知識の限界のゆえではなくて、原則的にいって真に偶然的で不確かなもの一般は意識されえないという現実的理由からである。かくして教育のあらゆる種類、個人的な教育とともに、法律によって遂行される一般的な教育も、決定論（Determinismus）、すなわち、意志生活の経験的な合法則性（empirische gesetzmäßigkeit）と因果的必然性（kausale Notwendigkeit）とを2つの方向（前方の目的として、また後方の結果として——引用者注）においてかならずや予想する。ひとは人格を原因としてとり扱うが、その場合に人格を原因として認識せねばならない。すなわち、ひとはこの人格をある目的方向に働きかけるが、そのさいにそのために応用される手段にいかなる種類の影響が認識するか、あるいはすくなくとも予想するのでなければらならない。責任を負わせることの全過程は、徹頭徹尾われわれの経験的な因果的洞察に前方へも後方へも結びついているのである」。ヴェーバーの重んずる適合的連関はすでにふれたように個別的因果性に属するものであって、そのかぎりでは因果必然性（＝自然法則の因果必然性）とは区別されるものであり、それゆえ決定論（内面的決定論）を支持するヴィンデルバンドのここにいう因果の必然的関連——より明確には「目的論的必然性」——とも、まずはそれぞれの強調点の違いこそを確認しておくべきだろう。けれども、「計算可能な」確実性を示した因果洞察をもって責任を負うということを本質的要件とする点で——ヴィンデルバンドには『偶然性論』という著作があって、「偶然性」が、「行為の目的に関係づけられた価値規定」たりうる場合に肯定的に着目していたこと（Windelband, W., *DIE LEHREN VOM ZUFALL*, Tübingen, J. C. B. Mohr, 1916, S.59f.）を、われわれは重視しておきたい——、両者は共通の課題意識のうえにたっている。

127) Roscher und Knies und die logischen Ploblome der historische National-ökonomie, 1903−1906, in：WL., S.127、『ロッシャーとクニース』松井秀親訳、未来社、p.266。

128) Ebenda, S.46, 同上、p.98。

129) Friedrich Meinecke, "Erwiderung" in :Historische Zeitschrift, Bd.77, 1896 (*FRIEDRICH MEINECKE WERKE*. Bd.Ⅶ, Zu Geschichte der Geschichtsschreibung, München, R. Oldenbourg, 1968, S.327)。「内奥なる神殿」についてよりたち入った説明をもとめれば、マイネッケはこう指摘していた。すなわち、そのなかには「世界観」が根をおろしていること、その個々の要素の良質の部分には、「人間のなかのア・プリオリに指定される X の自発的行為」（spontane Tat des apriorischen X im Menschen）が示されること。マイネッケがこのようにつきつめたところでも、「解

134

き難さ」(unauføsbar) ということを強調する。とくに法則的に決定される作用によっては説明し難いということを強調する場合、その主張には自由と必然とがどこでも錯綜しているという認識が根底によこたわっている。なお、ヴェーバーと同様に因果性の問題を原理的に論究したマイネッケの後の論考に「歴史における因果性と価値」(Kausalitäten und Werte in der Geschichte, 1928, in : *FRIEDRICH MEINECKE WERKE*. Bd. IV, Zur Theorie und Philosophie der Geschichte, Stuttgart, K. F. Koehlner, 1965) がある。このなかでかれは、「文化」についての解き難さをつぎのように強調する。「文化は自発性に基づき、換言すれば、精神的道徳的価値によって産み出された因果性に基づきつつも、しかしまた生物学的、機械論的種類の因果性にも緊密に結びついているということ、それは歴史家が解くことのできない謎である」(S.81)。

130)「計算不可能性」を重視するという点での「精神科学」の——ヴェーバーのいうところの——「一種独特な尊厳性」について、とくにその教育学の領域において、以下検証しておこう。小笠原道雄編著『精神科学的教育学の研究』玉川大学出版部、1999、にはディルタイの基本思想とそれを自覚的に継承するクライス（教育学者集団）の教育学＝ドイツ精神科学的教育学がこれまでに追求してきた中心的主題、基本的方法などの諸特質が、編著者ならびに現代ドイツでそのクライスに属するとされる主要な担い手たちによってそれぞれに総括されている。しかし、この尊厳性については、あまりに自明に過ぎる事項ということか、精神科学一般、あるいは精神科学的教育学の基本的特徴としては格別には強調されてはいない。自己規定としては、そうであったとしても、ヴェーバー思想との関連性をきわだたせるならば、この「計算不可能性」という側面、生の「測り難さ」という特性についてのかれらの認識と評価——人間の生も含め、経験的現実が示す汲み尽くし難い複雑多様な様相についての認識であれば、ヴェーバーもまたかれらと同様に共有していた（「理念型概念」を操作的に構築さざるをえないような、経験的現実についてのヴェーバーの認識態度をみよ）が、その様相それ自身をまさに測り難さゆえにただちに尊重評価しようとはしないヴェーバーとは正反対に、ヴィンデルバンドの「因果関係不可解の原理」(Prinzip der Unbegreiflichkeit des Kausalverhältnisses) と呼ぶべき特性 (Windelband, W., *Einleitungin der Philosophie*, 2. Aufl. J. C. B. Mohr, Tübingen, 1920, S.155) を示すかれらの認識と評価——を、われわれとしては注視せざるをえない。

　その精神科学教育学の確立者ディルタイは周知のように「心的生」そのものが「合目的的性」をそなえていることを強調していた。そのような立場からすると、主体と対象との識別に基づいた「測定術」的発想は要請されにくい。『精神科学序説』において、かれはプラトンについて1章を設けて、われわれが中心的関心をむける Meßkunst についても言及していた。Wilhelm Dilthey, EINLEITUNG IN DIE GEISTES-WISSENSCHAFTEN, in : *GESAMMELTE SCHRIFTEN* 1. Band, 6. Auf l. Stuttgart, B. G. Teubner, 1966, S.181. そしてこの場合に、ディルタイはこの術を数学によって導かれる「純粋に理論な思想作業」として把握した。プラトン「測定術」において数学が理想的範型とされたことはたしかに間違いない。しかし、測定術が空間立体測

第1章　問題の設定

定を含め現実の実践的な術でもあることを、ディルタイは着目してはいない。プラトンの所説から、かれが中心的に尊重していたのは、「測定術」そのものの思考ではなく、対話篇『メノン』の「想起」説を引照することによって、人間に内在する「合目的性」にほかならなかった。

　ディルタイの流れを汲むシュプランガー（Eduard Spranger, 1882−1963）はその著作 *DAS GESETZ DER UNGEWOLLTEN NEBENWIRKUNGEN IN DER ERZIEHUNG*, Heiderberg, Quelle&Meyer, 1962, において、理論的な先行者としてヴント（Wilhelm Wundt, 1832−1920）の「目的の変生の原理」の考え方（後注132）を参照）に自覚的に依拠しつつ、つぎのように論じる。「一切の意図せざる（大部分は意欲せざる）副次的作用は共通する、すなわち、意志し行動する主体の意識に対して逆に作用するということだ。そこに産み出される志向の再構築に倫理的意義があるとすれば、考察の新たな見方を生みだすことだ」（ebenda, S.21）。「したがって、教育の領域においては『失敗する』（misslingt）ことがことのほか多い。それについて例示することはたやすい。より重要なことはつぎの点に考えいたることである。すなわち、けっして、あらかじめ、計算され、えない、ということ（das Nicht−voraus−berechnen−Können）が教育の中心点に根拠づけられる、という点である」（ebenda, S.75）。こうした認識にたって、明確な自覚をもってヴェーバーに対立して、つぎのように論じていた。ヴェーバーによれば、「世界観的立場は生のうちにあってはたしかに必然的で、正当化される。しかし、知識というものは世界観に即しては到達せず、しかも世界観の実現にも関与することはない。したがって、学問はひとがいかに行為すべきか、ということに関しては教えることはできない。理論が生に対して齎すことのできる、唯一の、むろん価値に充ちた援助は、つぎの点にある。すなわち、理論が、世界の因果法則的連関に対する洞察の根拠に基づいて、出来事に関する事前の考量（Vorausberechnen）を可能にする、という点である。こうした可能性は、人間の目的的行為にさいしての手段との結びつきに対してもまた及ぶ」（a. a. O., S.95f.）。シュプランガーの捉えたこうしたヴェーバーの学問の思想に対して、シュプランガー自身はつぎのように評した。「自然科学は価値評価を禁欲することについては概して難しくはない。社会科学、くわえて中心的な精神科学においてはまったく評価することなく認識することは難しい。せいぜい、たんに事実確定を欲する場合には価値関係づけをもって研究すること（リッケルト）であるにちがいない。…学問は生を認識せんとするかぎり、価値的立脚点を志向せねばならないものである。価値に方向づけられた行為の副次的結果は啓発するようにして世界観やエートスに対して遡及力をもつ」（ebenda, S.96f.）。「マックス・ヴェーバーは出来事を事前に考量すること、計算によって支配すること（durch Berechnung beherrschen）、明確にいえば、『技術的に支配すること』という理論の課題についてまさに実証的に論じる」（ebenda, S.97）。「しかし、第一に精神的世界においては意味から切り離された因果法則性は存在しない。しかも第二に、ヴェーバーによって要求される禁欲を実行することは不可能である。われわれによって議論の中心において設定される法則は、つぎのような事項を含んでいる。すなわち、意欲せざる副次的結果の経験によって、行為

136

の価値的意図(動機、心情、規範意識)は再構築されうる、という事項である」(ebenda, S.98)。

以上のように、シュプランガーによって、"学問研究における価値自由"の主張に対する批判、あるいは技術的支配に対する批判の論調のなかでヴェーバーは自覚的に批判されている。しかし、われわれが注意をむけねばならないのは、シュプランガーと同様にヴェーバーもまた「意欲に対する結果のパラドックスを考えている」(シュルフター『信念倫理と責任倫理』嘉目克彦訳、風媒社、1996、p.34)ことだった。しかしその場合でもヴェーバーは、シュプランガーとは異なって、起こりうる事態として予測されたかどうかを問う「責任倫理」をあくまでも強調していたのだった。

ボルノー(Otto Friedrich Bollnow, 1903–1991)はその著 *DILTHEY EINE EINFÜHRUNG IN SEINE PHILOSOPHIE*, Stuttgart, B. G. Teubner, 1936, において、「生」に「生の謎」(Rätsel des Lebens)とも把握される「理解しがたい」(unverstehbar)「支配できない」(unbeherrschbar)暗いの様相と、「慣れ親しい」(vertraut)明るい様相の二つが本質的にあることをディルタイとともにうけ入れた。そして、前者に関するディルタイの生の哲学についてつぎのように論じていた。「生のこうした暗いの側面はディルタイの生の哲学も理解にとって決定的であるのだが、にもかかわらずたいてい見過ごされてきたので、その側面はなんとしても強調されねばならない。この暗く、疎遠な生の基盤が忘れられるならば、生の哲学の全体は必然的に月並なものに押し遣られてしまうだろう。この地点にドイツ観念論の生の立場に対する違いが、もっとも深部において根拠づけられる。生の内的矛盾についてのこの深い経験は、一つの調和的世界象を閉じられた全体として建設せんとするいかなる試み——その全体のなかではいかなる個々の構成要素にしても必然的な形で、しかも意味深く全体によって条件づけられる——に対して根底的な決別へといたる。ここにおいて、とりわけディルタイのヘーゲルへの対立点が存する」。

この指摘によっても明らかなように、生の「理解しがたい」「支配し難い」様相についてのディルタイおよびボルノーの認識は、とりわけヘーゲルに対する批判意識に根差していた。しかし、誰に対するか、というその批判意図は別として、明るい生の様相の背後、「規則にしたがう自己の行為によって変化を産み出すことのできる」(Dilthey, a. a. O., S.54)領域の背後に広がる「生の謎」に対するかれらの強調そのものにわれわれは着目しよう。それはヴェーバーが注意をむける、人格の「内奥なる神殿」を強調するマイネッケの所説と等質のものとして、われわれは把握することができる。生の不可解性を本質的なものとして認識する以上に、より積極的にその価値的意義についてはどうだろうか。ボルノーは「一切の不可解なもの(aller Unverständlichkeiten)の中心点には産出(Zeugung)」、誕生(Geburt)、発展(Entwicklung)そして死(Tod)がある」というディルタイの見解を引用している(ebenda, S.55)。その見解にそう形で後年ボルノーは、予見不可能で計画不可能はあるが将来的に「どうにか」(irgendwie)ある救いが見出されるものとしての「希望」(Hoffnung)、予測しえない偶然的なものとの「出会い」(Begegnung)、あるいは「賭け」(Wagnis)の教育的意義について強調していた。とりわけ「賭け」について、

137

第1章 問題の設定

ボルノーはその著 *EXISTENZPHILOSOPHIE UND PÄDAGOGIK*, W. Kohlhammer, 1959, S.133、において"教育における本質的契機としての賭け"と把握し、つぎのように指摘する。「賭けは、自由な、しかもその自由において根本的に計算不可能な本質 (unberechenbaren Wesen) との関係として、たんに手工業的活動を超えてゆく。そのかぎりにおいて、現実においては、賭けの性格は教育そのものもっとも内的本質に属する。なぜならば、生徒は、その汲み尽くしえない根源から教育者の意図を引き出す可能性をもっているし、あるいはそれどころか、その教育意図に逆らったり、無効にしたりする可能性を、つねにもっているからである。その点に関して、挫折の可能性もはじめから教育行為における特定の要素として含有されている。人はそのことを完全な意味で遂行せんとするならば、その可能性をみずから意識してうけとめなければならない」。このような「賭け」は、「希望」、「出会い」などとともに教育の「非連続的形式」として、ボルノー自身によって特徴づけられる。計算不可能性はかれにおいては「開かれた」可能性として積極的に肯定されるべき根本的契機なのである。こうしたボルノー教育学についての体系については、川森康喜『ボルノウ教育学の研究』ミネルヴァ書房、1991、その他が参考になる。

なお、以上のディルタイにはじまる精神科学的教育学の内容については、注28) も参照のこと。

131) WL., S.55,『ロッシャーとクニース』松井秀親訳、未来社、p.116。
132) ヴント自身の見解をみておこう。ヴェーバーが論及しているヴントの指摘は、Wundt, W., LOGIK, Bd. III, Stuttgart, Ferdinand Enke, S.274-277, の箇所である。「心理的エネルギー」(psychishe Energie) について、ヴントは「あらたな価値の産出 (Erzeugung neuer Werte) を促進する能力と結びついた心理的体験の具現化した価値」として特徴づけている。S.275。こうした点に対するヴントの着眼がどのようなことを意味するかは重要である。かれはこの「心理的エネルギー」について論じてのち、つぎのように指摘していた。「心理的合成の創造的性格は、時につぎのようにも作用する。すなわち、特定の心理的原因の結果はつねに動機のなかにあらかじめ用意された目的の範囲を超え出てゆくこと、そして、獲得された結果からはふたたび創造的作用を発揮することができるような、あらたな動機が発生するということ、これである。この後者の帰結原理として生ずるのが、すなわち、目的変生の原理 (Heterogonie der Zwecke) である。その重要性は、心理的エネルギー増大の原理のように、なかんずく倫理的領域に示される」(ebenda, S.281、傍点は引用者)。ここに説明される「目的変生の原理」、ならびにその原理が前提とする、結果が動機としての目的を超出してゆくという事態、について、われわれはつぎの点に注意をむけたい。すなわち、精神科学派のシュプランガーによって自覚的に教育学的問題事項として積極的にうけとめられていることである。前注130) を参照。
133) WL., S.63,『ロッシャーとクニース』松井秀親訳、未来社、p.131。ここに引用されているのは、Wundt, W, ebenda, S.277f. である。われわれはこうした心理的エネルギーの補充 (Ergänzungen) の事実に経験的には接近することができない場合があるかもしれない、しかしこの場合でもむろんなお、いかなる精神的発展も

138

──限りなく成長することも、後退、中断もありえようが──普遍的な世界秩序の構成要素 (Bestandteil der allgemeinen Weltordnung) であるという倫理的要請 (ethische Postulat) は残る、とヴントは主張していた。

134) WL., S.55、同上、pp.116-117。
135) WL., S.51、同上、p.109。
136) Ebenda, S.6-62、同上、pp.128-130。
137) Ebenda, S.15、同上、p.34f.「流出」論的観念については、ヴェーバー「文化科学の論理学の領域における批判的研究」(前掲) についての森岡弘通訳注 pp.239-240を参照。
138) Ebenda, S.133、同上、p.272。
139) *GESAMMELTE AUFSÄZE ZUR RELIGIONSSOCIOLOGIE* (以下 RS. と略記), 1. Bd.5. Aufl., Tübingen, J. C. B. Mohr, S.182、邦訳は『プロテスタンティズムの倫理と資本主義の精神』大塚久雄訳、岩波文庫、1989、p.325、を参照したが、一部改めたところがある。
140) Ebenda, S.46、同上、p.67。
141) Ebenda, S.47、同上、p.68。
142) Ebenda, S.71、同上、p.110。
143) Ebenda, S.91、同上、p.151。
144) Ebenda, S.92、同上、p.155。
145) Ebenda, S.129、同上、p.227。ルッター派の場合には「原罪による無価値という深い感情が結び付いていて、これが罪の赦しをえるのに必要な謙遜 (Demüt) と単純さを維持してゆく、あのルッター派信徒たちの »poenitentia quotidiana«「日々の悔い改め」を注意深く育むのだとされた。」ebenda, S.108、同上、p.182f.「原罪」の意識と結び付いた、人間に普遍的な、したがって自己の道徳的無価値の認識は、ここに指摘されるように「謙遜」の意識を必然的なものとしてもとめることにわれわれは注意したい。それは一種の自己否認であるが、自己の人生に対して積極的にむかいあうことを可能にするもである。この場合に神と人間はどのような関係であるか。「倫理」論文の文脈をはなれるが、つぎの一節を見ておこう。「超感性的存在者の、つまりなんらかの神の、人間における受肉化」という意味での「自己神化」(Selbstvergottung) ではなく、「神によって要求される宗教的資質の獲得」という意味での「自己神化」について、ヴェーバーは『経済と社会』でつぎの二つの仕方で倫理的に設定されると把握していた。すなわち、「1、神の『道具』(Werkzeug) であるか、2、神によって充たされた状態であるか」であること。そして「第二の状態は明らかに第一にそれよりも自己神化の理念に近い」と指摘していた。Max Weber, (Hrsg. von Johannes Winckelmann), *WIRTSCHAFT UND GESELLSCHAFT* (以下 WuG. と略記), 1. Halbband, 5. rev. Aufl., Tübingen, J. C. B.Mohr, 1976, S.325,『宗教社会学』武藤一雄・薗田宗人・薗田担訳、創文社、1976、p.204。「倫理」論文においてここに「被造物の無価値」の思想という場合には、いうまでもなく、第二ではなく、第一の人間のあり方が達成目標として設定される。すなわち、ヴ

第1章　問題の設定

ェーバーはこう「倫理」論文でも指摘していた。「宗教的達人が自分の救われていることを確信しうるかたちは、自分を神の力の容器（Gefäss）と感じるか、あるいはその道具（Werkzeug）と感じるか、そのいずれかである。前者の場合にはかれの宗教的生活は神秘的な感情の培養（Gefühlskultur）に傾き、後者の場合には禁欲的な行為に傾く。ルッターは第一の類型により近かったし、カルヴィニズムは第二の類型に属していた」。RS.1., S.108,『プロテスタンティズムの倫理と資本主義の精神』大塚久雄訳、岩波文庫、1989, p.183f. なお、あとでふれるアクィナスが、カルヴィニズムと異なって「神によって充たされた状態」として被造物を把握していたことはいうまでもない。後注169）を参照。

146) RS.1., S.134、同上、p.226。
147) Ebenda, S.163、同上、p.287。
148) Ebenda, S.116f.、同上、p.201f. 他の箇所では、敬虔派の宗教教育をうけた地方少女たちの事例について言及され、労働そのものを「天職」として自己目的化する考え方をうけ入れた、冷静な「自己支配と節制」（Selbstbeherrschung und Mäßigkeit）が強調されている。ebenda, S.47、同上、p.68。
149) Ebenda, S.166、同上、p.295。
150) Ebenda, S.167、同上、p.293。
151) Ebenda, 113f.、同上、p.191f.
152) Ebenda, 106f.、同上、p.183f.
153) Ebenda, S.111－113、同上、p.191。
154) Ebenda, S.108、同上、p.184。
155) Ebenda, S.111、同上、p.185。
156) Ebenda, S.123、同上、p.213f.
157) Ebenda, S.123、同上、p.215。
158) Ebenda, S.158、同上、p.279。
159) Ebenda, S.137、同上、p.236。「考量」の用例については、RS. 1, S.116も参照。なお、ヴェーバーの著述から離れて一般的用語として erwägen という語はどんな意味をもっているだろうか。J. und W. Grimm, DEUTSCHES WÖERTERBUCH, 3. Bd, 1862, S.1039、より＜ERWÄGEN＞の項をみてみよう。「erwägen の意味は現在では、抽象的に、正確に測ること（perpendere）、吟味すること（examinare）、熟慮すること（deliberare）、計測すること（reputare）に限定されているが、もっとも簡素には重さを測る（wägen / wiegen）の意味で、知覚的に、計測するということ（ponderare）を表す」。より近年の Ruth Klappenbach und Wolfgang Steinitz Hrsg. WÖRTERBUCH DER DEUTSCEN GEGENWARTSSPRACHE, 2. Bd, 1978, S.1148、では＜erwägen＞の項につぎのように説明される。「あることについて可能的な諸結果を顧慮して吟味し（prüfen）、熟慮する（überlegen）こと」。関連して＜ Erwägung ＞の項には「有用性考量」（Nützlichkeitserwägung）、「合目的性考量」（Zweckmäßigkeitserwägung）という語も例示される。

このように「考量」ということばのうちには予測という概念的契機も近年では強調

されているが、より原初的には量の「測定」という意味がこめられている。その点を
われわれは重視したい。「考量」ということばに要約できるヴェーバーの思考そのも
のをプラトンの「測定術」の思考の様式と共通するものとして結びつけてわれわれは
把握したが、ヴェーバーの用いていた「考量」ということばそのものもまた、ヴェー
バーを離れた一般的用語法にしたがっても「測定術」の「測定」の意味に合致するも
のであった。
　このことを補足する意味で、ヴェーバーのつぎのことばにも着目しておきたい。
「純粋に『重さをはかって』使われるだけで分割することのできない金属の延べ棒の
ようなものは、ここでは『貨幣』とみなすことはできず、秤量による交換手段および
支払手段であるにとどまるただ、重さを秤りうる（Wägbarkeit）という事実は、『計
算可能性』(Rechenhaftigkeit) の発展という点できわめて重要であったといわねば
ならない」とかれは述べていた。WuG. 1, S.41、「経済行為の社会学的基礎範疇」富
永健一訳『ヴェーバー』世界の名著61、中央公論社、p.322。そのようなヴェーバー
自身の意解は、Erwägung という語そのものの説明を意図したものではないが、ヴェ
ーバーの重視する Erwägung という語をわれわれがプラトンの「測定術」の思考様
式に結びつけることによって、計算可能性を準則とする確実性の要求にささえらた知
的働き＝＜思慮＞の概念に対応するものとした、われわれの構成的な理解にかなった
ものとして注目される。

5.
160）ラテン語の prudentia についての訳語について。邦訳『神学大全』創文社でとく
　　に該当する部分、すなわち第2−1部第57−61問題の箇所は、稲垣良典が担当し「知
　　慮」と訳し、第2−2部第47−56問題の箇所では、小沢孝が担当し「思慮」と訳して
　　いる。
　　　ラテン語の原文対照の独訳版については、SUMMA THEOLOGICA, Übersetzt und
　　Kommentiert von DOMINIKANERN UND BENEDIKTINERN DEUTSCHLANDS
　　UND ÖSTERREICHS. Bd. 17B, 1966, がある。これでは Klugheit の訳があてられて
　　いる。
161）Ebenda, Bd.17B, S.194、『神学大全』第17冊、大鹿一正・大森正樹・小沢孝訳、
　　創文社、1997、p.191。
162）Ebenda, Bd.17B, S.195f. 同上、第17冊、p.192。ラテン語原文で consideratio
　　は、独訳では Erwägung、邦訳では「考察」とされている。
163）Ebenda, Bd.17B, S.262、同上、第17冊、p.258。
164）Ebenda, Bd.17B, S.194、同上、第17冊、p.191。
165）Ebenda, Bd.17B, S.262、同上、第17冊、p.258。
166）Ebenda, Bd.17B, S.267、同上、第17冊、p.263。
167）Ebenda, Bd.17B, S.200、同上、第17冊、p.197。
168）Ebenda, Bd.17B, S.219、同上、第17冊、p.216。
169）Ebenda, Bd.11, 1940, S.369、同上、第11冊、稲垣良典訳、創文社、1980、

141

第1章　問題の設定

p.371。アクィナスはいう。人間は神の霊によって動かされる「道具」(instrumentum / Werkzeug) ではない、「むしろ、自由意志をそなえているかぎり、自らもまた働きをなす、という仕方において聖霊からの働きを被るのである」。

170) Ebenda, Bd. 9, S. 未確認、同上、第9冊、高田三郎・村上武子訳、第２部第９問題「意志を動かすものについて」、創文社、1996、p.225。
171) Ebenda, Bd.17B, S.225f.、同上、第17冊、p.221f.
172) Ebenda, Bd. S.243、同上、第17冊、p.239。
173) Ebenda, Bd.17B, S.273f.、同上、第17冊、p.270。
174) Ebenda, Bd.17B, S.253f.、同上、第17冊、p.250。
175) アクィナスはいう、「権威あるひとびともやはり或ることがらに関しては順応的でなくてはならぬ。というのは…思慮のもとに属することがらにおいても、だれも、すべてのことがらに関して自分だけで足りるということはないのだからである」(ebenda, Bd.17B, S.255、同上、第17冊、p.251)。年長の権威あるひとびとにも「順応性」がもとめられるとういう点は、年長の権威あるひとびとへの「順応性」と比べれば、相対的に付け足し的な感じが否めないのであるが、ヴェーバーとの関連を考える意味で見逃ことができない。この点について Wilhelm Salber は、アクィナス「思慮」論についての論考のなかで、アクィナスがここにもとめる「順応性」が、没主観化を本質的に要請する、「事柄への献身」(Versachlichtung) を意味するものとして、つぎのように述べてヴェーバーに言及していた。「順応性の一つの機能は、事柄によってもまた教導されうるということである。この場合に事柄への献身ということが意味するのは、自己の行為を外的な所与と協調をはかるという点である。…抵抗を克服せんとする日常的判断にさいして事柄へ献身するということは、最小限の合理的なものを選択する。すなわち、それは世界を魔術から解放する（マックス・ヴェーバー）。たしかにつぎのことは強調されるべきである。人間は事柄 (Sachen)、しかも純粋に合目的的連関に制限されることがないような事物によっても——あるいはより適切にいえば、本質によっても——教えることができるということである」(ebenda, S.565)。この所見はヴェーバーを枢要徳の一つとしての「思慮」の説の系譜にヴェーバーの主張（とくに「事柄への献身」の主張と関連して）が位置づけられる余地を認めるものとして注目に値する。
176) 後注190) 193) を参照せよ。
177) ヴェーバーの「指導者」の概念をアクィナスの「教師」の概念からわれわれは区別しようとするが、ヴェーバー自身が「指導者」(Führer) と「教師」(Lehrer) の概念を厳しく区別していたことをまずは注意したい。周知の講演論文「職業としての学問」、あるいは「価値自由」論文（前掲、松代和郎訳「社会学および経済学における『価値自由』の意味」創文社、1976など）では、「教師」（とくに大学教師）は基本的に「教壇に立って」(auf das Katheder)「講義」(Vorlesung) をつうじて教えることを「職業」として制度的に認められた者であり、この制度的規定ゆえにその教師の人格的資質のいかんにかかわらず学生をその「講義」に出席せしめるという一種の"強制状況"(Zwangslage) のなかにいる。ヴェーバーの基本概念にしたがえば、

「教師」はカトリック教会などに典型を認めることができるアンシュタルトに属するLehranstalt（教育機関）の構成員として把握できる。後注194）参照。このような構成員としての「教師」であるゆえに、かれが教えるべき教育内容もおのずから規制されていて、「事実の確定」（個人的に不快な事実をも含めて）を基本にする。それに対して「指導者」は、かれのカリスマ的な人格資質を自発的に敬仰する随行者たちとの結社的関係のなかで「講演」（Vortrag）などをつうじて非制度的に存在する（そのようなカリスマ的「指導者」も、より詳しくさらに類別されるべきだが、ここではその点は問わない。後注193）でふれる）。「教師」と「指導者」とは、ひとしく教育関係を生みだすものの、こうした点できびしく識別されねばならないとかれは考える。そのゆえに、この混同が問題視されうる。「もし教壇に立つ人のすべてが学生たちとの無理な期待にこたえて指導者としての性質をはたらかそうなどと考えたならば、それはきわめて憂慮すべきことである」（『職業としての学問』）。「事実の確定」とは区別される実践的評価的態度、とりわけみずからの世界観をふきこむようなこと、しかもこの場合「科学の名において」権威ある教壇の決定が下されるとすれば、それは断じて許されるべきではない。個々の教師にあってはこうした教壇的禁欲が不可欠重要であると、かれは考える。「教師」と「指導者」についてのこのような概念的対比に留意したうえで、ヴェーバーのいう「教師」の概念と、アクィナスの「教師」概念とを対比してみよう。たしかに、前者の場合その職分ゆえに実践的な価値判断に対して禁欲的態度が倫理的に要請されると強調され説かれるのに対して、後者の場合ではむしろ逆に、その職分ゆえに（すぐあとの注180）を参照）実践的価値判断に基づいて特定の教義を普遍的なものとして主張することが積極的に期待されるという点で、両者はきわだった対照を示している。けれども、アクィナスもヴェーバーもまた、教えるという行為、またその担い手──関連して学ぶという行為、またその担い手もまた──が第一に職責上（倫理的にというよりも）制度的に規定されているという点では共通している。カトリック教会施設を典型とするアンシュタルトについてのヴェーバーの概念構築を想起すれば、こうした帰結は当然ありうることであった。この制度的帰結がどのような教育的意味を示していたかについては、とくに後注184）を参照のこと。

178) *SUMMA THEOLOGICA*, Bd.17B, S.255、『神学大全』、第17冊、第49問題、p.251、ラテン語原語では Majorum、その独訳では die Hochstehenden である。
179) Ebenda, Bd.24, 1952, S.152、同上、第24冊、第187問題、竹島幸一・田中峰雄訳、創文社、1996、p.113。
180) Ebenda, Bd.24, S.3－17、同上、第24冊、とくに第183問題。アクィナスにとって「職分」（officium）とは、具体的には社会的有能性に基づいた「万人に有用な活動」を指している。この点にかぎっては、それに類似の理解を他に（たとえば、本研究の第3章でとりあげる日本近世の荻生徂徠）見出すこともできる。けれども、そうした理解はつぎのように意味づけられる点に注意をむけなければならない。上田辰之助『トマス・アクィナス研究』みすず書房、1987、p.303f. を参照しよう。「協同体社会の各員がそれぞれ一定の職業に傾向付けられ、彼らの全活動の総和をもって社会

143

第1章　問題の設定

生活の要求が結局において完全にみたさるることを神の摂理（providentia divina）に帰す所はたしかに聖トマス独自の立場である。…しかしながら、聖トマスはまた各人への割当てを自然的諸原因（causae naturals）にも帰している。…職業の配分が同時に神慮および自然的原因により決定されるのであって、職業の種別により決定原因を異にするのではないということである。同時にといっても、神慮が主因、自然的諸原因が従因であることは申すまでもない」。ヴェーバーもまた、このよう「自然的原因」であるとともに「神の摂理」によって根拠づけられるものとしてアクィナス「職分」（officium）観を理解している。RS.1., S.70,『プロテスタンティズムの倫理と資本主義の精神』大塚久雄訳、岩波文庫、1989、p.111。

181) *SUMMA THEOLOGICA*, Bd.24, 1952, S.124、同上、第24冊、第186問題、竹島幸一・田中峰雄訳、創文社、p.91。
182) Ebenda, Bd.24, S.97、同上、第24冊、第185問題、p.70。
183) Ebenda, Bd.24, S.124、同上、第24冊、第186問題、p.92。
184) 一般に、教義を成り立たせている思想原理として、信仰と知的認識との関係の問題があることはいうまでもない。アクィナスの場には、信仰のために知性を犠牲にするのでも、2つの精神の働きを二重真理的に分離するのでもない。かれにおいては、対神的な信仰を前提として、それに知的認識はあくまでも協力（従属）することが要請される。「知性は意志の命令からして、信仰に従属するところのことがらに承認を与えるように動かされるのである」『大全』第11冊、稲垣良典訳、1980、p.133。こうした信仰と知的認識との主従関係に規定されて一般に「教説」「教義」が生ずる。

　　ヴェーバーが『経済と社会』で規定する「教説」あるいは「教義」概念も、こうしたカトリックの関係理解を尊重した形で示される。すなわち、「信仰は、それ自体がすでに知的熟慮の所産（Produkt intellektualler Überlegung）である教理をさらに知的に理解し、これを真理とみなす（Fürwahrhalten）という方向へと展開する」WuG. 1. Halbband, 5. rev., Aufl., 1976, S.341,『宗教社会学』武藤一雄・薗田宗人・薗田担訳、創文社、1976、p.241。その場合に「教義」は「祭司」によって解釈される教説である。ヴェーバーの概念規定によれば、祭司とは、定期的に祭儀経営をおこなう、ある選別されたひとびとから成る一定の組織的な職能集団であるという点で、近似する「呪術師」から、また個人的なカリスマ的資質ではなくて神聖なる伝統の名において権威を要求するという点で、近似する「預言者」（後述）から、それぞれ区別され、「祭司」以外の祭儀の信奉者「平信徒」とは対になる者とされる。カトリック教会における高位の聖職者たちはこのような「祭司」の階級に含まれる。その「教義」の「受容が信徒たることの本質的な徴表」とされる。そうした教義は、教育内容・方法上、および祭司－信徒関係上、以下のような注目すべき諸特質をもっている。

　　ⅰ）教育の内容について。上の成り立ちには、宗教的教団の形成が強い刺激となった。すなわち、「教団形成が始まるとともに、それと拮抗する他の諸教説からみずからを際立たせ、伝道によってそれらに対する優位を保持するという必要が、いちじるしく生じ、そこに他と区別する標識となるべき教説が重要な意義を得てくる…普通、

144

一分派の標識となるものやその教義をいちじるしく全面に押し出すのは、主要な点ではなんといっても、祭司たちのつぎのような努力である。すなわち、無関心主義をどこまでも排し、信奉者たちの熱意消失の危惧とたたかい、さらに自派に所属することの重要さを強調して他派への改宗を困難ならしめるという努力なのである」。WuG.1., S.281、同上、p.96f. このような努力をつうじて「教の正統性」が根拠づけられてゆく。と同時に、正統に対して異端となるべき、そのゆえに排除されるべき教説がもまた確認されてゆく。こうして「正典文書」が編纂されてゆく。

　ii）教育方法について。正統化される祭司の教説は「説教」（Predigt）、すなわち、宗教的・倫理的事物に関する集団的な教化（Kollektivbelehrung）という形で平信徒に対して与えられる。WuG. 1., S.283、同上、p.101。その場合に信徒はそれを批判的に吟味することは前提として必要とされない。後注187）でふれるように、「アンシュタルト恩寵」では、救済を必要としてもとめるひとびとの宗教的資格証明は、恩寵を授与する職権力の前に立つ場合、原則としてどうでもよいとされる。

　iii）信徒に対する祭司あるいは神学者の不可謬的教権（unfehlbare Lehramt）について。「祭司の思考活動と祭司の教育によって目覚めた信徒合理主義とが対立して、その教団そのものの統一を危うくするといった事態が生ずるとき、そこに一つの法廷が要請され、ここでそれぞれの教説の正統性が決められというのが通例である。こうしたローマ教会は、永い発展の過程を経て…神がこの世界首都ローマの教団を誤らせることをないであろうとの希望から、その司教の不可謬的教権を確立した」（WuG. 1., S.282、同上、p.100）。

　iv）教義に対する信徒の無批判的な信仰について。「教義の豊富な教会では、大量の教義をまえにして、人々はただ『黙示的な信仰』（fides implicita）のみを、つまり個々の場合において規範となるような信仰権威に、自己の確信のいっさいをしたがわせる心構えが全面的にできているということを、要求しうるにすぎないのである。…黙示的な信仰は、事実上はもはや教義の個人的認知ではなくて、それはひとりの預言者、または一つの施設によって秩序づけられた権威への、信頼と献身の表明なのである。このことによって、宗教的信仰はその知性主義的な性格を失うことになる」（同上、p.245）。後注187）でふれるようにアンシュタルト恩寵というわけである。

　すでに注107）でふれたように、カントは「道徳的問答教授」を「宗教的問答教授」から区別していたが、後者の概念に、以上のような諸特質をもつ「教義」概念は本質的に親和的に含まれると考えられる。

185) RS.1., S.114.『プロテスタンティズムの倫理と資本主義の精神』大塚久雄訳、岩波文庫、p.196。
186)『大全』第11冊、稲垣良典訳、第68問題、賜物について、1980、p.367。
187) アンシュタルト（Anstalt）とは、ヴェーバーの規定によれば、団体の一種で、合理的に制定された秩序をもって行為を規定し、個人の意志表示とは無関係にその個人の客観的諸事実」（出自、居住地、）を基礎にしてその団体への参加が期待される。国家やカトリック教会がその典型例とされる。ヴェーバー『理解社会学のカテゴリー』林道義訳、岩波文庫、1968。こうしたアンシュタルトは、とりわけ諸個人の自

第1章　問題の設定

由意志による「目的結社」と対比される。カトリック教会を事例とした「アンシュタルト恩寵」の概念も、このような性格に規定される。WuG. 1. Halbband, 5. rev. aufl., 1976, S.33. それは基本的に「儀礼主義」(Ritualismus) と密接な親和関係にある。より具体的にいえばつぎのようにヴェーバーによって整理される。ⅰ) 教会の外に救いなし。ひとは恩寵アンシュタルトに所属することによってのみ、恩寵をうけることができる (Nur durch Zugehörigkeit zur Gnadenanstalt kann man Gnade empfangen)。ⅱ) 恩寵授与の有効性を決定するのは、祭司個人のカリスマ的資質ではなくて、秩序に基づいた祭司に授けられた職権である (Das ordnungsmäßig verliehene Amt und nicht die persönliche charismatische Qualifikation des Priesters entscheidet über die Wirksamkeit der Gnadenspendung)。ⅲ) 救済を必要としてもとめるひとびとの宗教的資格証明は、恩寵を授与する職権力の前に立つ場合、原則としてどうでもよい。したがって、救済はたんに宗教的達人だけのものではなくて、誰でも獲得できるものとなる (Die Erlösung ist also universal und nicht nur den riligiösen Virtuosen zugänglich)。いいかえれば、「救いの確かさをみずから――自身の力で (aus eigener Kraft) ――努力して得させるように強いる力が存在」しない。「宗教倫理と現世」英　明訳(『ウェーバー　宗教・社会論集』河出書房新社、1988、p.291f.)、『宗教社会学』武藤一雄・薗田宗人・薗田担訳、創文社、1976、p.236f.
188) RS.1., S.114f.,『プロテスタンティズムの倫理と資本主義の精神』大塚久雄訳、岩波文庫、p.196f. 行為者において内面的な「緊張」が不可避であることについては、前注123) でふれた「目的論的に合理的行為」の概念の説明をみよ。
189) Ebenda, S.127, 同上、p.222。
190) Ebenda, S.126, 同上、p.222。「貴族主義」(Aristokratie) を原理とすることに対するヴェーバーの是認、というよりも積極的な要請は、民主主義の特質についての考え方と関連する。「カトリック的禁欲のばあいは、教会組織の権威が問題となるかぎり、服従 (Gehorsam) それ自体が禁欲的であると解して、そうした服従の誓いをさせ、反権威的傾向を抑えた。ところで、プロテスタンティズムの禁欲に現われているこうした反権威的 (autoritätsfeindlich) 原理 (教会ではキリストのみが支配すべきだとの原理――引用者注) のかの『裏側』こそが、実は、現在もなお、ピュウリタニズムの影響下にある諸国民の民主主義の特質の、またそれと『ラテン的精神』の下にある民主主義との差異の、歴史的基礎となっているものなのだ。そしてそれはまた、アメリカ人にみられる例の「敬意心の喪失」(Respektlosigkeit) の歴史的根拠でもあり――そのどちらかの民主主義であるかにしたがって――、あるいは拒否的なものとなり、あるいは快く感じさせるものなのだ」(ebenda, S.155、同上、p.275f.)。民主主義が大衆社会の進行とともにいわゆる「多数者の専制」に陥らず、健全な民主主義を実現するために、民主主義に貴族主義的精神を導入することは、周知のように J. S. ミルやトクヴィルらに共有された課題意識だったが、ヴェーバーもまたこの点をうけ継いでいる。支配権力を極小化する (Minimisierung der Herrschaftsgewalt) という要請が、みずからを支配すること (selbst verwalten)

を自己の課題としてうけとめることを妨げていると、ヴェーバーは理解している。この努力を失うときに、──ヴェーバーによれば──「『受動的』民主化」(passive Demokratisierung) あるいは「被支配者の平準化」(Nivellierung der Beherrschten) といえる事態をまねくことになる。WuG. 2. Halbband, S.567f. こうした思想の一端が、上の引用に示されている。

191) RS.1., S.134、同上、p.227。

192)「官職カリスマ」(Amtscharisma) も、周知のようにヴェーバーの概念である。『経済と社会』の「支配の社会学」の章で「カリスマ的支配とその変形」の節でふれられる。WuG. 2. Halbband, 5., rev. aufl., Tübingen, J. C. B. Mohr, 1972、『支配の社会学 II』世良晃志郎訳、創文社、1962、におけるヴェーバーを見ておこう。「特定の社会制度そのものが特殊な恩寵を受けているという信仰」(ebenda, S.675、同上、p.479) を「官職カリスマ」という。それは「純個人的な、個人的な証しに付着するところのカリスマ的召命を…官職の担い手たる個人の価値いかんにかかわらず官職機構を聖化するがごとき、カリスマ的能力に没主観化するもっとも徹底した形式である…司祭が個人的には絶対的な非難を受けるようなことがあったとしても、だからといって彼のカリスマ的資格が疑問視されるにいたることはない、という場合においてのみ、教会の官僚制化 (Bürokratisierung der Kirche) が可能であり、また、教会のアンシュタルト的性格は、そのカリスマ的価値の点であらゆる人的偶然性から解放されたわけである」(ebenda, S.675、同上、p.481)。こうした官職機構そのものの聖化を本質とする傾向としてとくに注意されるべき点は、「けっして教会のみに固有な現象でもない」(ebenda, S.675、同上、p.479) ということ、このように「人と事柄とを分離するという仕方は、熟知の諸観念に完全につながっていたわけである。この分離は、ただ、これらの諸観念をまさに官僚制化という偉大な構造理念に奉仕させたというにすぎない」(ebenda, S.675、同上、p.481) という事態である。一般化できるこのような官職機構そのものの聖化は、具体的にはここにヴェーバーが指摘するようにカトリック教会のみならず、アンシュタルトとしての学校機構そのものの「聖化」にもつながるとともに、より抽象的に原理的・包括的にいえば、H・リッケルトのいう「価値現実」(Wertwirklichkeit) ──「価値」と「現実」とが概念的に識別されることなく、その識別の前提ぬきに「価値」であり「現実」であるとされるもので、われわれはそのような現実を主張する具体例の一つを本研究の第5章で見出すであろう──としてわれわれは把握できるだろう。

193)「アンシュタルト」に順応するか、それとも諸個人の「内面的な習得」に依拠するか、というこの対立する選択肢 (RS.1., S.153) において問われているのは、別の角度からより根本的に把握すれば、人間形成における信仰と知解の関係、あるいは権威と理論的根拠の関係いかんという問題である。

　その問題の古典的な自覚をたずねれば──K. レーヴィット『知識・信仰・懐疑』でも引かれているように──アウグスティヌスの議論において先鋭的に見出せる。『信の効用』でかれはいう、「もし知らないことは信じるべきではないとすれば、子供たちは自分の親だと信じていない者たちに、どのようにして仕え、また彼らを互いの

情愛をもって愛するのだろうか。というのは、この自分の親だということは決して理性によって知ることはできないからである。…僕たちは、自分たちが知ることができないと認めていることを、信じるし、しかも何のためらいもなく信じるのである」（『アウグスティヌス著作集』第4巻、赤木善光訳、教文館、1979、p.57）。こうした信の理性に対する優越性の認識は、権威の理論的根拠に対するその認識に対応する。

すなわち、「われわれが何かを学びとるときには、権威は理拠に先行しなければならないものである」とアウグスティヌスは主張していた（『カトリック教会の道徳』熊谷賢二訳、創文社、1963、p.22）。こうした議論の背景には特定の宗教（マニ教）に対する反論の意図があるのだが、その意図をこえてアウグスティヌスの議論はそれ自体として人間形成における普遍的な原理にかかわる問題を提起していた。

アクィナスとの関係でヴェーバーの議論において提起される上記の選択の問題（対立の関係）は——ヴェーバーの自覚は別として——、こうしたアウグスティヌスの提起する問いを近代的な歴史状況のなかにうけ継ぎ応答しているものとして、われわれはその意味を把握できる。むろんそのうけ継ぎかたはアウグスティヌスの見解とは違っている。ヴェーバー自身のことばをもちいれば「反権威的」（»autoritätsfeindlich«）な姿勢を重視した形でうけ継いでいる。その場合ただちに注意せねばならないのは、ヴェーバーは、さきの注190）にもふれたように、一方では、大衆民主主義状況下のひとびとの「敬意心の喪失」（Respektlosigkeit）と「平準化」（Nivellierung）に対しても危機的意識をもっていた。したがって、「権威主義」と「平準化」という両面の問題を解決することがもとめられていた。『経済と社会』で呈示されている「カリスマの没支配的解釈がえ」（herrschaftsfremde Umdeutung des Charisma）の所説は、そのような課題に応答するものとして重視されるべきであり、ヴェーバーの＜思慮＞概念も、この所説があらわす指導者の概念を重要な構成契機として提示されていたとわれわれは理解すべきだろう。WuG. 1. Halbband, 5., rev., Aufl., 1976, S.155f.,『支配の諸類型』世良晃志郎訳、創文社、1970、p.138f.

こうした「反権威的」な方向とともに、指導者に導かれる方向という点を、ヴェーバー＜思慮＞概念が重視しているというその立場につき、われわれはカント『宗教論』のつぎのような見解に注意をむけておきたい。「およそ宗教とは、われわれが神を一切のわれわれの義務にとって普遍的に尊崇さるべき立法者として認めることにあるから、宗教をそれに適ったわれわれの態度に関して規定するには、神はどのように尊崇（服従）されるのを欲するかを知ることが重要である。ところで、立法する神的意志は、それ自体たんに制規的な（bloss statutarische）法則をつうじて命令するか、それとも純粋に道徳的な（rein moralische）法則を通じて命令するか、そのいずれかである。後者に関しては、ひとは誰でも自分自身から自分自身の理性によって自分の宗教の根底にある神の意志を認識することができる。なぜなら、神性の概念は、本来ただこれらの法則の意識と、これらの法則に、ある世界において可能な、道徳的究極的目的に合致する全効果をおさめうる力を想定するという、理性の要求とからのみ発現するのであるから。…だがもしわれわれが神の意志の制規的法則を受け入れ、われわれがそれを遵守するのが宗教であるとすれば、それらの法則の知識はわれわれ自

身のたんなる理性によってではなく、ただ啓示によってのみ可能であって、その啓示が個々の人間に秘かに与えられようと、あるいは伝承や書物によって人間の間に拡まるようにと公に与えられようと、それはとにかく歴史的信仰であって、純粋な理性信仰ではないであろう」。Die Religion innerhalb der Grenzen der blossen Vernunft, in : *Kant's gesammelte Schriften*, Hrsg. v. kön. preuss. Akadem. d. Wiss., Bd.6, 1907, S.103f.、『カント全集』第9巻、飯島宗享・宇都宮芳明訳、理想社、1974、p.147f. ヴェーバーの＜思慮＞立場は、カントがここにいう後者の方向（「制規的法則」ではなく「道徳的法則」にしたがう人間理性）を肯定してうけ継いだものとして把握されよう。そのうえでなお注意を要するのは、ヴェーバーの重視する＜思慮＞の場合、みずからの知性的判断で帰依（信託）に値するものとして随行せんとする指導者、すなわち、カリスマ的資質をもった指導者の特質である。この点についてより詳しくヴェーバーの概念でいえば、予言者の範疇にはいる指導者といえる。その場合にかれ（予言者）は、神の意志――カント「徳論」に即せば「道徳的法則」、いずれにせよ、超越的な価値をそれ自身として提示するもの――の「道具」（Werkzeug）となって、その委託に基づいて倫理的義務として帰依、随行を要求するのであって、かれ自身はけっして「模範的人間」（exemplarischer Mensche）として道を指示するのではない。その意味で、この指導者は、「模範的預言」（exemplarischer Prophetie）の担い手ではなく、「倫理的預言」（ethische Prophetie）の担い手としての性格をおびている。WuG. 1., S.273『宗教社会学』武藤一雄・薗田宗人・薗田担訳、創文社、1976、p.77。

194) レーレン・アンシュタルトは具体的には、就学を義務化するとりわけ国公立の初等中等教育学校に例示される。カトリック教会を特徴づける"信仰への知的理解の従属（協力）"ということを精神的原理とする、ⅰ)「教説の正統性」確保と異端的諸説の排除、ⅱ) 特定の教育内容の「正典」的取り扱い、ⅲ)「説教」による一方的な教授、ⅳ) 教師の「不可謬的教権」、そしてⅴ) 無批判的順応の姿勢が肯定される児童生徒の基本姿勢、これらの諸性質は程度の差はあったとしても、国公立の初等中等教育学校において顕著に出現することとなった。前注184) 187) を参照。この点に関連して、ヴェーバーのアンシュタルト論、官僚制論を接近視角として、合理的に組織化してゆく近代学校成立展開の一般的様態について、アリエスの見解（年齢段階に則した学級システム成立の意味について）やフーコーの「規律訓練」の所見をまじえて原理的に分析した柳治男の業績『学校のアナトミア――ヴェーバーをとおしてみた学校の実像――』東信堂、1991、が貴重である。日本近世の事例に即しては、本研究の第4章でその一端を跡づける。柳の著でも、むろん指摘されるが、官僚制化した合理的経営組織としての学校は「計算可能性」を経営の準則とする。しかし計算可能性は、ヴェーバー人格論においては同時にまた、徳性を示した＜思慮＞という人間のあり方を実現する準則も規定していたことを、われわれは本節の論述全体をもって確認したい。

195) ヴェーバーはこう述べていた。「アンシュタルト恩寵は事柄の性質上、つぎのような傾向をもっている。すなわち、権威（Autorität）――アンシュタルトそのもの

149

の権威であれ、あるいは、たとえばときには無制限な権威を発揮するインドのグルのようなカリスマ的恩寵の授与者の権威であれ——への恭順（Gehorsam）と服従（Unterwerfung）とを、枢要徳（Kardinaltugend）として、および決定的な救済条件として育成する、という傾向である」（傍点引用者）。WuG. 1. Halbband, 5., rev., Aufl., 1976, S.340,『宗教社会学』武藤一雄・薗田宗人・薗田坦訳、創文社、1976, p.239。

196）マリアンネ・ウェーバー『マックス・ウェーバー』大久保和郎、みすず書房、1987、p.255。ヴェーバーは前掲論文「宗教的現世拒否の段階と方向に関する理論」(RS.1.,『宗教社会学論選』大塚久雄・生松敬三訳、みすず書房、1972）において、周知のように宗教的救済価値の支配と、その他の隣接する諸価値領域（経済的・政治的・審美的・性愛的・知性的な諸領域）それぞれの「内的固有法則性」の意識化とのあいだに生ずる、「緊張関係」(Spannungsverhältnis) について論じていた。引用したマリアンネ夫人のことばも、この「緊張関係」についての文脈であった。＜思慮＞という、行為についての実践的知性を本質的に不可欠なものとして要請する、アクィナス「思慮」概念とヴェーバー「考量」概念とを、ヴェーバーとともにわれわれがひき合わせ関連づけることによってうかがえた「緊張関係」(Spannungsverhältnis)——宗教的要請（「心情倫理」に属す）と現世において期待される日常的行為の結果＝帰結（「責任倫理」に属す）とのあいで、カトリックにあっては行為者において「軽減」(Entlastung) がもとめられるべき内面的な「緊張」(Spannung) (RS.1., S.114) と密接に関連するが、諸個人における内面的レヴェルのこの種の「緊張」とは区別されるべき、文化的諸領域のあいだでひき起こされる「緊張関係」——は、ヴェーバーのこの論文で把握される知性的領域の「緊張関係」の様相に属す。RS.1., S.540. ヴェーバーはいう、「究極において最大かつもっとも原理的な意義をもつのが、宗教意識と思考による認識の領域とのあいだにみられる自覚的緊張関係であることは、いうまでもない。…合理的経験的認識が世界を呪術から解放して、因果的メカニズムへの世界の変容を徹底的になしとげてしまうと、現世は神が秩序をあたえた、したがってなんらかの倫理的な意味をおびる方向づけをもつ世界だ、といった倫理的要請から発する諸要求との緊張関係はいよいよ決定的となってくる。なぜなら、経験的でかつ数学による方向づけを与えられているような世界の見方は、原理的に、およそ現世内における事象の『意味』を問うというような物の見方をすべて拒否する、といった態度を生みだしてくるからである」(RS.1., S.564、邦訳、p.147)。ヴェーバーが跡づけたプロテスタンティズム諸派の場合は、むろん宗教的な価値を追求する。しかし、その行為、現世における日常的倫理的実践を基礎づけていた「測定術」の思考様式（あるいは「数学的」精神）に示される知性的認識の展開（知的領域の内的固有性の意識化）は、宗教的要請と現世の行為の結果（帰結）とのあいだの行為者の内面的「緊張」に対して、「緊張関係」(Spannungsverhältnis) の性質を付加することを意味する。こうした2種類の「緊張」も、ケスラーのいう「媒介する働き」の一つの所産として捉えられよう。Dirk Kaesler, *Einführung in das Studium Max Webers*, München, C. H. BECK, 1979, S.230、ディルク・ケスラー『マックス・ウ

150

ェーバーその思想と全体像』森岡弘通訳、三一書房、1981。
197）注4）でふれた"確実性"の概念をここであらためてふり返っておきたい。ヴェーバーの「適合的因果連関」説が計算可能性を基本的性格とする確率論の原理に基づくものである点を、ヴェーバー自身の強調とともにわれわれはもまた重視したい。その場合とくにリッケルトの説が参照されるだろう。リッケルトが妥当する価値の理論としての「批判的主観主義」が問題として提起していたこと、すなわち「世界の現実的側面に対して哲学はいかなる課題をもつかという問い」（S.162）をここであたためて注視するならば、ヴェーバーの人格論のうちにこの問いに対する応答を、われわれは認めることができる。すなわち、ヴェーバーの場合に（リッケルトの認識とは異なって）諸価値のあいだでの対立緊張関係が認められたとしても、諸価値それぞれにおいては妥当する価値としての主観的根拠をもつものとみなされている点では、リッケルトもヴェーバーも違いはなかった。この点にかかわって、たとえば、ヴェーバーは「客観性」論文のなかでこう述べていた。「たしかに『人格』の尊厳は、当の人格にとって、みずからの生を託すにたる価値があるという点に存する。——そして、たとえこの価値がもっぱら各自の個性の領域内部にあるとしても、当人がかれのもろもろの関心事のうち、価値としての妥当（Geltung als Werte）を要求する、まさにそうした関心事のために、『生き抜くこと』（»Sichausleben«）こそが、かれにとってはみずからを託す理念（Idee）としての妥当するのである」と。Weber, M., Die »Objektivität« sozialwissenschaftlicher und sozialpolitischer Erkenntnis (1904), in: WL., S.152．こうした共通性が認められるとすれば、「考量」ということばに凝縮されうるヴェーバーの「人格」への教育認識の展開こそが、リッケルトの提出する問いに対するその応答の内容であったと、われわれは把握することができる。そしてこのようなヴェーバーの「考量」概念は、本節で構築した＜思慮＞の概念に含まれるとともに、枢要徳の一つとしての「思慮」をエートスとして具体的に示した形で、しかも近代的な意味を付与して再定義したものともいえる。「神によって充たされた状態」という意味での「自己神化」という形で（注145）を参照）神の後見にささえられた自然的所与に随順することなく、諸個人の自発的意志を尊重するという点が決定的に重要である意味において、近代的な傾向をもっている。ただしその場合にも、自己自身の価値的意味を絶対視するということでは断じてなく、価値と現実との原理的識別にあたって諸個人を超えた価値理念を志向するということ、そのような限定をともなうことをわれわれは見逃してはいけない。この枢要徳としての再定義ということに関しては、さきの注195）の引用に注意をむけたい。ヴェーバーが再定義した＜思慮＞概念は、そこに指摘されるように、歴史的現実の傾向——アクィナス「思慮」概念を性格づけるとともに恩寵化されたアンシュタルト（そのもの、あるいは恩寵の授与者）の権威への「服従」を枢要徳とする歴史的現実の傾向——に対するアンチテーゼとしてうけとめることができる。このように、徳性をもったものとしてヴェーバーの＜思慮＞概念を把握できるとすれば、注23）でふれたマッキンタイヤーのヴェーバー理解は、「価値の複数性」をヴェーバーが認識していたという点では正当であったとしても、伝統的な枢要徳の確立への意志がなにほどかヴェーバーのうちに認めら

151

第1章　問題の設定

れるという点で、若干の留保を必要とする。近代以降の「思慮」の主張者たち、ガーダマーあるいはアーレントなどが、前注10)でふれたように諸感覚をつうじての共通感覚を重んじているのに対して、ヴェーバーの場合には、プラトン「測定術」の思考に範型をもった計算可能性を準則とする認知的働き (erkennen) を重んじているという点に特色がみられる。ヴェーバーの「考量」ということばに凝縮的に表現される＜思慮＞の徳性もまた、知性の導きを本質的要件とするということを示す。その知性の導きがなにほどかの計算可能性を示す必然的なものとして行為者において認知されるということは、住谷一彦が鋭く指摘するように、ある一点にたって「私としてはこうするよりほかない」(『職業としての政治』) というミュッセン Müssen の領域を行為者が覚悟することをもとめるものである。住谷『マックス・ヴェーバー——現代の思想的視座——』日本放送協会、1970、p.242。なお、この点に関連して、ホルクハイマーとの対比とともにヴェーバーを捉える森岡弘通の批判的洞察にみちた論文「事実認識と価値判断——マックス・ヴェーバーの学問論の思想史的把握に寄せて——」『実践紀要』第20集、1978、が着目される。森岡はヴェーバーの学問論が理性自身の客観的普遍的内容のあり方を問うよりも「形式化し主観化した理性」の「自己表現」であったとその本質的な特質を捉えていた。上のような実践的知性のあり方も——行為の仕方について、計算可能性を準則とする「客観的可能性」をもとめるものとはいえ——、主体的決断を要請するわけであって、そのかぎりでは、形式化した「主観的理性」という把握にそったものといえる。けれども、日本の教育思想の伝統を主要な関心対象にする本研究で強調しておきたいことは、森岡が論じるような限界性が認められにせよ、それにもかかわらず、日本の思想史的文脈では見落とすことのできないユートピアともいえる批判的・建設的機能を示しうるのではないか、という予想である。この点については、本研究の第6章で論ずることになろう。

198) 周知のように『宗教社会学論集』第1巻序言でヴェーバー自身によって提起されている文化の普遍史的問い、すなわち「いったい、どのような諸事情の連鎖が存在したために、ほかならぬ西洋という地盤において、またそこにおいてのみ、普遍的な意義と妥当性をもつような発展傾向をとる文化的諸現象——すくなくともわれわれはそう考えたがるのだが——が姿を現わすことになったのか」という問いを想起したい。この点にかかわって、富永健一『マックス・ヴェーバーとアジアの近代化』講談社、1998、のつぎのような見解に着目しよう。「ヴェーバーは日本については、中国およびインドとの関連において断片的に言及したにとどまるが、西洋と東洋の比較社会学的分析という彼の研究主題が、日本の近代化の解明にとって重要な分析用具を提供するものであることは、いうまでもないであろう」(p.21)。富永のこのような基本的見解を教育思想史の角度から検討せんとするわれわれもまた、今なおも共有したいと思う。

第2節　日本近世教育思想史における「ヴェーバー的問題」

——M．ヴェーバー儒教論における「合理主義」»Rationalismus« の2類型と教育史的問題の構成——

1．課題と方法

　本章第1節で論じたM．ヴェーバー「考量」概念の教育思想史的考察は、第1節のはじめにも断ったように、それ自身の内容が研究の目的の一部であるとともに、徂徠学を中心とする日本近世教育思想の展開に対する分析の方法的視角としての働きを期待するものでもあった。視角としての働きを期待するという場合、われわれの側の一方的な関心から発するものではなく、ヴェーバー自身の比較宗教社会学上の問題関心の方向にも内在的に沿ったものであることを、本節をもって明らかにしたい。あらかじめこの点を指摘したうえで、本節の課題をここに設定しておこう。

　本節は、ヴェーバーの比較宗教社会学上の一論文、儒教論をとりあげて、そのなかで「合理主義」»Rationalismus« として性格づけられる一種の知的態度にかかわるヴェーバーの教育認識が、より普遍的に教育学的意味を示すとともに、どのような根本的問いを日本近世教育思想史研究に提起するものであるかを考察する。

　上にいう根本的問いとは、ヴェーバー社会科学の方法・成果を自覚的に対象に適用することによる基礎視角としての意味をもった問いである。「ヴェーバー的問題」と称しうる問いに属すると捉えてよい[1]。そして、構築されるこの問いは、とりわけ「アジア的・後進的社会の歴史的現実」の事例とその対象範囲、範囲外の事例、等を有効に解きあかすことができるのではないか、という重要な仮定を含んでいる。この点で、同じく日本近世思想史の究明のために、東洋（中国）社会停滞論を展開したヘーゲルの歴史哲学の見解を参照し批判的に吟味した丸山眞男の徂徠学を中心とす

第1章 問題の設定

る近世儒教発展史研究 (1940) に着目すれば、その問題設定の基本的性格とつうずるものとして、筆者は理解する。具体的検証の帰結（立証・反証）のいかんは別として、ヴェーバー社会科学の問題関心から日本近世の諸思想を分析した試みは、少数ではあるが、石門心学についての R. N. ベラーの業績をはじめとしてすでに実証的成果があり、一つのアプローチとしての可能性を有している。

　本研究は、こうしたアプローチに基づき日本近世の儒教の展開をおもな対象とする。この分野では、すでに源了圓が、その著『近世初期実学思想の研究』(1980) の「近世日本における宗教と経済倫理」のなかで、プロテスタンティズムの「職業」の考えを意識しつつ、その等価物としての儒教の「職業・職分・天職」等の考えが「日本の資本主義的発展」の原動力となったことを指摘している。本研究では、そこで検討されるように、儒教その他の思想が結果的産物として経済活動を促進したかどうかという点は、第一義的な関心はおかない。なによりも教育思想としての達成のいかんを検討する本研究では、一種の合理主義——西洋において近代資本主義を生み出し、世俗内の職業（職分・天職）観を規定したとされる生活態度 (Lebensführung) の合理主義がどう展開していたかどうか、という点に着目したい。その点では、同じく源の論文「徂徠試論——徂徠の政治思想における文化と宗教の問題をめぐって——」がより重要である。源はヴェーバー理論社会学の基本的諸概念として「価値合理性」と「目的合理性」の両概念に着目し、徂徠にいたって儒教思想は前者から後者へと転換していると論じた。ヴェーバーの合理主義の概念を自覚的に分析視角として把握し、日本近世の儒教の展開を見ようとする試みとして、しかも「近代的」と評されうる徂徠が対象に選ばれているという点で、本研究にとって注目すべき論考といえる。ただこの論考ではその２つの概念（とくに目的合理性）は「民を安んずる」という政治思想分析のために用いられている。この政治思想のなかに教育の契機が含まれていた。その点は、源の認識するところでもあり、徳もまた目的合理的性格のものへと解釈しなおされた、という注目すべき指摘がある[2]。しかし、教育思想そのものの究明は付随的な

154

第2節　日本近世教育思想史における「ヴェーバー的問題」

ものにとどまった。それゆえ、日本近世思想史とりわけ儒教発展史においてどのように教育思想が展開していったか、その解明のための方法的な視角としてヴェーバー社会科学に示される生活態度の合理主義の概念を自覚的に把握する試みは、これまでの研究史ではいまだ着手されてはいない状況といえる。ただそのことは、研究の取り組みが不十分であったというよりも、むしろ研究対象そのものに起因するとも考えられる。というのは、相良亨も指摘[3]するように、内面的心情の純粋さをひたすら追求することが日本の思想的伝統の一つであるとも思われるからである。相良がその一方で着目するのは、普遍的規範としての道理の追求である。日本の思想史においては、その追求態度が希薄であることを相良は同時に指摘していた。自然法的普遍的理法とまではいえずとも、また、かといって相対的で特殊な状況の倫理（「経」と区別される「権」など）というわけでもなく、なにほどかの普遍性をもった客観的な"確実性"を示した行為規範を追求し、生活態度の合理主義という形として具現する人間形成思想の足跡を、たとえそれが伝統化せずとも、われわれはたどってゆきたい。本節は、この試みとして、日本近世教育思想の歴史的文脈に即して「ヴェーバー的問題」を具体的に構成することを課題とする。

　この課題に対する接近について。

　ⅰ）本研究の主要な歴史的対象が儒教である点を考慮して、ヴェーバーの宗教社会学上の歴史記述、とくに儒教論に即した形で合理主義の特質を究明してゆく。『世界諸宗教の経済倫理』(1915-1919) のなかには、周知のように論文「プロテスタンティズムの倫理と資本主義の精神」（以下「倫理」論文と略称する場合もある）とともに論文「儒教と道教」が組み入れられている。この中国儒教論には、2種類の合理主義が対比的に把握されていた。すなわち、「現世への合理的適応」をめざす儒教的合理主義と、「現世を合理的に支配する」ことをめざすピューリタン的合理主義である[4]。本節では後者と対比しつつ、儒教の合理主義についてとりあげてゆく。

　ⅱ）2つの合理主義の特質を把握にさいしては、その実現のためにそれぞれどのような人間形成の思想を要請するものであるかを跡づけてゆく。

155

第1章　問題の設定

その場合、禁欲的プロテスタンティズムの人間形成思想を特徴づけていた、計算可能性 (Berechenbarkeit) を行為の準則とする「考量」(Erwägung) の概念[5]と比較して、中国儒教ではいかにそれから隔たっていたかという点に留意する。この「考量」概念は、前節でとりあげたように、ヴェーバー「人格」論のなかではとりわけ重要で倫理的意味での「人格」概念を規定していた。すなわち、価値と現実との二元的な識別に基づく超越的な価値に対する志向をともなった、「目的論的に合理的な行為」(teleologisch – rationales Handeln) として特徴づけられた行為主体の実践的知性の働き[6]を、「考量」概念は固有に指し示していた。そして、こうした知性によって導かれる実践的な行為は、ひたすら没我的献身をもって対象に即すという「即事性」(»Sachlichkeit«) をもった態度 (「没主観的態度」とも訳されるVersachlichung) で取り組むことが期待されていた。これと対比すれば、対照的に「非即事性」(»Unsachlichkeit«) を基本的性格とする儒教の»Personalismus«——ここでは木全徳雄の理解と訳語にしたがってかりに「人間関係優先主義」と称しておく[7]——を儒教の人間形成の基本理念を示すものとして把握し、その人間形成思想の展開を具体的に跡づけたい。

　iii）ヴェーバーによる日本近世論も視野にいれる。禁欲的プロテスタンティズムと対比される中国儒教そのものヴェーバーの把握だけでも、日本近世教育思想史における儒教の展開いかんという問いは設定できる。けれどもかれの日本近世論も視野にいれることで、ヴェーバーの認識の展開にできるだけ内在する形で本節の課題を導きたい。日本近世の儒教の展開は、ヴェーバー自身の認識に即しても中国儒教との連続性とともに非連続性、いいかえれば、プロテスタンティズムとの非連続性と連続性をも示していると考えられるからである。

2．禁欲的プロテスタンティズムの　　　　人間形成思想についてのヴェーバーの理解

　論文「儒教と道教」のなかの中国儒教論では、その思想的諸傾向をきわ

第2節　日本近世教育思想史における「ヴェーバー的問題」

だたせるためにプロテスタンティズムについても対比的に論及されている。その人間形成思想の特徴としてヴェーバーが理解する事柄を、前節でふれた「倫理」論文をも参考し、その記述をもふまえて、はじめに要約的に見ておきたい。

1）世俗超越的な価値理念の志向の基づく自己の限界性の自覚

その第一は、「ピューリタンの倫理にとって世俗内的労働は超越的な目標にむかってなされる努力の表現だった」[8]と指摘されるように、世俗を超越する価値理念が志向されていたことである。それは神の意志を規準とする行為の実現をさす。この理念的な超越性の強調[9]は、他方では「人間そのものに対するあまりに強烈な、被造物崇拝的な関係」の拒絶を意味していた[10]。それゆえに、「地上の事物に対する儒教のなんらこだわることない態度と著しく異なって、ピューリタンの倫理は、この態度を『世俗』に対する強烈で荘重な緊張対立の関係に押やったのだった」[11]。世俗に対するこうした緊張対立は、まさに自己自身の内部にその根本的な問題をはらむものとして捉えられていた。「人間はそれ自体ひとしく罰をうけたものであり、また倫理的に絶対的に不完全で」[12]あった。

2）「考量」をつうじての職業への即事的な専心態度

こうした人間本性の限界性（道徳的な意味での不十分さ）の自覚は、けっして自暴自棄に帰するものではない。むしろ逆であった。各人は「神の道具」となって、与えられた現世内の職業生活に従事することが期待された。その場合に没我的献身をもって職業的課題そのものに「即事性」の態度で、しかもみずからがおこなう実践について目的の設定と、その目的を達成するに適合的な手段の選択、そして結果についての予測、という一連の行為の過程を含んだ、"確実性"をもった「考量」によって「合理的に」専念する態度がもとめられた。

3）自己自身に対する「統御」

職業そのものに専念する場合に自己の内側の問題にむかうことが不可欠な重要性をもった。すなわち、「自然のままの衝動生活に対するあの独特な制限と抑圧」とがもとめられた[13]。「ピューリタンの冷静な自己支配は、

157

…より内面的なもの、つまり、罪をうけて堕落しているとみなされているおのれの内なる自然 (innere Natur) の体系だった克服をめざしていた」[14]。こうした克服を課題とする「自己支配」は「節制」(»Nüchternheit«) の徳を意味する。「ピューリタンも儒教徒も『節制的』であった。しかし、ピューリタンの合理的な『節制』は強力な激情という基層を土台としていたが、この激情こそは儒教徒には完全に欠けていた」[15]。

職業への専念として具体化する以上１）〜３）の努力は、前節でふれた「測定術」のＧ、Ｗ、Ｓ系統の課題の思考様式をそれぞれうけ継いでいる。こうした実践的知性をともなった生活態度は、周知のように「意図せざる結果」として資本主義の発生の「実践的起動力」となることができた。と同時に、本研究の前節でふれたように、ヴェーバーによれば、直接的には「意図して欲しえない」結果としてかれらの内側にある種の「人格」をもたらした。より明確にいえば、価値と現実とを一元的に把握する「自然主義的用法」で把握される「人格」ではなく、それを峻拒し、価値と現実とを概念的に識別したうえで、「自然的衝動生活」を抑制するとともに、価値を選択し志向する、という主体の決断態度を根本とした「倫理的人格」(»ethische Persönlichkeit«)[16] を形成（＝「人格の内的形成」）することになった。そしてこの「人格」は、かれによれば、以下においてたどるように、「儒教的意味における人格」からも厳しく区別される。禁欲的プロテスタンティズムのそうした人間形成の場合には、逆説的に響くけれど、「人格性」ではなく「即事性」、より明確にいえば人格を超越する理念の志向を本質的にともなった、行為における「考量」という実践的知性の働きを要件とする「ひたむきに即事的な合理主義」(rein sachlicher Rationalismus)[17] こそが、「人格」実現にむけての人間形成の方法的原理であるとかれは理解した。

3．中国儒教の人間形成思想についてのヴェーバーの理解

以上の禁欲的プロテスタンティズムの人間形成の思想と対比して、ヴェ

第2節　日本近世教育思想史における「ヴェーバー的問題」

ーバーは中国儒教の人間形成の思想をどのように理解していただろうか。かれは『世界諸宗教の経済倫理』の「アジア的宗教類型の一般的性格」の章で、この点に関連して簡潔にこう述べていた。「専門人的合理性にむかう『進歩』とわれわれが呼ぶものを、東方において妨げたのは『非人格性』ではなく、合理的に評価すれば、『非即事性』であった」。ここに概括的に指摘される「非即事性」は、以下にとりあげる儒教に即していえば、「人格的なもの」(Persönlichen) の、とくに情誼的な側面の「崇拝」(Kult) [18]、より積極的にいえば「人間関係優先主義」と相表裏したものとして把握できる。すなわち、「所与の秩序において自分にもっとも近く位置する具体的な、生存する、あるいは故人となった人間に対する敬虔」を、なによりも──「理念」(»Idee«) や「事柄」(»Sache«) に対する敬虔ではなく──重んずる態度[19]が、それである。このような儒教の人間形成に関する基本的方針についてのヴェーバーの理解の仕方は、一種の現実的な「所与」を根本的に重んずる態度として見通せるだろう。この点についてより具体的にたち入って分析・検証してゆこう。

1) 人間形成の理想的目標としての「君子」像

儒教としてヴェーバーがとくに考察の対象としているのは、中国の秦以前のいわゆる原始儒教ではなく、漢代以後、とくに唐・宋・元・明・清の全期にわたって統一国家において公認され、読書人身分たちの典籍的教養として重視された儒教であった。そしてそれは、ヴェーバーによれば人間形成の目標および、内容、方法を以下のような特徴として示していた。

a)「君子」像 ──現世適応（Weltanpassung）主義──

その儒教は理想的人間像として「君子」(»Gentleman«) を景仰し、教育目的として「君子」たることをもとめた。その人間像を特徴づける目標は、第一に「現世適応」主義である。

儒教においては、ピューリタニズムのような「現世を超出しようとするあらゆる努力」がもともとなかった。それゆえに、「われわれが『人格』という概念と結び付けるところの、内からの統一へむかってのあの努力を

159

第1章　問題の設定

生ぜしめなかった。人生は出来事の連続にとどまり、超越的な目標のもとに方法的に設定された全体ではなかったわけである」[20]。「現世に対する緊張対立」を「絶対的な最小限にまで縮小した」ものが儒教であった。したがって、儒教にとって基本的に目標とされたのは、「外への、すなわち、『現世』の諸条件への適応であった」[21]。そして、「徳の報酬としてかれが期待したものは、現世においては長寿と健康と富とであり、死後に関しては令名を後世に残すことであった」[22]。

倫理を超越的なものに根づかせて現世を超越するのではなく、むしろ現世に適応すること。その場合に、儒教にとって根本的な重要性を示したのは、何か。所与の自然発生的な対人関係の結びつきこそ儒教の枢要な徳を実現する人間形成の規準として重要であった。いいかえれば「一度たりとも超世俗的な神に対する、それゆえまた一度だって聖なる『事柄』(»Sache«) や『理念』(»Idee«) に対する敬虔ではなかった」[23]。

それではより具体的に何が重んじられるか。「結局は人間から人間への、つまり君候から臣下へ、上司から下僚へ、父兄から子弟へ、師から弟子へ、友から友へのこのような人的諸関係 (persönlichen Relationen) によってつくられた人間的な恭順義務 (Pietätpflichten) 以外のいかなる社会的義務も儒教倫理には知られていなかったのであった」[24]。とりわけ「生活態度を左右する、はるかに最強の威力は、祖霊信仰に基づく家族内の孝悌の情であった」[25]。「両親に対する無制限の孝行は、たえずくりかえし叩き込まれたように、すべての徳のなかの絶対的に根本的な徳であった。両親に対する子供の徳は、諸徳の葛藤ある場合には、他の徳に優先」した。こうした情誼的な所与の人的諸関係の徳の根本として、「孝」(Pietät) は枢要徳 (Kardinaltugend) として重んぜられた[26]。

b)「君子」像 ──「自己完成」(Selbsvervollkommnung) の志向──

ピューリタンにあってその獲得される人格像はひたすら「内面から発展する」ものであったが、儒教の理想像としての「君子」は、「外から錬磨された」[27]。そして、「外面的な身振りや作法の威厳」[28] によって、「儀礼的に秩序正しい宮廷的サロンの意味での典雅と威厳」[29] を実現すること

160

第2節　日本近世教育思想史における「ヴェーバー的問題」

が、人間のあり方の目標として重んじられた。こうした生活儀礼上の「礼節に対する感受性のみが、『君』子を儒教的意味の『人格性』に形成する (formt) ところのもの」[30]とされる。

　このような「礼節」の実現は、自己支配を意味していた。「あらゆる生活状況における儀式上の礼節が中心的な徳として、自己完成の目標であり、冷静で合理的な自己支配と、いかなる種類のものであれ、非合理的な情欲による均衡のすべての動揺を抑制することが、この自己完成を達成する適切な手段であった」[31]。こうした自己支配は、ピューリタンの場合にもたしかに類似のものが見られた。しかし後者がめざしていたのは、すでにふれたような「自然のままの衝動生活」に対する徹底的な克服であったが、儒教の場合は動揺の抑制をもたらす「外面的な身振りや作法の威厳」を保つことが第一義に重視された。

　儒教が主張するこうした「自己完成」は、「神を冒涜して被造物を崇拝する理想」をも意味した[32]。なぜならば人間本性はその素質からしてそれ自体「善」であって、「そもそも『根源悪』は存在しなかった」[33]。「悪は外から、感覚器官を通じて人間のうちへいったのであって、資質の違いは、個々人の調和的発展の差異であった。これは、超現世的な倫理的な神が存在しなかったことの特徴的な帰結」[34]であった。人間誰しも本来的に善を内在するゆえに、「個々の私人はかれ自身の真なる本性を発展させることによって、もっともよく天に仕えた。…それゆえすべては、自分の素質のなかから自己を発展させる (Selbstentwicklung) という目標をもった教育の問題 (Erziehungsproblem) であった」[35]。

　c)「君子」像 ——「多面性」(Allseitigkeit) の追求——

　どのようなあり方へと自己を「完成」させることが期待されるのか。「個人としては、己自身をすべての面で調和的に均整のとれた人格」=「多面性」を備えた人格をえようと努力する。「この多面性に基づく「徳」(»Tugend«)、すなわち自己完成は、己を一面化 (Vereinseitigung) することによってのみ得られる富よりもすぐれたものであった」[36]。

　多面性の追求は自己目的であって、けっして手段的ではない。「『高貴な

161

第1章　問題の設定

人間』(君子) は『器ならず』(»kein Werkzeug«) であった。つまり、君子はその現世適応的な自己完成という点では、いかなる種類のものであれ、没主観的な目的のための手段などではなく、究極的な自己目的であったからである。儒教倫理のこの核心的な命題は、専門的の分化や、近代的な専門官僚や、専門的修練、とりわけ営利のための経済的な修練を拒否した」[37]。

　多面性を実現する人間のあり方が手段的ではないということは、一事に有能に働くことを退けることを意味する。「『高貴なる男子は道具ではない』という基礎的命題の意味するところは、かれ (君子) は自己目的であって、道具のように、特殊化された有用な使用のためのたんなる手段ではない、ということであった。多面的に教育された儒教的『君子』の身分的な高貴理想は、社会的な志向のあるプラトンの理想——ポリスを地盤としてつくられたために、人間はなにかある一̇つ̇の̇事̇柄̇ (in einer Sache) において有為なこと (Tüchtiges) をやりとげることによってのみ、自分の使命に達することができるのだという信念から出発したところの理想——とはまったく対照的であった」[38]。

　以上を要するに、禁欲的プロテスタンティズムがもっぱら「働き」(Wirkung) に基づく「業績」(Leistung) を重んじ、価値と現実を峻別しそのゆえの「緊張」をひきうける人間像を提示したのに対比すれば、「君子」という儒教の人間像は、自然的・現実的な「所与」として特徴づけられる人間のあり方を理想的目標とし、その所与のうちに「倫理」の根拠をもとめた[39]。

2）人間形成の内容および方法
　このような「君子」という人間像は、目標として「教育」の力によってその実現が期待されれた、とかれは捉える。その教育の内容と方法について、ヴェーバーはどのように理解していただろうか。
　a) 文献的な勉学
　人間はその本性からして倫理的に善であって「原則的には平等の性質をもち、またとにかく無制限に完成の能力をもち、道徳律を履行するに十分

162

であった。古い古典の導きで身につけた哲学的・典籍的教養が自己完成の普遍的手段であり、教養の不足と、そのもっとも主要な根拠たる経済的な生計の道の不足とが、すべての不徳のただ一つの根源であったにすぎない」[40]。それゆえ「不断の勉学」が期待された。とりわけそれは、「文献的勉学」(literarishes Studium) を指していた。「この不断の勉学は、たんに既存の思想の習得にすぎなかった。…だから『直観のない概念は空虚である』という命題のかわりに、ここにあったのは『読書の成果のない思索は不毛である』という命題であった。…勉学がない場合には、社会的適応というこの倫理の最高善であったところのほかならぬ『中庸』が失われたのだ。が、この倫理の内部では唯一の真に絶対的な義務、つまり訓育の母たる孝と、自己完成の唯一の普遍的手段、つまり文献的教養とがあるだけであった」[41]。

b）家産制的諸侯に仕えること

「君子」たるために、社会的には「仕官」することも期待された。なるほど、儒教の内部において老荘など「主義としてあくまでも仕官しない読書人も存在した」。しかしそうした方向は、身分としては形成されなかった。読書人身分を形成し「君子」たることを欲したかれらが重視したことは、仕官、とりわけ「家産制的諸侯のもとに仕えること」であった[42]。なぜ仕官か。儒教の文献は経済的活動を抑えるどころかその努力を勧めている。しかし、現実においては「魂の均衡と調和とは、営利の損失危険によって動揺させられる」。そのような事態を避けるために、「官職授禄者の立場が倫理的に理想化されて登場する。官職的地位はとりわけ、それだけが人格の完成 (die Vollendung der Persönlichkeit) が許されるという理由によっても、高級な人間が就くに値する唯一の地位」[43] とされる。とくに自己完成の要求から官職の地位が望まれる。ではなぜ家産制か。家産制国家では「家父長的」(patriachal) であることを基本的性格とするゆえに——封建制では「名誉」の徳が根本的に重要であったが、それに対し——枢要徳としての「孝」を、その本来の形において尊重することができるからである。家産制国家では、「部下のすべての所有はかれ（君主——引用者注）のも

163

の」とされる。そうした君主と官吏との関係においては、「無条件の規律の履行に耐える」ことがもとめられる。その点で、孝はこうした課題に適合的に対応するものとされた。そのうえ「あらゆる従属関係」[44]、官吏の君主に対する、下級官吏の上級官吏に対する、臣民の官吏・君主に対する、等あらゆる従属関係に転用できた[45]。

c) 確実性の根拠としての正統説の修得

"確実性"をもった「考量」を要請する禁欲的プロテスタンティズムの場合と類似した「確証」の試みが、儒教でも同様に一種の「知」のうちにもとめられた。ただしこの場合は、自己自身による日々の「善き行為」によってではない。儒教の場合には、学知、すなわち「文献的学習によって達成された、伝統および古典的規範の知識」という意味での「知」（»Wissen«）[46]によってである。そのような学知を具体的にどのように確保するか。それは、文献的に勉学すること、そして仕官すること。この二つの努力を結びつけた科挙とよばれた試験制度で認証された「正統説」(Orthodoxie) を内容とする「知」——知識とそれから外れる諸学説をすべて「異端」として退ける知的態度——の修得こそが、かれらの努力するところであった。この「正統説」は、文献、とりわけ「古典」、しかも「正典的な妥当性」を示したものと当局によって規制解釈された典籍とされ[47]、「君子」たるためにはそれに精通すること、「典籍的教養 (Buch-Bildung) をもつ人間であり、きわめて鮮明な形をもつ経書人 (Schrift – Mensch)」[48]となることが期待された。

以上のように中国儒教の人間形成思想を跡づけられるなら、本質的に「非即事性」を基本特徴とするものであることを確認できる。その「非即事性」は、計算可能性を行為の準則とした「考量」する知性の働きの欠如、希薄さとしても特徴づけられる。それを裏づける意味で、「ロゴスの力、定義する力、推論する力」が中国人にはきり開かれなかったと指摘したうえで、ヴェーバー自身こう言及していたことも見落としてはならない。取引の「勘定高さ」(Rechenhaftigkeit) はひとびとに浸透しており、行政官庁の諸決算は綿密であったにもかかわらず、「算術」(Rechenkunst) の

ことは古代（秦）以降の教育説のなかではけっして話題にされることはなかった、と[49]。こうした「非即事性」の根本的態度の特質は、「人格的なもの」(Persönlichen) の崇拝、この場合もっぱら「孝」を主とするその情誼的な絆を「崇拝」を意味する「人間関係優先主義」と相表裏したものとして把握できる。

4．「封建日本」(feudales Japan) 論

以上の中国儒教論に続いて、ヴェーバーの「封建日本」論をたずねよう。周知のように、ラートゲン (Karl Rathgen, 1855- ?) の著作 *Japans Volkswirtschaft und Staathaushalt* (日本の国民経済と国家財政)、1891、等を参照しつつ、かれは日本近世について「封建日本」論として展開していた。その論述のなかに政治的、社会的、経済的諸事項 (Tokugawa〔徳川〕, Shogun〔将軍〕, Karo〔家老〕, bakuhu〔幕府〕, han〔藩〕, Daimyo〔大名〕, Samurai〔侍〕, midzunomi〔水呑〕, Gonungumi〔五人組〕, Kokudaka〔石高〕等）の記述とともに、きわめて断片的ながらも、人間形成の特徴に関しても関心をむけて、以下のように記述していた。

第一のその特徴は、世俗内の「騎士」としての倫理をもった人間形成であること。「日本においては、非軍事的な文人層ではなく、職業戦士の層が社会的にもっとも勢力があったという点である。実際の態度行動を規定したのは、中国におけるような試験の証書や学者的教養 (Scholarenbildung) ではなく、西洋中世と同様な騎士的習俗と騎士的人間形成 (Ritterbildung) であった」[50]。

第二に、騎士形成であることにかかわって、日本近世ではその人間形成の目標として「封建的名誉」の徳を重んじた。それは「学問的要素」をもった試験での好成績を意味する「学者的名誉」とは厳しく区別される。ヴェーバーの認識では、「名誉をもって最期をとげること」という標語が示すように、封建的名誉においては、「無条件の履行」ではなく、個人（従者）の主体的決断をともなった没我的態度で主人への忠誠を志向するもの

第 1 章　問題の設定

であった[51]。そのような名誉の徳は、封建社会ではその共通教育の価値的目標を形づくる。「騎士的習律、身分的矜持およびこれらによって方向づけられた『名誉』感情を教え込む (anerzieht) ものであり、また此岸的志向をもっている点でカリスマ的、呪術的な預言者や英雄の禁欲と異なり、戦死的な英雄意識を志向している点で文献的『教養』(„Bildung")と異な」っていた[52]。こうした封建的名誉は日本近世では「誠実」と結びついた[53]。このように人的絆を重んずるという点で、中国儒教の場合と日本の封建制とは類似するかに見える。けれども重要な違いがあった。ヴェーバーはいう、日本（および西洋の）封建制の場合、「この人的絆なるものの特性は、同時に、つぎのような結果を招来した。すなわち、騎士的な品位感情 (das ritterliche Würdegefühl) は、まさにこの人格的なものの崇拝のなかに、したがって、あらゆる即事性をもった（没主観的で）事務的な諸関係の正反対の対極のなかに、その命脈を保つという結果である」[54]。

　第三に、即事性をもった（没主観的で）事務的な諸関係に対する軽視あるいは敵視、無関心とかかわって、日本近世の騎士教育も、「遊技」の要素を教育の内容としていた。その遊技は、「けっして『暇つぶし』なのではない」。「意欲をこえて、打ち砕かれることのない動物的衝動性をもっているところの…『訓練』の形式」である。それゆえ、遊技とはいえ自己の内的表現がたんに重んぜられているのではない。こうした「遊技」は「経済的に合理的な一切の行為の対極をなすもの」であったが、「西洋のレーエン制的騎士層や日本の封臣層のあいだでは、厳格な距離感と品位感情 (Distanz‑und Würdegefühl) とをともなう貴族制的身分的習律が」生み出された。「遊技」を重んずるこの態度と「芸術的生活態度」との親近性は、封建的支配層の「貴族的」心情を直接的に源泉としていた[55]。

　ヴェーバー日本近世論のうちに、われわれは以上のような騎士教育認識——封建的名誉、誠実、遊技、という点で同時代の新渡戸稲造『武士道』(1900) の指摘と照らしても的確といえるもの——を摘出ができる。

166

5．日本近世教育思想史における「ヴェーバー問題」

　これまでの論述によって、M．ヴェーバー比較宗教社会学上の論説のなかから、中国儒教論とともに日本近世論をとりあげて、断片的ながらも人間形成思想の展開を跡づけた。そこに摘出された合理主義の2類型を基礎視角として把握することによって、日本近世教育思想史の文脈、とりわけ儒教の発展史のなかに、どのような問題をわれわれは構成することができるか、さいごに考察しよう。

　禁欲的プロテスタンティズムの人間形成にあっては、現実の人格を超越する価値への志向にささえられながら、「職業」に対して、あくまでも「即事性」に徹し没我的献身（「没主観化」）をもって、その日常の行為の目的、手段、結果についての計算可能性を準則とする「考量」を基本的態度としていた。

　ヴェーバーの捉えた禁欲的プロテスタンティズムの「合理主義」から、日本近世の儒教の人間形成は二重の意味で隔てられることになるのではないか。そのように予想される理由の第一は、儒教である点。日本近世の儒教においても、中国の場合と同様に血縁的情誼を中心とする「人間関係優先主義」であって、「即事性」を特徴とする人間形成の思想は展開しなかったのではないか。第二に、日本近世が「封建制」として「騎士的人間形成」を目標としている点。これもまた「人格的なもの」の崇拝として特徴づけられ、禁欲的プロテスタンティズムの人間形成思想に見られたものと同質の「即事性」主義とは相容れず、中国儒教の「人間関係優先主義」と接近するのではないか。このような2つの隔たりの関連を示す問いが生ずる。

　しかしながら、予想されるのは、かならずしも隔たりばかりではない。というのは、「騎士的人間形成」が「名誉」、とくに「封建的名誉」を中心的な徳とし、したがって、「孝」のごとく「無条件的な履行」が期待される隷属関係ではなく、封臣の主君に対する個人的な自発性（覚悟・決断）に

第1章　問題の設定

根ざす忠誠を示していること、のみならず「遊技」を重んずることをつうじて、「動物的衝動性」を含んだ人間のあり方を「訓練」するとともに、「貴族主義」につうずる「距離感と品位感情」を育んでいる点で。それらの「封建社会の共同感情」は、同様に個人的自発性とともに激情をも含んだ自己支配をもとめる禁欲的プロテスタンティズムの人間形成の方針と接近させるものではなかったか[56]。

　こうした両面の問いかけをもって、われわれは記述された歴史の現場から「ヴェーバー的問題」を自覚的に構成することができる。それならば、日本近世の18世紀、とりわけ朱子学批判を起点として自然法的普遍的理法──自然法則であるとともに当為的規範法則を指す、朱子学説の「理」の概念──に対する根本的懐疑を起点として成り立った、「道」とは何にか、その知的認識の一連の系列のなかで、人間形成の思想はどのような展開を示したか。ここに3つの方向を単純化して仮説的に呈示しておこう。

　第一に、禁欲的プロテスタンティズムが示した、世俗内ではあるが現世を越えた、理念的超越性を志向する「合理主義」の人間形成の思想の展開。近代的な教育思想を意味する。第二に、中国儒教が示したのと同質の現世適応的な、現実的所与性を重んずる「合理主義」の人間形成思想の展開。「アジア的・後進的社会の歴史的現実」を意味する。ヴェーバーの用語でいえば、"働き"ではなく現実的所与の固定的な"状態性"を本質的に重んずることによる Stereotypierung（停滞、定型化、固定化、硬直化）の一側面をあらわす[57]。そして第三に、両者の契機を含んだ両極志向性である。同意・否認といった一連の日本近世の思想史的系列からこれらの具体例をあげれば、「本研究の課題と方法」でふれたように、徂徠学が第一の事例に、徂徠学以降の「正学」派朱子学（学政一致論）と、それと思考態度において近縁的な部分をもった本居宣長の思想が第二の事例に、そして徂徠に先行する仁斎学が、第一、第二の方向をうみ出す第三の事例に属する。

　「本研究の課題と方法」でもふれた辻本雅史の卓抜な業績『近世教育思想史の研究──日本における「公教育」思想の源流──』(1990) は、徂

徠学とそれ以降の正学派朱子学とのあいだに──前者を否定的に媒介することにより後者が形成されたという見解にたって──、社会全体の政治的統合の課題意識という点で共通（連続）性を見出している。その視点のかぎりでは正当な把握であって、その連続性のうちに公権力による「公」教育思想の源流を見出すことはたしかに根拠を有する部分がある。しかし、ヴェーバーの視角から見れば、両者のあいだには反徂徠学（「非物」「非徴」等）という批判者の自覚をこえた断絶を認めねばならないと考える。その断絶にうかがわれるのは何か。『世界諸宗教の経済倫理』の序説のなかのヴェーバーの認識を手がかりとして仮説的にいえば、その実践的倫理が「規範的に『妥当するもの』と経験的に与えられたものとを区別する」[58]かどうか、そしてどちらに依拠するか、である。さらにいえば、人間形成における「即事性」主義 (Sachlichkeit) と「人間関係優先主義」(Personalismus) という教育原理の対立、そしてこの対立に密接に関連して職分論にあらわれる公概念の対比──万人それぞれの公共的な職分の遂行という協働的な公の主張（万人役人論）に対する、家産官僚制的公権力機構の確立という公の主張──でもある。

　「ヴェーバー的問題」は、日本近世教育思想史においても、さらに具体的かつ詳細に検証してゆくべき課題としてたちあらわれている。その問いは、「日本思想の近代化の型(パターン)、それが一方西欧に対し、他方アジア諸国に対してもつ特質」（丸山）[59]がどうだったか、という点を教育思想史の角度から究明することを意味するであろう。このありようをわれわれは、「道」とは何か、その知的認識に関する批判と同意から成り立つ教育思想史の対話的系列を顕著に示した、徂徠学を中心とする18世紀の知性的世界うちに見てゆくことにしよう。

注

1)「ヴェーバー的問題」は、先駆的には内田芳明『ヴェーバーとマルクス』岩波書店、1972、もふれているように、丸山眞男の「戦前における日本のヴェーバー研究」（大塚久雄編『マックス・ヴェーバー研究』東京大学出版会、1965）で「ヴェーバー研

第1章 問題の設定

究」から区別して把握されていた。そしてこの「問題」例として丸山は自身の研究（『日本政治思想史研究』の第一論文）において「町人が果して資本主義の精神であるか」という問題を呈示していたことを明らかにした（p.165）。以後、「ヴェーバー的問題」は、内田芳明の同上書によって、K. レーヴィットの研究の問題意識をうけ継ぎ、マルクスとの関連を意識しつつ、レーヴィットとは異なってアジアとの関連を視野に入れて明確に概念化された（pp.11-12）。本研究では、内田の規定を参照しつつも、マルクスとの関連にはふれない。なお本節で検討の対象とするヴェーバーの儒教論については、これまでおもに社会学や実証史学の見地からその分析方法や見解の実証的妥当性が批判的に検討されてきた。青山秀夫「ウェーバーの中国社会観序説」(1947)『マックス・ウェーバーの社会理論』岩波書店、1950、貝塚茂樹「ウェーバーの儒教観」(1951)『古い中国と新しい中国』創文社、1954、守本順一郎『東洋政治思想史研究』未来社、1967、雀部幸隆「マックス・ウェーバーの儒教論――ウェーバー批判への一視角――」『法政論集』名古屋大学法学部、39号、1967、佐藤俊樹「『儒教とピューリタニズム』再考――ウェーバーの比較社会学に対する批判的一考察――」『社会学評論』第41巻第1号、1990、など。ヴェーバーの日本封建制論については、野崎敏郎「ヴェーバー日本封建制論の文献学的考察――比較村落構造論のために（二）――」『社会学雑誌』10号、1993、同「ヴェーバー日本生活精神論の文献学的考察考察――比較村落構造論のために（三）――」『社会学雑誌』11号、1994、参照。これらの論考と対比し、ヴェーバーの論述に対して本節でまず基本的に問うのは、かれの論述のうちに内在的な連関をもって示された思想（人間形成思想）理解のあり方いかんであって、個々の論述自体の実証的妥当性を学問的研究の見地から批判的に検討することは、むろんその試みの意義は認めつつも、思想（史）研究を基本的性格とする本節では企図しない。本研究で構成する「ヴェーバー的問題」は、こうした基本的姿勢をふまえる。

2)　源「徂徠試論」『季刊日本思想史』第2号、ぺりかん社、1976、p.14。
3)　『日本人の心』東京大学出版会、1984、第3章純粋性の追求、第4章道理の風化、その他。
4)　Weber, M., Konfuzianismus und Taoismus in : *Gesammelte Aufsätze zur Religionssoziologie*, Bd.I , Tübingen, J. C. B. Mohr, 1963, S.534. この「儒教と道教」は「世界諸宗教の経済倫理――比較宗教社会学試論」中の「序文」につづく第一論文で、その邦訳は同名のタイトルで森岡弘通訳、筑摩書房、1970、木全徳雄訳、創文社、1971、他がある。引用にさいしてはそれらの邦訳を参照した（以下、他の文献の場合も同様）。
5)　前節参照。
6)　Weber, M, Roscher und Knies und die loigischen Probleme der historischen Nationalökonomie, 1903-1906, (『ロッシャーとクニース』松井秀親訳、未来社 1988, p.270) in : *Gesammelte Aufsätze zur Wissenschaftslehre*, 6. Aufl. Tübingen, J. C. B. Mohr, 1985, S.132, Karl Loewith, Max Weber und Karl Marx (『ウェーバーとマルクス』柴田治三郎、脇圭平、安藤英治訳、未来社、1966、pp.48

170

-49), in : *ARCHIV FÜR SOZIALWISSENSCHAFT UND SOZIALPOLITIK*, Tübingen, J. C. B. Mohr, 1932, Bd.67, S.82.
7) 木全訳、前掲書、p.342。
8) Weber, M., Konfuzianismus und Taoismus, *op. cit.*, S.534.
9)「超世俗的な神」による「倫理的預言」として倫理的義務が告知される。Weber, M., Konfuzianismus und Taoismus, *op. cit.*, S. 516. その告知が現世超越(超世俗)的であるゆえに現世に対して緊張対立をひき起こすこの倫理預言が、禁欲的プロテスタンティズムとは対照的に中国では欠如していたと、ヴェーバーは論ずる(後述)。
10) Ebenda, S.527-528.
11) Ebenda, S.513.
12) Ebenda, S.525.
13) Ebenda, S.530.
14) Ebenda, S.531.
15) Ebenda, S.534.
16) Weber, M. Hinduismus und Buddhismus,(『世界諸宗教の経済倫理II ヒンドゥー教と仏教』深沢宏訳、日貿出版社、1983、『アジア宗教の基本的性格』池田昭、山折哲雄、日隈威徳訳、勁草書房、1970、「アジア的宗教の一般的性格」(安藤英治訳)『ヴェーバー宗教・社会論集』河出書房新社、1988) in : *Gesammelte Aufsätze zur Rigionssoziologie*, 2. Bd., 4., Aufl., Tübingen, J. C. B. Mohr, 1966, S.371.
17) Ebenda, S.377. 大塚久雄『社会科学の方法』岩波書店、1966、p.148。同「東西文化交流における宗教社会学の意義」(武田清子編『思想史の方法と対象』創文社、1961、参照。ヴェーバーを離れて、同時代の教育学分野での同様の見解としては、ケルシェンシュタイナーが着目される。梅根悟『労作教育新論』(1933)(『梅根悟教育著作選集1』明治図書、1977)、山崎高哉「ケルシェンシュタイナーにおける『即物性』の概念とその教育的意義」『京都大学教育学部紀要』第38号、1992参照。山崎論文もヴェーバーとの共通性について注でふれている。
18) Weber, M, *WIRTSCHAFT UND GESELLSCHAFT*, 2, Halbband, 5, rev., aufl., Tübingen, J. C. B. Mohr, 1976, S.650,『支配の社会学II』世良晃志郎訳、創文社、1962、p.388。
19) Weber, M., Konfuzianismus und Taoismus, *op. cit.*, S.523. 儒教において人間関係が重視されるとはいえ、その場合「人間と人間との出会いにおける真の対話」ということが重視されているわけではない。注17)の山崎論文、p.113参照。この点は「理念」や「事柄」に対する敬虔が反面において欠如あるいは希薄であることに関係するだろう。
20) Ebenda, S.521.
21) Ebenda, S.521. この点で、儒教は「秩序の合理主義」(Rationalismus der Ordnung)たることが期待された。ebenda, S.457.
22) Ebenda, S.514-515.
23) Ebenda, S.523.

第1章　問題の設定

24) Ebenda, S.527.
25) Ebenda, S.522.
26) Ebenda, S.445-446.
27) Ebenda, S.521.
28) Ebenda, S.531.
29) Ebenda, S.445.
30) Ebenda, S.451.
31) Ebenda, S.514.
32) Ebenda, S.525.
33) Ebenda, S.442.
34) Ebenda, S.435.
35) Ebenda, S.442.
36) Ebenda, S.449.
37) Ebenda, S.532-533.
38) Ebenda, S.449.
39) 儒教は「倫理を超越的なものに根付かせること」(ebenda, S.515) が欠如し、現実的所与に価値的根拠がおかれている。その所与の一つは、人間本性において。「人間本性はその資質からして倫理的に善」であった。ebenda, S.514. 第二に人間関係において。「儒教倫理は人間をきわめて意図的に、その自然から生育したままの、または社会的上下関係によって与えられた人的諸関係のなかにとどめた。」という認識はこれを示す。第三には伝統において。「伝統の不可侵性」という観念が支配していた。ebenda, S.527.
40) Ebenda, S.514.
41) Ebenda, S.451-452.
42) Ebenda, S.339-440.
43) Ebenda, S.448.
44) Ebenda, S.446-447.
45) Weber, M, *WIRTSCHAFT UND GESELLSCHAFT*, 2, Halbband, *op. cit* S.610-611、『支配の社会学Ⅰ』世良晃志郎訳、創文社、1960、p.244。
46) Weber, M., Konfuzianismus und Taoismus, *op. cit.*, S.457.
47) Ebenda, S.452.
48) Ebenda, S.533.
49) Ebenda, S.413-414. 前節でふれたように、計算可能性を準則とした実践的知性を重んじる点で、プラトン対話篇『ポリティコス』等で重んじられる「測定術」(Meßkunst) との思想的類似性が指摘できる。Ritter, Constantin, *PLATON*, Ⅱ, München, C. H.BECK, 1923, S.141, Werner Jeager, *PAIDEIA DIE FORMUNG DES GRIECHEN MENSCHEN*, Berlin, Walter de Gruyter, 1989, S.695-697.
50) Weber, M., Hinduismus und Buddhismus, *op. cit.*, S.300.
51) Ebenda, S.418-419.

第２節　注

52）Weber, M, *WIRTSCHAFT UND GESELLSCHAFT*, 2, Halbband, *op. cit*, S.651,『支配の社会学Ⅱ』世良訳、p.391。
53）Ebenda, S.650.
54）Ebenda, S.650.
55）Ebenda, S.651.
56）『丸山真男講義録』第五冊、東京大学出版会、1999、p.73。
57）Weber, M., Einleitung, in : *Gesammelte Aufsätze zur Rigionssoziologie* Bd.Ⅰ, Tübingen, J. C. B. Mohr, 1963, S.275（「世界宗教の経済倫理 序論」『宗教社会学論選』大塚久雄・生松敬三共訳、みすず書房、1972、p.96）, Konfuzianismus und Taoismus, *op.cit.*, S.483. Hinduism us und Buddhismus, *op. cit.* S.296, Weber, M., *WIRTSCHAFT UND GESELLSCHAFT*, 2, Halbband, *op.cit*, S.595-597, S.602, 青山秀夫、前掲書、p.200以下参照。
58）Ebenda, S.266.
59）丸山『日本政治思想史研究』、東京大学出版会、1952、あとがき。

第 2 章
人間形成における
理念的超越性と現実的所与性の志向
―― 仁斎学における陶冶論的教授の思想 ――

第1節　課題と方法
　　──「師道」への問い──

　徂徠学の形成にさいして、『論語』等の経書の読解において先行し、「道」の知的認識に関して同意と批判の対象として決定的に重要な意味をもって出現していたのは、周知のように伊藤仁斎（1627-1705、寛永4-宝永2）である。

　仁斎に関する本章の課題を明らかにするにさきだって、すでにわれわれにとって共有財産となっている所見をふまえて、最小限度の前提的経緯にふれておこう。

　両者は、ある一点できわめて重要な共通性を示していた。すなわち、普遍的で恒久的である自然法則と当為規範を「理」の概念で連続的統一的に捉える（と両者の認識する）朱子学の自然法的な思考法を懐疑したこと。その一方、より積極的には、古代儒教へと復帰し、根本的な規範として「道」に限定した学的関心をむけたこと。それによって、宣長の「いしにへまなび」等とともに、古学という共通カテゴリーでわれわれの捉えうる学的業績を築きあげたことである。この点については、丸山眞男『研究』の成果を本研究でも了承しておきたい。

　大陸におけるその朱子学の思考法を仁斎、徂徠それぞれの自覚をはなれて、われわれが人間形成に関する思想領域に着目するならば、朱子の「格物補伝」──『大学』を注釈した朱子『大学章句』のなかの、「格物致知」の章についての朱子の注釈部分──やこの「補伝」をさらに解説した朱子の『大学或問』の該当箇所がとりあげられよう。「格物」という学問・教育法に関するそれぞれの基本的立場を明らかにする当の箇所について、「物に格る」と「至る」の意味で理解し、「物に即きて其の理を窮む」と捉えた部分（補伝）についても、いわゆる「性即理」として、「当然則」と「物理」とを「理」の概念で連続的に統一的に捉える思考法に導かれてい

第2章　人間形成における理念的超越性と現実的所与性の志向

た。こうした連続的思考法については、本研究では中国哲学の専門的研究[1]を確認するにとどめる。日本において、大陸の朱子学の体系的な学説——存在論（「理気」説）、倫理学（「性即理」の説）、実践的方法論（「居敬・究理」説）、古典注釈学、など——を奉じ、理論的な精度をもって発展させた朱子学者が実在したかどうかは、これまでの研究史から判断して疑わしい。けれども、断片的ながらも「性即理」や「居敬」の主張者は日本近世儒教の発展史にもたしかに見出すことはできる。丸山『研究』が論及したように、林羅山（1583-1657、天正11-明暦3）の存在はもっとも代表的である。ここではその中味にはたち入って言及することは断念するが[2]、その著『春鑑抄』『三徳抄』には、『論語』『孟子』など古代儒教の経典からの語句を引きながら道徳的な人間のあり方とその実現の仕方について指示するとともに、そのおりにこれらの語句の理論的解釈のために二程子（程明道、程伊川）や朱子の注解書（朱子『論語集注』『孟子集注』）に準拠する基本的姿勢が示されている[3]。それによって、朱子の理気説に基づいて、「人欲ノ私」を払い去って「天理ノ公」を明らかにするという道徳的修養の理念が詳述されているのをわれわれはうかがうことができる。その内容は、倫理思想としてのみならず、教育思想上の資料、とりわけ他者による教育ではなく、自己自身による教育（自己教育）としての基本的性格をあらわしている。

　仁斎自身は、この羅山に自覚的に対抗したわけではなかった。かれが批判的にむかいあっていたのは、大陸の朱子学とともに、同時期における山崎闇斎（1618-1682、元和4-天和2）とその学統であった。とりわけ後者に対しては、仁斎自身の温容な人格性のゆえにか名指しこそないが、「仁」（仁斎）に対する「敬」（闇斎）という中心的な価値理念の把握において対抗的であったことは、周知のとおりである。その闇斎といえば、朱子学の道徳的実践法をなす「究理」と「持敬」のうち、もっぱら後者を重んじた形で、自己の意識において朱子学の学者たろうとした。この点で、闇斎の場合、「朱子学」といっても、尾藤正英が朱子そのものの学説の知性的性格（知性の修練を指す「究理」をより強調）との対比において詳細に吟味したよう

に、「朱子との背馳」[4]が重要な点で見出される。

以上に略述した経緯について、補足的な注意をむけておきたい。

第一に、日本近世の朱子学（羅山、闇斎）と古学（仁斎）とは「併存関係」[5]の部分があって、かならずしも前者から後者へという歴史的経過が見られるわけではない。

第二に、仁斎の把握する朱子学（「宋儒」）が、周濂溪、二程子や朱子を名をあげて言及している場合もあれば、上のようなズレの事情（「背馳」）にもかかわらず、とりわけ「敬を持す」という実践法に対する批判において、闇斎学のことを暗黙に想定していると推測できる場合もある。

以上の2点は、専門の研究において概ね共有されている知見であるが、もう一つ列記しておくべき点がある。すなわち、第三に「歴史主義」の発生にかかわる件である。朱子学について、こうしたやや込み入った事情があるにせよ、かれの朱子学批判に見られる認識態度そのものは、たしかに丸山の『研究』が示したように、自然法的思考法の解体という普遍史的視野で把握できる歴史的性格を示していた。この普遍史的視野にかかわって、教育思想史的関心からの補足点がある。仁斎は、自然法思考法を懐疑するとともに、その認識と緊密に結びつきながら、生き生きとした人間の生の活動性、たとえ熟睡中であっても夢を見るし、呼吸は昼夜を問わず、覚えずして手足が動く、といった動相についての認識――「気」を重視する認識態度に基づく、「活物」としての人間という観念――を示していた。Lebendigkeit ともいえるの生の活動性についてのこの認識は、次章で具体的に跡づける徂徠の場合には、人間を含め個体性（Individualität）についての感覚をともない、個性的な発達（Entwicklung）という観念としてあらわれる。それゆえに仁斎は、徂徠とともに、しかも徂徠に先行して、マイネッケ（Friedrich Meinecke, 1862–1954）が18世紀初頭の思想より自然法的思考法の解体とともに実証的に跡づけた「歴史主義」（Historismus）に類比できる思想傾向の先駆者のひとりに位置づけられるであろう。本章では、その思想傾向そのものをたち入って検証するものではないが、そうした見方を一つの仮説として意識しておきたい。とりわけ人間のあり方やそ

の形成のあり方に関する認識を問題にする教育思想史的な関心にささえられた本研究では、人間の問題としても——「政治の発見」（丸山）など文化的諸価値の固有性（個性）だけでなく——個体性や発達の観念の形成をもたらす歴史主義の発生事情という視点を見落とすことはできない。

　仁斎と徂徠とはこのように共通する認識傾向をもっていたが、両者のあいだには、周知のように、「道」とは何か、その本質の理解にかかわって、きわだった相違点もあった。前者が平天下の「道」だったのに対して、仁斎の場合は道徳的価値を意味する「愛」を内容とする「人道」だったことである。かれの関心の領域は、道徳的な実践倫理、すなわち、倫理とそれに基礎づけられた教育の問題を中心としていた。存在論・倫理学・実践的方法論といった体系性をもった朱子学と対比すれば、せまく限定された関心領域といえる。けれども、a）後人としての徂徠自身の認識するところ、それのみならず、b）徂徠の明確な自覚をこえて、徂徠以後の18世紀後半の思想の展開——とりわけ「正学」派朱子学（頼春水）と国学（本居宣長）の展開——を見渡しうる特権を有したわれわれの認識するところによっても、日本近世教育思想史における「ヴェーバー的問題」の思想構造を本質的に見きわめるうえで、仁斎学は決定的な重要性を示している。ここにa）徂徠自身の認識という場合に、仁斎（学）がかれにとって、批判すべき対象として異説を提示することをうながされる好敵手としてたちあらわれ、それにもかかわらず、あるいは、まさにそれゆえに思想的に敬倒すべき思想的対象としてもっとも近しく思われた事情を指している。その点は、後にふれる機会をもつ（「学」の概念について検討した、第3章第3節を参照）。

　以上のような前提的経緯をふまえて、本章でとりあげるのは、上記 b）の視点からわれわれが把握すべき仁斎学の特質である。その場合仁斎学そのものの特徴的な固有性に可能なかぎり配慮するも、仁斎学以降の歴史的文脈との関連をより重んじて整理してゆきたい。

　本章は、以上のような基本的意図から、その課題を設定した。すなわち、仁斎の著述[6]から「師」に関する論説をとりあげて、そこに示された

人間形成の思想を文化財の伝達をつうじての陶冶の観点からの教授の思想として把握し、その歴史的意義を考察するという課題である。

　倫理思想研究の一部を含めたこれまでの仁斎教育思想研究では、「徳を成し材を達す」(下31)努力としての「学」(「学問」)、とりわけ仁斎の主張に即していえば、「仁の成徳」といえる「慈愛の心」に満ちた人間の形成をめざす教育思想のなかで、その主体の自覚に基づく後天的努力として「学」、すなわち、『論語』『孟子』を熟読するとともに、日々ひとと接する「修為」(忠・信・恕)という実践を主とする「学」の行為[7]に関する問題が一般にとりあげられてきた。その一方、「教」の問題はどうだったか。「学問の綱領」として仁斎も依拠する「性・道・教」という『中庸』の区分原理の一つとして「性」以上に――この点で、「性即理」と捉える朱子とは異なって、――重んじられていた。「教有って類無し」という『論語』のことばを、仁斎はみずからの教育上の見解をささえるものとして尊重していた。けれども、これまでの研究においては、「教え」は、聖人の教え＝「夫子の教え」＝「孔子の立教」の問題として特定人格(孔子)の教えに限定されて捉えられてきた[8]。仁斎の認識に即して教えを捉えた場合、3つを区別することが重要であろう。第一に、文化財のなかでも、教育目的を達成するために特別の判断で選択、限定づけられた文化財としての教材で、仁斎の場合には『論語』が相当する。第二に、教説(「教えの條目」)意味で、たとえば「所謂性善と云う者は、本自暴自棄の者の為に之を発す。亦教なり」(上12)という場合がそれに相当する。第三に、教えるという行為そのものの意味で、「教は為ること有って入り難し」(上、18)という場合である。本研究ではとりわけ第三の意味の教えに着目する。そのような教えという行為のみならず、その行為を専門的に担い、「人をして聖為り賢為らしめて天下の泰平を開く」という「教えの功」(中73)をはたすべき一般的な人格主体としての「師」の働きについては、思想研究上の主要な関心対象にはならなかった。そうした事情にはたしかに対象内在的な理由があった。第一に「生々」の根本観念に根ざして、「学者」の途絶すべからざる「生気」を重んずるかれの根本的姿勢から判断すれば、教師の

働きは学者の「心の用を廃する」ことにもなる「束縛覊絏」(下24)、あるいは「枉を矯て直るに過ぐる」類(中12)も場合によってはありうること。そのような否定的な事例として師の働きが仁斎によって強調されるという意味ではもっぱら学習論(学問論)として把握することは自然であった。第二に、その学習の行為そのものを基礎づける人性上の根拠として、「善に赴く」(字義、上、性)自然的傾向性が何びとにも認められると仁斎は捉えていたこと。そして第三には、古学としての仁斎学の特色に属することで、後世(とりわけ程・朱)の見解を揺ぎ無い権威をもったものとして準拠する[9]ということなく、経そのものを師とすること、すなわち、直接に古代の古典文献にむかいあうという基本姿勢が根本的に重んじられたこと。その場合、『論語』が決定的に重視されたが、その読解の手がかり役を担うものとして「諄々然として其の義を剖別(ほうべつ)」(上7)する『孟子』が期待されたこと。したがって、そのような基本姿勢からは、「道」と「学者」との間において媒介する人格的権威としての師の役割の意味がおのずから低下するに違いないからである。

　しかし、こうした理由があったとしても、この「学」の行為と「道」との基本的関係のなかに「師」の契機の不在をただちに証示することにはならない。「道」と「学者」の二者の関係だけでは徳をなす人間形成を実現する実践的行為は適切には成り立ちえず、両者を仲立ちする働きを担うものとして、「師」の役割、しかも普遍的な「道」へと教え導く主体としての師の役割を仁斎は尊重していたのではなかったか。朱子学においては、学習者の側の「自家身上に道理は都(すべ)て具わる」(『朱子語類』巻十、3)ということが強調されていた。そのゆえに「自ら修める」こと、自己自身による教育(自己修養)が基本的課題として重要視される。ここにおいては、師の役割を重視する論理は本質的には導き出されない。けれども、朱子学の「理」を否定し、当為規範の領域に関心をむけ、為政者にかぎらず人間の普遍的な理想的なあり方の根本規範として「道」を重視する仁斎にとって、「道」を記載する文化財(教材)として『論語』という古典の認識が、初学の段階においても、決定的に重んじられなければならない。そしてこ

182

の追求のため手掛かりとして、五倫（君臣・父子・夫婦・兄弟・朋友）とは別に師弟関係を重要な道徳的意味をもったものとして認識したのではなかったか。そして、「学」の取り組みも、この関係のなかでこそ有効なものとして理解されていたのではないか。こうした予想は、けっして唐突なものではない。『童子問』の巻中の第四十一章から四十三章まで短いがまとまった師説がおかれているという明白な事実のみをもっていうのではない。かれとほぼ同時代において、荻生徂徠（1666-1728、寛文6-享保13）は仁斎を意識して、「王道亡びて師道興る。古者は礼楽以て徳を成せり。是に於いて礼楽を略して身を修むるを急にすゆえにその要領なる者を采りて以て人に教ふ。是れ仁義礼智の名の立つるゆえんなり」[10]と述べていた。「身を修むるを急にす」という教育的態度の性格についての評言がどこまで仁斎批判として的確であったかどうか、その判断はここでは留保する。いずれにせよ、「師道」としての徂徠の把握は、「道」を認識するということ——この場合には、日々ひとと接する「修為」（忠・信・恕）よりも、むしろ論孟の熟読をつうじて知性的働きを要した、「道」の認識という課題——にかかわる仁斎教育思想の本質的特性にふれているように本研究では捉える。この徂徠の把握を基本的に了承し、仁斎の師説の特質を陶冶論的教授の思想として把握し、その歴史的意義を考察することを本章の課題とする。

　この課題に対する接近について。第一に、ただちに師説にふれるのではなく、前提として人性と「道」との関連についての認識にふれ、人間形成において師の役割が要請される仁斎学それ自体の内的根拠を明らかにする。第二に、本章でも、一般の仁斎研究が通常とりあげる２つの文献にとくに注目する。一つは、『論語』を注釈した『論語古義』。偉大な師としての孔子とその弟子たちとの関係についての仁斎の認識をうかがうことができる。もう一つは『童子問』。一見して明らかなごとく、その全体が「童子」との問答体形式で記され、人間形成——「徳を成し、材を達す」という働き——に関するかれの認識を集約的にうかがうことができる基本資料としての性格をもつ。その場合、『童子問』における問答形式そのものを

かれの思想的実践として捉えるとともに、その形跡を導くものとして、師のあり方に関するかれの自覚的論説＝師説の展開を具体的に究明してゆきたい。第三にその師説の特質を究明するにさいしては、ひとしく『論語』を注解する、のちの徂徠の師弟関係認識を照らし合わせながら、仁斎のそれの異同特質をきわだたせたい。

第2節　人間形成思想における両極志向性

　すでに諸研究で明らかにされているように、仁斎学には一種の両極志向性というべき認識傾向があった。すなわち、現実的所与を重んずるとともに、理念的超越性、とりわけ人性上の現実から超越する理念に対しても認識志向していた[11]。
　後者は「道」のあり方についての認識が明らかにする。「道」とは、かれによれば、「人有ると人無きとを待たず、本来自ら有るの物」(上14) という普遍性をもち、「人倫日用当に行くべき路」であること、すなわち、「自然」に成り立つものとはいえ、「道」は身近な人間関係における人間の理想的あり方の当為的な根本の規範であることが強調されていた。当為という点は、「然る所以の理」とは区別される「当に然るべき所」(中63) である。より個別的には、仁・義・礼・智・信を指す。こうした当為的な根本規範は、人性に内在する現実的所与として認識されたものではなかった。「性に率ふ之を道と謂ふ」という朱子説 (『中庸』に拠る) と、かれの理解とは明確に異なっていた。「性」という現実の自然的所与に対して、あくまでもその人性から超越する理念として、仁斎は「道」を確認した。
　こうした超越性を基本的性格の一つとする根本的理念は、けっして実現困難なものではない。「人倫日用平常行うべきの道」であった。というのは、二重の意味で現実的所与に基礎づけられているからである。一つは、「道」を実現可能にする人性上の倫理的根拠をもっていること。すなわち、孟子の「四端の心」の説に拠りつつ性が善であるという現実的所与をかれは重んじた。各人はこの性を先天的に「具足」していることを根拠としつつ、「四端の心」の「拡充」によって「道」を実現することが、理想的人間のあり方の実現のために期待された。もう一つの意味は「道」そのものが「俗」のなかにすでに所与の日常の現実として実現している状態にあること。「子女、蔵獲の賤、米塩柴薪の細に至るまで大凡耳目に接り、日用

に施す者、総て是れ道に非ずということ莫し」(中61)といわれた。「道」は性に対してはたしかに超越しているが、「道」そのものは「卑近」であって、現世の日常のなかに「路」のごとく存在していると強調されていた。

　こうした両極志向性は実践の原理としていえば、一方では人倫日用における超越を、他方では日用的現実への適応という基本的姿勢をもとめることになる[12]。「学」の主体のあり方としてうけとめれば、つぎのような相対立する態度を要することになろう。すなわち、一方は、当為的な課題をひきうけるという態度、他方はみずからの自発性を尊重するという態度である。この両者は、仁斎の人間形成思想を構成する不可欠な、したがって、どちらか一方には偏しない両面的な契機としての意味をもっていた。「道」をめざす人間形成の努力——その具体的なあらわれは教・学の行為——において、「師」と「学者」ととはどのような働きが期待されるかという点に、この両面性はあらわれるだろう。その点をつぎに検討してゆこう。

第3節　「活物」としての生に対する「学」の方向づけ
――「公」の理念――

　人間形成において、「かぎりある性」に対して「学問の効」を説明するにさいして、かれは四端の心の「拡充」という働きの「一点の野火、以原を燎く」（上21）がごとく「勢い、遏（とど）め止むべからざる」（上21）ことについて指摘していた。こうしたかれの説明は、もちろん比喩であって、「人もし志を立て囘（かえ）らず、力め学で倦ざるときは、則以て聖為賢為可して、以人物の性を尽」（上21）すという自然的で無理のない到達可能性に対する期待を述べたものだった。「一元気」を説き、生々する「活物」の動きを尊重する仁斎の、よく知られた根底的な姿勢から導かれるとも解され、そのかぎりではたしかに整合的である。しかしその表現とは裏腹に、学の過程で作為をもって生の活動に対して主体的に形式づける努力をもとめていたことをも、われわれは同時に注意する必要がある。「心は活物なり。学は活法なり。活法を以て活物を治む」（下24）ということばがあった。それは"生と形式"の問題、すなわち生の「生気」を本質的な特性として重んずるとともに、しかしその直接性を肯定するのではなく、いかにして形式をもって方向づけてゆくか、という基本的な問題を、人間形成の努力としてうけとめている課題の自覚をあらわしている。この形式づけは内面的には、「志」の働き[13]によっておこなわれる。その点で、これはさらに2つにわけられよう。一つは、より消極的な形式づけであって、とりわけ情の統制という課題[14]、いま一つはより積極的な形式づけである。この場合には、一途に「教えの書」としての「論語」にむかうという「学」の目標対象にかかわる方向づけとともに、その「学」の過程における方向づけの役割が重視されている。「学問は切磋琢磨を貴ぶ。己が意見と異なる者」と交流すること肝要であると述べてから、かれはこうも指摘していた。「もし己と議論同（おなじき）者を楽しんで、毎自（つねにみずから）講習するときは、則ち終身其旧

見を改むること無うして、新益を得ること無し。独学と何ぞ異ならん」(中47)。「独学」の自閉的傾向は、やがて尊大にいたる。かれはこう警戒していた。「其の学稍(やや)人に優なるときは、則ち師道以て自ら居り、復た肯(ま)え(あ)て人に問わず。其の卒(おわ)りや、必ず自ら己を喪うに至る」(中47)。こうした自閉的なあり方と対置して、ここで「切磋琢磨」という表現で主張されているのは、相異なった所見との照合をもって自己の真理性を点検することである。場合によっては相手の方が真理を所有しているかもしれない。また「天下の公理、彼我無」く、双方に真理が部分的に共有しているかもしれない。このような批判的吟味の観点から「学者」同士の横の交流がもとめられる。真理への接近機会を拡大するという意味でのより開かれた「学び」への志向が、「公学」(中48)の「公」ということばに込められている。その観点から横の関係とともに縦の関係を示す師の役割も重んじられた。その場合の師は、上にいう「師道を以て自ら居」るあり方とはもちろん異なっているに違いない。

第4節　陶冶論的教授の思想
――教授の構想・問答の実践・師説の展開――

　1）陶冶論的教授の構想

　師の役割について仁斎はどのように考えていたか。本章で問題にするのは、この点についての仁斎学それ自体の思想的特質である。

　『童子問』というテキストは――これまで日本思想研究者には倫理思想、とりわけその思想の形成を究明する基本資料として、『論語古義』『孟子古義』『中庸発揮』とともに馴染み深く、重んじられてきた経緯があるのだが――教育学の視点から捉えれば、教材・学習者・教師の三者から成り立つ教育的関係の認識が明確に示されていること点に基本的な注意がむけられるべきであろう。その場合にたしかにおもに学者の側を想定した指導論が展開している。その点がきわだっているが、同時に他者（この場合には教師）の意図的行為をもってする人間形成の働き＝他者教育を構想する思想的テキストとしての性格をも十分にそなえたものであることも、見落としてはならない。「教育」（下9）ということばも、その文脈において貴重な意味をもっている。

　仁斎の場合には、教材とは古典とりわけ『論語』で、学習者は「徳を成し材を達す」ことをめざす士庶一般人である。けっして為政者としての武家には限定されていない。そうした学習者像は、古義堂の門人層の現実とも対応する。そして教師は、その学習者の教育目的を実現すべき指導する担い手である。ここに、『童子問』に用いられた教育関係に関する語彙を便宜的に類別してとりあげておこう。

　ⅰ）教育目的・目標に関するもの。「道」、「仁の成徳」（上43）、「残忍刻薄の心」と反対の「愛」（上39）、「縄尺」、「権衡尺度」（下3）、「徳を成し材を達す」、「高遠」と「卑近」、「徳行」と「究理」（上41）、「仁義礼智」（上

189

第2章　人間形成における理念的超越性と現実的所与性の志向

40)、「君臣・父子・夫婦・昆弟・朋友」(上27)、「好学」・「穎敏」・「材幹」(下43)、「忠と孝」(中40)、「向上」、「万世の標準為るべき者」(下51)「敬を持す」(上36)、「表叔」(中46)、外物としての「富貴爵禄」(上23) など。

　ⅱ) 教材に関するもの。論語、孟子、六経、中庸など。

　ⅲ) 学習者(「学者」)の資質・能力・態度に関するもの。「性善」(上15)、「四端の心」(下1)、「自暴自棄」(上15)、「教えを尊信」、「一元の気」(中67)、「生気」(下24)、「活物」(中69)、「道を崇ぶ」(中41)「師を尊ぶ」(中41)、「人欲の私」(中9)、「下愚」(下1) など。

　ⅳ) 学習行為もしくは学習過程に関するもの。「性・道・教」(上12)、「拡充」(上12)、「切磋琢磨」(中47)、「下問」(下45)「践履」(中62)、「博学」(下33)、「多学」(下33)、「独学」(中47)、「勉強」(上58)、「向上の一路」(上40)、「日用に施す」(上39)、「学問の極則」、天の「必然の理」に対する人の「自ら取るの道」(下10)、「公学」(中48)、「一旦豁然の説」(中62)、「読書」(上)、「熟読翫味」(下)、「上達」(中)「習相遠」(上12) など。

　ⅴ) 教師に関するもの。「万世に師表と為るに足れる者」(下51)、「師門の教」(中48)、「尊信」、「孔門」、「師道」(中47)、「刻薄の流」(中65) など。

　ⅵ) 教授に関するもの。「開発」(中68)、「教法」(中)、「促迫」(中60)、「束縛羈絏」(下24)、「優優洋洋」(下24)「教を立て以人を駆らず」(上29) など。

　ⅶ) 評価に関するもの。「青藍の誉」(中41)、「毀誉」(中54)、「賞罰」(中32)、「刻薄の流」(中65) など。

　これらの語彙は、もちろん「字義」として辞典的に列挙されているのではなく、人間形成に関して支持、もしくは批判するみずからの基本的見解を表現するために選択されている。その場合、これらの語彙は、とりわけ『論語』『孟子』『中庸』など古典文献から引用して選び採られたものである。朱子学的用語を読み換えたものも含まれていよう[15]。「道」「徳」「性」「学」その他の基本概念の厳密な認識(『語孟字義』)に基づき「仁者」という理想的人間像を自覚し、そのうえでこの人間像の実現をもとめる意図的

190

第4節　陶冶論的教授の思想

な人間形成の課題と方法の原理とを表現している。「勉強」ということばも、「仁は勉めて為すべからず。恕は強て之を能くすべし」（上58）というように、「道」の追求との関連で用いられている[16]。

「学」の概念をつうじて、かれの教育思想を捉える場合に、上記の i) ii) iii) iv) の事項が、教師による教材研究の側面というよりも、おもに学習の側面から「修為」もしくは『論語』『孟子』の「熟読翫味」の課題としてとりあげられてきた経緯があるが、本質的に意図的作為をもって生の活動を形式づける働きにかかわる v) 以下の指導[17]の事項についても、われわれは見落としてはならない。仁斎学の教育思想として側面、意図的な作為をもって"形式づける"働きを本質的契機とする教育、しかも、その場合に自己教育ではなく、他者教育の思想としての特質が示されていた。そのさい注意されるのは、教材・教師・学習者の三者関係における重点である。周知のように、教科書としての『論語』に「最上至極宇宙第一の書」（上5）としての重みを認めた。学習者の資質・能力よりも、教師の働きよりも、特定のテキストに対する圧倒的な重みであり（上、13）、根本的立場によって四書あるいは五経が重視されるその古典群のなかでも、「三書」（『大学』を除いた『論語』『孟子』『中庸』）とりわけ『論語』の一書に対する圧倒的な重みづけであった。そして、「道」という人間のあり方の価値的目的・目標も、第一義的には、このなかに記述され見出されるものだった。したがって、師の役割に着目するならば、その教育思想は、普遍妥当な文化財を伝達することによる人間形成がめざされているという点で、陶冶（Bildung）というにふさわしい。そうした課題を担った教授学としての性格をも仁斎教育思想はもつ。したがって、その課題は超個人的な超越的な性格をもっている。その点に関するかぎり、「与えられた対象が習得されるように教授せよ」という格率（ヴィルマン）がなによりもふさわしい。けれども、仁斎の場合には、こうした"陶冶論的教授学"の構想において、他方、「精神的活動が増大され、高められ、高尚化されるように教授せよ」ということも格率としての重みをもっていた。両極を同じ重みで考慮に入れ「中立化」（neutralisieren）せんとする、こうした態度[18]を具体

191

第2章　人間形成における理念的超越性と現実的所与性の志向

的に明らかにするのは、かれの場合に師と弟子との関係のあり方だった。この点についてかれの認識をここで問おう。第一に問答をつうじての師弟の対応関係にかかわる思想上の実践において。第二に師のあり方についての自覚的な説明において。

2）問答の実践

　師弟の交わりはどう把握されていたであろうか。「道とは、君臣父子夫婦昆弟朋友の交にして、よくこの五つの者を維持する」（下47）といわれるように、師弟の交わりは、仁斎によってこの５つに並列的に認識される人倫関係の一つとして明確に主張されているわけではない。けれども、師弟関係はこれらの部分にかかわる人倫の要素をもったものとして、仁斎は積極的に評価していた。堀川塾での実践の場で、多数の門弟たちとのどのような師弟関係が具体化していたか、という点ももちろん重要な検討事項になるが、ここではテキストそのものにうかがわれる問答のあり方に注意をむけよう。そもそも『童子問』という述作そのものが、一目してわかるように「童子」の短い問いと師の応答から構成されていた。その問答が現実にあった出来事の記録かどうか、その問答者を特定できるか、という点はここでは問題ではない。出来事のあるなしにかかわらず、テキストのなかの関係する言説の展開そのものを師弟間における問答の実践様式を示すものとしてわれわれは見てゆきたい。

　まず弟子の側について。「童子」のことばとして、「伏して聞く」（上1）「尊喩の如し」（上2）「糞くは申ねて審喩を垂れよ」（上5）「願は暁し易きの語を以申ねて垂諭せよ」（上8）といったことばが示すごとく、全篇にわたって、師に対する弟子の敬意が底流している。けっして対等な関係が成立しているわけではない。といっても、師の説明をそのままにうけとめる聴講者として、弟子が相対しているのではない。敬意を底におきがらも、弟子は師に積極的に質疑し、そして師もそれに応答している。その質疑応答の形を示した問答のありようを具体的に見ておこう。ただしここでは内容にはできるだけふれずに、対応の形のみに注意をはらってゆきたい。

第4節　陶冶論的教授の思想

[弟子の問いかけ]

1．中心的な教材文献について問う。「五経と論孟との異同浅深を問う」（下9）。

2．学に関わる意味や内容、基本的性格の詳細をたずねる。「性道教の分、其詳なることを得て聞くべしや」（上13）「下学上達の義を問う」（中59）「学問果して性の内に在るか、性の外に在るか」（上22）。

3．「世の学者」の状況について見解たずねる（中47）。

4．性善説以外の諸説との関連で性善説の妥当性についてうかがう（下1）。

5．徳目についてたずねる。「孝を問う」（中36）「忠と孝と孰か重き」（中40）「何をか達孝と謂う」（中38）。

6．すでに権威として確立されていた先人（朱濂溪、程伊川、朱熹など朱子学者）の見解についての評価をうかがう。「濂溪先生の日く、『…』と。然るか」（中20）「晦翁の曰く、『…』と。この語いかん」（中21）「先儒何れの語をもって、もっとも至極と為」（中77）「宋明の諸儒、一家各一家の宗旨有、人を指導す。孰か是孰か非、願は其詳なることを聞かん」（下2）。

7．習得の仕方についての助言をもとめる。「平生論孟を熟読すといえども、しかれども、いまだその要領をえず。願ば詳に教へられよ」（上34）「二書は固より日用の要典、至て親切なり。然れども窃に思う。此を外にして別に簡径直截、自ら至道に詣る者有らんと。非か」（上2）。

8．その他、政治の理念と方法、家政、世に対する処し方についての問いがある（中31、中52、53）。

以上の問いは、上位の知的優越者としての師に対して教えをうける立場から発せられている。しかし、つぎのような問いかけも見られる。

9．師の見解に対する素朴な疑問。「先生の道を談ずる固より善し。然れども甚だ過て卑に非ることを得んや」（上24）「窃に聞く、学問は知を以先と為と。今謂ふ、窮理の説、仁を求に於て頗る妨げ有と。あに理に

悖ること無きや」(上41)。
10. 師の見解に対してさまざまな異説を呈示して、師の見解の当否をたずねる。「喩を承く、論語は宇宙第一の書として、仁は孔門の第一字たりと。然れども、大学の若は、敬を以要と為、中庸は誠を以主と為、及び詩の思無邪、書の中、易の時、一書各一書の綱領有り。如何」(中1)。
11. 師の見解に対して正反対に対立すると思われる『論語』のなかの意見を呈示して、師の見解の当否をたずねる。「顔子曰く、『之を仰げば彌高く、之を鑽れば彌堅し。之を瞻るに前在れば、忽焉として後に在り』と。此を以之を観るときは、則ち亦甚高明なり、之を卑近と謂うべからず」(上26)。
12. 「道」に関する師の基本的見解の妥当性について問う。「先生縷々道の知り易行易きことを明す。然れども今儒を業とする者の皆其の入難ことを苦しむ者は何ぞや」(上29)。
13. 師の力量に対する問う。「先生常に孔孟の旨をして、復天下に明かならしめんと欲して、言を建て書を著し、千辛萬苦を犯して敢為す。而るに今之を信ずる者有り、信ぜざる者有り、或は甚之を譏摘する者有り。奈何其をして盡く信ぜしむること能わざる」(下45)。

これらの質疑には、対立する見解や不都合な事実が呈示されている。それによって、この問答のなかに討論的要素が含んでくる。

[師の応対] こうした問いかけに対して、師はつぎのように応答していた。
1. 自説に対する疑問に対して、自分の意見を典拠ぬきに直接的に明らかにして反論する。「卑きときは則ち自実。高きときは則ち必虚なり。故に学問は卑近を厭うこと無し。卑近を忽せにする者は、道を識る者に非ず。…」(上24)。
2. 『論語』のなかの対立すると思われる箇所の見解(上記11)に対して、その該当箇所についての自己の解釈を示して反論する。「此れ説者の繆見、魯論(論語のこと——河原注)の本旨にあらず。…博文約礼の教

第4節　陶冶論的教授の思想

を聞におよんで、始て夫子の善く人を誘（すすむ）ることを知り、学初て平實に就きて、罷（や）めんと欲すれども能わざるの地に至ることを得。故に喜んで之を歎ず。…蓋博文約礼は即ち下学の事、亦卑近に非して何ぞ」（上26）。

3．自己の立場にとらわれず、相異なった立場の教説・見解も含めて、視野の幅をひろくしてうけとめて読書することを助言する。「吾読書の一法有り。今子が為めに之を発せん。天下全く是なる書無く、又全く非なるの書無し。蓋聖人を降ること一等なれば、必一短一長無きこと能わず。大儒先生と雖ども、必小疵有。稗官小説と雖ども、亦或は至言有て、取らずんばあるべからず。…天下の書、皆吾が師に非ずということ靡（なし）。孔門博学を貴ぶ者は、蓋此が為めなり。今朱王氏の学を講ずる者の如き、其朱学を宗とする者は、専ら晦翁の書を読で、象山陽明の書に至ては、一も目を過さず。王学を講ずる者も亦然り。…」（下2）。

以上の質疑応答のありようからつぎの3点が特質として指摘できる。ただちに気づくように、短い問いかけと比較的長い応答という形である。この形式は2つのことを示している。第一に、一方における不明な事柄の呈示と、他方における問題解決的な助言という形の要素をもっていること。第二に、対話法的に真理探求の過程としてその問答が展開しているのではないこと。問答全体をつうじて、基本的に師自身の一定の見解の開陳がおもな目的とされている。それゆえ、自説とそれを否定する異なった見解がそれぞれ対等な立場でどちらも妥当性の高いものとして呈示されているわけではない。自他の照合プロセスをつうじて、それぞれの部分的な真理性が相互に批判的に検討されているわけではない。第三に、たしかに厳密には対話とはいいがたいにせよ、自説それ自体のたんなる表明と確認におわるのではなく、自説とは決定的に異なった見解が質問者によって質疑として呈示されている。この点は明らかで、師の自説の真理性に対する相対化がはかられている。それゆえ、質問者は弟子という下位に位置づけられる

第2章　人間形成における理念的超越性と現実的所与性の志向

にせよ、部分的には対話法における対等なパートナーとしての役割をはたしている。以上を要すれば、真理性そのものへの志向が、けっして十分とはいえずとも、ある限界の範囲では示されている。

　3）師　説
　真理性そのものへの志向をもった問答の実践は、それを根拠づける論説、すなわち、師のあり方について自覚的に知的認識の対象とした師説が展開しているに違いない。そのような見通しをもって『童子問』巻の中の第41章から第43章を中心にかれの師説を具体的に見てゆこう。
　ⅰ）師としての基本的資質をどう捉えるか。
　「師資の道」についての問いかけに対して、仁斎はつぎのように捉える。「古者(いにしえ)は道を崇(とう)とぶ故に師を尊ぶ。後世は道崇(とう)とぶことを知らず。故に師軽し。師は道の在る所、師を崇とぶは即ち道を崇(とう)とぶ所以なり」(中41)。
　ここに示されたことばはつぎの２つの重要な見解を明らかにしている。
　第一に、「道」と「師」とを実体的に分離していること、その前提のうえで「道」そのものを「師」以上に第一義に優先するものとして捉えていること。朱子学の「道体」説——朱熹・呂祖謙の共編『近思録』の「道体」篇における「性即理」(絶対善の性における内在)の説に拠り「道之体」(道の本体)が出現しているとする説で、「道之体」という語は『論語』子罕篇の「子在川上章」についての程伊川、朱熹らの注記にみえる——については、むろん仁斎は支持しない(『語孟字義』)。ゆえに師の人格(＝性)のうちに「道」が実体として具足するという見解はとらない。「道」それ自身がかれにとって重要であった。『礼記』学記篇にいう「師厳くして然る後道尊し」と対比すれば、それとは逆で、師は尊し、されど道は師以上になお尊し、と把握されよう。「道」そのものから「師」とが分離していることは、おのずからに師に対してそのような自覚をもとめる。『論語』「子曰く、仁に当たりては、師に譲らず」に注釈して、かれは「仁人は道の本なり。而して師たる者は命を受くるところなり」と明らかにしていた(『論語古義』巻八、衛霊公第十五)。道を体現した理想的人間像＝「仁人」と、道

の実現に努める使命をもった「師」と識別しつつ、弟子が将来みずからの師に卓越する場合があることに仁斎はふれ、そうした成長の姿を「青藍の誉れ」として尊んだ。また、逆に「道」に対する謙抑を知らず、「師道を以て自ら居り、復肯えて人に問わず」(中47) というあり方をかれは非難した。これらは「道」と「師」とが実体的に分離しているという事態を自覚をもって認識することを要請する。

　第二に、あくまでもこの実体上の分離を前提にしたうえで、「道」が「師」の人間のあり方にあらわれている、という理解を示していること。この点は仁斎の位置づけにかかわってきわめて重要な思想を示している。さきにふれた問答の一組 (問11・答3) にふたたび着目したい。『論語』子罕篇における顔淵の孔子評についての問いである。孔子の道は、はなはだ「高明」であって、「卑近」ということはできないのでは、という疑念を含んだ童子の問いかけであった (上26)。それに対して、「此れ説者の謬見」とこの疑念を打ち消して、孔子の教えである「博文約礼」は「下学の事」と答えたのだった。この答えには、師・孔子のうちにたしかに「道」が実現していることを顔淵が喜んで賛嘆していると、という仁斎の解釈が示されていた[19]。『論語古義』(巻之五、子罕第九) でも、「喟然として嘆ず」の箇所を夫子の「善誘」を得て顔淵が喜んでいると注したうえで、同じ主旨でこう注解していた。「顔子是においてまた道を見ること甚だ分明なり。しかる後、夫子の道、従容平易にして、及び易きがごとくして、実に力をもって至るべからざることを知る」。この点について、のちの徂徠は、仁斎の見解を引きながら朱子学の「道体」説に準じた「道体の見」として批判した。そして、「嘆」の捉え方について、「仁斎は嘆の字に昧し。嘆は是れ嘆息なり、あに喜ぶを以てこれを解す容けん乎」[20]と記した。徂徠があくまでも理念的超越性を示した「道」の高遠にして及ぶべからざるものであることを強調するのに対して、仁斎は「道」が平易に人間のあり方に、いわば「証跡」(Spuren) として実現されていることを強調している。「向上」(上40) ということばも、「道」のこの卑近ということの関連で、高遠をあらわすものとしてむしろ否定的な意味で理解していた。

以上の２つの師の規定をふまえて、「師たる者は人の模範なり」という『論語古義』の見解（巻之一、為政第二）も導かれる。それほどに師という存在は模倣すべきものとして尊ばれねばならないことになる。「学とは効なり」という理解もこのような捉え方に対応する。師としての人間のあり方について「君親の道」とかれは捉えた。「師に君臣の義有り、父子の親有り」という。のちの佐藤一斎（1772-1859、安永元-安政6）は、「君道」と「師道」とが分かれず一体となった「君師」という二重の人間のあり方を主張していたが[21]、仁斎のここでの見解はむろんそうした点を主張するものではない。五倫とは別個に一つの名目として師弟の間柄が考えられるのではない、という点では共通するが、普遍的な「道」をめざす師の人間としての卓越性を幅広く、とりわけ為政という公的領域をこえて、仁斎は理解している。こうした師たる者の卓越性についての見解は、『論語』（学而）の「子曰く、弟子入っては則ち孝、出ては則ち弟」について、「此れ学問は当に其の初めを慎むべきを言ふなり」（『論語古義』巻之一、学而第一）と解したことに対応する。これらはいずれも師弟の上下を慎みをもって隔てる礼を強調することを意味する。とりわけ徂徠と対比するならば、その点はきわだっている。徂徠はといえば、孔子とその門弟たちとの関係は、仁斎が解するごとく「拘拘」たるものではないこと、もっぱら「父子」のごとく親密であったことを主張し、「後世師道を尊ぶ者」の理解するところとみずからの認識が峻別されることを強調していた[22]。

　ⅱ）師はどのような役割を果たすべきか。

　「師為るの道」についての問いかけについてかれは、いう「師の責 甚(はなはだ)重し。師為るの道は、務めて人材を長育するに在り」（中43）。どのように長育するか。大人の座すべき位置に座り、早く成人した人と同じように成ろうと欲した無作法の少年に対して、あえて家で取り次ぎ役をさせた孔子の話（『論語』憲問）について、仁斎『論語古義』（巻之八、憲問第十四）でこう注釈した。「夫子の童子における、あに甚だしく寛に過ぐること無からん乎。蓋し、聖人の人を教ふる也、開導誘掖を以て務めと為し、束縛羈絏(や)を以て事と為さず。これを樹を種うるに譬ふ。幹を屈して枝を蟠(はん)する者

第4節　陶冶論的教授の思想

は、其の観を悦ばすに足るといへども、然れどもその材を達するを見ず。岑蔚（木が密生している深い山──注）の間に生ずる者は、人力を煩はさざれども、自から棟梁の材あり。所謂、時雨の之れを化すが如しといふ者是れなり。夫子の童子に於ける、その材を長育することを欲して、強いて之れを成すことを欲せざるなり。実に造化涵育の功にして、寛に過ぐるといふを以て之を目す可からざるなり」。このような評言を含んだ仁斎の注釈に対して、徂徠もみずからの『論語徴』において、「味ひ有る哉その之れを言ふこと。あに翅だ闕党の童子のみならん乎。孔門の教へは、皆な人をして之れを自得せしめて、強ひて之れを恬しくせず」と絶賛した[23]。「束縛羈絏」をもとめることは「刻薄の流」（中65）として仁斎が厳しく難ずるところだった。「開導誘掖」すること、それによって学者の「悟門の自開るを竢つ」（中60）という──徂徠の用語でいえば、各人の「自得」を師はまつという──師の助産的（mäeutisch）な導きの根本態度をかれは一貫して重んじていた。「身を修むるを急にす」という本章のはじめにふれた「師道」について徂徠のことばは、こうした仁斎の姿勢に関するかぎりでは、仁斎理解として適切さを欠く。

「寛裕」さをもって長育することは、おのずから評価の仕方にもかかわる。「悪を蔵して善を揚げ、人の美を成て、人の悪を成さず。躬自厚ふして薄く人を責む」ことが指導する立場にある者の評価の姿勢であると、かれは捉える。「善を善とし悪を悪として、一毫も假借」なく、両断することを退けた（中65）。それゆえ、「毀誉」によって評する場合の不適切さと弊害をかれはこう指摘した。そうした方法は、はたして「憂喜」するに価するか。その人の「道愈大なれば、之を護る者の愈衆く、其徳愈邵ければ、之を寇する者の愈深し。憂心悄々たり、群小に慍らる。孔子だも猶然り…若し誉を聞て喜び、毀を聞て厭ふときは、則ち必ず時に徇い世に阿ねり、節を改め操を移すに至る。自戒ぜずんばあるべからず」（中54）。賞罰を効果的におこなおうとするならば、「其賞を過して其罰を減ずるときは、則ち賞罰自其當を得」（中32）とかれは捉えた。

199

iii）いかに師をもとめるか。

「師を求むるの道」についての問いかけに対して、かれはいう。「道を学ばんと欲する者は、すべからく天下第一等の人を選んで之を師とすべし。半上落下の人を師とすることなかれ」。この主張には２つの重要な点が示されている。第一に、師は学ぶ者がみずから選択するということ。第二に、その場合にあくまでも「道」の追求との関連で師の選択が重視されていること。それではどこに師はいるか。「子の曰く、三人行えば、必ず我が師あり。その善なる者を選んで之に従い、不善なる者はしかも之を改む」（『論語』述而）について、かれはこう意見を記していた。「人つねに良師友無しと之を嘆く有り。殊に知らず、何時にか師無く、何処にか師無し。心誠に之を求めば、必ずや真の師有り」（巻之四）。仁斎の考えでは、師は職業・身分などなんらかの固定的な状態的な属性として存在するというのではなく、「道」との関連で自発的に師をもとめる心との関係性において師としての本質的な特性が付与される。そのゆえに師たる者においても、「往者は追わず、来る者は拒まず」（中48）という、もとめる心に対応する覚悟が重んじられる。

iv）いかにして師と成りうるか。

師の存在が「人材の長育」にさいして重要であるとするなら、師はおのずからに形成されるに任すのではなく、むしろ意図して計画的に養成するという方策は考えられないのか。仁斎と同時代の経世論、たとえば、熊沢蕃山（1619－1691、元和5－元禄4）の『大学或問』下冊や、山鹿素行（1622－1685、元和8－貞享2）『山鹿語類』巻第七には、僧侶を還俗せしめて教師とするという現実の成りゆきを尊重した、採用を主とする方策が提言されている[24]。しかし、あらかじめ意図して計画的なかたちでいかに師を養成するか、という教育（教師の養成）の問いは、仁斎の場合にも他の一般の例のように意識されてはいない。その一般的な理由はいくつか考えられる。第一に、諸芸の師範がそうであるように、学習者（「学者」）にしても、その学習者に対しては先進的で指導的位置にある者にしても、まずもって「道」を追求すること、すなわち「道に志し」、「道を知り」、「道を行ふ」

等のことが第一義に優先していること、第二にそのような根本的姿勢と相表裏して、さきにもふれた『中庸』の「道を修むるをこれ教えと謂う」ということばが示すように、「教え」はひとの行うべき道を指示するものであっても、誰が（担い手）として明確に把握されることはない。したがってその「教え」の担い手を自覚的に養成してゆくということが「道」を追求する根本的姿勢から切り離して固有な課題として自律して成り立ってはいないこと、第三に、「先生」と呼びうる教えの担い手が要請される場合にも、選択・登用の次元で捉えられ、しかも、「王者の師」というごとく師傳にとどまっていた。より一般的に「教え」を担う専門人を対象とした、しかもその教育（養成）の課題としては自覚されていなかったこと。第四に「師」という場合にも限定的であって、その多くは模範者としての意味を込めた「師表」として把握され、とりわけ万世の師表として孔子など特定の傑出した人物のみに想定されていたこと、などがおもな理由としてあげられる。

　仁斎の師説は、上のように徂徠と対比すると師弟間の慎みもった分別する礼が認識されている。この点では仁斎も「力量の造る所」と評価する韓愈（768-824）「師説」[25]に近い。その要点は、イ、「道の存する所は師の存する所」、ロ、ゆえに童子にかぎらず、師を探求し、「師を選」ぶことが必要である、ハ、しかし、「弟子は必ずしも師に如かずんばあらず、師は必ずしも弟子よりも賢ならず」という諸点である。こうした師説の要点は仁斎の以上の師説にも同様に確認できる。仁斎の師説が韓愈のそれからもっとも異なるのは、師の役割に関する点である。韓愈の場合、師は童子に対して「道を伝え、その惑いを解く」ことに力点がおかれ、仁斎の場合には狭量な「刻薄」流儀との対比で「開導誘掖を以て務め」とすることが強調される。したがって、師たる者は当為の立場から陶冶の課題をになっているとはいえ、たんに一方的に文化財を教授し効果的に伝達することが期待されているわけではない。この方向とともに、学習する側の自発性の契機を重視し、それを不可欠とする陶冶論的教授の重要性が主張されている。

第5節　歴史的意義
　　　——両極志向性の分離へ——

　本章のおわりに伊藤仁斎の教授論（師説）が示した意義を検討しておこう。

　まずもってかれの著述、とりわけその師説を含む『童子問』のうちに、教師、教材、学習者の三者とその教育的関係に関するゆたかな教育語彙が包蔵している点に注目すべきであろう。仁斎学の主要といえる著作かどうかは別として、ヨーロッパ近代の教育語彙に接触する以前にすでに獲得していた教育観念の総体を知る意味で、それらの語彙は不可欠な宝庫の一部となるにちがいない。

　この点に注意をうながしたうえで、朱子学批判を起点にした「道」についての知的認識に関する一連の系列を視野に入れて、「師説」を中心としたその教授論を位置づけたい。

　はじめに断っておくべきことは、専門（日本思想史）の研究者には周知のとおりだが、師説そのものが希有なのではないという点である。同時代において仁斎と思想的に対立していた山崎闇斎の学派（崎門）では、師の講説を弟子が忠実に筆録した師説が数多く残されている。たとえば、闇斎「仁説問答」について注釈する浅見絅斎（1652－1711、承応元－正徳元）講義・若林強斎（1679－1731、延宝7－享保17）筆録「仁説問答師説」の記述が示す継受の様式が典型的に明らかにするように、この学派の場合では、学の行為をもっとも端的に証すのは、師の説の忠実な筆録、ならびに師の言説についての注釈であった。ここにもたしかに師の説が明らかにされている。

　こうした師説と対比して、仁斎の師説では、みずからが帰依する個人的な師の説ではなく、あくまでも知的認識の対象として師と弟子の関係のあり方いかんが抽象された原理的な水準で問われている。その点では、仁斎

も注目する韓愈の「師説」と共通する。ただし、仁斎の場合では師説を主題とした論説にはなっていない。あくまでもどう学ぶかという課題を主として、学者への留意事項の一つとしてかれは師説を明らかにしていた。

　内容的にはどうか。仁斎の師説を意識してか、のちの徂徠の場合では、根本的に「師」の人格に「道」が体現しているという認識を「道体の見」として批判するとともに、本章のはじめにも引いたように「師道」(師と道、ではなく、師の道) そのものもむしろ否定的に捉えられていた。その一方、第3章でふれるように、師弟の差、すなわち共通の価値目標に対する先進・後進といった差を極小化する親密な絆が、徂徠の場合では強調されていた。それほどに「道」は、師弟ともに高遠で憬仰されるべきものとして認識されていた[26]。しかし、仁斎は弟子に対する「導き」の担い手として、「弟子」から区別する「師」の責務を明確に主張していた。これもまた一つの師道の主張といってよい。この点で、同時代の闇斎学派の師道と対比すれば、仁斎の場合には師と道とのそれぞれの尊重の仕方が違っている。闇斎学派の場合には、上の師説を理論的に根拠づけるように「性即理」・「理一分殊」の考え方に依拠する。その場合に抽象的学説としてではなく、むしろ眼前日用の感覚的現実のうちに具現するということの例証として、師の人格のうちに「道」の「証跡」(Spuren) としてではなく、「道」そのものが実体化するという主張――徂徠から見れば、批判すべき「道体の見」――を浅見絅斎『剳録』に見出すことができる[27]。たしかに仁斎の場合にも、同様に「道」の実現が「知り易く行い易」きことを強調しつつも、師は尊い、されども「道」はなお尊いという、父子、君臣、兄弟など所与の人間関係をこえて普遍的に真理そのもの (教育的真理) を追求せんとする根本姿勢が陶冶論的教授の思想として示されていた。その教授の主体としての師が、はじめて明確に積極的に位置づけられたという点がきわだって重要である。

　そうした師説は、仁斎、徂徠以降の師説、すなわち、天明・寛政期以降において政治的統合の課題の下で政治組織の官僚制化が進行するなかで、「道」との関連を自覚することなく、もしくは「道」とは切り離されて、

203

師と「学」の担い手との官職上の区別に基づく、特定の教官と特定の学生との固定的な規則上の結びつきをもとめる指導教官制（「師弟分け」）がとりわけ強調される「正学」派朱子学系の学政論のなかの師説[28]からも、明確に識別されるに違いない。

　こうした異同が留意される仁斎の師道説の特質を日本近世の「道」についての知的認識の場をこえて、M. ヴェーバー儒教論との関連でより普遍的な視野から位置づければ、仁斎学のうちに検出した理念的超越性と現実的所与性という両極志向性が注意される。この両極志向性という点では、M. ヴェーバーが、その儒教論において中国儒教と対比的にとりあげた禁欲的プロテスタンティズムに見られる「緊張」（Spannung）、すなわち超越的理念を志向するゆえに、それと罪深い人性の現実とが和解しがたく対立するという内面的緊張[29]は、この仁斎の場合には皆無にひとしい。仁斎学そのものがむしろヴェーバーのいう「現世適応主義」と親和的であった点では、仁斎の教授学の思想の場合には、ヴェーバーの論ずる中国儒教に近い。しかしかれのこの思想には、中国儒教とは異なって、超越的なものへの志向が「学」者の側に期待されていた。すなわち、「道」――古典文献に理想的人間像として示されるとともに、身近な人間の倫理的関係にも具現されうるとする「道」――への使命をもった「師」の働き（文化財の伝達）を仲立ちとして「学」者の理念的超越志向は適切な方向づけを期待されていたことを、われわれは認めることができる。したがって、「道」の実現は「平易」であると強調されるとはいえ、浅見絅斎の「嫗嚊ノ挨拶云様ニ柔和愛敬ヲホケホケトスルコトヲシアフ迄也」[30]という批判とは違って、けっして安易ではない知的認識をもとめていた。仁斎みずからの明確な自覚をもって、「究理」よりも「徳行」に重みをおいたこと、その点はたしかだとしても（上41）、「知」の契機を思想的な事実としてけっして疎かにしていたわけではなかった。相良亨の指摘をうけていえば、俗に生きるにさいして期待される「人間の形而上的な根拠の自覚」[31]には、陶冶論的教授によって習得されるべき知的認識を要する、ということにほかならない。こうした知的認識に基づく超越的な「道」の追求は、だがしかし

――「道」がとりわけ「寛裕」を旨とする「仁」を指していたという点では、まさにそれゆえに、というべきか――、「学」者に対して「悟門の自開」(中60)という自発性を期待し、師の「開導誘掖」という助産的働きを不可欠に要請する。仁斎の師説が明らかにしていたのは、「道」の知的認識をもとめる当為的課題の要請とともに「学」者の自発性という契機をも考慮に入れた陶冶論的教授学の思想であった。

　仁斎学において、陶冶論的教授学という思想として結実し、確保されていた両極志向性は、「道」とは何か、という知的認識をめぐる以後における批判と同意の対話的系列のなかで分離してゆく。すなわち、一方は「道」の理念的超越性を重んずる立場であり、他方は現実的所与性を重んずる立場である。「道」に対して「優優洋洋」(下25)たる姿勢が期待される、前者をもっとも顕著にひき継いでいたのが、つぎにとりあげる徂徠学である。

注

1) 島田虔次『大学・中庸（上）』中国古典選6、朝日新聞社、1978、pp.97－105、赤塚忠『大学　中庸』新釈漢文大系2、明治書院、1967、pp.125－127。
2) 源了圓『近世初期実学思想の研究』創文社、1980、など参照。
3) 『藤原惺窩　林羅山』日本思想大系28、岩波書店、1975、所収の羅山の二書についての石田一良校注、参照。
4) 尾藤正英『日本封建思想史研究』青木書店、1961、p.67。
5) 田原嗣郎『徳川思想史研究』未来社、1967、p.15。
6) 本章で使用した基本テキストのうち『童子問』『論語古義』は、仁斎の生前最終の稿本である林景范筆写本（天理図書館所蔵）とした。引用の大半を占めるのは、『童子問』である。林本の原文には読み仮名はふっていないが、適宜ふった。ほとんどの章には訓点が施されている。引用にさいしては、これにしたがって書き下した。ただし、原文のカタカナはすべてひらがなに直した。引用箇所は、巻上、第1章の場合、（上1）とだけ略記した。『論語古義』『語孟字義』も若干使用した。これらについては、古義、字義と書名を略記したうえで、引用箇所を明記した。なお、字義については、『伊藤仁斎集』筑摩書房、1970、所収の林本テキスト（三宅正彦校訂・訳・注）を使用させていただいた。
7) 尾藤正英「伊藤仁斎における学問と実践」『思想』第2号、1968、岩波書店、丸谷

第２章　人間形成における理念的超越性と現実的所与性の志向

晃一「伊藤仁斎の『情』的道徳実践論の構造」『思想』第10号、1992、岩波書店、栗原剛「伊藤仁斎における他者」『季刊日本思想史』第59号、ぺりかん社、2001、山本正身「伊藤仁斎における『拡充』説の思想構造について――その教育思想としての特質――」『教育学研究』第67巻第3号、2000、など。「道は本人己を分つこと無し、故に学亦人己を分つこと莫し苟くも忠以て己を尽し、恕以て人を怜るに非ざるときは、則ち人己を合せて之を一にすること能はず」（字義、忠恕、第5条）とあるように、「忠・恕」の実践は、自他の一体感を基調にしたものとして捉えられていた。しかも、「持敬・致知」と対比したうえで尊重されていることに注意をあらかじめむけておきたい。「致知」という名の下に括られた知性的認識の努力は、一種の共感を主に服する形にかれていた。こうした思想の構造は、重要な歴史的意義をもっていることを指摘しておきたい。上記の丸谷の論文とともに、本研究の第6章を参照。その内容についてはたち入らず、本章ではむしろ、こうした構造があるにもかかわらず、いかに「道」についての知性的認識が重んじられていたか、そして仁斎教育思想の独自性を明らかにしていたか、という点に絞って問題関心の重点をおく。

8) 吉川幸次郎『仁斎・徂徠・宣長』岩波書店、1975、p.33、には「性」と「道」とのあいだの距離の克服は、「聖人」の「教」の仕事であると、仁斎の考え方が指摘される。丸谷晃一「伊藤仁斎における『同一性』批判の構造――人我相異論の形成過程――」『季刊日本思想史』第27号、ぺりかん社、1986。「道」は「無窮」であるのに対して人間は有限的で個別的であるゆえに、「教え」を学習する必要があるという見解が、『童子問』の元禄8年本にいたって明確に成立することを丸谷は論証している。黒住真「伊藤仁斎の倫理――基底場面をめぐって――」『思想』第4号、岩波書店、1988（『近世日本社会と儒教』ぺりかん社、2003、所収）も、こうした論証方向にそって「教学」が把握されている。しかし、教えの主体は孔子の「教え」に限定され、「学」、とりわけ人格的関係を場面とした「修為」の問題に関心がむけられている。

9) 日本近世でその立場を代表した山崎闇斎学派の一人・浅見絅斎（1652-1711、承応元-正徳元）について、後注26）で言及する。

10) 『論語徴』（『荻生徂徠全集』第3巻、以下、「全集・3」のように略記、みすず書房、1977、p.381）。

11) 丸山眞男『日本政治思想史研究』東大出版会、1952、p.56、ではつぎのように指摘されていた。「仁義禮智は仁斎においては、本然の性として人間に本来与えられたものではなく、人間がまさに実現すべく課せられたイデー的な性格を帯びている」。と同時に、「その『四端』たる惻隠の心・羞悪の心・辞譲の心・是非の心をば人性に属せしめた。…四端は人間が――それ自身は客観的＝自立的存在たる――道を実現すべき素地として人間に与えられているのである」。子安宣邦『伊藤仁斎』東京大学出版会、1982、第3章、で論じられる「道徳と性との両極的な対置」も、同様な指摘と捉えられる。

12) 一方の理念的超越性の契機は、相良亨「人倫日用における超越」相良編『超越の思想』1993、東京大学出版会、で主題として徹底的に論じられる。自覚的な態度を

もって日常の卑近な忠信敬恕に生きること、そのようにして「俗に生きることが、それ自体が同時に俗を越えることであった」(p.280)と指摘された。他方の現実的所与性の契機は、尾藤正英の前掲、注7)の論文、三宅正彦『京都町衆伊藤仁斎の思想形成』思文閣、1987、p.224、を参照。三宅は、「現実秩序と対決すべき論理は、仁斎学の主体的自己統制のなかから、ついにみちびき出されることはない」こと、ただし、「専制君主――愚民の関係を肯定するものではない」ことを『論語』等の仁斎の注釈から明らかにした。

13)三宅、前掲書、p.213、山本、前掲注7)の論文を参照。
14)丸谷、前掲、注7)の論文参照。
15)子安、前掲書、p.19。
16)仁斎以後、太宰春台『聖学問答』では「勉強」の語が多用される。後天的努力を指している点では、仁斎と共通する。春台の場合では、「人情ナレバ、内ニハ争競ノ心モ起レドモ、辞譲スベキ義ヲ思テ、勉強〈ツトム〉スルナリ」というように、「争競ノ心」を統御する消極的な方面での目的で、この後天的努力が強調される。『徂徠学派』日本思想大系37、岩波書店、1972、p.80。仁斎の場合では、「道」の追求という、より積極的な方面での用法であった。
17)形式づけといっても、その場合、師の立場にある者の側からの一方的な方向づけ＝「促迫」する態度をもって、「我より之を開発する」(童、中60)のではなく、学者の側のそれぞれの学習の資質・能力を余裕をもって徹底的に考慮することを仁斎は期待する。「優優洋洋」(下25)ということばは、そうした指導の形式づけの姿勢を表示している。『論語古義』においても、『論語』雍也篇の「中人より以上には、以て上を語るべく也、中人より以下には…」の条についても、その方向で注解していた。
18)Willmann, Otto, DIDAKTIK ALS BILDUNGSLEHRE, Sechste, unveränderte Aufl. Freiburg, Herder, 1957, S.325-326. ヴィルマン『陶冶としての教授学』竹田清夫・長谷川栄訳、明治図書、1973、pp.59-60。溝上茂夫「ウィルマンの教育思想の研究――永遠教育学の視点を中心として――」『教育哲学研究』第11号、1965、参照。
19)『童子問』の林景范筆写本では、「顔子及受夫子之鑪錘悟前日之非喜而嘆之也」の一文が欄外に書き込まれている。孔子の教えが「平実」であることを顔淵が喜んでいる点を仁斎が強調してことに注意したい。この点は、林景范筆写本以前の稿本元禄16年自筆本でも、内容上変化はない。ただし、上記の書き込みの一文は記されていない。
20)『論語徴』(「全集・4」1978、pp.383-385)。
21)佐藤一斎『言志四録』(『佐藤一斎全集』第11巻、明徳出版社、p.115)。
22)『論語徴』(「全集・3」p.389、p.392)。
23)『論語徴』(「全集・4」p.571)。
24)中泉哲俊『日本近世教育思想の研究』吉川弘文館、1966、p.94、p.122。
25)『仁斎日札』(『仁斎日札　たはれ草　不尽言　無可有郷』新日本古典文学大系99、岩波書店、2000、p.26)で韓愈「師説」(『文章軌範(正篇)下』新釈漢文大系18、

第２章　人間形成における理念的超越性と現実的所与性の志向

明治書院、1962）が言及されている。
26）本研究の第３章第３節の「学」の基本的様式についての論述を参照。
27）「朱子ヲ学ブ者モ理一分殊ヲ口癖ニ申候ヘ共、広フ空ヲ詠メ遠ク余処ノコトト思ヒ、眼前日用ノ本原是ニ過ギザルコトヲ知ズ候。日用ヲ主ト云ヘバ、本然道体ハ与ラザルコトノ様ニ思ヒ、ミダリニ高過タ様ニ云モ本然知ラズ候。道ノ「変ルコト無ノ無疵ナルヲ聖人ト云。其ヲ学ブヲ学者トコソ申セ、其ヲ無疵ニ得学ビタル人ヲバ孔丘ト云、朱熹ト云。其朱子ヲ慕テ我國ニシテ其道ヲ得ラレ候ヘバ、山崎先生ヲ仰コトニ候。我等勿論言ニヘ不足候共、山崎先生朱子流ノ学ヲ得ラレ候ヲ物好キニ一派ニスル合点無之候。トカク人ノ道ニ候ヘバ、其人ガ其道ヲ無疵ニ得ラレ候ヘバ、何人ニモセヨ其人ヲ師トスルコトニ候」『山崎闇斎学派』日本思想大系31、岩波書店、1980、pp.322−323。「其人ヲ師トスル」、すなわち「手本」(Muster) にすることが、師弟関係で成り立つためには、弟子の姿勢のみならず師の側も「手本」たらねばならないという自覚と基本的姿勢を必要とする。本研究の第１章でふれたカント「道徳陶冶」論の概念でいえば、「手本」(Muster) の主張に類似する。道徳的法則の「証蹟」(Spuren) もしくは「証拠」(Beweise) が師の人格に出現するのではない。浅見絅斎、若林強斎と同時代の荻生徂徠は、このような「手本」としての師のあり方を「道学先生」として揶揄した。本研究の第３章第３節で論及する。
28）本研究の第５章参照。
29）第１章第２節を参照。Ｍ．ヴェーバー『儒教と道教』木全徳雄訳、創文社、p.391。
30）『劄録』、前掲注27）、p.386。
31）相良の前掲、注12）の論文、p.280。

第3章
理念的超越性の立場からの徂徠学の構想
―― 秩序構成主体に関する種々の人間形成思想の展開 ――

第1節　本章の課題
――ヴェーバー「考量」概念と測定術的思考様式への問い――

　ここにいたり、本研究もようやく荻生徂徠（1666－1728、寛文6－享保13）そのものにたち入ることができる。
　徂徠そのものといっても、さきに仁斎にふれた場合と同様に、著述等に示された学問・思想の総体としての徂徠学であって、生涯、社会的活動の事績等は主要な視野には入れない。そのかぎりの徂徠学である。しかもその人間形成の思想をとりあげる。その場合にも、設定した視角によって取捨する。すなわち、その個々の問題の解明にさいしては、徂徠学そのもの内在的な教育論理の展開を重んじつつも、より包括的には、すでにふれたように、人間形成の思想的契機として理念的超越性と現実的所与性という2つの指標をめぐる「ヴェーバー的問題」という視角から究明してゆく。
　この視角については、すでに第1章でふれたように、M.ヴェーバー人格論に展開していた計算可能性（Berechenbarkeit）を準則とした「考量」（Erwägung）概念を中心的な参照基準として問題構成したものであった。
　そのさい本研究では、ヴェーバーの「封建日本」論（第1章第2節）をとりあげて、かれ自身の宗教社会学上の関心領域に内在的に即しながら、日本近世教育思想史研究の視角として「ヴェーバー的問題」を構成した。実はこの問題の構成は、研究方法上の関心にのみに発するものではなかった。この事情を、本章のはじめのこの節では、徂徠学という対象の側に即した形で以下に強調しておきたい。
　ヴェーバー「考量」概念を構成する一契機である理念的超越性の志向――禁欲的プロテスタンティズムの「現世支配」を導き、他方では現実的所与を重んずる中国儒教の「現世適応」と対極的なもの――の根底には、自己を適切に測るという「測定術」の思考様式があったが、人間形成における理念的超越性の志向と不可分に結びついた"測定"という行為は、以

第3章　理念的超越性の立場からの徂徠学の構想

下に明らかにするように徂徠学でも決定的重要性をもっていた。

　徂徠の根本的に重んずる「道」については、すでに研究史のうえでその性格が明らかにされている。ここでは教育思想との関連から重要と思われる点を列記しておきたい。第一に、「道」というものは、まず、「天下を安んずるの道」「国家を治むるの道」といわれるような政治を課題とする性格であること。かれの理解するところでは、個人の実践倫理というよりも、それをも包括した「先王」と称される中国古代の理想的君主である堯、舜などが平天下を課題とするために構築した文物諸制度を内容としていた。この点で、道徳的実践倫理に関心をむけていた仁斎の見解ときわだった対照をなしていた。第二に、実現されるべき「道」の内容は賢愚ある一般人はもとより一聖人の力をもってしても及びがたく偉大な価値理念としての超越性を示していること。経学の理論的著作として『学則』と並ぶ『弁道』（1717年成稿）では、「道は知り難く、また言ひ難し。その大なるための故なり」[1]ということばではじまっていた。現実を超越するゆえに虚偽であるとする、イデオロギー暴露の姿勢をもった宣長の現実主義的な「道」の見解（『直毘』成稿、1771年）と対比する意味で重要である。18世紀初頭という時期に明らかにされたことを記憶しておきたい。そして第三に、「道」には測定尺度としての根本的意味が付与されていたこと。「先王の道は規矩準縄なり」[2]とも指摘されていた。

　以下、第三の点にたち入って、教育思想との関連にふれておく。

　「道」の第三の規定として基本的に留意すべきことは、「規に循へばすなはち円なる者正しく…」というような規・矩・準・縄という一般的な工具の比喩（「辟」）以上の実質的な内容をともなった測定尺度に関する課題を志向するものであったことである。「天なる者は、得て測るべからざる者なり」[3]といわれる。人知によっては天は測り知ることができない。そのような天に対して、われわれが生きるべき社会秩序構築には、測定尺度が不可欠な根本的重要性をもっていると、かれは考える。そのことは端的には度量学の成果である『度量考』という著作に示されている。「律・度・量・衡、其の用おのおの殊なり。律は聲を揆る。度は長短を揆る。衡は軽

212

重を揆(はか)る。古聖人これを作り、おのおの其の用に適(かな)ふを取るのみ」[4]と、諸尺度にはそれぞれの固有性があることの認識をもとめている箇所がある。こうした尺度への端的な関心は、けっして派生的、付随的な領域にむけられるものではない。ましてや好事家的な興味から生み出されたものでもない。聖人の「道」を具現化する諸制度のあり方の基準尺度に根本的にかかわると、徂徠は考える。度量学に関するその詳細な内容の検討は、他にゆだねる。ここでは、かれのつぎのことばに着目したい。次節以下でも再三、引用することになる箇所である。世界をどう認識するか、という問いにかかわる、重要な思想的態度が明らかにされている。

われわれの属する世界の諸事物一般について、かれは「天地の間、物は算なし」といい、事物の無数の無限定的ともいえる多様性についての認識を基本的にもっていた。「動物は算なし」、また「日月もまた算なし」という。「性は人人殊なり」という各人の個別性についての自覚もこの認識に基づく。人間をも含め、こうした無数で、広大無辺な無記名的な事物の世界のありように対して、もしその自然の状態にまかせてしまえば、われわれはそのありようをそれとして的確に知ることができない。そこで、こうした無数の諸事物を識別するために「繁を御するの術」が要請される。すなわち、世界を知るという必要から、その事物を名目をもって人為的に分節化し、分類する。たとえば動物を5つの名に分類する。「五を以てその類を紀して以てその名を象(かたど)り、しかるのち人始めて以て別つことを得」。それゆえ、たとえ5つの名をもっていたとしても、5つでなければならないという必然性はない（「あに必ずしもその理あらんや」）。その分類は、あくまでも道具的に「繁を御するの術」に根拠をもつのであって、その事物そのものに自然に内在する根拠をもつのではない[5]。しかし、こうした認識を欠落させることがある。すなわち、事物の働き——後述するように、人間であれば、諸個人それぞれの「運用営為の才」——の認識、そして事物と言葉（名目）との対応という関係に気づかずに、あるいは不十分にしか考慮せず、「名」それ自体で完結的に事物の秩序であるごとく捉えてしまう判断態度である。「物と名と離れ、しかるのち義理孤行す」[6]というさま

は、その一般的事例としてかれは捉えた。

　諸事物の世界をいかにして知るか、という基本的な問いに対する上のような「繁を御するの術」の徂徠の知的な認識態度には、確固たる尺度に準拠する技術に対する積極的な姿勢が示されている。こうした姿勢は徂徠学を本質的に規定する実践的な思想態度を導くものであったことに、よりいっそう注意をむける必要がある。それは一言にしていえば、確固たる尺度に準拠する技術をもって"制作"するという実践的行為である。

　本研究のはじめに、「飛騨ノ匠」の仕事ぶりに徂徠が共感をもって関心をむけていたこと（『政談』）を筆者はとりあげた。かれのその関心のあり方について、ここであらためて想起しておきたい。その文脈はといえば、何事も「当座賄」にする気風が城下を中心に浸透している社会状況に対する批判的視点の意味で、かれはその綿密周到に「心を練る」事例に着目していたのだった。それゆえ、この場合には職人の仕事そのものを評価したのではなく、ある種の職人の仕事の取り組みかたを評価したのだといえる。けれども、社会状況批判というこの直接の文脈をはなれて徂徠学そのものの論理構造に留意するならば、その「匠」に対するかれの評価は、看過できない重い意味をおびてくるであろう。すなわち、この「匠」など職人の仕事に典型的にうかがえる、確固たる技術をもって"制作"しようとする意志——主体と区別される対象についての認識をともなう——は、徂徠学一般の論理のみならず、人間形成の課題にかかわる論理にとっても、決定的な重要性をもっていたのではないか。そう予想できるからである。

　この確固たる尺度に準拠しようとする意志は、自然以上に人事についてより徹底的に示された。「極なる者は、先王これを立てて、以て民の準拠する所となす者を謂ふなり」[7]。極度という意味ではなく、準則としての基本的意味で把握された「極」の概念は、その内容から大別すれば、徂徠の場合にはつぎのような関心領域として区分できる。

　第一。万人といえるひとびとの集合的な社会的秩序を「作為」の論理に基づき形成（構築）するさいに準拠する根本的尺度についての関心。

第二。この社会秩序を構成する人間主体を「作為」の論理に基づき形成するさいに準拠する根本的尺度についての関心。

前者は、すでに丸山眞男の周知の研究「近世日本政治思想における『自然』と『作為』——制度観の対立としての——」(1941-2) が主要な課題として緻密に論証していた。徂徠学において、人間の「主体的作為」をもって制作されたものとして制度というものが論理的に基礎づけられたこと、その点が中世的秩序観から近代的秩序観への転換という歴史的考察とともに論証されたのだった。その転換をもたらす「形成意志」は、社会的秩序を構成する当の人間主体そのものについてもむけられるものではなかったか。この章の各節でおもにとりあげるのは、こうした基本的関心にもささえられた、上記の後者の認識領域である。

この点に関連して、仁斎についての、徂徠の評言をここに引いておこう。「いはゆる『事理当然の極』、および『気質を変化す』、『学んで聖となる』の類は、みな先王・孔子の教への旧に非ず。近世、伊氏能くその是に非ざるを知れども、すなはち孝弟仁義を以て謂ひて規矩準縄となす。果してかくのごとくならんか、すなはち人人みづからその意を以て孝弟仁義となすなり。また何の準とする所ぞや。無寸の尺、無星の称と謂ふべきのみ」[8]。朱子学で主張される普遍的な自然法的理法を仁斎が拒絶したという点については、徂徠は支持する。けれども、仁斎が諸徳を準則とした点は、支持しない。実は、「二書（論語・孟子）は猶権衡尺度のごときか」(『童子問』、下3)「中は猶無星の秤(なお はかり)のごとく、礼は猶秤(なお はかり)の物を量るがごとし」(同上、中3) という認識が仁斎にはあったが、あくまでも比喩的意味にとどまっていた。そして徂徠が仁斎思想のうちに見出すのも、尺度もしくは秤の働きを実質的にもとめる思想家としての特質ではなかった。徂徠は、仁斎の徳の主張では準則が個別化し、各人の主観的な恣意的な規準にすぎなくなると難じている。といっても、自然法の普遍的理法をかれは追求するのではない。人間形成の領域において徂徠がもとめるのは、なにほどかの普遍性をもった客観的な妥当性のある準則であった。その意味では、計

算可能性を行為の準則とする「考量」概念を重んじたヴェーバーの精神的態度と近似していた。

こうした客観的準則にしたがうことを要請するこの人間形成の領域は、理想的人間のあり方を実現する主体（学習者）の点で、2つの社会層に区分できる。「君子」という理想的為政者たるべき武家が想定されている場合（「己れに施すとき」）と万人（一般人民）が想定されている場合（「人に用いるとき」）である[9]。

以下の本章各節では、できるだけ徂徠学そのもの内在的論理にしたがってその人間形成の認識の展開を中心に究明してゆこうと考える。ただその場合には、計算可能性を準則としたヴェーバー「考量」概念を基礎づける「測定術」の3つの課題についても、本章ではとくに意識しておきたい。徂徠学そのものの分析にさいしてこそ、もっともこの課題に関する視点は有効なものとなるであろう。第1章の第1節でとりあげたが、ここに再確認する意味で、簡潔にふれておこう。

第一。自己（諸個人）がみずからの感覚にうったえる印象（幻像、快不快）そのままを知識として信ずるという感覚的判断、すなわち自己（とくに感性的判断）を万物の尺度とするという認識態度の限界性を認め、その主観の感覚的判断の恣意性（Willkürlichkeit）を可能なかぎり克服すること、その場合とりわけ人間を正しい行為へと導くために現実のなかの適切な目的とそれを達成する手段について洞察（Einsicht）すること。本研究では、かりにW系統の課題と呼んだ。

第二。こうした認識の方法態度の限界性の自覚にとどまらず、よりいっそう重要なことは、普遍的に人間本性の限界性として、さらにくわえて人間相互の比較をともなった形で現実の自己自身の限界性に着目し、自己のありようの微小、脆弱たること（Geringfähigkeit / Gebrechlichkeit）を自暴自棄とはならず、それとして自覚認識すること。本研究ではそれをかりにG系統の課題と呼んだ。

こうした2つの課題は、われわれの外にあって、絶対的に超越する理想

的な基準尺度との比較において、われわれ自身を測ることに主眼がおかれた。もう一つ、内部における課題があった。すなわち、

第三。自己のうちなる両極的な諸契機を適正に混合配分 (rechte Mischung) すること。とりわけ一方では自己のうちに野性的な激情等の反規範的な心理的事実（自然的領域に含まれる）を認めつつ、他方ではそれを理知的部分の働きによって抑制＝節制 (Maßigkeit) する。こうした精神諸部分の内的均衡の保持によって、自己のありようを自己自身が支配統御する (Selbstbeherrschung) こと。本研究では、かりにＳ系統の課題と呼んだ。

以上の３課題に留意しつつ、人間形成の思想を究明してゆくことにしよう。

この思想はさらにつぎの４つに分割できる。
１）理想的な為政者としての「君子」たるべく期待された者の人間形成の思想：詩書礼楽に関する古典読書をつうじて「学者」としての人間のあり方をもとめる主体形成の方法。とくに上記の「測定術」のＷ系統の課題にふれる。この課題の認識は、同時に、ヴェーバーの重視した、人間形成における Sachlichkeit 原理の主張の一つとしても、われわれは捉えることができよう（第２節）。
２）理想的な為政者としての「君子」たるべく期待された者の人間形成の思想：「道」を志向する師弟関係をつうじての「学」の基本的様式。とくに上記の「測定術」のＧ、Ｗ系統の課題にふれる（第３節）。
３）万人の人間形成の思想：「気質」と「職分」との関係の問題をめぐって諸個人の長所（「才智」）を発達させることによる、公共善にむけての「人材」育成。とくに上記の「測定術」のＧ、Ｗ系統の課題にふれる（第４節）。
４）万人の人間形成の思想：制度としての「礼楽」を実践することをつうじて、結果的に両極的な人間形成課題の解決をはたす Sachlichkeit 原理の展開。とくに上記の「測定術」のＳ系統の課題にふれる（第５節）。

以下、この順にしたがって論じてゆく。その論述をつうじて、徂徠学の

217

第3章　理念的超越性の立場からの徂徠学の構想

理念的超越性を志向する立場から構想された、秩序構成主体にかかわる人間形成思想の展開をたどり、その種々相を見てゆきたい。

注

1)『荻生徂徠』日本思想大系、第36巻、以下「大系」と略記、岩波書店、1973、p.10。
2)『弁名』(「大系」p.106)。
3)『弁名』(「大系」p.121)。
4)『荻生徂徠全集』第13巻、みすず書房、1987、p.249－250。
5)『弁名』(「大系」p.160)。
6)『弁道』(「大系」p.11)。
7)『弁名』(「大系」p.162)。
8)『弁道』(「大系」p.17)。
9)『論語徴』(『荻生徂徠全集』第4巻、みすず書房、p.643)。

第2節　主体形成の方法
――「気質」「長養」「自得」の思惟とその展開を中心に――

1．はじめに

　本節は、徂徠学の教育思想の一側面として、主体形成の方法に関する徂徠の認識に着目し、その特質を「気質」「長養」「自得」の思惟とその展開という視点から考察する。

　すでに諸研究[1]で指摘されるとおり、徂徠は武家たちに学問することをもとめた。武家は武士を素姓としながらも、学問をもって国家を治めることが期待される。武士の道を忘れよ、とは主張してはいない。しかし、今時は戦国の時分ではない。国郡の主、家老職、奉行職などが「己は武士なり」と思うは取り違えであると、かれは為政者の心得などを説いた『徂來先生答問書』（下）で指摘していた。太平の今において、本質的に重要なのは「学問の道」である。より具体的には、「下を治る者」としての理想的な為政者＝「君子」のあり方を実現する方法として、「詩書礼楽」――心情を表現する言語、先王の法言、天万事の儀式、歌舞管弦の芸[2]を内容とする文化財 ―― を学習することが武家にとって不可欠に重要であるとかれは主張した。それでは、この「詩書礼楽」という内容をどのように学習することが主体（学習者としての武家）に対して期待されるのだろうか。かれが重視した「道」は、第1節でもふれたように治国平天下の方法であることを本質としていたが、その点に関連して注意されねばならないのは、課題解決の方法（「術」）ついての関心を社会秩序の構築についてのみならず、その秩序を構成する人間主体のあり方の問題、とりわけその主体をどう形成するか、という問題としても示していたことである。「詩書礼楽を四術となすがごときも、またこれに由りて以て学ばば、自然にしてその徳を成すを覚えざるを謂ふ」[3]。かれはこう述べて、方法についての関心を

219

君子となる主体形成の課題にも示していた。そのゆえに、こうした方法についての関心が、付随的で断片的なものにとどまらず、具体的な内容をともなった主体形成の方法に関する認識としてどのように展開されているかが、さらに問われねばならない。先行諸研究においても、関連する蓄積はけっしてすくなくはない。本節では、あくまでも上記の目的実現のためにどのような方法が選択されているか、また選択されなかったか、またそのことはどのような認識によって根拠づけられるかどうか、という点に留意したい[4]。そのうえで、徂徠学における主体形成の方法に関する認識の特質の特質を解明することを本節の主題とする。

そのさい、方法上、とくにつぎのことに留意してゆく。「本然の性」「気質の性」といった人間の本来的な性質に関する論議、すなわち人性論にまず着目すること。それによって主体形成の具体的な方法を基礎づける考え方をみてゆく。いま一つは、「講釈」を批判している論説と読書のあり方の論説とに着目すること。以上の検討をふまえて、主体形成の方法に関する認識の特質を徂徠学の基本構想との関連において考察してゆきたい。

2. 人性論における「気質」「長養」「自得」の思惟
―― 主体形成の方法に関する原理的思惟の構成 ――

諸研究で指摘されているように、徂徠は人性を「気質の性」として一元的に捉え、「本然の性」を人生のうちには認めなかった。かれが批判していた朱子学の人性論では、この2つの性で人性を捉え、本然の性に理想的な人間のあり方（「聖人」）を実現する契機を認めていた。こうした人性論とは相異なって人性＝気質の性と把握した徂徠は、人性論を主としてつぎの2つの方向に展開させていた。1）人性＝気質そのものについての見方、考え方を示す論。この論は、各人の気質を「変化」させることは不可能であるとする所見に基づいて、その限定的な気質を育成させようとする考え方を示している。このような所論は、さらに大別すればⅰ）人性一般について述べられているものⅱ）より限定して為政者の人性について述べ

られているものとがある。2）もう一つは、社会のあり方に関する見方、考え方を示す人性論である。各人の気質の長所をそれぞれ社会的有用性の観点から一種の「器」、「材」と見立てることによって、士・農・工・商などの職能的な社会を構成してゆこうとする考え方を示している。この考え方については、本章の第4節でふれる。本節では1）－ⅱ）の人性論をおもな検討の対象とする。気質は不「変化」であるという徂徠の所見を、先行諸研究[5]では能力形成の限界性を示す言明として指摘してきた。けれども、そうした諸研究では見落とされた主体形成の思想が、その人性論から導かれていたように考える[6]。この点を検討してゆくために、あらためて人性論に着目し、そこに示された考え方を見てゆきたい。

1）「気質」の思惟 ——主体の個別的資質を重視する考え方——
人性のうちに「本然の性」という絶対善を認めなかった徂徠は、ある者は「聖人」、ある者は「不肖者」として生きるような現実態[7]として「気質の性」のあり方を捉える。そのような気質は、「ひとごとにその性を殊に」[8]するという個別的な資質であって、しかも、ひとそれぞれに「長短得失」をもっている[9]。こうした個別的資質は、もともと「生レツキ」のものであるが、その同質性を保ちながら「みな善く移るを以てその性となす」[10]という伸長の性質が認められる[11]。しかし、「気質を変化」させることは「無理」といわねばならない[12]。伸長するということも変化の一種であるにはちがいないが、誰でも学問すれば「聖人」のような完璧な人間へと変化するわけではない。以上に示したような「気質」の存在を認めることを、徂徠は強調する。

2）「長養」の思惟 ——主体の長期的成長を尊重する考え方——
気質に伸長する性質を認める徂徠は、そうした気質を「長養」させるという成長の性質を尊ぶ。「人ハ活物ナリ。…カク生々不息ナルモノヲ、手ニトラヘテ作リ直サントスルハ、ツヨク抑ルホド、先ニテハネカヘルコトヲ知ラズ、聖人ノ道ハ、長養ノ道ナリ。造化ニシタガフテ養ヒソダテ」[13]

る。すなわち、人間は「草木」のような自然な成長（生長）の性向を帯びている。そのゆえに、「聖人の道は、養ひて以てこれを成すに在り。…此になして彼に驗あり、今に施して後に成る。故に聖人の道は、みな施設の方（実施の方法、の意――引用者注）あり。備るを目前に求めずして、成るを它日に期す」[14]。すなわち、「歳月を以てして之れを長養」[15]させる、と要約されように長期的に成長（完成）させることが重視される。したがって、「今人はすなはち一日にして衆善これを身に傳けんことを欲するや、襲ひてこれを取り、矜りて以てこれを持す」[16]といった「当坐」主義[17]は、上の考え方に基づき批難されねばならない。以上のような「長養」の性質に主体がしたがうことを、徂徠は尊ぶ[18]。

3）「自得」の思惟 ――主体の自発的理解を期待する考え方――

「草木」のような成長の性質を徂徠は尊ぶが、人間の成長はかならずしも植物のそれと同一ではないとも考える。すなわち、人間の個別的な成長の仕方に着目して、かれは「自得」するという理解の特質を強調する。「善ク教ル人ハ、一定ノ法ニ拘ハラズ、其人ノ会得スベキスヂヲ考ヘテ、一所ヲ聞ケバ、アトハ自ラ通ズル者ナリ。然ル時ハ、皆自心ニ発得シテシル故ニ、シリタルコト皆我物ニナリテ用ニ立也」[19]。すなわち、主体がそれぞれ自発的に判断、理解してゆく働きとして「自得」ということが期待される。そのゆえに、「古への学は、皆之を教ふるに実（事実、の意――引用者注）を言はず。学者の之れを自得せんことを欲すればなり」[20]というように、事実そのものによって主体が当為的規範をも含んだ認識を獲得してゆくことを徂徠は重視する[21]。このような仕方に反して、「一定シタル道理ヲコシラヘ、喧マビスシクトキ立テ、是非ノ弁キビシク、人ヲ咎ムルコト甚シ」[22]といった、道理をただちに主体に明示してしまう仕方は、その主体による自発的な理解をさまたげるがゆえに斥けられねばならない。以上のように徂徠は、主体が自発的に理解してゆくことを期待して、「自得」ということを強調する。

気質、長養、自得の考え方は、あれこれの任意の対象を学習する方法と

して示されているのではない。そうでなく、特定されて「詩書礼楽」を学習する方法として、3つの考え方は呈示されている。すなわち、徂徠はつぎのように論じている。

「各々以テ性ヲ異ナリ。是レ正ニ所謂成シ徳ヲ達ストイフ材ヲ者ニシテ。而其ノ学ハ一ニ在リ詩書礼楽ニ」[23] という気質論。「詩書礼楽は、以て士を造るに足る。…仮すに歳月を以てし、陰陽の宜しきに随ひて以てこれを長養し、学者をしてその中に優柔厭飫し（いふじうえんよ）（心がのびのびと安らぎ満ち足りる、の意——引用者注）、これを蔵しこれを修め、ここに息（いこ）ひここに游（あそ）ばしめば、自然に徳立ちて知明らかなり」[24] という長養論。そして、「詩は詠じ、書は読み、礼は執り、楽は楽しみ、易は玩（もてあそ）び、春秋は観る。…これを要するに六者はみな従容を以てこれを自得す。後儒おほむね迫切の思ひを以てこれを求む。いづくんぞ聖人の意を得んや」[25] という自得論。

このような諸論によって明らかなように、気質、長養、自得の考え方に基づかねばならない学習内容の範囲は、「詩書礼楽」のすべてであって、「詩」「書」「礼」「楽」のいずれかに限定されるものではない。その意味において、3つの考え方は「君子」となる主体形成の方法に関する原理として示されていた。それでは、具体的にどう行為することが期待されるのだろう。

3．講釈論 ——「気質」「自得」「長養」の思惟の批判的展開——

「御老中・若老中等ハ御政務ノ全体ヘワタル大役ナレバ、世界ノ全体ヲ忘レテハ、役儀ニヌケタル所生ズベシ。ヒマニシテ工夫モシ、又時々ニ学問ヲモ可レ為事也」[26]。徂徠はこう述べて、武家（ことに上級の）が「学文」（「学問」）することを強調している。しかし、実際に見出される「講釈」をつうじての学問の取り組みに対しては、かれはむしろ批判的でさえあった。このことは講釈「十害」論として研究者の周知するところである。講釈を受けることはなぜ問題であるのか。この点を以下ではとりあげよう。かれの問題認識の根底には、人性に関する気質、自得、長養の考え方がう

第3章　理念的超越性の立場からの徂徠学の構想

かがえるのではないか[27]。そうした見通しとともに講釈批判に着目して、徂徠がどのような「学問」観を示したかを見てゆきたい。

１）「気質」の思惟の展開

　講釈について徂徠が批判する第一の点は、講師の態度に関することである。かれはいう。「字―詁・句―意・章―旨・篇―法・正義・旁義・註家之同異及び故事・佳話・文字之来歴、凡本文に関する事は悉く取集め、…事の次第をなす事珠を貫くが如し。其内に一物不足すれば恥しき事のやうに思ひ、…」[28]。ここでかれが講師の態度として着目しているのは、講釈する内容それ自体の完備を過度に重んじてしまっているあり方である。それがなぜ問題になるのだろうか。「初学の者の爲に最初よりかやうなる彼此取集たる事をきかせ候共、…悉く無謬様に覚へ可申候はんや」[29]。実際問題として初学者には「覚」えられないとかれは指摘している。そればかりではない。根本的な問題として徂徠が理解していたのは、要するに「学問に次第あり、智恵に浅深有之候」[30]ということが講師には留意されていない、という点である。すなわち、講釈する側がみずからの一方的な都合でその内容を決定し、受講生ひとりひとりの「智恵」の状態については配慮の対象とならない、そうした態度を徂徠は問題にした。かれのこのような問題意識には、受講生の個別的な資質のありようを重んじようとする「気質」の考え方が展開されていた。

２）「自得」の思惟の展開

　講釈の内容は上の場合では「高妙之論・精微之説」[31]と要約される。その反対に「明鬯」にすぎる場合もある。徂徠はいう。「講説もまた学者の祟をす。…講師みな一場の説話を作し、務めてその明鬯にして聴く者の耳に叶ひて阻滞あることなからんことを要む。それ道理はあに一場話の能く盡くす所ならんや。これ必ず学者を浅迫に導きて、それをして深遠含蓄の思ひ、従容自得の味はひに乏しからしむるなり」[32]。ここで徂徠が指摘していることは、事柄の意味をただちに明示して、結果的に学者（受講生）

に対して十分に考える余地をあたえない、という講釈のあり方である。それと同時に徂徠はつぎのような学者のあり方にも着目する。「直に聞所の一日の講釈、自身の根気を砕かずして坐ながら過分の利益を得るには懸合ずと申候て、是よりして次第に卑劣心起り、耳を重宝し、目を益なしとし、自力にては書を見ずして翅人に聴事を肝要とし、力を費して不レ見書を見んよりは、願は学を講席にて濟さんと思ひ取候」[33]。すなわち、「聴」ことによって容易に得られる利益のみをもとめようとする態度である。このように講師、学者（受講生）いずれにしても共通する問題点として徂徠が指摘していることは、学者はそれぞれ自発的に判断、理解してゆく、という態度が軽んぜられていることである。そうしたかれの問題意識に、「自得」の考え方が示されていた。

3）「長養」の思惟の展開

　講釈の問題点として徂徠が指摘する第三の点も、講師の受講生に対する態度に関するものである。かれはいう。「一度講釈肆を開き候得ば、自ら悪敷風俗に移され、己と其学を輝し、吾より売事を求め、遂には一家の門戸を立候て、孔孟之宋旨今在二此と謂、或は程朱之正脉尚存二此と謂、此門戸一たび成て、数多の英才に生れ付たる人も、獣を圏中に引入悉く射殺すが如くに御座候」[34]。ここで徂徠が着目しているのは、みずからの「学」を受講生に対して強引に教化してゆこうとする講師の態度である。それをかれはつぎのように批判する。「天之人才を生じ候は、諸草木夫夫に地上に生ずるが如く何れも天地の化育に違いなく、其木其樹之才を以て其器量を有べき程は生ぜしむる事に御座候。…（しかるに——引用者補）其草木の枝幹を縛り、其根茎を屈めば、何として思ひの儘に生長致し、棟梁につかはれ候様なる良木と相成候はんや」[35]。上のような「門戸」を立てる講釈は、受講生それぞれの資質を「草木」のように成長させてゆく仕方をさまたげるものである、という問題意識がこの論には示されている。ここには明らかに、長期にわたって各自の資質を成長させようとする「長養」の考え方が展開されていた。

第3章　理念的超越性の立場からの徂徠学の構想

　以上のような講釈批判が具体的にはどのような学問・教育のあり方に対してむけられていたのか、という問題がある。徂徠がおもに名指ししているのは、山崎闇斎（1618－1682、元和4－天和2、通称は嘉右衛門）とその門流、及びそれらの流儀にならう講釈——徂徠の用語でいえば「嘉右衛門流」——である。そのような講釈が湯島の聖堂でおこなわれるようになった事態を徂徠は嘆いていた[36]。その種の事実に関する問題には本節ではたち入らない。ただここでは、講釈（受講）という主体形成の具体的方法に関する行為が気質、自得、長養の考え方に基づいて批判されていたこと、この点が着目できればよい。そうした講釈批判においてかれが問題にしていたのは、「聴」くという姿勢を基本とする「聴衆」としての受講生であった。それは「自身の根気を砕かず」、「唯人だのみのみ」[37]の姿勢を示していた。このような姿勢の「学問」を問題にするとともに、「学問ヲスルトイヘバ、貴賤トモニ必講釈ヲ聴コトニスルナリ」[38]とかれは指摘していた。「学問」することは受講することと通念化されていることに困惑するのであった。むろん徂徠は、このような事態になった「学問」の仕方を転換しようとする。

4．主体形成の方法論として読書論
——「気質」「自得」「長養」の思惟の展開——

　講釈というものが「一定ノ法ノヤウニナリ来テ、コレヲハナレテ別ニ学問ノ仕様ヲシラズ」[39]と徂徠はいう。それではどのような「学問」が講釈とは異なって重んぜられるべきなのだろうか。
　さきの講釈論、及び、それも含めた講釈「十害」論がまとまって展開されているテキストとして『徂徠先生詩文国字牘』と『譯文筌蹄初編巻首』がある。これらが内容上、読書法（書籍の選択、翻訳法）のことを主題とする論説であったことに注意する必要がある。たしかに『徂徠先生詩文國字牘』では「十害」が指摘されたすぐのちの文脈で、「学問之法」として読書法が述べられていた。そこに研究の方法論としての性格を認めることは

もちろん可能である[40]。けれども、読書することによって「彼先王礼楽の書も明に御曉通」[41]することが出来、「君子」という為政者のあり方の規準が理解されるようになる、と徂徠は考えていた。このことは、読書することが「君子」としての人間形成の方法としても意義づけられていたことを示す。

以下、読書論に着目して主体形成の方法認識を検討してゆく。講釈論でも示された気質、自得、長養の考え方は、この読書論においても方法原理として展開していたのではなかったか[42]。

1）言語の特性を重視すること ──「気質」の思惟の展開──

「彼を彼とし吾を吾とし、有るを有りとし無きを無し」[43]とすること、すなわち、事柄の特性を見定めておくことを、徂徠は重んずる。このことは抽象的な論議としていうのではない。「中華日本年代世変文物制度地名人名皆不レ同儀に候」[44]とかれは具体的に指摘している。ここに列挙された事柄のなかでことに徂徠が着目しようとするのは「言語」（「言」）である。なぜだろうか。「世は言を載せて以て遷る」[45]。すなわち、主として歴史的・地理的に変遷する言語には「道」（治国平天下の指針）が呈示されている。そのゆえに言語の特性を徂徠は重視しようとする。

言語の特性として「簡にして文」なるものと「冗にして俚」なるものとがあるとかれは指摘する[46]。すなわち、つぎのように述べる。「古文辞は簡古にしてしかも文（修飾、の意──引用者注）有之、今文は無益の言長くしてしかも鄙賤に御坐候。拠又文辞のみに限らず、平談言語の上にても風雅なる者の言は簡古にしてしかも文有之、世俗なる者は無益の言長くしてしかも鄙賤に御坐候。拠又中華の語は簡古にしてしかも文有之、日本の語は無益の言長くしてしかも鄙俗に御坐候」[47]。たとえば古文辞と今文、風雅の言と世俗の言、中華の言と日本の言というそれぞれに上記のような言語の特性が認められる。読書にあたってはこのような特性をどのように重んじたらよいだろうか。

「今言を以て古言を視、古言を以て今言を視れば、これを均しくするに

第3章 理念的超越性の立場からの徂徠学の構想

侏離鴃舌(しゅりげきぜつ)(野蛮人の言葉ともずの鳴き声、を指す——引用者注)なるかな」[48]。言語の特性は歴史的に異なっているものなのだが、このことが読者に考慮されないことによって、それぞれの言語の本来もっている意味が理解できなくなってしまう。そのような問題性を徂徠は指摘している。この問題事態に陥らないために、具体的にはテキストの選択に注意しなくてはいけない。「宋儒の注解は失₂古言₁を(うしなう)候。古言は其時代の書籍にて推候得ば知れ申候。後世の注解は違多候」[49]。後世の注解書という今言のテキストを用いるのではなくて、古言のテキスト——具体的には『尚書』『詩経』など六経、『論語』『史記』『漢書』その他——に直接むかって読むことが重要である。

テキストを読むにあたって「順逆上下して、中華の書に和語を附」[50]る、いわゆる漢文訓読法が貫例化している。このことを徂徠はつぎのように問題として指摘する。「此の方には自ら此の方の言語有り、中華には自ら中華の言語有り。体質(もと)本より殊(こと)なり、何に由りて刎(ふんがう)合(ここ)せん。是を以て和訓廻環の読み(訓読法のこと——引用者注)、通ずべきが若しと雖も、実は牽強たり」[51]。その結果、上下位置、体段、語脉、文勢など[52]にわたって問題を生ず。要するに「日本中華の言語相互(げんぎょたかひ)に一つを以て一つに引當(ひきあてがた)難き」[53]事態がこの漢文訓読法ではみられる。そうした方法を問題にして徂徠が尊ぶのは、「華人(くはじん)の言語(げんぎょ)に付て華人の言語を直(すぐ)に解(げ)する事」[54]である。たとえば「過ツテハ則チ忽ルコト憚改ムルニ」という訓読に対しては、クオ(guo)ツァ(ze)フ(hu)タン(dan)カイ(gai)と読む。このような直読法によって中華語としての「本来の面目(めんぼく)」を知ることをかれは大事にする[55]。

徂徠が以上のように論議した言語のあり方と、人性論で着目していた気質とは、明らかにその内容の点では異なっている。けれども、言語の特性を読書において重んじるかれの思惟方法に注意するならば、それは「彼を彼とし吾を吾と」する自己と他者とを徹底的に識別する認識態度の表出であるとともに、典型的には学習者それぞれの資質の個別的あり方を重んずる「気質」の考え方の展開としても把握できる。

2）思慮を尊ぶこと ——「自得」の思惟の展開——

「古書はみな学者の思ひてこれを自得せんことを欲す。故にその言はみな甚だしくはあひ接せざるがごとく然るのみ」[56]。ここ示された「自得」ということを、古書の言説に対する読者（「学者」）に期待されるあり方として、徂徠は把握している。注意する必要があるのは、「あひ接せざるがごとく」と限定されているように、言説と読者とのあいだの隔たりの認識を前提として自得ということが示されている点である。そのような「自得」は、どのような読書をつうじて実現されることなのだろうか。

すでに指摘したように、文章を直読することを徂徠は重んじた。その方法はたしかに容易には実行しがたい[57]。しかしけっして不可能ではない。「従 ﾚ 頭 直読に致し、仏家に経を念じ候様に仕候も、亦日本生れ付たる語音に候はねば、仮令左様に致し候共必ず思慮を煩し申候。思慮少しも生じ候へは何として読候。内より自然と中心に感発致し候はんや」[58]。すなわち、直読することの困難が必然的に読者に対して思慮をもたらす、その結果おのずから言説は理解されてくる。徂徠はこのように考えた。思慮するとは「疑ひ」を抱くということでもある。「書を見て疑しき事有之候を卒刻忘れ候儀をも許し不申、常に集めて胸中に 貯 置」[59]という姿勢を読者はたもたねばならない。

思慮せざるをえない直読を指示する理由の一つは、言説それ自体の性格に関係する。かれが指定する古書の言説は基本的に「叙事之文」、すなわち、「事」（事実）そのものの叙述である。たとえば『尚書』ならば二帝三王（堯、舜、夏禹、殷湯、周武）の「典法」の記載が主である。しかもこうした言説は単なる「事」の叙述ではない。『尚書』の場合そこには「天下國家ノ軌範規則」[60]が示されている。そのゆえにこのような言説は、「意を含 蓄 候儀多く候て、よく読畢候ても尚味餘り申候」。したがって、「意義も趣向も皆露顕し」てしまっている「議論之文」とは古書の言説は相異なっている[61]。このように「含蓄」に富む「叙事之文」であるがゆえに、その言説に対する読者には思慮することが要請されてくる。かれはいう。

「学は思ふことを貴ぶ。道深遠なるが故なり」[62]。

言説とその読者のあり方について以上のように把握した徂徠は、注釈や和訓のあるテキストを用いた読書のことを、つぎのように判断する。「注にたより早く会得いたしたるは益あるやうに候へども、自己の発明は會而無之事に候」[63]。そして「書を読むには、速かに和訓を離れんことを欲す」[64]。「点付物の濟候程にて無点の濟不申事は無之事に候。只目に悪敷くせを付置候故無点之物よめ不申候。苦労をこらへ候てくせを付替候迄之事に候」[65]。注釈、和訓いずれにせよ、それらに頼ることは読者の側の「発明」や「苦労」を等閑に付すことになる。徂徠はこのように判断した。

以上のように思慮することをもとめる読書論に示されていたのは、主体の自発的な判断、理解を尊ぶ「自得」の考え方であった。

3）言説に対して習熟すること ——「長養」の思惟の展開——

疑いは「常に集めて胸中に貯置候をよし」とする。「疑ひ畢て即時に忘れ候はゝ水に画が如くに候」[66]。かれはこう述べていた。ここには「備るを目前に求めずして、成るを它日に期す」という長養の考え方が示されている。思慮することについてのこの考え方は、どのような読書のあり方を具体的には指し示すのだろうか。

後世の「議論之文」や黄備氏（吉備真備、693-775）以来の和訓の文を読むことについて、徂徠はつぎのように指摘する。その言説の意味は、「速かにその説を粥らんと欲する」[67]訴訟のように、読者に対してただちに「瞭然」とされる。そしてこのような言説の傾向に呼応するかのように、読者も「最初より皆解し下し候事を求め」[68]る。その一方、読者は「和訓無き者に遇へば畏縮して敢て読ま」[69]ず、また「古書の難きを憚る」[70]。このような言説と読書の間においては、即座の「解」がそれぞれから期待されている。したがってこのような場合は、含蓄に富む言説とそれについて思慮する読者との間に示される一種の緊張感は認めがたい。このことを徂徠はつぎのように評する。「是佳事之様に相見へ候得共、其胸中窄く志陋くして、彼急ならず惰らず優柔の道を以て、自然と学問の成就を得る事

230

第 2 節　主体形成の方法

を不_2得仕_1、読書の本体を不存ものに候」[71]。上の場合は「優柔の道」に反するものとして適当とはみなされない。

　このように批判して徂徠が尊ぶのは、以下のような読書である。「始メ_レ自リ_2六経_1。終リ_2于西漢_1。終リテ而復タ始メ。循環シテ無ク_レ端。久シクシテ而熟ス_レ之ニ」[72] ここにいう「循環」させる読書のことをやや具体的にみればこうである。最初から「能く解するを不とを問はず。逐次に精読して、以て一部を終へしむ。もし未だ通暁せずんば、更に読むこと二三遍」[73]。このように反復する読書をかれは尊ぶ。それは短時日のうちに遂げられる読書ではない。上の引用文では「久シクシテ」という経過が要請されている。たとえば徂徠はみずからの経験についてこういう。「因リテ_レ学ブニ_2古文辞ヲ_1。日ニ熟シ_2古書ニ_1。目不ル_レ渉ラ_2宋後ニ_1者。十有餘年。稍稍知ル_下有リテ_2古言_1。而不ルヲ_中与_2後世之言_1同ジカラ_上也」。また「聡敏」にして「年尚ホ少」の谷大雅（1677-1742、延宝5-寛保2）という郡山藩儒の読書については、かれはこう指摘する。「一タビ熟_2読セバ漢以前ノ書ヲ_1。…数年ノ間ニ必ズ知ラン_レ有ルヲ_2所謂古言ナル者_1」[74]。このような例に明らかなように、長い年月をかけて読書するものであるという認識が徂徠にあった。「久シクシテ」ということも「急ならず惰らず優柔の道」ということも、読者が長い時間をかけて言説に習熟するような読書を指していた。

　「成るを它日に期」し、「歳月を以てして之を長養」するという考え方は、以上のように言説に対して習熟することを期す読書論のかたちで展開されていた。

　徂徠が以上の3つの論説で強調していたのは、何を読書するか、という点であるよりも、どのようにして読書するか、という点であった。そのような関心に基づいてかれが指摘していたその読書の方法は、テキストに対する読者のあり方に根底的にかかわっていた。読書することが「窮理」の観点から朱子学においても尊重されていたことはいうまでもない。その読書論[75]に「書を以て書を観」るという主張がある（『朱子語類』）。それはたしかに徂徠が重んじた読書と共通する態度を指している。すなわち、テキストそのものを読者が尊重しそれを「文面之盡」に虚心に理解することを

231

かれは期待し、反面、読者が「自分之見識」を押し立ててテキストの文面を軽んずるような読書を拒絶したのだった[76]。しかしながら、人性——この場合では読者の人性——に内在する「本然之性」（＝「理」）という絶対善を明らかにすることを第一義に重視する朱子学の読書論では、読書に内在する「理」をもって「理（書中の理、を指す——引用者注）を観る」ということがやはり想定されていた。この点で徂徠の読書論は朱子学のそれとは異なっていた。かれが読者に対して「自得」するという自発的な判断、理解を期待する場合があっても、「学は思ふことを貴ぶ。道（テキストに記載された「道」——引用者注）深遠なるが故なり」と断言するように、徹底してテキストそのものに対する尊重の態度をくずさなかった。こうした態度は自己とは異質として想定される他者——「侏離駃舌」と形容されうる、即座には了解できないことばを発する対象——の理解ということを基本的任務とする翻訳の態度を根本的に本質的に要請する[77]。こうした態度をつうじて読者はみずからの個別的資質を伸張させてゆく。そして、反面、そのような伸長、変化をうけいれない「自分」の一方的な見解、主張を否認してゆく。徂徠が重んじたのは、このような主体形成だった。

5．おわりに

　以上、本節は「詩書礼楽」をどのように学習することが主体（武家）に対して期待されるのか、という主体形成の方法に関する徂徠の認識を検討してきた。
　その結果、人性論・講釈論・読書論において「気質」「長養」「自得」の考え方が展開されていたことが明らかであった。武家——「旅宿ノ境界」に陥り、たとえば行儀は「公家・上﨟(じゃうらふ)」「町奴(まちやっこ)」のようになって[78]、為政者としての基本的な自覚を喪いつつある武家——は、このような3つの考え方に基づく読書の実践をつうじて、「君子」という理想的な為政者のあり方を実現することが期待されたのである。そうした思想は、安民という観点によって意義づけられながらも、それ自体として把握すれば自覚的な

人間形成の働きをめざしていた点で教育思想として性格づけられるものだった。

　それでは、このような主体形成の思想は、超越的な理念としての「道」を志向する徂徠学の基本構想との関連においてどのような特質を示していただろうか。

　「詩書礼楽」という対象を習得することが期待される前提には、この対象が人性（学習者）の「外に在」るという認識があった。このことに関連して徂徠はこう述べていた。「道は外に在り、性は我に在り、習慣天性のごとくなるときは、道は性と合して一つとなる。故に『外内を合するの道なり』と曰ふ。故にその大要は、学んで以て徳を成すに在り」[79]。ここには、「外」（道）と「内」（気質の性）とを区別し、そのうえで「道」を志すことによってこの両者を一体化させようとする基本構想が端的に示されている。

　すでに述べたように、気質は「長短得失」あるいは「智愚賢不肖」あるような現実態であった。このような気質をそなえた人間のあり方を、徂徠はむろん即座に是認したのではなかった。かれは、学習者がみずからの人間形成の契機となりうる詩書礼楽という「外」なる事象に注意をむけていた。それは「先王の道」を示すものとして限定された場合、中国古代の六経に記載された制度文物の諸事実（「物」）を指す。志向すべき「道」そのものは超越的な理念であるにしても、具体的に習得すべき内容は一種のSache にほかならない。まずもってこれに対する没我的な専心態度に基づく理解が要請されたのであった。そうした理解の仕方は、M. ヴェーバーの重んじた概念でいえば、Sachlichkeit であった。ただし、「一代ニハ一代ノ制作ア」[80]ることを学習者が認識するならばその中国古代の諸事実だけに精通すればよいというわけにはいかない。「聖人の道」という普遍的な価値理念を準則としながらも歴史的個体にむかいあうこと、すなわち、同時代にいたる制度文物の諸事実、とりわけ、歴史的現代をも学習者はみずからの視野のうちに認識しておくことが必要であると徂徠は考える[81]。歴史と現代の社会の諸事実として、詩書礼楽という「外」なる対象は

学習者に呈示されていた。それをいかにして習得するかという課題の解答として、かれがまず原理的に人性論の領域で明らかにしたのが、「気質」「長養」「自得」の３つの考え方であった。朱子の「存養」の概念（『朱子語類』）、仁斎の「活物」の概念（『童子問』）、いずれも長い時間をかけて人間が成長してゆくことを尊ぶ徂徠の「長養」の概念と近似する。また益軒の「自得」の概念（『大和俗訓』）も[82]、学習者の自発的な理解を重んずる点で徂徠のそれと同じと考えてよい。しかし長養にせよ自得にせよ、徂徠学にあっては「気質」というものの伸長する性質、個別的な性質に基づいた概念として人性論において統一的に把握されていた。そしてこのような３つの考え方に基づく「読書」をつうじて歴史的社会の諸事実を学習することが、武家に対して期待された。こうして学習者としての武家は、役職の上で「御家の儒者」──徂徠の場合でいえば、柳沢家の儒員──として規定されているかどうかを問わず、不可欠の資質として「学者」たることが要請されたのである。その点で、庄内藩の二家老・水野弥兵衛（1692-1748、元禄5-寛延元）および疋田族（1708-1738、宝永5-元文3）に対して述べられた「学問」論としての『徂徠先生答問書』は、「聖人の道」を明らかにするという思想的観点からの要請に、もっともまとまった形で的確に応答するものであった。「本研究の課題と方法」にふれた、側用人柳沢保明（のち吉保と改名）邸での将軍綱吉とその弟子たちを相手にしたいわゆる「柳沢経筵」での講義や問答も、そのような思想的要請に、本来かなうべき機会であるはずであった。人間形成にかかわるこの要請に指示される「外内を合する」という基本構想は、以上のような方法で実現される。

「人ごとに異る個別的で多様な素質や才能の面から考えていた徂徠の『人』は、これを政治的組織の中に、あるいは広く社会の中に置いてみれば、同様に個別的で多様な『役儀』ないし『事』すなわち何らかの責任ある社会的役割を担う存在である。このような姿において『人』を考えたところに、徂徠の人間観」の特色があった、とする尾藤正英の見解がある[83]。

たしかに徂徠が武家に期待した人間像は、それを「政治的組織の中に、あるいは広く社会の中に置いてみれば」、為政者としての職分をになうべ

き「人」であった。しかし、その為政者たるべき「人」とは、政治的組織のなかに、あるいは広く社会のなかに置いてみる以前に、なによりも「学者」であらねばならなかった。この点を見落としてはなるまい。それは、読書をつうじて（「講釈」をうけてではなく）、「外」なる歴史的社会に対してむかいあい——具体的には歴史の学習——それによってみずからの個別的な資質を「君子」たるべく長い時間をかけて形成してゆくことが期待された、そのような限定された意味での「学者」であった。この人間のあり方を実現する方法の意味をもたせて、徂徠は「気質」「長養」「自得」の考え方を明らかにしたのである。読書、とりわけても歴史的現代の認識をもとめる読書を「武家」たちに要請する主体形成の方法についての認識が示していたのは、こうした学者政治家としての基本的姿勢であった。

　武家は「学者」たらねばならず、為政者としての実務的職分をもはたさねばならない。そうした人間あり方はつねに両立しうるのだろうか。好学の専制的君主・綱吉は、見かけ上はそのようなあり方を実現していると思われるかもしれない。しかし、徂徠の期待する「学者」像は、かれが身近で接することのできる現実の綱吉とは相当の隔たりがある。学者政治家たる者が取り組むべき課題の実現は、けっして容易なことではない。この点に徂徠は気づいていないわけではなかった。かれはいう。「六経ニ心ヲ潜（ひそ）メテ、聖人ノ教ニ熟スレバ、其詞其ワザニ習染ム間ニ、イツトナク吾心アワヒモ移リ行キ、智恵ノハタラキモオノヅカラニ聖人ノ道ニ違ハズナリテ、其後、今ノ世ノアリサマヲミレバ、天下国家ヲ治ムル道モ、掌ヲ指スガ如クニナルコトナリ。サレドモ是ハ儒者ノ学問ニテ、一生ノ精力ヲ用ヒザエレバ、タヤスクハナリガタキコトナリ。王公大人ナド当務多キ人ノ、カクノ如クニ学ブコトカタカルベシ。…」[84]。武家たる者、たしかに「詩書礼楽」を学び、「道」についての知的認識をもとめることが期待されたとしても、みずからが所属する組織のなかで、日常の現実問題として文武に関する個別具体的なさまざまな「御政務」を的確に処理しなければならないだろう。後者の方向を強調すれば、官僚制、より明確にはヴェーバーのいう「家産官僚」（Patrimonialbüreaukrat）としての資質・能力が期待さ

第3章 理念的超越性の立場からの徂徠学の構想

れることになるであろう。われわれは徂徠以後、とりわけ天明・寛政期の「学政」論のうちにそのような人材養成論を見出すことになろう（第4章）。しかし、徂徠の場合にはむしろ、「道」に関する文化財（詩書礼楽）について没我的で sachlich な知的な認識の形成にこそ、「学者」としての主体形成の思想の重点がおかれている。その課題の困難をどのように乗りこえてゆくか。「君子は必ず其の独を慎む」（『大学』）ということが、朱子学では内省的な方法態度として重視されていた。武家の場合でも、「道」の知的認識のために各人が自己教育として単独で読書することが期待されるのだろうか。そのもっとも有効な手だてとなったのは、何か。この点をつぎに明らかにしてゆこう。

―――――――――――

注

1）岩橋遵成『徂徠研究』名著刊行会、1934、p.329以下、鈴木博雄「徂徠学における政治と教育」『教育学研究』第26巻第4号、1959、中内敏夫「十九世紀における非朱子学的方法意識の発達」『国学院大学教育学研究室紀要』第7号、1971、吉川幸次郎『仁斎・徂徠・宣長』岩波書店、1975、辻本雅史『近世教育思想史の研究——日本における「公教育」思想の源流——』思文閣、1990、その他。
2）『経子史要覧』（『荻生徂徠全集』第1巻、以下「全集・1」と略記。みすず書房）。
3）『弁名』（『荻生徂徠』日本思想大系、第36巻、以下「大系」と略記、p.47）。
4）前節で注意をむけたように、人間形成の課題についても主観的恣意的基準に陥ることなく、できるかぎり客観的妥当性をもった——ヴェーバー的にいえば、計算可能性 Berechenbarkeit を準則とした——方法的・内容的な準則を明らかにせんとする志向態度が徂徠には顕著であるが、その場合に、かれのこの志向は選択すべき方向と、それとは似て非なる方向とを厳格に区別しようとする認識態度をともなっている。
5）生得性の強調は能力の限界性についての徂徠の認識として理解する立場がある。相見英咲「徂徠学の論理と構造」『思想』第697号、岩波書店、1982、など参照のこと。こうした理解の仕方は、周知のようにすでに徂徠の同時代から徂徠批判の論調の中核をなしてきた。この能力観批判は朱子学的概念でいえば、「治国平天下」を重視する一方「修身」という課題そのものが軽んじているという批判と相俟っていた。その批判を経学的に徹底的に、しかも組織的に展開していたのは、大阪の懐徳堂のひとびとであった。ナジタ・テツオ『懐徳堂——18世紀日本の「徳」の諸相——』岩波書店、1992、参照。関連して、本研究の第4章、第6章での論及を参照。
6）とくに社会的効用の観点から展開された個性伸張論として把握する方向で、丸山眞男『日本政治思想史研究』東京大学出版会、1852、pp.89-91、今中寛司『徂徠学

の基礎的研究』吉川弘文館、1966、pp.417－437、本研究の本章第4節も参照。

7) 徂徠が同時代の政治的社会的諸状況のなかに「乞食」「非人」「遊女」「河原者」「浪人」などの人間のありようをも見出していたのは、君臣、父子、朋友、長幼、男女、といった人間関係とその倫理的カテゴリーには制約されない、現実態としての人間に対する積極的な認識態度に関係しよう。『政談』巻之一（「大系」）。

8) 『学則』（「大系」p.196）。

9) そうした人性に関する徂徠の所見は、より具体的な人材論のレヴェルでつぎのように明らかにされる。「人ノ気質区ナル故、長所又思ノ外ナルモノナリ。気質ノ我ト殊ナル人ヲ用ユルトキハ、彼ガ長所我ガ短所ヲ補フテ、人ヲ用ユル益ヲ得ル」。『太平策』（「大系」p.470）。このように人それぞれの長所を大事にすることなく、上の人が自分の一方的な好みで人を選ぼうとする態度は、「手前」主義として批判される。『政談』（「大系」p.374）。

10) 『弁名』（「大系」p.137）。

11) 具体的にはつぎのような例がある。「愚老盲人の常に相之有之候者を觀候に、多くは路を覚へ不申候。又相無之盲人は能自身に路を覚へて、何國をも行めぐり申候。是は畢竟其才の相違にては無御座、習はせに而候」。『徂徠先生詩文國字牘』（「全集・1」p.593）。

12) 『徂徠先生答問書』（「全集・1」p.475）。

13) 『太平策』（「大系」p.473）。

14) 『弁道』（「大系」p.29）。

15) 『論語徴』（「全集・3」p.374）。

16) 『弁道』（「大系」p.23）。

17) つぎのような武家の生活態度に示される。「御城下ハ自由便利ナル上ニ世話シナク、急ニ間ヲ合スル風ニテ、何事モ皆当坐賄ニ事ヲスル」。『政談』（「大系」p.311）。

18) たとえば安藤帯刀（1554－1635、天文23－寛永12）という幼少より徳川家康に仕え、慶長15年（1610）紀伊徳川家の祖である頼宣の傅となった人物を例にして、つぎのような成長の見方を明らかにする。「安藤帯刀ナドハ、三十バカリマデハ、タワケト云レタル人ナリト承ル。此五六十年以前マデハ、大形ハ二十歳バカリニテ元服シテ、ソレマデハ子供ノ内ナリ。今ハ十四五ヨリ元服シ、公儀ヲツトムルヤウニ成タルナリ。世ノ風カク成行クニヨリテ、子供皆ヲトナシク（大人シク——引用者注）ナレドモ、ウエヲタシナミ、外ヲヌリカクスコトヲ、第一トスルニヨリテ、心ノ内ニハ子供ラシキ心、後迄モケヌナリ」。『太平策』（「大系」p.482）。このように長い時間をかけて人間を成長させてゆくことを重視する徂徠は、また、長い時間をかけて物事を完成させてゆく職人の姿勢を同様に高く評価する。すなわち、「人ノ心ヲ練リ。何事モ年ヲツミ、心掛テ成就スル」という例として、「本研究の課題と方法」でふれた「飛騨ノ匠」の例とともに、以下のような塗師の仕事ぶりをかれは指摘する。「某田舎ニテ百姓ノ重箱ナド拵ルヲ見タルニ、塗師不自由也。…一ト所ニ二十日モ三十日モ居テヌリ、又脇へ歩行テ細工スルナリ。始仕掛置タル物ノ乾キタル時分ヲ考テ置テ来リ、蒔絵ヲスル也。其漆モ別ニ買調ヘテ置テ塗セ、下地ヲモ兼テ拵置タル故、何モ彼

第3章　理念的超越性の立場からの徂徠学の構想

モ望ノ様ニ拵テ丈夫也」。『政談』(「大系」pp.310−311)。長い年月をかけてとは、具体的にどのくらいの年数を必要するのだろうか。理想的な為政者の形成という課題に関して徂徠は、とくに明確な年数を明らかにしてはいない。むしろ「一生ノ精力ヲ用ヒザレバ、タヤスクハナリガタキコトナリ」と課題遂行の永続性を強調する。『太平策』「大系」pp.449−450。本章第4節でふれるように、それだけ「道」の理念は容易には実現しがたい理想を指示する。

19) 『太平策』(「大系」pp.455−456)。
20) 『論語徴』(「全集・4」p.575)。
21) その代表的な主張は、歴史を学ぶことが必須である、という論に明らかにされる。「只歴代ノ事跡ヲシレバ、治国ノ道モ、軍旅ノ事モ、平生ノ行、忠臣義士ノ迹モ、皆其内ニアリ。道理ヲ聞ヨリモ、其事迹ヲ見レバ、感発ノホド各別ナルモノナリ」。『太平策』(「大系」p.485)。
22) 同上、p.455。
23) 『徂徠集』(「大系」p.511)。
24) 『弁名』(「大系」p.164)。
25) 『蘐園十筆』(「全集・17」p.591)。
26) 『政談』(「大系」p.389)。
27) 「自得」の考え方に基づく「講釋」批判が先行研究によって着目されてきた。岩橋、前掲書、など。
28) 『徂徠先生詩文國字牘』(「全集・1」p.588)。
29) 同上、p.588。
30) 同上、p.588。
31) 同上、p.588。
32) 『蘐園随筆』(「全集・17」p.258)。
33) 『徂徠先生詩文國字牘』(「全集・1」p.589)。
34) 同上、p.590。
35) 同上、p.590。
36) 『学寮了簡書』(「全集・1」)を参照のこと。関連して、本研究の第2章の注26)、第3章第2節の学校論についての論述も参照。
37) 『徂徠先生詩文國字牘』(「全集・1」p.589)。
38) 『太平策』(「大系」p.455)。
39) 同上、p.455。
40) つぎの文献を参照のこと。吉川、前掲書、今中、前掲書、佐藤宣男「漢語文典とテニオハ──『訳文筌蹄』『訓訳示蒙を中心に──』『国語学史論叢』1982、杉本つとむ「徂徠とその言語研究──蘭語学との関連を主として──」『国文学研究』1981、など。
41) 『徂徠先生詩文國字牘』(「全集・1」p.601)。
42) 直読法を重視したということなど、研究史のうえで既知の事柄に着目する場合も、3つの考え方がどのような形で展開しているか、という問題の関心に基づいてあらた

第 2 節 注

めて吟味してゆく。

43)『学則』(「大系」p.190)。
44)『徂徠先生詩文國字牘』(「全集・1」p.592)。
45)『学則』(「大系」p.190)。
46)『譯筌初編巻首』(「全集・2」p.564)。
47)『徂徠先生詩文國字牘』(「全集・1」p.600)。
48)『学則』(「大系」p.190)。
49)『徂徠先生答問書』(「全集・1」p.469)。
50)『徂徠先生詩文國字牘』(「全集・1」p.582)。
51)『譯筌初編巻首』(「全集・2」p.547)。
52) これらの事項については、注40) の文献を参照のこと。
53)『徂徠先生詩文國字牘』(「全集・1」p.583)。
54) 同上、p.582。
55) 吉川、前掲書、p.99参照のこと。
56)『蘐園十筆』(「全集・17」p.811)。
57) そのゆえに「第二等の法」として「譯」の方法が代替される。吉川、前掲書、p.99、参照のこと。
58)『徂徠先生詩文國字牘』(「全集・1」p.594)。
59) 同上、p.592。
60)『経子史要覧』(「全集・1」p.510)。
61)『徂徠先生詩文國字牘』(「全集・1」p.598)。
62)『蘐園十筆』(「全集・17」p.811)。
63)『徂徠先生答問書』(「全集・1」p.476)。
64)『譯筌初編巻首』(「全集・2」p.557)。
65)『徂徠先生答問書』(「全集・1」p.470)。
66)『徂徠先生詩文國字牘』(「全集・1」p.592)。
67)『弁道』(「大系」p.25)。
68)『徂徠先生詩文國字牘』(「全集・1」p.592)。
69)『譯筌初編巻首』(「全集・2」p.562)。
70)『徂徠先生學則』(「全集・1」p.94)。
71)『徂徠先生詩文國字牘』(「全集・1」p.592)。
72)『徂徠集』(「大系」p.537)。
73)『譯筌初編巻首』(「全集・2」pp.556−557)。
74)『徂徠集』(「大系」p.518)。
75) 大濱晧『朱子の哲学』勁草書房、1983、を参照のこと。
76)『徂徠先生答問書』(「全集・1」p.482)。
77) 丸山眞男・加藤周一『翻訳と日本の近代』岩波書店、1998、p.30、酒井直樹『日本思想という問題――翻訳と主体――』岩波書店、1997、p.70、同『過去の声――18世紀日本の言説における言語の地位――』以文社、2002、第7章、翻訳の問題、

239

第 3 章　理念的超越性の立場からの徂徠学の構想

参照。読書論という形で重視される他者理解の自覚的態度が、徂徠以後の日本近世教育思想史において、どのようにうけ継がれてゆくか、断ち切られてゆくか、という問題がある。この点については、本研究の第 5 章の宣長論の結語でふれる。

78)『政談』(「大系」p.296)。
79)『弁道』(「大系」p.93)。
80)『経子史要覧』(「全集・1」p.527)。
81)「学問ヲナス者ハ、歴世ノ事ヲ悉ク知ラスシテハ、定見ト云モノナシ。故ニ人情風儀時勢ヲトリチカヘテ、支離スルコト多シ。故ニ歴史学ヲスルコトナリ」。同上、p.532。植手通有『日本近代思想の形成』岩波書店、1974、p.212、田原嗣郎『徂徠学の世界』東京大学出版会、1991、pp.160－168、参照。
82) 江森一郎「貝原益軒の教育観――学習法的教育観――」『教育学研究』第45巻第 1 号、1978、参照のこと。
83) 尾藤正英「荻生徂徠の思想――その人間観を中心に――」『東方学』第58輯、1979。
84)『太平策』(「大系」pp.449－450)。

第3節　「学」の基本的様式
――「道」を志向する媒介的師弟関係の思想――

1．課題と方法

　本節は、徂徠学における師弟関係の認識の検討をつうじて、この関係に基づくいかなる「学」の基本的様式が提示されていたかを解明する。第2節にひき続いて、理想的な為政者たるべく期待された者の人間形成の思想をとりあげる。

　徂徠の「学」の概念については、すでにゆたかな研究蓄積をもった論題に属する。人間形成をめざす行為としての意味をもった「学」の概念について、その特質を総括していえば、「先王の道」という目標に達して理想的為政者となるために、「詩書礼楽」という具体的諸事物を学習内容とし、「長養」「習熟」「自得」「思慮」「模擬」といった方法的原理を重視したこと、これらの方法的原理に反するものとして「講釈」を問題視したこと等が明らかにされていた。こうした所見を本研究でも肯定的に了承したい。本節ではこれらの既知の所見を師弟関係についての徂徠の認識という視点から再構成し、その「学」の特質をあらためて解明することである[1]。

　師弟関係といえば、徂徠（1666－1728、寛文6－享保13）とその門弟たち――安藤東野（1683－1719、天和2－享保4）、山県周南（1687－1752、貞享4－宝暦2）、太宰春台（1680－1747、延宝8－延享4）、服部南郭（1683－1759、天和3－宝暦9）、その他――との関係いかんという自発的結社「蘐園」のことがただちに思い浮かべられる[2]。本節でもかれらの人格的交流に一部ではあるが具体的にふれる。しかしおもな検討の対象とするのは、著述・書簡等に示された経学・学問教育論・経世論など多岐にわたる思想の総体＝徂徠学そのものであって、同時代（18世紀）の社会（史）的事実として徂徠とその門弟たちとの結社的組織において具体的にどのような人間関係が示されていたか、また学問的・思想的次元でいかなる継受がおこな

241

第3章　理念的超越性の立場からの徂徠学の構想

われていたかは、私塾研究の観点からは興味あるテーマであるが、本節ではあくまでも副次的な扱いにとどめる。あらかじめその点をことわったうえで、本節にかぎっての視角を設定したい。

　師弟の関係を徂徠はどう把握していたか。この問いにかかわって、まずここに思い起こされるのは、「講釈」を批判したあの周知の論説である。講釈という方式では、一般に教える立場の師と学ぶ立場の弟子とが一対多という形態で対面的にむかいあう。「師の是とし尚ぶ所、弟子其真似をし…世上の人の先生と吾とを見違候様に致し候はんと我心に思ひ候事、其愚なる儀」といったことば[3]は、その講釈をつうじて師弟が模倣という形で外面的に同一化する直接的関係を具体的に批判するものである。「学ぶ者」が、人間形成する意図をもった教師の直接的な働きかけ――「事」(「ワザ」)ではなく教師の「言」、しかも意味(「義」)を明示した「言」による教授活動――によって人間形成する取り組み。こうした教育活動における直接的な師弟関係をなぜ批判したか。そのおもな理由は「学ぶ者」の側の自発的な理解(「自得」)がまたれず性急な断定的言明をもたらす種類の「教へ」――「教へ」というもの一般ではない――が「学ぶ者」＝弟子に呈示されるからであった。このような「講釈」に対する批判の論を思い起こしてみると、師弟の関係はすこしの重みも認められていない、という判断をわれわれは導きたくなる。徂徠に先んじて、等しく人間に「活物」の性質があることを根本的に尊び、「学ぶ者」の自発的な理解をまつ(「悟門の自ら開くるを竢つ」[4])ことを主張した伊藤仁斎(1627-1705、寛永4-宝永2)の場合をここで思い起こそう。本研究の第2章でふれたように、「師の責め甚だ重し。師為るの道は、務めて人材を長育するにあり」[5]と師の役割を明確に認め、そのうえで陶冶論的教授の思想を示していたのであった。そうした仁斎の認識と比べると、かれの認識との違いがきわだってくる。師弟の関係、とくに師の役割を強調することに対する徂徠の淡泊さ、あるいは消極的な姿勢がより鮮明になる。第2章の仁斎学のところで引いた「王道亡びて師道興る」というかれの歴史認識にいまひとたび着目しておこう。「古者は礼楽以て徳を成せり。是に於いて(古えから遠ざかって漢儒

242

より以降、宋儒、仁斎たちの時代にいたって——引用者注）礼楽を略して身を修むるを急にす。ゆえにその要領なる者を采りて以て人に教ふ。是れ仁義礼知の名の立つるゆゑんなり」6)。このことばは、礼楽の媒介による人間形成ではなく、人間形成の直接的意図をもった教師による、しかも「名」（名目、意味）をもっての明示的な教育活動による、それゆえに性急な働きかけへと人間形成の基本的様式が歴史的に転換していった事態——この教育史認識がどこまで客観的な史実にあっていたかどうかは、ここでは問題ではない——をかれが憂慮するものにほかならない。

　本節で「学」の概念を解明しようとするその課題に接近するために、分析の基礎視角として本節全体をつうじて検討してゆくのは、こうした師弟関係に対する徂徠の認識である。師弟関係の直接性に対してかれが批判的姿勢を示していたことは、先行研究によってその一端はうかがえる。それならば、この批判はただちに師弟関係そのもののを否定的に捉えたことをも同時に意味するのかどうか。この点はなおたち入って詳細に検討する余地をのこしている。

　ここで徂徠学とその影響をうけた宣長学の「学」の概念——ただし、学問研究の意味での「学」であって、人間形成の意味ではないが、その点はここでは考慮の外にしてさしつかえない——に関する丸山の論述7)に注目しよう。それは、師弟関係に基づいた「学」の基本的様式の認識にかかわって、われわれに重要な示唆を与えてくれる。丸山はいう、後者の「一切の『教』を排しあくまで事実（物）に向はうとする態度から、伝統的な学問の概念は重大な転回を蒙ることとなる。抑々『教へ』は当然に『教へ』の主体（師）とその客体（弟子）とを予想する。そこで『教へ』が学問の本質とせらるる所では師の伝授といふことが基本的重要性をもつ。…しかるに文献学的＝帰納的方法の勃興はこの伝統を次第に破壊していった。…徂徠による講釈中心主義の痛烈な排撃は儒教におけるその趨勢の反映である。さうして宣長によっていささかでも浮き上がった規範が悉く否定されるに至って、この転回は明白な方法的自覚にまで高められた。学は真理に対する学であって『教へ』に対する『学び』ではない。主体と客体との関

係は師弟の間から、学とその対象の間のそれに移される」(傍点は丸山)。ここには、「学」の基本的諸様式が着目されている。宣長学においては「真理に対する学」へ至ったとされる。徂徠学はといえば、「礼楽」という「事実(物)に向はうとする態度」を保持することによって、「真理に対する学」としての性格をそなえていたことは否定できない。しかし同時に「一切の『教へ』を排し」ていたわけではなく、「先王の教へ」として「礼楽」を規範化していたことも明かであって、「『教へ』に対する『学び』」としての性格をもおびていた。われわれは、このように「学」の諸様式に関する丸山の論述をたずねることができる。すなわち、教えに対する学び、事実に対する学び、そして真理(ただし学問的真理)に対する学びである。これらの「学」の基本的様式を成り立たせるものとしてここで注意をむけるべき点は、「『教へ』は当然に『教へ』の主体(師)とその客体(弟子)とを予想する」ということである。この予想——プラトン対話篇『メノン』にもあったことが想起される——が一般的なことがらを指すにとどまらず、徂徠学の場合にもその指摘どおりの具体的事実が認められるとすれば、いかなる師弟関係に基づいた「学」が、人間形成めざす行為として提示されていたか、という問題が提起される。

　この問題に対して、本研究ではあらかじめ予想をたてておこう。真理に対する学という点にかかわって、理念的超越性に対する志向とともに、すでに本章第1節でも簡潔にふれた「測定術」の思考様式が認められるのではないか、とくにG系統とW系統の課題が師弟関係に基づく「学」の様式についての主張のなかで自覚されているのではないか、という予想である。こうした予想をもって、師弟関係認識との関連で「学」の概念を究明することを本節の課題とする。

　この課題に対する接近の仕方について。「師」と「弟子」、そして「師弟関係」について、本節にかぎっての分析概念としてあらかじめ便宜的に規定しておこう。甲という人間を乙という人間あるいは集団がある程度継続的に——この場合、座敷、教室、教場、学校、学問所といった同一の場の共有はその要件とはしないこととする——何かしら学ぼうとする立場にあ

るとき、甲を乙にとっての師とよび、乙を甲の弟子とよぶことにする。この定義においては、何が教えの目標とされるかは問わないが、人間の理想的なあり方、およびそれを実現する方法、内容などに関する価値・理念が含まれる。徂徠学を検討の対象とする本節においてとくに注意をむけておきたいのは、甲と乙とにどのように目標（価値・理念）が設定されているかである。すなわち、それは相異なっているか、共通のものであるか、また甲に対して超越的であるか、甲において内在的であるか、そして超越的という場合にそれはどの程度においてか——その超越性の契機によって、師の弟子に対する優越的意識をどれほど否定することになるか——という点である。このことを考慮することによって、両者の間に一定の結合様式を想定することができる。それを本節では３つの典型としてつぎに便宜的に構成しておく。a) 支配・服従の関係——師は権力の発動によって弟子に対して優越的地位に立ち、弟子のめざす目標とは異なってみずからの意のままに弟子の意識・身体・行動などを規制し、弟子もその規制に従属的に服する。b) 指導・随行の関係——師はみずからの卓越性によって弟子に対して優越的位置に立ち、弟子と共通する目標（価値・理念）を追求し、弟子に対しても先進者として協力し、弟子もその師に対して後進者として随行する。c) 同朋・同朋の関係——師はみずからの卓越性によって弟子に対して優越的位置を有するにもかかわらずその位置を否定し、弟子と対等の立場に立って共通する目標（価値・理念）を同朋として追求し、弟子もその師に対してできるかぎり同朋として接する。以上の３つの結合様式を「師弟関係」の下位概念として把握しておきたい[8]。

　以上の典型はもちろんいずれも検索的な意味を付与するにとどめる。実際の論述にあっては、できるかぎり徂徠のことば——そのなかには「師」「先生」「弟子」「師弟」「門弟」「教へ」「学ぶ」などのことばが含まれる——に即してゆきたい。ただかれの重んずる方向としては、b)、c) の傾向であるという見通しをあらかじめもっておきたい。さきに述べたように、とくにＧ系統、Ｗ系統の課題を重んじた「測定術」の思考様式がこの方向において認められるのではないかと考える。さらに結論的事項をさき

どりしていえば、「師道を尊ぶ」[9]という流儀に対して徂徠は批判的姿勢もったこと、その一方では「学」に従事する者の主体性をより（教える立場以上により）尊重する立場にたっていたこと、そして「教へ」と「学び」の当事者（師弟）以上にはるかに、その目標とするところの理念的超越性をもった価値の高遠さを認識していたこと、このような諸点から上記の見通しが成り立つ。

　師弟関係の認識を分析しようとする場合に、いくらかの困難を認めないわけにはいかない。というのは、師弟関係論が徂徠の著作のうちに一つのまとまった論説として積極的に展開されているわけではないことである。しかし、自己自身の思想の表明という点では消極的あるいは抑制的なスタイルせよ、その認識は徂徠の著作全体のなかではつぎのような言説に見出すことができる。

１）孔子とその門弟の言行に関する『論語』の注解にうかがえる師弟関係認識
２）学校（史）記述に示された師弟関係認識
３）徂徠自身の書簡のなかの師弟関係認識

　この順にしたがって徂徠の認識をたずねてゆき、おわりに徂徠学における「学」の思想的特質を考察してきたい。

2．「孔門之徒」としての徂徠

　徂徠はみずからを「孔門之徒」[10]と述べたことがある。孔子は堯、舜、禹といった中国古代の帝王＝先王とは異なって文物（礼楽）制度の制作者ではなく、一生のあいだ位を得ることなく身の匹夫たるを免れなかった。「ゆえに其の言ふところ行ふところは、是の若きに止まれり」[11]。孔子に対してこうした限界の認識をたしかに徂徠はもっていた。しかしそれにもかかわらず、「孔門之徒」としての徂徠と称してよい思想、すなわち孔子とその門弟との関係のあり方に、ある種の師弟関係の理想を見出そうとする認識態度が、徂徠学の全体のなかに──かれの「孔門之徒」ということば

の使用意図がどうであったかをこえて——確実に示されていたように思われる。われわれはまず、おもに注釈書『論語徴』を手がかりにして、この点にあらためて注意をむけてゆきたい。孔子とその弟子たちの言行録に対するこの注釈書のうちに、かれの師弟関係認識の根本的なものをうかがうことができるだろう。その書に示された個々の所見の学問上の当否は本節では考慮の外におき、かれ自身のどのような思想を明らかにするものであるかに主たる関心をむけて、師弟関係に基づいた「学」の概念をたずねてゆきたい。

「学を好む」ということ、「好学」者であるということ[12]。それが孔子に対して徂徠の認める人物の姿、しかも本質的な特性を示す姿といっていい。その姿はなにかしらの達成というよりもむしろ一種の志向である。何に対する「学」の志向かといえば、徂徠の認識では厳格に特定な目標が指示されていた。「孔子のいはゆる学は、先王の道を学ぶなり」[13]とされる。「孔子 至るところ訪求し、汲汲乎として已まず、…『夕に死すとも可なり』とは、孔子みずからその道を求むるの心 是の若く甚しきを言ふなり」[14]。そして孔子は「六経を修めて以てこれを伝ふ」[15]。これらは、その「道」の事跡についての伝記である「六経」に対する孔子の実践的の志向態度を具体的に示す。それゆえにこの志向は、先王らによる業績達成、すなわち礼楽制度の「制作」ということと、「仁」という価値——すでに明らかなように徂徠の認識では、「民之父母」[16]となって「民を安んずるの道」を示し、「棄材なく棄物なし」という理念を実現すること[17]——に共通に導かれながらも行為の基本的な性質が異なっている。

孔子という人間——職務上、身近に接しえた好学の君主綱吉ではなく、遠い過去から知的対象として出会うことのできる孔子そのひと——の本質的特性に関する徂徠のこうした理解をまずふまえることによって、つぎのようなかれの重要な所見——その著作全体のなかの師弟関係認識の総体を特徴づける、「学」の基本的な様式に関する根本的なテーゼといえる所見——にふれることができる。「人 孔子の学ぶところを学ばんと欲せずして、孔子を学ばんと欲す。是れ工人の規矩準縄に由らずして、般・錘

(ともに古の巧匠――引用者注)を学ぶなり」[18]。徂徠は「学」の2つのあり方を基本的様式として区別している。その基準としているのは、「学」の対象としている者＝師（孔子）の「学ぶところ」が、「学」の主体者＝弟子（孔子以後の者）においてもまた同様に志向されているかどうか、という点である。ここにいう「学ぶところ」とは、師のうちになにほどかは獲得されたものであっても、たえまなく志向されるべき「道」のことである。「道は知り難く、また言ひ難し」[19]。しかしはっきりしているのは、「道は彼れ（彼方の意――引用者注）に在りて」[20] そして「道は則ち高し、美なり」[21] ということである。このような「道」は、師の人格から超越する理念といってよい。この「学ぶところ」が弟子において志向されていない場合の顕著なものが、ここにいう「孔子を学ばんと欲す」というあり方である。「その意に謂へらく、孔子を学ばんと欲せば、宣しく『論語』に若くは無かるべし、聖人の言行是に具はると」[22]。このような場合、人間の理想的あり方に関する根本的な価値的目標は孔子という師の人格において内在的なものと見なされる。このとき人は孔子という人物そのものを理想的人間像である聖人と見なす。そうした発想をもって、「聖人学んで至るべし」という聖人への到達可能性を示す、例の宋儒の信念がここに表明される。そして『論語』を読み、その書のなかの孔子を模範としてその「言ふ所、行ふ所に効法」[23] する。「効法」とはまねることである。それによって孔子のような人間のあり方――天に稟けた「聡明叡知」[24]にもかかわらず――に至ろうとする。もちろんそれは不可能である（「あに学ぶべけんや」[25]）。「効法」することは大事なことである、しかし「学の一分」（一部分の意）であることに注意しなければならない[26]。まずもって「人人殊なり。何ぞ必ずしも効ふを為ん」[27]。「学」の主体となる各人にはそれぞれの個別性（「気質の性」）があるのであって、そのことを見失ってはならないはずである。徂徠はこう批判する。師そのものを模範として弟子が外面的に同一化することをつうじて師弟が人格的に直接的に結合すること、そうした関係のあり方に対する批判である。なぜこうした教育関係の直接的な結びつきは批判すべきなのだろうか。「学ぶ者」の個別性が尊重されないと

いうこと[28]、それのみではない。「学ぶところ」をかれが「規矩準縄(きくじゅんじょう)」といいかえていることに注目しよう。その意味は「先王の道を学んで以って徳を成せる」[29]ということ、すなわち「君子」という理想的為政者へと人間形成してゆくその実現可能性が、「能くその可否を知る」[30]ことのできる客観的な"確実性"をもった準則として「学」の主体者＝「学者」に対して開かれていることを示す。それゆえに、この「規矩準縄」たる先王の「道」は孔子の「教へ」として指示することができる。こうして徂徠のもとめる「学」の場合、師がみずからを越えて「道」として志向する価値理念を弟子に提示して、しかもそのかれ（師）がそれを「教へ」として指示することによって、「学」の主体者（弟子）とその師とが「道」を媒介にして間接的に結合するのである。このような教育関係（師弟の絆）における「学」の場合には、師たる者は「道」への案内者として弟子に対することになる。

　孔子の学ぶところを学ぶ、という「学」の様式に徂徠が上のように注意をむけている場合に、孔子という歴史的対象とそれを師とする後世の「学ぶ者」とが読書をつうじてむかいあう一対一の関係のあり方が構図としてかれの念頭にあるのはいうまでもない。しかし、ここで見落としてはならないのは、「学」の対象として徂徠が指示しているのは孔子一人だけではなく孔子とその門弟たち、すなわち「孔門」という特定の集団に対するものでもあった、という点である。この集団が「教へ」の対象となる理由は、孔子を師として自発的に結合するひとびと「孔門の諸子」たちの一対多の師弟関係のあり方──Ｍ．ヴェーバーの用語でいえば、Anstalt に対する Verein（自発的結社）──が、『論語』という古典のなかには具体的に見出され、ある種の人間形成にかかわるひとびとの理想的な姿としてかれには評価しうるからである。その諸様相を以下に明らかにしてゆこう。

　かれはいう、「孔子の道は、先王の道なり。其の門人に於ける、みな先王の道を以て之れに期す」[31]、そして「孔子…門人と先王の道を修め、論じて之を定む」[32]。師みずからが「学ぶところ」である「道」は門人たちに対しても「学ぶところ」として期待され、そして実践される。「門人に

仁に従事せんことを勧むる」[33]ことが、孔子の基本的態度なのである。門人のことを全体として捉えるとき「七十子」とかれはいう。ここでは具体的にどのようなひとびとを指しているのか、子夏、子貢、子路、顔淵、といった高弟の名がただちに挙げられるが、ここでは特定する要はない。師弟間においても「先王の道」という価値理念が共通して志向されている、というかれの基本的な認識をうかがえればここではよい。そしてこのことは、孔子に対してその弟子たちが「孔子を学ぶ」といった直接的な師弟関係を示しているのではない、とかれが理解していることを意味する。人間の理想的あり方に関する根本的な価値的目標が、このように「道」として師の人格から超越する理念として想定されているか、それとも師の人格において内在的であるか、ということを「孔門」の場合でも峻別すること。それは徂徠にとって、「学」の基本的な様式にかかわって重要なことであった。

　ここで顔淵についてのかれの所見に注目しよう。「学を好む」こと孔子と等しく、「一意に夫子の教へに従事」[34]したと徂徠もみなす顔淵は、孔子のことを「喟然として歎じて曰く、『之を仰げば弥よ高く、之を鑽れば弥よ堅し…』」と『論語』に記されている。顔子が喟然として歎ずとは、「孔子の及ぶべからざるを歎ず」ということ、つまり孔子の人格的卓越性に対する賛美にともなう自己の微弱さに対する「嘆息」であると徂徠は理解する。「学ぶ者」の心的態度に関心の重点がおかれている。しかし「宋儒は『道の体を歎ず』と謂ふ」[35]。孔子自身のうちに「道」の本体が内在するということを顔子が賛嘆するものと――徂徠の理解では――宋儒は捉えるのである。師たる者の人格的卓越性に関心の重点がおかれている。こうした所見の違いは、徂徠には見逃しえない。「孔門にもと道体の説なし」とかれは断言している。この説を示しているのは宋儒だけではない。伊藤仁斎――『論語』をいかなる経書よりも尊重し、そこに示された「道」の追求にさいして「師とは道の在る所、師を崇ぶは即ち道を崇ぶ所以なり」と述べていた仁斎――もまた同様である。かれはいう、「仁斎おもへらく『(顔子是において) 道を見ること甚だ明らかなり』」と、旧に依って道体の見

なる已」[36]。こうした「道体の説」[37]は、「学」の基本的あり方にかかわって本質的な問題があると徂徠と理解する。あらためて念をおせば、「道にこころざす者は諸を孔子に求む」。だから「顔子は心を孔子に潜す」という注釈（漢の学者・揚雄）も正当といっていい。しかしながら「孔子に潜心するは、顔子といへども亦た能はず。孔子を学ぶには、必ず孔子の教へに遵って、しかうして後にその立つところを見る。則ち後世の学者、聖人を学ばんと欲し、しかうして聖人の教法に遵はず、徒だその心を以て之を学ぶは、安んぞ能く之を得ん乎」[38]。徂徠の考えをくり返せば、「学ぶ」ということは師とする者の人格に直接に対するのではなくその師が「教へ」として指示するものに対するものなのである。このことは、顔子のように師自身に対する敬慕の念切なるものがあっても、本質的に変わることはない。師自身を越えた、師みずからの拠って「立つところ」に弟子はなによりも志向すべきものなのだ。

　師自身のうちに「道」をもとめるのではなく、師が「教へ」として指示するところに「学」をむかわせようとする場合、師はたしかにみずからの意志をもってその弟子を一方的に規制することに対して抑制的でなければならないだろう。さきにも指摘したように、師はあくまでも案内者としての役割をはたさねばならない。それは消極的とも思われる仕事である。しかしその役割を遂行するということは、一時的でいいはずはなく、持続的な、なにかしら一定のあり方を確固と要請するにちがいない。徂徠はいう、「心を夫子に潜するは、夫子の教へに遵ふに如かず、ゆゑに次いで日ふ、『夫子循循然として善く人を誘む』と」[39]。循循然とは、「次第」[40]あることと徂徠はいう。弟子に対する師（孔子）の「教へ」のあり方が、一定の内容、方法、目標の自覚をもった「教法」として確立している、といってよいだろう。そのおもなものをつぎに明らかにしてゆこう。

　ⅰ）「古へのいはゆる学なる者は、詩書礼楽而已。その孔門に在る、言はずして知るべし」[41]。すでに明らかなように、詩・書・礼・楽は「民を安んずる」為政者＝「君子」となるために学ぶべき内容にほかならない。それは孔門においても「学」の内容とされる。とくに礼楽は「己れに施す

とき」と「人に用いるとき」がある[42]。ここで着目すべき場合は、もちろん前者である。君子としての「徳を成すゆえんの者は、専ら礼楽に在り」[43]と重視される。その「礼楽は事のみ」[44]である。それゆえ「礼・楽は言はず、その義を識らんと欲する、あに言の能く尽くすところならん哉」[45]。ここにいう言はずとは、礼楽にあってはことばによって解説的に容易に意味が明示さるものではないこと、それほど含蓄に富んでいることを指す。ⅱ）そのことは、それに対する「学」のしかるべき方法を要請する。すなわち、「みずから喩らんことを欲す」という基本的姿勢である。もちろん孔門においてそれは実践される[46]。「ゆゑに『子は言ふこと無からんと欲す』…間に或いは已むことを得ずして一たび之を言ふ。『憤せざれば啓せず、悱せざれば発せず』、みなその之を自得せんことを欲するなり」[47]。みずから喩る、自得するということ。それが、「孔子平日門弟子の問いに答ふる」[48]さいに弟子に期待するものなのである。このようにあくまでも「学ぶ者」の理解の自主性を尊重することを基本的前提とするが、けっして師の役割を排するものではないこと、それどころか場合によっては師たる者の介入を要するものでもあることにも注意しなければならない。上（述而篇、「不憤不啓、不悱不発」の句）についての徂徠の注解を見よう。「之を求むること切なる」とき「求めて得ざれば則ち憤す」という場合がある。このときこそ師はそうした弟子に対して「啓」す、すなわち「微しくその端緒を示すこと」である。また「口を以て之を言ふ」ことができず、「その辞における猶ほ未だ達せざること有る」という場合がある。このときこそ師は、そうした弟子に対して「発す」、すなわち旧註にいうごとく「その意を誠にするを待って之に告ぐる」。このように師は先進者として弟子の「学」の過程に入る。そして師は、かれ自身が「学ぶところ」を弟子が「みずから喩る」という姿勢を保持しつつ援助する、その一方において師自身は抑制的な——ともすれば「隠せり」[49]と弟子たちから思われるような——姿勢を保持しつつ援助するのである。ⅲ）このような師の援助の基本的姿勢にうかがえる、「学ぶ者」の個別的な様態に対する人間形成的見地からの配慮とともに見逃してならないのは、つぎの点であ

る。師のその基本的姿勢は、方法的な意味をもつと同時に、「学ぶ者」はいかなる人間になるべきかという目標のあり方にも本質的にかかわるものとして徂徠が捉えている、という点である。かれはいう、「孔子の、七十子におけるも、またその材に因りてこれを篤くす。子路に告ぐるに勇を以てし、曾子に孝を以てするがごとき、以て見るべきのみ」[50]。ここであらためて徂徠の基本的な考え方に留意しておこう。かれによれば、各人の「気質」がそれぞれに有する個別性をそれとして尊重し、その「気質の性」に近いところに応じてそれぞれが「おのれの徳」[51]を実現しなければならないのだった（「徳は性を以て殊なり。ゆゑに多品あり」[52]）。人間の理想的あり方の目標に関するこうした基本的姿勢を、徂徠は孔子のその門人に対する指導のあり方に見出すのである。孔門の諸子は先王の道を学んで「君子」となることが期待される。しかしその場合の「君子」という人間像も、「民を安んずる」という意味があったとしてもけっしてなにかしら画一的な人物像が指示されるのではなく、多様な人間のあり方を実現しうるものとして提示されるということである（「禹の、水を行る（治水事業のこと——引用者注）における、…みな堯舜の及ぶこと能はざる所なり」[53]という事例が示しているように）。各人がそれぞれに「おのれの徳」を実現することが期待されていたということ、その根底にあるのはそれぞれの「徳」を等価なものとして評価するという基本的態度である。いいかえれば、「徳を優劣する」[54]こと、「徳を秩づる」[55]ことは、徂徠によればまったく孔子の意に反することであった。そのゆえに「孔子座し、門人侍するに、みな歯（年齢——引用者註）を以てす」[56]という序列の仕方が、徳の優劣評価とは無縁なものとしてかれの重視するところとなる。ⅳ）各人はそれぞれに有する個別性を多様に実現することが尊重されるという場合、いかなる方法によってその人間の理想的あり方を実現することが期待されるのだろうか。かれはいう、「古時師の弟子に教ふる、弟子の従事する所は、みな各おの性の能くする所を以てす」[57]。各人が有する個別性を実現するという場合、その「性の能くする所」、すなわち「長短得失」ある個別性のうち「其ノ長ズル所ヲ養」うこと、そして「其ノ短ヲ責メ」ないこと[58]が、かつて師の弟

子に対する方法的態度であると徂徠は捉えている。もちろん師としての孔子に徂徠はその典型的な姿を見出す。孔子は「譽むる所あり。人才を鼓舞してこれを奨成する所以なり。教への道なり。凡そ人を教ふる道は、その善を奨借してそれを勧励踊躍し、奮進して已まざらしむに在り」[59]。すなわち、「子路ノ勇ニハ則チ孔子之レニ語グルニ勇ヲ以テシ、曾子ニハ則チ孝、子夏ニハ則チ君子儒小人儒モテス」[60]。このようにその人の長所を重視するという方法的態度について、徂徠はいう、「先王の道は、ただその長を用ひて天下に棄才なきに在る」[61]。孔子のその弟子に対するこの態度は、「民を安んずる」という政治課題の達成にも通ずる意義をも示すものなのだった。以上のように、孔子の門人に対する「教法」をたずね、その「次第」といえる諸様相（内容、方法、目標）を明らかにすることができる。さきにふれたように「夫子循循然として善く人を誘ふ」ということ（顔子の言）に、徂徠は注目していた。かれの強調する「善誘」ということば[62]は、以上のような師たる孔子の弟子に対する産婆術的な援助者としての基本的姿勢をよく指し示す。そうした師の「善誘」と弟子の「自得」という師弟相互の協同の働きが、「教法」の根本前提をなすのである。

　このような教法が師と弟子とのあいだに具体的に実行されるとすれば、弟子は師の「学ぶところ」である「道」をより確実に「学ぶ」ことができるだろう。それはたしかに必要で不可欠な条件といえる。けれどもその教法だけで徂徠のもとめる師弟関係、この関係に基づく「学」の実践は、いったい十分に成り立つことができるのだろうか。ここでかれのつぎのようなことばを見落としてはならない。「人　我れを信ぜずんば、則ち我が言安んぞ能く行はれん哉。事の行はるるも亦た然り、道の行はるるも亦た然り、教への道も亦た然り。七十子は深く孔子を信ず。ゆゑに孔子の教へ、七十子に行はるるは、多言を竢たず」[63]。師に対する弟子の「信」のあり方が、その「教への道」「教法」を十分なものにするかどうかにかかわってくる。この「信」がない場合、「我れを信ぜざるの人をして我が言に由りて我れを信ぜしめんと欲す。ゆゑに徒らにその言を詳らかにして、以て人人の能く暁らんことを欲せり」という事態にいたる。徂徠はこれを

「訴ふるの道」という[64]。こうした事態はさけたい。「信なる者は、言に必ず徴あるを謂ふなり」[65]。かれは信ということをことばの「徴」、すなわちことばがなにかしらの実証的な——「事」とも「物」とも徂徠はいう——根拠を有するという性質にもとめる。この徴がないとき、または乏しいとき、そのことばは「空言」[66]となる。あらためて指摘するまでもなく、「物と名と離れ、しかるのち義理孤行（実証的根拠を欠いた論議だけがもっぱら先行する——引用者註）す」[67]という問題意識を徂徠はもっていた。ことばとそれが指し示す事物とが適切に対応づけられるということは、弟子の師に対する「信」の獲得につうずる要件なのである。

　以上、師の学ぶところを学ぶという「学」の基本的様式にかかわる徂徠の重要な所見について、そのいくつかの特質を明らかにしてきた。すなわち、「道」という理念に対する師弟共通の志向、一定の「次第」——師の「善誘」と弟子の「自得」との相互協同の働きを根本前提とする「次第」——を有した「教法」への服従、そして「信」の要件となる、ことばの実証性に対する師の忠実、である。そうした特質をもった「学」の基本様式が要請するのは、「道」の志向を媒介とした師弟関係の結合様式であって、「道体の説」が想定するごとく師の人格に対する弟子の同一化をつうじて師弟が直接的に結合する「学」の様式とは異なるものであった。

　この場合の媒介的ということと相表裏する非人格的ということに、ここであらためて注意をむけたい。その意味をくりかえし指摘すれば、その者が理想とする人間のあり方に関する根本的な価値的目標の所在が「学」の当事者（師弟）それ自身の人格の内部にはもとめられないということである。しかしわれわれは、師たる者と弟子たる者とが教えと学びというそれぞれの立場に規制されることなく、たがいにさまざまに人格的に交渉することがあるということを知っている。この一般的な事実について、どう考えたらよいか。もちろんこのことは一般的な問題として提起するのではない。ほかならぬ徂徠が孔門の場合にも着目するものである。

　『論語』にいう「子曰はく、『弟子　入っては則ち孝、…』」の箇所について、徂徠はつぎのように注解している。「仁斎先生『弟子入っては則ち

第3章　理念的超越性の立場からの徂徠学の構想

孝』を解して曰く、『此れ学問は當に其の初めを慎しむべきを言ふなり』と。けだし弟子の字に拠りて之を言ふ。『事有れば弟子其の労に服し、酒食有れば、先生饌す』（為政篇——全集註）。先生・弟子、古へ未だ是の若く拘拘たる者あらざるなり。夫子は本と人の子弟たる者の事を言へり。而うして仁斎忽ち一見を生じ、乃ち宗門の別なりと謂ひ、以て弟子の門に入り初めて教へを受くるに、孔子　先づ此を以て教ふと為せり。陋なる哉。かつ孔子の時あに宗門あらん也」[68]。とくに「弟子」という語についての仁斎の注解を引用しつつ、ここで徂徠がいっている要点は、孔門において師弟関係の結びつきはけっして「拘拘」たるものではないということである。すなわち、師それぞれの「宗門の別」（学派の別）ということを重視すること、いいかえれば「一師の説を固守」[69]すること、そうした拘束が孔門の師弟のあいだに厳格に定められているわけではないと、かれは指摘する。そのように「拘拘」たるものにとどまらず、「事有れば弟子其の労に服し、酒食有れば、先生饌す」といった、教えと学びという師弟それぞれの立場には制約されないさまざまな人格的交渉があるということを徂徠は明らかにする。この所見に関連してかれのつぎの言に注目しておこう。「孔子薑を嗜むこと、…人の性の免れざる所なり。ゆゑに孔子も亦た嗜むところ有り、然れども多く食せず。君子たるゆゑんは是れの而已矣。後世の儒者の論に苛刻を尚びし自り、乃ち始めて嗜むところ有ることを諱んで、以て欲とす、あに人情ならん乎」[70]。孔子もまた実生活において、人の性の免れざるところを節度をもちつつ尊重していたと徂徠はいう。かれが見出す孔門におけるさまざまな人格的交渉は、こうした人間の自然性に対する孔子の寛容な理解に根ざすものとしてかれは捉えているのである。そのような師弟関係についての徂徠の評価は、「孔門の師弟、親しむこと父子の若きは、みな古への道なり」[71]ということばに要約されよう。徂徠によれば、この一門には以上のような親しみの交渉がともなう。

　このようにかならずしも教えと学びという師弟の立場には制約されない親しみの人格的な交渉が、孔門の師弟のあいだに働くということ、それを徂徠が積極的に容認していることを見落としてはならない。しかし容認す

る場合でも、この親しみの交渉そのものをかれが第一義的に重要視しているわけではあるまい。「一張一弛の道」(緊張したり弛緩したりするバランスを重んずる) ということをかれは肝要としていた[72]。そしてかれは、もっぱら「矜持」(わが身を慎み抑える) につとめて「人情」から遠のくことはなはだしい宋儒の学的態度を疾視していた。そうしたかれの用語でいえば、上のような親しみ人格的交渉は「弛」の場合に属するものとして徂徠は評価しているのである。とすれば「道」という超越的な価値理念に対する共通の志向は、上の人格的交渉の場合でも孔門の師弟関係を本質的に規定するとかれは把握していると、理解すべきだろう。

　孔子とその門弟との結合関係に以上のような媒介的な師弟関係の姿を徂徠は見出し、そしてかれらのその結びつき (絆) を理想的なものとして価値づけるのである。徂徠自身はけっして積極的には表明しなかったけれど、かれはまぎれもなく「孔門之徒」であったにちがいない。

　はじめに言及したように、「王道亡びて師道興る」と徂徠は捉えていた。この歴史認識には、師のあり方、とくに弟子に対する姿勢の問題が提起されていた。しかしながら、いっさいの師弟関係そのものをかれが否認していたわけではなく、『論語』のうちに師弟関係の理想的あり方をかれは確認していたことを、われわれは知ることができたのであった。しかもそれは、礼楽という「事」の媒介による人間形成をめざす「学」を提示するものにほかならなかった。この点で、まず本節の主題——人間形成における理念的超越性の志向とその展開の種々相を明らかにするという点では、本章全体の主題——の基本的なところを解明したといってよい。

3. 学校論
　　—— Sachlichkeit の原理と「道学先生」の登場 ——

　師と弟子とのあいだに教えと学びから成るなんらかの結合の関係を認めるという場合、両者が教室、教場、学校、座敷といった場をある程度は持続的に共有することを本節ではその関係成立の要件とはしなかった。徂徠

が「孔門の師弟」と捉える場合にも、このような定義はけっして不整合をきたすことはなかったと思う。しかしそれにもかかわらず、われわれが「学校」と呼びならわしている施設においては、支配・服従の関係も含めて師弟関係が他のいかなる場よりも制度的に顕著に成り立つことは、一般的な事実として承認しうる。それはなによりも「学校」と呼ぶべき場では、教えということを意図的に企て、計画的に、しかも集団的な組織のなかで、ある程度は持続的に実践するからである。自発的参加を原則とする結社としての塾との区別をきわだたせれば、Anstalt としての学校では、被教育者の出席強制という側面をもっている。こうした学校の特質は今日に限っていうのではない。徂徠の時代の社会的事実においても、そしてかれの認識するところも、やはり同様に学校はなにほどかの「強制状態」(Zwangslage) をともなった師弟関係が制度として顕著に成り立つとともに、もともと成り立つことを要請する場である。

　それならば、師弟関係の理想的イメージを具体的に抱いている徂徠は、学校をいかなる師弟関係の場として捉えていたであろうか。学校についての徂徠の関心は、おもに2つの領域に示されている。すなわち古代の学校を対象にしたものと、後世の学校を対象にしたものである。つぎにそれらの関心領域をたずねてゆこう。「師道興る」というかれの批判的言辞が示唆しているのは、古代の学校とは異なって後世の学校にあっては、師が弟子に対して主体的な姿勢を度過ぎてもつことによって弟子たる者の人間形成が推しすすめられる、という一般的な事態である。揶揄する調子でかれのいう「道学先生」ということばは、こうした師のあり方を端的に表現するものと思われる。以下においては、この2つの学校（史）記述に示された師弟関係認識の検討をつうじて、徂徠の認識のなかで、この「先生」がいったい何を否定することによって歴史的に登場してくるか、そしてこの「先生」との師弟関係に基づいてどのような「学」が指示されることになるかを、明らかにしていきたい。

　古代の学校として徂徠は、日本の事例——勧学院、学館院などの大学寮のこと——についても関心をむけていたが[73]、主たる関心の対象となった

第3節 「学」の基本的様式

のはいうまでもなく中国の事例であった。「大学は郊に在り、小学は公宮の南の左に在り、しかうして郷には庠と曰ひ、術には序と曰ひ、家には塾と曰ふ」[74]。いくつかに種別される学校があったことを徂徠はこのように認める。まずここで注意すべきことは、大学、小学という名をかれは学校の種別によるものとし、学問の大小による区別とする朱子説をしりぞけている点である。後者を採るとすればつまりどのようなことになるか。「天下之人に皆大学之教を施すと相見え申候」[75]。徂徠によれば、この朱子の説は、一部の者ではなくすべての人に高等教育を保障するという事例が遠い過去に見出されるとするものである。もしそのような事例が史実であれば革新的とも思われる。けれども徂徠は、このような説の意図するところは「人人の聖人と為るを主として之を言ふ」[76] ものであると捉える。その教育目標は、すべての各人の個別性を考慮せぬものとしてかれにとってはもちろん批判すべきものである。「聖人は学んで至るべからず」というかれの基本的な認識をわれわれはただちに想起することができる。「大学」「小学」をかれはあくまでも学校機関の名であると捉え、それぞれの役割を認識してゆこうとする。その場合とくに徂徠が関心をむけるのは、「大学」である。

　この「大学」について古代に記された書として徂徠が重んずるのが『大学』である。それは「先王の学校を設くる所以の意」[77] を説いたものとかれは解す。この書についてのかれの注解書が『大学解』である。『大学』の成立について、「是れ必ず七十子高弟弟子の伝ふる所なり」[78] とその序にいう。「孔門之徒」としての徂徠にとって、この書は「大学」についての信頼性の高い基礎的資料であり、同時に「学」のあり方に関する古典としても評価しえる。

　まず注目しなければならないのは、『大学』にいう「大学の道は、…至善に止まるに在り」についての徂徠のつぎの解釈である。「古聖人の道、衆善の会、粋美の極、天下の善を挙げて、以て尚ぶ莫し。故に歴代の聖王必ず学宮を建てて以て之を奉じ、之を尊崇の至り、諸れを上帝・宗廟に比する者、是くの若し」[79]。大学が設立されたのは、「古聖人」＝「先王」の

「道」にかかわる文化的総体を尊重し、これに積極的に寄与するものとして重視されるからであると、かれはいう。そのゆえに「大学の道は、人君に主として之を言ふ」と捉える。ここの場で「学を為す」の主体は、理想的な為政者となるべき者にほかならない[80]。

つぎに、『大学』にいう「物に本末有り。事に終始有り。先後する所を知れば、則ち道に近し」の箇所についてのかれの注解を見よう。これは「学者の学を為すの方を言ふ」。いかにするか。すなわち「師氏・大司成等の事なり。『物』は道の一節、聖人建てて名づけ、執って之を有つべく、一物有るが如く然す。師此れを以て之を教へ、弟子此れを以て之を学ぶ。後世の漫然として義理を以て人に教ふる者の比に非ず」[81]。まず「学を為す」には「師」の教えにしたがう。この場合の師とは「師氏・大司成」といった教官[82]を指す。その教えとして指示されるのは「物」である。それゆえ「義理」をもって教えるのとはまったく異なると、徂徠がただちにことわっていることに注意したい。「義理」とは、道理を抽象的に、しかも多少なりとも断定的なかたちで明示するものである。それとは異なっている「物」とは、道理をうちに含まないではないが、あくまでも具体的事物（事実）——たとえば「視学・入学・釈奠・養老・告成・訊聝・郷射の礼」[83]などの諸事実——として具体的に示されるものである。それこそが師が教えとして「学者」に指示する対象であるとかれは捉える。「学」の内容上の性格についてのこうしたかれの認識は、「物なる者は、教への条件なり」[84]ということばに要約される。「大学」における師弟の関係は、「物」という一種の Sache を媒介にして間接的に結合することがもとめられている、と徂徠は基本的に認識しているのである。

そうした「物」に対してどのように「学を為す」か。この点についての徂徠の認識の特質をもっともよく示すのは、すでに知られている「格物」ということの解釈である。『大学』につぎのような有名な箇所がある。「先づ其の身を修む。其の身を修めんと欲する者は、先づ其の心を正しうす。其の心を正しくせんと欲する者は、先づ其の意を誠にす。其の意を誠にせんと欲する者は、先づ其の知を致す。知を致すは物格るに在り」[85]。これ

第3節 「学」の基本的様式

について徂徠は、「学を為すの方は先づ『物格(きた)る』を言ふ」と捉える。ここには「学を為すの方」についてのかれの基本的認識が集約的に示されている。その方法そのものについては、あとで論及しよう。まずはこの方法の意味についての、2つの重要なかれの理解からたずねておきたい。

一つは、「学を為すの方、『物格る』に始まる、徳の基なり」ということ。いいかえれば「知を致す」「意を誠にす」「心を正しうす」、これらはみな「学を為すの方に非らず」ということであって、それらをみな「学を為すの方」と見なす朱子説はしりぞけたことである[86]。どのような問題性がその朱子説には含まれているだろうか。もしこの説のように「『意を誠にす』るを以て学を為すの方と為す。意は意念為り。而して必ず意念に就いて其の功を施すを欲す。殊に知らず心を以て心を治むること、猶ほ目を以て目を視るが如し」[87]。「学を為す方」がその者自身のうちで直接性をおびて自己完結してしまう、その不確かさ（恣意性）を徂徠は批判している。「物格(きた)る」という外的な準則にしたがうことは、その種の直接性から生ずる恣意を免れていると、かれは捉えるのである。もう一つの重要なかれの意解は、この直接性に対する批判に相表裏する。それは「格物」を「物格(きた)る」と読んだことに示される。「『格る』は来るなり至るなり。感ずる所有って以て之に来たるの謂なり」[88]。この解釈についてわれわれは「学を為すの方」としてあまりにも受動的ではないかと素朴な感じをもつ。その印象は朱子説についてのかれ見解によっていっそう強まる。朱子は「『物格る』を解して『理を窮(きわ)む』と為す」。「大いに然らざる者有り」と徂徠ははっきりと否定する。かれによれば、朱子は「『吾の知識を推し極めて尽くさざる無』きを謂う」。こうした方法的態度を徂徠はつぎのように説明する。「学者をして己が心を以て諸れを事物の理に求めて以て道と為さしむ。則ち亦自ら揣(はか)らざるの甚だしきのみ」。「学者」がもっぱら「己が心」に依拠すること。その種の能動的な姿勢ははなはだしい身の程知らずと徂徠は捉える。なぜかれは受動的な印象を与えるような「学」の意味を尊重するのだろうか。「古の学者、必ず先王の詩・書・礼・楽の教に遵(したが)ひ、服習之熟せば、自然に以て其の知を致す有り。是れ之を『物格って知至る』

261

と謂う」[89]。ここの場（大学）で受動的ともいえる「学」のあり方が要請されるのは、いうまでもなく師自身に対する関係からではない。そうではなく師が教えとして指示する「学」の内容（文化財）に対する関係からである。すなわち、その内容が「先王の教ふるの物」[90]であって、それがもっている価値は「学を為す」者の「己の心」をはるかに凌駕するからにほかならない。「格物」ということは、まず基本的に「己」に対するこうした抑制的な姿勢を要請する文化的準則にしたがうことであると、かれは理解するのである。「物格る」という意味について徂徠は、とくに以上のような２つの理解を示していることに、まず留意しておく必要がある。

　それでは、「物格る」ということは「学を為す方」としてどのようなあり方を積極的に指すのだろうか。師弟のあいだを媒介する「物」に対して、「学者」はただただ「来る」こと「至る」ことを待っているだけの受動的な姿勢をもって、こと足るとは思われない。『大学』に「安くして后能く慮る。慮って后能く得」という箇所がある。これについてのかれのつぎの注解をここで逸することはできない。「能く詩・書・礼・楽の教に安んず。学之力め、習之熟するなり。『慮る』は、謀を出し慮を発するを謂う。能く先王の教に安んじ、学之力め、習之熟して、而る後、以て謀を出し慮を発すべし」[91]。ここには「物格る」ということが「学を為す方」として積極的に要請する方法的態度のことが簡潔に指摘されている。とくに２つの点が注目される。一つは「謀を出し慮を発する」ということ。それはさきにふれた「己の心」と同一なもののように見える。しかしいうまでもなく徂徠には両者は峻別されるものである。「学」の内容とするところを自己からはるかに超越したものとして尊重するかどうか、という基本的な点でこの二つは区別される。前者の場合、もとめられる「学」の内容は「先王の教へ」として規範化されている。それゆえ「学者」は、自己のうちにそれ自体なにかしら規範的なものに準拠することは認められない。しかもその「教へ」たるや、けっして「義理」として「学者」にたやすく明示されているわけではない。それは「事」「物」として具体的に示されるにすぎないのである。そして、この「事」「物」のうちになにかしらの意

味——「民を安んずる」という課題にかかわる意味——を「学者」は導き出さねばならないのであった。このゆえに「謀を出し慮を発する」という自主的な方法態度——かれのことばで「思慮」することといいかえられよう——が「学を為す方」として重要になってくるのである。後者の場合には、こうした抑制と自主といった基本姿勢の両面的な緊張関係に耐えることなく、もっぱら「学者」の「己の心」だけが一方的に主張することになる。「物格る」ということが積極的に要請する方法的態度のもう一つは、「習之熟して」ということ。いわゆる習熟である。それについてかれは別のところでこう説明していた。「朱子はまた大学の格物・致知・誠意・正心・修身に拠りて、以て知先行後の説を立つ。殊に知らず、大学のいはゆる格物なる者は、またその事に習いてこれに熟し、自然に、得る所ありてしかるのち知の生ずるを謂うのみ」[92]。ここでかれがいう習熟とは、知ることのみ、あるいは行いのみをもっぱら重視するものではない。知も行も重視する。ただその場合に肝要なのは、「力行するのに久しく、習熟するの至りて、しかるのち真にこれを知る」ということ、つまり長い時間をかけること、この「故に知は必ずしも先ならず、行は必ずしも後ならず」。したがって、習熟ということは、なにかしらの実践的な経験を久しく積み重ねてゆくことをつうじて身につける認識の方法といえる[93]。

　「大学」では、以上のような「物格（きた）る」ということが「学を為す方」とされていたと、徂徠は捉える。より普遍的にいえば、人間形成におけるSachlichkeit の原理がここに具体的に展開していることがわかる。しかも、「測定術」の思考様式も、以上のうちに跡づけられる。その場合とくにW系統の課題とG系統の課題が考慮されている。こうした「学」の基本的様式に基づいて「学者」＝弟子は、この「物」を「教へ」として指示する師と、「物」を媒介として間接的に結びつくことになる。それが、かれが確認する古代の「大学」の姿であった。

　さて、このような「学校」が後にいたってどのようになるか、徂徠の示したもう一つの学校記述をたずねてゆこう。

　後世にいたる学校の状況についてかれはいう、「仁なる者は養ひの道な

り。…身を修むる道も、またその善を養ひて悪おのづから消ゆ。先王の道の術なり。後世の儒者は、先王の道を識らず、すなはちその私智を逞しくし、以謂へらく、善をなし悪を去り、天理を拡めて人欲を遏むと。この見一たび立つや、世は唐・虞(それぞれ堯、舜の国の名——引用者注)に非ず、人は聖人に非ず、必ず悪多くして善少ければ、すなはち殺気天地に塞る。故に通鑑(朱子の書『資治通鑑綱目』を指し、「印判にて押たるごとく、格定まり道理一定しておしかた極まり」94)とかれは捉える——引用者注)の、治国における、性理(『性理大全』を指し、「天理を拡めて人欲を遏む」ことを主張する宋儒の学説をあつめたもの——引用者注)の、修身における、人と我とみなその苛酷に勝へず。つひに世人をして儒者は喜びて人を攻むと謂はしむ。あに悲しからずや。大抵、商鞅(戦国時代の法家の政治家。賞罰を重んじた——引用者注)ののち、ただ朝廷のみならず、庠序といへどもまたその法を用ふ」95)。

慨嘆とともに、ある問題状況がここに指摘されている。各人の「善を養」うことを主眼とせず、むしろ性急に「悪を去る」ことを重要視して「苛酷」に矯正をはかろうとする法家的な方法が世の中全般に浸透してゆき、学校もまたそうした「殺気」だった事態に陥ることになった。こうしたかれの状況認識のうちとくに注意すべきなのは、「人を攻む」といわれるほどの後世の儒者のありようである。学校の現場でいえば、弟子に対する師の姿勢にほかならない。

そのような師について、かれはこういう。「後世の儒者は、童子を聚めて講習し、その勤惰を督し、妄りに意ひて以て謂へらく孔子の宰我(孔子の弟子——引用者注)を責むること、亦た猶ほ我れのごときなりと」96)。童子たちに対して正当性という点で優越的な地位に立とうとしている師たる儒者の姿が、ここに指摘されている。そのさい、何によってこの正当性を確保せんとしているか、徂徠がかれらのうちに見出しているのは、孔子という権威的人格である。「孔子の学ぶところを学ぶ」のではなく、「孔子を学ぶ」ことによって、この権威的人格を内面化する。その結果、師はみずからと孔子を同一視し、それゆえに弟子に対するさい、なにかしら規範的な媒介物を自分以外のところにもとめることなしに、直接的に弟子(童子)

と結びつこうとする。このとき師は弟子それぞれの個別性に留意することなく、もっぱらみずからの権威的人格を弟子たちに対して一方的に誇示することになるだろう。かれはいう、「古時師の弟子に教ふる、弟子の従事する所は、みな各おの其の性能くする所を以てす。然るに後世の道学先生は、則ちおのおの門戸を立て宗旨を設け、己れが見る所を以て之れを孔門の諸賢に強ふ。何ぞ其のみづから高うするの甚だしき、以て夫の孔子の権を奪ふに至る也。噫」[97]。ここでいわれている事態は、学校という場における師のあり方なのかどうか、明確ではない。けれども、学校の場と同様に、師がみずからのうちに権威的シンボル――人間の理想像を具現するものと見なされる権威的シンボルであって、この場合では「孔子」――を内面化することによって「みづから高うするの甚だしき」にいたり、そのゆえに直接的に弟子に対する関係のあり方が、ここに指摘されている。こうした師の姿勢のどこが批判に値するのか。その本質的な問題といえるのは、人間の理想的像に関する根本的な価値的根拠を自己から超越した理念的なもの――徂徠によれば「先王の道」――にもとめることなく、それをみずからの人格のうちに内在するものと見なす尊大な姿勢がこの師の姿勢にうかがえるからである。こうした師こそが、揶揄の調子をこめてかれのいうところの「道学先生」、あるいはそれをやや一般化している「道学者流」、そして「道学先生の徒」にほかならない[98]。

「道学先生」といってよい典型的な人間のあり方（弟子に対する師の姿勢）として徂徠の念頭にあったのは、上にいう「後世の儒者」を代表する宋儒、より具体的にいえば徂徠とほぼ時代を同じくする山崎闇斎（1618-1682、通称は嘉右衛門）とその門流においてであった。かれらのことを「嘉右衛門派」「嘉右衛門流」などと徂徠はよぶ。こうした「先生」たちの姿がもしかりに民間の一私塾、一寺習屋に見出せるだけならば、かれはそれをさほど深刻な事態として問題にすることはなかったかもしれない。けれども現実問題として深く慨嘆せざるをえなかったのは、ほかでもなく同時代日本のもっとも代表的な大学といってよい聖堂（ただし、幕府直轄の官立学校となるのは、後の1797〔寛政9〕年）において、「講釈所」まで構え「只今

第3章　理念的超越性の立場からの徂徠学の構想

ノ様子ハ朱子学計ノ狭キ学問ヲイタシ、講釈ヲ第一ニ仕リ、嘉右衛門派ノ如ニ相見申候」[99]という事態が出現したからである。そしてこのことは、上にいう「道学先生」がここに登場したことを意味するにちがいないのである。

　ここであらためて、前節でもふれた徂徠の「講釈」批判論[100]に注目することにしよう。講釈における師のあり方について、かれはこう指摘していた。「己と其学を輝し、吾より売事を求め、遂には一家の門戸を立候て、孔孟之宗旨今在_此と謂、或は程朱之正脈尚存_此と謂」[101]。これに対して弟子はどうか。「師に侍り学ぶの日積り、漸耳に聞留有之候て得益次第に多く相成候時は、是より吾先生は真に我国の孔子なり」[102]と思う。そして、「師の是として尚ぶ所、弟子其真似をし、頓て筆を援て師の構ぜる所の言を書入にし、事の前後次第一字も差へず。尚又甚しき者は、師此章の此所にて一謦咳、是語の是句にて一度扇を撃れしなど、其物言音色を似せ、其顔相身風俗までを移し、…世上の人の先生と吾とを見違候様に致し候はんと我心に思ひ候」[103]。ここに指摘されている講釈の場での師と弟子は、この師に対するこの弟子という組み合わせをもって、はたして正確な一対一の対応関係にあるのかどうか、そのことが厳密には確定しかねるものであっても、ここでは本質的な問題にはなるまい。ここで着目すべきなのは、つぎの点である。すなわち、第一に、講釈という場においてみずからを「孔孟」「程朱」といった学的権威と同一視することによって弟子たちに対して自己の威信を誇示している師がいること、第二に、師に対する尊敬のあまり師そのものを「孔子」という学的権威と同一視する弟子がいること、そして第三として、師と見違えるほどにみずからが師に対して同一化することを欲する弟子がいることである。このような師弟関係のあり方を特徴づけるのは何か。それは、学ぶべき目標の所在が弟子みずからが師とする特定の人格そのものにあって、みずからが師とする人格そのものから切り離されたところにもとめられていない、という直接的な師弟関係（弟子の師を模範とする関係）である。そしてこの関係のあり方を徂徠は以上の３つの局面に見出すのである。

第3節　「学」の基本的様式

　こうした師弟のあいだの直接的な結合関係に基づいて、いかなる「学」を弟子は示すだろうか。その典型的なものを第三の場合でより子細に見ておこう。極端な場合でいえば、上にいうように弟子が師の姿を模範として「似せ」ること、いいかえれば外面的に同一化することによって、世上の人が「先生と吾とを見違候（われとたがひ）」ほどになる、ということがここで期待される「学」のあり方である。より一般的な場合でいえばどうか。「頓（やが）て筆を援（と）て師の構（かま）ぜる所の言を書入にし、事の前後次第一字も差（たが）へず」という態度に具体化する。講釈内容をそのまま再現するかのような筆記の態度といえる。それ自体は弟子の真摯さのあらわれとも見える。けれども、その筆記態度はただちには尊重すべきものとはならない。なぜならば、その場合の講釈の内容がまず問題として注意されるからである。かれはいう、講釈の通常においては講師は「字-詁（じこ）・句-意（くいしゃう）・章-旨（しゃうし）・篇-法（へんぽう）・正義（しゃうぎ）・傍義（ぼうぎ）・註家之同意（ちうかどうい）及び故事（こじ）・佳話（かわ）・文字之来歴（らいれき）、凡（およ）そ本文に関（あづか）る事（ことごと）は悉く取集め、屠店（とてん）に肉を列（つら）ね、魚店に鮮（ぎょてん あざらけ）を連ぬるが如く、事の次第（つら）をなす事（なきごと）珠を貫（たま つらぬ）が如し。其内に一物（いちぶつ）不足（はづか）すれば恥しき事のように思う」[104]。こうして講釈の内容が過多になることに徂徠は着目している。その内容を聴者たる弟子は上のような筆記態度でのぞむ。しかし初学の者のためにそれらを聴かせたところで「逐一（ちくいち）に聞取（ききとり）、悉（ことごと）く無（なき）謬（あやまり）様に覚」[105]えることができるはずがない。

　講釈をつうじてのこのような「学」のあり方は、どこに問題の要因があるのだろうか。徂徠は「学問に次第あり、知恵に浅深（せんしん）有之」[106]という。講釈の内容とされる学問に段階的な配列をこころみるということと、聴者＝弟子たちにそれぞれに個別性があるということが留意されていないこと、それゆえにこの２つの関連性もまた考慮されることがないということである。そのことの意味に注意しよう。まず一つ。弟子たちそれぞれが「其木其樹之才（きき）を以て其器量（きりょう）の有べき程は生ぜしむる事」[107]が肝要であるとかれはいう。「己と此学を輝（かがや）し、吾（われ）より売事（うる）を求める」といった講釈にあっては、聴者＝弟子たちのこうした個別性に関する課題が否定されることになる。いま一つ。講師はおおかた「文章」を作らない、それは「文

267

字」を知らないことにほかならない、これを知らずして「道を何れの所に求め候はんや」[108]とかれはいう。弟子はどうか。「次第に卑劣心起り、耳を重宝し、目を益なしとし、自力にては書を見ずして翅人に聴事を肝要とし、力を費して不レ見書を見んよりは、願は学を講席にて済むさんと思ひ取候て、成べき事を務めず候」[109]。師が上のようならば弟子の方はなおさら書物から遠ざかる。それゆえ「六経」からも遠のく。したがって、講釈をつうじての師弟は、ともにみずからをはるかに越えたところに「道」をもとめるという課題を否定することになる。

「みづから高うするの甚だしき」という「道学先生」が講釈の場に登場して、「己と其学を輝し、吾より売事を求める」講釈に実践するようになった事態を徂徠は以上のように問題視するのであった。かれらの講釈によって否定されたものをもっとも代表するのは、徂徠によれば遠い過去の「大学」において、師を学ぶのではなく、師の学ぶところを学ぶということを指し示す、「物」を媒介とした師弟関係に提示されていた「物格る」という「学」のあり方であった。かれのよく知られた「学寮了簡書」は、「道学先生」たちの「講釈所」になりさがった(とかれの捉える)湯島の聖堂をかつての「大学」たるべく、この「学」を再び確立することをもとめた意見書としての意味を強くもっていたのだった。

4．書簡をつうじての徂徠の実践的対応

さきにわれわれは、徂徠を「孔門之徒」として把握した。『論語』における孔子とその弟子たちとの関係のうちに、かれは師弟関係の理想的あり方、とくにこの関係をつうじて人間形成をめざす行為としての「学」の理想的あり方を見出していたのだった。それはかつての「大学」における師弟関係に基づいて提示されていた「学」とともに、重要な「学」の理想像をなすものであった。その理想像という場合、『論語』といい『大学』といい、いずれにしても古典注釈をつうじて事実認識——ヴェーバーのことばでいえば、Tatsachenfeststellung——として示されたものであった。

第3節 「学」の基本的様式

その認識のなかになにほどかかれ自身の共感や同意が含まれているにして、記述そのものの基本的な性格をいえば、リッケルトのいうところの「価値関係」(Wertbeziehung) の認識の領分に属する。したがって厳密にいえば、実践的な価値判断として主張しているわけではない。けれども、古典注釈をつうじてかれの確認した「学」の様式は、けっして事実認識にとどまることなく、より積極的に実践的な価値的態度としてもまた具体的に示されていたことを、われわれはここで見過ごすことはできない。そのありようを以下において対人関係のなかに見てゆきたい。

対人関係といってもここで検討しようとするのは、徂徠との対面的な場での関係ではない。そうではなく、書簡をつうじてのかれの応対（対応）のあり方に限定し、『徂徠集』および『徂徠先生学則』に収められた書簡をその基礎資料とする。それに見られた師弟関係を示す応対（対応）ということで、ただちに徂徠とその弟子たちとの関係のことが思い浮かべられよう。それも含ませるが、本節のはじめにも断ったように、かならずしも徂徠一門には限定しないでおきたい。具体的にとりあげる人物をいえば、つぎの6名である[110]。

1）伊藤仁斎、堀景山
2）宇都宮三近、水足博泉
3）山形周南、安藤東野

なぜこれらの人物を選ぶのか、またなぜこうした組み合わせとするのかは、のちに明らかとなるだろう。これらを相手にした徂徠の応対（対応）のあり方を見てゆくさいに基本的に留意したいことは、かれが書簡をつうじてどのように語っているか、という点である。ここにいう語るという行為には、学説上の異同、特質を主たる関心において論ずるということももちろん含まれる。この場合に論の内容もさることながら論じ方も問題にする。また、学説上のこと以外に自己あるいは相手の人間性をどのように捉えているか、そしてそれに対してどのような心的態度を示しているか、ということも注意しておきたい。

1）仁斎（1627-1705、寛永4－宝永2）といえば、徂徠がみずからの学

269

第3章　理念的超越性の立場からの徂徠学の構想

問・思想を築いてゆくにさいして、重要な先行者としてかれの前に位置していたことは、日本近世思想史の研究者には周知のことに属する。ここで着目するのは、そのはじめ徂徠39才が仁斎78才に宛てた書簡 (1704)[111]である。これについては、すでにひろく知られているが、しかし師弟関係の認識を検討する本節には、どうしてもこの書簡に示された徂徠の対応のあり方を度外視することはできない。この書簡には、みずからのまえに聳え立ちしかも現存する大儒に対するかれの心的態度が明らかにされている。かれはいう[112]。

　はじめ私は南総（上総）におりました年若いころ、すでに京都の諸先生のなかで、先生を踰える方はないと聞いて、こころからお慕い申しておりました（「心誠ニ郷フ」）。そののち、赦免にあって江戸に帰ってから、京都からの一友人が先生の長者の風格を語りました。切々としてやめないほどでしたので、ますますお慕い申し上げるようになりました（「益慕フ」）。さらに先生の『大学定本』『語孟字義』の二書を見るに及んで、机を叩いて興奮し先生はまことに時流をはるかに踰えた方と思いました。そののち仕官いたし、渡辺子固（仁斎の弟子）と交友を結び、…『論語』『孟子』などについて討論しました。すると子固はわが先生の言と似ていると驚嘆します。しかし、子固から聞きました先生の説で一二の点で、私にまだ完全には納得できないところがあります。と申しましても、私の方が正しいと信ずるものではありません。それらを先生におたずねできたらと思うだけです。ああ、茫茫たる海内、豪傑の士がどれほどいるでしょうか。私の心に思い当たるのは一人もなく、ただ先生だけが慕われます（「独リ先生ニ郷フ」）。さもなければ、古人のなかに求めるほかはありませんが、それも私のはなはだしい身の程知らずといわれましょう。先生がもし私の心情を思いやってくださるなら、おおいに哀憫いただけるのではありますまいか。こういうわけで、私のこころは久しい前から先生のもとに飛んでいるのです（「神左右に飛ぶ」）。

　仁斎の所説のどのような点で賛同したのか、また疑問をおぼえたのか、この書簡によって明らかにはされない。しかしのちの徂徠の論述によって

判断すれば、仁斎の所説にかれがどのように対応したかを知ることはできる。「仁斎の学、その骨髄は『天地は一大活物』といふに在り。これその時流に踰ゆること万万なる所以なり」[113]と記していた。人間も含めて天地が「生生して窮まりなきこと」というこの「活物」の説に対してかれは賛同したのである。それは、次節でふれるように徂徠の発達観念の根底に位置づけられる重要な意味をもっていた。けれどもかれは、仁斎のこうした「活物」説にけっして全幅の賛同を示したわけではなかった。「活物」を基礎づけるものとして仁斎の捉える「一元気」について、かれはこう指摘していた。それは「渾渾爾たり。何を以てこれを極（基準のこと——引用者注）と謂ふことを得んや」[114]。「活物」としての存在、とくに人間の生の活動性をいかに尊重するかということと、同時にこの生をどのように価値的に方向づけてゆくかということがただちに問題として提起される。この課題の両面性をどのように考えるか。この問題が上の書簡を記したときの徂徠にあったかどうか、たしかなところはうかがい知れない。しかし後年の徂徠は明らかにこの問題を把握し、そしてそれについての思想的対応を示していたのであった。われわれは、このように上の書簡の背後にあるものをたずねることができる。しかし書簡そのものの上に明らかに示されているものはといえば、この大儒に対するこころからの敬慕の態度にほかならなかった。

　周知のように、徂徠は上の書簡に対する復書を仁斎から得ることはできなかった。けれども、のちに仁斎の弟子・堀景山（1688-1758、元禄1-宝暦8）とかれは書簡をつうじて問答する機会をうることになった。景山といえば、後（本研究の第5章）にとりあげる本居宣長の京都遊学時代の漢学の師であったことはよく知られる。詩は「思無邪」とする『論語』（為政篇）の見解について、その著『不尽言』では、「実情を吐露」するものと評価していたことも[115]、ここで留意しておこう。景山に宛てた書簡は二篇残されている。ともに復書として1726年に書かれ、徂徠61才、景山39才のときのものである。以下にとりあげるのはその第一書であり、それはかれの書簡全292篇のなかでもっとも長文なものであることが知られてい

る[116]。とくに着目すべき点は3つある。すなわち、景山その人についてのかれの把握、相手（景山）に対するさいのかれの基本的な方法態度に関する所見、そして仁斎に宛てた書簡の内容にかかわる見解である[117]。

はじめに徂徠は、「縷縷千有余言」に近い長文の往書に示された景山の謙譲の恭なること、傾倒の懇なること、はなはだ厚く、おもわず賛嘆せざるをえないと述べる。つづいて、自分の父から聞いたこととして景山の曾祖父のことにふれる。惺窩、羅山などの名「海内に聞こえ、皆務めて辨博を以て相ひる」。それに対して屈先生（景山の曾祖父）は「独り温厚の長者と為す、乃ち四人の間に屈然（くつぜん）として、退讓自ら將い、名の高きを求めず」。あなたがこの屈先生の裔たることを知って私はたいそう喜びました。そして本文のなかほどで、景山の人となりをつぎのように述べる。

私は交わりは少ないけれど、今世の主だった学者を窺い知ります。京に伊藤東涯（仁斎の長子）、海西に雨森芳洲、関以東には室鳩巣がいます。しかしいまだあなたがおられることは知りませんでした。あなたがおられることを知るようになったのは、この書簡からです。これはあなたがその立派さを包み隠して現さず（「光を葆（つつ）んで自ら晦まし」）、誉れを時に競わなかったからでしょう。家風はいまだ衰えてはいないようです。

徂徠はこのように景山の人格的特性を捉え、まことに敬嘆せざるをえないと伝える。

この景山に対してかれが好意的であるのはその人間性に対してのみではない。それとともに、景山が対話といってよい対人交渉の方法的な自覚を見せてくれていたことも、好意的ならざるをえない理由である。徂徠はいう、「書中また文章好尚の異を言いひて、不佞（自分のこと——引用者注）の一言を聞かんと欲し、乃ち争心なきを以て告げらる。亦た詳悉顧慮することの此に至れるや」。「訟ふるの道」について徂徠が問題視していたことはすでに指摘した。この「道」が双方で対立するとき「外人と争ふ」（他学派の人と争う）ことになる。この事態に対して徂徠が批判的であったことを景山は十分に顧慮していた。すくなくとも徂徠にはそう思えた。相異なった者同士の対話をこの書簡を通じておこないうるかもしれない。かれはそ

う期待した。そしてこの書簡の5分の1ほどを費やして対話の基本的な考え方をつぎのように論じる。「人心は面の如し」(顔がそれぞれ違うように、心もそれぞれ違う) ということをかれはまず基本的な前提とする。そこから2つの異なった見解をかれは導く。その一つ。ゆえに「好尚各ゝ殊なり。然りと雖も、徒らに自ら信じて問はずんば、將に何を以てか其の未だ知らざるを知り、己の見を広くせんや。故に学の道は問を大と為す。問は弟子の事なり。難を発して相ひ切磋するは、朋友の事なり。故に師友の素あるに非ずして、而も則ち相ひ問難するは、争の道なり」。各人それぞれの好尚は個別であるが、それで自閉してしまってはみずからの知見を広めることはできない。そのゆえに師・友に対するように互いに「問」「難」することが「学」の重要な方法となる。いま一つの見解は、こうである。「人心は面の如し、各々見る所を陳ぶるのみ。初めより未だ嘗て足下と争はず。亦たあに必ずしも足下をして信ぜしむることを求めんや」。ゆえに私 (徂徠) の述べる説に対する「取捨の如きは、乃ち足下に在り。唯だ足下之を撰べ」。相手と交渉することは必要なことである。しかしこの場合に相手の所説に対する取捨選択はあくまでも各人に委ねられねばならない。「学の道」は「訟ふるの道」や「争の道」とは異なる。以上のことを徂徠は述べる。このような基本的な方法態度に基づいて、かれは景山と対話しようとする。

あなたは私とのあいだに文章 (文学) 好尚の相違があるという。たしかに古文に則る韓・柳・李・王の四公 (前二者は達意を主とし、後二者は修辞を主とす) を私は尊び、とりわけ李・王を門人たちにも推している。あなたはこの二公を浅易と見なす。こう徂徠は述べ、なぜこの二公を推すのか、その理由をいくつか説明する。その一つにわれわれは着目したい。あなたは「模擬剽窃」をもって二公を病ありとし、古えは自ずから古え今は自ずから今であるという断絶を強調する論を立てる。しかし私はそうは思わない。「学の道は傚倣を本と為す」。「礼楽の教へ、左といへば則ち左、右といへば則ち右、…必ず其の師の如くに」する。ゆえに孔子が手を拱して右を尚にすれば、門人も亦拱して右を尚にする。そのはじめて学ぶにあたっ

ては模擬剽窃ということもできよう。けれども「久しくして之に化すれば、習慣は天性の如く、外より来ると雖ども、我と一つと為る」。「故に模擬を病ありとする者は、学の道を知らざる者」である。

　このように徂徠は述べる。そして、なぜ私とのあいだに文章好尚の相違があるのか、その根本的な理由をさいごにかれはこう指摘する。思うにあなたの「貴ぶ所は気に在り」。その「気」の「已むことを得んや」という根源的な欲求こそが、争の言を導いたのでなかったか。徂徠は以上のように景山の問に応える。仁斎の「活物」の説に対して、賛嘆とともに徂徠が他方で抱いていた課題意識、すなわち「活物」の動きを生の本質的特性として認めつつも、無条件に賛美するのではなく、しかるべく方向づけねばならないという意識が、後年この対話の場において展開していることを、われわれは見てとることができる。

　2）宇都宮三近（遯庵、1633－1709、寛永10－宝永6）に宛てた書簡をつぎにとりあげよう。これは1708年、76才の三近に宛てて書かれた。徂徠43才のときのものである。ただちに気づくことは、仁斎に宛てたころとほぼ同時期であって、しかも三近も仁斎もともに徂徠より30以上も年長であることである。本研究のはじめに略年譜でふれたように、徂徠は年少のころ（14才～25才、1679－1690、延宝7－元禄3）上総（南総）で暮らしていたが、この書簡[118]ではとくにこの間のことにふれる。

　そこで読書していましたが、漁民や塩くみの男などと雑居していましたので、疑義が生じても誰にもたずねようがありませんでした。が、先生の著されたいくつかの『標註』を手にいれ読むようになって「ああ、これは人に恵みをもたらすものだ」と呟いたものです。齢25、6のころ江戸に帰り貧しい書生を相手に教授していたことがあります。かれらが傍証として引く経史子集および稗史小説にいたるまで、大概おもしろいと聴くことのできるものは、あとからひとり反省してみればいずれも先生の著されたものを資料としているのでした。…こういう人もいます。徳行、事業、文学（文章）の3つこそが不朽であって、かの『標註』なるものは典拠を示したり、ことばの意味を明らかにする瑣細な仕事で、その3つに該当するもの

ではない、と。しかしながら、…いま典拠を示し、ことばの意味を明らかにしてあれば古人の文を読むことができますし、普通の人が十両の金を費やさずに、経・史・子・集の四部の書の要点と奥義とが、魚を釣るようにこちらにひき寄せられるます。これは先生の恩恵が辺鄙なところの子弟に及ぶほどの広さを示していることでしょう。かつては各地方ごとに童子を教える師がおりました。いまでは先生の著されたいくつかの『標註』のみが国内に行きわたっています。これはまさに先生が一身にしてこの各地方の師を兼ねていることではありますまいか。先生の足が天下にめぐらずとも、天下がみな先生に頼っているのです。顧みますと、世人には陰で恩恵をうけながら、表では排斥する者が多くいます。これは私の恥とするところです。…さしあげたいものがありましても、それを送るすべがありません。…このゆえに拙ないことばをもって胸のうちを述べ、童子のときはるかに先生の恩恵をうけた者のうち、この私、茂卿もその一人であることを知っていただく次第です。

「師友の代に成申儀は書籍にて候」[119]とかれは答えたことがあった。僻邑での不自由な体験に根ざした、三近へのこの書簡には、「師友」の意味をもっていた書籍の著者に対してその「恵する所」にありがたく感謝する気持ちが明らかにされている。さきにとりあげた仁斎宛のものに示されていたのは、「古学」という学を成して思想界に聳え立った、みずからの重要な先行者に対する敬慕の態度であった。この心的態度は、やがては乗り越えたいという意欲をかきたてる性質のものである。三近宛のものには、そうした性質のものは示されてはいない。徂徠が上の書簡で認めるその著作（『標註』）は、漢文の原文につきその典拠を示したことばの意味を明らかにしたもので、古典を読むさいの初歩的な段階においては有益な手がかりを与えてくれる種類のものである。知的刺激を与えるような思想的な見解はここには期待しえないだろう。すでに仁斎の学を知っていた齢43の徂徠にはなおさらそうである。しかしそうであったとしても、師友のいない不自由な境遇におかれていたころには、たしかに「これに頼」らざるをえない有益な導きとなっていた。そうした著作の恩恵に対して、徂徠はあ

くまでも「後学」の者としての慎みを忘れずに感謝するのである。

つぎに水足博泉（1707-1732、宝永4-享保17）宛の書簡二篇をとりあげよう。その第一書（1722）は徂徠57才が16才の博泉に宛てたもの、そして第二書はその4年後に宛てたもの、ともに徂徠の復書[120]である。年齢の上では、徂徠の仁斎・三近に対する関係は、博泉の徂徠に対する関係に比せられる。この二篇ともに博泉からの問に答える形式をなしている。この本文にはそれぞれ前文が付されている。はじめにこの前文から見てゆこう。

ここに書簡をいただき、あなたが天下の豪傑たるを信ずるものです。その仰ぎ慕う（「郷往」）気持ちの盛んなること、尊敬しこころから従う（「推服」）思いの深いこと、はじめ私はいささかなりとも年長であろうかと疑った次第です。…君子が道に尊ぶものは「学」であって、「材」ではありません。いまからのち、務めて博く学ぶことに徹し、…順序を一つ一つ追い、性急にすることなく（「循循トシテ速ニスルナク」）、「晩成」を期してほしい。春秋の富は岳のごとく川のごとく、世評も日ましに高くおこってくるでしょう。…

歓びとともに、この「進取之志」にかれは応えている。そして4年の後にはこう述べる。

いま、再びあなたの書に接します。はたして「規模宏遠」であって、おおいに海内の諸名家のよく及ぶところではありません。私は60になりますので、人の才を閲することが多くあります。けれども、あなたのような方にはまだ出会ったことがありません。あなたからの書を読んで私はほとんど疲れるのを気づかないほどでした。私が発言すれば的中することがあるといっても、しょせんは「草木臭味」（自分と同類）なのです。あなたは私を奉じいただくのですが、そのあなただって私と同類なのです。ですから、これがために謙譲してあえて積極的にはならず、世の中庸の行いある人士を学ぶという必要がありましょうか。…問のなかなかでいわれていることから判断して、私はあなたがすでに「学」の肝要なところをよく得ているものと見うけました。「古を好む」ということの成果でありましょ

う。…学問の道においては、私はあなたよりいささかなりとも長じているかも知れません。それゆえ、進んであなたのさかんな意志に酬います。

このときもまた徂徠は歓びとともにその書簡に応じている。この若い博泉のうちに、「学」に対する変わらぬ「進取之志」がうかがえること、それはもちろんである。だがそれ以上に、並ならぬ「学」の達成をかれは見出している。「後生畏る可し」というのはまことに信ずべきことではないか、ともかれは称える。そうした学的達成――短命であったが、後年の博泉は『太平策』十二巻（『肥後文献叢書』第二巻、明治42年所収）を著し、巻二の全体で学校を「先王の道」についての「教化之器」として捉え、その理想的範型として「古学校」について記述していたことを、われわれはかれのその学的達成として忘れてはなるまい――にうかがえる個々の所見をどう捉えるか。徂徠は、この後生・博泉とこころから「対ヲ為ス」（応対）に値するとうけとめる。その内容は、博泉からのいくつかの所見とそれに対する応答という形で論述されている。いずれの応答も、「卓見」「甚だ鄙衷に叶へり」「足下の言の如し」といったことばで強い賛同の意が明らかにされている。そのなかで、とくに重要と思われる一つをつぎにとりあげる。

「『律暦』（楽律、暦法）の古法ははなはだ簡易ではないのでしょうか」といわれる。たいそう私の胸中にかなうものです。…律はもともとは「人音」を基準につくられたものです。が、後世においては細々とした単位の尺度でこれをもとめています。失するゆえんです。いまわが国に伝わる「黄鐘」（音律の名、十二律の一つ）は古えの黄鐘であることはまことにあなたのいわれる通りです。「楽家」に楽譜があります。ちなみにこれを唱えてみれば、人の口中の音のもっとも濁るものが黄鐘であることを、知ることができましょう。どうして紛紛たることがありましょうか。三分損益法（律をつくる方法、十二律をつくった）にしても、「大概」に音律を示しているのです。なんとなれば耳をもって聴きわけ定めることができるからです。後世の細々とした尺度によって律管（音律きめる基準の管）を裁断するがごときは、微細な数があって目で識別することもできず、演奏することもで

きず、なんの益がありましょうか。ゆえに古来、「大概」の目安でいうものがむしろ「妙理」にいたっている。…暦について私はまだ学んだことがありません。けれども推察していえば古法はおそらく「簡易」でしょう。…なぜならば天地日月はみな「活物」だからです。

　この問は私の胸中にかなうといっているのは、けっして社交辞令ではない。それもまた、かれの抱いている根本的な問題意識にふれるのである。さきにわれわれは仁斎・景山宛のかれの書簡をたずねた。そこにうかがえた"生と形式"に関わる両面的な課題、すなわち「活物」としての生の活動性を本質的特性として尊重すること、それとともにその活動をしかるべく価値的に方向づけてゆくこと、こうした課題のうち、博泉のこの問は——仁斎・景山に対したときには後者であったが——基本的なところで前者のことをより重要視する必要をかれに強く意識させるものであった。すなわち、律の古法が「簡」であるという点に同意できるのはなぜか、かれがこの理由として基本的に捉えているのは、「人音」をつうじての生の活動がそうした簡という性質の楽律の形式によって尊重しうるからにほかならない。暦法についてもしかり。それが対象としている自然もやはり「活物」だからである。そのゆえに律・暦の古法はともに大概に示していた。こうした認識をかれは博泉に明らかにする。みずからの根本的な問題意識にふれる見解を、徂徠はこのようにこの若い後生に対して惜しみなく披瀝するのである。

　3）つぎに山形周南（1687-1752、貞享4-宝暦2）と安藤東野（1683-1719、天和2-享保4）に宛てた書簡をとりあげる。書簡の宛先としてこれまでに着目した4名とは異なって、この両名は徂徠の門にもっともはやく入門して——周南は1705年（このとき徂徠は40才、周南は19才）、東野は1706年に入門（このとき東野は24才）——徂徠と親しくさまざまな対面的な接触の機会を得ていた[121]。そしてそれによって、書籍をつうじての知的探究には直接的には結びつかない親密な人格的交渉を多く、あるいは深くもっていた。書簡をとりあげるにさきだって、この点にすこし留意しておきたい。東野は徂徠との関係について、つぎのように述べていた。「余未だ嘗

て朝夕継見せずんばあらず。見るときは則ち未だ嘗て燭を取り席を促め、談笑して倦むことを忘れずんばあらず。談ずる所は文章風月、請益（もっと教えてほしいと願う——引用者注）に非ざれば未だ嘗て仁義性命の説に及ばず。けだし生平、道徳を以てみづから処ることを喜まざればなり」[122]。平生にあっては人格的交渉、それも「道徳」的なこととは縁のない趣味的といえる話題（文学・芸術）を通じて「談笑」するような関係であるという。教えと学びという師弟それぞれの立場には制約されず、さまざまな人格的交渉をもっていた孔門の師弟関係のことを、われわれはこの点で思い起こす。「門弟子への教」[123]ということをかれ自身積極的に考慮に入れて発言、論述することもあったということは、もちろん否定しがたい。また門人にしてもかれの教えを当然のことながら期待したであろう。しかしそれにもかかわらず、上の証言のかぎりで判断すれば、師としての自己のあり方を自覚規定することに対して徂徠は消極的であった。そしてこの姿勢は、じっさい書簡をつうじて周南、東野にかれ自身応対するそのあり方を見みても、やはり同様にたしかめられるにちがいないのである。

みずからの人間性、あるいはその時々の自己の状態について、徂徠はかれらにつぎのように語っている。

あなたへの返書をもういく時もそのままにして報いず今日にいたってしまった。「匪人」（正しくない人）といわないでよいことがあろうか。…僕はひたすら「匏繋」（食べられずぶら下がっているひさごのこと、役立たずの意）だ（周南宛、第一書、1709）[124]。僕はまことに世の「棄物」だ。嬾惰かさなり病はげしく、また世とも相違う。その上に「狂僻」ときている。持病もぬかず、ひと月のあいだ「呻吟」していることが二十日は下らない。そして、これに「号笑」の声がくわわる。一日束帯すれば（裃を着て公の場に出れば）三日は床に臥すといった始末だ。…要するに「一贅旒」（こぶのこと、役立たずの意）だ。久しからずして「潰決」（つぶれさる）するにちがいない（同、第二書、1711）[125]。僕は「惰慢」であることを自分の性格としている。深くあなたに恥じるところだ（同、第六書、1713）[126]。僕は「坐」（失職）して薪は桂のごとく米は玉のごとき物価高に「困」しみ、「田ヲ問イ

第3章　理念的超越性の立場からの徂徠学の構想

舎ヲ求ムルヲ免レズ」。…（下男だけでなく）僕もまた「屑屑乎」（身を粉にして忙しく）として徒歩で墨田川の東から帰ってきた。あなたへの返書を書こうとしたが「頭岑岑然」（頭がずきんずきんする）とする（東野宛、第三書、1709）[127]。（新居が見つかり引っ越しもすませて）ひとり座敷に臥していると、数十竿の竹がさらさらとふれ合う響きを聴くことができた。（藩邸に勤務していた）15年のあいだいまだかつて耳にしたことがなかった。「喜びて狂はんと欲す」（同、第十一書、1709）[128]。

周南、東野に対して徂徠はこのように自己を語る。自己から距離をもって否定的に、あるいは嘲笑とともに語っている。この場合に、かれの自己韜晦の姿勢がこのことばの裏側に示されていたかも知れない[129]。そしてそのことばをうけ取ったこの直弟子にしても、なにほどかは仮装とも見えるかれの姿勢を熟知していたかも知れない。かりにそうであったにせよ、上のような言はすくなくとも師としてのみずからの卓越性を否定ないし留保するものであることは明らかである[130]。

このような応対のあり方は、師としての役割期待を否定する、あるいはその役割の遂行に消極的であるような姿勢としてより明確に具体化する。すなわち以下のことは、その例証とる。

まず一つ。周南は伊藤仁斎の長子・東涯に入門したい意向を徂徠につたえた。この件についてかれはつぎのように周南に語る。

これをどうして妨げよう。「游道」（交際の道）は広くありたいものです。わが国の学者はややもすると「籬壁」を設けてしまう。これは私の悲しく思うところです。たいてい天が才を「生」ずるということは、たとえば草木のいくつも種類に応じてさまざまな育てかたがあるようなものです（「諸れを草木の区して以て別あるに辟ふ」『論語』子張篇）。おのおのその天性を充実させようとし、まだ十分に生い茂らないのを心配するものです。古えは学問の道は「飛耳長目」（「今ノ習俗ノ内ヨリ目ヲ見出シタル過」[131] を脱して遠方のことを知る耳や目）とされています。考えや知識を広めるという点こそ考慮すべきでしょう（第三書、1711）[132]。

上に師たることを否定しているといっても、かれが師の役割そのものを

否定しているのではないことは、いうまでもない。自己が師たる者として慕われることをもとめ、これにかれは執着しないということにほかならない。「一師の説を固守」することなく、「博く学」ぶことこそ肝要だと、徂徠は考えるのである[133]。

　その二。東野は文章に手をいれてほしいと徂徠にお願いした。その件についてかれはつぎのように語る。私は他人の文章に文彩をくわえるさいには、たいがい一つ二つわかりやすい傷を残しておきます。そしてもう一度作者に手をいれさせ、自分の手で完成させるようにしています。これが私の流儀です。私に訂正してもらおうとする同人はたいてい皆私を「信ズルコトハナハダ過ギ」、ひとたび私が書き改めると、これにつけ加えるものはないと、思いこんでしまいます。これでは私の束縛（「縛定」）にあったようなものです。上達することがありましょうか。見事に仕上がった一篇によって当日の評価を得るよりは、「慧思」を開いて後日の成果を得る方がよいではありませんか。私は同人が「一日ノ仮才子」となることは望まず、「百年ノ真才子」となることを望みます。…私はただ「朋友之責」をつくすだけです（第一書）[134]。

　「師教よりは朋友の切磋にて知見を博め学問は進候」[135]とかれは答えたことがあった。ここに見出される東野に対する徂徠のうちに、学ぼうとする弟子の姿勢に積極的に応える師の自覚は乏しい。それ以上にはるかにうかがえるのは、「朋友」の位置から対等の立場で応対し、それによって弟子の自主的姿勢（「自得」）を導きたいという基本的姿勢である。いま一つ。「朋友の切磋」ということが期待されるとすれば、当然のことながら門人同士、周南・東野の場合が注目される。この二人は「達意」と「修辞」という文章（文学）上の理念をめぐって議論していた。師の徂徠はこの二者がかつての聖人の世にあってはともに相補的に必要とされていた（「相ひ須つ」）と説いていた[136]。しかし周南はまずもって「主意」をたてることが文を作るさいに基本的に重要であると捉える。それゆえに古語を多く用いることによって「渾成ノ気」をそこなうことを問題視した[137]。それに対して東野は「修辞」ということを重要視し、古語・古文を模擬することを

理念として積極的に捉える[138]。こうした立場からの議論が徂徠につたわった。この件について徂徠は周南にこう語る。

　あなたの東野への返書では、「辯駁」がなかなかよく行き届いています。私は「傍看シテ大ニ喜」んでいます。あなたのことばの当否はともかくとして、よく李・王二公の文集（ともに修辞を主とす）が読めたら二公の骨まことに朽ちることはないでしょう（第三書）[139]。

　近しい門人のうちに「朋友の切磋」といってよい議論のやり取りが見られたこと、それはもちろん喜ばしい。そのうえに喜ばしいと思えるのは、その議論の中味である。すなわち、「活物」としての生の活動性を尊重すること、それとともにその活動をしかるべく価値的に方向づけること、この両面的な課題をいかに実現するかという徂徠の根本的な問題意識に、かれらのそれはふれていた。

　師として徂徠もまた具体的事実として「門弟子への教」をおこなうがあったであろう。けれどもかれの考えでは「師教よりは朋友の切磋」ということが重んじられるべきであった。そして周南、東野というもっとも近しい門人に対する、書簡をつうじてのかれの姿勢のうちにも、その方針はたしかに具体的に実現していることを、上のように見てとることができるのである。

　以上にとりあげた6名に宛てた書簡は、徂徠の全書簡のなかではきわめて限られたものである。しかもその書簡でさえ本節ではごく一部の文章に着目したにすぎない。しかしそれでも、本節の主題と関係するかぎりの資料の量としてけっして不都合はなかったと思う。ここでその書簡をつうじて示された徂徠の対応の特徴を、本節のはじめにふれた「師弟関係」の概念を手がかりにまとめておこう。ここで第一義的に着目するのは、いうまでもなく徂徠が応対した当の相手のあり方ではなく、徂徠自身の対応のあり方である（この場合、志向としてどのように対応しようとしていたか、あるいは現実にどのように対応していたか、という点が留意される）。まず基本的なこととして、徂徠もしくは甲に対して学ぼうとする立場を基礎にして徂徠との関係が成立していることである。そのゆえにこの思想的現実のうちに、まずな

にかしらの「師弟関係」の働きを認めることができる。つぎに分析的には見ればこうである。支配・服従の関係の対応はそこにはうかがえない。弟子が自分の教えに束縛されるようになる事態をむしろかれは警戒さえしていた。6名への対応のあり方により近いのは指導・随行の関係と同朋・同朋の関係である。仁斎に対しては随行の、博泉に対しては指導の関係といってよい。また景山、周南、東野に対しては同朋の関係として捉えられる。「師友の代」となった書籍の著者・三近には対しては随行と同朋の関係を合わせもっていたといってよいだろう。このように指導・随行と同朋・同朋の関係を重んずる対応の具体的事実は、それを総体として把握するならば、その師弟関係は媒介的な傾向を示していた。徂徠から見れば、双方（自己と自己が語る相手）に抱かれていた「学」の到達目標は、おたがいの人格には内在せずにそれから超越的なものであった。このような目標は、書簡のなかの個別具体的な話題とのかかわりをもって、かならずしも明確に語られていたわけではない。けれどもそれをもっとも広義に明示的に捉えれば、「道」ということばがもっともふさわしい。こうした超越的な「道」に対する「学」が、書簡のなかの師弟関係認識のうちに、たしかに積極的に実践されていたのである。「道」に対する「学」はけっして事実認識のなかの理念としての認識にとどまるものではなかった。

　こうした点を確認できるのだが、関連してここで見落としてはならないことがある。それは、師に対する敬慕の念、弟子に対する感服の念といった師弟の人格的な結合を指し示す心的態度が、この書簡のうちには積極的に言明されていたことである。このことは、媒介的な師弟関係とは一見矛盾するかに見える。この点はいったいどのように理解すべきだろうか。この疑問をいだきつつ、さいごに徂徠学における「学」の思想的特質を考察しよう。

5．「学」の基本的様式

　以上、徂徠の著作（注釈書、書簡など）のうちに師弟関係認識を見出し、

第3章　理念的超越性の立場からの徂徠学の構想

その認識を検討することをつうじて人間形成の行為としての「学」の概念を論究してきた。孔門の師弟、古代および同時代の大学、そして同時代の学者たち、これらに示されたかれの師弟関係認識はそれぞれ別個の内容をもっている。しかしながら、ここでそれらを総体として把握しよう。そしてこの関係に基づいていかなる「学」の基本的様式が提示されていたか、その諸特質を考察してゆきたい。

　すでに着目した、「人　孔子の学ぶところを学ばんと欲せずして、孔子を学ばんと欲す」という所見に示される2つの「学」のあり方は、師弟関係認識の総体においても、峻別されるべき「学」の基本的様式をなしていた。すなわち、徂徠の言明内容から離れてそれを一般化していえば、師の学ぶところを学ぶという様式と、師そのものを模範として学ぶという様式である。徂徠が尊重したのは前者に属し、孔子――広くいえば孔子とその門弟――を師とするものであった。この「学」の基本的様式は徂徠学の場合に以下のような諸特質をもっていた。

　ⅰ）徂徠学の場合に重要なのは、ここでいう「学ぶところ」が、師（孔子）の人格のうちになにほどかは獲得されたものであっても、たえまなく志向されるべき「道」であった。その「道」は、たしかに「知り難く、また言ひ難」い。しかしながら言明しうるのは、それが「彼れ（彼方の意――引用者注）に在りて」そして「高し、美なり」という性質をもち、「仁」という価値を示すことであった。師の人格から超越的であるイデー（Idee）というべき理念としてこの「道」の本質的特性は把握されていたのである。それゆえに「学」の概念は、はるかかなた、将来到達されるべき目標として、超越的な「道」に対する「学」を指す。伊藤仁斎が「道の卑近」というみずからの見解との関連で否定的な意味で用いたことばでいえば、「向上」（童子問、上、40）という追求の姿が、積極的な意味をもって根本的に重んじられることになる。したがってこのような「学」とはその目標を異にして、道はわれに在り、（「道体の説」）あるいはわれは孔子のごときなりと思いこみ、権威的シンボルを内面化する（「自ラ聖トスル」140)）ことによって、「みづから高うするの甚だしき」にいたる「道学先生」の姿勢は、

284

この「学」の理想から根本的に相容れない。そうした姿勢は、ヴェーバーの用語でいえば、「神によって充たされた状態」という意味での「自己神化」(Selbstvergottung) に類似している。徂徠がもとめる「学」の様式は、超越的な「道」に対して「学ぶ者」が「みづから高しとせず」という謙虚の基本的姿勢を貫ぶ。「学ぶ者」のこの姿勢を尊重するがゆえに、かれは「光ヲ葆ミ自ラ晦マシ」という景山の抑制的な姿勢に敬服の念を明らかにした。

　ⅱ)「道」という到達目標が高く超越的であるということは、それを志向する者同士におのずから先進・後進の相対的な進度の差を生み出す。かれが「孔門の師弟」のうちに見出したのは、ここにいう先進としての師であり、後進としての弟子であった。弟子は師を慕う。けれどもこの師は、弟子に対して自己を模範として学ぶことを指示するのではない。そうでなく、師はみずからもまた志向する「道」が「教ヘ」であると弟子に対して提示する。それゆえ「学」の概念は、師が「教ヘ」とするところに対する弟子の「学」という関係を想定していた。年若い博泉の徂徠に宛てた書簡のうちに、かれは自身に対する「郷往」の盛んなること「推服」の深きことを認めた。それは、師に対する弟子の敬慕の念といってよいものである。しかし徂徠にとって、みずからはあくまでも先進者として位置し、弟子を指導すること——孔子のその弟子に対する「善誘」の姿勢のように——が期待されるのであって、自己のうちに「道」そのものが内在するものとは見なしえない。みずからを慕う者をみずからから引き離し「道」へと誘い導いてゆかねばならない。徂徠は博泉に「後生畏ル可シ」と語った。みずからの位置をやがては乗り越えてゆくであろうという期待感を、このことばは示していた。

　ⅲ) この「道」ということばが「統名」(総括的な名称)[141]であるというとき、「道」=「聖人の道」そのものが師弟の人格をはるかに超越するイデー (Idee) としての本質的特性をもつとはいえ、そのことばがたんに理念にとどまらず、具体的内容として、人間行為による文化的所産として種々の具体的諸事実(「事」「物」)を指し示していることを強調していた。

すなわち「礼楽」がそれである。しかもこの行為の諸事実は、「言はず、その義を識らんと欲する、あに言の能く尽くすところならん哉」と把握される。なにかしら意味をことばによって明示的に示されるものではない。このような事実に対する「学」の取り組みが、この概念の重要な一特質であった。人間形成の原理としての Sachlichkeit が重視されているのである。このゆえに事実にむかおうとするさいに、「みずから喩る」（「自得」）という自主的な姿勢が「学ぶ者」に基本的に要請された。ただしそれは、「己の心」に一方的に依拠する能動的な姿勢とは峻別される。前者にあっては、「学」の内容とすべき事実が「先王の教ふる物」として規範化されていた。このゆえに、その「物」そのものに対する敬意とともに、「己の心」に対する抑制的な姿勢が要請された。こうした自主と抑制という両面的な基本姿勢をたもち、事実に対して一挙にではなく（「一旦豁然の説」批判）長い時間をかけて「習熟」することが重要な「学を為す方」であった。文章の批評を請うた門人・東野に徂徠が語ったことも、みずから熟察することを期待するものであった。

　以上のような諸特質（道に対する学、教えに対する学、事実に対する学）の「学」の基本的様式はどのような意義を示すものだったろうか。われわれは徂徠学を離れてその点について検討しよう。

　日本近世教育思想史における「ヴェーバー的問題」という、本研究の第1章第2節でふれた中心的な分析視角に着目するならば、たしかに「現世支配」の合理主義を示した禁欲的プロテスタンティズムの人間形成思想と類似する、現実的所与を超越する理念が根本的にめざされている。この点では、すでに第2章でふれた仁斎学の人間形成思想の両極志向性（現実的所与性と理念的超越性）との違いを示している。より普遍的に捉えれば、「測定術」の思考様式のうちG系統の課題が本質的に重んじられていることが注意される。のみならず、没我的な献身の態度をもって「物」そのものが重視されていた。それによって、「意を誠にする」という主観の感覚的判断の恣意性を克服することがもとめられていた。この点では、「測定術」の思考様式のうちW系統の課題も根本的に重視されていた。

第3節 「学」の基本的様式

　こうした意義をもった「学」の様式は、より根底においては以下に記すような3つの重要な人間関係のあり方を不可欠な要件として成り立っていたことも、さいごに見ておこう。

　第一に、憧憬の心的態度。繰り返していえば、その「学」は、師の学ぶところを学ぶという媒介的な師弟関係において呈示されるものであった。すなわち、学びの対象は師そのものではなく、師の「学ぶところ」にほかならなかった。徂徠の場合では、師・孔子の「学ぶところ」である「道」を指す。しかしそれにもかかわらず、この基本的様式に矛盾するかのように見える「学」の心的態度を、書簡のなかで徂徠は重要視していた。仁斎宛書簡のなかにはつぎのことばが記されていた。「心誠ニ郷フ」「益々慕フ」「嗚呼茫茫タル海内、豪傑幾何ゾ、一ニ心ニ当ルナシ。而シテ独リ先生ニ郷フ」「神左右ニ飛ブノ久シ」。これらのことばは、いずれも仁斎に対する徂徠みずからの心的態度を指し示していた。景山宛書簡のなかの「傾倒の懇なる」ということば、博泉宛書簡のなかの「郷往之殷シナル、推服之深キ」ということばは、ともに徂徠に対する心的態度としてかれが重んじたものであった。これらは憧憬といってよい心的態度である。それは「道」に対するものであるよりは、みずからの師とすべき特定個人に対する憧憬である。しかしこの心的態度は、「学」的行為の根源的なものとして必須といえる。

　第二に、師を模倣することをつうじての憧憬の方向づけ。この憧憬がもしも師そのものにむかうにとどまるなら、たしかに徂徠の重んじる「学」の様式とは矛盾する。その場合には、本研究ですでに（第1章第2節）ふれたヴェーバーの概念でいえば、Personalismus の一つとして性格づけられるだろう。しかし、そうならず、この憧憬を師弟の人格をはるかに超越する「道」へと方向づけねばならない。師の学ぶところを弟子が学ぶという媒介的な師弟関係に基づいた「学」の基本的様式こそ、この憧憬を方向づける形式にほかならない。という意味はこうである。たしかに師と弟子は「道」を媒介にして結合する。そしてこの結合関係（絆）は徂徠によれば、「学」の基本的様式を指示する根本的なテーゼとして強調されてよいもの

である。実際かれは強調していた。しかしこの「学」を現実的なものとしていかに実践するか、という行為者の立場を重んじこの関係を再把握してみれば、「道」と「学ぶ者」＝弟子はみずからが師とする者を媒介（仲だち）にして結合する、という関係のあり方としても捉えることができる。師はこのとき「道」への案内者、かつ「学ぶ者」の援助者としてのみならず、「道」と「学ぶ者」との中間的な媒介者としてもまた位置づけられる。「道」と「学ぶ者」とのこの媒介の証こそが、師に対する弟子の憧憬ではなかったか。こうした把握は、われわれのたんに恣意的な予想のなかにとどまるのではない。徂徠の思想のうちその根拠を見出せるものである。「道は則ち高し、美なり」。この「美」に注目する必要がある。かれはいう、「美なれば必ず倣效(まねること──引用者注)す。これ人の性なり。これまたその善く移るを言ふなり」[142]。「学の道は倣效を本と為す」[143]。それゆえ、美なる「道」に対して「倣效」するということが「学」の様式として想定しうる。けれども「道」は高い。それに対して「学ぶ者」は「卑卑焉」[144]たらざるを得ないものである[145]。各人の性質はそれぞれに「善く移る」（個別的な性質をたもちつつ変化する）[146]とはいえ、このような「道」の超越性ゆえに悲観的たらざるを得ないように見える。しかしながら徂徠はいう、「美は誠に声容の美なり。然れども亦た徳の美なり。徳の美微りせば、何を以て諸を声容に形さん哉」[147]。声容姿の美、それを基礎づける「徳の美」といった人格の美──すでに本研究の第1章でとりあげたカントのいう「証蹟」(Spuren) といえるもの──を、かれは見落とすことはなかった[148]。師たる者が「徳の美」を身につけるとき、その師に対する弟子はその「美」を倣效する。上にいった憧憬とは、師のうちのこの美をみずからのものとしようと倣效する心的態度といってよい。こうして「徳の美」をそなえた師の人格とそれに対する弟子の憧憬を媒介にして、「道」へとそれを「学ぶ者」＝弟子は漸次的に向上のプロセスをたどり──「遠きに行き高きに登らんと欲」[149]しながら──合一化してゆく。いいかえれば、師に対する憧憬は、師の学ぶところを学ぶという「学」の基本的様式を導く媒介的な師弟関係の形式（絆）によって、「道」へと方向づけられるの

である。
　第三に、「答問」。憧憬を方向づけるこのような媒介的な師弟関係の形式は、一方向的な人間のあり方のうちに示されるのではない。それは、語るという行為をつうじての相互的もの、すなわち語り合うという関係を想定するものであった。「聖人　学を好むことの篤き、群弟子と相ひ答問し、その意毎に謂へらく　此れを籍りて以て己れの意智を広うせんと」[150]。この「答問」ということを徂徠は重要視していた。書簡をつうじてかれがもとめ、あるいは実践していたのもこの「答問」の交渉のあり方、広義でいえば対話であった。それはとくに２つのパターンからなる。一つは、先進・後進といった進度の差を前提として問と答の交渉からなるもの、すなわち問答であり、いま一つはこの差をとくに前提せず対等の立場から、相手に対して難を発して相切磋する交渉からなるもの、すなわち狭義の対話である。前者は師弟間（徂徠と博泉のあいだ）に、後者は朋友間（徂徠と景山、東野と周南のあいだ）にそれぞれ示される。こうした「師友の素」をもたずに「相ひ問難するは、争の道」としてかれは退けた（「一切置対せず」[151]）。なぜなら、それは「己の見を広く」するということを第一義に重要視するのではなく、「訟の事」、すなわち「己れを信ぜざる者の前に陳べ、以て其の己れを信ずることを求むるもの」[152]だからであった。
　師の「徳の美」に対する弟子の憧憬、この憧憬を方向づける媒介的な師弟関係の形式（師の学ぶところを学ぶという「学」の基本的様式）、そして師友との「答問」という対話的交渉、こうした人間関係のあり方を根底にして、「道」を志向する「学」の基本的様式が徂徠学において成り立つのである。
　こうした「学」は、為政者たるべく者に期待されるものであるが、「道」を実現するためには、けっして為政者だけで足るわけではなかった。理想的社会秩序のあり方を実現するためには、それを構成する無数といってもよい万人の人間形成のあり方の問題がある。徂徠はその点についても、けっして派生的ではない、「道」の実現にかかわる本質的な関心をむけていた。この課題領域への認識をも、われわれはつぎに跡づけてゆきたい。

第3章　理念的超越性の立場からの徂徠学の構想

注

1）ここにいう「学」は、基本的には徂徠自身が規定し、しかも尊重するところの「学」あるいは「学問」を指し、そのなかでもとくに人間形成をめざす行為に限定する。かれの用例では、「材徳ヲ養フ」「材徳成就シテ」「徳を養成」「善ヲ育テ長ズル」「徳を己に成す」ということをめざす行為を一般に指すものである。また、かならずしも自覚的に規定しているわけではないが、この「学」を特徴づけるとわれわれが判断できるものも、徂徠の尊重する「学」の概念として本研究では積極的に構成してゆく。さらに、かれ自身尊重するわけではないが、みずからの「学」の概念の位置づけのために引照される現実の、すくなからぬ問題性を帯びた「学」についても、本節では着目してゆく。

　　自覚的に規定された、人間形成をめざす意味の「学」の概念についての解明を含む先行研究としては、本研究第3章第2節のほか、つぎのものをあげることができる。吉川幸次郎「徂徠学案」『荻生徂徠』（日本思想大系、第36巻、岩波書店、1979、所収、以下「大系」と略記する）、黒住　真「徂徠における学問の基底——学と主体の『大』『小』をめぐって——」『日本思想史叙説』所収、ぺりかん社、1982、沢井啓一「習熟と思慮——徂徠学の方法論——」『寺小屋語学・文化研究所論叢』第2号、1989、小島康敬「荻生徂徠の『学』——身体の了解と模倣・習熟・思慮の問題をめぐって——」『理想』619号、理想社、1984など。

2）今中寛司『徂徠学の史的研究』思文閣出版、1992、若水俊『徂徠とその門人の研究』三省社、1993、など参照。『唐後詩』『絶句詩』など詩文を著わした徂徠と門人＝「党人」との交流の事実は、研究課題の一つとして重視されるべきである。

3）『徂來先生詩文国字牘』（『荻生徂徠全集』第1巻、みすず書房以下「全集・1」のように略記、p.589）。

4）林景范筆写本『童子問』中巻第六十章。天理図書館所蔵。

5）同、中巻第四十三章。

6）『論語徴』（「全集・3」p.381）。なお、本文後注67）の引用文を参照のこと。人間形成の基本的様式にかかわるこの転換を基礎づけているのは、「名」と「物」との対応づけの認識問題であると、徂徠は捉えている。この点については、本章第1節でもふれた。こうしたその認識態度をとくに根本的に問題にすべき場合がある。「道」についてである。それは「先王の道」として重んじられねばならないと徂徠は考える。けれども、「道」と名指ししても、実のところ「道は知り難く、また言ひ難い」ものだからである。『弁道』（「大系」p.10）。ために「統名」（総括的な名称）」として「道」をいうにとどまるのであった。同、p.13。しかしながら、この事物——事物一般ではなく「道」として名指しの対象とされている「教えの条件」としての事物——が示す多様性についての認識を欠いて「おのおの見る所を道とす」という、歴史主義の危機とも特徴づけられる問題が出現した。「みな一端」なのだった。同、p.10。それゆ

290

え、客観的根拠なしのたんなる推量（「臆」「己が意」）によって「道」に対する視野が各人各様に制限されてしまうという困難をすくなくし、「物」そのものをいかにしてできるかぎり客観的に知るか、ということが「学」の重要な課題となる。この点については、本論で後述する。「物格(きた)る」という消極的とも思われる方法態度についての言及に注意のこと。このようにして「名」と「物」とを対応させることに努めながらも、それでも名指ししがたい領域があるという事実に、どれだけ謙虚になれるかどうか。徂徠の根底的な意識はこの点におかれている。そのことと関連して、後注145）を参照のこと。

7）丸山眞男『日本政治思想史研究』東京大学出版会、1952、pp.165−166。
8）篠原助市『教育学』岩波書店、1939、pp.166−185、をおもに参考にした。石山脩平『辨證的教育学』厚生閣、1934、もかずかずの示唆を得ることができた。
9）『弁道』（「大系」p.12）。
10）『徂徠集』（「大系」p.518）。
11）『論語徵』（「全集・3」p.371）。
12）『論語徵』（「全集・3」p.372、557、601など）。「先王礼楽の道は、衆聖人を歴し、其の心力知巧を尽くして、以て成りし者なり。故に聖人の孔子の若き者と雖も、亦知らず能くせざる所有り。故に必ず学びて而る後に之を知り之を能くす。故に孔子は恒に『学を好む』と曰ひ、『古を好む』と曰ひ、『学ぶに如かざるなり』と曰ふ」。『中庸解』（河出書房新社版「全集・2」p.417、以下『中庸解』からの引用は、河出書房新社版による）。徂徠によれば、孔子は聖人といってよいとはいえ、けっして「道」を知り尽くした道徳的完成者（「成徳」）という意味での「知者」ではない。それゆえ孔子を好学者というのは「謙辞」ではなく、本質的な特性といえる。『弁名』（「大系」p.169）。
13）『論語徵』（「全集・3」p.403）。
14）同上（「全集・3」p.505）。
15）『弁道』（「大系」p.12）。
16）『徂徠先生答問書』（「全集・1」p.426）。
17）日野龍夫「徂徠学における自然と作為」『講座日本思想』第1巻、東京大学出版会、1983、をとくに参照のこと。「『聖人の世には、棄材なく、棄物なし』とは、先王の無限の包容力に対する実に驚嘆すべき信頼の表明である。現実の人間界には、精神的また肉体的欠陥のためにマイナス価値しか持たないかに見える人間が明らかに存在する。しかし先王の道なら、…そういう人間をも包容するはずである。…この困難事がいかにして可能なのか、徂徠には分からない。しかし先王の道であるからには必ずやそうでなくてはならない」。この理念を万人の人間形成の課題としてどのように実現してゆくか、その思想的解答を徂徠は原則的なレヴェルで導き出していた。詳しくは、本研究本章の第4節で論じる。
18）『論語徵』（「全集・3」p.370）。この所見とそれに示せる2つの「学」については、先行研究において着目されている。山下龍二「徂徠『論語徵』について（二）」『名古屋大学文学部論集』第75号（哲学25）、1978、野崎守英『道——近世日本の思

想——』東京大学出版会、1979、p.131、など。しかしいずれも、この２つの識別をかれのとくに宋学批判の表現として、すなわち誰もが学によって聖人になれるという宋学の主張する学の説を「妄意」とするかれの批判の表現として把握していた。もちろんこの把握そのものは正当である。しかしこの識別が学の可能性にかかわる宋学批判にとどまらず、学の目標の所在を指し示す、師弟関係における２つの「学」の基本的様式にかかわるものであることについては、いずれも十分な注意がむけられてはいない。

19)『弁道』(「大系」p.10)。
20)『論語徴』(「全集・4」p.677)。
21)『徂徠先生学則』(「全集・1」p.95)。
22)『論語徴』(「全集・3」p.370)。
23)『弁名』(「大系」p.165)。
24)『論語徴』(「全集・3」p.623)。
25) 同上(「全集・3」p.596)。
26)『弁名』(「大系」p.166)。徂徠が批判するのは、「効法」（模倣）することそれ自体ではなく、それをつうじて師弟が直接的に結びつく場合である。後述（結論部）するように、模倣することは徂徠の尊重する「学」においても重要な意味をもつことになる。「効法」することが「学の一分」とやや歯切れ悪いのは、その両義的な事情による。
27)『論語徴』(「全集・3」p.376)。
28)「効法」をつうじての師弟の直接的な結びつきは、「大匠のなす所に効法して、以てその用斤の妙（まさかりの使用法の巧妙さ——引用者注）を悟らんと欲する」に例えられる。この場合には「その、手を傷つけ鼻を創つけざる者は幾希し。あに謬らずや」『弁名』(「大系」p.166)。直接的な結びつきの結果、弟子はなにかしら傷害を負うことがある。こうした事態に着目する徂徠は、人との交渉をつうじての人間形成にかかわる重要な普遍的問題にふれている。波多野精一『時と永遠』1943（『波多野精一全集』第4巻、岩波書店、pp.414-415）には、この種の問題がつぎのように原理的に論究されている。「直接性において他者と交わる主体、他者に対してただまっしぐらに自己を主張する主体にとっては、他者は障碍と反抗とを意味する外はない。従って自己主張の成就は他者の滅亡を意味せねばならぬであろう。逆にまた、他者が飽くまでも他者として存立する以上——この存立は主体そのものの存立の必要条件である——他者との交わりは主体にとっては圧迫侵害であり、自己の存在の亡失であるであらう」。徂徠が問題にしているのはここにいう「自己の存在の亡失」となる場合である。それでは「主体が実在する他者との直接的交渉より離脱しその、交渉の齎す自滅の危険より解放され」るにはどうするか。「今や主体は對手との間に何ものかを置くことによって直接の衝突を避け、かくして共存共在を成就しようとする。客体こそかかる中間的媒介的存在者である。…アリストテレスはかかる媒介者を『ト・ピレートン』(to phileton　愛せらるべきもの) と呼び、『善』『快』『有益』との３つを挙げた」。徂徠にとって、この「媒介者」の役割をもつものは何か。「規矩」（ぶんまわ

しとさしがね、標準となるもの）としての意味をもった「道」である。それがこの直接的交渉においては両者の視野にはいらないことを、徂徠は問題視する。
29)『論語徴』（「全集・3」p.630）。
30) 同上（「全集・4」p.530）。
31) 同上（「全集・4」p.621）。
32) 同上（「全集・3」p.367）。
33) 同上（「全集・4」p.621）。
34) 同上（「全集・3」p.420）。
35) 同上（「全集・4」p.383）。
36) 同上（「全集・4」p.384）。
37) ここで徂徠が論議しているのは師のうちに「道」が内在していると見なす学のあり方であるが、かれの基本的な問題意識は「学」の当事者、すなわち師であれ弟子であれ、かれらのうちに「道」そのもの、あるいは「道」の端緒が内在していると見なす根本的な態度にむけられている。弟子＝学ぶ者の場合について徂徠は仁斎の説を引いてつぎのように問題として指摘する。惻隠・羞悪・辞譲・是非の心を「仁斎先生は以て端本となす。その意は、孟子の拡充の言に拠りて、引きてこれを伸ばすの意ありと謂ふ。あに然らんや」。『弁名』（「大系」p.146）。仁斎のこの所説を「端本の説」と徂徠はいう。この事例では「道」の端緒が「学ぶ者」のうちに内在していると見なしている。たしかに徂徠が指摘するとおりの内在性（現実的所与を重んずる傾向）が仁斎学には見られた。本研究の第2章参照。より極限化して「道」そのものが内在していると見なす事例はとくに崎門（山崎闇斎学派）によって示された。闇斎『本然気質性講説』（『山崎闇斎学派』日本思想大系、第31巻、岩波書店、p.70）につぎのように主張される。「何程気質ノ蔽有テモ、其理ハ少モヘルコトナフシテ、仁義礼智ノ性ガ屹ト具リアル也。其証拠ニハ、何ホド悪人デモ、子ノ不便デナイ者ハナク、気質ノ昏蔽ノ至極デモ、仁義礼智ノ欠ケルコトナシ。スレバ其気質ヲバ、何ニテ直シテ元ニ反ルナレバ、ソコガ学問ノ入ル所也。故ニ学 間シテ気質ヲ変化シタ時ハ、自本性ニ復ル也」。このように各人の性のうちに本源的に内在すると見なされる道（仁義礼智）を回復するためにはどうするか。崎門がとくに重んじたのは、周知のように「敬」することであった。闇斎『敬斎箴講義』（同上、p.81、p.86、p.87）にはつぎのように説かれる。それは「心を欝々々々ト放チヤラズ、平生屹ト照シツメタル」ことである。そのためには自己の外形を正しく保持することが要請される。なぜなら「外形ヲ正シテ、猥リニ動ネバ、内心モ正キ者、外形自惰落ナレバ、内心モグッタリトシテ、無$_2$取締$_1$者」だからである。そこで「両ノ手ヲクンデ、臂ヲ張リ、高ク胸ヲ指当ルコト」、足どりも「踏所ヲ落シ付テ、シヅシヅト踏」、口も「瓶」のように慎む。このように身体を厳格かつ静粛に保持するあれこれの工夫をすることが重視される。その種の「学」のあり方についての徂徠の指摘は、本論で後述する。「道学先生」についての言及に注意されたい。なお、こうした「先生」を師弟自身のあり方として基礎づける「道体」説については、第2章で論及した。
38)『論語徴』（「全集・4」p.385）。

39)同上（「全集・4」p.384）。
40)同上（「全集・3」p.417）。
41)同上（「全集・3」p.622）。
42)同上（「全集・4」p.643）。君子が「人に用いる」場合については、本章第3節第4節で論じる。
43)同上（「全集・4」p.638）。
44)同上（「全集・4」p.651）。
45)同上（「全集・3」p.602）。
46)同上（「全集・3」p.610）。
47)同上（「全集・3」p.602）。
48)同上（「全集・4」p.380）。
49)同上（「全集・3」p.628）。
50)『弁名』（「大系」p.49）。
51)『論語徴』（「全集・3」p.606）。
52)同上（「全集・4」p.638）。
53)『弁名』（「大系」p.49）。
54)同上（「大系」p.67）。
55)『論語徴』（「全集・4」p.454）。たとえば「孔子を大聖、顔子を亜聖、孟子を亜聖の次」あるいは「孔子は堯舜より優る」というように、「己が意」をもって主観的に徳の優劣を測って上下に「階級」づけることを指す。『弁名』（「大系」pp.66-69）。とくにかれが問題視した事例は、諸徳を優劣に階級づけるにとどまらず、「必ず孝百徳を備へんと欲す」ということ、孝の徳を最上位として重んじてその孝のうちに一切の諸価値をもとめる価値一元化の態度であった。『論語徴』（「全集・3」p.398）。孝徳がその他の数多くの徳とともに重要であることかれは認めないではない。重要視すべきことは、諸徳の優劣を上下に序列することではなく、徳そのものは機能的なものであるということ、すなわちすべての人間に有する働きの才（「運用営為の才」）に基づいて諸徳が成り立つということ、まずもってこの事実の客観的認識にたつこと、そうすることによって、諸徳を相互に等価なものとして位置づけることであると、かれは考える。その位置づけは、大別すれば水平的レヴェルと垂直的レヴェルで捉えられる。前者は全般的な場合であって、「徳立ちて材成り」ということばに簡潔に示される。万人それぞれがみずからの才知の働きによって公共的な、それゆえに不可欠なさまざまな役割をはたすという、社会おける人間関係総体のなかでの徳の位置づけである。この点については、本章第4節において、「気質」と「職分」との関係をどう調整するかという問題として論究する。後者は特殊な一部の場合であって、理想的な為政者（「君子」）となる人間形成の「楷梯」における徳の位置づけにかかわる。この場合、孝徳は徂徠によれば「土台」として位置づけられる。この点は、後注の148）を参照のこと。「階級」と「楷梯」とはことばとして紛らわしいけれど、前者は優劣評価の観点がこめられたものとして徂徠は批判し、後者はそうした観点ははいらずに価値中立的な意味でつかっていることを、われわれは識別しておきたい。

第3節　注

56)『論語徴』(「全集・4」p.454)。
57) 同上 (「全集・4」p.690)。
58)『徂徠集』(「大系」p.508)。
59)『蘐園十筆』(「全集・17」p.838)。
60)『徂徠集』(「大系」p.508)。
61)『弁名』(「大系」p.84)。
62)『論語徴』(「全集・4」p.483、p.621)。
63) 同上 (「全集・3」pp.437−438)。
64) 同上 (「全集・3」p.438)。
65)『弁名』(「大系」p.86)。
66) 同上 (「大系」p.88)。
67)『弁道』(「大系」p.11)。なお、本文前注6) の引用文を参照のこと。「義理弧行」する事態の具体例は、教えの現場において「仁義礼智の名の立つ」ことであると、徂徠は捉えている。
68)『論語徴』(「全集・3」p.389)。
69) 同上 (「全集・3」p.392)。本研究の第4章でとりあげる「師弟分け」の措置は、「拘拘」たる教育関係の特徴を示している。
70) 同上 (「全集・4」p.433)。
71) 同上 (「全集・3」p.392)。
72)『弁名』(「大系」p.98)。
73)『南留別志補遺』(「全集・18」p.165)。
74)『弁名』(「大系」p.171)。
75)『徂徠先生答問書』(「全集・1」p.474)。
76)『大学解』(河出書房新社版「全集・2」p.370。以下『大学解』からの引用は、河出書房新社版「全集」による)。
77)『蘐園十筆』(「全集・17」p.619)。
78)『大学解』(「全集・2」p.371)。
79) 同上 (「全集・2」p.373)。
80) 同上 (「全集・2」p.375)。
81) 同上 (「全集・2」p.375)。
82)「周官、師氏すでに至徳・敏徳を立て、以て一切を尽くすに足るに、更に孝徳を立てて以てこれを教ふ」『弁名』(「大系」p.85)。「大司成・小楽正先王の道を論説して以て学者に詔ふ」『中庸解』(河出書房新社版「全集・2」p.418)。
83)『蘐園十筆』(「全集・17」p.648)。
84)『弁名』(「大系」p.179)。
85)『大学解』(「全集・2」p.376)。
86) 同上 (「全集・2」p.378)。
87) 同上 (「全集・2」p.382)。
88) 同上 (「全集・2」p.377)。

第 3 章　理念的超越性の立場からの徂徠学の構想

89) 同上（「全集・2」p.379）。
90) 同上（「全集・2」p.377）。
91) 同上（「全集・2」p.375）。
92) 『弁名』（「大系」p.167）。
93) 同上（「大系」p.167）。それゆえ、長い時間をかけて漸次的に、というこの習熟の法に反して、一挙に達成を期すことについては、徂徠は疑問とせざるをえない。「一旦豁然の説」に対するかれの批判が注目される。『弁名』（「大系」p.168）。
94) 『徂來先生答問書』（「全集・1」p.432）。
95) 『弁道』（「大系」p.21）。
96) 『論語徴』（「全集・3」p.532）。
97) 同上（「全集・4」p.690）。
98) 「道学先生」「道学先生の徒」「道学者流」ということばは、その使用例からおよそつぎのような意味をもつ。ⅰ）他と共有する客観的な基準を廃して個人の主観（「己れの見る所」）をもって価値の中心的基準とし、それを他に公正なものとして尊大に主張する者。「もろもろの道学先生、みな礼を廃して中を語る者、みなその心もてみずから中を取るのみ。…礼楽一たび亡びて、是非紛如たり」『蘐園十筆』（「全集・17」p.656）。ⅱ）書籍を読むことを軽んじ、また各人それぞれの才の働きを蔑視して、なによりも道徳的実践（「徳行」）を尊重し、道徳的に完全調和（「万徳円満」「大系」p.508）の人間＝聖人たらんとする者。「いま書冊を読むことを以て非となす。世のいはゆる道学先生は、おのづからこの俗態あり。あに醜ならずや」『弁道』（「大系」p.169）。「道学先生の徒、その意多く徳を貴びて能を賤しみ、人人聖人と為らんとことを欲す」『論語徴』（「全集・4」p.590）。ⅲ）戯れるということを重んじない者、またそれを解しない者。「『微生高』章は、孔子その直を愛してこれに戯るるなり。これを記す者もまた聖人の温良善戯を明らかにするなり。後世の道学者流は、張子、東銘を作りしよりして、君子は戯れずと謂へるなり」『蘐園十筆』（「全集・17」p.679）。このような意味のうち、「みづから高うするの甚だしき」という道学先生はとくにⅰ）に含まれる。
99) 『学寮了簡書』（「全集・1」p.566）。この意見書でかれが問題として明らかにするのは、林羅山（道春）の三男・鵞峰（春斎）の後、林家の「家法」（徂徠の捉える伝統）が変じ「学寮」の「衰微」した状況である。鵞峰の時期は、羅山の没した明暦3年（1657）より、鵞峰の病に倒れる延宝7年（1679）までの約20年間の状況と考えられる。居寮生30名余、通学生3、40名余が五科（経学科、読書科、詩科、文科、和学科）について、それぞれ十等といわれる学業達成の等級（「階級」）にわかれて「博学」を第一に学習し、その等級をのぼるにしたがって、「扶持ヲ段々ニ増シ」てゆく仕組みのなかで、「官人」を養成するという政務の筋にかなった学校の主旨を失ってはいなかったと、上記書や『政談』巻四で徂徠は記している。この点では、橋本昭彦『江戸幕府試験制度史の研究』風間書房、1993、が論証する「功利的学習観」を示す見解を徂徠もまた明らかにしていたのである。周知のように、「学問ハ公儀ノ勤トハ違」うという出席強制に反対した立場を示した徂徠であった。その立場から、任意の

条件下で学習がおこなわれるという基本理解のうえに、その種の見解を明らかにしていたといえる。ただしその主張は、とりわけ寛政期以後期待される官僚制組織で役職をはたす人材というよりも、あくまでも「聖人の道」の実現をもとめる姿勢をともなった「官人」の養成という政務にかかわる教育目的の認識を前提としていた。この点を注意しておきたい。徂徠も評価するこうした「家法」が、鵞峰の子で、大学頭林信篤と称した春常＝林鳳岡（1644－1732、正保元－享保17）の時代にいたって、庶民大衆を相手にした講釈中心となって「衰微」した事態をかれは問題として論じた。幕府の方針で聖堂仰高門内東舎や高倉屋敷で公開講釈がおこなわれた状況を指している。こうした「講釈」中心の教育状況を山崎闇斎流＝「嘉右衛門流」と徂徠は批判したが、そうした講釈による庶民教育の推進に同時期に積極的だった儒者といえば、周知のように木門の朱子学者・室鳩巣だった。中村忠行「儒者の姿勢──『六諭衍義』をめぐる徂徠・鳩巣の対立──」『天理大学学報』第78輯、1972、参照。

100)『徂徠先生詩文国字牘』（「全集・1」）および『訳文筌蹄』（「全集・2」）にほぼ同様の「講釈」批判論が展開されている。

101)『徂徠先生詩文国字牘』（「全集・1」p.590）。

102) 同上（「全集・1」p.589）。

103) 同上（「全集・1」p.589）。

104) 同上（「全集・1」p.588）。

105) 同上（「全集・1」p.588）。

106) 同上（「全集・1」p.588）。

107) 同上（「全集・1」p.590）。

108) 同上（「全集・1」p.590）。

109) 同上（「全集・1」p.589）。

110) ちなみに『蘐園雑話』には42名の「蘐園門下人名」が記されている。このうちに周南、東野、博泉の名が見える。

111) 平石直昭『荻生徂徠年譜考』平凡社、1984、による。徂徠研究者には周知のことだが、徂徠の書簡を収録した『徂徠集』『徂徠先生学則』にはその執筆年が記されていない。その年代については、平石のこの厳密な考証によることにする。

112)『徂徠集』（「大系」pp.525-526）。口語訳は『荻生徂徠』（日本の名著）、中央公論社、所収の『徂徠集』（抄）前野直彬訳を参考した。

113)『蘐園随筆』（「全集・17」p.237）。1714年刊行。

114)『弁名』（「大系」p.163）。

115) 堀景山『不尽言』（『仁斎日札　たはれ草　不尽言　無可有郷』新日本古典文学大系99、岩波書店、2000、p.210）。

116) 岩田　隆「徂徠書簡二首」『名古屋工業大学国語国文学』第23号、1968。

117)『徂徠先生学則』所収の「屈景山に答ふる書」（「全集・1」pp.89-100）。『徂徠集』（「大系」pp.527-533）。「大系」本には西田太一郎の校注が施されている。適宜参照した。以下も同様。

118)『徂徠集』（近世儒家文集集成、第3巻、以下「集成」と略記、ぺりかん社、

pp.287−288)。口語訳は前掲の前野訳を参考した。翌1709年三近の死のために生前には届けられなかった。平石、前掲書、p.65。
119)『徂徠先生答問書』(「全集・1」p.468)。平石、前掲書、p.138、p.158。
120)『徂徠集』(「大系」pp.509−516)。『徂徠先生学則』所収の「西肥の水秀才の問に對ふ」(「全集・1」pp.104−113)。
121) 周防の人・周南が江戸に遊学したのは、徂徠に入門した1705年から1708年までだった。その後1717年8月にひさしぶりに来江した。このとき徂徠は周南と「草堂」(自宅)で東野とともに会ったことを伝えている。『徂徠集』(「集成」p.229)。この再会の時期については、平石、前掲書、p.108による。またこの年の9月末には、かれは鎌倉、江ノ島に周南、東野らとともに遊ぶ。久富木成大他『山井崑崙・山県周南』明徳出版、1988、の年譜による。この二人を「県滕」とかれは呼ぶ。
122)『蘐園随筆』の序 (「全集・17」p.219)。
123)『徂徠先生答問書』(「全集・1」p.476)。
124)『徂徠集』(「集成」p.221)。
125) 同上 (「集成」p.222)。
126) 同上 (「集成」p.224)。
127) 同上 (「集成」p.214)。
128) 同上 (「集成」p.216)。
129)「戯れる」ということを道学先生は解しないと徂徠は指摘していたが、戯れのことば、「戯言」ということをかれは (孔子とともにかれもまた) 愛好していた。そのことをよくうかがわせるのは、『論語』(公冶長篇) の「微生高」章のかれの注釈である。孔子いう、いったい誰があの (当時正直者として評判の高かった) 微生高を正直者というのか。ある人が酢を貰に来たとき、自分のうちになかったので、隣家から貰って来て与えた。この孔子の言をどのように解するか。かれが「後儒」というひとびと (「道学先生」) の説によれば孔子はこのような微生高を不正直と「譏る」ものだとする。しかし徂徠はこの解釈に反対する。「直にあらざるを謂ふ者に似たり。けだし反言して以て之に戯るる耳、親しむの至りなり」。「孔子 戯言して以て之に喩し、それをして凡そ事は徒に直のみなるべからざることを知らしむ」。『論語徴』(「全集・3」pp.551−552)。この男、馬鹿正直といわれるが、どうしてなかなか融通がきくではないか、という思いで孔子は微生高の対応を親しみをもってうけとめていると、徂徠は解するのである。それゆえ、いったい誰があの微生高を正直者というのか、ということばを「反言」した戯れとかれは理解する。
130) より端的には、つぎのように自己を語る。「僻惰の一病夫、世と相ひ遠し。朝夕する所は、唯だ一二従游の士、未だ嘗て人を勧め人を教ふるを以て事と為さず」。『徂徠先生学則』(「全集・1」p.99)。また、こうもいい表される。私が「抗顔」(たかぶった顔つき) にも教師(「師」)づらしてから10年になりましょうか。宇野士新宛書簡、『徂徠集』(「集成」p.240)。
131)『太平策』(「大系」p.453)。
132)『徂徠集』(「大系」p.501)。

133)『論語徴』(「全集・3」p.392)。
134)『徂徠集』(「集成」p.214)。口語訳にあたっては、前掲書の前野訳を参考した。
135)『徂徠先生答問書』(「全集・1」p.468)。
136)『訳文筌蹄初篇』の「巻首」(「全集・2」p.563)。
137)「文ヲ作ラント思ハヾ先題ニ対シテ主意ヲ立ベシ是一篇ノ文字ノ種子ナリ…此場ニテ苦思渋滞スレバ一篇ノ気脈貫通セズ章段支離シテ体ヲ成ヌナリ其上ニテ只管修辞潤色シ」。『作文初問』(『少年必読日本文庫』第11巻、pp.16－21)。
138)『東野遺稿』のなかの周南宛書簡(『詩集日本漢詩』第14巻、汲古書院、pp.66－68)。
139)『徂徠集』(「大系」p.501)。
140) 同上(「大系」p.489、p.512、p.534など)。
141)『弁道』(「大系」p.13)。
142)『弁名』(「大系」p.137)。
143)『徂徠先生学則』(「全集・1」p.97)。
144) 同上(「全集・1」p.95)。
145) こうした基本的姿勢をなしうるかどうかは、人間の知性によっては測りがたい「蒼蒼然、冥冥乎」たる領域——それを徂徠は「天」と名づける——があることを「学ぶ者」が認め、しかもそれを敬するかどうかに根本的には帰せられると、かれは認識している。「聖人の道、六経の載する所は、みな天を敬するに帰せざる者はなし。これ聖門の第一義なり。学者まずこの義を識りて、しかるのち聖人の道、得て言ふべきのみ。後世の学者は、私智を逞しくし自ら用ふるを喜び、その心傲然として自ら高しとし、先王・孔子の教へに遵はず、その臆に任せて以てこれを言ひ、『天はすなはち理なり』の説あり。その学は理を以て第一義となす。その意に謂へらく、聖人の道は、ただ理を以て尽くすに足れりと。…理はこれを臆に取れば、すなはちまた『天は我これを知る』と曰ふ。あに不敬の甚だしきに非ずや」。『弁名』(「大系」p.120)。みずからの知性に対する限界性の自覚がない、あるいは乏しいということそれ以上に、この個人的な知性に対して絶対の信をおく(「理はこれを臆に取れば」)とき、「みづから高うするの甚だしき」とも、「傲然」ともいいうる「己」のあり方となる。
146)『弁名』(「大系」p.136)。
147)『論語徴』(「全集・3」p.492)。
148)「美」なるものの特性を徂徠はこういう、「美はその光輝ありて観るべきを以てこれを言ふ」。『弁名』(「大系」p.113)。それは直観的なものに媒介されるといってよい。この場合に問題になるのはあれこれの美ではなく師の美である。その理想的人間像についての徂徠の見解は「文質彬彬として然るのち君子なり」ということばに要約される。質とは素地になる孝弟忠信の類、文なる者は「詩書礼楽を学びて言辞威儀渙然たるを謂ふ」。質だけで文なければ「郷人」(田舎者)である、しかし文あっても質なければ「徳を成す」ことできず、ただ「記憶」するのみで「史」(記録担当官)にとどまる。肝要なことは文と質とが「彬彬」たること、つまりその調和である。こ

299

の調和をともなって「言辞威儀」などに直観的に明らかであることが君子の姿である。『弁名』(「大系」p.174)。こうした姿を師たる者がなにほど身につけているとき、その師は弟子にとって倣効しうる対象となる。なお、この文質をどのような順序で獲得してゆくかについては、つぎの注を参照のこと。

149) 『弁名』(「大系」p.88)。「遠きに行き高きに登らん」とするには漸次的な「楷梯」を必要とする。すなわち、「高きに登るに必ず卑きよりし、遠きに行くに必ず邇きよりする」ということが重視される。その「土台」として徂徠が着目するのが、「孝弟」である。「父母によくつかえへ」ること、「兄長によくつかへ」ることである。それは「貴賤によらず」、あるいは「いかなる愚かなる人も、又才知すぐれ候人も」誰であれ勤めおこなうべきものである。万人共通の基礎的な徳といえる。そして「孝のみは、心に誠にこれを求めば、学ばずといへども能く」おこなうことができるものである。理想的統治者となるにさいしても、この「孝弟」の徳行を「土台といたし、是よりのぼり」ゆくことが必須とされる。孝という徳は、徂徠によれば、統治者となるべき者にとって徳として不可欠なものだが、あくまでも基底的価値(「土台」)をなすものにとどまるのである。こうした性格づけは、「必ず孝 百徳を備へんと欲す」(前注55)に引用)という価値態度に対する批判意識、あるいは「仁・孝を以てこれを一つにす。非なり。孝はおのづから孝、仁はおのづから仁なり」という問題意識に支えられていることを見落してはならない。父子、兄弟といった自然の情誼に裏打ちされた特殊の人間関係の倫理──本研究第1章第2節でふれたM. ヴェーバーのいうPersonalismus(人間関係優先主義)に相当する──を基礎にしながらも、いかにそれから越えて普遍化してゆくか、ということが理想的な為政者たるべき者にはもとめられる。その超越化の契機を媒介的な師弟の関係が提供すると、徂徠は捉えるのである。『弁名』(「大系」p.85)。『徂徠先生答問書』(「全集・1」pp.458-459)。

150) 『論語徴』(「全集・3」p.458)。

151) 『徂徠先生学則』(「全集・1」p.91)。

152) 同上(「全集・1」p.90)。

第4節　公共善にむけての「人材」の育成
―― 「気質」と「職分」の関係の問題をめぐる発達の観念 ――

1．はじめに

　本節は、徂徠学における「人材」育成の思想を「気質」と「職分」の関係の問題をめぐる発達観念を手がかりに解明しようとするものである。第2節第3節では理想的な為政者たるべき者の人間形成の思想をとりあげたが、本節と次節では、万人を対象とする人間形成についての徂徠の思想を究明する。

　徂徠の教育思想といえば、専門研究者ならずとも、ひろく知られているのは、その「人材」育成論である。本節でも、この問題をとりあげるが、その「人材」論の独自性はたんに社会的効用の観点[1]からのみの人間理解に裏づけられていたとは思われない。同時に見逃してはならないのは、人間の自然性についての認識にも確固としてふまえられていたことである。こうした両面を一方を他方に従属させることなく、同等の重みをもったものとして捉えたい。そしてこの両面を徂徠自身いかに考慮して「人材」育成の思想を呈示していたかを、本節で見てゆこう。その意味で、発達観念の特質が手がかりとなる。

　一般に、発達とは、「時間的経過につれて一生活体内に起こる変化」ともいわれる。本節でも基本的にはこの規定にしたがい、発達ということばを分析概念としてもちいる[2]。

　検討の対象とする徂徠学の発達観念について、とくにそれを主題として研究は見られない。しかし、このことはその発達観念に関する特質が気づかれなかったということを意味するものではない。「発達」という用語がつかわれているかどうかはともかく、徂徠のとくに人性論と人材論についての先行研究には、発達観念の研究という角度から見落としえない指摘が

ある。

　人間の本性に関する論議＝人性論において徂徠は２つの注目すべき見解を述べていた。一つは、「気質」という本性は「何としても変化はならぬ」[3]とする、いわゆる気質不変化説である。もう一つは、たしかに気質は「変化」こそしないが、しかし「移る」ことはある、という所見である。前者により重点をおいて今中寛司は、「人間の無限の陶冶性を論理的に不可能にするもの」[4]と指摘した。それに対して、「移る」という可能性の方向でとくに為政者の人間形成についての徂徠の思想を検討したこころみとしてすでにふれた諸論[5]がある。後者が発達にかかわる所見であることは明らかだが、前者についてはどうなのだろう。「変化はならぬ」という見解は、発達の事実に対するかれの否認を意味するものとただちに受けとっていいのかどうか。その点は今中の上の指摘がかりに正当だとしてもあらためて検討の必要がある。

　人間のあり方は、本性の局面においてのみならず、より現実的にその人間がおかれた場面に重点をおいても把握しうる。徂徠が重視する区分でいえば、「私」と「公」の側面がある。すなわち、「己の独り専らにする所」（私）と「衆の同じく共にする所」（公）[6]である。本節ではもっぱら公的側面について問題にしてゆく。

　公的側面として着目するのは、人材論、すなわち、「安民」（民を安ずる）という政治的課題を強く意識したかれが、その実現の方策として「法」とともに重視した「人」に関する議論である。すでに明らかなように、この論でかれがとくに強調したのは「才智」という一面であった。それがいかにして形成されてゆくかという点に関して、「様々ノ難儀・困窮ヲスル」ことによって才智を形成する、あるいは「役儀ニハマル」ことによって才智を存分に発揮する、という見解をかれは示した。しかし先行研究は、これらを徂徠のとくに政治思想をあらわすことばとしてあつかい[7]、その個々の見解の根底にうかがえるはずの発達観念については、主要な検討の対象にはしていなかった。

　本節は以上の研究状況をふまえて人性論と人材論をとりあげ、徂徠学に

第4節　公共善にむけての「人材」の育成

おける発達観念の特質を把握することを手がかりとして、「人材」育成の思想を究明することを課題とする。

　発達の概念はすでに規定したかぎりでは、価値中立的な変化を指すにとどまるが、しかし「人材」としての人間の発達を捉えるならば、その変化がたんに自然的ではなく、なんらかの価値的変化とその蓄積を本質的にともなうものである点は、あらかじめこの概念の重要な契機として想定しておくべきであろう。「聖人の道」ということばに凝縮される価値理念がこの場合には決定的に重要である。それは、すでにふれたように[8] この価値理念の超越性が強調されるものであったが、しかし人間のあり方の問題を離れて想定されるものではなかった。ここでは、徂徠のよく知られた人材の考え方に着目しておこう。それは、この理念をめぐって、人性（=気質）と人材の関連に注意するにさいして見落とすことのできない問題を示唆している。その考え方を端的に示す一文はこうである。「満世界の人ことごとく人君の民の父母となり給ふを助け候役人に候」。この言でとくに注意をむけたいのは、むろん「役人」ということばの意味である。徂徠のここでの用法は、武家を主にした政治の担当者といった通常の意味を示してはいない。ここでかれがなによりも重視しているのは、士・農・工・商などが「各自其の役をのみいたし候へ共、相互に助け合ひて、一色かけ候ても国土は立不_申候」という現実にほかならない。ひとびとはそれぞれの仕方でなにほどか公共的な、それゆえに不可欠な役割をはたし、それによって世界を成り立たせていること。このことがその時代の事実であったかどうかは当面の問題ではない。「役人」ということばの意味を拡張して、全人民がみな役人であるという[9] 説にうかがえるかれの人間観こそ、ここでまず第一に着目されねばならない。とくに考慮を要するのは、この説が人性論にかかわってくるということである。人性とは徂徠によれば「気質の性」にほかならない。それは宋学のいわゆる「本然の性」とは峻別される、絶対善をもたない現実態であった。智愚賢不肖といった人間のありようは気質の性としてまずは承認されねばならないのである。こうした人性（=気質）論をわれわれはすでに知っている。そこで、全人民がみな役人で

第3章　理念的超越性の立場からの徂徠学の構想

あるという説にこの人性論をひきあわせてみる。その説は人間の本性として普遍的に認められる性質について述べられたものではない。そうではなく、世界を人為的に構築してゆくためには全人民が役人たらねばならない、という当為の主張をこの説は含意している。ときに生業ともいわれる、全人民が遂行すべき公共的な、それゆえに不可欠なそれぞれの課題のことを「職分」とかれはいう。これまでの歴史のなかでは、中国古代における堯舜らの聖人（先王）の世においてのみ、その普遍的課題は理想的に遂行されていたと、かれは信じている。けっして彼岸の幻想の世界ではない。此岸に属す。とはいえ短時日で可能というわけではない。そうした公共性実現の課題は永続的に志向されねばならない性格のものであると、かれは思っている。厳しいが不可能ではない。とすれば、必然的に、しかも持続的に、「気質」（人間）と「職分」との関係が問われてくるだろう。すなわち、いかにしてこの２つが適合しうるか、という問題である。全人民がみな役人たらねばならない、いいかえれば、各人はそれぞれ「職分」をはたさねばならないという主張は、各人がその本性として「気質」のみをもった存在であることを徂徠が認めることで、ただちには解決しえない困難とむかいあうことを意味していた。その解決が実際問題としてまことに困難をきわめるものであるとすれば、徂徠自身にまずなしうるのは原則的な形でその解決の方向を指示することである。ここにいたり、人間と職分との適合をもとめるため、時間的経過につれて一生活体内に起こる価値的変化として発達の観念いかんが、徂徠学においても問題として立ちあらわれてくるのである。

　以下の本論では、はじめに人性・人材論において気質と職分の関係をたずねてその適合、不適合の認識の傾向性を検出する。第二に、適合についての思想をささえるかれの見解を明らかにする。以上を前提として第三に、人性・人材論における発達観念を跡づけてゆき、おわりに、徂徠学における「人材」育成の思想の特質を究明する。

第4節　公共善にむけての「人材」の育成

2．人性・人材論における「気質」と「職分」の関係

「気質」と「職分」の議論は、先行研究で注目されることが多い。とくに見逃しえない徂徠の人間観に関する2つの種類の指摘がある。すなわち、人間はおのおの「差異」をもった多様な存在であるというそれ[10]と、人間はなんらかの「類型」として存在するものであるというそれ[11]である。この相対立するかに見える指摘は、不適切とは思われない。徂徠のこの2つの所見は、それを妥当とするなにかしらの根拠を有していたにちがいない。先行研究もその点はある程度は明らかにしている。われわれは以下、人性・人材論におけるその妥当根拠をより解明し、それによって、この2つの人間観の根底にうかがえるであろう関連性――とくに人間と職分の適合性にかかわる認識の関連性――を理解してゆきたい。

1）「気質」論　――人間の個別性に対する認識――

すでに本章の第1節でもふれた現実世界についての見解にここでも着目しておこう。「天地の間、物は算なし」、「動物」もまた「算なし」という。たとえば動物を分けて「羽・毛・贏・麟・介の五者」をもっていうのは、もっぱら「繁を御するの術」によった分類である。すなわち、「五を以てその類を紀して以てこれを象り、しかるのち人始めて以って別つことを得」[12]。そのように記号[13]としての分類が必要とされるほど、この世界は複雑多様であると、かれは捉える。同様に人間もまた「人ごとにその性を殊にし」そのゆえに「万殊」であるとかれはいう。したがって、士・農・工・商を指して「四民」というのも便宜上の分類であって、この世界には多様なひとびとがいる。「百工商賈あれば、則ち游民は化子に至りて極まる。しかうしてこの方（日本――引用者注）また穢多といふ者あり、君臣あれば則ち王人は名を以てし、武人は実を以てす。夫婦あれば則ち娼妓あり、娼妓の類は種種、尼にして淫を売る者に至りて乃ち極まる。しかうしてまた婪童あり。凡そかくのごときの類、勝げて計ふべからず。これみ

305

な四民五輪の裂けたるならざらんや。いよいよ裂けていよいよ分かれ、いよいよ繁くしていよいよ雑(まじ)る」[14]。「人ごとにその性を殊に」するという人間（気質）の個別性に対する認識を、徂徠はこのような多種多様な人間のあり方の事実をもって具体的に示していた。

  2）「職分」論　――人間の類型性に対する認識――
「農は田を耕して世界の人を養ひ、工は家器を作りて世界の人につかはせ、商は有無をかよはして世界の人の手伝をなし、士は是を治めて乱れぬやうにいたし候」。こうしたそれぞれの職分によって世界は構築されると徂徠はいう。そして、これらの関係について、かれはつぎのように強調する。「たとへば鷹野に出候に、鷹を使ひ候人も有之候、犬を牽(ひき)申候人も御座候。犬を牽申候人は、犬を己が職分に致し候而、鷹には少も構(かま)ひ不申候へ共、鷹を助候為之犬と申候事に心付不申候へば、其職分違ひ申候」[15]。職分間は、類型的といえる所定の仕事をもって相互に区別されねばならない。そのゆえになんらかの職分に即応するために、各人は一定の資質・能力の類型性を身につけねばならないと、徂徠は考える[16]。

  3）人間と職分の適合性に関する認識
人性・人材論には、以上のようにそれぞれ妥当根拠をもって人間の個別性に対する認識とその類型性に対する認識とが示されていた。それでは両者はどのような関連にあったのだろうか。人性論と人材論とをさらに吟味してゆくことにしよう。2つの方向が見出される。
  一つは適合の方向。
  さきの人性論で徂徠は、「いよいよ裂けていよいよ分かれ、いよいよ繁くしていよいよ雑(まじ)る」と多種多様な人間のあり方の事実を記していた。そうした世界の現実は無秩序にならないのだろうか。「人の性は殊なりといへども、然れども智愚賢不肖となく、みな、相愛し相養ひ相輔(あひ)け相成すの心、運用営為の才ある者(こと)は一なり。故に治を君に資(と)り、養ひを民に資り、農工商賈、みな相資りて生をなす。その群を去りて無人の郷に独立するこ

と能はざる者は、ただ人の性のみ然りとなす」[17]。智愚賢不肖を問わず人性には「運用営為の才」というなにかしらの働きの才がある。また人はそれぞれが孤立するのではなく、「相愛し相養ひ相輔け相成すの心」といった協調性を示すことができる。このような人性論には、人間が職分に対して調和的でありうるような性質が明らかにされている。

職分論で要請された人間の類型性ということの性格に関して、徂徠はつぎのように述べている。「身ヲ修ムルコトヲ先トスルモ、人ノ上ニ居ルモノ、身ノ行儀正シカラネバ、下ヨリ敬信セズ、敬信セザレバ、命令行ハレズ、安民ノ功ヲナシ難キ故ニ、身ヲ修ムルコトナリ。…礼楽文物モ、美観ヲコノミ、カザリノ為ニ設クルニ非ズ、民ヲ安ンズル道具ナリ。五倫ト言モ、士農工商ノ分レタルモ、天然ノ道ニハ非ズ、民ヲ安ズル為ニ、聖人ノ立ヲキ玉フ道ナリ」[18]。ここでかれが例示しているのは、とくに為政者の職分にふさわしい「身ノ行儀」の類型である。それを一例として四民・五倫などの区分が道具として人為的に設定されたものであれことを、かれは強調している。かならずしも「人の性は殊なり」という人間の個別性の事実そのものが上で主張されているわけではないが、しかし、職分の類型の性格に関する上のかれの見解は、人間の個別性の事実を肯定的に認めることと整合的な意味をもっている。

いま一つは不適合の方向。

遊民、婪童、娼妓、…といった多種多様なひとびとがいることを、かれは「いよいよ繁くしていよいよ雑（まじ）る」と指摘していた。そうした事態にどう対応することをかれはもとめたであろうか。その言につづけていう。「もし聖人をして今の世に出しめば、あに能く一一にしてこれを去らんや。いやしくも能く整へてこれを理（おさ）めて、おのおのその所を得て以て乱れざらしめば、則ちまたみな堯舜の民ならん」。これらのひとびとをどうして放逐する必要があろう。それぞれ「その所を得」るようにすることが肝要である。このようなかれの主張は「寛」という主義に基づく。「容るる所あれば、群下その生を託することを得」[19]。多種多様な人間存在に対するこうした寛容は、士・農・工・商といった類型的人間像を提示する職

307

の考え方に対して、かならずしも親しまず、ときに不都合であることもありえよう。

　それぞれの職分にはそれに応じた定型的な規範がともなうと、かれは考えている。それは「礼」といわれるものであって、「衣服・家居・器物、或ハ婚礼・喪礼・音信・贈答・供廻り」などにおよぶ諸事万般の規範である。しかもそれは「人々ノ貴賤、知行ノ高下、役柄ノ品」に応じて定められている[20]。それゆえ「礼は節目甚だ繁し」[21]とも、「礼の守りは太だ厳なり」[22]ともいう。こうした礼が守られることなく「上下共ニ心儘ノ世界」になってしまった状況をかれが批判的に受けとめていたことは、ここに指摘するまでもない。礼という定型的な諸規範がそれぞれの職分にともなうという場合、それは付随的なのか、それとも不可欠なのか。ここではかれの見解を明瞭に示すことはできない。しかしいずれにしても礼をともなう職分は、「心儘」にもなりやすい現実の人間にとっては面倒な課業なのだった。

　以上のように徂徠は「気質」と「職分」のあり方を論じていた。一方に見られる人間の個別性に対する認識と他方に見られる人間の類型性に対する認識とは、けっして遊離したかたちで並存しているのではなかった。すなわち、この２つの認識の間には、人間と職分との適合性にかかわる一定の関連性が示されているのだった。要するに、適合しうるという方向（牽引）と適合しがたいという方向（反撥）の認識がそれである。この２つの認識傾向はともに人間（気質）と職分の本質的な性格にかかわり、そのゆえにこの関連のあり方は現実においては不可避的な両面性をおびるものであった。人性・人材論の境界領域にうかがうことのできる以上のような緊張状態を、われわれは見落としてはならない。

3．人間と職分の適合についての思想構造

　人間と職分とは適応しうる。しかし容易には適合しがたい。こうした問題に対して徂徠はどのように対応したのだろうか。

第4節 公共善にむけての「人材」の育成

　ここで、人間と職分の適合そのものの事実について、徂徠がどのように述べていたかに注目しよう。それをもっとも明瞭に示すのは「聖人の世には、棄材なく、棄物なし」ということばである。中国古代の聖人、堯・舜らの治世では人民はみな「公侯の材」であったにちがいないと、かれは指摘している[23]。公共善を実現する一端として、すべて各人はそれぞれの固有の働きをして協働していたと、かれは信ずるのである。もちろんこの地上の遙か遠く昔の事実についての認定は、全人民はみな役人でなければならないという、普遍的な課題を指示する当為の主張に結びつく。ただしこの場合、事実があるゆえに当為が直接的に導かれるものとして、かれは捉えているのではない。この主張を根拠づける歴史的事実（とかれが信ずる事実）の一端についての見解が、上のことばに示されているのは打ち消しがたいにせよ、その過去の事実そのものを可能なかぎり総体として、しかもなにびとも納得のゆく経学の対象として客観的に認識してゆくこと、このような姿勢の不断の持続をかれの著述にうかがうことはむずかしい。この過去の出来事について徂徠は、学問の対象として知ること、その知的努力をはじめから放棄していたわけでは断じてなく、この理想状態に対する知的志向をたしかにわれわれは認めることができたが[24]、しかし、ひたすら知ることよりも、「先王の道」として信ずることを、より重んじたようである。人間と職分とが適合するということをだれもが納得のゆく客観的な事実として呈示するために、かれがとくに選んだ方法はといえば、「本研究の課題と方法」でもふれたように、建築・医療の材料・道具に関する日常の比喩だった。

　「孔子の人を教ふるを観るに、おのおのその材を成す。まさに以てこれを用ひんとするなり。先王（堯舜らの聖人——引用者注）の人を教ふるもまたしかり。…椎あり鑿あり、鋸あり錐ありて、然るのち工用ふべく、屋作るべし。附子あり石膏あり、参茋あり巴豆ありて、然るのち医用ふべく、病療やすべし」。ここで例示している椎、鋸、附子、石膏などは「工」や「医」に役立つものとしてかれは重視する。それらを用いるさいにはある注意がいる。「必ずその全備を欲せんか、椎はあに鑿を兼ぬべけんや。附

子はあに石膏の材を具ふべけんや」。個々の「材」（材料や道具）はそれぞれに限定された用途があるのであって、一つの「材」に対して万能を要求することはできない。もとより材は「偏する」ものなのである。けれども、個々の材がそれぞれの用をはたすことによって、建築や医療などまとまった全体として、しかも公共的な一つの仕事ができる[25]。

このような日常卑近な事実を比喩としてかれはしばしば述べ、それによって、現実的事実を超越するところの人間と職分とが適合した理想状態に関する理念（Idee）としての認識を保証しようとしていた。その場合、理念はただたんに事実のとしての静的な認識にとどまるものではない。日常卑近な事実との類推によって、われわれはかくあるべし、という当為的な指令と形成力をもって万人に行為をうながす、そのような理念の力にかれは期待する。その比喩の内容は、たしかにだれもが理解できそうな客観的な事実といえる。しかし比喩というものは、もとより当該事象とは別の対象に即して成立する。椎や附子の例のように人間と職分も、といった類推をより確実ならしめるためには、比喩そのものとは別に、その類推の基礎的条件となりうるなんらかの見解を必要とするのではないか。この辺の事情を徂徠はかならずしも明瞭な方法的自覚をもって認識してはいないかもしれない。けれどもその自覚いかんをこえて、われわれはその条件となっていた見解を徂徠学のなかに見出すことができる。とくに重要と思われる３点をつぎに指摘したい。

第一は、「徳」の論に示される見解である。「性は人人殊なり。故に徳もまた人人殊なり」[26]。したがって徳には「大小種種の不同」[27]がある。たとえば、仁、智、孝、弟、忠、信、恭、倹、譲、不欲、剛、勇、清、直など無数に列挙しうる。それゆえ、九徳・六徳といわれる例があるが、それらは徳を概括したうえでの名称にすぎないと、かれはいう。徳はこのように多種多様なのである。しかし、一つの共通した特質を示す。「人の徳は万殊にして、九徳六徳の同じからずといへども、これを要するにみな仁の類なり。故に徳あれば則ち必ず輔けあり」[28]。徳というものは、それぞれ孤立した状態にあるのではない。無数の他者の働きとその協働的結びつき

をもって、個々のその働きに対応する個々の徳は、かならず「仁」という安民を達成する大きな公共善＝「道」に参与する。人間の価値についての徂徠のこうした見解は、人間と職分とが適合するという確信を積極的に条件づけるものとして注目されよう。各人は本性として有する「運用営為の才」と「相愛し相養ひ相輔け相成すの心」を現実の働きとして発揮し、それによって何かしらの価値――五倫五常のような既存の価値ではなく、本来的には無記名ともいっていいなにかしらの価値――を獲得する。こうして「徳立ちて材成り、然るのちこれを官にす。その材の成るに及んでや、聖人といへどもまた及ぶこと能はざる者あり」[29]。このような見通しのなかで各人それぞれの働きとその諸価値についての見解は、明らかに基礎的条件の一つとして重要であった。

　第二に、「習ひ」の論に示される見解である。「人の天に勝つ者はこれのみ」[30]とかれはいう。どういうことか。たとえば「倭之孩。移‗2諸華‗1。及‗2其長‗1也。性気知識言語嗜好皆華也。…措‗2華之孩‗於倭‗1亦然」[31]。人間（この例では子ども）は環境変化にかかわる習慣の形成によって倭風にも華風にもなりうる。このような人間の習慣性は、生得的な「性」と明確に区別されねばならないと、かれは考える。そうした「習ひ」は、とくに為政者の「学問」の方法を指して論ぜられることもあるが[32]、上の例示に見られるようにより一般的に、人間形成の方法的基盤を指している。習慣性についての徂徠のこうした見解も、人間と職分とが適合するという確信を条件づけるものとして注目される。人間とその職分とはある環境において不適合な状態にあるかもしれない。しかし環境変化にかかわる習慣の形成によって、人間と職分は適合することもあるだろう。とくに為政者の場合、「先王の教へ、之を習ふこと久しうして、之と化し、徳成って知明らかに、力を容るるところ有ること莫し」[33]。このような見通しのなかで習慣性についての見解は、「徳」とくらべれば消極的な形で、適合の確信を条件づけるものであった。

　第三に、「活物」としての人間という見解である。

「天地ノ造化ハウツリユクモノナリ、人ハ活物ナリ。故ニ人事ノ変日ヲ

追テ生ズ。是生々不息ノ妙用ナリ。カク生々不息ナルモノヲ、手ニトラヘテ作リ直サントスルハ、ツヨク抑(おさゆ)ルホド、先ニテハネカヘルコトヲ知ラズ」[34]。

また、より具体的にもかれはいう。

「大抵、人の言語あるや、時ありてか簡、時ありてか繁、何の常かこれあらん。或いは語同じくして意(こと)殊に、或いは語殊にして意(こと)同じ。また何の常かこれあらん。これ何の故ぞや。人みな活物なるがための故なり」[35]。

人間の生、またその諸相は不断に動き変化してゆくものであると、かれはいう。こうした人間のあり方は日常感覚をもってだれもが知りうる基本的な事実であるかもしれない。しかしその事実を生活世界のありふれた属性の一つとして見逃すか、それとも人間も含めおよそ生あるものの本質的あり方として意味付与するか、こうした違いは決定的に重大である。「活物」ということばを掌中にして世界の力強く生気にみちた動態が説明しうることを知って、「中夜更ち起き(すなは)、手の舞ひ足の踏むことを覚えず」[36]とかれは追憶している。たしかにこの説――周知のように伊藤仁斎によって提示され、絶大な共感とともにうけとめた「活物」説――は重要だった。「人は活物なり、故に才智徳行も、養を得れば則ち長ず」[37]。この人間の見方も適合の確信をささえる基礎的条件となっていた。のみならず、価値を獲得するということと習慣形成するということの見解も、現実的所与の一種といえるこの「活物」の説によってより深くから根拠づけられている。

人間と職分の適合について、われわれは以上のような思想構造を把握する。それは適合そのものを示す比喩の基礎的条件として、その比喩を有効にするはずである。

ところで、ここでとくに注意を要することが一つある。それは活物の性格に関する問題である。さきの引用文にあった、「手ニトラヘテ作リ直サントスルハ、ツヨク抑(おさゆ)ルホド、先ニテハネカヘル」云々の意味にあらためて注意したい。ひとの生もまた、現実的所与性としておのずからある自然的な勢いを保有しているものであると、かれは強調しているのである。それならば、この勢いは個人の意図や能力ではいっさい左右できない、おの

ずからの運動と変化のみを指していたのだろうか。それとも、個人の意図や能力といった主体的な作為が介在することを要請するような人間観が、「人ハ活物ナリ」という見解には示されていたのだろうか。いずれにせよここで問題になってくるのは、かれの発達そのものの観念にほかならない。

4．人性・人材論における発達観念の特質

　ここで徂徠の発達観念そのものを対象に論じよう。人性・人材論における、時間的経過につれて一生活体内に起こる価値的変化という発達に関する言説が、ここでとりあげるべき対象である。それをとりあげる方法の一つは、「発達」ということばの用例に着目することである。「聖人ノ道ヲ学ベバ自然ニ知見開キテ、材徳ワレト発達スルモノナリ」[38]という例が見える。が、主要な著述のなかでこのことばの用例は、この一つにかぎられる。それゆえ実際問題として有効な方法とはいいがたい。以下においては、発達という事柄を分析的概念として捉え、歴史的対象を把握したい。しかし可能なかぎり対象そのものを理解することを重んずる見地から、さらに分析的に捉え、そのうえで対象を理解してゆくことにする。すなわち、ⅰ）どのような限界性がその「変化」にともなうのか、ⅱ）いかなる契機によって「変化」するのか、ⅲ）どのような目標にむかっての「変化」であるのか、ⅳ）いかなる「経過」を示すのか、そしてⅴ）変化の他面、「生活体」はどのような恒常性を示すのか、といった視点をもうける。以下のこの順にしたがって論述してゆく。そののちに、発達に関連する用語に即して、これらの論点を再検討する。

　ⅰ）徂徠研究のなかではすでに周知のことだが、「聖人は学んで至るべし」という宋学の主張する教育可能性を、「聖人は学んで至るべからず」とかれは断固と否定した。かれが定義する聖人とは「作者」（制度文物の製作者）であって、堯、舜らの先王に第一義的には限定されるものだった。この聖人たちでさえ「及ばざる所」があると、かれは理解していた。それ

ゆえ、「渾然たる天理」とか「不偏不倚」とかのことばで説かれる完全無欠で調和的な人間像として、かれは聖人を捉えることはできない[39]。そうした人間にだれもがなりうるという無限の完成可能性がどうしてありえよう。人間にはおのずから限界があると、かれは思う。それを「命」とよぶ。「命なる者は、これを如何ともすべからざる者なり」[40]。さらにいう、「命なる者は、天の我（人間——引用者注）に命ずるを謂ふなり。或いは生あるの初を以てこれを言ひ、或いは今日を以て言ふ」[41]。とくに２つの時点で「命」というものをかれは捉えていた。「生あるの初」のそれは、もちろん各人に付与された「気質の性」を指す。その「性」そのものは、別のそれに変ずることはできない。もう一方の「今日」とは、各人の現在の状況といっていい。たとえば「家貧しくして書なきは命なり」[42]。このような限界性は、たしかにいかんともしがたい[43]。しかしそれは、いっさいの可能性を封殺するものだったのだろうか。「命を知らざれば、以て君子たることなし。あにただ世に処するのみならんや。学問の道といへども、みな然らざることなきのみ。天命をこれを性と謂ふ。人ごとにその性を殊にし、性ごとに徳を殊にす」[44]。各人の限界性をそれとして知り無頓着にはならないことは、むしろある可能性を積極的に切りひらいてゆくことにつうずると、ここでかれは強調しているようである。「世に処する」とか「学問の道」とかがそこで指示されている方向である。それらの具体的内容については、この文章では明らかではない。人間の発達の可能性についての観念は、どのように展開しているのだろうか。さらに跡づけてゆこう。

　ⅱ）「後世の理学者流は、運用営為の意あることなく、急にその理を目前に尽くさんことを欲するなり」[45]。この理学者（宋学者）流の要求が、人性に内在する（とかれらは考える）「本然の性」という絶対善をくまなく発現させることであったことは、いうまでもない。その方法の要点は、いわば「伏蔵シタルモノヲ取出ス」[46]ことである。もちろん徂徠はこのような方法を知ったうえで批判している。それに対して重んずる運用営為の意とは、いったい何であったろうか。より具体的な見解をみよう。「上タル人

第4節　公共善にむけての「人材」の育成

ハ第一其身貴ク生レ長ジテ結構ナレバ、終ニ物ノ難儀苦労ヲセズ。何事モ心ノ儘也。人ノ智ハ様々ノ難儀苦労ヲスルヨリ生ズル物ナルニ、左様ナルコト無レバ、智恵ノ可キ生ヱ様ナシ。乱世ノ名将ハ生死ノ場ヲ経テ、サマザマノ難儀ヲシタル故、智恵アル也」[47]。さまざまに難儀苦労することによって智恵が生ずるという見解は、「総テ人ノ身ハ使フ所タクマシク成物」[48]という考え方に基づく、もちろんその考え方は、その根底に「運用営為の才」に対する信頼がある。その才は人間の本性に属するとはいえ、けっして内在的に「伏蔵」しているものではない。"働き" (Wirkung) こそその第一義の意味なのだった。それゆえ、智恵を生じさせるためには、難儀苦労するような困難な状況を人為的につくり出さなくてはならない。この点でとくに２つの方法を徂徠は重視した。一つは「下ヲ使ヒ込デ、其役ニハマラス」[49]ことである。職分に期待される役割にその人間を合致させることである。いかに難儀苦労しても、人はそれ自身ではけっして十全に才知を生じさすことはできない、「才智ノ全体出現スル」ためには「役ニハマラス」というある種の拘束が必要であると、かれは考えている。しかしそれだけではいけない。もう一つの方法は、あれこれの指図はしないでその人間に「委任」することである。前者の見解とは対照的ともいえるこの方法については、ｖ）であらためて論及する。

　iii）「人人以テ聖人たるべし」という宋学の教育目標の主張と本質的にはかわらない人材の要求がある。かれはこう述べている。「[上タル人ハ――引用者補] 唯陳皮・香附子ノ様ナル、毒ニモ薬ニモ成ヌ人ヲ好ミ、又学問ノ筋悪ク成タルヲ聞ズシテ、万病円ニナル人ヲ実ノ賢才ト心得テ、左様ノ人ヲ尋レドモ、古ヨリ左様ノ人ハナキ者ナル故、今ノ世ニモ見当ラネバ、善人ハナキト言ニ成タル也」[50]。「万病円ニナル人」とここでいっているのは、とくに難点をもたない万能と見られる人物を指す。そうした人間像を「賢才」と思いただ一つの目標として上たる人は下たる人に要求する。しかしこのような人間像は「毒ニモ薬ニモ成ヌ」し、「何ノ用ニモ不立物」と徂徠には思われる。かれが重んずるのは、なによりもまず「人の性の殊なる」という現実であり、それに基づく人材のあり方である。「お

315

のおのその性の近き所に随ひ、養ひて以てその徳を成す。徳立ちて材成り、然るのちこれを官にす。…后夔の楽における、禹の、水を行るにおける、稷の、芸殖におけるがごときは、みな堯舜の及ぶこと能はざる所なり」[51]。聖人といえども及びえない人材の多様で個性的なあり方こそを、かれは尊重している。

　ⅳ）御城下の「世話シナク、急ニ間ヲ合スル風」[52]を批判していた徂徠は、それと同様の状況を人間の発達のあり方についても見出している。「今ハ十四五ヨリ元服シ、公儀ヲツトムルヤウニ成タルナリ。世ノ風カク成行クニヨリ、子供皆ヲトナシク（長しく、大人びる、の意——引用者注）ナレドモ、ウエヲタシナミ、外ヲヌリカクスコトヲ、第一トスルニトリテ、心ノ内ニハ子供ラシキ心、後迄モヌケヌナリ。…今時ノ人、年タクルマデ、ヲトナシキ心ノナキハ早クヲトナシキマネヲスル故也」[53]。「オヒツカントスル心ハタルマズセハシキモノナリ」と記して、「急」の語義をかれは明らかにしたことがある[54]。まさしく早急に「オトナ」になろうとする今時の子どもたちの状況が、ここで指摘されている。「オトナシキ心」とは成熟した思考や判断などを指しているのだろう。「早クオトナシキマネヲスル」ものは、そうした「心」を欠落している。それではどのような発達の経過が望ましいのか。「武士ヲ田舎ニテソダタセテ、幼少ノ内ハ心ノママニハネアリカセ、智恵ノ遅ク開クルヲカマワズニ置タランニハ、大量ノ人多ク出来ルベシ」[55]。「幼少」とはいつ頃までをいうのだろうか。人生の諸時期について、かれはとくに厳密に区分してはいない。「次第階級詳ラカニ」することはむしろ望まなかったように思われる[56]。「幼年・壮年・老年」といった程度の区分ができればさしつかえないと、かれは考えていたように見える[57]。そうした見通しのなかで余裕をもって幼年（幼少）期を過ごすことを期待している。けっして急いではいけないというこうした主張は、ひとそれぞれの事情でその成長がおくれることも当然ありうる、という認識につうずる。幕府の重臣・安藤帯刀という男は「三十バカリマデハ、タワケト言レタル人ナリト承ル」と、かれは例示していた[58]。

　ⅴ）人君の心に合わせようとする態度がある。「上ノ思召ニ毫髪モ差ハズ、

第4節　公共善にむけての「人材」の育成

能<ク>上ノ御心ヲ知テ、上ノ御身ヲ分ケタル如クナル人ハ、皆我器量・才智ヲ出サズ、無理ニ推テ上ヘ合セテ仕込タルコトニテ、阿諛諂佞ノ仕方ノミ也」[59]。この態度は、「万病円ニナル人」をもとめるあり方に近いが、それとは異なった問題を含んでいる。「我器量・才智」を出すということが閑却されていると、かれはいう。「人は活物に候へば、事に懸け候て見候へば、今迄無之才智も出る物に御座候。…但用るに就て又次第御座候。此方より指図を致し候て使い候へば、其人必其事にはまり不申候故、十分の才能は出ぬ物にて候。小ゝの過失をゆるし不申候得ば、たとひ指図を致不申候共、はまり無之物に候故に、用ざれば知らず候」[60]。「事に懸け候て」ということに期待されるのは、各人が発揮する「運用営為の才」といっていいだろう。その働きをもとめるにさいしては、こちらからあれこれの指図はしない。すこしの過失はゆるして、「其人ノ心一杯ニサセテミルコト」[61]が肝要である[62]。そうすれば才智も出てくるだろう。こうした人間の変化への期待を示した徂徠の見解は、さきの論点でいえば難儀苦労する状況を人為的につくり出す方法を指示するものである。けれどもここではそうした期待とは別の意味のものにも注意しなければならない。「『君子は貞にして諒ならず』とは、その己を守るの常ありて、必ずしも人に信ぜらるるを求めざるを謂ふなり」[63]。我器量・才智を出すように、また心一杯にさせてみるように。こうした助言には、各人がみずからの変化のなかで「己を守る」という一貫性[64]に対する要請が示されていた。この点を見落としてはならない。

　以上のように、人性・人材論において発達観念を分析することができる。ここで、発達に関するかれの用語にできるかぎり即して、以上の論点をあらためて検討しておきたい。

　はじめに指摘したように「発達」ということばはその著述に見られないではなかった。が、それをかれは積極的に使用することはなかった。発達に関する用語でもっとも積極的に多用されていたのは、「生ずる」という動詞であった。また、それを名詞化した「油然の生」という表現もすくなくなかった。これらは、発達観念の上の諸特質を明らかにする用語とし

317

第3章　理念的超越性の立場からの徂徠学の構想

　て、以下のように検出することができる。
　「大いなる者は大生し、小なる者は小生す。あに小なる者の大生するを欲せざらんや。実に命同じからず。君子は命を知る。故にこれを強ひず」[65]。各人のさまざまな限界性を知っておくことは、大あり小ある「生」の現実を理解することにほかならない。「『憤せずんば啓せず、悱せずんば発せず』とは、かの生ずるを竢つなり」[66]。難儀苦労するという発達の重要な契機は、「生ずるを竢つ」という姿勢を要請するものであった。「人ごとにその性を殊にし、性ごとにその徳を殊にす。財を達し器を成すは、得て一にすべからず。…譬へば時雨のこれを化するがごとく、生ぜざることなきのみ。大なる者は大生し、小なる者は小生す」[67]。多様な目標にむかって発達してゆくことは、ほどよい時に降る雨によって草木が多様に「生」じてゆくことに比せられる。「今人はすなわち一日にして衆善これを身に傅けんことを欲するや、襲ひてこれを取り、矜りて以てこれを持す。これを苗を堰くに譬ふ。あに油然として以て生ずるの道を知らんや」[68]。急がずに発達させてゆくことも、「生ずるの道」に通ずる。そしていう、「顔子の学を好むは、一に先王の教へに循ひて、その智力を用ひず、以て油然の生を竢つ。生ずれば則ち誠なり。誠なれば則ち勉強を仮らずして、怒り遷らず」[69]。「心一杯」つとめてみずからの恒常性をたもってゆくことは、「油然の生」をまつことであって「誠」というに値する。
　このように「生ずる」という基礎観念によって、さきの発達観念の諸特質は統一的に把握しうるのだった。ところで、そのことばからわれわれが素朴に連想することは、なんらかの意図的な働きかけをとくに必要としない、生それ自体に胚胎したもの (Keim) ——いわば「伏蔵シタルモノ」——の自然な「展開」(Entfaltung) ということであろう。しかしさきの論述（とくに変化の契機）が明らかにしたように、かれの発達観念の内実はけっしてそのような意味での「展開」ではなかった。人間による主体的な作為、しかも人間の理想的あり方の実現をめざした「作為」を意味する取り組みが要請されていたわけで、そのゆえにこの発達観念は、教育思想として性格を基本的にそなえていたといえる。それにもかかわらず、いったい

318

なぜ「生ずる」という誤解をまねきやすいことばをかれはもちいたのだろうか。

そのことばは、すでに論じた「活物」としての人間という活動態認識から派生し、それゆえに必然的といっていい用語であったことは、容易に理解しうる。しかしそうした普遍的な人間観に根ざす理由だけだったとは思われない。

「先王の教へは、化工（造化の巧み──引用者注）の物を生ずるがごとく、習慣は天性のごとし。あに力を容れんや。宋儒の教へは、工人の器を作るがごとし。それ玉石土木は、攻めて以て器となすべし。心はあに玉石土木の倫ならんや」[70]。

教えをうける人間を玉、石、土、木といった材料としか見ないで、教える側の一方的な都合でその人間（材料）を作りかえようとする発想態度を、かれは宋学者たちに見出していた。それに対する批判意識がここで着目される。たしかに徂徠もまた人間を材料として見ることはあった。しかしそれはあくまでも喩えであって、かれの人間観にはかならずしも工作の観点では捉えがたい人間存在──「活物」としての人間、「気質の性」を有する人間──に対する承認が示されていた。「人ヲ死物ニナシテ見」ることは、かれには容認しがたいものであった。そのゆえに、教えをうける人間それ自身の活動性を強調する必要があって、「生ずる」ということばを自覚的にかれは選択したのである。

このことばを基礎づける「人ハ活物ナリ」という見解は、教育という技術を意味する能動的な作為を要請するとともに、上のように人間それ自身の活動性に対する認識を示していた。徂徠の発達観念は、このような「活物」の見解に基づくものであった。

5．おわりに

人性・人材論に以上のような発達観念の特質を把握する。それが徂徠学においてどのような意義を示しえたかを、おわりに指摘しておく。

第3章　理念的超越性の立場からの徂徠学の構想

　「安民」という政治課題――その理想社会の極限としては「棄材なく、棄物なし」という公共善を実現する状態――を達成するために「法」とともに、その理想的な社会秩序を集合的に構成すべき「人」の改革をかれが重視したことは、はじめにも指摘した。前者は万事にわたって制度を確立することを指し、後者は「賢才ヲ挙ル」という人材登用策がかれの強調するところであった。本節で跡づけた発達観念がまずは後者にかかわる性格のものであることはいうまでもない。「才智」の人をいかに確保するかという点で、人材登用策も発達観念も共通の関心にささえられている。しかしその方法の点でこれらは峻別される。一方は、上に愚庸の人が多く下に賢才あるという事態が徂徠の注意するところとなり、いかに「人を知る」かが肝要とされる。したがってその方法は、人間の社会的位置を適切に交替することが要諦となる。それに対して人性・人材論に示された発達観念においては、秩序構成主体としての人間それ自体の変化、しかも理想的な人間のあり方を実現するという立場からの人為的努力をもっての変化、が主眼となってくる。「人材」の育成こそが期待されたのである。そうしたこの思想は、以下に述べるように、けっして人材登用策の考え方には還元しえない意義を示していた。
　発達観念はその前提として人間の個別性に対する認識に基づいていた。その個別性とは各人の「気質の性」であって、「四民五倫」といった慣用的な基礎観念によっては容易に把握しえない人間存在の多様性を意味するものだった。「人ごとにその性を殊にし」そのゆえに「万殊」なのである。そしてこの認識の一方で明らかにしていたのが、全人民はみな「役人」たらねばならない、という主張だった。なにほどか公共的な、それゆえに不可欠な課題すなわち「職分」を全人民はそれぞれの仕方ではたさねばならないと、かれは考えていた。もし人間存在の多様性が「職分」遂行能力をもった人間の多様性をただちに意味するものであれば、人間の社会的位置を適切に交替する方策によって、上の主張は実現しうるだろう。しかしもちろん徂徠はこの両者を同義なものとして考えていたのではなかった。それゆえに、ある思想的困難をひきうけることになった。その困難と

第4節 公共善にむけての「人材」の育成

は何か。ここで、日野龍夫のつぎのような指摘が注目される。

「『聖人の世には、棄材なく、棄物なし』とは、先王の無限の包容力に対する実に驚嘆すべき信頼の念の表明である。現実の人間界には、精神的または肉体的欠陥のためにマイナス価値しか持たないかに見える人間が明らかに存在する。しかし先王の道なら、…そういう人間をも包容するはずである。…この困難事がいかにして可能なのか、徂徠には分からない。しかし先王の道であるからには必ずやそうでなくてはならない」[71]。

なんらかの「欠陥」を有する人間、たとえば、「年より用にたたざる片輪なる者」がこの世界には存在することを徂徠は知っていた。「生ずる」ということばに集約されるその発達観念は、秩序構成主体の人間形成という課題にかかわる困難の極限においてはたしかにそうした人間をも包容して、その発達の可能性を期待するはずのものであった。それは一個のユートピアといえるものである。此岸に属すその公共善の理想像にむけて、将来にわたって不断の努力をもって無限接近することがもとめられる、そのような性格のものである。かれがその課題の重大さにどこまで気づいていたかはともかく、徂徠学のなかの発達観念にわれわれが見出したのは、まさにその可能性をも指示する公共善の実現にむけた「人材」育成の原則的な解答なのだった[72]。

それならば、各人の発達を具体的な制度的な措置をもって確固して実現しゆくために、かれは「制度ヲ立替ル」という強い志向に基づいて、なんらかの教育制度(学校組織)を構想したのだろうか。体系だった学校制度論をけっして積極的には展開していないとすれば、それはいったなぜであるか。発達観念との関連で、このような教育制度観の問題が、ここであらたに留意される。その点を次節で検討してゆこう。

第3章　理念的超越性の立場からの徂徠学の構想

注

1）徂徠学を社会的効用の観点から理解する立場は、すでに同時代からも見られる。ただ、この場合には反徂徠の姿勢が常であった。代表的には、尾藤二洲（1747－1813、延享4－文化10）で「徳義ヲ後トシテ、事功ヲ先」とし、「天下ヲ先トシテ、修身ヲ後」にすると捉えた徂徠学を「功利ノ学」（『正学指掌』）と評したことは、徂徠研究者には周知の事柄に属する。

2）福武直　他編『社会学辞典』有斐閣、1958、p.751。

3）『徂徠先生答問書』（『荻生徂徠全集』第1巻、以下「全集・1」のように略記、みすず書房、p.456）。

4）今中寛司『徂徠学の基礎的研究』吉川弘文館、1966、p.433。

5）本章第2章、第3章。

6）『弁名』（『荻生徂徠』日本思想大系、第36巻、以下「大系」と略記、p.105）。徂徠の「公」の捉え方は、特定の共同体を代表する立場（首長）を示す指標ではなく、実体的な活動領域として政治の課題に属する行為を具体的には指す。そのかぎりにおいては首長に限定せず多数の者、しかも他者がその行為に参与しうる。この点については、田原嗣郎『徂徠学の世界』東京大学出版会、1991、第6章第1節、を参照。

7）辻本雅史「荻生徂徠の人間観──その人才論と教育論の考察──」『日本史研究』第164号、1976（『近世教育思想史の研究──日本における「公教育」思想の源流──』思文閣出版、1990）、尾藤正英「荻生徂徠の思想──その人間観を中心に──」『東方学』第58輯、1979、など。「現行の家禄世襲制への批判」（辻本）、「人を個別的な社会的有用性の側面から捉える」（尾藤）と指摘される。

8）本章の第2節および第3節を参照のこと。

9）徂徠の以上の人材の考え方については、丸山眞男『日本政治思想史研究』東京大学出版会、1952、pp.90－91、石井紫郎「近世国制における『武家』と『武士』」『近世武家思想』日本思想大系、岩波書店、1974、p.500、を参照のこと。丸山は周知のように、万人役人説として捉えた。石井は社会にとっての有用性の見地からする「四民」の分業による基本的同質性の観念を徹底した形で示した例として把握した。

　働きの社会的有用性の視点からのこうした四民、万人の同質性についての思想は徂徠学の根本的立場に属すると本研究では理解するが、その一方で官僚制についてのかれの主張を強調する立場がある。辻本、前掲論文等のほか、大石学「日本近世国家における公文書管理－享保の改革を中心に──」歴史人類学会編『史境』第36号、1998、など参照。しかし本研究では、こうした主張を上記の立場とは別個なものとして捉えるのではなく、より限定的に統治の任務をになう武家層の「職分」の働きに関して、その働きを制度的に保証するために統治組織の官僚制組織（細分化した「職掌」）や、その制度的諸条件の確立をもとめたとして、あくまでも上記の立場をふまえた形で解釈する。石井、前掲論文もそのような理解を示している。pp.501－503。

10) 黒住真「荻生徂徠 ── 差異の諸局面 ── 」『現代思想』第10巻第12号、青土社、1982（『近世日本社会と儒教』ぺりかん社、2003）、など。
11) 今中『新訂日本文化史研究』1967、p.230、尾藤の所論もそれに近い。尾藤の前掲論文とともに、「国家主義の祖型としての徂徠」『荻生徂徠』日本の名著、第16巻、中央公論社、1974、も参照のこと。
12) 『弁名』（「大系」p.160）。
13) 岡阪猛雄「徂徠の言語記号説」『京都教育大学紀要A』第36号、1969年、緒形康「荻生徂徠の言語論 ──『読荀子』から『弁名』へ ── 」『寺子屋語学・文化研究所論叢』第2号、1983。
14) 『蘐園随筆』（「全集・17」p.250）。
15) 『徂徠先生答問書』（「全集・1」pp.429-430）。
16) 人間は本来的になんらかの職分に即応しうる資質・能力の類型性を有するものであると、徂徠は考えているのではない。習得して身につけるべきものという見解である。その類型性が身につけられない問題状況が、かれの注意するところとなる。たとえば、『太平策』（「大系」pp.462-463）など。
17) 『弁名』（「大系」p.54）。
18) 『太平策』（「大系」p.467）。
19) 『蘐園十筆』（「全集・17」p.669）。
20) 『政談』（「大系」p.311）。
21) 『弁名』（「大系」p.178）。
22) 『弁道』（「大系」p.32）。
23) 『学則』（「大系」p.195）。
24) 先王の事跡をつたえる『書経』を注釈することなど。
25) 『蘐園十筆』（「全集・17」p.775）。
26) 『弁名』（「大系」p.48）。
27) 『蘐園十筆』（「全集・17」p.724）。
28) 同上、p.797。
29) 『弁名』（「大系」p.49）。
30) 『蘐園随筆』（「全集・17」p.306）。
31) 『徂徠集』（「大系」p.534）。
32) 本章第2章、第3章、を参照のこと。
33) 『論語徴』（「全集・3」p.376）。
34) 『太平策』（「大系」p.473）。
35) 『蘐園随筆』（「全集・17」p.262）。
36) 同上、p.238。
37) 同上、p.300。
38) 『太平策』（「大系」p.455）。
39) 『弁名』（「大系」p.68）。
40) 『学則』（「大系」p.197）。

41) 『弁名』(「大系」p.124)。
42) 『学則』(「大系」p.197)。
43) 「故に学んでその性の近き所を得るも、またなほかくのごときかな」と付けくわえる徂徠に、われわれはなにほどかの諦念を見出すこともできる。同上、p.197。
44) 同上、p.196。
45) 『弁道』(「大系」p.33)。
46) 『訳文筌蹄』(「全集・2」p.237)。
47) 『政談』(「大系」p.373)。
48) 同上、p.367。
49) 同上、p.383。
50) 同上、p.385。
51) 『弁名』(「大系」p.49)。
52) 『政談』(「大系」p.311)。
53) 『太平策』(「大系」p.482)。
54) 『訳文筌蹄』(「全集・2」p.28)。
55) 『太平策』(「大系」p.482)。
56) 同上、p.455。
57) 同上、p.458。
58) 同上、p.482。
59) 『政談』(「大系」p.375)。
60) 『徂徠先生答問書』(「全集・1」p.446)。
61) 『政談』(「大系」p.374)。
62) その場合に重要なことは、ただただ「長所」をもちいることである。「必長処短処ヲ具ニ知ラントスレバ、短所ヲ気ヅカウ心ツヨキユヘ、長所ヲ快ク用ルコトナラヌモノ也」。『太平策』(「大系」p.469)。
63) 『蘐園十筆』(「全集・17」p.705)。
64) 自己の恒常的なあり方に対する意志を指し示すことばとしてもちいる。「一貫の旨」については、『論語徴』(「全集・3」pp.512-513)。『弁名』(「大系」p.33) などを参照のこと。
65) 『学則』(「大系」p.196)。
66) 同上、p.192。
67) 同上、p.196。
68) 『弁道』(「大系」p.23)。
69) 『蘐園十筆』(「全集・17」p.842)。
70) 『弁名』(「大系」p.99)。
71) 日野「徂徠学における自然と作為」『講座日本思想』第1巻、東京大学出版会、1983、p.231。
72) 徂徠学に示される、1) 経験的実証の認識態度 (「名」と「物」との対応関係について)、2) 技術的行為に対する積極的な志向 (とりわけ兵学等)、さらにつけくわえ

て、3) 人間の生の活動性（「活物」観）に対する認識、こうした諸特徴は西洋医学（医療）の認識の史的発展に親和的関係をもっていた。佐藤昌介『洋学史研究序説』岩波書店、1964、第1篇第2章徂徠学と洋学、など参照。そのような関係は、歴史の出来事として表面にはあらわれてこないが、わが国における科学的見地からの障害者教育の認識にも密接に繋がっていたことも注意されてよい。拙稿「江戸後期ヨーロッパ系医学書の運動障害認識に関する一考察」『特殊教育学研究』（日本特殊教育学会）第23巻第2号、1985、参照。

第5節 「礼・楽」制度をつうじての人間形成諸機能
―――両極的な人間形成課題と Sachlichkeit 原理の展開―――

1．問題の所在

　本節は、徂徠学における「制度」の人間形成機能に関する論説をとりあげて、その特質を人間形成の両極的な諸課題との関係において考察するものである。第4節にひき続いて、万人の人間形成の思想をとりあげる。

　徂徠学において、「制度」を確立しようとする志向は、中心的ともいえる位置を占めている。その「制度」とは、とくに「礼楽」といわれるものを内容として、しかもそのなかで六経と総称された古典に依拠し、「先王の道」と規範化されるものだった。そしてこの「制度」は、基本的には「天下国家を治ムル」政治技術として性格づけられていた。このような礼楽制度の働きとしてかれがとくに重視したのは、それがはたす人間形成機能（「礼楽は徳を成す」）であった。本節で中心的な問題にしたいのはこの点である[1]。

　礼楽制度の人間形成をかれが重視したことは、すでに前節でふれた「棄材なく、棄物なし」という理想的社会を構成する人間主体の形成の方策に関する、選択的な判断だったことに留意したい。というのは、この目的を実現する一環として、「大学」「小学」「庠」「序」「塾」といった専門的に教育することが意図された種々の機関（「学校」）がありうること（「学校立ちて二帝三王の道存す」[2]）を、かれは知っていた[3]。したがって、学校そのものの存在理由についても、かれは否定していたわけではなかった。にもかかわらず、教育目的（＝人間形成）を直接的に実現する意図をもった機関としての学校の制度を、かれは積極的には構想することはなかったのである[4]。その一方において選択的に重視された礼楽は、社会生活における

第5節 「礼・楽」制度をつうじての人間形成諸機能

行為の具体的な諸事実、すなわち「事(わざ)」という性質を基本的に示す(「礼楽は事なり」)。まさしくそれは、一種の Sache にほかならない。より具体的には「天下万事ノ儀式」である礼、「歌舞管絃ノ芸」である楽を内容とする[5]。それらは徂徠の所見によれば、直接的に——端的には「言」で——「喩レ人」(人を論す)ものではなく、間接的に「事」によって「人自喩(おのずからさとる)」ようにするものである[6]。人間形成における Sachlichkeit の原理をかれは尊重するのである。いったいなぜ徂徠はそのような消極的ともいえる人間形成機能を方策としてあえて選択し、重視したのだろうか。

この問題は2つに分けて検討しうる。一つはなぜ教育目的を直接的に実現する学校制度を積極的には構想しないのか。もう一つは、なぜ礼楽制度の人間形成機能を重視するのか。この2つの設問のうち、前者については教育思想に関する先行研究[7]がその要点を明らかにしている。学校そのものではなく現実に存在する学校に見られる「講釈」(講義)という基本的な教授形態に対するかれの疑義——その一つは学習者の自発的な理解(「自得」)が尊ばれないこと——がその根本的な解答となるだろう。後者については、先行研究のうち政治的角度からの論及[8]がその一側面を明らかにしている。礼楽の「化ス」という教化機能は支配を支配として民衆に意識させない特性があること。そのゆえに徂徠は統治技術としての礼楽を評価したとする。「天下国家ヲ治ムル」技術を優先するかれの意識からすれば、その論及内容は順当といえる。以上の2つの設問のうち、本節は後者に含まれる。とくに注意をむけたいのは、現実における人間の諸様態(態度、才能、資質など)に関する諸課題解決に対する礼楽の人間形成機能の適合性という点である。すなわち、いかなる人間の様態を課題として徂徠は認識したか、そしてこの認識に基づいて礼楽制度のどのような人間形成機能を重視し理論的に基礎づけたか、という点を本節では究明する。

この課題に対する接近について。さきに明らかにした「気質」と「職分」との適合的関連をもとめる発達の観念[9]は、人間のあり方に関する課題のうち、「衆の同じく共にする所」としての公的領域についての徂徠の認識に含まれる。それは「聖人の世には、棄材なく、棄物なし」という究

極の理想的社会像から導かれた、「気質」と「職分」との関係をめぐる人間自身の価値的変化に関する観念であり、万人はそれぞれの仕方でなにほどか公共的な、それゆえに不可欠な役割をはたす人間（「役人」）とならねばならないとするものだった。そうした課題とともに、万人は、もちろんそのなかで「君子」たるべき者も含めて、それぞれ「己の独り専らにする所」としての私的領域にも属する。その領域のなかの各人は、当然のことながら、種々の現実の具体的状態におかれ、理想的あり方から外れた、なにかしらの異変、混乱、不安の状態にもさらされる。徂徠の所見としてよく知られた例でいえば、同時代の城下（江戸）に住む武士たちの「雲ノ根ヲ離レタル様ナル境界」[10]などは、この種の状態についての一つの観察といえる。こうした人間の現実的な諸様態について、徂徠はその卓抜な経験的観察眼をもって全体性の視野において把握し、人間のあり方の課題を自覚していたのではなかったか。自覚されたその課題があるとすれば、それは公共善にむけての人材育成の課題のあり方とどう関連しているのだろうか。本節では、この点に根本的な問いをむける。

　この２つの関連をたどることをつうじて本節が明らかにしようとするのは、両極的な——徂徠のことばでいえば「両端」の——課題をかかえた人間像である。この人間観との関係において、「礼・楽」を内容とする制度をつうじての人間形成機能をかれはもとめるのである。本節によっても、本研究が呼ぶところの「測定術」の思考様式が跡づけられるだろう。その場合、とくに精神諸部分の内的均衡をつうじての自己支配をもとめるS系統の課題が明確に重視されることになろう。

２．人間の「変動」の諸様態についての認識

　人間が「活物」であること。それは徂徠の思想においては万人が「役人」となる発達の基礎的条件であった[11]。けれども「活物」としての人間は、その本質的特性としてかならずしもそのような発達として価値づけられない変化の外的状態にもさらされる、また人間自身がそうした様態に陥

いる。「変動」ということばは[12]、このような様態を典型的に指し示す。とくに3つの局面でその諸様態を徂徠は認識している。以下、それらを見てゆこう。

1）天地の変動

風、雲、雷、雨といったことから人間の言語行為にいたるまで、それらがどのような「からくり」で現れるのか、「天地の妙用」などとしかいいようのない事象がある[13]。それはひとが「知る所」である「人事」とは異なる。しかし人間との関係がある。ただしそれは一方的であって「天」が「我に命ずる」ものである。なんらかの「不測」の事態がわれわれ自身に、またその身辺に起こりうるということである。たとえば「よき人の子をそだて候には、御乳めのとをつけ候而、怪我さするなあやまちさするなと詞に詞を添へ、目に目を付重ね候へども、大名の子も怪我致し候事有之候。又賤き者の子供は、其母さへ渡世に暇なく候得ば、はだへ薄く、日に照させ雨にうたせ、心儘にくるひありかせて、誰守に付人の無之候へども、さりとては溝堀にも落ず、牛馬にも踏殺れずそだち行候」[14]。子育てに関しても、われわれの意図をこえて予測しがたい事態がひき起こされる。その事態がよきにつけあしきにつけ「冥冥呼」[15]（測り知れないさま）というべき変動のうちに、われわれは曝される。

2）天下の変動

とくにひとそれぞれの「見る所」によって生ずる「天下」の変動がある。「人その性を殊にし、見る所は性を以て殊なり。人その居を殊にし、見る所は居を以て殊なり。しかうして中は定らず。天下の乱るる所以なり」[16]。「見る所」とはかならずしも視覚に限定しているのではなく、それに代表される知覚、さらに「義」（意味）にかかわる見解[17]までも含めた認識するところと解していいだろう。それは各人がどのような「性」（気質の性）を有するかにより、またどのような場（場所、地位、立場、境遇）から「見る」かによって個々別々である。そのこと自体はやむをえない[18]。

第3章　理念的超越性の立場からの徂徠学の構想

徂徠が問題にするのは、「見る所」がそのように制約されることが当事者に注意されない点である。たとえば人を知るという場合、「我眼鑑ニテ人ヲ見ントセバ、畢竟我物好キニ合タル人ヲ器量有ト思也。是愚ナルコトノ至極ナリ」[19]。「我眼鑑」に拘束されてしまうことは統治上の問題にもなる。すなわち「此国、今ノ世ノ風俗ニ染リ居テ、心アワヒモ智恵ノハタラキモ、其クルワ（曲輪。城のまわりにめぐらせた囲をいう――引用者注）ヲ出デズ、カヽル心ヨリ、聖人ノ道ヲ取用ルユヘ、其心ニハ聖人ノ道ナリト思ヘドモ、全ク吾物ズキノ筋ヲ離レザルコトヲ知ラヌナリ」[20]。眼鑑もクルワも「見る所」を制約してしまう「性」、「居」の比喩である。そうした制約に注意をはらうことなく、各人がもっぱら個人的な主観（「己の見る所」）にしたがうことによって社会状態を適切に維持する制度（「中」）は定まらず、天下に混乱（変動）をきたす。

3）情の変動

　人間の心にも変動を生ず。「心なる者は、人身の主宰なり。善をなすは心に在り、悪をなすもまた心に在り」。こうした心の存在は「国の君あるに譬ふ」ことができる。「国に君あればすなわち治り、君なければすなはち乱る。ひとの身もまたかくのごとし。心存すればすなはち精しく（明らか――引用者注）、心亡はるればすなはち昏し」。とはいえ「心存す」かどうかで善悪が決まるのではない。「心存すといへども正しからずんば、あに貴ぶに足らんや」[21]。この点でひとはともすると心に「明鏡止水」というような静止の状態を理想として欲する。しかし徂徠はこうした態度を人性の性質に反するものであると考える。「これ、心の、動く物たることを知らず」[22]。「動く」という性質を顕著に明らかにしているのは、情である。それは「喜・怒・哀・楽の心」であり、いずれにしても心が「思慮を待たずして発する者」である。いいかえれば、「情は矯飾する所」なく、「その内実を匿」してはいない。そこでどういう事態が生ずるか。「喜怒哀楽も、また人の必ずある所の者なり。然れどもその動きの偏勝して節に中らざるときは、すなはち必ず、中和の気を傷ひて、以てその恒性を失ふに至

る」[23]。人間の心に徂徠が見出すのは、こうした情の変動である。

3．両極的な人間形成課題
―― 人間の「変動」の諸様態についての認識と発達観念との関連 ――

　人間は変動する。この様態は、一時的であれある程度持続的であれ、誰しも免れがたい。それでは、この諸様態にどのように対処することが重要なのだろうか。そして、この対処に関する徂徠の認識は、発達の観念とどう関連するのだろうか。これまでの論点に即して、人間のあり方の全体性にかかわる見解をつぎに検討してゆこう。

　1）「天命」と「移化」
　「天」はわれわれの意図をこえて予測しがたい事態をひき起こす。われわれには「これを如何ともすべからざる者」[24] である。それを徂徠は「命」とも「天命」ともいう。命を認めるがゆえにかれは、誰もが「聡明叡知」の聖人になれるといった無制限な人間の完成可能性はありえないと考える。それでは人間の能力がまったく無力であることをかれが主張しているのかといえば、むろんけっしてそうではなかった。「其人智人力のとどき不申場にいたり候ては、君子は天命を知りて心をうごかず、我なすべき道を勤候」ことが重要なのである。たとえば「船頭の舟に乗り候に、…大洋に押出し、風波に逢候ては、智力も盡果、只仏神の力を頼候より外他事無之候。されども仏神の力を頼み候上に、猶々己がつとむるわざを励候故、十死一生の難を凌ぎて生路を得候」[25]。風波に出逢ったことは所与の状況である。それは当事者に対してはなんらかの制限として働く。しかしそうした状況を自己がおかれた不可避的な条件としてうけ入れる。そのうえで、自分は何をすることが可能なのかを模索する必要がある。このような行為の可能性の立場に立った、自己の能力の限界性に自覚こそが、「命を知る」ことの要諦であると徂徠は考える。

　このような天命論の一方、人間の可塑的な変化能力に対して期待すると

ころもあったことを、われわれは徂徠の発達観のうちに認めねばならない。人間が誰しもが「運用営為の才」、すなわち、なんらかの働きの才をもっている。そのゆえに「総テ人ノ身ハ使フ所タクマシク成物ニテ、手ヲ使フトキハ腕強クナリ、…心ヲ使ヘバ心ニ才智生ズ」[26]。このように「その習ふ所に随ふひ、能くこれに移化す」[27]という認識に基づいて、各人がそれぞれの運用営為の才を発揮しうる場をとくに為政者が用意することを徂徠は主張していた。

　2)「統一」と「万殊」
「見る所」が人まちまちにより「天下の乱るる」事態が出現する。それにどう対処すべきか。「人の初めもまた山谷の間に散処し、渙然としてあひ通ぜず」[28]ということもありえたかもしれない。しかし徂徠は、そうした人々の孤立分散をよしとはしない。人間誰もが「相愛し相養ひ相輔け相成す」といった協調性をもっていると、かれは理解している。それゆえ天下（社会状態）の混乱はなんとしても克服すべき問題である。ここで徂徠が重視するのは、聖人（先王）はどうしたかという点である。「見る所」の問題によって混乱が生じた、「ここにおいて先王、中を建てて以て極となし、天下の民をしてみなこれに由りて以て行はしむ」[29]。中とは「過不及なき」[30]（過不足ない）という意味の理想状態を指す。それを極＝「民の準拠する所」として先王が設定したことをかれは重く見る。なぜか。「然るのち天下は得て統一して乱れざるべきのみ」。「統一」、すなわち人間の集団としての統一に関して、徂徠がもっとも尊重するのは「億万人」[31]のそれである。これこそ「先王の道」としてかれが追求するものである。

　このようにひとびとの統一ということを尊ぶ一方、人間はみなそれぞれの個別性を実現しなければならないと、かれが主張していたこともわれわれの知るところである。個別性とは各人の「気質の性」を指す。「物は算なし」[32]という多様性の認識に立って、人間についても「人ごとにその性を殊にし」、そのゆえに「万殊不斉」[33]とかれは理解していたのだった。したがって「人ヲ一様ニシタガルコト」[34]を批判し、各人が材を成すにさ

いしては「一にすべからず」[35]と強く主張していた。

3）「安穏」と「生々」

心のうちで情はその動きが過激になることがある。そうした状態に対して徂徠が望ましいとするのは「節に中」るようにすること、すなわち心が節度にかなったものとして安定することである。安定という主張はたんに心の領域にとどまらない。より具体的な生活状態としてももとめられるべきであると、かれは考えている。「安穏」という言葉は、そうしたかれの考えを典型的に示している。「安穏ナラシムルト云ハ、飢寒盗賊ノ患モナク、隣里ノ間モ頼モシク、其国ソノ世界ニハ住ヨク覚ヘテ、其家業ヲ楽ミテ、民ノ一生ヲクラスヤウニナスコトナリ」[36]。そうした状態に対して、「古郷ト言者ヲ不持、雲ノ根ヲ離レタル様ナル境界」いわゆる「旅宿ノ境界」は生の安定性を欠いたものとして徂徠の注意するところとなる。

このように安定化を主張する一方、つぎのような発達観をかれが示していたことの見逃せない。人間には誰しも運用営為の才がある。それが発揮しうるにはある種の場が必要であった。「人ノ智ハ様々難儀苦労ヲスルヨリ生ズル物ナルニ、左様ナルコト無レバ、智恵ノ可レ生様ナシ」。たとえば乱世の名将が智恵あるのも、「生死ノ場ヲ経テ、サマザマノ難儀ヲシタル故」[37]である。難儀するような場こそ重要である。それに対して「何事モ心ノ儘」である「太平」「無事」の状況にあってはどうして智恵が生じよう。このようなかれの見解を基礎づけていたのは、たえざる「生々」のうちに運動・変化してゆくという人間観（発達観）であった。

以上のように徂徠は、人間の「変動」の諸様態に対する課題の認識と発達（課題）観念とを示していた。この２種類の諸課題の認識はそれぞれ別個に示されたものであった。しかしわれわれはそれらを関連づけることにより、つぎのことが明らかになる。すなわち、徂徠は、異なった人間のあり方（態度、能力、資質など）を課題として重視していること、しかもどちらか一方を他に従属させることなく同等の重みをもったものとして見てい

333

ることである。課題とする人間像をこのように両極的な構造をもったものとするわれわれの把握は、「両端を得る」という複眼を重んずるかれの認識一般の方法的態度と内面的に関連する[38]。そうした人間のあり方の課題は、われわれが「測定術」の課題と呼ぶところの一種にほかならない。

4．「礼・楽」をつうじての人間形成諸機能

　以上の人間のあり方の課題の認識をふまえて、徂徠の「制度」論にたち入ることにしよう。ここにいう「制度」とは、むろん「礼楽」、しかも「先王の道」として規範化しうる「礼楽」を内容とするものを指す。この「制度」論のうち以下においてとくに着目しようとするのは、この「制度」をつうじての人間形成機能に対するかれの理論的基礎づけである。こうした「制度」論において人間の理想像の実現がどう期待されているか、より限定していえば両極的な人間のあり方を実現するという上述の教育課題に対して、どのような解決が想定されているか、という点にわれわれは留意して、「制度」がはたす人間形成の諸機能に関する論説をつぎに跡づけてゆきたい。

1）礼楽とその人間形成機能
　徂徠が重んずる礼楽制度は、すでにいくたびもふれたように、「天下国家ヲ治ムル道」として性格づけられた一種の規範（「規矩準縄」）である。それはたしかに規範であるが、衣服、音信、贈答、家居、器物など人間世界における種々の文化的諸事物であって、「形」（形式）として具体的に出現している。それゆえこの規範は、「心」のなかにあるのではないと、徂徠は考える[39]。こうした「形」ある礼楽制度は、つぎのような一定の価値を具現化している。
　「中和なる者は、徳の至りなり。精微の極にして、以てこれに尚ふるなし。然れども中和は形なく、意義の能く尽くす所に非ず。故に礼は以て中を教へ、楽は以て和を教ふ。先王の、中和に形づくれるなり。礼楽は言は

第5節 「礼・楽」制度をつうじての人間形成諸機能

ざれども（「人は、言へばすなはち喩る。言はざればすなはち喩らず」[40]）というのが通例だが、「事」としての礼楽は——引用者注）、能く人の徳性を養ひ、能く人の心思を易ふ」[41]。

「中和」という価値には「形」がなかった。しかし「形」ある礼楽を具体的内容として先王がこの価値に形をあたえた。このことが史実かどうかここでは問題ではない。われわれが着目すべきなのは、礼・楽がそれぞれ「中」「和」という価値を具現した、「形」ある規範であり、しかもある人間形成の機能をはたすと、徂徠が理解していることである。それでは、かれによって中・和という価値に関係づけられた礼・楽の人間形成機能とは、どのようなものであろうか。

まず礼について。「先王の、天下を紀綱し生民の極を立つる所以の者は、専ら礼に存す」[42]。この一文には礼の基本的性格、その人間形成機能に関する徂徠の認識が集約されている。すでに本章のはじめでもふれたように、徂徠は人間も含めた万物は「算なし」という多様性の認識を示していた。この多様な現実の様態はそのままではなんとしても「別つこと」（種別）はできない。そこで「繁を御するの術」が必要となる。すなわち、同類のものをまとめてそれらを符号として表す（「その類を紀して以てこれを象」る）ことである[43]。そうすることによって万物は秩序だったものとして認識される。したがってこの類別は、けっして自然に存在するものをそのまま反映するのではなく、あくまでも便宜的な技術である（「あに必ずしもその理あらんや」）[44]。礼が「天下を紀綱」し、また「群類之綱紀」[45]であるとは、人間社会をそのように技術的に類別されたものとする徂徠の基本的認識を示す。しかしこの礼の場合、類別が個人の任意になってはならない。なぜなら「ほしいままにその意を以てこれを言」えば、「極（「民の準拠する所」——引用者注）ここにおいてか壊る」[46]。各人に共通する秩序像が確保されないからである。それを得るためにはどうすべきか。衣服、家居、器物、音信などについて、ひとびとの貴賤、知行の高下、役柄の種類に応じてそれぞれ「次第」をつけ「差別」（区別）することである。そうすればひとびとに明確に「見別ケ」られ、共通の秩序像が確保されるだろ

335

う[47]。このようにして一定の秩序にひとびとを「統一」してゆく礼の人間形成機能を、かれは重視する。

　このような礼は人間に対して「制」するものであるので、当の者には「厳」しく感じられる。また「操る」(操作する)ところがあるのでそれとして「知る」。こうした礼に対して「楽」は、よろこびの心(「驩欣悦豫の心」)から人を導く。それゆえ人間の徳を「不知不覚の間に養ふ」[48]。このような性質をもった楽は、とくに2つの人間形成機能をはたすと、徂徠は見る。その一つ。「その(先王が——引用者注)、楽を制するや八音五声(八種の楽器と五つの音階——引用者注)、相和して以て相済すこと、なほ五味(酸、苦、辛、甘、鹹——引用者注)の和するがごとく、以て人の徳を養ひ…」[49]。各人それぞれの「気質」の個別性——この場合にはたんなる個別性ではなく、その人の長所といえる個別性(個性)——を伸長してゆくことが、「楽」の機能として重視できる。「楽なる者は生ずるの道なり」というかれのことばはこうした人間形成の機能に関する認識を要約的に指し示す。人間がそれぞれ「万殊」(多様)でしかも協調的であるという性質を楽は養うと、かれは理解するのである。もう一つ「人情の悦ぶ所に率ひて、和順して以てこれを導き、以て天下の人をして道徳に和順し…」[50]。心がはげしく動揺したとき「楽は能くその躁動を制し、その過甚を防ぐ」。すなわち、「楽なる者は、心情を理むるの道」[51]である。こうして楽は人間を「和順」にする機能をはたすと、かれは理解する。「安穏」というべき生の安定した状態は、このような楽により実現すると、かれ期待するのである。

　以上のような人間形成機能をはたす礼・楽は「相須つ」、すなわち2つは相補的であってどちらか一方を欠き「孤行」してはならない[52]。

2) 礼・楽の実践主体としての「万民」

　徂徠によれば、礼楽制度を「制作」した者は、先王と呼ばれる歴史上の人物である。この礼・楽には、歴史的な制作者とともに、その担い手＝実践者を必要としている。かれが想定していたのは、いかなる主体だろうか。

第5節　「礼・楽」制度をつうじての人間形成諸機能

　当面する同時代の「無₂制度₁」状況のなかでかれが問題視したのが主として武士階級であったことはまちがいない。けれどもかれがもとめる礼楽制度は、その担い手をある特定の階級、一部のひとびとに限定してはいない。「天下国家ヲ治ムル道」として性格づけられたこの制度は、あくまでもその理念としては「億万人を合す」ことを要求する。かれが礼楽制度の人間形成機能を重視する場合でも、その対象は「万民」であると考えられる。

　「万民」を礼・楽の実践主体とするということは、「聡明叡智の徳」を有した先王らとは異なったひとびとをもその担い手に含めことを意味する。「先王の道は、天下を治むるの道なり。天下の大なる賢知(けんち)は常に鮮(すくな)くして、しかうして愚・不肖(ふせう)は常に衆(おほ)し」[53]。世界においてつねに夥しいのは「愚・不肖」である。しかも現実世界には、「年より用にたたざる片輪なる」者なども存在することをかれは承知している[54]。こうした社会的現実をなにほどか考慮して礼楽制度も制作されているにちがいない。礼楽も含め先王の制作した諸制度は総じて「中」（過不足ないあり方）を本質的特性とし、そのゆえに「民の準拠する所」となっていると、かれは解している。それに対して「己の見る所」（個人主観）のみにしたがって「精微なる理」をつくり、それを規範として「天下の民に強」いるような事態は問題とせざるをえない。先王の制作した諸制度は、賢知者から愚不肖までを含む万民が、それぞれの「勉強」（努力）によって実行可能な、「甚だしくは高からず」という平易な性質のものであると、かれは評価する[55]。

　徂徠が礼楽制度の性質をこのように捉えてその担い手＝実践主体を「万民」であると見なす理由についてたずねよう。為政者たる者は「天性父母之心」をもって、ひとびとをけっして「見放」さない、といったかれの期待[56]は、この点についての基本的な理由の一つとして着目できる。しかしそれだけだったとは思われない。より必然的に「万民」という担い手を必要とする積極的な理由があったのではないか。「総ジテ天地ノ間ニ万物ヲ生ズルコト各其限リアリ。…元来貴人ハ少ク賎人ハ多キ故少キモノヲバ少キ人用ヒ、多キモノヲバオオキ人ガ用レバ、道理相応シ、無₂行支₁」[57]

といった、万物の限界性についての自覚とそれに基づく調整の必要性に関する認識がかれにはあった。人間社会の場合について見ると、「何ホド民ヲ安ンズル心ニ住シテ、アケクレニソノ工夫ヲナストモ、天下国家ハワレ一人ニテ治メラレヌモノナリ。人ノ才智ニ限リアリ、精力ニ限アリ、思慮ノ及バヌ所アリ」[58]。人間の能力は個人として見れば為政者といえど限界がある。しかしそのことは悲観するにはおよばない。「農は田を耕して世界の人を養ひ、工は家器を作りて世界の人につかはせ、商は…。各其 自(みづから)の役をのみいたし候へ共、相互(たがひ)に助けあひて、一色かけ候ても国土は立不申候」[59]。みずからの能力の限界性を自覚して、各人は生活に必要な諸々の仕事を他の無数のひとびとと分担、協力する。そして各人はみずからの能力に適合した公共的課題をみずからの役割の一つとして遂行してゆく。万民は「役人」とならねばならないというあの究極的な教育目標こそ、万民を実践主体として制度を構想する必然的な理由といえる。

さらに看過できないのは、万民を礼楽の主体として想定することを可能にする理由である。万民はただちに「役人」として公共的役割を遂行できる能力をそなえているのではない。それならば万民に期待することは無駄ではないのか。けれども徂徠はそのようには判断しない。「唯ヨク長所ヲ用レバ、天下ニ棄物ナシ。…人ハ活物ナル故、人君ノ用ヒヤウニテ人才ヲヤシナヒ成シ、器量ノ人出来ルナリ」[60]。人間の能力はそれを使用することをつうじて伸長できる。そして「器量ノ人」＝「役人」となれる。すでに前節でふれたように、徂徠には能力についてのこうした「移化」しうる性質（発達可能性）に対する信頼があった。この点が、万民を礼楽の実践主体とすることを可能にする理由となる。

3）「人情」の常態性に対する君子の斟酌

万民を対象に「制作」された（と徂徠は捉える）礼楽制度を、後世──聖人（先王）の世以降──の誰が、いかにして「行ふ」（確立する）べきかという問題がある。この点を3）、4）で明らかにしてゆこう。

徂徠によれば、中国古代先王が制作したこの制度は「道」（規範）として

「万世これに因る」[61]ことのできる普遍妥当性をそなえている。そのゆえにこの制度を認識するにさいしては「古聖人（先王——引用者注）之書を文面の儘に解」することをかれは重んじ、それに反し「古聖人之書をはなれて別に自分の見識」を立てることを斥けた[62]。しかしこの先王の制度を、時空を異にするさまざまな歴史的個体（「古今華夷之分」[63]）に対応できる制度として確立するという局面では、そうではない。「以_2己意_1斟酌以行_レ之」[64]こと、むしろ積極的に私見をもって先王の制度を斟酌することが必要であると、かれは解した。誰がそれをするのか。後世の「君子」である。「天下を安ずる道」（「先王の道」）を自覚的に「学ぶ」ことが期待された、その代その代の為政者である[65]。

　それでは、かれらの任務たる「斟酌」とは、どうすることなのだろうか。斟酌するとは、制度それ自体が「求_レ合_2人情_1」[66]ことである。「人情相応ニ」[67]、「本_2於人情_1」[68]、「人情に縁」[69]るともいう。もし「制度」がそのようなものとして確立されないならば、それは民間に定着することなく「窒碍」（ふさがり行きづまる）するだろうと、徂徠は判断する[70]。「制度」それ自体が「人情に縁」るとは、換言すれば「人ノ情ヲ破ラズ」[71]ということである。それならば、「人情」そのものを総体として尊重するような「制度」を確立せよということか。「華美ヲ好ムハ人情ノ常ナル故、制度ナケレバ世ノ中次第ニ奢リナリ行ク也」[72]といい、「高位・大禄ノ人ヲ善人ト思ヒ、末々ノ者ヲ虫ケラノ如ク思フ事、上タル人ニモ免レザル人情也。其上ニ又臣タル人ハ、立身ヲ好ム利欲ノ心、人情ノ不免所ナル故、何レモ上ノ御気嫌ニ合セ、上ノ御心ヲ取ント心掛ルコト甚シ」[73]といい、そして「刑罰ノ利権其手ニ在ルト見レバ、賄賂ヲ出シテ罪ヲ免レントスルコト民ノ常情也」[74]という。これらの事実を徂徠は承知しているので、「道はおのづから人情はおのづから道、得て混ずべからず。至道は固より人情に悖らざれども、人情はあに必ずしもみな道に合せんや」[75]といわざるをえない。人情そのものを総体として尊ぶ考えはかれにはない。それでは「人情に縁」るとはどういうことなのだろう。徂徠はつぎのような例も「人情ノ常」として捉えている。「当時ハ其身（武家を指す——引用者注）江戸

ニ在テ知行所遠方ナレバ、馴染(なじみ)モナク、恩義モ不貫、唯百姓ヨリハ年貢ヲ取物ト覚ヘ、百姓ハ又年貢ヲ収ル物ト計覚テ、唯取ン取ラレジトノ心計ニテ、百姓ニ非道ヲスル族モ有之ドモ、不断ニ我住所ニテ見習、聞習スルトキハ、愛隣ノ心モ自然ト生ジ、如何様ノ人ニテモ百姓ヲサノミ苛(むご)クハセヌコト、是又人情也」[76]。「愛隣ノ心」も生ずるというこの「人情」の例を「徳有テ甚宜キコト也」とかれは讃える。なぜだろうか。本質的に重要な点は、この人情が「天下国家ヲ治ムル道」の方向に合致すること、すなわち「棄材なし」という究極の理想社会像をたとえその一端とはいえ具現化しうる基礎（素地）をその人情が提供しているからである[77]。

　要するに「人情ノ常」なるあり方には、大別すれば「道」にかなった部分──「道」そのもの、ではない──とそうでない部分とがある。それゆえ君子たる者はこうした「人情」の常態性を知っておく必要がある[78]。そして「礼楽制度」を確立するにさいしては、その知識をふまえて「制度」それ自体が「道」にかなった「人情」の部分に基づくように確立する。われわれの「人情」の常態そのままでもなく、あるいはそれに背いてでもなく、「人情」の常態のある部分に基づく「制度」を確立するのである。そうすれば「人タル者ノ勝手能(よ)ク」[79]なるだろうと、徂徠は期待する。

　以上のようにかれは、先王の制度を公式的に、ともすれば硬直した形で採用することなく、個々の歴史的具体的状況下で斟酌することを必要不可欠とした。「制度」の確立において生（「情」）の安定性は基本的に配慮されねばならない事項なのである。

4）「ワザノ仕カケ」による習慣づけ

　「制度」確立にさいしてはそれをひとびとの「人情」に合致するようにする。それではこうした性質の「制度」は、具体的にはどのように人間に働きかけるのだろうか。「近来ノ有サマヲ見ルニ、倹約ノ御触度々ニテ、奢侈ヲ禁ジ玉ヘドモ、奢侈止ムコトナク、…武芸ヲハゲマセドモ、武士ハ日々ニ柔弱ニナリ、諸士ノ行儀、下民ノ風俗、日ヲ追テアシクナリ、第一ハ物価騰踊シテ、上下トモニ困窮シテ、是ヲ制スベキ術ナクナリユクコト

第5節　「礼・楽」制度をつうじての人間形成諸機能

ハ、唯号令法度ヲ以テ下知シテ、是ヲ制セントスル故ナリ。タトヘバ山中ノ民ニ、泳ヲ習ヘト下知シ、海辺ノ民ニ、炭ヲ焼ケト云ガ如シ。皆風俗ノセシムルコトナルヲ、ソレヲサシヲキテ、法度ヲ以テ治メントセバ、ナラヌコトヲ強ユルニヨリテ、畢竟無理ナル位置ト云者也」[80]。御触、号令、法度など「法家」流の法によって一定の人間あり方を強制してゆく方法がある。それについて徂徠は「無理ナル位置」と批判的であった。この方法と区別してかれが重視するのは「風俗」である。「風俗ハナラハシナリ」[81]というように、その基礎的概念としてかれが理解するのは習慣（「習ハシ」「習ひ」）である。それが「天下国家に在る、これを風俗を謂ふ。その一身に在る、これを気象と謂ふ」[82]と捉えて、習慣の様式をかれは社会的レベルと個人的レベルを識別した。それゆえ「風俗」とは社会的慣行といえる。したがって風俗は（「気象」も同様に）それ自体としては価値中立的な概念であって、なにかしらの価値規範を示すものではない。こうした性質にかれは留意し、「風俗」という概念によってなんらかの行為の諸事実を指し示そうとする場合、それをしばしば「ワザ」（「事」）ともいう[83]。価値中立的ではあるが、風俗は人間を動かす。その機能に着目して、かれは「風俗ノセシムルコト」というのである。そのなかでかれが重視するのは人間形成の機能である。それはむろん望ましくない事態をももたらす。たとえば城下（江戸）に住み慣れた武家が行儀を嗜むといえば「軟弱ニシテ、公家・上﨟（じゃうらふ）ノ如ク」であったり、行儀にかまわずといえば「町奴（まちやつこ）様ニナル」。こうした変化は「風俗ノ移ス所」にほかならない[84]。それゆえ、いかにして望ましい方向に「風俗」を移行させ、ひとびとを習慣づけてゆくかが問題になる。

　そこで「ワザニ理ヲモタセ」ることが必要となる。なにかしらの価値をもってわれわれを人為的に方向づける「ワザ」＝「風俗」の仕組み、すなわち「ワザノ仕カケ」による人間形成の働きがそれである。その「ワザ」の内容として徂徠が重んずるものは、いうまでもなく「礼楽」である。「礼楽以て教へとするときは、則ち風俗厚くして気象盛んなり」[85]とその望ましい機能については信頼できる。それでは、どのようにして礼楽を内

341

第3章　理念的超越性の立場からの徂徠学の構想

容とする「ワザノ仕カケ」はひとびとを習慣づけるのだろうか。「礼楽の教へ、左といへば則ち左、右といへば則ち右、宮（五声音階の一つ——引用者注）には宮、商（五声音階の一つ——引用者注）には商、必ず其の師の如くにして、敢へて違ふに分（区別——引用者注）を以てせず。…故に其の始めて学ぶに方りては、之を剽窃模擬と謂ふも亦た可なるのみ。久しく、して之に化すれば、習慣は天性の如く、外より来ると雖ども、我と一と為る」[86]。「師」と類比されるべき対象——「中和」という価値を具現化した「礼楽」を内容とする社会的慣行——の状態に類似する活動をさせること、それが礼楽による習慣づけの要諦であるとかれは理解する。その方法は礼楽に関する一定の活動の「形」をひとびと（実践者）に要請する。それゆえこの「形」は、そのはじめ多くのひとびとにとっては「外より来る」ものと感ぜられる。たしかに不自然さは免れがたい。しかし長い時間かけその活動をくりかえし反復するならば（「久しくて之に化すれば」）、その習慣は「天性」のようになるはずだと、かれは判断する。「法」とは異なって「無理ナル仕置」にはならないというのである。そして「人は其の習ふ所に安んじ」るだろう、それが「常情」であると[87]、かれは解する。生の安定性に対する配慮が、こうしたかれの理解のうちに働いている。むろん安定した生そのものが唯一もとめられているのではない。「民は愚かなる物にて、只今まで己が仕習れたる事ならではせぬ物に候」[88]と述べ、習慣をつうじて一律的にしか行為しない人間の固着性（「積習の錮する所」）[89]に、かれは一方では注意をむけていた。そうした事態に陥いることなく、「師」というべき対象と「我（実践者——引用者注）と一と為る」ことが不断におこなわれねばならない。「生々」のうちに運動・変化してゆく人間の様態もまた、この「ワザノ仕カケ」によって実現されねばならないと、徂徠は考える。

　以上のように「礼楽制度」の人間形成機能に対する徂徠の理論的基礎づけを、われわれは跡づけてきた。

　ここでつぎの点を吟味しておこう。人間形成の両極的な課題——「天命」と「移化」、「統一」と「万殊」、「安穏」と「生々」ということばで要

342

第5節 「礼・楽」制度をつうじての人間形成諸機能

約した課題——の解決は、より根源的にはいかなる熟慮によって「制度」の人間形成機能にゆだねられていたか、という点である。

　物事には「両端」(両極)があること。それを複眼的に同時に見ることの重要性を徂徠が強調していたことは、すでに指摘した。そうした方法的自覚どおりに、かれは「礼・楽」論において「両端」といえる人間形成の課題の解決をもとめていたことが明らかであった。すなわち、両極の課題をかれは対立的にうけとめ二者択一的に取捨し、その対立の解消をはかるという態度は採らなかった。そうすることなく、かれは相異なった課題の双方を確保し、むしろ相互に協働、調和をはかることに留意していた。こうした基本的態度を以下のことばは簡潔に明らかにする。「六経は仁に非ざるはなく、また礼楽の迹存するなり。先王の教へは、譬へば時雨のこれを化するがごとし、大なる者は大生し、小なる者は小生す。仁の徳なり」[90]。先王の教えの内実としての礼楽は、各人の能力の限界性(「大」「小」)を踏まえて、それぞれの伸長を実現するものであると、かれは捉えていた(「天命」「移化」)。「礼・楽は相須つ」。「礼の守りは太だ厳なり。いやしくも楽以てこれに配せずんば、またいづくんぞ能く楽しみて以て生ぜんや」。礼の実践をつうじて各人が他のひとびととともに一定の秩序を構成してゆくことと、楽の実践をつうじて各人がそれぞれの個別性を多様に実現する(「生ず」)こととは、たがいに協調しうるものと、かれは捉えていた(「統一」「万殊」)。「礼楽は言はざるに、何を以て言語の人を教ふるに勝れるや。化するが故なり。習ひて以てこれに熟するときは、いまだ喩らずといへども、その心志身体、すでに潜かにこれと化す」[91]。礼楽に習熟することは、生の安定性を保持しつつ(「潜かに」)人間が運動・変化してゆくことになると、かれは捉えていた(「安穏」「生々」)。

　以上のように徂徠は、両極的な人間のあり方の諸課題を協調的に提出し、その両極の平衡を確保することをもとめていた。といってもこの平衡は、けっして静態的ではなく、動態的に持続されねばならない。その平衡を確保することの目的因といえる理念について徂徠が考えていことを想起しよう。「聖人の世には、棄材なく、棄物なし」という究極の理想社会の

人間像にむかって、すこしでも現実の人間の状態を近づけてゆかねばならない。万民はみな「役人」としてそれぞれの仕方でなにほどか公共的な、それゆえに不可欠な「役」をはたす、そうした人間の状態を実現してゆくためには、人間のあり方の両極的課題を同一の段階で固定し、その平衡を保つだけでは不可能である。「制度ノ立直シ」をつうじて不断に、より高次に、課題を実現してゆかねばならない[92]。徂徠はこのように考える。それゆえに両極の平衡は動態的に持続されねばならないのである。

その平衡の持続にあたってとくに必要不可欠とされるのは、2種類の動力である。一つは、「活物」としての人間に内的にそなわっている、自分自身を発動させる活動力。これはそれ自体としては不定形であって無軌道なものともなりうる[93]。もう一つは、両極の課題を人間が不断に解決してゆくのを助ける形成力であって、人間に内在的な活動力を人為的に方向づける技術によるものである。徂徠が礼楽制度の人間形成機能として重んじたのは、後者の形成力にほかならない。

5．おわりに

本節がとくに問題にしたのは、「制度ノ立直シ」を強く志向した徂徠が、ひとびとの人間形成の目的をはたすために「学校」という専門的な教育機関の体系だった整備を中心とする改革をもとめず、なぜ消極的ともいえる「礼楽制度」をつうじての人間形成機能を重視したのか、という点であった。

これまでの論述で明らかにしたように、人間の両極的なあり方を実現するという課題を徂徠は提出していた。この課題の解決に対して適合的であるという意味で、かれは礼楽制度の人間形成機能を重んじたのである。本研究が呼ぶところの「測定術」の思考様式をわれわれはたしかに認めることができる。礼楽によってＳ系統の課題、ということのできる人間形成の諸課題が解決されることを、明確に主張していたのであった。

さいごに、この理論的基礎づけをつうじてかれがとくに考慮していた、「活物」としての人間とそれに対しては外在的な「制度」との関係いかん

という問題に注意をむけて歴史的意義について吟味しておこう。

　人間の生は「活物」として「生々」するものであると、徂徠は基本的に考えていた。それゆえ、不断に「生々」してゆく人間それ自体の活動性に考慮をはらうことなく人間を「玉石土木」のごとく捉え、「工人の器を作る」ように「手ニトラヘテ作リ直サントスル」人間形成観を、かれは看過できなかった。すでに指摘[94]したように、その典型的な事例としてかれが批判していたのは、「人皆聖人たるべし」という基本命題をかかげた宋儒の主張、すなわち、「聖人」という名の道徳的完成者を理想的範型とすることによって人間を作る技術についてである。それは、徂徠によれば、各人の個体性、すなわち現実において「長短得失」のある「気質」の性をもった人間の個体性を考慮することなく、一方的に理想的範型を提示して形式化を試みるものとして特徴づけられた。これに対して徂徠が重んじた礼楽制度による人間形成も、一種の形式化の性質を示す社会的技術であることはちがいない。なぜなら制度の内容としての礼楽は、ある具体的な社会的慣行（「ワザ」）を指し、六経と総称された古典に範をおく一定の価値（「中和」）を具現化した「形」（形式）を有するものだったからである。このような「形」としての制度によって各人の「活物」としての生の運動を望ましい方向に限定づけてゆくことが、徂徠の意図であった。その場合、礼楽制度を効果的に定着させるためには、制度は「人情ノ常」に合致したものでなければならないと、かれは主張していた。生の活動性を尊重することも不可欠であると認識していたのである。この点では、人間の「活物」としての性質を主張し、かれも絶賛していた伊藤仁斎の基本的主張を共有していた。すでに本研究の第2章でふれたように、仁斎は「学」の過程で、生の活動性を尊重するとともに、作為をもって生の活動に対する主体的形式づけをもとめていた。「心は活物なり。学は活法なり。活法を以て活物を治む」（『童子問』下24）ということばは"生と形式"の問題、すなわち生の「生気」を本質的な特性として重んずるとともに、しかしその直接性を肯定するのではなく、いかにして形式をもって方向づけてゆくか、という基本的な問いを、人間形成の努力としてうけとめている課題の自覚を

第3章 理念的超越性の立場からの徂徠学の構想

あらわしていた。こうした仁斎の自覚をあらためてここに思い起こすならば、仁斎の場合には方向づける契機として、「道」を記載した古典テキスト（論語）とともに、師という人格的存在の教授とそれに対する学習とが不可欠であった。教授学内陶冶がもとめられた。徂徠の場合にも、為政者の人間形成の領域において同様に、「道」とともに師弟の同朋的な絆が重要であった。これらと対比してみると、礼楽制度による人間形成の場合には、「人情ノ常」に基づく「ワザノ仕カケ」であった。すなわち、理想社会の実現にむけて人為的に方向づけられた社会的慣行の仕組みによって、ひとびとを持続的に習慣づける（「習はしむ」）こと、それがかれの重んずる礼楽制度による形式化であった。人間形成の方法・内容の原理としてのM．ヴェーバーの用語をもって把握すれば、Sachlichkeit ということが重んじられたのである。ヴェーバーが着目したそれが、ひとびとの倫理的社会的慣習＝エートスとして実践されたものだった点も、類似性が注意されるだろう。そのような意味をそなえた礼楽制度の主張であった[95]。このゆえにこそ、「制度」——「人情ノ常」に基づく「ワザノ仕カケ」——という媒介による人間形成は、「目前ニハ迂遠ナルヤウ」[96] な、すなわち自然で消極的ともいえる性質を基本的におびることになった。

　理想的社会秩序を集合的に構成する主体、その人間の形成は、為政者たるべき武家のみならず、万人のあり方の課題としても、礼楽をつうじて「急ならず惰らず優柔の道」をたどらねばならない。その経過は、理想的社会秩序と人間のあり方の「道」にいたる、「無限接近」（マンハイム）といえるものであった。

注

1)「礼楽」——たんに時俗にあるがままのそれではなく、限定した先王（聖人）の「道」として価値的に規範化しうる特別のそれ——による人間形成の対象を徂徠は2つに大別して捉えている。一つは「君子」（為政者）が「己れに施す」という場合、いま一つは「君子」が「人に用ふる」という場合である。『論語徴』（『荻生徂徠全集』第4巻、以下「全集・4」のように略記、みすず書房、p.643）。前者については、本

研究本章第2節　主体形成の方法、が主題として論じた。本節は後者をとりあげるものである。「人に用ふる」という場合の「人」とは、民一般を指している。それゆえこの場合の人間形成は一個人の問題にとどまらず、政治的教化としての性格を帯びてくる。礼楽についてこのような性格づけは、中国における儒教の礼楽説に一般に見られる。『津田左右吉全集』第16巻、岩波書店、1965、第4篇第6章政治的意義に於ける礼楽、などを参照のこと。
2)『藼園十筆』(「全集・17」p.622)。
3) とくに「大学」についての徂徠の知識は沢井啓一「荻生徂徠の『大学』解釈」『フィロソフィア』第70号、1982、を参照のこと。
4)『政談』『太平策』(『荻生徂徠』日本思想大系、第36巻、以下「大系」と略記、岩波書店、1973)『学寮了簡書』(「全集・1」) などに徂徠が明らかにした学校教育についての提言では、すでに知られているように、その対象(学習者)をもっぱら武士階級とし、庶民一般についてはその対象外とした(このことは後者の人間形成に対する徂徠の無関心を指し示すものではない)。前者を対象にした学校に関しては、「徂徠は林家や木門一派の官学本位論に対抗して私学本位説を主張した」。石川謙『日本庶民教育史』玉川大学出版部、1972、p.18。その意図は、「強制出席」ではなく「出席任意」(石川)を尊重しつつ諸士を「読書」することを指していた。教師の教え──弟子の学びという人間関係において教育目的を直接的に実現する意図をもった「講釈」という形態をかれは批判し、それに対してある種のテキスト──意味を明示した「議論之文」ではなく「事」(事実) そのものを記して「含蓄」に富む「叙事之文」を載せるテキスト──を読むことを重視したのであった。それゆえ「学校」という機関が「講釈」形態を制度化したものとして把握されてしまうとすれば徂徠はこのような「学校」観を問題視せざるをえない。かれにとってはしかるべき「読書」が為政者たる者におこなわれることが重要なのであって、「屹ト(厳格に──引用者注)学校ト云程ノ事ニテ無トモ」と学校設立を必要不可欠なものとして執着はしない。『政談』(「大系」p.440)。「十万石以上ノ大名ニハ、其在所ニ学校ノ様ナル物ヲ立サセ度事也」という意見についても、その主眼はあくまでも「学文ヲ励ムベキ事」にあった。同上、p.442。「読書」論については、本章第2節を参照。その「読書」論が示した研究方法論上の意義については、丸山眞男『日本政治思想史研究』東京大学出版会、1952、p.166、を参照のこと。
5)『経子史要覧』(「全集・1」pp.511-512)。
6)『徂徠集』(「大系」p.527)。
7) 岩橋遵成『徂徠研究』名著刊行会、1934、p.320以下、本研究本章第2節、その他。
8) 田尻祐一郎「徂徠学の礼楽観」『日本思想史研究』第11号、1979。
9) 本章第4節参照。
10)『政談』(「大系」p.300)。いわゆる「旅宿ノ境界」。
11) 本章第4節参照。
12)『徂徠先生答問書』(「全集・1」p.463)。

13) 同上、p.438。
14) 同上、p.437。
15) 『弁名』(「大系」p.120)。
16) 同上、p.108。
17) 『徂徠集』(「大系」p.518)。
18) 「凡人の見る所の者は小にして、聖人の見る所の者は大」という程度の差を徂徠は重く見る。『弁名』(「大系」p.151)。
19) 『政談』(「大系」p.373)。
20) 『太平策』(「大系」p.450)。
21) 『弁名』(「大系」p.144)。
22) 同上、p.147。
23) 同上、pp.140－142。
24) 『学則』(「大系」p.197)。
25) 『徂徠先生答問書』(「全集・1」p.463)。
26) 『政談』(「大系」p.367)。
27) 『弁名』(「大系」p.110)。
28) 『蘐園十筆』(「全集・17」p.586)。
29) 『弁名』(「大系」p.108)。
30) 同上、p.107。「中」という理想状態を徂徠はとくに3つの分野で把握している。(1) 「道」の名。政治的な諸制度、具体的には、度・量・衡、文字など多岐にわたる。(2) 「徳の名」。為政者のみならず「民」も含め誰しもが行うことができる「孝悌忠信」などの徳、および「礼楽の徳」を指す。(3) 「性の名」性は「その習ふ所に随ひ、能くこれに移化す」という習慣に基づく人間変化の可能性を指す。「先王、中を建て」という場合には、(1) の意味である。
31) 『弁道』(「大系」p.17)。
32) 『弁名』(「大系」p.160)。
33) 『徂徠集』(「大系」p.544)。
34) 『太平策』(「大系」p.482)。
35) 『学則』(「大系」p.196)。
36) 『太平策』(「大系」p.466)。
37) 『政談』(「大系」p.373)。
38) 『蘐園十筆』(「全集・17」p.819)。徂徠はいう、たいてい人は「中」(過不足ない)という理想状態をなんらかの実態として直接的に追求しようとする。それゆえ「中ならざる者（その当人には「中」とは見られないもの——引用者注）は、棄てて採らず」。しかしこの結果はといえば、「己の見る所のみ」。狭隘な、たんなる主観たるを免れない。それゆえ適切な「中」は実現されえない。根本的に重要なことは、たとえば「善もまた採り、不善もまた採」るというようにすること、すなわち物事の「両端」——両極のたがいに相反する側面（過と不足）——をいわば複眼的に同時に認識する方法態度である。それによって「両端を得てしかるのち中は用ふべきなり」。「両

端」を認識しえてその後に「中」という理想状態を実現することができる。こうした認識態度を重んずる徂徠は、人間の理想状態を実現するという課題に対して、人間の両極的＝「両端」的な様態を同時に実現するということをいずれも不可欠な課題として提出するのである。

39)「心は形なきなり。得てこれを制すべからず。故に先王の道は礼を以て心を制す。礼を外にして（除外して——引用者注）心を治むるの道を語るは、みな私智妄作なり。何となれば、これを治むる者は心なり。治むる所の者は心なり。我が心を以て我が心を治むるは、譬へば狂者みずからその狂を治むるがごとし」。『弁道』(「大系」pp.27－28)。先王の道のように価値規範が各人に対して外在＝客観的に存在する（「詩書礼楽は外に在り」）ものでなければならないと、徂徠は主張する。なぜ内面的な規範では不都合なのか。「我が心を以て我が心を治むる」というように、規範（我が心）とそれが適用されるべき対象（我が心）とが直接的に結びついた場合（生の直接性）、規範的な「心」もあるがままの不確かな現実の「心」の状況に恣意的に従属することを免れない。それゆえに、各人に対して外在する価値規範——徂徠によれば「先王の道」として価値づけられ古典（六経）に記載された規範である礼楽制度——を必要とするのである。本章の第3節でふれた人間形成における Sachlichkeit の原理の主張であるとともに、測定術的思考の様式（W系統の課題）がここにもうかがえる。

40)『弁名』(「大系」p.70)。
41)『弁道』(「大系」p.32)。
42) 同上、p.32。
43) たとえば「五倫ト云モ、士農工商ノ分タルモ、天然ノ道ニハ非ズ、民ヲ安ズル為ニ、聖人ノ立ヲキ玉フ道ナリ」『太平策』(「大系」p.467)。
44)『弁名』(「大系」p.160)。
45)『読荀子』(『徂徠山人外集』審美書院、1931、p.9)。
46)『弁名』(「大系」p.75)。
47) 共通の秩序像が得られていない問題事例を徂徠はつぎのように指摘する。「当時ノ如キハ、上一人（天皇——引用者注）ヨリ下百姓・町人迄モ、何レモ小袖ヲ著、麻上下ヲキルコト同様ニシテ、…上下ノ見別ケナキ故、高官・大役ノ人モ下ノ者ト差別ノ立様ナク…」。『政談』(「大系」p.314)。
48)『論語徴』(「全集・3」p.661)。
49)『弁名』(「大系」p.110)。
50) 同上、p.110。
51) 同上、p.140。
52) 同上、p.75。
53)『論語徴』(「全集・3」p.595)。
54)『徂徠先生答問書』(「全集・1」p.426)。
55)『弁名』(「大系」p.108)。
56)『徂徠先生答問書』(「全集・1」p.427)。

57) 『政談』(「大系」p.313)。
58) 『太平策』(「大系」p.469)。
59) 『徂徠先生答問書』(「全集・1」p.430)。
60) 『太平策』(「大系」pp.469-470)。
61) 『弁名』(「大系」p.45)。
62) 『徂徠先生答問書』(「全集・1」p.482)。本章2節の「読書」論を参照のこと。
63) 『徂徠集』(「大系」p.540)。
64) 同上、p.540。
65) すでに本研究本章第2節で論じた、武家は「学者」であるとともに為政者としての職分をもはたさねばならないという、人間の両立的あり方の課題に関する徂徠の教育認識は、こうした歴史認識にかかわる文脈からも把握してゆきたい。
66) 『徂徠集』(「大系」p.540)。
67) 『政談』(「大系」p.312)。
68) 『徂徠集』(「大系」p.540)。
69) 『弁名』(「大系」p.80)。
70) 同上、p.80。
71) 『政談』(「大系」p.366)。
72) 同上、p.314。
73) 同上、p.374。
74) 同上、p.264。
75) 『蘐園十筆』(「全集・17」p.732)。
76) 『政談』(「大系」p.299)。
77) その種の事例としては、他に同上、p.343、など。
78) 「殊ニ政務ノ道ハ、下ノ情ヲ能知ラザレバ、行フ所図ニ中ラザル者也」。『政談』(「大系」p.437)。ここにいう「下ノ情」とは民間の情態を指し、かならずしも「人情」に限定されてはいない。けれども情態のうち「人情」の比重は高い。為政者が民間の詩歌に精通することを徂徠が主張していたことは、そのことを証示する。『徂徠先生答問書』(「全集・1」p.460)。
79) 『政談』(「大系」p.312)。「道」の普遍性の認識とともに、その時代その時代の歴史的個体性との認識が為政者たるべき者＝君子には要請されることを意味する。その点で、丸山眞男、前掲書、p.99、植手通有『日本近代思想の形成』岩波書店、1974、p.212-213、の見解を本研究では支持する。なお、丸山、植手とは異なる見解を田原嗣郎『徂徠学の世界』東京大学出版会、1991、「序章　道の普遍性をめぐって」は明らかにしている。後世においても聖人の世の礼楽をそのままの形で「厳格に実行せよ」と徂徠は主張していると、田原は詳細な吟味をへて結論づけている。
80) 『太平策』(「大系」p.462)。
81) 同上、p.473。
82) 『蘐園随筆』(「全集・17」p.306)。
83) 『徂徠先生答問書』(「全集・1」p.469、p.472)。『太平策』(「大系」p.461)。その

84)『政談』(「大系」p.296)。
85)『蘐園随筆』(「全集・17」p.306)。
86)『徂徠先生学則』(「全集・1」p.98)。
87) 同上、p.99。
88)『徂徠先生答問書』(「全集・1」p.447)。
89)『徂徠先生学則』(「全集・1」p.93)。
90)『蘐園十筆』(「全集・17」p.803)。
91)『弁名』(「大系」p.70)。
92) この理想社会は一種のユートピアであって、此岸の中国古代の堯、舜ら聖人（先王）の治世に実現されていたと、かれは信じていた。しかしかれはこの特定の治世の事実内容を模範として固定的に絶対視し、固執することはなかった。本章第4節でも指摘したように、建築や医療の比喩（「椎あり鑿あり、鋸あり錐ありて、然るのち工用ふべく、屋作るべし」）があらわす日常卑近な事実によってその理想社会の状態を理念として説明することを試みた。理念といっても静的な事実認識にとどまるものではなかった。われわれは普遍的にかくあるべきであるという当為的な命令と形成力をもった理念であった。その場合、それに導かれた人間形成の課題を、一挙ではなく、「優柔の道」の自覚をもって、永続的な不断の努力で「無限接近」(unendliche Annäherung) しながら実現することが期待された。Karl Mannheim, *IDEOLOGIE UND UTOPIE*, Dritte, vermohrte Aufl., Frakfurt / Main, G. Schulte-Bulmke, 1952, S.193 (『イデオロギーとユートピア』高橋徹・徳永恂訳、世界の名著68、中央公論社、1979, p.340)、を参照。
93) 本章第4節を参照のこと。
94) 同上。
95) 先王の礼楽制度をつうじての人間形成であれば、一方的な形式化は免れる、ということではない。「礼楽といふ客観的規範を以て人間の諸情欲を強制し抑圧しようとする」荀子の性悪論の立場があり、それは徂徠の「人間の自然性に対するトレラントな態度」を重んずる立場とは異なったものとして区別する必要があるからである。丸山、前掲書、pp.87-88。矯正をもとめる荀子の基本的な発想——「陶人は埴を挺ちて瓦を生ず」、あるいは「工人は木を斲りて器を生ず」といった作為（「偽」）を一方的に重視する発想——は、徂徠が宋儒のそれに批判的に見出したような「工人の器を作る」あり方と同種のもの、すなわち一方的な形式化といえるものだった。『荀子』（下）岩波文庫、p.203、性悪篇。
96)『太平策』(「大系」p.473)。

第4章
公的領域における現実的所与の立場
―― 「正学」派朱子学者頼春水の「学政」論の一特質 ――

第1節　課題と方法

　本章では、徂徠（1666－1728、寛文6－享保13）以後の儒教の展開を「正学」派朱子学者・頼春水（1746－1816、延享3－文化13）の「学政」論を中心に跡づける。
　専門（日本思想史）の研究者には周知のように、徂徠学が出現し、儒教の本質的意味にかかわって、内容上の加除修正以上の転換がもたらされた。朱子学を奉ずる側から捉えれば、徂徠学は「修身」という本質的課題を忘却し、もっぱら「治国平天下」という政治的課題を本質的なものとする。こうした逸脱した（と朱子学者たちの判断する）見解を、以後の思想界は多くの場合、反撥的な批判の態度をもってうけとめた。「徂徠の教にては子弟放蕩になりやすく」（菅茶山『筆のすさび』）といった類の評言は、数多く見出される。のみならず、大阪の懐徳堂系の儒者五井蘭州（1697－1763、元禄10－宝暦13）の『非物篇』、中井竹山（1730－1834、享保15－天保5）の『非徴』等によって、学問的にも論難の対象となった。その事情については、いくつかの先行研究（伊東多三郎、子安宣邦、小島康敬、ナジタ・テツオなど）の成果にゆだねよう。本研究でのわれわれの問題関心は、あくまでも「ヴェーバー的問題」の究明という点にむけてゆきたい。徂徠学が人間形成における理念的超越性の思想的契機を重んじ、その立場から具体的に、師弟関係のあり方を規定する「学」の様式、読書の内容と方法、「礼楽」による習慣づけ、「職分」のあり方、等について、経学的認識とともに実践的な方針にかかわる教育構想を明らかにしていたのに対して、人間形成における現実的所与の思想的契機を根本的に重視している立場から、教育に関する見解を明らかにしている事例を、本章では、つづく第5章とともにとりあげる。徂徠の公私の概念的区別でいえば、本章では「衆の同じく共にする所」（『弁名』）としての「公」概念にかかわる。これとの異同は、のちにふれるとして、本章の課題をより具体的にいえば、こうである。

第4章　公的領域における現実的所与の立場

　すなわち本章は、天明・寛政期における「正学」派朱子学者・頼春水「学政」論をとりあげ、家産官僚制的組織化の視点から着目し、とくに「師弟分け」観念を摘出し、その思想構造とその史的意義を解明することを主題とする。

　この研究領域は、「寛政異学の禁」の研究にかかわって、すでに充実した研究の蓄えがある。本章の課題にかかわって、ここに簡潔に跡づけておこう。徂徠の経学上の主著、『学則』『弁名』『弁道』などが成稿したのは18世紀はじめの享保期だが、それ以降18世紀後半の儒教の展開は、丸山眞男の近世儒教発展史研究——自然法的思考法の解体と"文化的諸価値の固有法則性"の自覚化過程（「政治の発見」など）を跡づける——によって、学問的には自由寛容が保たれ諸説の折衷的性格をおびる一方、理論そのものの発展性の点で創造的なものに乏しかったと評されてきた[1]。が、この時期の儒教の展開について、直接的には衣笠安喜の研究（1967）[2]をうけ継ぎ、とくに「思想の現実的・社会的機能」という点で評価し、しかも教育思想史の視角から丸山のこの部分の見解を批判的に検証したものとして、辻本雅史の近年の業績がある。すなわち、辻本は、天明・寛政期（1781-1801）の20年間を教育史上その前後を時代区分できる時期として捉え、この時期の学政論を展開した「正学」と称する朱子学一派——頼春水、尾藤二洲（1745-1813、延享2-文化10）、西山拙斎（1735-1798、享保20-寛政10）ら——を対象にその特徴を教育思想史の観点から捉え、「社会の全体的統合」を理念とする学政論を展開して、近代日本における「国家主義公教育」の思想的源流となったと積極的な評価を与えた[3]。「寛政異学の禁」の教育史的意義については、すでに石川謙（1938）が「教育の国家的統制」と評していた[4]。石川がおもに学校（幕府直轄学校・藩校）の教授組織上の諸傾向や建築構造上の特質を中心に跡づけたのに対して、辻本は石川の観点を事実上は共有しつつ、「正学」派朱子学の展開という思想的レヴェルを跡づけたものとして把握できる。こうした展望性をそなえた辻本の精緻な論述のうち、徂徠学以降天明・寛政期の20年間を境とする時代区分の認識については、その妥当性を予想するも、社会史的視野をもた

ない本研究は適否の判断を留保せざるをえない。けれども、この時期の儒教の展開についての思想的評価に関する基本的テーゼの部分については、本研究も積極的に支持する。対象（春水）とする思想の理論的・概念的精密度はけっして高くはないが、「教化」の立場からの実践的指導性を顕著に示した思想内容であったと考える。しかし本章では、この評価に関してつぎの２点を一部つけくわえたい。

　第一は、その基本的テーゼを補う論述部分への異なった評価である。「正学」派朱子学そのものではなく、この朱子学とそれと先行する徂徠学との思想的な繋がりについて、辻本は「経世学」＝社会全体の統合という政治的志向と、それに基づく専門人への志向という点でその客観的事実（主観的意図ではなく）として連続性を示していたと捉える。丸山の研究が明確に論証したように、徂徠学はこれまでの儒教とは異なって革命的転回によって「政治化」した。たしかに共通する部分（学問の政治的意義づけなど）があることは明らかである。しかし、その統合志向といわれるその部分の思想的内容をより詳細にみれば、"公"概念にかかわる教育認識の点でむしろ非連続の性格の方が濃厚ではなかったか。ここに仮説的にいえば、徂徠学から「正学」派朱子学へのうつりゆきを、万人がそれぞれの公共的な「職分」の働きをはたし、その協働によって各人が公共善の一端を実現することを要請する公概念から、公教育を統制する権力機構（＝官）によって遂行される公概念への変質、あるいは重点移動——機能（働き）への価値から、秩序（地位、位階）の状態的諸属性への価値の重点移動——として捉えられるではないか。この点を本章では、辻本の見解とは異なった関心をもって検証する。

　第二に、公教育権力機構の確立についての評価内容の一部をより強調したい。辻本は、正学派（春水）が「合理的に組織された一種の『官僚』的機構による政治のありかた」をもとめるとともに、「正学派における藩校は、要するに一藩全体の教化の拠点ということ、武士『官僚』としての人材ということの、二重の意味をもって重視されていた」と指摘していた[5]。了承できる見解としてうけとめたい。ただし官僚制化の具体的様相の点で

は、十分に解明されているとはいえない。本章では、この点を補ってゆきたい。上にいう"公"概念の変質がもしも徂徠学から「正学」派朱子学へのうつりゆきのうちに認められるならば、後者ではどのような教育組織を期待するものであるかが、とりわけ前者ときわだった形でその本質と具体的内容とが明らかにされる必要がある。この点で、鈴木博雄が「寛政期の学政改革と臣僚養成」(1963) で、官僚制化の特質にかかわってM．ヴェーバーの家産官僚制——鈴木の訳語では「臣僚制」——の概念に着目[6]していたことは、日本近世封建制下の官僚制の発展という過渡期の歴史的対象の分析概念として適切であった。臣僚の任用基準において、「政治的行政的な知識、才能」の点で有能であることだけでなく、領主に対する「人格的な諸要素——忠誠、信義、質実」などを重視していたという、権力の期待する「臣僚」のもつ「矛盾」に鈴木が着目し、論証していたこの研究は、近世教育史研究の卓越した水準に達した業績として本研究ではあらためて評価したい。この「矛盾」は、政治・行政組織における「臣僚」という人間像のはらむ本質的矛盾としてのみならず、家産官僚制的機構そのものに内在するものとしても捉えたい。こうした視点は、幕府直轄学校や藩校などの専門的教育機構（とくに教える者と学ぶ者との教育的関係）の認識の特徴を把握するためにも不可欠ではなかったか。その「矛盾」を顕著にあらわしていた認識をここに仮説的にいえば、「師弟分け」といわれた観念とその観念に導かれた制度的措置である。本研究は、この観念を摘出したい。

　以上の諸研究の批判的吟味をふまえて、本章では上記の課題を設定する。

　この課題への接近について。第一に、M．ヴェーバーの「家産官僚制」(Patrimonialbüreaukratie)[7] の概念に、ここで本章の課題に関するかぎりで簡潔にふれておく。この制度は、一部は合法的な支配形態に属し、他の部分は伝統主義的支配に属する。すなわち、理念型的には、官職職務に関する「没主観的」(sachlich) な専門的権限の「明確な限定づけ」をもとめる官僚制の特質をもつとともに、家父長制的支配関係において、官吏の主君

（封建領主）に対する純人格的服従関係として恭順（Pietät）をもとめる。こうした両契機をもった家産官僚制は、ヴェーバーによれば、代表的には、中国儒教の「現世適応」（Weltanpassung）をめざす「合理主義」[8]を内容とする。このような家産官僚制は「現世適応」という基本的性格の点で、まさにその対極に、——この点が、2つの「合理主義」を対照させているヴェーバー儒教論にとって核心的に重要であったが——現世に対して超越的な価値理念を志向するとともに即対象的で「没主観的」な職分を遂行することによる、「現世支配」をめざした禁欲的プロテスタンティズム諸派の「合理主義」が位置づけられる。家産官僚制について、こうしたヴェーバー比較宗教社会学での文脈を理解しておくことは、日本近世の儒教の展開の特質を理解する意味でも重要である[9]。家産官僚制をこのように歴史的文脈で理解するとともに、理論的な基礎範疇として合法的・伝統的支配という中間形態として理解されるという点で、矛盾的な諸様相をおびることに注意をむけたい。すなわち、分散化されたヘル（藩主）の家権力をになう家人とその服従者との個人的信頼と人格的な恭順関係を基本とする人間関係が伝統的であるところに、官僚制的に即対象的な観点から「"権限"を明らかにしようとする試み」（Versuch einer Ermittlung von „Kompetenzen")が生ずる。「純家産制的な官職と官僚制的な官職とは、両者のそれぞれの型が純粋に打ち出されれば打ち出されるほど、ますます相互に異なってくる」。しかし、権限の限界づけが当初は不明確で、近代官僚制的な「明確な権限」に類似するが、けっしてそれと同一視することはできない、「ステロ化された限界づけ」（stereotypische Abgrenzungen）であることが多い。それにしても、中間形態であるゆえに、官吏は場合によっては「矛盾」（Konflikte）におちいる[10]。こうしたヴェーバーの指摘をひき継ぐならば、家産官僚制的教育機構における教えの担い手と学の担い手との教育的関係の場合にもこれに準じた「矛盾」が生ずるのかどうか留意される。

　第二に、以上の家産官僚制とは異質の歴史的契機として先行する徂徠学についてふれる。すなわち、より直接的に家産官僚制的組織化の思想との連続、非連続を検証する意味でとくにその「職分」観をとりあげる。さら

に、この組織化の具体例としての「師弟分け」の観念との対照をきわだたせる意味で、徂徠の「道」を媒介とする師弟関係認識にもふれる。

　第三に、天明・寛政期の「学政」論としてとりあげる対象について。辻本の「正学」派朱子学研究の場合と同様に頼春水の思想に着目する。春水（名は惟寛、通称は弥太郎、天明元年藩儒）が天明5年（1785）、広島藩学の「異学の禁」を実施し、老中・松平定信（1758-1829、宝暦8-文政12）の「寛政異学の禁」（寛政2年）を導いたひとりであったことは、よく知られている。その経緯の件[11]は諸研究にゆだねる。本章では、かれの学政改革に関する諸意見等を手がかりとして「師弟分け」観念を摘出することを主眼にする。

第2節　徂徠学の公概念
——教育思想としての「職分」の論理——

　徂徠が「修身」を軽んじ、その門流に「放蕩」が多いという当時の評判は、本章でとりあげる朱子学者・頼春水も、承知している。「世二棄才多カラシム所以」[12]と春水はあるひとの発言として書き記している。けれども、われわれは門流を含めたその種の評判とは別に、徂徠学そのものに着目する必要がある。徂徠が政治的観点に立って「制度」改革とともに、「人」の改革をもとめたこと、その場合、人間を社会的機能の点から把握し、「職分」(職能)を重んじ「人材」育成の論を展開していたことは、辻本の先行研究でも明らかにされ、すでに本研究(第3章第4節)でも掘りさげてきた。期待される人材像が専門性の発揮という点であったことも、承認してよい。その場合に、徂徠以降、天明・寛政期の学政論との繋がりに関して、見逃してはならない視点がある。丸山は、徂徠の主張をつぎのように捉えていた。「位階と職能(「役」と「職」)の分化を強調し、両者が結合している故に、位階のために職能主義が硬塞されて不都合を生じ、行政を煩雑化(奉行だけでも一等から八等まであり)すると指摘する」[13]。幕府行政組織には、すべての職務内容において職階を四段(頭役、添役、下役、留役)に分け、個々の職務について公文書(「留帳」)を用意するなど、官僚制の諸要素を適切な形に導入することを提言していた(『政談』巻之三)ことはたしかだった。こうした権力機構に固有の制度の形式的側面を強調すれば、辻本が跡づけるように、徂徠学と天明・寛政期の「正学」派朱子学との連続性がきわだってくるだろう。が、本章ではそうせずに、「職分」をつうじての職能性＝働きこそを重視したとする徂徠の立場についての丸山の上記の見解を、本章でも基本的にうけ継ぎたい。その観点から教育思想としての「職分」の論理をたどっておこう。その場合にも、あくまでも春水思想と対比される点を重視する。

　(1) 徂徠の場合、「職分」論にさきだって根底的であったのは、「道」

第4章 公的領域における現実的所与の立場

の概念である。それはもちろん「天下を安んずるの道」とも「国天下を治め候道」ともいわれる政治的課題を指していたが、その理想状態は「聖人の世には、棄材なく、棄物なし」といえる内容を目標としていた。こうした「道」は、「物」と総称されうる古聖人たちの制度文物（一種の文化財を意味する）が指示する価値規準であって、そのかぎりでは人性に対して外在し（「道は外に在り、性は我に在り。」14)）、しかも現実的所与を超越したところの理念——「天下に棄材なし」というその理想状態は、医術や匠の仕事に関する比喩表現（「椎鑿刀鋸備わりて、しかるのち匠事なすべく、寒熱補瀉備りて、しかるのち医術施すべきに辟ふ」15)）によってこそ適切にその理念の超越性が表現できる——でもあった。したがって、断じて所与の現世的秩序への適応がもとめられたものではない。M. ヴェーバーの概念を視角として捉えれば、超越的な理念を為政者が志向することによって、まさにそのゆえに現実に対して批判機能をもち、「現世支配」を可能にするものであった。こうした「道」を志向した点で、権力機構の家産官僚制的組織化を主張する天明・寛政期の見解との違いが留意される。

（2）「道」を実現するにさいしては、ひとびとの課題として「職分」が重んじられた。この点に関して、2つの特質にここで着目しておこう。

第一に、その基礎づけについて。専門的な職能の発揮が期待される「職分」がどのように成り立つのか、という根拠について、徂徠はけっして現実的所与（「家筋」が自然に規定する）のものに帰属させることはなかった。帰属させた場合には、ヴェーバーの概念をかりれば、職分の固定化 Stereotyipierungであって、選択の余地は認められない。こうした立場ではなく、かれは、周知のように作為的秩序観16)に基づく「職分」論を展開した。この論理では、もし必要な場合には、人為的努力によって改変がもとめられることを意味した。

第二に、「職分」の主体について。徂徠はこう述べていた。「農は田を耕して世界の人を養ひ」、工、商、士もそれぞれ、「各其自の役をのみいたし候へ共、相互に助けあひて、一色かけ候ても国土は立不申候。されば人はもろすぎなる物にて、はなればなれに別なる物にては無之候へば、満世界

の人ことごとく人君の民となり給ふを助け候役人に候」[17]。ここに明らかなように、「道」を実現する担い手はけっして一部に限られるものではなかった。「一聖人一生の力の能くなす所」[18] であるはずはなく、いわんや民に対する御上（土）の「政務」のみによって実現されるものではなかった。万人が参与すること、すなわち万人が公共的で、それゆえに不可欠なみずからの「職分」をはたすこと——社会全体の相互依存協力の関係を意味する社会的分業にほかならない——をつうじて、「道の一端」[19] を担うことが期待されていた。徂徠が規定する「公」の概念も、こうした主体の捉え方に対応する。すなわち、かれのいう「公」は、「己の独り専らにする所」としての「私」と対比して「衆の同じく共にする所」と規定した[20]。その意味で「公」は、無数ともいえる人間の複数性に基礎づけられた公共という意味で捉えられるべきものであり、「官」に在るひとびとをその一部に含むにしても、そのまま置き換えることはできない。そのような公共的性格を「職分」はあらわしていた。万人がそれぞれ担うべきこうした「職分」を、人間形成の原理として各人の「長短得失」を示した「気質」の多様な個体性との繋がり——対立的であるとともに同時に、牽引の関係でもある——をかれは重視した。むろん、その場合には困難な課題が生じた。「百工商賈」といった通例の名目（カテゴリー）のみによっては把握できない人間のあり方、「四民五倫の裂けたる」もの、「いよいよ裂けていよいよ分かれ、いよいよ繁くしていよいよ雑る」[21] といわざるをえない、人間の多様なあり方が現実には存在する。それに応じて各人が「所を得」る「職分」を提示すること、もし現実に見出せないならば、作り出すことが、為政者たるべき者には要請されている。「気質」か「職分」か、ではなく、「気質」も、「職分」も、同等に重んじたうえで、——まさにこの点が近世史の人材論のなかでも徂徠と徂徠以外とを決定的に分かつ意味で重要なのだが——この２つをどう適合させてゆくか、という教育課題である[22]。自然的な本性とともに人為的努力の両面にかかわるかれの人材育成の思想は、こうした困難な課題の認識を基本的観点としていた。

（３）幕府直轄学校、藩校など教育機関での役割上の基本的な人間関係

第4章　公的領域における現実的所与の立場

をあらわす地位といえば、教えを担当する者とその教えを学ぶ者との区別に基づく「師」と「弟子」との違いがあるが、しかし徂徠は、この場合の師弟それぞれの役割をあらかじめ制度上の明文規定された所与としての「権限」の観点から確定することはなかった。よく引かれることばだが、「学問ハ公儀ノ勤メトハ違テ、畢竟内証事」[23]という立場が基本であって、師弟関係は本来自発的意志に基づき、それが集団となる場合には結社的関係であった。そして、M. ヴェーバーの集団論に関する概念をもっていえば、目的結社（Zweckverein）と対比されるアンシュタルト（Anstalt）としての学校——公共体とも訳される、国家・教会など所属性が構成員に強制されている団体に属する一つ——は、「国家ノ御用ニ立候ヲ主意」とし「畢竟官人ヲ仕立候所」[24]とするとその意義をいちおう認めたが、そのうえに立って積極的に学校改革を提唱する学政論は、かれの場合には見られなかった。むしろ現存する学校の弊害を指摘（「講釈」批判）し、学校での教育活動と親和的な、意図的な他者教育の取り組みを「師道を尊ぶ」流儀と批判した[25]。そして、より積極的には、師をはるかに越えた偉大な「道」そのものの追求、すなわち"道に対する学"を第一義に重んじて、そのゆえにひたすら即対象的で没主観的な態度——M. ヴェーバー人格論のなかの中核的概念でいえば、SachlichkeitあるいはVersachlichung[26]——をもって、「教え」としての「物」（一種の文化財としての六経）の究明すること——文化財による人間形成（陶冶）作用（Bildung）を意味する——を尊び、その一方では師弟の厳格な区別を峻拒し、その差を極小化せんとする——「孔門の徒」のような、「父子」のごとく親密であろうとする——結社的な師弟関係を重んじていた。「孔子の学ぶところを学ぶ」というこうした師弟関係認識[27]も、徂徠以降、とくに天明寛政期の学政改革で要請される師弟関係認識との対比が留意される。

第3節　頼春水「学政」論における「師弟分け」観念
――教育機構の家産官僚制的組織化の主張と
「人間関係優先主義」(Personalismus)――

　ここで、天明・寛政期に広島藩（藩主浅野重晟）の学政改革に取り組んだ「正学」派朱子学者・頼春水の学制意見等をとりあげる。
　その教育思想は対象の点で、武士教育と庶民教化[28]の領域に分けられる。主要な関心がむけられた前者は、さらに2つに分けられる。一つは、藩において将来君主たるべき者「世子」＝「若殿様」広島藩浅野斉賢に対する「師傅」としての教育で[29]、伝統的支配に属する家産制に基づく教育として端的に性格づけられる。もう一つは、「世子」以外の家臣（藩士）教育、とくに藩校（天明2年開校、「学問所」あるいは「学館」と称された。以下「学館」という）「学館」を中心とした家臣（藩士）の教育である。以下におもに論ずるのは、この領域である。
　藩校教育を論じた辻本の理解に対して、本章ではつぎの点を補って、重点的に論じてゆきたい。すなわち指摘される「官僚」的機構、「学統」の確定、そして「藩校で行われる武士教育は、ほとんど義務というに近いほど重視されて構想」という点に関連した、藩校、とくに官僚としての資質・知識・技能等の養成をめざした藩校において、どのような「師弟」の関係あり方と、その関係に基づく「教」と「学」のあり方が期待されたか、という点である。
　藩校――「学館」「学問所」とも春水は記しているが、本章でいう場合には「学館」と統一的に表記する――における「師弟」関係に関するかれの所見は「学統論」「学術ノ弁」といったまとまった論述のみならず「学制草稿」「学制意見」「教授方作法書」「壁書」等の断片的な記述[30]等にも示されている。それらを含めた所見から、師弟関係についての思想を構造として以下に摘出したい。

第4章　公的領域における現実的所与の立場

[経過]

　師弟の関係は伝統的（『礼記』学記篇）には、君臣、父子、夫婦といった基本的人間関係の礼的秩序＝五倫には属さない教育的関係であって、普遍的真理＝「道」との関連を本質的に——付随的・偶発的ではなく——もっているという点で、他の基本的人間関係とはきわだった特質をもっている。そのゆえに、この関係はひとびとの自発的な結びつきを基本としてきた[31]。春水のこの「学寮」でも、たしかに入学段階にかぎっては諸生各自が自由に「手寄」（手づる）で師を選ぶことを春水は認めていた。すなわち、藩士の子弟の入門について、「八歳以上手習・素読・会読・等ニ入学仕度存候者ハ、六人之儒者之内いつれニても手寄、右儒者（春水、そして「古学」＝徂徠学派に属し天明異学の禁によって学館への出勤停止を命じられることになる香川南浜（脩蔵）らを含め6名の儒者——引用者注）之所ニて諸式承知仕罷出可申候事」[32]とした。また、藩士自身についても「諸生の出方」として「素読会読等ニ出申度志有之候ハヽ、六人之者へいつれニても必一人へ手寄可申事御触之追加ニも可有之候、扨入学の前日手寄候所ニて何角申聞承之、弥入学之約束済候上ニてハ手寄候儒者より帖面出し、入学之者自筆ニて姓名年齢月日書せ可申事」と指示した[33]。

　このように「最初」の段階の師の選びについては、所定の教授方から各自が選ぶという一定の自由度をゆるしたが、しかし、春水は「学校之義者第一御上之御徳義を広め、教化を厚く仕候て人々之心を一に」するところと認識し、「学館」という教育機構に対してもアンシュタルト（Anstalt）としての公的学校の性格を付与せんとした。「学館」は「農工商」に講釈の場を開放することを認めて出席任意の部分を残したとしても、一定の属性を有した者に対しては本質的に出席義務を要件とする「公館」たらねばならなかった[34]。そうした基本的立場から、「学館」の場合についてかれは、たしかに「師弟」という伝統的なカテゴリーをもちいたとはいえ、「師」と「諸生」との教育関係を諸生の側の全幅の自発性にはゆだねず、両者の特定の結びつきを制度的に固定化すること（指導教官制）をもとめていた。かれはいう。諸芸の「稽古」の場合がそうであるように、「学之規矩」と

366

第3節　頼春水「学政」論における「師弟分け」観念

して師は重要である。諸生それぞれが「自分了簡」を発揮する自発性は、したがって、おのずから制限されねばならない。「師友之指引」こそが不可欠で重要である。このような見解[35]とともに、かれは以下のように「師弟分け」を強調した。

「只今迄学問所江罷出候諸生以来者銘々師弟相分り候事　但、只今迄迎茂小内ニてハ師弟之分り有之輩茂可有之、或ハ初ゟ右之分り無之輩茂有ニ付、此度一統右之通り師弟分候様被仰出候段於学問所諸生中へ被申達、銘々所好ニ随ひ夫々之門下ニ属し修行候様被申談候…右者（頼春水ら6名の教授を指す——引用者注）只今迄之通学問所江出勤有之、銘々之門弟都て是迄之趣を以読書・講釈・講習・詩文・会読等各其意ニ応し教導可有之…」[36]。

諸生は「学問所」ではそれぞれ所定の師の門下に帰属することを基本に修行することが決められている。その制度的上の取り決めを確認するとともに、つぎのような申し合わせを記した。

「学中入学之諸生素読・温習・質問等惣て教導筋之義ニ於て、諸教授打籠無隔意取計候義勿論之事ニ御座候得共、諸生之方角ニてハ銘々申込之師有之、何某江申込と申ス事上江書上ヶも有之〔注記略〕日々事業前之義ニ於てハ、〔書之篇数、温習・訓導・質問等之次第〕其申込之師より専差図等も仕候事候へハ、自然ト弟子之統紀も正敷相立居候事ニ御座候、…然ル所近来ハ流合と相成、銘々便利ニて勝手ニ彼是へ被罷越学習御座候方角も有之哉ニ相聞候、左候てハ其人学業之熟否も難相知レのミならす、師弟之統紀も不立申候、中ニハ途中ニ其師へ会釈等も無之方角も有之候様ニ相見へ申候、是全ク学中ニて惟表向何某弟子と申名計ニて、其実ハ其師を師とせす、銘々好ム所ニ随ヒ仮初メニ事済せ候様之意ゟ様之義ニ相移候事と被存甚如何敷候、但し外向キゟハ道ノ狭隘ならさる様ニも相見へ可申哉ニ候へ共、実ハ軽薄を長し候迄ニて却て学業不熟之基ニも相成候事故、以来可成たけハ左様之義無之様一統申合せ取計申度候、学中へ専出席有之」[37]。

諸生それぞれがみずからの「申込之師」から「差図」をうけること、そうした制度上取り決められた師弟関係を保持することによって、「師弟之統紀」も正しく確立するはずであるが、近頃では銘々勝手に師をもとめ

367

「流合」（混合してしまう）となっている事態になり、「何某弟子」ということがもっぱら名目上でしかない、規制を外れた事態が憂慮されている。「流合」は、外向きには狭隘ならざるように見えるが、「軽薄」を助長し、学業の達成にもさしつかえると、かれは指摘した。

［主張の思想的契機］

所定の師に対する弟子の制度的な帰属に基づく恭順（手続きを根拠とした正統性遵守）を厳格にもとめる「師弟分け」の主張は、２つの契機から成り立っていた。

第一に、M．ヴェーバーの概念でいえば「伝統的支配」に属する関係が強調されていたこと。師の威厳が「道」といった価値理念との関連において把握される――近世儒教発展史では「師を尊ぶは道を貴ぶゆえん」という仁斎の説が典型的に示したように――のではなく、「其の師を師とする」こと、すなわち、選んだ所定の師に対する固定的持続的な恭順をつうじて「師弟之統紀」が確立されることを春水は強固に主張していた。君、君たらずとも、臣、臣たらざるべからずという君臣天合の忠義のモラルに倣っていえば、"師、師たらずとも、弟子、弟子たらざるべからず"という絶対的な恭順を要請する観念が支配している。ただし、その君臣関係の場合には君の誤りを正してゆく諫言の努力の忠誠の重要な契機となってくるのに対比するならば、「師弟之統紀」が尊重される師弟関係の場合には師に対する恭順の姿勢は消極的たらざるをえない。その心的態度について、すでにふれたM．ヴェーバーが中国儒教を論じたおりの所見をもっていえば、師弟間における「人格的なもの」(Persönlichen) の、とりわけその情誼的な絆の「崇拝」(Kult)、より積極的にいえば「人間関係優先主義」(Personalismus) として特徴づけできる。すなわち、「所与の秩序において自分にもっとも近く位置する具体的な、生存する、あるいは故人となった人間に対する敬虔」を重んずる態度[38]が、それである。このような春水の教育的関係に関する理解の仕方も、一種の現実的な「所与」(Gegebenheit) を名分的な秩序として根本的に重んずる態度[39]に基づいていた。

第二に、伝統的な支配関係とともに、「合法的支配」に属する関係が強

第3節　頼春水「学政」論における「師弟分け」観念

調されていたこと。本章のはじめにふれたような「権限を明らかにしようとする試み」としても性格づけられうる。たとえば、天明2年の「学制」についての春水の草稿では、「役」の上下の職掌関係について、「総教　総奉行」1人、「教官長　支配」2人「教官検校　元〆」2人、「教授　儒者」6人「句読師　素読ノ師」20人、と明記された。教えを担当する者とその教えを学ぶ者との教育的関係に対しても、権限を明確にするその「試み」をもって官僚制的な組織化を推しすすめる方向が示された。教育的関係を「教授方」「私共教官」「諸生」「学生」といった組織の基本的カテゴリーによって規定し、それぞれの任務が「即対象的」(sachlich) に明確化されたことに端的にあらわれている。教えを担当する者について天明2年では、「教授」「句読師」が類別され、それぞれの「定数」も6人、20人と決められたこと、各教授の担当する科目「講釈」「会読」「詩会」「文会」の割り当てとその時間割・教室(「斎」)が指示されていることにも[40]、権限の明確化があらわれている。

［基礎づける心的態度］

「師弟分け」を尊重し、「師弟之義」をつくすこと。こうした教育的関係の制度的秩序に対して適応をもとめる、以上の2つの方向とも、現実的所与を重んじている点で共通している。しかも、客観的事態としてはともかく、春水の主観的意識のなかでこの2つの方向は、分かちがたく宥和している。第二の方向から見れば、近代官僚制的な「明確な権限」に類似するが、けっしてそれと同一視することはできない。ヴェーバーの概念にしたがえば「ステロ化された限界づけ」の一つとしてわれわれはその本質を把握することができる。その場合、ヴェーバーが注意をむけていた「矛盾」はありえたのかどうか。学館を「正学」に統一し、香川南浜、駒井白水らが学問所出勤停止を命じられ、おのおの家塾での教授のみ認められた、という事情（広島藩の天明異学の禁）が、その「矛盾」(Konflikte) の表出として理解できよう。だが、当の春水において、当然のことながら、対立する契機を認識したうえの内面的な葛藤はうかがえない。むしろわれわれが見出すのは、その措置に示された現実的所与の方向を基礎づける心的態度であ

369

第4章　公的領域における現実的所与の立場

る。

　第一に、「道」について。「程朱ノ道」「堯舜三代ノ道」「孔子ノ道」など「道」についての認識がないわけではなかった[41]。かれのいう「種々ノ学流」「学風学派」として概括され、とり扱われた思想のなかには、超越する理念となりえた思想も含まれていた。「先王之道・先王之礼楽ナト唱ヘ、道ハ古聖人ノ制作セシモノ」[42]と春水は記していたのだった。名指ししてはいないが、徂徠説を想定していた。しかしかれの場合には、ここに認識された「道」は、特定の人格を超越する価値理念 (Idee) として捉えられているのではない。のみならず、そのような超越的なものとしての「道」に対する志向が、「学」の根本的契機として尊重されているのでもない[43]。みずからが主体的に志向すべきものとしてではなく、「学流」を意味するものとして相対的に、しかも「修身ヲ末トシテ治国ヲ云」ものとして否定的に把握されてしまっていた。公設の教育機構（「公館」）における「学」を朱子学に「一統」するという件の措置が示した重大な意味は、権力によってその学流が公認され「正学」化され、その他は「異学」として処置されたこと[44]とともに、「道」といった超越的な価値への志向態度を根本的なものとする「学」の契機が、師弟の教育的関係の基本理念のなかから消失したことである。この点を見逃してはならない。

　第二に、師弟関係について。人格を越えた理念を志向する態度の重要性が徂徠によって認められていたが、春水の場合では師と弟子はむかいあい相対する直接的な関係となっている。すなわち、弟子は、素読・講釈・会読・詩文等、師によって計画的に組織された「学」をもって、師はこれらについての「教導」をもって、互いは直接的に——しかも「拘拘」（第3章第3節の「『孔門之徒』としての徂徠」の項）たる形で——結びつくことが期待されている。そのことは、藩政を実践的に担う「人材」たりうる人間の道徳的資質、技能、実務的知識にわたる目標像の詳細な明確化[45]をもたらした。それとともに、藩校での教育活動の実践性をうながす教育方法・内容に関する充実した微細な配慮にも繋がった。かれはいう。「学意と申事を第一ニ申候ヘハ、学問仕候てもその主意根元と仕候事之同様と不同様成所

370

を主ニ申候事ニ候、学風学派之同不同も大抵似寄候事ニ候へ共、学意と申候へハその主意根元至極之所ニて申候」[46]。「学風学派」という以前の問題として、教授された内容についての理解度のいかんが問われている。教授方も、その点についての配慮がもとめられることになる。たとえば「学制草稿」（天明2）では、「素読のおしへ方」「講釈之仕方心得」「会読之仕方心得」「詩会」「文会」等にわたり詳細に指示された[47]。

　第三に、教場秩序そのものを荘重にする聖的儀礼化をもって維持しようとする意識傾向である。

　学問所聖像並びに間取り等について、春水はつぎのように書き付け（1783、天明3）ている[48]。聖像の表の御神号は藩主の「御直筆」にするとともに、「入学拝礼等賢人聖人へ御拝仕候儀ハ勿論、御直筆ヲ拝ミ奉り候事難有といふも可有余候、御家中一統御領分之人民も是のミ拝ミニ参り不申てハ相済不申事ニ奉存候」と拝礼を指示した。聖像の造りや設置についても、「至聖先師孔子神位　木主ノ高サ二尺三寸七分　ヒロサ四寸　アツサ七分　座ノ高サ四寸　長サ七寸　アツサ三寸四分　…木主ニ御仕立被為在候へハ、右寸法制度御表之御神号等ハ書籍之上ニ儼然と相見へ申候事」と具体的に指図した。孔子のきわだったカリスマとしての「聖像」を木像もしくは画像の形で教場にとり入れ、その重みづけに春水は配慮する。聖人（尭・舜など）を信じながら『論語』を注釈することをつうじて、孔子の追求したものを知ろうとすること、そうした努力——信における知の追求——は先行した徂徠の重んじたところだったが、このような姿勢は春水では期待されていない。信という点でかれの重んじたのは、教場秩序の聖的儀礼化、すなわち、釈奠の実施であった。幕府が寛政2年（1790）の「異学の禁」以後、湯島の聖堂廟殿を寛政11年（1799）改築し威容を整え、盛大な儀式とともに翌年の釈奠の春祭・秋祭を実施したことが、当時の実施記録とともに詳細に知られている[49]。春水の「聖像」についての上の主張は、こうした「正学」の儀礼化の方式をさきどりしている。すでに本研究でふれた（第1章第2節の注187）カトリック教会を典型的な例証とするヴェーバーのいう「儀礼主義」に近い事例といえる。春水のその主張の内容

も、教授にあたる人格であるよりはむしろ、教授職それ自身に聖なる重みを付与することにつながる。「官職カリスマ」(Amtscharisma) ——カリスマの「没主観化」(Versachlichung) が人為的・呪術的方法でおこなわれ、カリスマの制度化的変質 (institutionellen Wendung des Charisma) として、特定の社会制度そのものが特殊な恩寵をうけているという信仰を生み出す[50]——としての性格をおびる。と同時に、この教授職にある者もそうした性格に具体的に目に見える形で応えることが期待される。講釈の節の服装について、「月次講釈之節私共肩衣相用候儀者、都て格式立候節者肩衣着用仕候付、以前格式講釈と相唱候砌より相用ひ来り申候、其外御前ニて講釈仕候節相用ひ申候、常講釈ニ茂年頭講釈始之節計ハ相用ひ申候、以上」[51]と指示しているのも、こうした「官職カリスマ」の視点から捉えられる。

第4節　春水「師弟分け」思想の史的意義

　以上のように跡づけた春水「師弟分け」観念は、思想構造として捉えた場合には見落とすことのできない史的意義を示していた。

　第一に、文化的諸価値の固有法則性の自覚史の観点から。かれの「師弟分け」の思想は、たしかに同時代、天明・寛政期の学政一致の立場からの要請という側面があるが、この自覚化の過程を跡づける近世儒教発展史の文脈から捉えれば、政治の価値に対して従属的に関連する、そのかぎりでの"教育"の価値を発見したことを意味する。その場合の教育について、より明確にいえば自己教育 —— 朱子学的範疇でいえば、「修身」 —— でもなく、また仁斎の教授論に期待された、文化財の伝達を主とした人間形成（陶冶）作用（Bildung）でもなく、他者教育、しかも教えを専門的に担うと制度上期待された者（いわゆる指導教官）の意図的な人間形成の働きを主体とした、"特定の師の教えに対する弟子の学"を指示する、その意味での教育行為を価値ある文化領域として発見したことを指し示す。「正学」派朱子学者としての春水の"公教育"の思想は、こうした教育行為の目的理念をあらわすものだった[52]。

　第二に、M. ヴェーバー儒教論で示された合理主義の2類型を視角としてうけとめよう。以下、この点を重点に論じる。

　春水「師弟分け」の思想は中国儒教が示したように「現世適応的」な方向であって、一種の制度的秩序という現実的所与を重んじていた。この点で、おなじく政治的立場を重視していたとはいえ、徂徠の"道に対する学"を重んじた「現世支配」的方向とは異なっている。このような春水の立場は、官僚制的な「"権限"を明らかにしようとする」試みとともに「人間関係優先主義」との2つの契機より成り立っていた。その点にかぎれば中国の家産官僚制の支配的思想としての儒教と共通する現実的所与の立場の性格をもち、「儀礼的な定型化」（rituelle Stereotypierung）とヴェー

第4章　公的領域における現実的所与の立場

バーのいう固定的傾向性を色濃くおびていたのであった。

　この点を確認したうえで、両者のあいだにうかがえる、重要な違いに注意しておこう。すなわち、枢要徳の点で重要な違いがある。「人間関係優先主義」という場合、ヘルに対する恭順（Pietät）の内容はどうだったか。中国儒教では、「孝悌」（Kindespietät）[53]が、それに対して「正学」派朱子学者・春水の場合では「孝」とともに、それ以上に「忠」が重んじられていた[54]。

　春水の場合、そのことは何を意味するだろうか。すでにわれわれの前にある2つの所見にここで着目しよう。一つは、M．ヴェーバーが、「封建日本」論——支配の諸類型を論じた文章のなかで断片的にふれていた論述——で指摘していた点である。日本の侍の場合は、武人的・身分的「名誉」の観念と結びつくことによって、西洋の双務契約的な君臣関係以上の「騎士的なピエテート感情」（ritterlichen Pietätsempfinden）が君主に対する臣下の忠誠に流れていたと、M．ヴェーバーが指摘していたことを想起しよう[55]。この点で、中国儒教を担った読書人の文筆的「教養」とも、市民的な「即対象的」な合理的な専門訓練と区別されるとも、かれは指摘していた。こうした所見を了承したうえで、もう一つ、丸山の論文「忠誠と反逆」に着目しよう。封建社会において忠誠の対象が伝統や人格（藩主などヘル）に対する場合とともに、超越的な原理に対する場合もありえた。「『君臣主従の義』（傍点丸山）という『合理主義的』範疇が封建的階層制のあらゆるレヴェルにちりばめられたとき、それはけっしてたんに臣下の恭順を一方的に義務づけた（「君、君たらずとも、臣、臣たらざるべからず」として——河原注）のではなく、同時に『君』もまたある目にはみえない、自然法的規範に拘束されるという考え方をも社会的に定着させて行った」[56]。こう指摘して丸山は、頼山陽の史論をとりあげて、「天道の原理的超越性の契機が徳川時代の思想にどのように現れていたか」を検討したのだった。

　本章でとりあげた頼春水の場合——その長子が頼山陽だった——、「師弟分け」の観念を中心に検討したかぎりでは、原理的超越性への志向は、

374

第4節　春水「師弟分け」思想の史的意義

先行した徂徠学の場合では「道」の追求がこの志向性を示していたが、それとの対比でいえば明らかに喪失していた。そのうつりゆきには、本章はじめの仮説とおりの"公"概念の変質が示されていた。「聖人の世」という理想状態の現実化をもとめる志向は、その志向をそれとして認識されることなく——現実的な「効用」の説として——断ち切られたのであった。この経緯はたしかに認めねばなるまい。しかし、かれが記していた「師弟之義」——師弟の礼ではなく——ということばに、上にいう「君臣の義」と同様な普遍的な原理への志向の、すくなくともその可能性を、たとえ明確な姿では発現せずとも包蔵していたと認めることもゆるされよう。その理由は、第一に、「学館」で朱子学が教育内容の「正学」としての位置を確保したとはいえ、その本質としては封建的忠誠の道徳が教育目的の理念として重視されていたこと。第二に、藩士の家産官僚としての人材養成のみならず、「世子」教育についても春水はみずからの継続的な実践（天明3年8月から天明5年4月まで江戸詰めで世子伴読）とともに師傳役の心得にも重大な関心をむけ、「君君たれば臣必臣たりと、國かならずその徳化をうくるは、君道の全備にして君徳の充実し、後代までも光輝ある事に候」[57]と記し、模範的な君侯としてのあり方を実現する努力をも重んじていたこと。そしてこの世子教育の実践は、「道に尊卑無御座候得共、人に尊卑御座候故、人君之学ハ書生輩と同様には難申候事＝候」という「道」との繋がりの意識[58]に導かれていた。こうした2つの思想の展開は、超越的原理そのものへの志向ではないにしても、現実的所与の主従関係の特殊性を越えた道徳的規範に対する没我的献身の姿勢——ただし、官職職務の遂行の場合に期待されるのとは異なった形で——を導き、学校における「学」の根本的契機たりうる可能性を包蔵していた。

　頼春水に見られた、以上の内的構造をもった「師弟分け」思想、そしてその思想を基礎づける現実的所与の立場も、藩校の内部組織がより制度的に整備されてゆく一方、「世子」教育の理念——すなわち、「君、君たらざれば、即ち臣、臣たらず」（『管子』形勢篇）といった君臣義合的な観念に基づき、ゆえに君たる者は君としての適格性（臣下に対しては、その諫言を用い

375

る器量など）を具備しなければならないという理念[59]——と、藩校における封建的忠誠の教育理念とが、ともに顧みられず喪失していった場合には、原理的超越性への志向の契機を消失してゆくであろう。五倫の道など特殊な「人間関係優先主義」（Personalismus）を越えて、普遍的な価値原理そのものへの没我的帰依に根ざした志向を「学」の契機とする師弟関係は、その姿を藩校のなかにたどることが困難となることが予測される。幕末維新期にいたるまでの政治改革理念（「御政道」「御治道」等）に主導された藩校内部の公教育組織化の諸過程は、「近代化傾向」と性格づけられる"業績"原理を具体的に実現するとともに、いっそう官僚制化の側面（職務権限の分割、文書主義、計算可能性の準則など）を不可避的に推しすすめる。春水の属した広島藩の場合を含め、その動向を明らかにすることは、もはや本章の予定した課題をこえる[60]。本研究では、現実的所与の立場を示した、もう一つの思想傾向に着目してゆかねばならない。それは公的領域ではなく、むしろ私的領域に密接するものである。

注

1) 丸山眞男『日本政治思想史研究』東京大学出版会、1952、の自然法則的世界像の漸次的解体過程における近代的思惟の形成を跡づけた第一論文、p.145。その場合の近代的思惟は、とりわけ儒教において「政治の発見」をもたらした、文化的諸価値の固有法則性（Eigengesetzlichkeit）の自覚化の過程として捉えられる。この点は、丸山みずから明らかにするように自然法則と道徳規範との識別過程を跡づけるF．ボルケナウの分析視角を共有していたが、M．ヴェーバーの論文「宗教的現世拒否の段階と方向に関する理論」の視角からも把握できる。諸価値の固有性の自覚という課題は、徂徠以後では国学（宣長学）が担ったことを丸山は論及した。この自覚史の問題意識を本研究でもうけ継ぎたい。
2)「折衷学派と教学統制」『岩波講座日本歴史　12　近世（4）』岩波書店、1967。
3) 辻本雅史『近世教育思想史の研究——日本における「公教育」思想の源流——』思文閣出版、1990、p.253。
4) 石川謙『近世日本社会教育史の研究』1938（青史社版、1976）p.259。教育内容の統一、等級制、素読吟味・学問吟味等の考課試験制度の導入、ならびに講堂本位の建築、学力差・学科目別・身分別・学派別等による特別教場を併設した建築、等の傾向を跡づける。

第4章 注

5)　辻本雅史「十八世紀後半期儒学の再検討——折衷学・正学派朱子学をめぐって——」『思想』第4号、岩波書店、1988。
6)　『横浜国立大学教育紀要』第3輯、1963。封建主従制における人間関係が最大の規範として捉えられ、幕藩官僚制に臣隷性・臣従性という特質を付与したとする幕藩官僚制の特質に関する近年の研究成果に照らしても、その方向は適切といえる。藤井譲治『幕藩領主の権力構造』岩波書店、2002、p.399、参照。
7)　Weber, M., *WIRTSCHAFT UND GESELLSCHAFT*,（以下WuG.）2, Halbband, 5, rev., aufl., 1976, Tübingen, J. C. B. Mohr, S.580f.,『支配の社会学Ⅰ』世良晃志郎訳、第9章第4節、創文社、1960。
8)　Weber, M., Konfuzianismus und Taoismus in : *Gesammelte Aufsätze zur Rigionssoziologie*（以下RS.）, Bd.Ⅰ, Tübingen, J. C. B. Mohr, 1963,『儒教と道教』木全徳雄訳、創文社、1971。
9)　『丸山眞男講義録』第1冊、東京大学出版会、1998、p.77、本研究の第1章第2節参照。
10)　Weber, M., WuG.2, S.596−597、『支配の社会学Ⅰ』世良晃志郎訳、創文社、pp.195−198。
11)　和島芳男『日本宋学史の研究　増補版』吉川弘文館、1988、辻本の前掲書、他多数。
12)　春水『春水掌録』(『随筆百花苑』第4巻、中央公論社、1981、p.99)。
13)　『丸山眞男講義録』第1冊、東京大学出版会、1998、p.176。
14)　『弁名』(『荻生徂徠』日本思想大系36、以下「大系」、岩波書店、1973、p.93)。
15)　『弁道』(「大系」p.24)。
16)　丸山眞男『日本政治思想史研究』東京大学出版会、1952、所収第二論文の主題。
17)　『徂徠先生答問書』(『荻生徂徠全集』第1巻、みすず書房版、以下「全集・1」のように略記、p.430)。
18)　『弁名』(「大系」p.42)。
19)　『弁道』(「大系」p18)。
20)　『弁名』(「大系」p.105)。
21)　『蘐園随筆』(「全集・17」p.250)。
22)　本研究第3章第4節参照。
23)　『政談』(「大系」p.439)。
24)　『学寮了簡書』(「全集・1」p.568)。
25)　本研究第3章第3節を参照。
26)　教育思想としての内容とその史的意義は、本研究第1章第1節参照。逆説的にひびくが、「『人格』たることは、人が意図して欲しえない何かである」とヴェーバーは捉えるとともに、むしろ「事柄」それ自身への没我的献身の姿勢を禁欲的プロテスタンティズム諸派の「職業」への専念のなかに具体的に見出した。
27)　本研究第3章第3節を参照。諸芸を習得する「稽古事」の場合がそうであるように、「聖人の道」の追求においても、師弟の同志的な結社的関係の結びつきを徂徠は

377

第4章　公的領域における現実的所与の立場

尊重していた。そのゆえに、学校において「公役」という強制的契機を本質的にともなう任務としてアンシュタルト的関係での師弟の結びつきと、「稽古事」での師弟の結びつきとは、本来的に齟齬する事実（学校では「稽古」が成立しない）を、かれは見出していた。「稽古事ハ、公役ノ稽古ニハ人々勧マヌ物也。…問返シテモ聞レズ。教モ親切ニ受ル事ナラヌ故也。手前ノ信仰ナル師ナレバ、附届ニ物ヲ入テモ、稽古ヲスル心ナレバ稽古スル也。是人情ノ必有事也。其上、師ハ尊ク、弟子ハ卑キ者ナル故、師ノ方ニ権ナケレバ、教ハ成ヌ者也。右ノ如ク講釈所へ出テ役目ニ講釈スルコトナレバ、師ノ方ニ権ナシ。是又道理ニ背ク故、教ノ益ナキ也」『政談』「大系」p.439。学校内の教育関係についてのこうした齟齬に対して、かれはけっして師の立場におかれた者に教授の権限を与え、弟子の立場におかれた者にその教授にしたがう義務を指示する官僚制的上下関係を主張するわけではない。

28）辻本の前掲書、p.227以下を参照。
29）この点での実証的な貴重な研究成果として、頼祺一『近世後期朱子学派の研究』渓水社、1986、がある。
30）「春水遺響」『広島県史』近世資料編Ⅵ、1976。春水の玄孫・頼古楳が家に伝わる春水関係文書を筆録集成したもの。以下『遺響』と略す。
31）理論的には伊藤仁斎『童子問』の説、荻生徂徠の師弟関係の思想——「孔子の学ぶところを学ぶ」という理念に表現された「道」の追求を媒介とする同朋的関係——に端的に示され（本研究第3章第3節）、師弟の人間関係の事実でも、山崎闇斎、仁斎、徂徠とそれぞれの門弟たちとの例が明らかにするごとく、個性的な違いももちろんあるが、ともに自発的な結社（Verein）というべき関係であった。
32）天明2年『遺響　四』p.714。
33）『遺響　五』p.724。
34）寛政9年『遺響　五』p.737。
35）かれはつぎのように記した。「諸芸之規矩と申候事は、たとへハ刀槍之術ニハ表幾本うら幾本或ハ目録或ハ印画と申様ニ、学ニも規矩有之哉之事ニ可有御座、…然る所格別出精候人ニ在て、多く師友之差図をいなミ、自分了簡ニ読書・会読等も勝手次第ニその次第ニその次第ニもかゝはらすいたし、或ハ銘々ハ儒家ニてハ無之候へハ、儒家之差図ニかゝはり候儀ニ有之間敷心得候面々多きものニ候、皆々素人論ニて候、刀槍等ニてハ屹度その式次第立候、その通ニ不仕候てハ相済不申、…学ハ大業ニて素読一通りニても書物段々有之、まして会読・講釈等ニ至り多端ニ候へハ、規矩といたし候事も立かね候様ニ候、何分稽古筋ニ候へハ、是非共その式次第差図之通ニ無之候てハ無益之事、…己を虚くして師友之指引ニ任せらるへき事ニて候」（『遺響　十三』pp.787-788。藩校での学習にさいしては諸芸の「稽古」と同じように、弟子に対して指図する師の直接的な役割が重要という春水と対比して、「稽古事ハ、公役ノ稽古ニハ人々歓マヌ物也。…師ノ方ニ権ナケレバ、教ハ成ヌ者也」『政談』「大系」p.439、と指摘して、諸芸の稽古事と藩校での学習とが成り立ちのうえで同一視できない事情に注意をむけていた徂徠の立場があった。
36）寛政元年十一月十七日『遺響　五』p.731。倉沢剛『幕末教育史の研究　三』吉川

378

弘文館、1986、p.210、に「指導教官制」のことが簡単にふれられている。
37)『遺響 五』p.735。
38) Weber, M., Konfuzianismus und Taoismus in : RS.1., S.523,『儒教と道教』木全徳雄訳、創文社、1971、p.392.石井紫郎「近世国制における『武家』と『武士』」『近世武家思想』日本思想大系、岩波書店、1974、p.516、を参照。石井が論ずるように、名分に、君主は君主らしく、臣下は臣下らしく、というように、上下ともに超越的な道徳規範にしたがって行動せよという積極的要素と、上下の別を乱すなという消極的要素があるならば、この場合の「師弟之統紀」の主張は、もっぱら後者の側に属している。
39) 丸山は、注1)でふれた研究で国学（宣長学）の現実的所与の立場をとりあげていた。「生れながらの眞心」それ自身を「道」とする心情を内容とする所与の立場（本研究の第5章）であったが、「人間関係優先主義」として特徴づけられる、この師弟関係において絶対的恭順をもとめる主張も、根本的には現実的所与の立場に属する。この点の思想史意味については、本研究の第5章で詳述する。
40)「講会之日 二七ノ日孝経講釈植田氏 四九ノ日 論語講釈加藤氏 一六ノ日史記会読頼氏香川氏 三八ノ日左伝会読金子氏増田氏」（天明2年『遺響 四』pp.708-715）と記されているのは、その一例である。
41)「学術ノ弁」寛政2年『遺響 十三』pp.770-771。
42) 同上、p.770。
43) 春水が具体的な形で理想的社会像や教育の理想をもたなかったというのではない。頼祺一、前掲書、p.202、および注45) 参照。また、「天道に本づき、人倫を主とす」（原漢文）ことが自己の拠りどころとする程朱の学であると表明している箇所が『学統論』(『近世後期儒家集』日本思想大系47、岩波書店、1972、p.333）に見える。しかし、この「天道」の概念はかれの場合には、程朱の学に対する権威づけとしての使用にとどまる。別に経学上の厳密な認識をもって「天道」について把握しているわけではない。現実との緊張を引き起こすにたる当為的な根本規範として「道」を志向する姿勢は、藩校を論ずる春水の場合には見出せなかった。そのことを他面においてあらわしているのは、つぎのような「致知」の解釈である。「致知トハ人ニワレニ生レ得ド備ハリタル知ノアリテ、タトヘハ水火ノ寒熱ヲシルト云類ノ、教ヘラレモセズシテアル所アレバ、其アルヨリシテ段々ト知ヲミガキミガキ、今マデウカトセシコトモ大切ナルコト、今マデ大切ナリト思ヒシハ前カドナルコト也トサトリ得ルノ類」。「水野侯ヘ上ル節ノ草稿ノ内」『遺響 三』p.679。君侯への助言として書かれた文書という点を差し引いてうけとめる必要があるが、それにしても「格物致知」という儒学の基本概念（本研究の第3章第3節の「学の基本的様式」でも言及した）が、客観的対象についての知的探求として捉えられているのではない。ここでは当為的な緊張をもった対象についてではなく、日常習得してゆく経験的現実として理解されている。
44) 古学派（徂徠学派）儒者の「学問所」への「出勤」が停止された「天明異学の禁」については、頼祺一、前掲書、参照。

45)「徳義広大」、「温和之上謙遜深く」、「剛健勇猛」などの資質をもっていること、「学問手厚く実徳実行」、経義・歴史・和軍記録・古今君臣の事蹟・御当家の事蹟・天文暦学等の知識に達している人、経義治術・所務方取り計らい・家作諸職人取り扱い・道橋等の諸技能に達している人、等を春水は箇条書きにまとめている。『遺響 三』pp.687−688。
46)『遺響 十三』p.788。
47) 天明2年『遺響 四』p.712、「素読のおしへ方」として、書物の指定（孝経・四書・小学・五経、訓点は林点・嘉点）、書物とそれをおく小机の扱い（「ふくさの上ニ書物を置可申事、かりそめニも経書を座上ニ直ニ置べからさる事」等）、書物受けもつ人数（師一人に三、四名）、書物の読み方（「五経之類よくよみ一字々々をつき候に及不申候ハヽ、師も其書をひかへ字さしなしニよみ可申候事」）、担当する師によって読み方が異ならないようにする配慮（「番付番ニてよみ来り申候へハ、昨日の師今日之師と同様ニ不参候事も可有之候へ共、よみ方ハ大てい同様たるへき事、是ハおしへ候人の心得にて昨今とおしへ方かハり候事にあらす候事」）、こうした教授の内容・方法、弟子の心構えなどに関する具体的な場面に即した指導法を明らかにしていた。
48) 天明3年『遺響 四』p.701、p.704。
49) すでに将軍綱吉のころの元禄4年（1691）に湯島聖堂が落成し、2月11日、の熨斗目長袴の盛装綱吉の臨賀とともに、幕府による最初の釈奠の儀式が厳かに執りおこなわれた。その内容が詳細に記録に残されている。『徳川実記第六篇』（常憲院殿御実記）、吉川弘文館、pp.98−100、参照。その詳細は、須藤敏夫『近世日本釈奠の研究』思文閣出版、2001、pp.30−34、にも紹介されている。綱吉、先導役の側用人吉保、儒臣林大学頭信篤などの人物と典礼にそったそれぞれの所作を克明に記したその内容から見ると、寺院から区別されるべき聖堂（上野忍岡の聖堂は一画に寛永寺があった）とはいえ、きわめて宗教性をもった典礼儀式であったことがうかがえる。徂徠の場合、すでに論及したように（第3章第3節）、みずから「孔門の徒」たろうとした。そして釈奠も重んじている。かれはいう、堯・舜など聖人の「制作する所の礼楽政教は、君子これを学ぶ。故にこれを学に祀る。伝に曰く、『先聖・先師に釈奠す』と。…これ学に、祀る所の神なくんば、何の成を受くる所ぞ、何の告ぐる所ぞ」『弁名』「大系」p.66。このように徂徠の場合には、堯、舜ら先王＝聖人の業績（平天下にかかわる）についての知的認識とかれらへの尊崇とにささえられるとともに、所与の現実を制度をもって改革するという積極的な志向とをともなっていた。特定の人格への信仰とかれらの業績についての知的認識とから切り離され、現世の秩序を維持することを主眼とした、そのかぎりの形式的な儀礼として尊重されているのではなかった。
50) Weber, M., WuG.2, S.674、『支配の社会学Ⅱ』世良晃志郎訳、創文社、1962、p.477f。
51)『遺響 六』p.747。
52) 元禄期（−1703）までの文治主義的為政者教育から寛政期以降は幕藩体制維持の要求に発する問題解決的な、その意味で幕藩体制の支配原理に「適合的な」教育思想

へと転換したとも解されよう。尾藤正英『日本封建思想史研究』青木書店、1961、序章、本山幸彦『近世国家の教育思想』思文閣、2001、p.107、参照。こうした社会史意味を歴史的背景としてわれわれは理解しておくべきだが、この場合の文化的価値の固有法則性に関する思想史的な事情について、ここで補足しておきたい。「師弟分け」によって、弟子の学が特定の師の教えに緊縛されることが制度的に要請されるというこの一件は、「正統」論との関連で重要な事例を示すものだった。すなわち、その一件の内的核心を、「修身」を根本的に重んずる「正学」という教義の正統性の問題（Orthodoxy）が、その教義をになう権力保持者に服従をもとめることを可能にする資格づけの問題（Legitimacy）と結びついたものとしても理解できる。丸山眞男「闇斎学と闇斎学派」『山崎闇斎学派』日本思想大系31、岩波書店、1980、参照。こうした事情は、つぎの「現世適応的」立場と関連する。

53) Weber, M., Konfuzianismus und Taoismus in : RS. I , S.446,『儒教と道教』木全徳雄訳、創文社、1971、p.264。
54)「農工商」に対しては家業の暇に「学館」では「孝弟之道理」を期待したのに対して、諸生に対する教育の理念としては、「教授方詰所の掛札」の第一の事項に「講書之主意ハ忠孝之道理を尽し候様相心得可申事」と記した。天明2年「学制草稿」『遺響 四』p.714、その他。
55) Weber, M., WuG.2, S.629,『支配の社会学Ⅱ』世良晃志郎訳、創文社、p.307、本研究第1章第2節、参照。
56)「忠誠と反逆」(1960)『丸山眞男集』第8巻、岩波書店、1996、pp.182－183。
57)「いしづゑ」『日本教育文庫』（家訓篇）日本図書センター、1977、p.686。
58) 頼祺一、前掲書、p.166。
59) 臣下の忠誠心に根ざした諫言と、それを用いる主君の器量について、春水は具体的な形で紀州南龍公（徳川家康の第十子・徳川頼宣）御附の安藤帯刀が示した実例をもって理解していた。『春水掌録』十三上（前掲書、pp.295－296）。世子に対する『小学』講釈のおりに春水は、「安藤帯刀の忠誠とその諫めをいつまでも忘れなかった徳川頼宣の『名君』ぶり」（頼祺一、前掲書、p.189）について語ったという。（幕府初期の重臣として知られるこの人物については、かつて徂徠も別の意味で言及していた。第3章第2節注18) を参照）。こうした君臣関係についての春水の観念には、当の君主の人格を越えた価値原理に対する選択的な忠誠の契機が君臣双方にうかがえる。このような君臣関係の観念は、自然的な親子関係（「父子一体」）をもって「天倫」としてのその絆の本質を確認する観念から区別されるべきだろう。この種の観念を示した代表的な主張は、周知のように山崎闇斎学派に見出される。浅見絅斎講述『拘幽操師説』（『山崎闇斎学派』日本思想大系31、岩波書店、1980、p.235）など、参照。
60) 広島藩の動向について頼棋一は、つぎのように記している。「春水は世子に対して有徳の君主となるべきことを求め、世子もそれを納得して勉強に励んだ。しかし襲封後の斉賢が政治主体として何らかの『改革』政治を広島藩に於いて実践した形跡はみられない。十八後期から十九世紀初期の広島藩政は藩主親政の段階ではなく、現実社

第4章　公的領域における現実的所与の立場

会の変化を鋭く認識した有能な封建官僚による政治が行われる。それは、有徳な君主がいるかいないかは、ほとんど関係のないことであったように思われる」頼祺一、前掲書、p.195。関連して、倉沢剛『幕末教育史の研究　三』第4章広島藩の教育政策、吉川弘文館、1986、江森一郎『「勉強」時代の幕開け』平凡社、1990、「藩校教師の葛藤」の章、とくにpp.240－242、高木靖文「近世藩校職制の発達と教師の選任」『講座　日本教育史』第2巻、第一法規、1984、幕末維新学校研究会編『幕末維新期における「学校」の組織化』多賀出版、1996、本山、前掲書など参照したい。師弟の関係の結合において自発性の度合いが本質的に強い塾と対比して、学校組織においていかに師弟関係を確保するかという本章の内容にかかわって、とくに高木と江森の論述内容は興味深い。高木は、藩校の教師の選任にあたって、「召抱」あるいは外部招聘という場合、藩校外の職（「書物奉行」等）からの転役という場合、上座学生からの登用という場合を、尾張藩明倫堂を事例に実証的に究明している。こうした選任の方策は、明治以降において導入される教員養成制度という形での「専門的訓練」が確立していない歴史的状況下では、当然起こりうるものだった。江森は、加賀藩を例に、教官に対する不従順の蔓延という事態打開のために「生徒主附」として任命された2名が上書（1804）して、「教諭之官」にある者は生徒の「信服」を得るにたる「位爵」を付与するよう提言している事例を明らかにしている。このような教師職の選任の方策のなかで、聖人の「道」の追求という価値的原理にかかわる超越性への志向はどこまで決定的に考慮すべき事項になっていたかどうか、あるいはどのように視野の外におかれたか、問題になるであろう。

第5章
私的領域における現実的所与の立場
——宣長学における一元論的思惟傾向と教育認識の問題性——

第1節　課題と方法

　徂徠以後の18世紀後半において現実的所与の立場を示していたもう一つの場合を本章ではとりあげよう。本居宣長（1730-1801、享保15-享和元）の場合である。宣長学における一元論的思惟傾向を跡づけ、そこに教育認識の問題性を究明することをめざす。

　前章でふれた頼春水（1746-1816、延享3-文化13）学政論が、同時代における公的領域——徂徠『弁名』における「公」概念でいえば、万民の「職分」の働きという「衆の同じく共にする所」のなかで、とくに公教育を実施する官の管轄——にあらわれた立場であったのに比して、本章でとりあげる宣長学の現実的所与の立場の場合は、私的領域にあらわれたものといえる。徂徠の「私」の概念でいえば、「己の独り専らにする所」を中心にする領域といえる。そう性格づけて基本的にはさしつかえないが、ただし、その点なお注意を要する。宣長思想の場合、その私的領域は、けっして周囲のひとびととの関係を排除するものではない。儒教を人間性に対する知的権力の画一主義的な抑圧としてうけとめ、他方、ひとびととの心情的共感とその共同体を欲し、親密なるものを擁護しようとする点で、その私的領域はむしろハンナ・アーレント (Hannah Arendt, 1906-1975)『人間の条件』にいう「親密圏」の概念に近い領域といった方が適切であろう。徂徠の「公」概念が万人の公共的協働という無限の複数性を不可欠な紐帯の特性とするのに対比すれば、その点に留意しておく必要がある。本章では、そうした領域における現実的所与の立場の内容を明らかにするとともに、その立場が示した教育認識の問題性を究明する。具体的には、人格主体を意図的に形成[1]するという課題が、宣長によって思想的にいかに否定されていたかという問いを、〈生〉の立場というべき思想傾向を跡づけて究明する。

　この問いに関しては、一つの重要な先行研究にむかいあう必要がある。

第5章　私的領域における現実的所与の立場

　丸山眞男の論文「近世日本政治思想における『自然』と『作為』——制度観の対立としての——」(1941-2) である。そのなかのある箇所で宣長学に代表される国学の特質、とくに「現実的所与」の立場について、丸山はつぎのように述べていた。徂徠より春台にいたり儒教規範は「外面化形式化」の過程を示した。国学者はこうした規範の人間性よりの疎外を利して内面的心情の世界の不可侵性を宣言した。しかし国学のこの自然主義は一つのイデーにまで高めることはしなかった。なぜなら「『自然』の立場が一つの『イズム』として現実的所与から浮上がった瞬間にそれは内面的心情に対して新たな『当為』として迫り、かくて流動する心情は再び固定的な規制に服することになる。そこには既に心情の純粋な発露は失はれてしまふ。このことを明確に意識したのは宣長である。…かくして人間的作為に対して内的自然性を優位せしめつつ、しかも『自然』それ自体の観念的絶対化を避けるためには、この内的自然そのものの背後に、それを根拠づけるところの、超人間的な絶対的人格を置く以外にない。神の作為としての自然——それが宣長の行きついた立場であった。…その所為に対して人力は如何ともし難い。…結局一切の歴史的所与を所与としてすなほに肯定する事が、『ゆたかにおほろかに雅たる』『歌のおもむき』(うひ山ふみ) を本質とする国学的精神の必然の帰結であり、その思想的根底となったのが『世のなかのよきもあしきもことごとに神のこころのしわざにぞある』…といふ神の作為に対する絶対的帰依なのである」(傍点は丸山)[2]。

　以上、「作為」の論理が宣長学にいかに継承されたかに注目した丸山の論述を本研究は基本的に承認する[3]。そのうえで問題を呈示したい。徂徠学の場合に「作為」の主体として想定されていたのは人間——ただし丸山が指摘するように、政治的支配者 (第一義的には中国古代の堯、舜など先王、そしてかれらの作為に妥当根拠をおいた「道」の普遍性を準則として、それぞれの時代の歴史的個体性に応じた主体的作為が要請される君主) に限定されるにとどまり、すべての諸個人にまでは拡張されない——であったが、宣長学では神とされる。宣長のことばに即せば、「神の御所為」がその作為にあたる。このような思想的特質と表裏して——丸山の上の論述でも、また他の多くの先

行研究でも明らかなように——宣長学の場合に人間は、「自然」(おのづから)ということ、すなわち、各人は自己のおかれた歴史的現実的な所与を所与として素朴に、いわば無前提的に把握しうるものとして、肯定的にうけ容れるという態度が、道理にかなった生き方とされる。この場合に、丸山が上に指摘するごとく「自然」のイズム（Ismus）として純粋に当為として規範化されることは拒否される。あえて人の「道」ということはなかったとかれはいう。「道」といえば、かれによれば、道路の意味で「物に行く路」（『直霊』）でしかなかった。宣長のこうした「自然」の説は、「人力は如何ともし難い」と理解されるように、神ならぬ人間の「作為」は否定をもって評価されたということを意味する。そして、純粋に規範化する自覚的行為もまた否定すべきその「作為」に属する。

そうした評価の基本姿勢を、限定づけられた一つの領域として——丸山の上の論稿では制度観の問題として把握されていたが——本章では教育認識にかかわる問題として把握したい。すなわち、「作為」の論理に基づいて人間を意図的能動的に形成する（bilden）という人間の行為[4]は、宣長によっていかに否定的に評価されたか、という問題である。本章の研究課題の中心はただこの点にのみ集中する。

この評価は、たとえば「人は教によりてよくなるものにあらず」[5]ということばとともに、「教へ」の否定として——とくに封建的道学的抑圧の教化主義に対する反抗と「実情」(まごころ)の権威についての主張とを意味するものとして[6]——もはや既知のことと思われるかも知れない。にもかかわらず上記のように問うのは、ⅰ）「教へ」と宣長が排撃的意識をもって言明するところと、ⅱ）かならずしもかれ自身の明確な自覚はなくとも「作為」の論理に基づき人間を意図的、能動的に形成すること、この２つを概念的に区別されねばならないと考えるからである。

後者の"教育"を意味する人間形成については、すでに本研究の第１章第１節（注記21）でもふれた。ここでは、その規定にしたがいつつも、本章の内容に即してあらためて確認しておこう。とくにつぎの諸事項に着目する。

a）主体と客体（対象）とを原理的に分けて峻別すること。人間形成の客体における形成物とは、芸術的に美しい作品、学問的に真なる命題として絵画・彫刻・楽曲・言語（短歌など）などに具体化された事物（Sache）との対比でいえば、人格（Person）であること。この場合には倫理的道徳的意味をもった人格ではなく、生としての諸特性（心、意志、欲望など）をもった人格であること。そのような自己自身もしくは、他者の人格を対象として認識したうえで人間自身が主体となって形成すること。

　b）諸価値との関係をもった理想的な人間のあり方の範型が目標として追求されること。それゆえ、生の諸特性が時の経過においてなにほどか量的増減・性質的変化をともなうとすれば、そうした生の変化の様相は、流動的ともいえる変化の連続ではなくて、価値の蓄積を本質的にともなった変化であること。

　c）その変化は、意図的作為に属する技術的働きによってもたらされること。それゆえ、生自身の運動変化の原因を自然的なものにもとめて、生き方として受動的であること（所与の生の現実に従順たること）が尊重されるのではない。技術的な働きによるこの場合には、価値に対する顧慮とともにその価値を人格のうちに現実化せんとする、実践的に評価する主体（wertender Subjekt）の行為[7]によって、行為の目的、手段、結果に対する相互の考量が働くことが要請される。

　以上に説くところが、本章で分析しようとする人間形成の働きに着目した"教育"概念の規定である。教育思想史上の対象として、また徂徠以後の対象[8]としてなぜ宣長学をとりあげるのか。その理由は、自覚的な言明として厳しく「教へ」が否定されたことのみではない。それをも含めて、人格主体を意図的に形成するという行為を原理的に否定する思想が、「道」についての知的認識にかかわって、宣長の教育認識の特質として示されていると考えるからである。その場合、この行為がまとまった一つの対象とされずとも、上記a）b）c）の諸部分がそれぞれに否定的に認識・評価されるということ、そのような思想が示されていたとすれば、どのような根本的立場に基づくのか、という点を分析的に明らかにしたい。この作業を

つうじて、その否定の思想が、宣長学のいかなる思想構造において示され、歴史の場にどのような教育認識の問題性 (Problematik) を呈示していたかを考察すること、その点を本章の主たる課題とする。

　教育認識にかかわる問題性を究明しようとするこの課題に対する接近について、以下３点述べよう。

　１）分析の中心概念について。この課題を含め宣長の思想を一般に把握するにさいして、まず基本的な方法上の困難がある。それはかれの場合、例の「漢意」批判でひろく知られ、また本章でも論及するように、思想を概念化する試み――「和歌ミナ、アハレノ一言ニ帰ス」[9]と総括的に捉えたのはその代表例ではあるが、しかし――を原則的には排斥し、実際にも注釈などをつうじて即事的姿勢[10]を示していたという特殊事情である。そのゆえに本章の課題のための概念化の操作を、その対象としての宣長の自覚の有無とは別に研究者の側で自覚的におこなわざるをえない。この点にかかわって本章でとくに注意をむけたいのは、「所与」の立場に関する概念である。丸山は、他の論稿――現実を作り出してゆく契機は無視され、現実の所与性のみがもっぱら強調され、既成事実へ容易に屈服してしまう精神傾向を指摘した「『現実』主義の陥穽」(1952)、またこの「現実」主義を歴史的持続力をもって基礎づける意識構造を究明した「歴史意識の『古層』」(1972) など[11]――は別として、さきに引いた論述では特別な強調符とともにこのことばが使用されていたわけではなかった。しかし、宣長の思想的立場の中核にかかわる用語としてこの「所与」の概念はけっして逸することはできない。このことばの思想的意味に関して、マックス・ヴェーバーの価値論に根本的な影響をあたえたＨ．リッケルト (Heinrich Rickert, 1863－1936) の所説をとりあげよう。「直観主義の一元論」(Monismus des Intuitionismus) とリッケルトがみずからの立場と対比してよぶものである。かれはいう、「一元論的志向をもったすくなからぬ思想家の見解にしたがえば、統一的で自己同一的な世界の本質は直接的な『直観』のうちに開示されるべきものである。『直観主義』こそがわれわれの問題を解決しうる、と信じている。それによって、価値と現実との統一

(Einheit von Wert und Wirklichkeit) は概念的にいまだ混濁されていない"体験"("Erlebnis") のうちに見出されるべきだろう。現実に存在するものと非現実的に妥当するものとの2つの領域へと解体されてしまったのは、その直接的で絶対的なるものが引き裂かれたこと (Spaltung des Unmittelbaren und Absoluten) によるのであって、その分裂の現存はひとえにわれわれの知性あるいは悟性のみの働きに起因している。…われわれにとって必要なことは、われわれの万有の概念もたらす基礎となったあの二元論的概念構成 (die dualistische Begriffsbildung) をふたたび忘却し、世界本質の純粋でしかも統一的な状態へと回帰すること、それ以外になすべきことはないのである」[12]。リッケルトはこのように一種の一元論、すなわち所与の直観を第一義的に重んずる「直観主義の一元論」の思惟をとりあげた。かれ自身にしても「所与」ということ、とくに経験的現実として各人に与えられたものを肯定的に認める。けれどもその場合にもそれはけっして無前提的なものとしてではなく、最小限度において認識主観によってなにほどかは概念的に限界づけられ、それゆえ流動する体験内容を「静止したもの」として認めるのである。すなわち、認識主観から独立した事物の世界にしたがうべき表象でもなく、また対象 (Gegenstand) という構成 (Konstruktion) する認識主観の作用に根本的に依存しこの主観に対立するものでもなく、「所与性」(Gegebenheit) の範疇という「これがある」という個別的のものの判断 (問いに対する肯定、否定の答を意味する) の形式の媒介によって、「作り出され」(produziert) されたものとして認めるのであった[13]。しかし上のように概括されうる「一元論」の立場では、認識の諸範疇など一切の形式の媒介をへていないものと主張する、直観をつうじての直接的な「所与」こそが価値と現実とが識別されない同一的、無差別的な統一 (Einheit der Identität oder Unterschiedlosigkeit) として、一種の「価値現実」(Wertwirklichkeit) として本質的な重要性が認められることになる。それは価値'と'現実との区別、すなわち、無時間的で非実在的に妥当するもの (das Geltende) としての諸"価値"と、時間的 (歴史的) でたんに実在するもの (das Reale) としての"現実"という二面性とそれぞれの特殊性を保つこと——リッケ

ルトの思想に即してより精確にいえば、前注でふれたように「一者」と「他者」として措定される関係性を意味する——をつうじて二元論的に分離・峻別し、そのうえで両者の中間的な媒介領域（Zwischenreich / Mittelgebiet）を措定するリッケルとの根本的立場とは異にする。この中間領域における主観の働きとしては"評価"（称賛・非難）すること（bewerten）、そして、客観的には価値に充ちた現実（wertvolle Wirklichkeit）として事物あるいは人格上に具現化される諸々の文化客体（学問、芸術、道徳、政治、など）＝"財"（Güter）を措定する。こうた区別を重視するリッケルの基本的立場と、かれがいう「直観主義の一元論」は根本的に異なる[14]。こうした意味を帯びた「直観主義の一元論」の立場からの「所与」尊重の基本姿勢を、本章では主要な分析概念として把握し、そのうえで宣長思想の特質をこの対象に即して〈生〉の立場として再把握し、解明の手がかりとしたい[15]。

　２）さきにふれたように丸山の宣長への接近でも、先行した思想として徂徠学が位置づけられ対比されていたが、本章でも設定した課題にかかわるかぎりその特質に論及しておきたい。とくに２つの関心にささえられる。一つは、リッケルの所論から上記の概念を参照するということ——ベルグソン、ニーチェ、ディルタイなどによって積極的に主張されたものではなく、まさにリッケルによってディルタイらとは距離をもって批判的に吟味された概念の方を選択して対象認識のための基本的観点として参照すること——が研究する側からのたんに一方的で恣意的操作ではないこと、すなわち価値と現実の二元論的構成に関するリッケルの認識態度と近似する基本的なところは、宣長の先行者としての荻生徂徠の学的営みにもすでに内在的に確保されていたと思われこと。それゆえ宣長の基本的な思惟傾向の特質が、徂徠のそれとの関連いかんという歴史的現実の場に可能なかぎり即して鮮明になると考えるからである。いま一つは、この非連続性にもかかわらず、両者のあいだに認められる、「真情」（「人情」「真心」「実情」）論に関する周知の連続性に関係する。「物語はさようの教誡の書にあらねば、儒仏にいふ善悪はあづからぬことにて、たゝ〔よしあしとする

所は、〕人情にかなふとかなはぬとのわかちなり」[16] といった、「真情」の言語表現をつうじての芸術上の固有価値が政治・道徳などの文化的諸領域からどのように自立して示されているかを問う宣長の意識[17] が、先行する国学の運動[18]・同時代の通俗的文化[19] などのかかわりとともに、徂徠の詩歌論をうけ継ぐものであることは[20]、すでに知られている。本章ではこの「真情」論をも含めた、両者（徂徠・宣長）に共通するであろう原理的な問題意識のいかんを基礎作業として理解したい。それは人間の〈生〉をいかに尊重するかという根本的ともいえる問いである[21]。仮説的にいえば、この〈生〉についての宣長の思惟——一つの特定の著作のうちに主題として定着しているというわけではなく、むしろ生涯において書き記したさまざまなテクスト（著作、書簡、日記など）のうちに持続的に、しかも個々の関心の表面上の諸領域（古神道、歌物語、経世論、医道、その他）をこえて底層部に流れている思惟——は、〈生〉というかれの概念的な自覚いかんは別として、価値に対する、また直接体験の実在に関する基本的立場として性格づけられよう。すくなくともかれの教育認識の特質は、この立場によって根底的にささえられるだろうと推測する。こうした〈生〉の立場の性格を理解するうえで、徂徠との対照によって両者の異同を検討することは不可欠な作業の一つと考える。

　3）この〈生〉の立場の性格づけの問題にかかわって、この本章でも見逃しえないのは、歌道においてことばの「作り事」の必要性を宣長が強調したことである。周知のように、それは『万葉集』の直接的感動の素朴な表出とともに『新古今集』の優美な表現技巧を重んじていたという、村岡典嗣によって「中古主義と上古主義との混在」（傍点は村岡）と指摘され[22]、以後の研究史でもしばしばとりあげられてきている[23]。この「作り事」重視の姿勢は、ことばの"形式"というものの表現技巧上の意義をかれが積極的に認めていたことを意味する。とすれば、この評価の態度はかれの〈生〉の立場、ならびに教育認識の特質に対してどのような関連を示すものであったか、この場合に形式の形成的意義が歌道の領域をこえていかに認められたかどうか、あらためて検討されねばならない。それによって、

人格主体の意図的形成という観念のいかんを宣長学それ自体のうちにたずねてゆきたい。

第2節　徂徠学の二元論的立場
――"生と形式"の関係にかかわる人間形成的意義の認識――

　すでにとりあげたように、徂徠学では、「性即理」という朱子学の見解を批判し、価値の領域（「道」と諸「徳」）と現実の人性の領域（「性」）の把握による二元論的立場に立脚した。すなわち、何びとの人性といえども「気質の性」のみの、それゆえにひとにより智愚賢不肖ある現実態を示すのであって、絶対善を示す「本然の性」というものは人性への内在どころか、この存在そのものが否認された。そしてこうした基本的諸価値それ自身――「仁」「智」「勇」「義」などの諸価値やそれらを全体的に統合して「安民」という理念を実現する最高の公共善というべき「道」など――は理想的諸範型として現実の人性に外在するという意味で超越性をそなえたものと見なされたのだった。そして価値理念と現実態との中間領域、すなわち価値の現実化した具体的形態としてとりわけ重視されたのが、「礼・楽」という文化的事物であった。時俗の「礼・楽」一般ではなく、あくまでも「道」という根本的な価値理念を具体化する「制度」としての「礼・楽」であった。

　こうした徂徠の把握とさきにふれたリッケルトのそれとをひき比べて見よう。ただちに大きな違いが見出される。後者の場合、価値そのもの（規範ではなく）を各人の認識主観から独立させて先験的妥当性をその本質とし、そのゆえに現実とはなんの交渉ももってはいない超越性を有するとし、明確に形而上学的に分離した。それに対して、徂徠の場合には、「道」について代表していえば「先王の道は、先王の造る所なり、天地自然の道に非ざるなり」[24]と指摘し、人格主体によって作り出されたもの（また、作り出されるべきもの）であることが強調され、価値領域の論理的基礎づけではなく、価値の発生的基礎づけに徂徠は関心をむけている点である。こうした彼此の違いが留意されるにしても、しかしリッケルトの価値・現実の

二元論的立場と近似する志向は、徂徠において基本的立場としてたしかに明らかにうかがうことができる。

　徂徠のこのような二元論的立場は、"生と形式"の問題にかかわっていた。価値の現実物としての礼・楽という制度のうちに、なぜ「道」を達成する手段的意義を徂徠は認めたかのか、そのおもな理由はこうである。消極的には、人間は「活物」として生の活動性（生気性）をみずからのうちにそなえている——まずその認識自身がきわめて重要である徂徠は認め、「天地は一大活物」と捉えた仁斎に対して時流をこえると絶賛したのではあったが——とはいえ、それ自身の内在的な生起だけではそれをただちに無条件には是認できないこと。すなわち、「一元気は渾渾爾たり。何を以てこれを極（基準尺度——引用者注）と謂ふことを得んや」[25]と記して、生の混沌とした活動そのものではこれに準拠しえないという判断を示していた。そして「直情径行する者は、戎狄の道」という『礼記』のあまねく知られた言句を、かれは共感とともに理解していた[26]。積極的には、「活物」としての人間の生の現実に対して、礼・楽は価値を具現した文化形態としてひとびとを習慣づけによって人間を理想的あり方に形づけると、期待されたことである。人間の理想的あり方に関する「文質彬彬」というかれの愛用句は、礼楽に対するこうした評価の姿勢に根ざすものであったことも、後述する宣長思想の一面を理解するために記憶にとどめておきたい。

　このような積極・消極両面からの評価は、人間のあり方に関するつぎのような原理的熟慮から導かれるものだった。——生は不断に活動する。しかし、生それ自身では混沌におちいる。それゆえに、生はみずからにとっては他者として形式を必要とする。ただしこの場合に、形式が、活動する生に対して抑圧的に、あるいは硬直的に働くようであってはならない。生の形式が抑圧的・硬直的に働くとすれば、生はその形成を打ち破ろうとする。"生と形式"とのあいだに示される、こうした牽引・反撥の緊張関係の認識をふまて、一面では形式は生の側に歩み寄り生のいきいきとした活動性を尊重しつつ、しかも他面では形式はみずからの側に生を引き寄せこの生をあるべき理想的範型へと規制し方向づけるという両面の課題に応え

395

ること。こうした“生と形式”との関係にかかわる原理的な熟慮がそれである[27]。

より具体的にはこうだった。「楽」の形式としての楽律のあり方について、徂徠はこう述べていた。「律はもと人音を以て準と為せり。後世は乃ち尺度累黍を以て之を求む。失する所以なり。…何ぞ必ずしも紛紛たらん。三分損益（古代の音律算定法——引用者注）の如き、亦た大概に之を言ふ。何となれば則ち必ず耳を聴きて乃ち定まれなり。後世、尺度を以て律管を截（た）つが如きは、必ず毫忽の数有りて、目も睹ること能はず、刀も截（た）つこ能はず、將（は）た何の益あらんや。故に古来大概に之を言ふもの、反って妙理に至るなり」[28]。楽律の形式が微細をきわめたものではなく「大概」に定められたものの方を徂徠が重んじるのは、それによって「人音」という生それ自身の表現が生かされると判断したからであった。

こうした「楽」の形式づけの説には、人間形成作用についての徂徠の深い認識が働いていた。すなわち、「楽」は「礼」とともに結果的な機能において徳の形成に与る、とかれは説いていた。「礼楽なる者は徳の則（のり）なり。中和なる者は徳の至りなり。…礼は以て中を教え、楽は以て和を教ふ。先王の、中和に形づくれるなり。礼楽は言はざれども、能く人の徳性を養ひ、能く人の心思を易（か）ふ」[29]。徳の形成という目的のために「楽」は直接的に従属するものとして見なされているのではない。「楽」そのものの固有な美的表現の形式が直接的意図をこえた客観的な結果として——上に引く「言はざれども」という説明はこの結果として導かれる作用の帰結を強調している——各人それぞれの徳の形成に寄与する、という認識をかれはもっていた。人格主体に対するこうした「楽」のおのずからの形成作用の事実を、徂徠は尊重する。その場合にも注意を要するのは、「楽」が第一義的に政治・教育など他の文化的諸領域に従属することになる意義づけは退けられる。あくまでも「楽」固有の自律性をそこなうことなく、その作用の結果がそれとして示されることを徂徠は第一義的に尊重する。そのうえで、「楽」の作用の事実が「道」という至高の価値理念に適合的に関係づけられものと判断し、その因果的意義をあらかじめ意図的に計算に

第2節　徂徠学の二元論的立場

入れ、目的－手段の系列に制度的に組み入れること（「楽を制するや、八音五声、相和して以て相済すこと…以て人の徳を養ひ」[30]、「古ノ聖人楽ト云事ヲ作リ出シメ人ノ心ノ楽ムトコロヨリ、正シキ道ニヒキイレテワレシラヌ邪ノ岐ニイラザルヤウニナシ玉フ」[31]）をかれは重視するのである。つまり因果関係を必然的関連（自然法則的決定性はその一つ）に直結させるのではなく、因果連関を保持しつつも"目的論的"（teleologisch）に転換するのだった[32]。人間形成における「即事性」（Sachlichkeit）の原理がここに重んじられていた。人間の"主体的な作為"の論理に立脚した技術にかかわる考量の働きを徂徠は示していた。

人格主体（事物ではなく）に対するこうした意図的形成の思想は、宣長の継承のいかんをこえて、宣長学のうちに客観的事実としていかにうけ継がれていったか、あるいはうけ継がれていなかったか、この点をつぎに注意をむけておきたい。

第3節 「作り事」の主張

　虚構あるいは仮構の方法的意義を宣長が文芸上において重んじていたことは、もはや既知の事柄に属する。だが、本章の主題に深く関係するかぎりで一部の重複をいとわずにここに論及することにしたい。
　上述のように、人間の理想的あり方を示すことばとして徂徠の愛用していた「文質彬彬」という語句を、宣長もまた美的理念の実現にかかわるみずからの思想を凝縮的に明らかにするものとして初期のうちから積極的に意解していた。すなわち、宝暦9年 (1759) 30才のときに成った『排蘆小舟』にいう。「文質彬々ト云ハ、タヽアリノマヽニテ、根カラ美醜ヲカヘリミズ、アリテイナルヲバイハズ、誠実ナル上ヘニズイブン醜ヲノゾキ、美ヲツクロヒカサリテ、スクレテウルハシクケツカウナルヲ云也、サレバ和歌ハ…ヨキガ上ニモヨキヲエラヒ、ウルハシキガ上ニモウルハシキヲトルヘキコトナラスヤ」[33]。文・質（素地）のうち前者、アヤ（文）をなすこと、すなわち「優美の辞」をもってことばを形式的にととのえるという表現技巧が和歌の道には重要であると、宣長は強調する。かれによれば、この技巧はむろん「心のアリテイ」（ありのまま）を模写するものではない。むしろ技巧による歌そのものは「イツハリ」といってよい。しかしたんなる「イツハリ」ではない（「偽ニシテ偽ニアラズ」[34]）。いわばその歌は仮構されたものなのだ。それによってこそ、歌の詞のうちに美的理念としての「風雅」——「野鄙ナル事、麁相ナル事、セハセハシキ事ナトハ、キラヒテ、心詞行儀マデ、イカニモヲタヤカニ、和ヲムネトシ、ヤスラカナルヲヨシトス」[35]とも説かれる——という心情内容を形づくる。つまり「文ニヨリテ実モアラハレ」るものである。かれはこのように指摘していた。
　こうしてことばの技巧を重視する青年期宣長の認識は、「古へのをまねぶは、はじめは偽事(いつはりごと)に似たれども、つゐにまことになりて、又詞を文(あや)なす道にもかなふ也。されば歌よむ人は、とにもかくにも古への雅(みやび)やかなる

第3節 「作り事」の主張

こゝろことばに情をそめて、そのおもむきをならふべき事也かし」という『石上私淑言』[36]の所見（宝暦13年、1763、34才）をへて晩年にいたるまで保持されていた。すなわち『宇比山踏』（寛政10年、1798、69才）には、つぎのように記されている。

「歌は、おもふまゝに、たゞいひ出る物にはあらず、かならず言にあやをなして、とゝのへいふ道にして、神代よりさる事にて、…既に万葉にのれる歌とても、多くはよき歌をよまむと、求めかざりてよめる物にして、実情のまゝのみにはあらず、上代の歌にも、枕詞序詞などのあるを以てもさとるべし、枕詞や序などは、心に思うことにはあらず、詞にあやをなさん料に、まうけたる物をや、…されば世のうつりもてゆくにしたがひて、いよいよ詞にあやをなし、よくよまむともとめたくむかた、次第々々に長じゆくは、必ス然らではかなはぬ、おのずからの勢ヒにて、後世の歌に至りては、実情をよめるは、一ツも有がたく、皆作りことになれる也、然はあれども、その作れるは、何事を作れるぞといへば、その作りざまこそ、世々にかはれることあれ、みな世の人の思ふ心のさまを作りいへるなれば、作り事とはいへども、落るところはみな、人の実情のさまにあらずといふことなく、古への雅情にあらずといふことなし」[37]。

ここに主張されている「作り事」と対比してかれが否定的に評価しているのは「今思ふ実情のまゝによむ」ことである。それは善かれ悪しかれ内面の流動的な心情——「情はうごきてしづかならず。うごくとは、あるときは喜しくあるときは悲しく、又ははらだゝしく、又はよろこばしく、或は楽しくおもしろく、或はおそろしくうれはしく、…さまざまにおもふ事のある」[38]と流動性を本質的特性としてかれは理解している——そのままを直接的に模写する表現である。これにあっては、一切の形式を廃棄するまでにいたらずとも現実の心情内容をそこなうような形式的な諸要素はとり除かれるだろう。かれがここで肯定的にいう「作り事」とはそうではなく、積極的に形式の媒介を必要とするものである。その場合にとくに重要な点は、現にある心情内容そのままに即応した形式ではなく、むしろその順序主客を逆にしてあらかじめ設定した形式をもって限定的に「意を作り

399

よむ」ことである。すなわち、それは、うたう場合の定型律とみなしうる五言と七言、五・七・五・七・七の区切りの組み合わせからなる短歌形式、五・七の定型律を反復して重ね、終末を七・七と結ぶ長歌の形式、また、枕詞、序詞、題詠、古言、古風、後世風そして、風の音・虫の音などの「物に託(つけ)てうたふ」[39]ことなど、美的理念に合致したことばの諸形式それ自身を規範として重視して、その諸形式によって歌の表現のうちにあるべき心情を"形づくる"という作用である。この作用を自覚してかれはいう、「俗き意(いやし)を雅(みやび)やかなる詞にはよみがたき物なれば、詞をだにも雅(みやび)やかにとゝのふれば、をのづからいやしき意はまじらず、又意はさしも深からねど、詞めでたきにか引かれては、あはれにすぐれたる歌つねにおほ」し[40]。形式的に整えられたことばによるこうした意図的な形成作用こそが、かれの歌の道には期待されている。

　以上のように「作り事」(Konstruktion)の必要を生涯にわたり説いている歌道論をかれのうちに認めるのであるが、そのさいとくに見逃すことはできない点がある。それは、歌それ自体の本来の目的(「本体」「本のあるよう」)とそれが結果的にはたす効用(「用ユル所」「用るうへの功徳(いさお)」)を、かれが以下に記す内容をもって自覚的に区別していたことである。すなわち、初期の『排蘆小舟』にいう、「モト和歌ノ本体ハ、政道ノタスケトスルモノニアラズ、只思フ事ヲ、ホドヨクイヒノブルマデノ事也。政道ノタスケトスルハ、其ノヨミタル歌ヲ取リ用ル時ノ事也、…上下君臣万民マデヲノヲノミナソノ思フ事ヲヨミ出タルモノナレハ、コレヲ取リ上ケ見テ、上ミタル人ノ、下民ノ情ヲヨクヨクアキラメ知ランタメ也」[41]。また『石上私淑言』にいう、「歌も本の体をいへば、たゞ物のあはれなることをよみいづるより外なし。…その用をいはば、まず思う事をよみ出れば、心につもりてたえがたきあはれもをのづからなぐさむ。これ第一の用也。又古今序にちからもいれずして天地をうごかし、めに見えぬおに神をもあはれと思はせ、男女の中をもやはらげ、たけきものゝふの心をなぎさむるは歌也とある。これ又大きなる効用也」[42]。そして晩年の『宇比山踏』にいう、「すべて人は、雅(みやび)の趣を知らでは有ルベからず、これをしらざるは、物のあは

第3節　「作り事」の主張

れをしらず、心なき人なり、かくてそのみやびの趣をしることは、歌をよみ、物語などをよく読見るにあり、然してして古へ人のみやびたる情をしり、すべて古への雅たる世の有リさまを、よくしるは、これ古の道をしるべき階梯也」[43]。

このように歌を詠む効用として、神や人間との共感という社会的意義、下民の情を上たる人が知るという政治的意義、「古の道」を知るという史学的意義、などはたしかに宣長によって確認され、あるいは積極的に主張されてはいる。のみならず、先行研究でも注意をむけているように、歌道論の「作り事」の主張に示された、形式の構想によって「意を作りよむ」という意図的な形成の原理をもって、歌を詠む人格主体そのものが自然的に"形成される"という結果的作用の事実にも、明らかにかれは関心をむけていた。

けれども、この人格主体の形成ということは、あらかじめ技術的な意図をもって能動的に"形成する"という実践的課題として自覚・主張されることはなかったのである[44]。なぜなのか。

『排蘆小船』の冒頭には、「歌ノ本体、政治ヲタスクルタメニモアラズ、身ヲオサムル為ニモアラズ」と言明されていることに注意をむけるべきだろう。歌道の領域で、形式の構想力をつうじて人格的主体そのものを形成するということが教育課題としてかれの考慮の対象にならないのは、その当為が吟味の対象として意識される以前の事情があったといわねばならない。つまり、同時代の教育界一般に通俗化している「道学先生」風な「身ヲオサムル」営みの規範によって歌そのもの領域の芸術上の固有価値が汚されること、それを防がねばならず、道学者流の修身に対するこの反撥[45]のあまり、その２つの識別――人格主体の意図的形成ということと、かれが批判の対象としてとくに意識している道学的な修身との識別――そのものがおこないえなかったことが、理由の一つとして着目される。だがそれはなおも消極的な理由にとどまる。積極的（攻撃的）には、価値に対する、また体験の実在に関する宣長の基本的立場を根底にしていることであった。この点を、つぎに第４、第５節で究明してゆきたい。

401

第4節　直接的所与としての〈生〉の立場

1）直観への信頼

　知るということ。それは宣長にとって、あくまでもわれわれの生の体験的な現実のなかで遂行されるべき事柄である。かれはいう、「目に見えね共、声ある物は耳に聞え、香ある物は鼻に嗅れ、又目にも耳にも鼻にも触ざれ共、風などは身にふれてこれをしる、其外何にてもみな、触るところ有て知る事也、又心などと云物は、他へは触ざれども、思念といふ事有てこれをしる、…然るにかの陰陽の理といふ物は、無きことなる故に、さらにそれと知ルべき徴なし」[46]。物事を知るとは、かれの重視するところでは、おのずからの体験的現実のなかで実際おこなわれるし、またおこなわれるべきものである。いいかえれば、その体験的現実を可能なかぎり対象化して距離をもって知るということ——「習俗ノ見」（習俗に制約されていることに無自覚な見方）と対極的に、「飛耳長目」という愛用句で徂徠が重んじた認識態度（『太平策』）のように——が重んじられているわけではない。そして体験的現実のなかで、なによりも「触る」ということ、すなわち、みずからの感官——むろん、この場合には五官の一つとしての触覚には限定されない——をつうじてそのときどきに直接的に知覚すること、つまり感性的に直観することが、かれによれば知るという働きの本来の姿なのである。外界の諸事物ではなく感情や意志などを指す「心」という内部的対象についての認識手段も、たしかにかれはここで「思念」といって、なにほどか注意をむけてはいる。それは経験世界の認識に属するとはいえ、感性的知覚と区別してよいだろう。こうした非感性的対象について、また別のよく知られた箇所でかれはいう、「世中にありとしある事のさまざまを、目に見るにつけ耳にきくにつけ、身にふるゝにつけて、其よろつの事を心にあじはへて、そのよろつの事の心をわか心にわきまへしる、是事の心をしる也、物の心をしる也、物の哀をしる也」[47]。ここにいう「心にわきま

402

第4節　直接的所与としての〈生〉の立場

へしる」の対象は、たしかに直観それ自身では認識しえないところの意味や意義——一般に「事の心」とも「おもむき心ばへ」ともいう。この場合には「物の哀れ」についての意味や意義を指す——の領域に属するものとして考えられてはいる。このような場合がとくに重んじられても、しかし、「触(ふる)」という外的事物に依存し受容するという感性的知覚を認識の第一義的な手段として仰ごうとする基本的態度そのものは疑われてはいない。いいかえれば、認識主観の概念的構成による思惟作用という自発的働きが、受容的な直観＝感性的知覚とは別の方法的原理としてとくに考えられているわけではないのである。

　こうしたいわば知識＝感覚説をもっともよく具体的に例証するものとして『真暦考』という著述をもってかれが重視するのは「来経(きへ)ゆき」、すなわち、「年月日いづれにまれ、いまだ来ざりしが、つぎつぎに来つゝ」という時の経過についての認識である。この場合にも、ひとそれぞれの個々の感性的知覚の働きとその内容に依存する。かれはいう、「夏秋冬のはじめなかばすゑも、又そのおりおりの物のうへを見聞て知れりしこと、春のはじめと同じくて、天(そら)のけしき、日の出入かた、月の光の清(きよ)さにぶきなどに考へ、あるは木草のうへを見て、此木の花さくは、その季(とき)のそのころ、その木の実(み)のなるは、そのときのそのほどころ、この草の生出(おひ)るは、いつのいつごろ、そのその草の枯(か)るゝは、いつのいつほどとしれり」[48]。こうした四季の循環の認識こそ何びとにも日常的で、しかも類似する感性的知覚の反復であって、かれにとってはみずからの知識＝感覚説を具体的に立証するにふさわしい。

　このように時の経過を知るにさいし、外界のおりおりの事物にふれためいめいの個々の知覚に依存するとすれば、時の認識は必然的に各人各様になされ、その結果は多様で収拾がつかないのではないか。「カクメイメイニ定ムレバ、一人ハ大ノ月ノ如ク長シ、一人ハ小ノ月ノゴトク短クスレバ、晦朔ハモトヨリ乱レテ居ルナリ」[49]。こうした危惧の見解——宣長『真暦考』に対する同時代の天文学者で『周髀算経図解』天明5刊という著作もある川辺信一の駁論『真暦不審考』で表明されたもの——に対して

第5章　私的領域における現実的所与の立場

かれはいう、「朔望晦人々ノ見ル所各々タガヒテモ、タトヘバ郭公ノ鳴くヲ聞テ鶯ゾト思ヒテ居テモ、妨ハナキガ如シ…聞人ハ、郭公ガ鳴ゾ、鶯ガ鳴ゾトハ思ヒモシ、云ヒモスル事ナリ、…郭公ノ鳴タルヲ、妻ハ鶯ゾトイハバ、夫ハ笑ヒテコソアルベケレ、何ノ喧花ヲカセム」[50]。認識の結果はたしかに各人各様でくい違いが生じるであろうが、そうであってもしかし実際上は不都合はないと、かれは強調する。

　そして思惟をもって人為的に構成（構築）された概念装置——かれのことばでいえば「道理を以て、此方より作り設けたる物」[51]あるいは「己がさとりもて推量ごとする」[52]とも指摘される——は物事を「きはやかに、堺を立て定め申す」[53]ものであって、それゆえにこの概念による認識内容は現実そのものではないとかれは難ずる。「妄説」「妄作」といわざるをえない。そうした概念装置としての「人作の暦」をかれはこう批判した。「後の世には暦といふ物有て、月日のさだめはみなゆだねおく故に、天地の間の物のうへを見聞きて、考へむ物ともせず、常に心をつけざれば、見ても見しることなし、…いにしへこよみなかりし代には、かならず然して定むるならひなりしかば、人みなよく見しり聞きしりて、違ふことなかりし」[54]。後世の暦の場合では、各人そのつどの感性的知覚による時の認識を要せず、むしろその知覚から離れて人為的に時の経過を四季のみならず月次、日次をも厳格に定めて標準化されたものに依拠することを要請する。そのことはかえってわれわれの時の認識を疎遠なものとする。暦という人為的に構築された標準が現実生活に示す有効性を、かれはこのように直観（Intuition）＝感性的知覚を基本的に信頼する一方で疑うのだった。

２）体験の直接性の尊信

　概念の人為的構成をもって現実を認識するという思惟の働きを問題視し、感性的知覚＝直観をもって直接的に現実そのものを認識せんとした宣長。かれのその姿勢をささえる重要な志向として、いかにして直観によって各人に与えられた現実の体験内容——とくに生活上の諸事実としての「事」、言語のさまを指す「言」、そして思想のあり方をひろくいう「意」

404

第4節　直接的所与としての〈生〉の立場

(「心」)、にかかわる個々の生の具体的内容——の直接性をそれとして尊重するか、そしてこのことと表裏して体験の直接性をそこなう媒介物をどのように排除するか、という目標が定められていた。この点についてふれてゆこう。

　周知のように事・言・意（心）との関係のあり方に宣長は着目していた。すなわち、「大かた人は、言と事と心と、そのさま大抵相かなひて、似たる物にて、たとへば心のかしこき人は、いふ言のさまも、なす事のさまも、それに応じてかしこく、心のつたなき人は、いふ言のさまも、なす事のさまも、それに応じてつたなきもの也、又男は、思ふ心も、いふ言も、男のさまあり、女は、おもふ心も、いふ言も、なす事も、女のさまあり、されば時代々々の差別も、又これらのごとくにて、心も言も事も、上代の人は、上代のさま、中古の人は、中古のさま、後世の人は、後世のさま有て、おのおのそのいへる言となせる事と、思へる心と、相かなひて似たる物」[55]。人の事・言・意との諸関係には本来的に相即するという一体的な性質があるとかれは指摘していた。しかもこの場合に注意せねばならないのは、この一体性（相即性）が二重の意味で把握されていることである。すなわち、事・言・意は各人の生の現実状態においてたがいに相即しているという事実の意味とともに、当為としてそうあらねばならないという規範の意味をも示していたことである。たとえば後者の意味をより意識しつつかれはいう、「凡て言語は、其世々のふりふり有て、人のしわざ心ばえと、相協へるもの物なるに、書紀の人の言語は、上ツ代のありさま、人の事態心ばへに、かなはざることの多かるは、漢文のかざりの過たる故なり」[56]。事・意の本来の一体的（相即的）な現実に対して言のさまが不相応に離れ、その一体性を欠いているとかれは問題視していた。事・言・意のいずれにせよこのように本来の相即性をそこなう異質なものへの転化はズレとして否認されねばならないと、かれは考える。こうしたかれの意識の根底にうかがえるのは、事・言・意の諸関係の相即的な直接性 (Unmittelbarkeit) をそれぞれの生に即して保持しようとする基本姿勢である。

405

この直接性を確保せんとする姿勢は事・言・意の総体のみならず個別にそれぞれに対してもむけられていた。それらの内容は既知のこと、あるいは当然予想されることで、ここに引くまでもないかも知れない。けれども、宣長が体験の直接性をいかに確保せんとしたかという観点から、あらためて確認してゆきたい。
　まず事に属する一つについて。「足ことをしる」こと[57]、あるいは「其身の分際相応にする」こと[58]、すなわち人それぞれがみずからのおかれた現実的所与に属する諸条件——境遇・身分・家職などから脱せずに安んずることを、かれよしとした。各人それぞれの境遇等への自足という、こうした所与の直接性をもとめる意見は徳川社会一般に通俗的に流布していた「分限」の道徳観（『六諭衍義大意』では「各生理をやすんずる」ということ）をうかがわせるが、宣長に特徴的なのはなぜその境遇等の所与に安んずべきかの説明——その平易な例としてただちに石門心学の道話のこと（「本心」「無理のない心」に訴える）が思い起されよう——をむしろ意識的に拒絶していることである。かれはいう、「まづ、下たる者はたゞ、上より定め給ふ制法のまゝを受て、其如く守り、人のあるべきかぎりのわざをして、世をわたり候より外候はねば、別に安心はすこしもいらぬ事に候、然るに無益の事を色々と心に思ひて、或は此天地の道理はかやうかやうになる物ぞ、人の生るるはかやうかやうの道理ぞ、死ぬればかやうかやうになる物ぞなどと、実はしれぬ事をさまざまに論じて、己がこゝろにかたよりて安心をたて候は、みな外国の儒仏などのさかしら事にて、畢竟は無益の空論に候、すべてさやうの事はみな、実は人の知を以てはかり知べき事にはあらず候」[59]。それぞれが身のほどの境遇等に安んずることについて、ひとびとがなにほどか知的に理解することを、かれはことさら要求したりはしない。むしろ「神代よりのまことの道のおもむき」[60]として信ずべき事柄とした。
　つぎに言について。周知のように「言挙げ」というものをかれは批判した。「事のさまあるべきさまを、云々と挙げて言立る」[61]と説かれるその指示行為は事柄それ自身ではなく、事柄について言明する試みを指す。か

第4節　直接的所与としての〈生〉の立場

れがこの試みを批判するというとき、その対象は言挙げという言語行為一般であるよりはむしろ特定の対象についてのそれ、すなわち「道」についてのあれこれの言挙げであった。この点については、本章のはじめにもふれた。どのように述べていたか、ここに引いておこう。かれはいう、わが御国の古へは「実は道あるがゆゑに道てふ言なく、道てふ言なけれど道ありし也けり。そをことごとしくいひあぐると、しからぬとのけじめをおもへ。言挙せぬとは、…たとへば才も何もすぐれつる人はなかなかにいひ立ぬを、なまなまのわろものぞいさゝかの事もことごとしく言あげつゝ高ぶるめる如く、漢国は道ともしき（乏しき——引用者注）故に、かへりて道々しき事のみいひあふめり。儒者はこゝをえしらで、御国をしも道なしとかろしむるよ」[62]。かれが尊重するのは「道」といってよい諸事実（事跡）の総体そのものであって——『古事記伝』において大部分をしめる注釈箇所は長期におよぶその追究の具体的成果を意味する——、その諸事実についてのあれこれの議論（「論ひ」）ではない。そうした議論が、もし当の事実そのものとは異なるという自覚的峻別に基づいてなされるならば、その議論は事実についての意味づけとして有意義と考えてよいかもしれない。徂徠学にはそうした峻別に基づく議論の例——価値（「道」「徳」）の領域・現実（「物」）の領域とも区別される意味（「義」）の領域として徂徠は把握していた——をわれわれは見出すことができた。しかし、宣長の評価の姿勢はそうではない。言挙げに囚われた者たち——その代表格としてかれが批判しているのは儒者たち——は事実そのもの認識を基本的に怠ったものとしてかれは見なし、当の事実についての議論一般までもただちに原則的に拒絶してしまう。なぜならその議論にあっては、当の事実そのもの——しかもたんなるあれこれの個々の事実ではなく、「道」でもある事実であればなおさらのこと——を直接的に尊重するということが疎略になると、かれは考えるからである。

　そして意に属する問題。これに関しては、われわれはみな漢意を清く除かねばならない、というかれの有名な主張のことが注意される。たとえばかれはつぎのようにいう、「この陰陽の理といふことは、いと昔より、世

407

ノ人の心の底に深く染着(しみつき)たることにて、誰も誰も、天地の自然(おのづから)の理にして、あらゆる物も事も、此ノ理をはなるゝことなしとぞ思ふめる、そはなほ漢籍説(からぶみごと)に惑(まど)へる心なり、漢籍心(からぶみごころ)を清(あら)く洗(さり)ひ去て、よく思へば、天地はたゞ天地、男女(めよ)はたゞ男女(めよ)、水火(ひみず)はたゞ水火(ひみず)にて、おのおのその性質情状(あるかたち)はあれども、そはみな神の御所為(みしわざ)にして」[63]。ここにいう陰陽の理とは人為的に「作リ設ケて、天地万物みな、此理に外なきが如く説なせる」[64] もので、すでにふれた概念的装置の一つとして把握されているものである。それを用いれば、現実は「仮(かり)の作りことの如く」[65] になってしまう。現実を認識するとはもともと概念の構成という作りごと(「繋を御するの術」[66])を方法的手続きとして要請するものである、という基本的認識は徂徠にはあった。しかし、宣長にとってそうした要請はむしろ憂慮すべきで、概念という媒介物(「媒(なかだち)」[67])は現実に対するわれわれの認識を曇らせるたんなる不純物にすぎない。しかもそれはひとびとの認識上の慣習といってよい「習気」として歴史的に牢固として存続していると、かれはいう。「千有余年人心の底に染付き候へば、随分によく洗ひ清めたりと思へ共、猶残りは有物にて、とかくぬけがたき物に候」[68]。こうした不純物に曇らされた認識上の習慣は批判すべきで、断じてかれにはうけ容れられない。天地は天地として、すでにふれたような直観によって直接的に把握されうるし、そうされねばならないと、かれは考える。直接体験の実在こそが「真実の物」であって、しかも「神の御所為」として信ずべきものにほかならない[69]。

3) 生気性の賛美

　直観への信頼と体験の直接性の尊信とともにかれの立場を基本的に規定するもう一つの姿勢に注意したい。それは生の生気性(Lebendigkeit)の賛美ともいうべきものである。

　「歌は、おもふまゝに、たゞいひ出る物にはあらず、かならず言にあやをなして、ととゝのへいふ道」と述べて、ことばの諸形式をつうじての技巧を宣長がもとめていたことはすでに言及した。この形式によってこそ「雅(みやび)」という美的理念を実現できるとかれは思っていたのだった。ところ

第4節　直接的所与としての〈生〉の立場

でこの種の歌論への着目とともに看過しえない基礎的な問いがある。すなわち、そうした形式をもって「よき歌をよまむ」[70]と意識する以前、あれこれの個々の歌ではなく歌というもの一般の生起の要件として何をかれは重視していたか、という点である。

「おもふまゝに、たゞいひ出る物にはあらず」とここでは否定された「おもふまゝ」という表現の様式——すでにふれた「活物」説を示した伊藤仁斎の弟子筋にもあたる儒学の師・堀景山（1688-1757、元禄元-宝暦7）の『不尽言』で中心的に主張され、宣長もそれを丁寧に抄録（『本居宣長随筆』）し、特別な注意をむけていたことば（『安波礼弁』など）でいえば、「思無邪」ということ——は、宣長にとってかかならずしも否定されるべきものではなかった。いやそれどころか、まずはその重要性の認識をかれはもとめてやまなかった。たとえば、「詩歌はこと書のやうに、とあらんかくあらんとよろずにつくろひかまへていふべきならず、たゞよくもあしくも思ふ心のありのまゝなるべきことなるを、今の様に是は不可それは近婦人といふ心ばへなるかしこき詩は、詩の本意にはあらず」[71]という主張がくり返されているのを、すでにわれわれは知っている。それでは「たゞよくもあしくも思ふ心のありのまゝ」という発想が歌の表現様式として自明の既知のこととして顧慮せず、ということなく、なぜあえて強調されつづけたのだろうか。

「物おもひしてなげくことを奈我牟流といへること、歌にも物語ぶみにもおほし。これは奈宜久といふ言と同じ事也。其ゆへは奈宜幾は長息といふ事也。それを奈宜久ともはたらかしていふ事は、息と生と同じ言也。生と死ととは一ツの息により分るゝ物にて、息すれば生也。せねば死也、されば生は息するといふ意にて、本は息と生と同じ言なれば、息も以久ともはたらく言也。されば其息を長くするを奈我以久といひ、それをつゞめて奈我久ともいふなれば、奈我久はながいきするといふ事也。…さて何故に息を長くするぞといふに、すべて、情に感と深く思ふ事あれば、必長き息をつく」[72]。

一見、不得要領の文に見えるが、要するに直観的に与えられたものに対

409

する嘆息＝長息という人間の生における根源的な生気ともいえる事実が、ここに着目されている。「アハレ」とはそのときの「深く心に感ずる辞(ことば)」[73]なのである。それは歌うという行為以前にあって、歌というものが生成する本質的要件に属する。しかも「すべて世中にいきとしける物はみな情あり、情あれば、物にふれて必おもふ事あり、このゆへにいきとしいけるものみな歌ある也。其中にも人はことに万の物よりすぐれて、心(こころ)もあきらかなれば、おもふ事もしげく深し」[74]という所見にここで着目すれば、嘆息というその生気の事実は何びといえども生あるかぎり普遍的に認められる本性として賛美すべきものである。

　この生気性は大別すれば歓喜と悲哀という２つの方向でかれは把握していた。すなわち、「おかしき事うれしき事など」に嘆息する場合と「かなしき事こひしきなど」に嘆息する場合である。これを上昇する (steigend) 生気と下降する (sinkend) 生気と呼ぶことにしよう。この２つを比較してかれはこう評価していた。「人の心は、うれしき事は、さしもふかくはおぼえぬものにて、たゞ心にかなはぬことぞ、深く身にしみておほゆるわざなれば、すべてうれしきをよめる歌には、心深きはすくなくて、心にかなはぬすぢを、かなしみくうれへたるに、あはれなるは多きぞかし」[75]。あはれと嘆息するときのその深さ浅さという点から、上昇するよりもむしろ下降する生気の方にかれは「雅」という価値理念を実現する基礎要件を認めていた。たとえば、倭建の命の東征中の「思国歌」をかれはつぎのように意解していた。「此ノ御歌の凡ての意は、御病漸々に重り坐(ま)スゝに、いよゝ倭恋いしく所念(おもほしめし)看てよみ賜(たま)へるにて、命(いのち)の全くて在(ま)る人等(ひとども)は、倭ノ国に還(かへ)りて、平郡ノ山の白檮(かし)を、…折挿頭(をりかざ)して、歓楽(たぬし)く遊(あそ)べ、…吾は倭にも得還らず、此処(ここ)にして今死なむとするが悲哀(かな)きことゝ読給(よみ)へるなり、甚(いと)も甚(いと)もあはれなる御歌にぞありける」[76]。歓楽とは異なって、「今死なむとする」悲哀の嘆きこそが、宣長の深切な関心をもって注視するところだった。それならばこの生気、「心にかなはぬこと」「かなしき事こひしきなど」を当為的規範として積極的にひとは追求すべきなのだろうか。かれはいう、「然りとて、わびしくかなしきを、みやびたりとてねがはむは、人

のまことの情ならめや、…人のまごゝろは、いかにわびしき身も、はやくしなばやとはおもはず、命をしまぬ（惜しまぬ——引用者注）ものはなし、されば万葉などのころまでの歌には、たゞ長くいきたらん事をこそねがひたれ」[77]。悲哀の嘆きについては、願い望むべきものではない。そうするのはひとの真実の情からかけ離れた「つくり風流」であると、かれはむしろ非難する。価値理念を実現する基礎要件はたしかに下降する生気の方に認められてはいる。けれども、自然的欲求の傾向としては上昇する生気、「おかしき事うれしき事」などの方を欲することが「まことの情」ではないかと、かれは説いていた。事実、宣長自身にしても和歌をもって「私かに自づから楽しむ」と語り、『論語』の有名な章、孔子の弟子・曾晳が「天下を安んずるの道」ではなく「沂に浴して詠じ帰る」（沂水でみそぎし、そこの雨乞い台で舞を舞わせてから、歌を口ずさみながら帰る）ことが自分（曾晳）の希望だと述べたことにふれ、「孔子の意、斯ち亦た此れに在りて彼れに在らず矣。僕茲こに取る有りて、至つて和歌を好む」[78]と告げていた。しかし、この生気の「楽しみ」として上昇する方向——宣長の場合は和歌の楽しみを指すが、もちろんここでは生気の上昇する方向であればその内容のいかんは問われる要はなく、和歌に特定づけられることは事柄の本質的要件とはしない——にしても、「僕の和歌を好むは、性也。又た癖也」とも断っているように、かれとてもけっして当為の規範として重視することはないのである。

　上昇・下降のいずれの生気にしても、「真情」（「真心」）として生の体験内に事実として与えられたものを直接的にそのものとして、かれは賛美する。その場合われわれはつぎの２つの特徴に注意をむける必要がある。一つは、その「真情」という所与が二重の意味を示していたことである。すなわち価値的意味——たとえば、「恨み奉るべき事をば、恨み、悲むべき事をば悲み泣賜ふ、是ぞ人の真心にはありける」[79]というごとく、内容的にとくに悲哀の情感についてとりあげる場合——とともに、智、愚、巧、拙、善、悪、などさまざまな現実態としての意味——たとえば、「うまき物くはまほしく、よききぬきまほしく、よき家にすままほしく、たからえ

411

まほしく、人にたふとまれほしく、いのちながゝらまほしくするは、みな人の真心也」[80] というごとく、「いつわりかざりたる事」を否定して「真心とは、よくもあしくも、うまれつきたるまゝの心をいふ」[81] 場合——をそなえたものとして。しかもこの二重性がそれとして自覚的に認識・峻別されることなく一元論的に思惟されていたことである。それゆえわれわれがこの区別をかれのうちにおこなうのは実際には難しい。たとえば、「コトシアレバウレシカナシトキトトキトキニウゴクココロゾヒトノマゴコロ」「ウゴクコソヒトノマゴコロウゴカズトイヒイテホコラフヒトハイハキカ」[82] と、心の流動そのものが「真心」の本質的特性としてきわだたされる場合には、そこに価値と現実の二重の意味が同時に混在融解しているのを認めるだろう。もう一つの特徴は、生気性が、かれの場合にはもっぱら死と対比して生そのものを証す嘆息（長息）ということ——それはまた一種の「発生」[83] でもある——を根源的に意味するものだったことである。したがって後述（第5節の3　人格主体の観念）するような成長の意味ではなかった。とくにこうした2つの特徴を示した生気性を宣長は讃えるのだった。

　以上に述べた、直観への信頼、体験の直接性の尊信、生気性の賛美、という諸特質はいずれも人間の現実的な所与性を根本特徴とした〈生〉の立場として性格づけられる。とくに生気性とその表現としての「真情」の説はこの〈生〉の立場の中核として位置づけられよう。そしてこの「真情」を中核とする〈生〉は、それみずから価値的意味を示すとともに現実的実在でもあるという無差別性（Unterschiedslosigkeit）としての統一状態——リッケルトのいう「直観主義の一元論」から把握された"価値現実"（Wertwirklichkeit）にあたるもの——として、宣長において一元論的に思惟される傾向を示している。

　さきに言及した「作り事」の主張のところで、形式の構想による意図的な形成作用の原理に基づいて人格主体を形成するということは宣長の場合には課題として積極的に考慮されてはいなかったと指摘したが、そのおも

第4節　直接的所与としての〈生〉の立場

な理由はこのような一元論的思惟傾向に基づく人間の〈生〉の把握が示されていたからである。ところで問題はそれに尽きなかった。さらに積極的（攻撃的）には、人格主体を意図的に形成してゆくという取り組み（努力）を、以下に論述するように、かれはこの〈生〉の立場に自覚的・無自覚的に拠りつつ否定的に認識・評価した。教育思想に関心をむけるわれわれは、この点を見落としてはならない。

第5節 「自然(おのづから)」の教育認識
―― 人格主体の意図的形成についての否定 ――

　ここにいう教育とは、本章のはじめに規定したところにしたがう。要するに、人間（主体）による人間（客体）に対する一種の技術的な働きとして、理想的人間のあり方の実現をめざして意図的に形成する営みであった。このような教育についての宣長の認識・評価のありようを、以下、価値規範の観念、変化の観念、人格主体の観念、という諸点にわたって分析的に解明してゆきたい。その場合にとくに「教へ」と「学」についてのかれの所見が、ここで中心的に着目されるだろう。

　1) 価値規範の観念
　理想的人間のあり方を実現する教育の認識において、価値規範をどう捉えているかという問題は根本的な重要性をもっている。諸価値、とりわけ善なる価値を規範としてうけとめ、現実化せんとすること、そのような意欲に対するかれの軽視、いやそれ以上にその意欲が無意味であるという認識が、宣長の価値規範の観念を特徴づけている。かれはいう、「漢意(からごころ)とは、…大かた世の人の、万の事の善悪是非(よしあしさ)を論ひ、物の理リをさだめいふたぐひ、…そもそも人の心は、皇国も外つ国も、ことなることなく、善悪是非(よしあしさ)に二つなければ、別に漢意といふこと、あるべくもあらずと思ふは、一わたりさることのやうなれど、…人の心の、いづれの国もことなることなきは、本のまごゝろこそあれ、からぶみにいへるおもむきは皆かの国人のこちたきさかしら心もて、いつわりかざりたる事のみ多ければ、真心(ま)にはあらず、かれが是(よし)とする事、実の是(よき)にはあらず、非とする事、まことの非(あしき)にあらざるたぐひもおほかれば、善悪是非(よしあしさ)に二つなしともいふべからず、又当然之理(しかあるべきことわり)とおもひとりたるすぢも、漢意の当然之理にこそあれ、実の当然之理にはあらざること多し」[84]。善悪の価値にしても、当為の規範にし

414

ても普遍妥当なものはなく、しょせん相対的な妥当性を示すにすぎないと、かれは指摘する。現実の所与である「まごゝろ」こそがわれわれ誰しもが依拠することのできる普遍的な支柱だという認識が、その基本にうかがえる。こうした現実的根拠の認識のうえで、つぎのようにいう、「和漢古今の実事の跡につきて見よ。悪人も福え善人も禍る事、近くは漢国にて聖人と仰がるゝ孔丘も、一生不仕合セにて過ぎ、亜聖といはれしへ顔回は、貧賤なるのみならず、短命にさへ有て、此両人子孫に至りて栄えし事だに聞えず、難者これらをば何とか解せんとする。世の中にはすべてかくの如く、道理に違へる事、今眼前にもいと多し。然るを善人は必福え、悪人は必禍るとことは、いさゝかもたがひなしといふは、かの売薬を能書の通りにたがはず、よく験ものと思ひ惑へる、愚昧の心歟」[85]。「悪人も福え善人も禍る」という禍福の不合理が多いのがわれわれの普遍的ともいえる現実の実態ではないかと、かれは述べる。禍福という行為の帰結（行為者の主観的意図ではなく）から判断して、生き方において善と悪という道徳的な価値規範に準拠することの不合理（理不尽）を冷静に認識せよ、というのがその根本的主張である。そしてかれはいう、「神代の神たちも、善事にまれ悪事にまれ、おのおのその真心によりて行ひ給へる也」[86]。価値（とくに善なるもの）を現実化せんと意欲することはほとんど無意味に近く、所与の「真心」の現実こそが神の事跡にも徴しうるほどに"確実性"をもった正しい拠りどころであると、かれは考える。

　価値（とくに善なるもの）そのものへの意欲のみならず、自覚的な形での評価的判断の行為そのものについて、かれはつぎのように問題にした。「唐土ハ、全体ニ人情ノアハレト云事ニウトクテ、トカク善悪ヲキビシク判断シテ、諸事ノ議論厳密ナリ、吾邦ハ風儀ヤハラカニシテ、古来人情ヲソダテテ、物ノアハレヲ感スル事深クシテ、善悪ヲトカク論スル事ナシ、サレハ天照大神ノ、万々世無窮ニ及フホトノ至聖大徳ヲサヘ、サノミ誉タル事モナシ、誉顕ス事モナケレド、自然ニソノ徳ノアリガタキ事ハ、今ニ至ルマデ庶民マデ戴キウヤマヒテ、コレヲ信仰ス、サテ又、人ノ悪事トテモ、サノミ非譏スル事モナケレドモ、アナガチ唐土ヨリ吾邦ニ悪人ノ多キ

事モナシ、タゞ吾邦ハ、古来ヨリ長者風儀ニテ、人ノ善悪ヲサノミ批判セズ」[87]。所与としての生の現実はひとびの生の総体として「風儀」という慣習的現実のうちに把握される。その慣習的現実のなかでは——かれによれば——賞賛あるいは非難といった価値についての「判断」（評価の意）の行為そのものが産み出されていない。そしてそのことは美風でさえある。何が人間の理想的あり方として善いことかという認識もここでは要請されない。むしろ、現実の所与としての「真情」を尊ぶこの「風儀」にしたがえば、この認識は相容れないものとして批判すべきものとなる。

　価値への意欲、評価的判断の行為そのものに否定的であるということは、諸価値それ自体を認めなかったということと同一ではない。この点につき、すでに体験の直接性に対する尊信のところでふれた「実は道あるがゆゑに道てふ言なく、道てふ言なけれど道ありし也けり」[88]という見解にまず着目しよう。それは言挙げに対する批判であるとともに、現実と価値との一元論的把握、すなわち、価値（「道」）は現実から分離したものではなく現実の形式のうちに、神々の御所為の「事跡」として具体的に存在していること、すなわち、「此道は、古事記書記の二典に記されたる、神代上代の、もろもろの事跡のうへに備はりたり」[89]とするかれの基本的な認識をも示していた。この事実ゆえに「誨ハ自然ト其中ニ備ハル」[90]とかれは言明する。こうした現実主義的な一元論的見解に基づいて、その事情をふまえない無理解について、かれはつぎのように指摘した。「或は忠或は孝或は礼或は義などいふ、その名こそ漢国聖人の始めつらめ、その実は皇国にも本より有て、人たる者は皆よく知て行へる事にて、殊にこれを教へ諭すまでもなかりし故に、その名はなかりしを、漢国の聖人の、これらの名共をまうけて、ことごとしくいひたつるは、返りて諺に、盗たけだけしといへるものなるを、儒者はその名に惑て、名なければ其事もなしと思へるは、いと愚なり」[91]。忠・孝・礼・義という儒教の諸徳（道徳的諸価値）の形式にかれは着目しているが、その諸徳そのものの普遍的妥当性を疑っているのではない。儒教の諸徳（諸価値）の妥当性については、かれはここでは基本的に認めている。かれが問題にしているのは、とくに2つあ

る。一つは、こうした諸価値——宣長も用いる総括的な名称でいえば「道」——は現実のうちにすでに内在して実現されているにもかかわらず、現実を超越したたんなる形式上の「教へ」として設定されること、つまり価値の虚構性（超越性）に対してである。もう一つは、諸価値のすべては発生的起源としてすでにわが国の神代の「事跡」のうちに——特殊日本的な来歴をもちつつ——実現され、したがって「たゞ神代の古事のまゝ」[92]におこなうことが期待されるにもかかわらず、そうした諸価値の発生的起源を無視して、後世の者があえて外在的な価値規範を、しかも人為的に「教へ」として規範化して設定するという作為的働きに対してである。こうした２つの問題意識は、「聖人の道は九尺堂へ階なしに飛昇れと教るやうなるしひごと也」[93]という批判的言句となって強調される。かれにとって当の価値規範は、その超越性（虚偽性）や作為性（外在性）のゆえに、ひとびとが実行することが不可能である現実を覆い隠すイデオロギー（強事）として否定的にしか認識・評価されない[94]。ここで注意すべきなのは、みずからのこうした価値認識とは異なった理解の仕方に宣長は接し、その異論の存在を承知していたことである。すなわち、徂徠門下に学んだ市川鶴鳴（1739－1795、元文４－寛政７）『末賀之比礼』がそれで、諸価値は名として構成された「作り物」であって、「自然」ではないとする説を示していた。なぜこの説が妥当か。市川はいう、「礼譲ハ、人ト接ウヘノ所為ノ名、孝悌ハ、親兄ニ仕ル所為ノ名、忠信ハ、言ト行トヲ令柱マジキ所為ノ名ナリ、如是諸ノ名ヲ設テ教ル所由ハ、教ヲ受ルモノノ暁ヤスカランガ為ニテ、タトヘバ方ノ名ヲ設タル後、西ヨ東ヨトイヘバ、幼稚モノモ衢ニ迷ザルガ如シ」[95]。現実に対して価値は「名」という超越的な形象としての性格をそなえ、それは価値的目標として現実の人間のあり方を人為的に形づける。宣長の駁論『くず花』では、こうした見解を否定して、あくまでも価値を現実の形式のうちに、しかも発生的にすでにおのずからに内在する"価値現実"として一元論的に把握せんとした。

417

2）人間変化の観念

すでに規定したように、教育という営みを一種の技術として意図的に形成する作用として本研究では捉えた。この形成作用について認識を基礎づける、変化一般、さらに人間の変化についてどのような基本的観念をかれが示していたかを、つぎに明らかにしてゆこう。

神の作為に絶対的に帰依することをもとめたことと表裏して、この神の作為に対して人間の作為＝人力はいかんともし難いものとしてかれが否定的だったことは、丸山の研究が論及したところだった。このことは、変化の要因についての宣長の所見を規定する原理的な意味をもっている。すなわち、作為にはよらないおのずからの変化と、作為による変化との区別である。それはかれ自身によっても概念的に「自ラ然る」と「人の為」との区別として把握される[96]。後者はさらに、「令レ然るる」[97]という他者による変化と「自為」[98]という自己による変化と識別される。たとえば浪がおのずから起つという場合は自然の変化、浪を起たせるという場合は人為的な変化に、それぞれ含まれる[99]。また、「万ヅの事に凶悪を吉善なすを令直と云ヒ、吉善なるを直るといふ」[100]場合も、この区別に基づいている。

こうした区別に基づく変化を、具体的に宣長はどのように認識・評価しているだろうか。

改めるという目的意識的な作為一般についてかれはいう、「すべてなにわざも、久しくなれ来つる事は手著よくて、にはかに改まりぬる事は、たづきあしきならひ」[101]。人間のこうした作為による変化の試みではなく、むしろ持続的なもの一般をかれは尊重する。そのことはより限定して「道」というわれわれの秩序にしても同様である。すなわち、「道にかなはずとて、世に久しく有りならひつる事を、にはかにやめむとするはわろし、たゞそのそこなひのすじをはぶきさりて、ある物はあるにてさしおきて、まことの道を尋ぬべき也、よろづの事を、しひて道のまゝに直しおこなはむとするは、中々にまことの道のこゝろにかなはざることあり、万の事は、おこるもほろぶも、さかりなるもおとろふるも、みな神の御心にしあ

れば、さらに人の力もて、えうごかすべきわざにはあらず」[102]。道をめざして改め直すという人間の作為はたしかに否定的に捉えられている[103]。かれが積極的に評価するのは何か。「おこるもほろぶも、さかりなるもおとろふるも…」という事態を認めるということは、変化一般を拒絶したのではないことを意味する。かれはいう、「天下ノ大法ハ改ムルト云事ナシ、タダ自然ノ勢ニヨッテアラタマリユク事也、其自然ノ勢ト云ハ、ミナ天照大神ノ御心ヨリ出ルナリ」[104]。自然の成りゆき——神の作為に基づくわれわれの秩序のおのずからの成りゆき——にまかせて変化すること、そうした変化する事態が持続することを、かれは肯定的に評価する。こうした評価にかかわってかれがとくに注意をうながすものがある。それは老荘らの主張である。かれらは「さかしらを厭て、自然を尊ぶ」。かれらのいう「自然」には「自然の道をしひて立てんとする」もので主義という目的意識的な人間的作為（「作りごと」）の意味が潜んでいると、イデオロギー的要素をかれは見逃すことはなかった[105]。人間の目的意識的な作為を排除した自然の成りゆきのままなる変化——丸山の指摘する神の作為としての自然を意味する——こそ、かれの尊重するところである[106]。

　成りゆきを重視するかれの姿勢は、人間そのものの変化の要因の見方にも示される。すなわち、意識的作為による人間の変化に反対して、人間のおのずからに成るという変化を、かれは重んじるのである。すでにふれたように、かれは和歌をもって「私かに自づから楽しむ」と自身を語り、孔子の弟子・曾晳が「沂に浴して詠じ帰る」ことが自分の希望だと述べたことに共感するものであると述べていた。そうした自己に対する批判を意識しつつかれはいう、「或るひと焉れを非として曰はく、学ぶ也者は、以つて徳を明らかにし身を修む可し矣。其れ奚んぞ是くの如くならん耶。人にして礼義無くんば、其れ禽獣を如何せんと。僕曰はく、吾子将に聖人の書を読みて道を明らかにし、而うして後に禽獣為るを免がれんとする歟。亦た迂なる哉。知らず異国人は其れ然る乎。吾が神州は則ち然らず。上古の時、君と民と皆な其の自然の神道を奉じて之れに依り、身は修めずして修まり、天下は治めずして治まる矣。礼義は自のづと有り焉存す矣。又た奚

419

んぞ聖人の道を須ひん焉」[107]。またここにいう「身は修めずして修まり」について、「礼義智仁、求めずして、有り焉」とも説かれる[108]。かれは明らかに、「学」などの意志的取り組みによってではなく、人間のおのずからに成るという内在的な変化の方こそがわが国に見られた事実であったと強調している。「神道を奉ず」という先行原因となる人間の意志的な行為を要請しているわけで、厳密にいえば純粋に自然的とはいえないだろう。しかしかれの強調の度合いを測れば、意志的な"主体的作為"を意味する努力を明らかに否定して、内在的なおのずからの変化の方を事実として認め、高く称揚している。しかも事は、たんなるおのずからの変化ゆえに尊いのではない。ここにいう身が修まるとは、より精確にいえば礼義智仁などの徳性をおのずからに実現してゆく価値的な変化として把握している。このことに関して自身についてもかれはいう、「不佞（自己を指す謙譲表現——引用者注）の六経論語を読むや、唯だ其の文辞を弄ぶ而已矣」[109]。儒学の教えによれば、六経、論語を読むということは身を修めるという意志的作為としての「学」の取り組みを意味するものとして、一般に、また宣長自身の理解するところでも、重視されよう。しかし、自分が六経、論語を読むのはそのような意味からではない。ただ文辞を弄ぶにすぎないという。かれはこのように弁明し、身を修める「学」という能動的な取り組み（作為）を徹底的に否定する。のみならずかれが否定するのは、この「学」だけではなかった。「教へ」もまた、一般に意志的な作為をもって理想的な人間のあり方を実現しようとする。そのゆえに「教へ」と同種の問題を含むものとしてかれは把握する。たとえばひとびとの時の認識の仕方についてかれはいう、「天地のおのづからなるこよみにて、民は授けざれども、時をばみづからよくしることにて、…年々にかくしもてゆけば、いかで其時々のしりがたきことはあらむ、教へずて有るべき事を、なほこちたくをしふるは、すべてかの国人のくせなりかし」[110]。「教へ」という作為をまつまでもなく、日常の生活の場での直観によっておのずからに知識（ここでは時の推移についての知識）は与えられる。発語、飲食、歩行、などや「礼義忠孝等の類」にしても「必万人皆知らでは叶はぬ事なる故に、教をからざれど

第5節　「自然」の教育認識

も、おのづからによく知てする」。教えをとくに要請するのはただ「諸匠諸芸のたぐひ」にすぎない。この教えの内容は、その職の人のみ専門的に知ることが要求されるものである[111]。この特殊な場合を除いては、作為、しかも「学」「教へ」といった目的意識に支えられた作為による人間の変化の取り組みを、かれはこのように無用なもの見なした。「学」にせよ「教へ」にせよ、教育という技術的な働きをかれが以上のように斥けたのは、内在的におのずからに成るという状態のうちにこそ人間の価値的な変化が実現されると考えたことのみではなかった。より根本的には、本来不定形なものとして認められるものを作為的努力によって限定づける作用そのものに対する否定的感情が、かれのなかにあることである。この点にも注意をむけるべきだろう[112]。

　おのずからに成るという人間変化の要因についての肯定的評価とともに宣長のうちに見落としてはならないのは、人間の成るという時間的な変化の様相そのものにかかわる所見である。人間にかぎらず諸事物の「成」（なる）ということ一般を、かれは概念的につぎのように3つに区別していた。「一ツには、無りし物の生り出るを云フ、【人の産生を云も是なり、】神の成坐と云は其意なり、二ツには、此ノ物のかはりて彼ノ物に変化を云フ、豊玉比売ノ命産ミコウミ坐ス時ニ化ニ八尋和迩タたまひし類なり、三ツには、作事の成終るを云フ、国難成とある、成の類なり」[113]。一つは発生、二つには、状態 a から状態 b への過程的な移行、そしてもう一つは完成、として把握できよう。これらの区別にしたがえば、生涯における人間の時間的な変化の様相そのものにかかわる宣長の観念として着目すべきなのは、二と三である。この点、かれはどのような所見を示していただろうか。「治養」（ひたしまつる）という語について「日足奉」と意解して、かれは「児は日数の積るに随ひて、成長る物なる故に、日数を足らしむる意を以て、養育ることを、然云なり、書記にも、養、また、子-養 長-養 持-養 膝-養など、皆然訓り」と記していた[114]。時間的な経過にともなう個人の変化（身長、体重、胸囲など形態の増大、等）を意味する「成長」という語にかれは注目している。また徂徠の特別に重視するところだった「長

421

養」の語にもあわせてかれはここで留意している。そしてこの長養という意味も、ながい時間を要して成長をうながすと解していたかぎり、たしかに通例の理解を示していたといってよい。すなわち、かれは別のところでこう述べていた。「牛馬鶏犬などのたぐひは、生れてより成長すること甚速なるを、人はこれに比ぶれば、成長する事甚遅し、これらを以て准へ見るに、勝れる物、変化すること遅き道理も有ルベし」[115]。けれども、こうした長養の意味を含んだ「成長」についての見解は皇国の伝統、すなわち「世ノ中の模様のよゝにうつり変ることも、おのづから速にはあらざりしなり」という「重厚の風儀」を主として説明するためのたんなる範例、つまり認識の手段としてとりあげられるにすぎない。ほとんど価値中立的意味で使われている成長ということそれ自身も、成長のうちになにかしらの価値の実現とその蓄積をともなった意味での発達ということも、かれは主要な関心とともにとくに肯定的に評価することはなかったのである。われわれの注意をひくのは、"成る"という変化そのものが時間的に持続して不断に成りゆく姿であるよりは、むしろ成ることによってなにかしらの固定的な状態が持続するという人間の"在る"という様相についての、かれの評価の姿勢である。たとえばかれはいう、「皇国は君臣の分早く定まりて、君は本より真に貴し、その貴きは徳によらず、もはら種によれる事にて、下いかほど徳ある人あれ共、かはることあたはざれば、万々年の末の代までも、君臣の位動くことなく厳然たり」[116]。徳のいかんより以上に、先天的に成ったところの血統的（世襲的）連続性の維持こそを、かれは賞賛する。それはすでにふれた体験的所与（とくに「事」）の直接性に対する尊信のあらわれと解されよう。要括していえば、人間の、"成りてゆきて在る"という姿が、かれの尊重するところなのである。

3）人格主体の観念

　教育を一種の技術的営みとして、人間に対する人間の一種の意図的形成作用として捉えた。その場合に主体と客体との概念的区別がもっとも基本的に重要であった。一個人の場合でいえば、その個人における"何が"と

いう主体としての我（Ich-Subjekt）と"何を"という客体としての我（Ich-Objekt）——この場合にはいわば自己教育が想定される——が、個人とその個人以外の者との関係でいえば"誰が"という主体と"誰を"いう客体——この場合にはいわゆる他者教育が想定される——が、それぞれの場合に分離（Subjekt-Objekt-Spaltung）していなければならない。この２つの場合ともに認識論的に捉えれば、主観と客観との分離といえる[117]。主体（主観）と客体（客観）が未分化であるかぎり本章にいう教育という意図的行為は成立の基本的要件を欠くことになるだろう。たとえば、宣長に先行した徂徠は、「敬」という理念をもって身を修めることを実践課題として重視していた一学派（山崎闇斎学派）の考え方について、「徒らにその心を持し、出入せしめず、これを命けて敬と日ふ。それその心を持つ者もまた心なり。心を以て心を持せば、両者こもごも戦ひて已まず」[118]と述べていた。主体と客体とが観念のうえではそれぞれたしかに存在したとしても、その所在は同一の「心」へと帰せられるいわば自己言及的に直接する事態を問題視して、これらが分離する関係のあり方を徂徠は基本的な課題としてもとめた。本研究の第１章でふれた「測定術」の思考様式でいえば、恣意性の克服をもとめるＷ系統の課題を重んじたのであった。「作為」（"主体的作為"）の論理を重んじ、技術（「術」）の働きを要請した徂徠が示した、こうした主体と客体とを意識的に分離する認識態度は、宣長の場合にどうだったろうか。

　すでにふれたように、認識するとは各人がそのつど具体的に感じることという直観の直接性をかれは重んじていた。そのことは同時に、なにかしらの概念を思惟的に構成してその媒介によって認識の対象を作り出すという姿勢を、原則的に拒絶することでもあった。"作る"ということに対するこの否定は、先述のように、身が修まるという自然的な成りゆく変化の事実を賞讃した他面、能動的な意志的作為をもって身を修めるという変化の試みに対する否定的評価としてもまた明らかにされていた。もしも後者の作為（人間のそれ）が宣長の重視するところとすれば、主体と客体とは明確に分離され峻別されていたはずである。しかしこの峻別の基本的認識

423

は、かれの場合には見出すことはできない。この点を以下述べていこう。
　まず注意すべきことは、"主体としての我"から分離した教育の客体というものが、個人における主体としての我にあらざる何かにせよ（自己教育の場合）、また個人以外の者にせよ（他者教育の場合）、認識の対象として産出されなかったことである。
　個人に関して。「生れつるまにまに、身にあるべきかぎの行(わざ)は、おのづから知りてよく為(す)る物」ゆえに、「皆人の必ズあるべきわざなれば、あるべき限リは、教へをからざれども、おのづからよく知りてなすこと」[119]という認識に基づきかれは、よく知られるようにこう述べていた。「其ノ道にそむける心を、人欲とひてにくむも、こゝろえず。そもそもその人欲といふ物は、いづくよりいかなる故にていできつるぞ、それも然るべき理リにてこそは、出来(いでき)たるべければ、人欲も即チ天理ならずや」[120]。「モノニ感シテ慨嘆スル」情とは区別され、「タゝネカヒモトムル心ノミニテ、感慨ナシ」[121]という人欲というものを除去すべき対象として否定的に評価するのではなく、人間なら誰でも起こりうべきものとして肯定的に認める。のみならず、こうした人欲は積極的な価値の具体化として称揚すべき場合さえある。かれはいう、「色欲ハ、スマジキ事トハアクマテ心得ナカラモ、ヤムニシノビヌフカキ情欲ノアルモノナレハ、コトニサヤウノワザニハ、フカク思ヒ入ル事アル也。サルヲ克チテレ己ヲシノビツゝシムト、エシノビオホセスシテミタルゝトノチカヒ也。ソレヲ忍ヒツゝシムハ、ヨキハ勿論也。エシノビアヘズシテ、色ニイデ、アルハミダリガハシキ道ナラヌワザヲモスルハ、イヨイヨ人情ノ深切ナル事」[122]。
　個人以外の者に対して。政治経済上の具体的意見を述べた論策のなかでかれは、一般人民をいかに「教」えるかではなく、それ以前に、かれらを「教」の客体とすべきかどうかを吟味して、つぎのように論じていた。「下々(しもじも)の惣体(そうたい)の人の身の行ひかたは、まづすべて人と申す物は、かの産霊(むすびの)大神(おおかみ)の産霊(むすび)のみたまによりて、人のつとめおこなふべきほどの限は、もとより具足(ぐそく)して生れたるものなれば、面々(めんめん)のかならずつとめ行(おこな)ふべきほどの事は、教(おしへ)をまたずして、よく務め行ふものなり、君(きみ)によく仕奉(つかへまつ)り、父母(ちちはは)を

第 5 節 「自然」の教育認識

大切(たいせつ)にし、先祖(せんぞ)を祭(まつ)り、妻子奴僕(さいしぬぼく)をあはれみ、人にもよくまじはりなどするたぐひ、又面々(めんめん)の家業(かげふ)をつとむることなど、みな是レ人のかならずよくせではかなはぬわざなれば、いづれも有ルべきかぎりは、異国(いこく)の教(をしへ)などをからざれども、もとより誰(たれ)もよくわきまえしりて、よくつとめ行ふことなり、…中にはあしきも必ズまじるものなるが、…れども大かた神は、物事(ものごと)大やうに、ゆるさるゝ事は、大抵(たいてい)はゆるして、世ノ人のゆるやかに打とけて楽(たの)しむを、よろこばせたまふことなれば、さのみ悪(あ)しくもあらざる者までをもなほきびしくをしふべきことにはあらず」[123)]。以上はすでにふれた「教へ」不要の説の展開としても性格づけられることはいうまでもない。しかしここでは、「万人皆…教をからざれども…」という基本的事実を述べた人性論としてよりは、具体的な対策の問題として、一般人民を「教」の客体として把握する取り組みそれ自体についてのかれの否定的な意見の表明として受け取るべきだろう。そして上古では「惣体の人は、心直く正しくして…」[124)]とさらにかれが言及していることに注意をむければ、一般人民を客体化するよりも主体化する方向にかれの基本的関心がおかれていることがわかる。

　個人における主体としての我にあらざる何かに対しても、また他者に対しても、宣長の場合、教育すべき客体として認識されず、むしろ客体として認識されるべきものが逆に、おのずからに価値を実現してゆく主体性の方向で把握されてしまうとすれば、主体として認識されるべきものは、どのような実質として理解されるのだろうか。

　人間の主体という場合、感じる、言う、歌う、信ずる、など主体の諸側面の働きをかれはそれぞれの関心に即して把握している。しかし周知のように、その把握の仕方はいずれも究極的には「人のなすわざ」も「その本をたづねれば、みな神の御心より出る事」[125)]、「人の所為も即神の所為」[126)]、あるいは「世ノ中の事はみな、神の御はからひによること」で、「世ノ中の人は人形(にんぎゃう)」[127)]とされていた。具体的にたとえば、治療——主体(医師)と客体(患者)とを分離して成り立つ技術を代表するといってよく、宣長自身は医師としてこの実践に日々従事していたことは、人も知るとお

425

第5章 私的領域における現実的所与の立場

り——という主体的行為もそうである。「いづれの病も神の御しわざにあらざるはなし、さて病あるときに、或はくさぐさのわざをしてこれを治むるも、又みな神のしわざ也、此薬をもて此病をいやすべく、このわざをして此わづらひを治むべく、神の定めおき給ひて、その神のみたまによりて病は治まる也」[128]。そしてむろん、理想的人間の実現をもとめる教育の主体的営みにしても、「人の所為も即神の所為」という例にもれるものではなかった。「礼儀を行ふも、人のあるべき限の礼儀は、教へをまたず、是も神の御霊(みたま)によりて、自然に誰もよく知て行ふ事也」[129] とかれは捉えていたのである。

　このように宣長の所見をたづねてゆくと、人間のあり方の本質的重要性にかかわるの認識の基本的対象が主体と客体との関係から、神代の神々の所為という"始源"(Anfang) とそれからの"流出"(Emanation) という関係へと重点移行していることがわかる[130]。つまり、この始源以外のいっさいの諸事物（むろん人間の諸行為とその出来事も含む）はみな流出論的な素性 (emanatishche Provenienz) をそれぞれの度合いに応じて——「天つ神」から臣下・下万民にいたるまで「自然」的な支配と服従の関係が順次に生み出されよう——有するのである。「人は人事(ひとのうへ)を以て神代を議(はか)るを、…我は神代を以て人事(ひとのうへ)を知れり、…凡て世間のありさま、代々時々(よよときどき)に、吉善事凶悪事(がごと)つぎつぎに移(うつ)りもてよく理リは、大きなるも、小(ちいさ)きも、… 悉(ことごと)此ノ神代の始メの趣に依るものなり」[131] という自覚は、そのような素性の事実を端的につたえるものだった。この始源とは時間的な発生時点 (Ausgangspunkt) を意味するにとどまらない。この意味とともに、われわれ人間の一切の実在の究極的根拠 (Prinzip alles Seins / Grund der Welt) としても性格づけられるものであることにも、注意されねばならない[132]。このように発生的起源を実在根拠の意味においても把握し、両者を無差別的に同一視し、それを神聖なものとして——人知をもってしては測りがたいことを意味する——権威づけたことの帰結を、さらに見届けねばならない。すなわち、それは人間のそのつどの行為にさいしての人格的責任主体への問いかけそのものを本質的に無化し、つまり人間は無責任主体として

426

性格づけられることである。たとえばかれはこう述べていた、「此ノ大后（神功皇后――引用者注）の韓国を征伐賜へりし事を、儒者どもなどの論ひて、…何てふ罪も無かりしに、故なく征給ふは、只宝貨を貪り賜へるにて、不義の挙、無名の軍ぞなど申すなるは、たゞ己が私シの心小き智を以て、物の義理を定むる例の漢国意にして、真の道を知ラざるものなり、抑此ノ御征伐は、皇神の御心より起りて、悉に神の御所為なれば、必ズ如此あるべき義理あることにて、其ノ義理は甚も微妙なる物なれば、さらに人の能測識べき限リに非るを、左右言論ふは、いとも可畏く負気なき非なり」[133]。このように神聖化された始源を人間行為を含め一切の出来事の根拠としてかれは把握することにより、人格に対する責任追求そのものを非難の対象とするのである[134]。行為の結果に対する責任倫理の思想（ヴェーバー）と、なんと対立的にきわだっていることか。

第6節　むすび

　以上の論述によって、われわれは宣長学の教育認識のうちに一種の"否定"(Negation)の思想を摘出できる。すなわち、理想的人間のあり方を価値的目標として人格主体を意図的に形成するという、「作為」として特徴づけられる人間の技術的営みに対する否定的評価である。たしかに歌道の領域では「作為」に基づく「作り事」=の必要を積極的に主張していた。この点に関するかぎり、先行者徂徠の「作為」の立場をうけ継いでいた。けれども宣長の芸術上のこの「作為」の立場は、技術的なるものへの関心をもって人格主体一般を意図的に形成するという教育課題の領域にまでは、さらに拡張することはなかった。こうした"否定"の思想[135]が宣長学の総体との関連でいかなる意味をもって、どのような問題性を原理的に呈示するものだったか、おわりに考察したい。

　かれの原則的に尊重する人生態度は、諸研究で知られるとおり、「自然(おのづから)」であった。そのことばが指し示すのは、みずからのおかれた歴史的現実的な所与を無前提的な所与として各人はすなおに肯定的にうけ入れ、その現存秩序が良くても悪くても、「人の力には、いかにともせむすべなし」と無条件に受動的に随順するという生き方であった。その随順尊重の姿勢と本章で明るみに出した"否定"の思想——神ならぬ人間の「作為」に対する否定的態度に属する、教育認識としてのその表出を意味する——とは、「自然」(神の作為としての自然)の主張と人間的「作為」の否定という宣長学の原理的な対立の構図に拠るならば、人間のあり方の点で相互に補完的な関係として意味づけることができる。いずれも、その根底には、「道」は道路の意味でしかないという反撥が端的に示したように、現実を超越する「道」の観念に対してイデオロギーとして非難する現実主義的な認識態度が支配している。

　こうした意味合いの"否定"がいかなる立場から、また何を犠牲にして

思想的に遂行されただろうか。この点は、根底的には現実的所与としての〈生〉の立場から導き出されていたことに注意したい。それは、リッケルトが「直観主義の一元論」と呼んだところに基本的に等しいものだった。すなわち、価値と現実とが二元論的に峻別されることなく、前者は後者の形式のみにおいて存在するものとして、したがって価値であると同時に現実でもあるという無差別的な統一状態 (unterschiedslose Einheit) を意味する一種の"価値現実"(Wertwirklichkeit) として一元論的に思惟された「真情」を有することを本質的特性とする、現実的所与としての〈生〉の立場であった。リッケルトの注意をむける"感情の一元論"(Gefühlsmonismus) が、宣長のそれと同種のものとして着目されよう。そのかぎりで宣長学は、賛美されるにせよ指弾されるのせよ、しばしば強調されるように特殊日本的な特質をもつとはかならずしもいえない[136]。この宣長の立場は、直観への信頼、体験の直接性の尊信、生気性の賛美、といった思惟の諸特質を明らかにしていた[137]。リッケルトの言及したこの一元論の思惟として、「現実に存在するものと非現実に妥当するものとの2つの領域に解体されてしまったのは…ひとえにわれわれの知性あるいは悟性の働きに起因している」と把握されたことをここで想起したい。たしかにこの「問題性」の指摘のとおりに、これらの諸特質の一方で注意されるのは、人間知性の働きが宣長によって否定的にしか認めなかったこと、あるいは一定の条件のもとで限界づけられていたことである[138]。このことはかれの場合に2つの側面から見出せた。

　一つは、感性との関連において。直観への信頼について述べたように、直接的に感ずることがほかでもなく認識することそのものを指すと捉えていた。その一方では、思惟的に構成された概念をもって人為的に認識されたもの＝「対象」(Gegenstand) は現実そのものではないということを——徂徠のようにそれを当然視するのではなく——、現実そのものの直接的なあり方を知ろうとする立場からかれは否定的に評価した。概念と現実とを方法的原理として峻別し、そのあいだの隔たりを本来的なものして認める姿勢は、宣長のうちにはわれわれは見出すことはできなかったのである。

429

もう一つは信仰との関連である。「まことの伝へは、返て浅々しく、おろかなるやうに聞ゆる物なれども、人の智恵は限ありて、得測りしらぬところ多ければ、すべてその浅はかに愚に聞ゆる事に、返て限なく深き妙理はあることなるを、及ばぬ凡智を以てこれを疑ひ、かの造りことの、尤らしく聞ゆる方を信ずるは、己が心を信ずるといふものにて、返ていと愚なることなり」139)という、神の不条理なるもの——「不測く妙理」とでも消極的にいうほかないような、人間知性による計算不可能性140)でもある——に対する信仰との関連で、人間自身の働きによる知性の限界、さらに無力については、周知のごとくかれのしばしば強調するところであった。ギリシア哲学に対して神の啓示と人間理性との絶対的対立を説いた護教家・テルウトゥリアヌス (Tertullianus, 160頃-220頃) のあの"不条理ではあるが信ずるのではなく、不条理だからこそ私は信ずるのである"ということばは、両者のあいだの信仰内容の異同を別にして、たしかに宣長のことばとしてもそのままに妥当する141)。そしてこの不条理なるものへの信仰ゆえに、なにほどかの居直りの感情をともないつつ"知性の犠牲"(Opfel des Intellkts) が尊ばれるのである。だが、M．ウェーバー、あるいはH．リッケルトなどが鋭く指摘する142)ように、この立場はただちに"知性主義"(Intellektualisms) をみずからの信仰の目的のためにたえず利用しようと努力する143)。宣長の場合とてその例外ではなかった。神々の「事跡」「故事」を疑いえないものとしてたんに信ずるのみでなく、みずから信じたものを擁護し、説明し、理解できるほどにその信を知性的に根拠づける洞察をうること——したがって、信の領域と知の領域のそれぞれに固有の秩序があるとする区別ではなく、ましてやその領域それぞれの「二重真理」的な分離でもなく——、つまり"知解をもとむる信仰"(アウグスティヌス) あるいは"信仰の知解"(アンセルムス) といわれる格律の実践144)をもとめたのであった。信ずべき「道」について、かれはこう述べていた。「そもそも道は、もと学問をして知ることにはあらず、生れながらの真心なるぞ、道には有りける、真心とは、よくもあしくも、うまれつきたるまゝの心をいふ、然るに後の世の人は、おしなべてかの漢意にのみ

うつりて、真心をばうしなひはてたれば、今は学問せざれば、道はえしらざるにこそあれ」[145]。よく知られたこうした矛盾するかのような語り口に示された、学知——直知、智恵などから区別される、なにかしらの諸名辞や諸原理から導き出されるような明証的な知（認識）——の棄捨[146]と要請という二重性は、信との関連を潜めていたことに注意せねばならない。しかもこの場合いずれも信＇へ＇の＇従＇属＇的＇関連のもとで知性は限界づけられていたのである。

宣長学においても、知性の働きを感性・信仰との関連でこのように否定、あるいは制限づけたことは、教育の領域にも看過しえない諸問題を以下のように原理的に呈示する。

それはまず、非難するにせよ称賛するにせよ実践的に評価すること(Werten)にさきだって、信（Glauben）の形式ではなく、あくまでも"事実の確定"——M．ヴェーバーの用語でいえば、Tatsachenfeststellung——ということを職分とする知（Wissen）の形式としての価値態度が示されていたかどうかが問われる[147]。すなわち、価値・現実の二元論的把握に基づきつつ現実を自覚的に"価値へと関係づける"（Wertbeziehung）[148]という、現実への一種の認識志向のいかんにかかわるのである。先行した徂徠学の場合はどうだったろうか。「学なる者は先王の道を学ぶを謂ふなり。先王の道は、詩書礼楽に在り。故に学ぶの方も、また詩書礼楽を学ぶのみ」[149]という根本的主張に示されているのは、「道」という価値を具体化して文化財として価値関係づけられる「詩書礼楽」そのものに対して、ひたすら没我的な姿勢に基づく「学」の取り組みであり、その取り組みをつうじての知的認識の志向だった。しかし宣長の場合には上記のような事情のために、知の形式において現実を価値そのものへ自覚的に関係づけるという認識志向が成立しなかったことである。

このことは積極的な価値の現実化をめざして人格主体を意図的に形成してゆくという課題の実現のための、もっとも本質的な契機を欠落させることを意味する。知の形式での「学」的志向を欠いた宣長の〈生〉の立場の場合にも、ジンメル（Georg Gimmel, 1858-1918）の用語でいえば、〈より

第5章　私的領域における現実的所与の立場

以上の生　Mehr-Leben〉[150] という生の内在的な充実はありうるだろう。「真情」のいかんを重んじる宣長の立場では、「いきとしいける物はみな情(こころ)あり」とされる。そして人間の場合では歓喜よりはむしろ悲哀を深く実感させるものが、〈より以上の生〉である。なるほどこの状態は、みずからの生のありようを充溢感とともに実感させる。またその「真情」の歌の表現によってひととの共感も望みうる[151]。「これを聞人感(あはれ)とおもへば、こなたの心もはるゝ事こよなし」[152] とすれば、たしかに生の充溢も倍加するだろう。そして「親密圏」（アーレント）に生きるという生の意味も加わるであろう。しかも「真情」の現実的所与性を重んじる受動的姿勢は、「世中は、何事もみな神のしわざに候、是第一の安心に候」[153] と自覚するにいたるや、さらに安心を究極的根拠とともに確保するにちがいないのである。しかしこうした内在論傾向の姿勢は、価値へと関係づけるという認識志向をつうじて、「彼を彼とし吾を吾とし、有るを有りとし無きを無しとし」[154] という基本的態度を重んじる徂徠の立場とは著しく異なる。後者の場合でわれわれがとくに注意すべきは、「吾」という一者（„das Eine"）とともに「彼」という"他者"（„das Andere"）が積極的なものとして構成的に措定されている、という点である[155]。そのような基本的立場に基づき、この"他者"としての財（中国の言としての「詩書礼楽」）が存在することをまず自覚することが要請されていた。そしてもしも、その自覚に反して、詩書礼楽は中国のことばであるのに、それに対するわれわれの見方がわが国のことばに対するのと同じであるとすれば（「吾視ることなほ吾のごとくんば」[156]）、その結果は、ついには詩書礼楽を兜昧など低俗な舞楽と同じに見なすまでになるだろうとかれは問題視したのであった。こうした"他者"としての財の認識に基づき、各人（「学者」）それぞれがみずからの生に対して"生の他者"（ein Anderes des Lenens）[157] としてその文化財たる詩書礼楽を積極的に喚び入れること、——それは一種のSachlichkeitの実践ともいえるだろう——、それが徂徠の基本的に重視する思想的立場であった。だが、宣長の場合には「皇国」という崇敬すべき共同体——「真情」の表現とその共感をつうじての心情共同体の一形態で、巨大な「親密

圏」か？——がまず本源として存在し、その照りかえしとして「異国」という拒絶すべき否定的な他者像は存在しても、徂徠のように積極的に受容すべきものとして措定される他者像は存在しない[158]。

そうした"他者"の積極的喚起によってこそ徂徠は、〈生より以上のもの Mehr-als-Leben〉、つまり超越化という契機を含んだ人間形成の実践的課題をみずからの生の現実に対して遂行することを各人（「学者」）に期待した。すなわちかれは、こう述べていた。「道は外に在り、性は我に在り。習慣、天性のごとくなるときは、道と性と合して一つとなる。…故にその大要は、学んで以て徳を成すに在り」[159]。「道」は、各人の「性」に内在するのではなく、「外」に超越する。しかもその「道」たるや、「聖人の世には、棄材なく、棄物なし」という根本理念の実現をめざし、「孝弟」の徳という自然の情誼に裏付けられた特殊な人間関係（父子・兄弟）の倫理をはるかに越えたところに、つまり普遍性をそなえたものとして垂直的で向上的に——「道の卑近」を強調していた伊藤仁斎にとっては、「道」の高遠を暗示するがゆえになにほどか否定的な意味がこめられていた「向上」ということばに、ここで積極的な意味を吹きこめば、向上的に——追求されるのだった。けれども宣長には、このような超越し、かつ普遍性をそなえた課題そのものも自覚されない。「内外のわきまへなくてはあるべからず。皇国は内也。もろこしは外」[160]と説かれたように、「外」という場合でも、特殊な属性（血統的・世襲的連続性）とその共同＝民族を本位とし、そのゆえに「正しき高き貴き」道を誇る「内」なる日本という場から地理的（水平的）に外れた、したがって価値的にも低劣なものとして見下される空間にすぎなかったのである。

以上、宣長学のうちにわれわれが認めた、一元論的に思惟したところの現実的所与としての〈生〉の立場が、宣長以後の近世思想史、とくに国学の系列において自覚的・無自覚的にどのように継受されたか、という点は別に検討されねばならない[161]。この本章では、日本近世思想史という歴史的文脈そのものから離れて、さいごに以下のことばに着目しておこう。それは、宣長学の自然的所与としての〈生〉の立場が、人間的作為として

いかなる努力を視野の外におき、棄却したことを意味するかをきわだたせる意味で重要である。特殊日本的な「道」という一元的な"価値現実"を尊信する宣長学とは異なって普遍的なるものへの超越化という実践的志向は、どのような価値的意味をその生のうちに獲得することになるのか。

「個人人格 (Persönlichkeit) は、それが反省的明瞭性へむかってすすめばすすむほど、自己自身のうちにはその生来自然であった単なる個人的要素ますます否定し去ってゆく。…かくして個人人格は、自ら自己以上のものであること(sie mehr ist als sie selbst) によって、自らの歴史的意義を獲得するのである。個人人格がうちに超個人的な価値（überpersönliche Werte）を展開し外界に形成するということ、これによってこそ優れた人格性の本質というものである。そのような価値が、その価値を担う個性のうちに生来自然に与えられたところの諸制約（natürlich gegebenen Bedingungen）から独立であるということは、またつぎのごとくにも言いあらわされるであらう、――かような価値には、種々なる時間的動因からは独立の、則ち永遠の妥当性が属する、と。」（ヴィンデルバンド）162)。

宣長学の場合、神代の神の所為という"始源"は歴史的人間のありようを根拠づける究極の「時間的動因」として性格づけられる。一方では、理想とする人間のあり方を根拠づけるものが、その動因から断ち切られることなく根本的に制約されるとともに、他方では、自己の生の現実を越えたところに普遍的な諸価値を追求することも、その非現実性ゆえに、あるいは自然的な所与に離反するゆえに、否認されていた。そうした2つの事態の帰結は、永遠の妥当性を有する、優れた人格性の本質（Wesen der bedeutenden Persönlichkeit）の棄却を意味すると、われわれはヴィンデルバンド――カント、ヴェーバーと近縁的思想関係を示していたことは、第1章で見たとおり――とともに指摘することもゆるされよう。棄却された、この人格性をもたらす本質的要件について、本研究で主としてとりあげた対象に即していいかえておこう。まずそれは、神の不条理なるものに対する尊信に導かれた、個人人格における不条理性（計算不可能性）に対する信仰をその本質とするものでは断じてない。むしろ「反省的明瞭性」という

べき一種の知的認識を本質としている。すなわち、一方ではすでに現実的所与としてあるものを認識するとともに、他方では現実となるべき超越的価値を信じて、その文化財について認識するという、二重性の知的認識を基本として、主体のおかれた歴史的状況において価値理念から導かれた目的を定立し、さらに諸手段のなかから目的に対する適合的な手段を選択する、こうした実践的知性である。日本近世の歴史的対象に即していえば、宣長に先行した徂徠学の「学」の概念に示された実践的知性がそうであり、本研究でとりあげた、より普遍的な視野でいえば、基本的にはH．リッケルトの二元論的立場にも拠った、M．ヴェーバーがその「人格」論のなかで重んじた、「考量」(Erwägung) の精神の働きを重んじた知性である。その本質的な態度はといえば、"目的論的"意味において合理的に行為する (teleologisch-rationales Handeln) 主体の"自律的態度"(autonomes Verhalten) を本質的要件とする、一種の精神的自立にほかならなかった。人格主体を意図的に形成するという観念を否定した宣長が本質的に棄却したのは、このような意味での精神的自立（自律的態度）であった。この事情に、宣長学の教育認識の看過すべからざる問題性が示されていた。

注

1) 人格の形成（完成）という語はとくに教育基本法（1947）第一条の「教育は人格の完成をめざし」という目的規定をもって国レヴェルでの公教育理念の重要な事項として自覚されて以後、今日にいたるまで継続的に、しかも広範囲に――学術的にも学校教育の現場でも、また政府刊行の諸資料をつうじても――普及した。その同法作成に中心的に指導した田中耕太郎（勝野尚行『教育基本法の立法思想――田中耕太郎の教育改革思想研究――』法律文化社、1989、参照）の『教育基本法の理論』（有斐閣、1961）には、「人格は人生の目的を前提とし、価値概念に関係している。それは単に存在するものではなく、aufgegebenすなわち『課題とされたもの』である（ガウデッヒ）」(p.74) とその本質的特性が指摘されている。かれの「人間の二元性」の概念について、半沢孝麿はつぎのように説明している。「それは、『人間のあるがままの生活があるべき（いずれも傍点原文）生活に一致しない』との意味であり、人間にとっては世の終わりまで『存在と当為との決して相合ふことなき平行線』が続くとの意味である」。半沢「思想形成期の田中耕太郎――地上における神の国の探究――」『日

第5章　私的領域における現実的所与の立場

本における西欧政治思想』日本政治学会年報、岩波書店、1975、p.225。存在と当為（課題）との峻別に基づく「人格」のこのような概念規定は、価値と現実との関係にかかわる宣長の思惟傾向をとくに問う本章の主題に即して見逃すことはできない。ただし、「人格」の規定にさいしてその論拠を田中がガウデッヒにもとめている点は、本章の主題にかぎれば微細な事項に属するが、これまで本研究の第1章でふれたところの歴史的経緯、とくに人間形成におけるSachlihkeitの原理にかかわることなので若干の注意をむけておきたい。第1章第1節の注112）を参照。

2) 丸山『日本政治思想史研究』東京大学出版会、1952、以下『研究』と略記、第2章、以下第二論文という。pp.270-272。

3) ここにいう承認という場合、おもな対象とするのは『研究』所収の第二論文である。とくに2つの点に着目したい。一つは、とくに「中世的な社会＝国家制度観と近代市民的なそれとの対立といふ世界史的な課題を、内包している」（p.197）主題、すなわち「政治的＝社会的秩序が天地自然に存在しているとする朱子学的思惟から、それが主体的人間によって作為されるべきものとする徂徠学的論理への展開」（p.227）という主題について。もう一つは、その主題に基づき論及された宣長学に関する当該箇所の所見について。

　この見解についてコメントしておこう。

　まず第一の問題。すでに本研究の第1章第1節の注1）で「外側から」の思想史の方法に関して言及したが、ここでさらに補足の意味をこめてふれていきたい。とくに徂徠像に具現化される基本的主題の内容とその構想態度（歴史叙述）に対してむけられている批判がある。はやくは周知のように吉本隆明が第一論文も含めその「虚構」性を――「現実社会そのものの動き、現実的存在としての人間の実体」と対比しつつ――批判したことがあった。「丸山眞男論」（1963）『吉本隆明全著作集』第12巻、勁草書房、1969。「虚構」性を問うその姿勢は、以後の丸山の思想史研究に対する批判の基調の一つをなしてきた。だが、丸山みずから自覚しているように、もともと「『自然』と『作為』といふ2つの概念を指標として捉へ」（p.197）ものである。したがって、現実というもの、複雑多様で見極めがたい現実を測定する（指標のどれかに近似しているか、その混合というべきか）ための指標としての概念を現実そのものと混同せず、両者を峻別するかぎり、概念――第二論文ではとくに「自然」と「作為」という2つの概念――は仮構物として人為的に構成（構築）されたものと、見なさなければならない。構成するかぎり、原理的にいって認識の客観的な現実の契機とともに認識の主観的契機は排除しえない。その一方の主観的なものとは、批判者がいう「読みこみ」と本質的には等質なものであると考えられる。重要なことは、この種の構成作業にともなう主観性をそれとしていかに自覚するかであると、筆者は考える。現実から区別される概念のこうした虚構（仮構）性を理解するために、ここでM. ウェーバーの理念型的概念構成にかかわる議論（歴史的現実の認識では「客観的な」事実を「前提なしに」模写するものとする立場などを批判する『客観性』論文、等）にあえて立ち入って引照するまでもない。徳川政治思想史における「自然」から「作為」への移行が、「『中世的』社会意識の転換過程にほぼ対応している」（p.228、傍点は丸

436

山）という指摘は、そうした現実測定のために概念・現実を峻別する方法的自覚を端的に示すものといえる。したがって問題意識としてより重要なことは、なにかしらの現実を特定の概念をもって加工することをつうじてどれだけ的確に現実を認識しえたか、という認識の手段的意義いかんを具体的な事例に即して個別に検証することである。その点に関するかぎり「自然」から「作為」へという丸山の分析指標は──対比する思想像と対比される思想像の相互あいだに、当然のことながらなにほどかのズレが認められたとしても──徳川時代政治思想史という歴史的現実に対して「日本思想の近代化の型」を構成するという作業に有効に働いたと判断してよいと、筆者は考える。

　第二について。この問題にかかわって深い洞察を示した、注目すべき業績といえるのは、山下久夫『本居宣長と「自然」』沖積舎、1988、である。山下は、宣長の「神」が徂徠の聖人と類似して「ともにこの世における一切の制度文物の究極の根拠である」という『研究』第二論文のことばを引きつつ、神の作為に根拠づけられる自然という丸山の基本的認識をつぎのごとく問題にする。すなわち、宣長において究極者は神ではなく、神々の背後の「不定そのもの」である、そして神は「不定者の現れる通路」にすぎない、という和辻哲郎の指摘（『日本倫理思想史 上』和辻哲郎全集、第12巻、岩波書店、1962、p.62）に山下は同意をもって言及し、そのいうところの「不定者」を山下は「おのずから」──「自然」といいかえる。そしてつぎのように述べる。「結局、宣長の『神』は絶対者どころか、人間に『自然』の相をより深く凝視させる役割を果たしているのだ。『神』を絶対化すればするほど、『自然』の霊妙性・不可思議性がより一層喚起されるという構造に留意しよう。根源は『自然』であって、『神』はその『通路』である」（p.243）。山下の同意するように、宣長の場合においても、神々の背後の「不定そのもの」が実在するのはたしかであろう。それは霊妙性・不可思議性を重要な特性とする。そうした洞察それ自身は興味深い問題を呈示するといえる（丸山眞男「政事（まつりごと）の構造──政治意識の執拗低音──」『現代思想』第22巻第1号、青土社、1994、も同様な論究を含むものとして参照）。しかし、「神の作為としての自然」（丸山）として神と自然との論理的関係を把握する場合には、山下のことばでいえば「上古以来の世の推移とその結果としての当世の有り様には人一倍強い関心を抱いていた」（p.251）という宣長の認識態度が第一義的に問題になるはずである。そのかぎりでは丸山の見解は、依然として妥当性を失っていないと、筆者は判断する。所与への随順というこの点につけくわれば、「せむかたなし」という宣長の重んずる思想態度に中心的に着目した相良亨『本居宣長』東京大学出版会、1987、も本章の支持すべき先行研究といえる。

4）Bildungの概念も哲学・文学・歴史学などの諸領域の思想史上に限っても一義的に使われてきたわけではないようであるが、本研究はすでに第1章の注21）で分析的な視点をあらかじめ設定した。この本章でもその規定にしたがう。ただここでは、対象（宣長）の思想的特質をきわだたせるため、その規定を根拠づけるP．ナトルプ（Paul Natorp, 1864—1924）*SOZIALPÄDAGOGIK*, 5.Aufl., Stuttgart, Fr. Frommann 1922, S.5）のつぎのような概念に着目しておこう。「陶冶（Bildung）

437

第5章 私的領域における現実的所与の立場

の概念は、本来哲学的性質をおびた問題、すなわち当為（Sollen）または目的（Zweck）、あるいはもっとも好ましい言い方をすれば理念（Idee）の問題をすでに含む。陶冶する（Bilden）とは、われわれの言ったごとく、形成する（formen）の意味であり、あたかも混沌から構成する（'wie aus dem Chaos gestalten'）ことである。それは一つの事物をその固有の完全態に達せしめることであり、しかもここにいう完全であるとは、あるべきものであることを指し示す(es heißt, in Ding zu seiner eigentümlichen Vollkommenheit bringen; vollkommen aber heißt, was ist wie es sein soll.')」。現実（混沌）に対する当為ということを基調するナトルプの上記書の規定は、教育思想史上のBildungの概念としては、たとえばヘルダー（J.G.Herder, 1744－1803）のBildungの概念と対比されよう。三輪貴美枝「Bildung概念の成立と展開について——教育概念としての実体化の過程——」『教育学研究』第61巻第4号、1994、によれば、ヘルダーはBildungの概念を植物・動物・鉱物の類推によって自然による自己形成活動として用いていた。この点についてF．マイネッケ（F.Meinecke, 1862－1954）の把握を参照すれば、ヘルダーのそれはより包括的にいえば「展開思想」（Entfaltungsgedanken）として特徴づけらる。この「展開」とは、「自己発動性」（Spontaneität）——「可塑的な変化能力」（plastische Wandlungsfähigkeit）・「予測不可能性」（Unberechenbarkeit）をともなった「発展概念」（Entwicklungsbegriff）——人間本性の普遍妥当的な理性への信頼を根本とした自然法的思考法の解体とともに、ゲーテそしてシラーにおいてその頂点的な達成をとげた歴史主義の発展概念——とは区別され、広義には発展概念に属するとはいえ、「あたえられた萌芽の単なる展開（blose Entfaltung gegebener Keime）にすぎない」思想として把握されるものである。Die Entstehung des Historismus, *FRIEDRICH MEINECKE WERK*, 4.Aufl., München, R.Oldenbourg, 1965, S.5,（『歴史主義の成立 上』菊盛英夫・麻生健訳、筑摩書房、1967、p.8）。ヘルダーに即していえば、「始源の意味を誇大視して、歴史的発展の後の経過において新しい要因の作用によって起こりうる変化と新生とを正当に評価していない」とマイネッケは指摘していた。Ebd., S.373,『歴史主義の成立 下』菊盛英夫・麻生健訳、筑摩書房、pp.91-92。ヘルダーのBildung概念、発展（展開）概念にあっては、自然の所与、しかもその始源的なもの（Ursprung）のうちに価値（神性）が内在しているものとする点で、当為と構成的努力を要請するナトルプ上記書から引いたBildung概念とは対極的な例として着目されるのである。後者によって規定されるようなBildungの試みが宣長によっていかに否定されたかという問いを設定するとすれば、宣長のその思想は前者——生没年はほぼ宣長と同じ——に近づいて同定把握してゆくことが自然であろう。西洋思想史と対比する場合に、その余地を認めつつも、始源的なものの性格につき両者のあいだに重大な違いが示されていると考える。この点は、本章の第5節「自然」の教育認識 2）人間変化の観念、を参照のこと。本章ではヘルダーよりも遡って宣長思想の一特質を理解してゆきたい。具体的には、注136）を参照されたい。なお、ヘルダーとともに、ディルタイ（Wilhelm Dilthey, 1833－1911）のBildungの概念もまた、人間の自然的な所与のうち（「素質」）に価値的なものが現実に内在するという把握（「心的生の目的論的性

5) 『玉勝間』(『本居宣長全集』第1巻、筑摩書房、p.438、以下「全集・1」p.438のように略記)。
6) 古くは、長谷川如是閑「自然主義者としての本居宣長」『改造』1930.3、p.46、同「本居宣長集解題」『本居宣長集』近世社会経済学説大系、第7巻、誠文堂新光社、1936、pp.32-33、羽仁五郎「国学の誕生」(1936)『日本における近代思想の前提』岩波書店、1949、とくにpp.31-38。近年では海原徹『近世私塾の研究』思文閣出版、1983、など。とくに海原の研究では、「秘事口授」を排すという自由な批判的精神にみちた宣長の学問・教育観が、鈴の屋塾の運営をつうじての教育活動の実際——講義中心、各地への出講、書簡による通信教育、その他——として具体的にも示されていることを精細に実証する。
7) 宣長を離れてより一般的にいえば、価値の現実化をめざすさい、評価的といってよいその意志的行為ははたして本質的に知性に依存することなく、その意志それ自体でおのずからに価値にむかうものであるか、という「知意優劣論」(Der Primat des Willens oder der Verstandes) の問題がここにある。Wilhelm Windelband, *LEHRBUCHE DER GESCHICHTE DER PHILOSOPHIE*, 4.durchgesehne Aufl. Tübingen, J.C.B. Mohr, 1907, S.274f. ヴィンデルバンド『一般哲学史』第2巻、井上欣治訳、第一書房、1941、参照。しかし、宣長学の場合には価値（とくに善なるもの）の現実化をもたらす意志と知性との関係の問題以前に、情をどのように規定したかという、それ自身では「価値に無関心な心理的存在」(wertindifferentes psychisches Sein) の意味づけの問題が本質的重要性を示すだろう。この点については、以下の論述全体をつうじて留意しておきたい。
8) 本章も徂徠学について多角的に検討された先行研究の諸成果をふまえる。しかし以下には、教育思想の視角から論究して、しかも課題にかかわるものとして本研究の第3章の諸論文を参照。
9) 『安波礼弁』(「全集・4」p.585)。
10) この点をはっきりと述べているのは、吉川幸次郎だった。「宣長の方法の根底には、個別的な言語こそ、重要であるとする思考がある。総括的な言語よりもより重要であるとする思考がある。個別的言語を、単なる個別的言語として扱うのではない。個別的言語は、個別的であるゆえに、その周辺にひろまる波紋、個別をこえたものへとひろまる波紋を、具体的に強力に具有しているのであり、そのゆえに個別をこえたもののもっとも鮮烈な顕現であるとする思考があった」(『本居宣長』筑摩書房、1977、p.264)。
11) それぞれ丸山『増補版　現代政治の思想と行動』未来社、1964、『忠誠と反逆』筑摩書房、1992、に収める。
12) H.Rickert, *SYSTEM DER PHILOSOPHIE1*.1.Aufl., Tübingen, J.C.B. Mohr, 1921, S.247-248.以下、SP.と略記。一元論(Monismus)についてのリッケルトの問題理解は、主として同書第5章1、„Das Problem der Welteinheit und der

Monismus" で論じられる。とくに「感情の一元論」(Gefühlsmonismus) の概念に着目したい。S.250-252。この種の一元論ではなく、価値と現実との二元論的構成を重んずるリッケルトの立場は、われわれの経験する世界、すなわち感覚的に知覚されうる世界のみならず、非感覚的に理解されうる「叡知的世界」(mundus intelligibilis) む含めた世界全体に対する、かれのいう「定立と異定立の思想」(Gedanke an Thesis und Heterothesis) に原理的には基づいていた。H.Rickert, *Das Eine, Die Eineheit und die Eins*, 2.Aufl., Tübingen, J. C. B. Mohr, 1924, S.16-23、(『一者、統一及び一』伊藤一郎訳、岩波書店、1931)。その要点を3つに整理しておこう。イ) 他者 (das Andere) は一者 (das Eine) という内容を有した自同的なもの (das Identische) と論理的必然性をもって組をなす。すなわち、「客観的にいえば、一契機は他の契機との比較においてのみ、あるいは関係してのみ一者として存立するのであり、主観的にいえば、一者とともにつねに他者が'措定'されているのである」(Objektiv ausgedrückt: das eine Moment besteht als das Eine nur im Verhältnis oder in Beziehung zum andern Moment. Subjektiv : mit dem Einen wird stets das Andere „gesetezt" Ebd., S.18)。つまり両者は、はじめから同時に措定されるのであって、一者は他者に、あるいは他者は一者に時間的にも、論理的にも先行するものとは思惟されない。ロ) また、他者は一者とともに、'積極的に'措定される。すなわち、他者は一者にあらざる者 (das Nicht-Eine)、一者のたんなる否定(Nein) ではなく、他者は差異性(Verschiedenheit)、他異性(Andersheit) を有するものとして措定される。ハ) そして、他者は一者とともに包括する紐帯 (übergreifendes Band) を意味する統一 (Einheit) をもとめるものとしてはじめから措定される。ただし、その統一は無差別性 (Unterschiedslosigkeit) としての単一性 (Einheit) を意味しえず、むしろ他異性 (Andersheit) を要求する。すなわち、異なるものの、相互に関連づけられたものの総合的統一 (synthetische „Einheit" des Vershiedenen, aufeinander Bezogenen) である。それゆえこの統一は、一元論的傾向 (monistische Tendenzen) に反するのみならず、単数なる一性 (Einheit) とも区別されねばならない。

このような概念規定に基づき、リッケルトは*DIE PHILOSOPHIE DES LEBENS*. 2. Aufl. Tübingen, J.C.B.Mohr 1922, 以下、PL.と略記。(『生の哲学』小川義章訳、改造社、1923) において生という現実を一者としその他者を価値とする概念的関係を、もう一つの生——とくに生物学主義的原理に基づいた、ベルグソンによって理論化され流行思潮とも化した生——の概念と区別して積極的に提示した。リッケルトはいう、「われわれが自存する固有価値を顧慮してのみ生から財を作り出す。それによってはじめて生は価値を獲得するのである」(Ebd., S.136)。

要するにリッケルトの基本的に主張するところは、価値と現実をまずは二元的に分離峻別し、そののちに両者の統一 („Einheit des Bandes stets Getrenntes", SP., S.234.) を追求せんとする点にその眼目がある。上記ハ) にあらためて注意したい。はじめから無差別的な統一 (unterschiedslose Einheit) をもとめる立場ではない。

13) H.Rickert, Die Methode der Philosophie und das Unmittelbare, in : *Logos*,

Bd.12, Tübingen, J.C.B.Mohr, 1923, Heft2, bes. S.247-254. „Gegenstand und Zustand". ――, *DER GEGENSTAND DER ERKENNTNIS*, 6. Aufl. Tübingen, J. C. B. Mohr, 1928 (『認識の対象』山内得立訳、岩波書店、1927、ただし第2版の訳). ――,SP., S.250.

14) H.Rickert, *KULTURWISSENSCHAFT UND NATURWISSENSCHAFT*, 6. ／ 7. Aufl.Tübingen, J. C. B. Mohr, 以下、KN.と略記(『文化科学と自然科学』佐竹哲雄、豊川昇訳、岩波書店、1939、とくに第4章　自然と文化、第10章　歴史的文化科学)。自覚的に価値と現実とを二元論的に識別せんとするリッケルトのこの基本的立場からすれば、「直観主義の一元論」のように価値現実として積極的に主張される立場とともに、やや無自覚的に価値と現実とが混同される場合もまた同様に注意される。そのような典型的な例として「人間的」(Menschlich)ということばと「自然的」(Natürlich)ということばが指摘されている。「認識論の二途」(1909)『認識の対象』山内得立訳、岩波書店、1927、pp.322-323。とくに「自然的」という事例は、本章でとりあげる宣長の思惟傾向の特質を指し示すものとして注目されるべきだろう。

15) 松本三之介は、国学の基本的性格について、規範に対して事実を重んじ教戒に対して自然の心情を強調するという非規範主義的性格と、同時に他方では神代の事跡をそのまま「まことの道」として規範性を与えるという規範主義側面をも備えていたと指摘し、国学研究もこの二側面のうちいずれを本質的なものとして理解し意義づけるかによって、2つの傾向に大別することができると指摘し、そして「一見たがいに矛盾するこの二側面が、国学の思想体系の中でどう結び合っているか」、この点こそ国学の思想的特色を解き明かす糸口として問題にされねばならない、と論じた。「国学の成立」『岩波講座日本歴史』第12巻、岩波書店、1967。本章の問題関心は、この側面、すなわち松本のいう規範主義と非規範主義という二側面をいずれかを本質的なものとしてより重視するのではなく、この両面の並存そのものを同じウェイトで把握し、しかもその一元論的な思惟傾向を本質的なものとして理解せんとするものにほかならない。

　宣長のこの思惟傾向の本質的重要性については、厳密にリッケルトの概念と同一なものではなくとも、先行研究において基本的なところではすでに一定の了解をえている。

　この思惟傾向の本質的重要性を肯定的に評価していた先駆として着目されるのは、長谷川如是閑の宣長理解である。「『かくあるべき』は『かくある』の上に成り立つ」という宣長の認識を如是閑は賛同しつつ、「抽象的人格教育を否定して具体的職業教育を主張したのは卓見であった」と宣長の「自然主義」的主張を評価していた。前掲論文「自然主義者としての本居宣長」p.46。この点については、池田元の精緻な研究『長谷川如是閑「国家思想」の研究――「自然」と理性批判――』雄山閣、1981、第3章第4節「存在＝当為」思考の基盤、第4章如是閑の本居宣長論、を参照のこと。戦後にいたっては、「人間の『まごころ』に内在するところの、『すべき限りはなす』という先天的な道徳律を信ずる宣長」についての本山幸彦の論究「国学における

441

第5章　私的領域における現実的所与の立場

ヒューマニズム」『近世日本の人間尊重思想　下』福村書店、1969、p.413、が代表的ものといえる。太宰春台の「厳格な外面的規律主義」と対照的に「自然」（おのづから）の観念を拠りどころとして、「人為的強制を否定して、あくまで『心』の内発性に秩序の実現を委ねる」人間像を創り出したとする山下久夫『本居宣長と「自然」』沖積舎、1985、p.178、も本山の論旨に近い。

　こうした宣長の一元論的な思惟傾向に対する肯定的に評価に対して、他方、規範意識にかかわる問題性を示ものとして否定的に評価する立場がある。それを代表しているのは周知のように丸山である。『日本の思想』岩波書店、1961、pp.19－20、で丸山はこう指摘していた。「宣長が、道とか自然とか性とかいうカテゴリーの一切の抽象化、規範化をからごころとして斥け、あらゆる言あげを排してして感覚的事実そのままに即こうとしたことで…そのあげく、一切の論理化＝抽象化をしりぞけ、規範的思考が日本に存在しなかったのは『教え』の必要がないほど事実がよかった証拠だといって、現実と規範との緊張関係の意味自体を否認した。そのために、そこから出て来るものは一方では生まれついたままの感性の尊重と、他方では既成の支配体制への受動的追随となり、結局こうした二重の意味での『ありのままなる』現実肯定でしかなかった」。同様にして松本三之介も、「そもそも、『善くも悪しくも、生まれつきたるままの心』それこそが『道』であるとする主情主義の思考様式には、現実を規律する規範の意義と機能とについての認識が根源的に欠落していたのである」（傍点は松本）と指摘していた。「近代思想の萌芽」（1966）『近世日本の思想像――歴史的考察――』研文出版、1984、p.132、所収。また、世界を所与として客観的に認識しようとする「学」と、当為を追求する「道」とがそれぞれ峻別されることなく「両者の不用意な混淆」が示されていた指摘する、梅沢伊勢三「宣長学の性格と古事記」『季刊日本思想史』第11号、ぺりかん社、1979など。

　大別して以上の２つ立場のうち、本章の主題は後者の方向をもっぱら強調する。＜生＞の立場として把握しようとする宣長の一元論的思惟傾向が教育認識の視角から見てどのよう問題性を示すかという点を具体的に検討する。

16)『紫文要領』（「全集・4」p.37）、引用中の〔…〕の箇所は宣長による末梢部分。
17) 文化的諸領域の独立化と個別化の過程 (Prozes der Verselbständigung und Differenzierung der Kultur)、すなわち、学問、政治、宗教、芸術などさまざまな文化的諸領域のうち、ある領域を他の領域よりも優遇せずに独自に評価し、文化的諸領域の固有法則性 (Eigengesetzlichkeit der vershiedenen Kulturgebiete) やその固有価値 (Eigenwert) を獲得せんする努力とその達成――それをリッケルトとともにわれわれは、分割し限界を設ける (scheidend und Grenzen ziehend) という意味の批判主義(Kritizisms)と呼ぶこともできよう(H.Rickert, *KANT ALS PHILOSOPH DER MODERNEN KULTUR*, 1.Aufl., Tübingen, J. C. B. Mohr, 1924, S.141、『現代文化の哲人カント』三井善止・大井精志郎訳、理想社、1981、p.180)――が、中世の包括的文化 (umfassende Kultur) からもっとも顕著に区別される近代化の重要な指標の一つとすれば、そうした独立化と個別化の過程はヨーロッパにおいてのみ固有な現象ではなかった。日本近世においても、近似する思想的動向を示していたこと

442

は、周知の丸山の「近世儒教の発展における徂徠学の特質並びにその国学との関連」『日本政治思想史研究』第1章（以下第一論文という）、が明らかにしていた。丸山はスコトゥス、オッカムら「後期スコラ哲学がトマス主義に対して持った思想史的意味と、儒教古学派乃至国学が朱子学に対して持ったそれとは看過すべからざる共通性を担っている」(p.186)と述べてのち、こう結論づけていた。「要するに朱子学の連続的思惟によって、倫理に全く緊縛されていた政治、歴史、文学、等の諸領域が夫々その鎖を断ち切って、文化上の市民権を要求した。かくて政治は修身斉家の単なる延長たる地位を、歴史は教訓の『かがみ』たる地位を、文学は勧善懲悪の手段たる地位をそれぞれ脱することとなった。さうして第一のものには『安民』、第二のものには『実証』、第三のものには『物のあはれ』といふ固有の価値規準が与へられた。かかる文化価値の自律性こそは、『分裂せる意識』として近代意識の最も象徴的な表現であったのである」(p.188)。本章の論究全体をつうじて強調せんとするのは、丸山が第一論文で追究した以上のような"近代的"な思惟傾向——その論稿では、個別化、すなわち「文化的諸領域の固有法則性」の認識——ではない。むしろ第2章（第二論文）で丸山が追究するような近代性——その論稿では「作為」の立場、とくに人間の"主体的作為"の立場——に対して否定的に働く思想的条件の方に、本章は強調点をおこうとする。

18) 三枝康高『国学の運動』風間書房、1966、などを参照のこと。
19) 日野龍夫『宣長と秋成』筑摩書房、1984、には宣長の「物のあはれを知る」の説はかれの親しんだ同時代の通俗文化（とくに時代物の浄瑠璃の「物のあはれを知る」精神）と親縁関係にあることが論証されている。
20) 村岡典嗣「徂徠学と宣長学との関係」『日本思想史研究　第三』岩波書店、1984、津田左右吉『文学に現はれたる国民思想の研究』第四巻、岩波書店、1955、pp.436-438、宣長の『紫文要領』『石上私淑言』を収録した『本居宣長集』新潮社、1983、の日野龍夫の校注、など。
21) 死への意識とともに、人間の〈生〉をいかに尊重するか、という問いにむけられた思考の働きを宣長に認め、その展開のありようを可能なかぎり内在的に理解することに努めた代表的人物は、かの小林秀雄といってよい。『本居宣長』（新訂小林秀雄全集、第13巻、新潮社）において、小林はこう述べている。「普通の意味で、見たり、感じたりしてゐる、私達の直接経験の世界に現れて来る物は、皆私達の喜怒哀楽の情に染められてゐて、其処には、無色の物が這い入って来る余地などないであらう。…それが、生きた経験、凡そ経験といふもゝゝ一番基本的で、尋常な姿だと言ってよからう。合法則的な客観的事実の世界が、この曖昧な、主観的な生活経験の世界に、鋭く対立するやうになった事を、私達は、教養の上ではよく承知してゐるが、この基本的な経験の『ありやう』が、変へられるやうになったわけではない。…『物のあはれ』は、この世に生きる経験の、本来の『ありやう』のうちに現れると言ふ事になりはしないか。宣長は、この有るがまゝの世界を深く信じた」(pp.228-229)。「生きた経験」、あるいは「直に触れて来る物の経験」(p.331)を重んじた宣長の思想に対する小林の接近の仕方は「宣長の思想の自発性に触れる事」（同全集第13巻、p.377）、い

443

第5章　私的領域における現実的所与の立場

いかえれば、「自分はこのやうに考へるといふ、宣長の肉声だけ」（同全集第13巻、p.24）をたどることであった。そしてこの徹底した基本姿勢は、「傍観的な、或は一般観念に頼る」（同全集第13巻、p.23）ことの拒絶を意味していた。

本章の基本的な接近の仕方は、小林がむしろ拒絶せんとする「一般観念」——本章の場合でいえば、とくにH．リッケルトがみずからの立場を特徴的にきわだたせるためにそれと対立するものとして引照した「直観主義の一元論」の概念など——に可能なかぎり依拠しつつ宣長学の思想的特色を把握しようとするものである。それによって宣長のかならずしも明確には自覚しなかった思想の構造——とくに人間の形成をめざす主体的営為に関する思想の構造——の特質にも注意をむけてゆきたい。小林は「思想の自発性に触れる」という姿勢を貫きつつも、こう述べていた。「学問は、経験的所与から出発しなければならぬ、と宣長が考へたのは正しかったが、彼が『物』と呼んだ、その経験的所与の概念は、大変曖昧なものであり、未熟なものであったから、経験に与へられた事実の、例証の為の合理化とか客観化とかが、充分に行はれなかったのも無理はない」（同全集第13巻、p.329）。ここにいう「合理化」「客観化」とは実際どのようにおこなわれなかったのだろうか。小林はこの点についてはもちろん立ち入っては論ずることはなかったが、人間形成をめざす主体的営為の思想いかんを問う本研究にとって、その問いの追究は、主体と客体との分離・峻別に基づいて人格主体を形成するという"主体的作為"の思想の問題にかかわって度外視できない。

22）村岡典嗣『本居宣長』岩波書店、1928、p.470。
23）村岡は真情表現と形式的技巧というこの2つの主義を文学説としての中古主義（形式技巧主義）、古道説としての上古主義（真情主義）と分けてその「混在」——古道説からみればその主義の不徹底を意味すると村岡は解す——を指摘したが、久松潜一はその著『日本文学評論史』（近世近代篇）至文堂、1952、において「宣長の文学論の価値は真情と技巧もしくは内容と形式との調和的統一を日本の文学論の中で最も合理的に或いは論理的に解釈した所にある」（p.143）と理解していた。この2つの主義が宣長の所説に認められことを「混在」と捉えるか、「調和」と解するか、いずれにせよ形式的技巧の意義を宣長が認め、擬古主義を主張したことは、以下のような論著——直接的な生の体験を重んじる宣長に共感的に理解する小林の下記の論及も含め——が示すように研究史のうえでおおむね定説といえる。野口武彦「江戸文学の『詩』と『真実』」『江戸文学の詩と真実』中央公論社、1971、に所収、渡辺浩「『道』と『雅び』（一）——宣長学と『歌学』派国学の政治思想史的研究——」『国家学会雑誌』第87巻9・10号、1974、唐木順三『日本人の心の歴史』下（筑摩叢書）1976、pp.165－170、子安宣邦『宣長と篤胤の世界』中央公論社、1977、pp.34－41、田中裕「宣長の『新古今』理解」『季刊日本思想史』第11号、ぺりかん社、1979、小林秀雄『本居宣長』（新訂小林秀雄全集、第13巻）、新潮社、とくにpp.208－217、相良亨『本居宣長』東京大学出版会、1987、pp.32－36、平石直昭「初期宣長の思想形成——『古道』論を中心に——」『社会科学研究』（東京大学社会科学研究所紀要）第35第5号、1984、山下久夫『本居宣長と「自然」』沖積舎、1985、pp.67－77、清水正之「国学と神話」『現代のエスプリ別冊　江戸とは何か　3、江戸の思想

と心情』至文堂、1985、小島康敬「近世日本における『心』と『形』——本居宣長と『型』・宣長論への助走——」源了圓編『型と日本文化』創文社、1992、に所収、など。
23)丸山『研究』pp.152-153。
24)『弁道』(『荻生徂徠』日本思想大系、岩波書店、p.15、以下「大系」と略記)。
25)『弁名』(「大系」p.163)。
26)『弁道』(「大系」p.27)。
27)具体的には以下の本論の言及とともに、本研究の第3章を参照。また、その原理の普遍的意味に関して〈より以上の生〉〈生より以上のもの〉という2つの概念にふれた注150)、および「他者」の概念にふれた注12)も、あわせて参照のこと。
28)『徂徠先生学則』(『荻生徂徠全集』第1巻、みすず書房、p.110)。
29)『弁道』(「大系」p.32)。
30)『弁名』(「大系」p.110)。
31)『琴学大意抄』東北大学所蔵本。
32)ウェーバーの重んずる行為者の姿勢、すなわち因果連関を自然法則的決定性と同一視せずに目的論的に転換してゆく行為者の合理的な考量(Erwägung)の姿勢は、内容の異同いかんは別として、徂徠が「学」の主体(為政者)に期待したところ——「道」という根本的な価値理念を志向するとともに、礼・楽に対する「学」の営みをつうじて人格主体を形成する機能を指す——と近似するものとして把握できる。本研究の第1章第1節参照。なお、マイネッケの「計算(予測)不可能性」の尊重については、注4)を参照のこと。また人格における「非合理性」(計算不可能性)に対する尊信態度については、本章の結論でさらに言及する。
33)『排蘆小舟』(「全集・2」pp.44-45)。
34)同上(「全集・2」p.6)。
35)同上(「全集・2」p.13)。
36)『石上私淑言』(「全集・2」p.177)。
37)『宇比山踏』(「全集・1」p.22)。
38)『石上私淑言』(「全集・2」p.99)。
39)同上(「全集・2」p.111)。
40)同上(「全集・2」p.179)。
41)『排蘆小舟』(「全集・2」p.49)。
42)『石上私淑言』(「全集・2」p.166)。
43)『宇比山踏』(「全集・1」p.29)。
44)ただし擬古を主張する宣長のことばに、その擬古の行為が創作する人格主体の形成にもかかわるとする所見がある。たとえばかれはいう、「此の歌ノ徳、只性情ヲノヘテ思ヒヲハラスノミナラス、古昔ノ風雅ニ化シテ、古人ノ心ニナリ、古人ノ詠吟ヲナスコト、ナニヨリノ勝事ナラズヤ」とか、「古ノ歌ヲマナビ、古ノ人ノ詠シタル歌ノ如クニヨマムヨマムト心ガクレハ、ソノ中ニオノヅカラ、平生見聞スル古歌古書ニ心ガ化セラレテ、古人ノヤウナル情態ニモウツリ化ス」。『排蘆小舟』(「全集・2」

第5章　私的領域における現実的所与の立場

pp.42-43)、など。
　この箇所にとくに着目して、渡辺は上掲論文で、「本来『歌道』の問題である擬古主義も、事ここに至れば、到底、人の営為の一部分としての文芸上の立場というに止まるものではない。今や、擬古主義・擬『風雅』主義は、人生の全面に浸み渡り、俗悪卑陋なる『今』に『和ヲムネトシ』て平穏なる生を営みながら、『雅び』た『古人』への同一化を持続するという、一つの生き方、生きる道、a way of life を指定するに至ったと言うべきであろう」(p.27) と述べていた。歌道上の擬古の行為が作品のみならず作品を創作する主体（「心」「性情」）の形成——渡辺自身は形成という語を用いず、またすぐあとでふれるように、むしろ内実としても形成とは呼びえないのかもしれないが——にまで働くということ、それを宣長が意義づけていたという点を指摘するものといえる。こうした指摘に対して否定的な見解を示しているのは、小林の論及である。すなわち上掲書にいう、
　「古歌をまなばうと努力してゐるうちに、古歌に『心ガ化セラレ』るといふ事が起こる。——『ソノ時ハ、マコトノ思フ事ヲ、アリノマヽニヨムト云モノニナル也』——何故かといふと、——『古ヘノ歌ノマネヲシテ、カザリツリテ、ヨミナラヒ、見ナラヒタル、ソノ徳ナラズヤ。コレ和歌ノ功徳ニヨリテ、我性情モ、ヨク化スルト云モノ也』——と続く。こゝに、はっきりと見て取れるのは、『和歌ノ功徳』といふ宣長の考へだ。言ふまでもなく、彼は、歌の目的は、性情を化するにあるとは考へてゐない。歌は歌である事で充分なものだ。この歌の自律性と、人の心が深い交渉を持つなら、心は、知らぬ間に、歌に化せられるといふ、さういふ歌固有の価値、或は働きの問題が、宣長の歌学の問題なのである。(改行)『和歌ハ言辞ノ道也。心ニオモフ事ヲ、ホドヨクイヒツヾクル道也』といふ彼の言葉は、歌は言辞の道であって、性情の道ではないといふはっきりした言葉と受取らねばならない」(pp.206-207)。
　対照的といえる２つの見解（渡辺・小林）はともに、歌道上の擬古の行為と歌を創作する人格主体の形成とのかかわりの事実——「化ス」ということばに集約される、前者の後者に対する促進的なかかわり——を宣長が見出していたという点を認めている。見解がわかれるのは、「化ス」という性格についての宣長の評価である。すなわち、主体の形成ということが、イ）よき歌を詠むということともに、第一義的な、あるいは副次的な目的として重視されていたのか、ロ）よき歌を詠む有効な方法として期待されることなのか、ハ）それとも結果的な機能として尊重されることか。基本的にこのいずれかに識別できるとすれば、渡辺の見解はイ）に、小林の見解はハ）に、それぞれ属する。たしかにこのイ）の点にかかわる渡辺の問題関心それ自身は、いっそうの考察を要するものとして注意されねばならない。要するに宣長の主張する擬古にあっては、「自覚した生のかたちとして演じ続けるものとしてのコンフォーミズム」（傍点は渡辺）であること、そして「古」はたしかに過去に実在しながらも、「『今』を『己が心もて改め変』（『秘本玉くしげ』）えて『古』を復帰させることにつながる一切の努力は放棄されねばならない」ような、「古」は「今」と「融即」的に結合してしまうという時間構造の意識のうちにある——渡辺はこう指摘していた (pp.68-69)。しかし、擬古の行為が人格主体の形成——渡辺の指摘するように古人の「演技」

446

に終始して、生の実質的内容を変化させ形づけるまで到達しないとすれば、それは形成とは呼びえない——まで働くことを宣長が尊重した場合でも、小林が論及するように「歌は言辞の道」という積極的断定は、文芸的価値の自律性の主張につうずるその本質的な重要性をうしなわないのではないか。とすれば、ハ）のように判断すべきであろうと、筆者は考える。よりいっそう重要な問題はそこから先にある。結果的機能を尊重したという点で、宣長はすでに論及した徂徠と共通するのである。両者が異なるのは、後者が「礼」「楽」の実践が示す「能く人の徳性を養ひ、能く人の心思を易ふ」という、おのずからの結果的機能（人間形成機能）をそれとして尊重しつつ、"主体的作為"の立場から、あらかじめその事実を計算に入れて、「礼」「楽」を目的-手段の系列に自覚的に組み入れ制度として編成しているのに対して、宣長の場合では、この擬古の主張においても基本的には「自然」の立場に依って、人格主体（「心」「性情」）を「化ス」ことそれ自身は目的化されてはいないのである。徂徠のこうした目的論的な意味転換については、注32）を参照のこと。

45）その反撥を文学上の領域でもっとも典型的にあらわしているのは、『源氏物語』の理解であった。日野龍夫、前掲書、にはつぎのような注目すべき考証が示されている。源氏と藤壺の恋など３つの密通を道徳的批判から宣長は救済し、そこに表れた「物のあはれ」という人間の真情を読みとることに努めた。けれども、「密通者たちの恋の切なさに感情移入するだけで、密通者たちの罪の意識、恐怖、あるいは罪の子薫を抱いた源氏の、因果の理法をわが身の上に悟ったおののき、そうした事がらには何の関心も向けていない。これらは作品の中に歴然と描かれ、作品世界に陰影をもたらす重要な要素となっているのだが、宣長にはそのことが理解できなかった」（p.215）。「宣長は作品に外在する道徳と内在する道徳とを区別することなく、道徳への関心一切を自己の文学論から追放してしまった」（p.217）。

46）『くず花』（「全集・8」p.160）。
47）『紫文要領』（「全集・4」p.57）。
48）『真暦考』（「全集・8」p.205）。
49）『真暦不審考弁』（「全集・8」p.242）。
50）同上（「全集・8」p.242）。
51）『くず花』（「全集・8」p.142）。
52）『直毘』（「全集・14」p.122）。
53）『古事記伝』（「全集・11」p.438）。
54）『真暦考』（「全集・8」p.205）。
55）『宇比山踏』（「全集・1」pp.17−18）。
56）『古事記伝』（「全集・9」p.11）。
57）『玉勝間』（「全集・1」p.348）。
58）『秘本玉くしげ』（「全集・8」p.348）。
59）『答問録』（「全集・1」p.525）。
60）『玉くしげ』（「全集・8」p.324）。
61）『古事記伝』（「全集・11」p.267）。

第5章　私的領域における現実的所与の立場

62)『直霊』(「全集・14」p.123)。
63)『古事記伝』(「全集・9」p.10)。
64) 同上 (「全集・9」p.10)。
65) 同上 (「全集・9」p.10)。
66)『弁名』(「大系・1」p.60)。
67)『古事記伝』(「全集・9」p.10)。
68)『答問録』(「全集・1」p.526)。
69)『呵刈葭』(「全集・8」p.407)。
70)『宇比山踏』(「全集・1」p.22)。
71)『石上私淑言』(「全集・2」p.153)。
72) 同上 (「全集・2」p.123)。
73) 同上 (「全集・2」p.100)。
74) 同上 (「全集・2」p.99)。
75)『玉勝間』(「全集・1」p.144)。
76)『古事記伝』(「全集・11」p.284)。
77)『玉勝間』(「全集・1」pp.144−145)。
78) 清水吉太郎宛書簡 (「全集・17」p.20)。
79)『古事記伝』全集 (「全集・11」p.219)。
80)『玉勝間』(「全集・1」p.145)。
81) 同上 (「全集・1」p.47)。
82)『玉鉾百首』(「全集・18」p.326)。
83)『本居宣長随筆』(「全集・13」pp.56−57、屈先生自筆不尽言抜書)。注137) のディルタイとの対比を参照のこと。
84)『玉勝間』(「全集・1」p.48)。
85)『くず花』(「全集・8」p.145)。
86) 同上 (「全集・8」p.147)。
87)『本居宣長随筆』(「全集・13」pp.607−608)。
88)『直霊』(「全集・14」p.123)。
89)『宇比山踏』(「全集・1」p.5)。
90)『本居宣長随筆』(「全集・13」p.600)。
91)『くず花』(「全集・8」p.137)。
92)『古事記伝』(「全集・9」p.49)。
93)『くず花』(「全集・8」p.167)。
94) 清水吉太郎宛書簡 (「全集・17」p.19)。マンハイムは保守主義者から自由主義・啓蒙主義理念を見れば、なにか空虚で、それ自体具体性をもたぬもので、日々の要求に応えぬたんなる「臆見」(„Meinen")にすぎない、と論じた。そのような保守主義者の批判意識を宣長もまた共有している。Karl Mannheim, *IDEOLOGIE UND UTOPIE*, Dritte, vermerhrte Aufl., Framkfurt／Main, G. Schulte-Bulmke, 1952, S.201 (K. マンハイム『イデオロギーとユートピア』高橋徹・徳永恂訳、世界の名

448

著68、中央公論社、1959、p.351）を参照。
95)『末賀之比礼』(「全集・8」p.185)。
96)『古事記伝』(「全集・9」p.258、「全集・12」p.17)。
97) 同上 (「全集・12」p.17)。
98) 同上 (「全集・9」p.261)。
99) 同上 (「全集・12」p.17)。
100) 同上 (「全集・9」p.276)。
101)『真暦考』(「全集・8」p.216)。
102)『玉勝間』(「全集・1」p.69)。
103) 改め直すという作為――「道のまゝに」という理想実現の意志に基づいて「人の力」をもって行う積極的作為――に対する否定的評価と矛盾するかに見える主張を、別の箇所で宣長は示していた。すなわち、凶悪（不幸と悪）は吉善（幸福と善）よりおこり、吉善は凶悪より生ずるという「互にうつりもてゆく理リ」があると注意をうながして後、かれは「人は必凶悪を忌去て、吉善を行ふべき理リをも知ルべきなり」と述べていたのである。吉事を行わねばならないというこの当為の基本的主張は、他の論著――とくに雑多な話題のとりあげられている随筆集『玉勝間』など――の個々の議論のなかではより具体的な事項に即して述べられていることについては、その逐一をここで紹介するまでもないだろう。一例を示せば「師の説になづまざる事」という主張がある。それは現実的所与、しかも師説という権威的な重みをもった現実的所与、に対する「よきあしきをいはず、ひたぶるにふるきをまもる」といった迎合の姿勢を批判して、「道」そのものを明らかにせよ、といった主旨のものだった。学問研究上の認識に限定されてはいたが、当為的性格をおびた規範の実践をもっとも激しく主張するものといえる。こうした当為の要請と、「人の力」をもって改め直さんとする姿勢に対する否定的評価とを引き合わせれば、たしかに整合的ではない。それゆえ「二重構造的姿勢」という相良亨の指摘（『本居宣長』東京大学出版会、pp.209-223）も、当為の実践をもとめる個々のかれの意見に着目するかぎりでは基本的に同意できよう。しかし、宣長のみずからのそのつど言明された個々の具体的事項に関する意見でもなく、また学問研究上の知識を追究する基本姿勢についての意見でもなく、一般にひとはいかに生きるべきかという問いに関する、一定の持続性と相互関連性を示した原理的な思想展開の方向に留意するとすれば、改め直すという積極的作為に対する否定的評価をより本質的なものとして捉える方が適当ではないか。その点について問題の、「吉事」を行わねばならないという上記の主張に即して検証しておきたい。その主張に続けてかれはこう述べていた。

「伊邪那岐ノ命の、黄泉の穢悪を忌悪ひて、御禊ぎしたまふ是なり、…世ノ人の、凶悪を直して吉善を為べき道は、彼ノ御禊ぎの理りによることなれども、彼ノ大神、此ノ御禊ぎを以て、世ノ人に、凶悪を忌去て、吉善を行へと、教諭したまふにあらず、其故は、彼ノ御禊も、其時にことさらに神の教へによりて為たまふには非ず、元来産巣日ノ神の御霊によりて、おのづから黄泉の穢悪を穢悪しとおもほす、己命の御心から為たまへば、世ノ人も亦其ノ如くにて、産巣日ノ神の御霊によりて、凶悪をき

第5章 私的領域における現実的所与の立場

らひて、吉事をなすべき物と、生れたれば、誰が教ふとなけれども、おのづからそのわきためはあるものなり、…」(『古事記伝』「全集・9」pp.295-296)。

とくに3つの点に注意をむけたい。一つは価値そのものの基本的性格について。「吉善を為べき道は、彼ノ御禊ぎの理リによること」という。この見解は、善・悪という価値がそれ自身として自立せず清明・穢悪という価値を主要なものとしてそれに従属的に根拠づけられることを意味している。第二に、価値実現の主体について。この穢悪から清浄へという状態変化を規定し「凶悪より吉善に移る為」としての禊ぎもまた、神の所為に根拠づけられる。したがって「吉善を為べき」とはいえ、その行為の本質は断じて当為的規範にしたがう人間みずからの主体的な行為ではなかった。いま一つは、規範それ自体の現実的根拠について。「世ノ人に、凶悪を忌去て、吉事を行へと、教論したまふにあらず…」という。「己命の御心から」「おのづからそのわきためはあるもの」と断っているように、あくまでも自然的（心理的）に存在するものによる基礎づけをかれは第一義的に尊重していた。そして、人間自身による、自然的根拠によっては規定されない、善・悪の価値それ自身を顧慮した当為的規範の意識は、自覚的に退けられていること。

104)『本居宣長随筆』(「全集・13」p.603)。
105)『くず花』(「全集・8」p.163)、『答問録』(「全集・1」p.527)。
106) 念のため一言すれば、自然の成りゆきの変化を人間の生に対する姿勢として尊ぶということと、意図的に人間の理想的あり方を実現することとは、宣長において矛盾するものではない。

「とにかく世ノ中の事は、神の御はからひならでは、かなはぬものなり、然らば何事もたゞ、神の御はからひにうちまかせて、よくもあしくもなりゆくまゝに打捨おきて、人はすこしもこれをいろふ（対応する）まじきにや、と思ふ人もあらんか、これ又大なるひがことなり、人も、人の行ふべきかぎりをば、行ふが人の道」(『玉くしげ』「全集・8」p.320)。

ここにいう「人の行ふべきかぎりをば、行ふ」ということについても、「身分々々に、かならず行ふべきほどの事をば、行はではかなはぬ道理の根本」(同上「全集・8」p.320) といいかえているように、身分・家職・境遇などの分限にしたがうということを指し、生来的・経験的所与として自然的に存在する規範に、従順に——複数の諸価値のなかから特定のそれをみずからの当為的な規範として主体的に選択して、ではなく——導かれて行為する、ということを意味している。

107) 清水吉太郎宛書簡 (「全集・17」p.26)。
108) 同上宛書簡 (「全集・17」p.23)。
109) 同上宛書簡 (「全集・17」p.23)。
110)『真暦考』(「全集・8」p.214)。
111)『くず花』(「全集・8」p.172)。
112) 自然状態において流動的で不定形なものをなにかしらの形へと意志的作為をもって限定づけること。そうした作用に対する宣長の否定といえば、すでに本章でも言及したように、「きはやかに、堺を立て定め申す」(『古事記伝』「全集・12」p.438) と

いうこと、すなわち概念的加工によって事物のありようを截然と画定するという人為的な認識態度に対するかれの否定的評価がただちに着目されよう。事物そのものの本来の姿はそう「きはやかなる差はなき」(『古事記伝』「全集・9」p.153) ものといった、事物そのものの直接的なありようを第一義的に知ろうとする基本認識がかれにはあったのだった。関連して注138) を参照のこと。こうした限定づけに対するかれの否定、あるいは抑制についてさらに注意を要するのは、そうした姿勢が認識態度の問題のみならず、人格主体としての生という一面では不定形な流動をともなうものを意志的作為をもって限定づける課題に対してもまた示されていたことである。人間の生気性を「真情」の事実(「長息」) としてかれは把握し、歌の生起にかかわる本質的要件として賛美したことはすでに論及した。こうした人格主体の生気性を所与として実現することは、歌という文化的一領域に属するのみではなかった。ヒトの病の治療という自然的領域にもかかわるものだったことも、ここに見落としてはなるまい。すなわち、医論として知られる『送藤文輿肥序』(『詩文稿』「全集・18」pp.8－10) に、「夫れ病は軽剤薄薬のよく治する処に非也。唯煕然たる一気、独りよく病に抗して之を制するのみ」(原漢文) とかれは述べていた。「気」の自発的な働きに期待したのである。そしてそのような気を養うこと、具体的には、食を薄くして飽かず、労して倦まず、思慮を寡くすることなどを重んじ、そのゆえに、古法の医術についてはその攻伐主義を問題にした。高橋正夫『本居宣長――済世の医心――』講談社、1986、参照。こうした生気性の発揮に対する賛美と、それを妨げる働きに対する否定的な態度は、宣長をこえてどのような意味があったろうか。この点につき想起されるのは、丸山の「歴史意識の『古層』」(1972)『忠誠と反逆』筑摩書房、1992、所収、の論究である。記紀神話にあらわれ日本の歴史意識の古層をなし、以後の歴史のさまざまな展開をつうじて基底的な範疇として持続してきたものと推察されるる一つ、「いきおひ」の観念について丸山は、「『徳』があるから『いきおひ』があるのではなく、逆に『いきほひ』があるものに対する讃辞が『徳』なのである」(p.322) と述べた。この指摘は「長息」や「気」の働きを賛美する宣長の姿勢に対しても妥当する。この「いきほひ」の範疇について、さらに丸山はつぎのように論じた。それは他の2つ、すなわち、「なる」「なりゆく」という範疇、「つぎ」「つぎつぎ」という範疇と化合しつつ、一種の歴史的オプティミズムの原点となる運命をもった。とくにそれが「いま」中心の観念と結びつくとき、「新たなる『なりゆき』の出発点としての『現在』(生る→現る) は、まさに不可測の巨大な運動量をもった『天地初発』の場から、そのたびごとに未来へ向かっての行動のエネルギーを補給される可能性をはらむことになる」(p.327、傍点は丸山)。ここに丸山のいう「いきほひ」のオプティミズムとの関連で、注意されるのは人間のあり方についての宣長のつぎのような把握である。「抑万ヅの事漢国の如くきはやかなるは、正しくうるはしきが如く、大らかなるはしどけなく、みだりなるに似たれども、実は然らず、大かた人の世は、何事ももとより然きはやかなることは無き物にて、たゞ大らかなるぞ、真のありかたにはありける」。(『古事記伝』「全集・11」p.439)。「きはやか」と対照される「大らかなる」という人間のありように対するかれの称讃の態度は、ある種のオプティミズムにささえられ

451

第5章　私的領域における現実的所与の立場

ている。そうした称讃の態度は、丸山の指摘する「いま」中心の観念と結びついた「いきほひ」の範疇の一つの表出といってもよいだろう。
113)『古事記伝』(「全集・9」p.124)。
114) 同上 (「全集・10」p.281)。
115)『玉くしげ』(「全集・8」p.314)。
116)『くず花』(「全集・8」p.153)。
117) H.Rickert, Die Methode der Philosophie und das Unmittelbare, in *Logos*, Bd. 12, Heft2, Tübingen, J. C. B. Mohr, 1923, S.245-247.
118)『弁名』(「大系」p.97)。
119)『古事記伝』(「全集・9」p.59)。
120) 同上 (「全集・9」p.60)。
121)『排蘆小舟』(「全集・2」p.27)。
122) 同上 (「全集・2」p.30)。
123)『玉くしげ』(「全集・8」pp.322-323)。
124) 同上 (「全集・8」p.323)。
125)『答問録』(「全集・1」p.544)。
126)『くず花』(「全集・8」p.141)。
127)『玉くしげ』(「全集・8」pp.320-321)。
128)『答問録』(「全集・1」p.540)。
129)『くず花』(「全集・8」p.159)。
130) この流出論も、複雑多様な現実と、人為的に構成される概念とのあいだの懸隔を本来的なものとして自覚することなく、概念と現実を同一視する認識態度にささえられている。関連して、注138) を参照のこと。また、本研究の第1章第1節の注137) の本文および注記する論文も参照。
131)『古事記伝』(「全集・9」p.294)。
132) H.Rickert, Vom Anfang der Philosophie, in: *Logos*, Bd.14, Heft2 / 3 Tübingen, J. C. B. Mohr, 1925, S.123.
133)『古事記伝』(「全集・11」p.390)。
134) 人格に対する責任追及そのものを非難するということは、基本的に罪というものに対するかれの概念規定の仕方にかかわっていた。すなわち、「都美といふは、もと人の悪行のみにはかぎらず、病ヒもろもろの禍ヒ、又穢きこと、醜きことなど、其外も、すべて世に人のわろしとして、にくみきらふ事は、みな都美也」(『大祓詞後釈』「全集・7」p.129) と、かれはいう。つまり、「ことさらに犯す罪」のみならず、虫の害などの穢災といった「おのづから有ル事」までも包括する概念としたのである。とくにその場合に注意を要するのは、もっぱら限定的に前者として把握することをかれはつぎのように論難していることでる。「都美といふは、悪行のみにはかぎらざるを、罪ノ字は悪行一つにつきて、あてたる字なれば、都美てふ言の、すべての意にはあたらざる也、…世々の物しり、たゞ此の字にのみなづみて、都美てふ言の本の意を考へず、ひたす悪行とのみ心得たるから、解得ざること多くして、くさぐさ強たるこ

とをのみいひあへる也」(同上「全集・7」pp.129-130)。こうして悪行だけを罪と結びつける把握が非難されるのみならず、しかもそうした人間の悪行とても、その主体は究極のところ神の所為にほかならぬと解されるすれば、自己の行為の結果についての道徳的責任(功績・罪過)の自覚いかんを行為者その人に問う余地は、根本的になくなってしまう。

135) これも否定に属すとはいえ、その意味は廃棄(Vernichtung)あるいは剥奪(Privation)であって、リッケルトのいう「一者の他者」を見出すことを可能にするものとして重要な意義の認められる否定——かれのいう „Negation des heterologischen Denkens" ——ではない。その「一者」「他者」の概念については、注12) 参照のこと。H.Rickert, SP, S.245,ff.

136) 日本近世では垂加派、真淵、篤胤らとともに、宣長の学問的思想的特質に「日本精神」「和魂和心」といった特殊日本的な性格を認めたすくなからぬ議論——戦時期日本の教育論でいえば、加藤仁平『日本精神の発展と教育』同文書院、1934、など——とは別に、より普遍的に性格づける見方も、周知のようにこれまでに存在していた。

村岡典嗣は前掲『本居宣長』(1928)において、宣長学の学問的側面をもって、「人文主義的教養」を結果的にもたらす「文献学」(Philologie)、とくにベエク(A. Boeckh, 1785-1867)によって担われたその学的営み、すなわち「知られたることを知ること」という根本観念との共通性を指摘していた。また久松潜一は、前掲書(1952、p.99以下)においてシラー(F. Schiller, 1759-1805)の「素朴文学と情感文学について」(Über naive und sentimentalische Dichtung)——ベエク以前に同様な文献学的研究の成果を示したものとして村岡も留意し、「中古主義のSentimentanlismと上古主義のNaivism」との混在を指摘していた(村岡、前掲書、p.471)——にとくに着目して宣長学の文学的側面に表れた感情内容と道徳的感情との関連について分析していた。また、伊東多三郎は『国学の史的考察』大岡山書店、1932、において国学(宣長だけでなく、真淵、篤胤なども含め)の復古思想をルネサンスと比較し、「失われた人間性の発見、その主張に基づく思想」としての「ヒューマニズム」を共有していると指摘した(p.377)。また、長谷川如是閑は、前掲論文「自然義者としての本居宣長」(1930)において「論理によって観念そのものを検討することをせずして、感覚によって、観念の基底たる現形態を検討する」(p.34)という点で宣長ら復古主義者は科学者と共通すると論じていた。そして、すでに言及したように丸山第一論文は、以上のような諸氏の類比するルネサンス以降のヨーロッパ近代思想より以前の時期に遡り、スコトゥス(J. Duns Scotus, 1265／66-1308)、オッカム(William Ockham, 1288-1347／49)ら14世紀の後期スコラ哲学の精神傾向——信仰の領域に属するものと認識の領域に属するものとの分離に基づく、「唯名論」として性格づけられる経験的な認識志向——と対比し、その「近似性」(丸山、『研究』p.190)を把握したのだった。これらはいずれも宣長の学的営みに"近代的"な表徴を認めるものである。

こうした先行研究の動向に対して、本章で宣長学に見出そうとするのは、丸山第二

第5章 私的領域における現実的所与の立場

論文で論及される——「神の作為としての自然」として性格づけられる——ように、むしろその逆である。注15）参照。つまりわれわれは、まさに同時に宣長学のうちに近代的思惟に対する順逆の２つの契機——羽仁のいう「国学の清新の一面」とその「限界」——を認めるわけである。この両面を同等の重みで認めるとすれば、いったいこの順逆の関係は宣長の場合どのように説明されるべきだろうか。この点についての基本的事項を、その両面の特性にかかわる人物としてオッカムと対比して検討しておこう。

　絶対的に最高の存在としての神の存在は自然理性によっては証明されず、信仰の上でその啓示をうけ入れているのみである以上、また、全能、無限、永遠性のような属性や、無から創造する能力がその本質に属することもまた証明されえないと、オッカムは答えていた。こうした純粋な信仰の領域と区分された認識の領域についてかれは、個別的なものだけが存在する、もしくは、実在するところのすべてのものは個別的である、という命題によって言いあらわされる「唯名論」ないし個体主義をその基本的立場とした。そしてこの立場は、「直観的に知られなければ、いかなるものも自然的にそれ自体として知られない」こと、つまり、「事物それ自体は、事物それ自体を見たり把捉したりする働きとの間にある媒介物なしに直接的に知られると言える」というように、直観認識にささえられたものだった（コプルストン『中世哲学史』箕輪秀二、柏木英彦訳、創文社、1970、pp.645－646）。このようなオッカムの信仰と認識の基本的態度のかぎりでは、たしかに宣長の信仰と認識との態度と基本的に近似するものといえる。とくに認識の側面でのそうした具体的個物へむかう態度は、経験科学、あるいは、文化諸領域の固有法則性を部分的にも——古典に対する文献学的＝実証的立場、感覚的世界にのみ確実な知識を容認しようとする立場として（丸山、『研究』pp.186－187）——認識させる近代的な基本的な志向をうながすものとなったといえる（コプルストン、同上書、p.735）。けれども、オッカムと宣長のあいだには、価値的態度、とくに人間の道徳的律の実現にかかわって重大な違いが注意される。すなわち、人間はまったく神に依存するという立場である点では、たしかにオッカムと宣長は共通するのだが、その根拠づけが決定的に異なっている。オッカムは感覚的欲求によってもとめるものに対する意志の自由を強調し、この自由な意志をもって神の命令に従うという道徳的義務に服するものとした。つまり、オッカムの場合では、神の意志とともに、人間の自己の意志が重んじられ、それらが一致すること、すなわち、「人間は神の命令に一致していると良心に誓って信ずるものをなすよう道徳的に義務づけられている」（コプルストン、同上書、p.693）という立場であった。それに対して宣長の場合では、こうした当為的な命令規範はいかなる意味でも峻拒され、「真情」の体験という人間性のなかのあくまでも自然的に存在するものに価値の実在根拠をもとめたのだった。その意味でこの宣長の場合は、リッケルトの注意するごとく、„lebendiges Leben" という近代の生の哲学の表現に示される多義性、すなわち現実概念であるとともに意味・価値の概念でもあるという例に近似するものといえる。

137）「生」を尊重し、教育思想として「直観主義の一元論」の立場を典型的に示して

いるのは、ディルタイである。かれはア・プリオリに教育目標の確立から出発する普遍妥当的教育学に対して批判するとともに「心的生の目的論的性格」(teleologischer Charakter des Seelenlebens)」を重視した。この「心的生」のうち「素質」(Anlage)には、「人間性における、基本的なもの、矛盾にみちたもの、非合理なもの、そして同時に力強いもの、発展とさらに高い調和にむかって努力するもの」(der Elementarische, Widerspruchsvolle, Irrationale, zugleich Machtvolle, der Entwicklung und immer hoheren Harmonien Zustrebende in der Menschennatur) が存在することをかれは重視した。Wilhelm Dilthey, GESAMMELTE SCHRIFTEN, Bd.9, 4. unveränderte Aufl., Stuttgart, Teubner, S.187, 『教育学論集』日本ディルタイ協会訳、以文社、1987、p.104。「生」を重んじ、「生」における価値的なものと現実的なものの一元論的な把握を示していた。この点に関連して、本研究の第1章第1節の注130) を参照。こうした基本的なところでは、宣長に類似する。

　もちろん、よりたち入って見れば重要な違いがある。ディルタイの場合にわれわれがリッケルトとともに「価値」と呼ぶものは人間本性に内在的に支配する発展という法則をとくに指す。それは動物的存在というもっとも低い段階から上方へと順次に秩序づけられ高次の宗教的意識の段階へと向上するという発展の法則である。そしてこの「発展は、原因は結果に等しい (causa aequant effectum) ということを拒む。発展は原因のうちに存するよりも以上のものを結果のなかに含んでいる」(同上、邦訳、p.99) という考え方——因果同等性 (Kausalgleichheit) の原理に対する批判——にささえられている。こうした発展の思想と宣長の思想とは異なる。生気性を賛美したとはいえ嘆息という心情の動きこそ重要だった宣長の思想には、こうした発展の考えはうかがえなかった。

　けれども、ディルタイの重んじる発展思想 (Entwicklungsgedanke) も二元論の克服ということが企図されていたかぎりでは、宣長の「真情」論と基本的なところで共通の問題関心に導かれていたといえる。

138) 人間知性の限界（無力）についての自覚とともに、人間に関する諸事象む含め天地の諸事象が不可測であるという基本的な認識は、宣長にかぎらず、徂徠にもあった。すなわち、「風雲雷雨に限らず、天地の妙用は、人知の及ばざる所に候。草木の花さきみのり、水の流れ山の峙ち候より、鳥のとび獣のはしり、人の立居物をいふまでも、いかなるからくりというふ事をしらず候」『徂徠先生答問書』（『荻生徂徠全集、第1巻、みすず書房、p.438）。けれども徂徠の場合、その不可測ゆえに人知の一切はやむなく棄却せざるをえない、というまるごとの断念、あるいは宣長のごとくの積極的な否認（廃棄）にはつながらなかった。注の112) も参照のこと。

　徂徠にとって重要なことは、そのような諸事象の人知によっては見極めがたい複雑多様（「天地の間、物は算なし」『弁名』「大系」p.160）を基本的な前提として認めつつ、そのうえで人知による可能なかぎりの認識をもとめたことである。すでにふれた「繁を御する術」としての諸概念の構成は、そのような限界性の自覚をともなった現実認識への意欲に基づいていたのである。したがって、この「術」＝概念構成によって認識された対象 (Gegenstand) は、あくまでも現実そのものとは異なるという

第5章　私的領域における現実的所与の立場

基本的認識を要した（「あに必ずしもその理あらんや。また繁を御するの術のみ」『弁名』「大系」p.160）。しかしこのような認識態度は一般にはたやすくは了解しがたい。その基本的な認識態度に反する例を徂徠はただちに指摘せねばならなかった。すなわち、不可測性についての上に引く文につづけてこう述べていた。「理学者の申候筋は、僅に陰陽五行などと申候名目に便りて、おしあてに義理をつけたる迄に而、それをしりたればとて誠に知ると申物にては無御座」。概念によって現実そのものを過不足なく規定づけられるとするこの種の人知を万能とみる立場についても、徂徠の断じて認めるところではなかった。宣長にしても、みずからの主観的意図において、この人知を万能とみる立場を厳しく峻拒するものである。けれどもかれもまた、概念を構成された道具として積極的に意義づけることはなく、現実そのものによって概念が規定づけられると見ていたことに、われわれは注意せねばならない。この点では、この両者、宣長と「理学者」はたがいに逆立ちした関係にあるがしかし、ともに概念＝現実と帰一するものと把握する認識態度を示していたのである。しかも神についての宣長の議論の場合には、すでにふれたような流出論の立場から、認識されたそのものは形而上学的に実体視され、しかもそのそれぞれは多かれ少なかれ神の所為の流出という聖なる価値をおびた実在根拠をともなうことになる。

139)『玉くしげ』（「全集・8」pp.315−316）。
140) 注32)を参照のこと。
141)「信知二元論的な問題図式を、近代以前の日本思想のあり方に直ちに適用しようとすると、往々にしてそれは近代の思考を古いものの上に投影しただけの虚像を構成しがちであり、…」という指摘（菅野覚明「国学における信と知」日本倫理学会編『信と知』慶応通信、1993、p.168）も一方では留意されるが、宣長の思想をこの信（信仰）と知（知識）の関連性に注意をむけながらすでに先行研究では積極的に特徴づけていた。そのもっともはやい例として着目されるのは、村岡典嗣「本居宣長の古伝説信仰の態度」(1927)『増訂日本思想史研究』所収、岩波書店、によれば、アストン（W. G. Aston, 1908）である。村岡もまたこの特徴づけに同意しているが、それぞれ着眼点が異なっている。アストンの場合、村岡によれば、本居の人格神的信仰の頑な態度の説明としてそのことばが言及されている。村岡の場合には、すでにふれた「中古主義と上古主義の混在」についての無反省と、古伝説に対する無批判的信仰という、この両面の「古代主義に於ける絶対的信仰の態度」に示される「神典の神聖視」の説明としてそのことばが言及されている。『本居宣長』岩波書店、1928、pp.475−476。

　テルトゥリアヌスのものと記憶されているそのことばが、宗教史上の個々の思想においてどのような意義を示すものとして特徴づけられるにせよ、そのことばの意味は信仰と知識との諸関係にかかわる一つの典型的あり方、すなわち、「キリスト教の啓示の自己充足（self-sufficiency）」を凝縮して示すものとして注意されている。E. ジルソン『中世における理性と啓示』峠尚武訳、行路社、1982、pp.12−15 (Etienne Gilson, *Reason and Revelation in the Middle Ages*, 1938)。また一つの典型という以上に、すべての宗教的なものの底に普遍的に認められる姿としても、着目されて

いる。すなわち、カッシーラーはつぎのように指摘している。「人間は抽象的な『理性』の支配に従うものではなく、本能と欲望の力に従うのである。…最初に人間を信仰に導きかれをそこに引きつけておくものは、むしろ希望と恐怖の感情である。ここにわれわれは宗教的なものの真の基底を見出す。宗教は論理的もしくは倫理的な根拠を何ひとつもっていない。…つまり超自然的な力を畏怖し、この力を和らげ宥めて自らの意志に従わせたいという人間の願望から宗教が生まれたのである。…われわれがこのような『原始的』な神の観念の端初をはるかに越えた高級で純粋な『精神的』宗教に就くことによってこの結論を回避しうると信ずることは誤りである。事実この種の論議も、もしもわれわれが宗教をその合理的な解釈や理想主義的な仮装においてでなく、冷静な経験的現実において考察するならばたちまち無力なものとなる。…もしわれわれが『高級な』宗教がまとっている言葉や抽象概念や倫理的観念などのヴェールを剥ぎとるならば、宗教の姿はどこにおいてでも同一であることをわれわれは見出すであろう。『不合理ゆえにわれは信ずCredo quia absurdum』というモットーはつねにいかなる場合においてもその旧来の力を発揮する」。Ernst Cassirer, *Die Philosophie der Aufklärung*, Tübingen, J. C. B. Mohr, S.240−241（『啓蒙主義の哲学』中野好之訳、紀之国屋書店、1962、pp.220−221）。

142）ウェーバーは『宗教社会学論集』全3巻における周知の中間考察「宗教的現世拒否の段階と方向の理論」、『経済と社会』の第2部第5章「宗教社会学」第11節「宗教倫理と『現世』」（ともに『宗教・社会論集』河出書房新社、1988、所収）等において、「宗教と知的認識との緊張状態」の反面における親和的な関係として宗教が「経典宗教となり教義となる」傾向とともに、宗教が「祭司の手からますます離れて俗人の合理的な思惟を誘発するようになっていった」（中村貞二訳、p.183）こと、またキリスト教については、「すでに古代において、ギリシャ的思惟形式をますますみずからの内部に浸透させることによって、次いで中世において、もっぱら弁証法研鑽の場として大学を設立することによって、新たに——しかも遥かに力強く——、主知主義を助長している」（英 明訳、p.298）と指摘していた。こうした積極的な主知主義とともに、より消極的なものも注意される。すなわち、リッケルトも*KANT ALS PHILOSOPH DER MODERNEN KULTUR*, 1. Aufl., Tübingen, J. C. B. Mohr, 1924, S.190（『現代文化の哲人カント』三井善止・大井精志郎訳、理想社、1981、第13章 知識と信仰）において、つぎのように指摘していた。「宗教的『真理』が逆説的であるという承認は全く主知主義的である。…逆説あるいは不合理あるいは矛盾は、信仰されることの蓋然性の意味において、同一性あるいは理論的一致と同じく論理的カテゴリーである。…知性に逆らうものの中に最高の価値が見出されるという事情は、主知主義的根本的原理を放棄するというのではない。…なぜなら宗教的価値を反論理的なものに移すことは、信仰を積極的理論的な知識や理論的に蓋然的な見解の中へ解消するのと同様に、非合理的な内容の主知主義的偽造を意味するからである」（邦訳、p.230）。

143）神への信仰に属する諸真理を各人それぞれの名状しがたい体験として感得するのではなく、知性主義をその信仰の目的のために利用するという場合、とくつぎの3つ

第5章 私的領域における現実的所与の立場

の点が注意される。
　一つは「神」の概念について。かれはいう、「凡て人の智は限りありて、まことの理はえしらぬものなれば、かにかくに神のうへは、みだりに測り論ふべきものにあらず」(『古事記伝』「全集・9」p.126)。神は、知られざるものとして識られているということ、つまり、語り難く積極的規定から自由(von positiven Bestimmungen frei)なのである。かれによれば、そのことが本質的に重要である。だがしかし、より積極的なことばでかれが説明を試みていたことも留意されねばならない。この点につき、2つのことが着目される。一つは迦美に「神」の字をあてたことを妥当としたこと。かれによれば、迦美といえば体言で、ただその物を指ていうのみであり、その事跡その徳などを指していうのではない。しかし神と表記すれば、体言にも用言にも用い、その事跡その徳をも指すことになる。そして、「測りがたくあやしき」というさまが、神ということばに含意されることになる。宣長はこうした認識を示した(『古事記伝』「全集・9」p.126)。もう一つは迦美を「神」と認識したことにかかわって、神とは、要するに「種々」のものといわざるをえない、と捉えたこと。つまり積極的規定がなかったとしても、しかしけっして空虚なものではなく、無限定ともいえる雑多な内容を示していることにほかならない。例示して、かれはこういう。「古御典等に見えたる天地の諸の神たちを始めて、其を祀れる社に坐ス御霊をも申し、又人はさらにも云ハず、鳥獣木草のたぐひ海山など、其余何にまれ、尋常ならずすぐれたる徳のありて、可畏き物を迦微とは云なり、【すぐれたるとは、尊きこと善きこと、功しきことなどの、優れたるのみを云に非ず、悪しきもの奇しきものなども、よにすぐれて可畏きをば、神と云うなり、…】抑迦微は如此く種々にて、貴きもあり賤きもあり、強きもあり弱きもあり、善きもあり悪きもありて、心も行もさまざまに随ひて、とりどりにしあれば、…大かた一むきに定めては論ひがたき、物になむありける」(同上、「全集・9」pp.125-126)。ことばをもって、なにほどか積極的な形でのこうした定義づける認識作用が、まず知性主義のもっとも基本的な実践として着目される。
　第二に、「神の途方もない力の高揚を、彼が創造し支配するこの世界の不完全性という事実といかにして和合させることができるか」(M. ウェーバー『宗教社会学』武藤一雄、他訳、創文社、p.178)という神義論(Theodiezee)の問題について。悪の出現また人知によっては測りがたいものの一つとして、かれは認識していた。しかも「奇しきかも、霊しきかも、妙なるかも、妙なるかも」として形容されるように、悪の出現の事情は人間知性のおよぶ範囲外ということがとりわけ強調される。仏教の「因果応報」の説、ならびに儒教の「天命天道」の説に対するかれの反撥(『玉くしげ』「全集・8」pp.316-317)は、そのゆえであった。しかし、悪の実在と出現についての認識、とくに原理的なそれを、宣長もまた重要視していた。不完全性の事実、とくに自然的害悪ではなく不義、不正、罪などもろもろの道徳的害悪の出現について、周知のように、かれは一切の「人の所為も即神の所為」という考え方に基づき、「もろもろの悪事は、禍津日ノ神のしわざ」(『古事記伝』「全集・9」p.257)と把握した。それはすでに注記で言及した。そうした悪の実在とその出現について、か

458

れがつぎのような理法として認識したことも、すでに諸研究によって知られている。「世ノ中には吉善事のみならずて、凶悪事も無くてはえあらぬ理」があること、その場合、吉善（幸福と善）から凶悪（不幸と悪）は生じ、凶悪から吉善はおこるという「悪と善と、たがひに根ざすことわり」を示しつつ「互にうつりもてゆく理リ」があること、このように凶悪は吉善と相互移行しつつ出現するけれど、凶悪は「終に吉善に勝事あたはざる理リ」があること（『古事記伝』「全集・9」pp.294-295、p.446）。こうした理法は「神代の始メの趣に依る」として説明されるが、東より子の指摘するように、かれの知るところだった『老子』の「禍ハ兮福ノ所レ倚、福ハ兮禍ノ所伏」（『本居宣長随筆』『全集・13』p.485）という理法にそうものだった。東より子「宣長神学の構造――善悪観を中心に――」『思想』第7号1982、岩波書店、平石直昭「初期宣長の思想形成――『古道』論を中心に――」『社会科学研究』（東京大学社会科学研究所紀要）第35巻第5号、1984、とくにpp.34-35、等。

　第三には、悪の問題の解決について。この世の生において被った凶悪も、もしも彼岸での救済が望みえるならば、なにほどかの慰安とともに感受することもできよう。宣長学の場合はどうだったろうか。死後のこと、それもまた「妙理の然らしむるところなれば、なまじひの凡智を以て、とやかくやと思議すべき事にあらず」とたしかにかれはいう。だがしかし、周知のようにかれは、「世の人は、貴きも賤きも、善も、悪きも、みな悉く、死すれば」、「地下の根底に在て、根国底国とも申して、甚だきたなく悪しき国」である予美国にゆかざるをえないものである、ともまた明らかに説いていた。注目すべきは、その死後の事実についてひとびとにかれのもとめる認識である。「たゞ死ぬれば予美国にゆくことと、道理のまゝに心得居て、泣悲むほかはなかりしぞかし」（『玉くしげ』「全集・8」pp.315-316）。ここにいう「泣悲む」ということが特別な意味をもっていることは指摘するまでもない。とりわけ深い「あはれ」として価値づけられるのである。彼岸での救済が断ち切れているということ、まさにその知性的認識ゆえに深く「もののあはれを知る」という知性の働きが期待されるのである。

144）E．ジルソンの把握（前掲『中世における理性と啓示』峠尚武訳、行路社、1982）にしたがえば、アウグステヌスの"知解をもとむる信仰"とアンセルムスの"信仰の知解"という格律は信仰と知識との根本的関係にかかわる同一のファミリーとして把握される。

145）『玉勝間』（「全集・1」p.47）。

146）この点で注意されるのは、学問する人間の現状に対する批判に宣長もまた共鳴しつつ、つぎのように記していたことである。

　「学問ヲスレハ、人ガラ悪クナルトテ、子弟ニ物マナバセヌ人多シ、是レイハレタル事也、今ノ世、朱子学ヲスル人ヲ見レハ、マヅ我身ヲオサムル事ヲバサシオキテ、トニカクニ人ノ非ヲトガムル事ヲ専ラニシテ、イサゝカノ事ヲモ難ズ、サテ己ガ身ノ行ヒニハ心ツカズ、返テ一文不知ノ者ニモ劣レル事多シ、…又己ガ身ノ行ヒヲ正ス人モ、聖人ノ教ヘノヤウニハ見ヘズ、タゞモノ名聞ヲ詮ニシテ、世ノ人ニ異ナル事ヲシテ、コレゾ儒者ノオコナヒヨ、聖人ノ教ヘヨト、世ノ人ノ見聞ヲオトロカス、コレミ

459

第5章　私的領域における現実的所与の立場

ナ表向キノ見セカケバカリニシテ、実義ニアラズ、…カヤウニ異ナ者ニナルユエニ、人ハ学問無益也、返テ人ヲソコナフト思フ也、コレミナ学問ノ筋アシキユエ也、サテ又、近キコロ盛ンニ行ハルゝ詩文章ノ学問スル人ハ、道学ヲ微塵ニ打クダキテ、只見識ヲ高クスル事ヲ、我レ一チトスルユヘニ、学問スレハイヨイヨ身持放埒ニナル」（『本居宣長随筆』「全集・13」p.619）。

　このように学問する人間の「身持ち」「身ノ行」を云々と批判した論説（学者批判論）は、この時代において——一方では「文盲」「無筆」「一文不通」を恥とする意識がひろく社会的に形成されてきていた江戸中期以降でさえ——けっして特異なものではなかった。すなわち、学問する人間のあり方が学界内部での批判のみならず、民衆側でも風刺・揶揄・罵倒の標的とされたことは、川柳・洒落本・滑稽本などでも知られるところである。伊東多三郎「江戸時代の学者の生態と学者批判論」（1970）『近世史の研究』第三冊、吉川弘文館、1983、所収、芳賀登「徳川時代知識人の学問論とその思想——とくに儒者を中心として——」『大阪教育大学紀要』第22巻、1973、『近世知識人社会の研究』教育出版センター、1985、所収、など参照。宣長の批判の内容にしても当時の一般的観念に通ずるものといってよい。こうした学者の現状に対する批判は、同じく現実（歴史・現在）に属するものであっても、学問する行為そのものに対する批判とも、また、より限定してある種の学問の行為に対する批判とも、かならずしも同義ではないだろう。また、学者の現状に対する批判は、現実とは異なる理念としての学者・学問に対する批判とも、同義ではない。これらは識別されねばならない。けれども学者の現状に対する宣長の批判の場合には、その根底に、信に依拠する根本的心情とそれに従属的に関連する学知の棄捨という基本姿勢をともなうものだったことは注意されてよい。

147）羽仁五郎は前掲書所収の「国学の限界」（1936）で、総体としての国学における「知識否定」について、こう述べていた。「儒教等の道学による知識の抑圧及びその知識の道学隷従を指弾排斥しつつ、清新の知識と徳性との一致の発展を自ら反映しようとしたのであったのに、ここにも何時か国学は革新の約束をその革新の本領乃至基本に於ける徹底によって真実にはたすことを中途で曖昧にして、末梢に問題があるように云い、従ってウルトラ的な感情的な熱狂に人を導いてそれを真の重大問題であるかのように感じさせ、その間に本来知識を抑圧する空虚な道学を不満とし之を攻撃しようとした反抗力を逆に知識そのものの攻撃へとむけて奔馳せしめ、その間に旧道学の新装維持を遂げようとするに至った」（p.80）。こうして知識そのものを否定してしまうことは、「知識を進めて行くことが則ち人間の徳性的生活を高めて行く所以となる」（p.79）という原理の棄却を意味すると、羽仁は指摘するのである。国学、より限定して宣長学の場合に知識そのものの否定にまでいたったかについては議論があるだろう。「情」の表現にさいして、その素朴な直接的表出ではなく、外的な「事」の世界の認識をともなうことを宣長が主張していたと、判断できるからである。源了圓『徳川合理思想の系譜』中央公論社、1972、子安宣邦『宣長と篤胤の世界』中央公論社、1977、など参照。けれども、知と徳との関係いかんを問う羽仁の指摘は、宣長学を対象とした本章でも、部分的真理にふれていると、筆者は考える。知識そのもの

460

ではなく、ある種の知識の否定は、たしかに宣長のうちに認められるからである。
148) KN., S.87.リッケルト『文化科学と自然科学』佐竹哲雄、豊川昇訳、岩波書店、1939。とくにpp.146-154。
149)『弁名』(「大系」p.164)。
150) ここにいう〈より以上の生〉は、すぐ後に言及する〈生より以上のもの〉とともにジンメルの見解にしたがう。*LEBENSANSCHAUUNG Vier metaphysische Kapital*, 2. Aufl. München, Leipzig, Duncker&Humblot, 1922(『生の哲学』ジンメル著作集9、茅野良男訳、白水社、1994)によれば、それらは、互いに補足しあう生の2つの定義にほかならない。

　前者の生の特性について、かれはつぎのようにいう、「生によって形成され形を仕上げられたそれらのものは、成立の瞬間すでに事象としての独自の意義、堅固さおよび内的な論理をもっており、それらを形成した生にこれらによって対立する。というのは、生は休みない先への流れであり、あれこれの特定の形式だけでなく、いかなる形式であるがゆえにその上を超えて氾濫するからである。すでにこの原理的な本質上の対立のために、生はけっして形式に入りこむことができない。…それゆえ生は、それが形づくった形式をいずれも乗り超え、粉砕するのである。…生はまさしくつねに、生にとってそのつど分け与えられた生それ自身生え抜きの形式に収容される生よりも、より以上の生である」(邦訳、pp.35-36)。つまり、「おのれ独自の平面の内部でおのれの活動によって限界づけられた形式を生が超越すること」(邦訳、p.38、Ebd., S.24)である。

　もう一つ、〈生より以上のもの〉である場合。生は「おのれとは疎遠なものを産み出す」(邦訳、p.38)。その疎遠なものは、「おのれの自立性、すなわち、おのれが〈生より以上のものであること〉に、固執する」(邦訳、pp.38-39)。「生が創造する、言いかえれば生がそれに入りこんで生きるこの他者の、この〈より以上のもの〉の絶対性こそ、生きられる生の定式であり条件」である。というのは、「生はこれらの形式をおのれのうちに産み出し、そのことによって、生の諸内容に連関と温かさ、深みと価値を直接に与えるのである。ところがいまや、それらの形式は十分に強くなり、おのれがこれらの内容から規定されることをもはや許さず、むしろ生をおのれの自身からまったく純粋に規定するまでになった。そして、これらの形式それ自身によって形成されながらいまではもはやそれらの制限された尺度には適合していない対象が、今後は生の指導を引き受けることになるのである」(邦訳、p.112)。すなわち、「創造的な生は(産み出す生の継続として)、たえずみずから自分を超え出て行く。この生はみずからその他者をおのれの前に据え、この客体的であるものが生の創造したもの、生と一つの生長連関を形づくっているものであるということを、つぎのことによって証明する。すなわち、この生が、客体的であるもろもろの意義、帰結、規範化をもう一度おのれ自身のうちに含ませることにより、おのれ自身から形成されたものにしたがっておのれを形成する、ということによってである」(邦訳、p.124、Ebd., S.94)。

　要するに生は形式と2つの関連を原理的に示す。一つは、生が形式を超越すること

第5章　私的領域における現実的所与の立場

であり、いま一つは、生が、みずからの産み出した形式＝形成物によって、みずからを形成することである。

こうした意味の〈より以上の生〉・〈生より以上のもの〉という2つの概念は、徂徠および宣長の思想の特質を把握するうえで有効であると考え、ここにとりあげる。

後者の〈生より以上のもの〉となる超越化についてなお付言しておこう。ジンメルはこの種の超越化にともなう当為の現実性について、つぎのように述べていた。「当為はけっして目的に由来するものではない」（p.277）こと、「この生の内部でいかにあるべきかという方式をもっている」（p.246）こと、「主体に対して客体的な命法として経験するときですら、このことでもって当為が現実性の範疇と同格であるということが捨てられるわけではない」（p.196）、したがって、「定言命法すらも真に定言的であるのではなく、われわれが論理的な世界を欲するか否かということに依存している」（p.279）。この点にかかわり、リッケルトも、当為（価値そのものではなく）が主観にかかわることに同意する。けれども、かれは当為にしても、規範を与えるということにしても、非実在的な超越性（妥当）をその特質とする価値から導き出すものであることを説いていた。のみならずリッケルトは „Leben ist fur sich gedacht gedacht etwas Wirkliches". (SP., S.255.) と、生それ自体の現実性を強調していた。ジンメルとリッケルトとのあいだに見られる強調点のこうした差異は、ここでは度外視しておきたい。前者が上に引くごとく、みずからを形成する (sish gestalten) といい、後者がたとえば „Die geltenden Werte sollen jedoch nicht zur Vernichtung des sinnlich Wirklichen,sondern zur seiner Erhohung dienen." (Ebd., S.254) と述べるごとく、向上 (Erhohung) といい、また諸文化財のうちに価値を現実化せんとする努力 (Streben nach Wertverwirklichung in Gütern) ということを重視する (Ebd., S.377) にしても、両者ともに生の直接的状態を肯定せず、価値理念にむけてのそれからの超越化を志向しているからである。

151) 共感という心情の関係の確保ということが宣長学において重要な課題としての意味をもっていたことは、研究者の指摘するところである。源了圓『徳川合理思想の系譜』中央公論社、1972、清水正之「国学の心性論――心と共感の構造――」『現代思想』第10巻12号、1982、など。この点についての山下久夫の論究はとくに重要である。「和歌の伝統の下に類型化した心性」にふれること、「忠実なる擬古の修練の間に個的なレヴェルの心性を突き抜けて共同体的な心性にふれること」がかれの重視するところだったと山下は指摘する。前掲書、p.39以下。

152) 『石上私淑言』（「全集・2」p.112）。

153) 『答問録』（「全集・1」p.527）。

154) 『学則』（「大系」p.190）。

155) ここにいう他者の概念も、リッケルトの用法（H.Rickert, *Das Eine, Die Eineheit und die Eins*, 2.Aufl., Tübingen, J. C. B.Mohr, 1924, S.16-23、『一者、統一及び一』伊藤一郎訳、岩波書店、1931）に基本的にしたがう。注12）を参照のこと。その他者の概念は、たしかに徂徠『学則』にいう「吾」に対する「彼」の概念にそのまま正確に対応するとはいえまい。その明らかに違うのは、一方が他方を、あるいは他

方が一方を互いに欠くことができないという相補関係（Ergänzung）の認識が、リッケルトとともに徂徠にも認められたとしても、その関係が論理必然的なものとしてはじめから措定されるという基本的認識が徂徠の「吾」・「彼」の規定にも示されていたとはいい難いからである。けれども、こうした相違があったとしても、「吾」に対するたんなる否定（Nein）、廃棄（Vernichtung）あるいは剥奪（Privation）を意味するのではない「彼」というものに対する徂徠の積極的な規定、しかも「吾」との統一をもとめる差異性（Verschiedenheit）をそなえたものとして設定される「彼」の規定は、リッケルトの規定する「他者」の概念と近似するものとして、われわれは把握できよう。

156)『学則』（「大系」p.189）。
157) H. Rickert, PL., S.189（『生の哲学』小川義章訳、1923）。
158) 宣長についての子安宣邦の問題の指摘はこの点で的確である。『本居宣長』岩波書店、1992、p.40、同『「宣長問題」とは何か』青土社、1995、pp.60－67。徂徠の要請する、他者とむかいあうという基本的姿勢は、より具体的には他者理解の自覚に基づく翻訳という形で示される。この点については、本研究の第3章第2節の読書論のところでふれたが、丸山眞男・加藤周一『翻訳と日本の近代』岩波書店、1998、p.30、酒井直樹『日本思想という問題——翻訳と主体——』岩波書店、1997、p.70、の言及もここで参照されるべきである。
159)『弁名』（「大系」p.93）。
160)『馭戎慨言』（「全集・8」p.67）。
161) 渡辺浩「『道』と『雅び』（三）——宣長学と『歌学』派国学の政治思想史的研究——」『国家学会雑誌』第88巻3、4号、1975、を参照のこと。
162) W. Windelband, *EINLEITUNG IN DIE PHILOSOPHIE*, 2. Aufl. Tübingen J. C. B. Mohr, 1923, S.345－346（『哲学概論』清水清訳、玉川大学出版部、p.374）.

第6章
日本近世教育思想史における「ヴェーバー的問題」の思想構造
——人間形成思想における理念的超越性の契機の後退——

1

　長い論述をへて、ようやく終章にたどりついた。「本研究の課題と方法」にそってこれまでの論述をまとめをしておこう。

　徂徠学を中心とする日本近世教育思想史の展開に対して、本研究は近代的な教育思想がいかに形成されたか、という問いを設けた。その場合、丸山眞男『日本政治思想史研究』の徂徠学研究を教育史研究においてひき継ぎつつも、その有効性を問う形で、マックス・ヴェーバーに着目した。そしてその社会科学の方法・成果を接近視角として適用することよって、近代的 modernとして特徴づけられうる教育思想の達成とその史的発展のいかんを究明することをめざした。専門の研究史（日本のヴェーバー研究史、とりわけ内田芳明『ヴェーバーとマルクス』）において「ヴェーバー的問題」といわれる視角を日本近世の教育思想の領域に構成したわけである。それによって、近代の思想的達成とともに、「アジア的・後進的社会の歴史的問題性」――ヴェーバーのことばでいえば、固定的な状態性の持続による停滞化を意味するStereotypierung――の一側面を検証しようとした。

　まずその内容にふれるにさきだって、近代教育思想の形成という本研究の基本的観点にかかわって、再確認になるがつぎのことを断っておこう。これまでの論述が示すように、日本近世社会に展開した個々の教育思想の包括的な論述の試みは、本研究では企図しなかった。したがって、近代化研究史のうえで馴染み深い石門心学、幕末国学など18世紀以降の諸思想群についても、たとえ開明的な高度な理論的達成を示し、あるいは広範な地域へ浸透土着するとともに、民衆的主体性を表現する思想として「近代的」と評されてきたものであっても、主要な検討の対象にはしなかった。

　こうした諸思想の研究[1]と対比して、本研究がまず基本的に重視したのは、一連の思想史的系列であった。すなわち、「道」の知的認識をめぐって、歴史的に先行する思想に対する同意、批判に基づいて一連の思想史の対話的系列をなしている、と判断できる思想それ自身を対象とすることであった。その系列のうちに近代的な教育思想を究明することが本研究の課

題であった。近代的という場合、要するに2つの事項にかかわる基本的な人間形成の課題に着目した。

　第一に、「自然」ではなく「作為」の論理による主体的な形成的自覚をもって、人間（社会秩序を構成する人間主体そのもの）を形成することを課題とすること、それと不可分に結びついて第二に、一種の"確実性"、すなわち、なにほどか普遍性をもった価値理念的な基準尺度をもって人間のあり方を適切に測る、こうした意味で"確実性"をもった実践的知性の導きで自己支配することを不可欠な目標とした精神的自立を課題とすることであった。

　こうした視点は、本研究の各章の論述構成明らかにしたように、人間形成における理念的超越性の契機と現実的所与性の契機にかかわる問題として出現するものであった。本研究では特徴づけた「ヴェーバー的問題」は、そのような2つの契機を教育思想領域における重要な指標として導き出すものであった。

　その具体的様相についてはこれから確認することとして、その問題の背後に横たわる精神史的景観に、ここでもあらかじめ注意を喚起したい。それは、朱子学の自然法的思考法に対する懐疑を起点とする仁斎以降の日本近世思想史においても——F. マイネッケが実証したヨーロッパ近代の「歴史主義」の成立史が示すように——われわれの生が自然法的普遍的理法には準拠しえず、生の個体性や活動的な発展に対する感覚がどのように重んじられたか、という問いがそれぞれの思想の具体的文脈のなかで存在することである。そして、この問いに関連して、各人がそれぞれの生の内部で自己完結的にみずからの精神的部分を尺度として絶対的なものとして見なして、結果的に独我的ともいえる極端な相対主義に陥らずに、いかにして各人がみずからの生を越えることによって、人間形成をおこないうるか、という「生の問題」（Lebensproblem）を上記の"確実性"を志向する近代性にかかわる問いは根本的に含意する、という事情である。そのような志向は、西欧の古典的伝統を顧みれば、理想的な人間のあり方一般を実現するにさいして基本とすべき要素として、第1章で論述したように「思

慮」の徳にもかかわってくるものだった。

2

　本研究が上記の思想系列に対する観点をより明確にするために分析の具体的な視角としての役割をもとめて構成的にとりだしたのは、M．ヴェーバー社会科学のなかの人間形成の思想であった。すなわち、「文化科学の論理学の領域における批判的研究」「ロッシャーとクニース、および歴史的国民経済学の論理的諸問題」「プロテスタンティズムの倫理と資本主義の『精神』」「儒教と道教」「職業としての学問」等の諸論述のなかから「人格」(Persönlichkeit) 論を構成することによって、かれの理論的、実証的記述のなかに客観的な——すくなくとも形式上では、ヴェーバーみずからの価値判断に基づく実践的な主張としてではなく、価値関係的記述の形式で——理想的人間像として、一種の実践的知性が跡づけられていることが明らかになった。それは、厳密な意味で普遍的理法（自然法則）に直接的に準拠した知性ではなく（ヴントおよびミュンスターベルク批判）、むしろ経験的な"確実性"をめざし、なにほどかの普遍性をふまえた実践的知性であった。すなわち、逆説的に響くが、直接的に意図したのは、「人格性」の追求そのものではなく、「即事性」(Sachlichkeit) の追求であった。より明確にいえば、行為における価値理念、目的、手段、結果についての計算可能性 (Berechenbarkeit) を準則とする「適合的因果連関」説に根拠づけられた「考量」(Erwägung) という実践的知性の働きを本質的要件とする、「ひたむきに即事的な合理主義」(rein sachlicher Rationalismus) であった。具体的には、禁欲的プロテスタンティズムに見出されたこうした実践的知性は、中国儒教に典型的に見出された、現実的所与の秩序への合理的適応をめざす「秩序の合理主義」とはきわだった形で対比されるものであった（「儒教と道教」の結論「儒教とピューリタリズム」）。プロテスタンティズムにあっては、現実的所与を超越した価値的な「理念」(Idee) が根本的な基準尺度として捉えられていた。こうした「理念」との緊密な結びつきをともなった、没我的な「即事性」追求の態度 (Versachlichung) こそが、——ひと

第6章　日本近世教育思想史における「ヴェーバー的問題」の思想構造

も知るとおり、社会的には、「意図せざる結果」として利潤を生み、西ヨーロッパに資本主義をもたらすとともに——倫理的意味での「人格」を結果的にいわば恩寵のようにその行為者にもたらし人格形成すると、ヴェーバーは捉えたのだった。このような知性は、ヴェーバーの独自の思想に属するものというよりも、同時代の一部（ケルシェンシュタイナー）にも共有される一つの立場に属し、人間形成における「即事性」の原理として把握されうるものであった。このように重要な意味をもった知性の働き——勤勉、倹約、節度の徳の名でひとびとによって尊ばれた、当の世俗内の禁欲的労働そのものではなく、その労働を方向づける知性の働き——は、とりわけ禁欲的プロテスタンティズムの場合には「生活態度」に示される一種の知的働きとして「合理主義」の名でヴェーバーによって性格づけられるものであるが、かれ自身はけっして明確な形で徳（Tugend）として把握していたわけではなかった。けれども、伝統的な枢要徳のリストから、われわれがヴェーバーの明らかに認識するところをこえてあえて理念型的な概念構成で捉えるならば、四元徳の一つとしての「思慮」（Weisheit）に近似的に類比される意味をそなえていた。そして、このように評価されうるこのヴェーバーの重んじた「考量」は、とくにその概念を構成する計算可能性の道徳的意味という点で、いわゆる四元徳を古典的に定式化したプラトン対話篇（『国家』『政治家』等）のなかで「理知的部分」の精神の働きとしてとりあげられていた「測定術」（Meßkunst）の諸課題（W、G、S、系統の課題）と、近似する要素を含んでいた（第1章第1節）。

　本研究は、徂徠学の特質を日本近世教育思想史の展開をつうじて究明するという課題のために、はるか遠く、こうした古典的なところまで歴史を遡った。こうした手続きをへて確認できたのは、ヴェーバー人格論のなかの「考量」概念とその概念の構成契機である理念的超越性、ならびに、この契機と対比される現実的所与性の2つの指標であった。これらは、歴史のなかの経験的現実の諸相（日本近世教育思想の展開）に対して、等質性・近似性とともに相違性をきわだたせ、それによって徂徠学を中心とする日本近世教育思想のmodernの度合いを検証し、「ヴェーバー的問題」の一つ

470

を明るみに出す概念的認識の道具として有益に働くことができたと信ずる。以下、その内容をふり返っておこう。

3

　まず、物理であると同時に道理とされる自然法的普遍的な「理」ではなく、限定して人倫規範としての「道」を追究する仁斎学のうちに両極志向性（理念的超越性と現実的所与性）に基づく人間形成思想をわれわれは見出すことができた。その内容については、ここでは詳述しないが、文化財としての『論語』の教授とその学習を根本的に重視するものであった。陶冶論的な教授の思想として本研究は特徴づけた。

　仁斎の「活物」説を徂徠は絶賛した。みずからも人性が示す「運用営為の才」などを重んじた。その点で、徂徠は人性という現実的所与のうちに理念的なものの一つを尊重していたことになる。けれども、こうした理念的なものは、徂徠学において理念そのもの＝「道」に対する基礎的条件（人性上の素地）たりえても、それ自身では人間形成を構想しうる立場を導くものとはならなかった。この種の理念的なものに対する価値的態度と比べれば、徂徠は仁斎の教授思想にうかがえる理念的超越性の方向をきわだって重んじ、自己の立場として人間形成の思想を種々に展開していた。それらは、「作為」の論理（丸山『研究』）に基づき構築されるべき全体的社会秩序を集合的に構成する主体にかかわる人間形成を目標とするものだった。この点について以下たち入って確認してゆこう。

　徂徠の「学」の規定にあたっては、「修己」（自己修養）像ではなく、「平天下」という政治的課題の認識が決定的に重要であった。周知のように儒学の革命的転回といわれるものだった。その政治的課題とは、理想社会を構築することにほかならない。そしてその理想像とは、「棄材なく、棄物なし」という公共善を具現していた唐・虞三代の「古聖人」の治世によってあらわされるものであった。「職分」という社会全体の公共的な諸課題を万人が相互に個性的かつ協働的な働きをすること、それがもっとも重要な政治的・教育的な目標課題とされた（第3章第4節）。したがって、この

第6章　日本近世教育思想史における「ヴェーバー的問題」の思想構造

課題は現世の日常の出来事との関連をもった此岸に属するもの認識されていた。けっして彼岸の幻想的世界ではなかった。そして、日常卑近な比喩によってこそ同時代諸状況の現実を超越するその理想状態の本質は、理念(Idee)として的確に認識・説明しうるものだった。すなわち、医術や匠の仕事にかかわっては、「椎鑿刀鋸備わりて、しかるのち匠事なすべく、寒熱補瀉備りて、しかるのち医術施すべきに辟ふ」とかれはいった。こうした生活実践にかかわる比喩としての把握に示されているのは、けっして静的な事実認識ではない。日常の生活実践の事実との類推のうえに、われわれはかくあるべし、という当為的な指令と形成力をもって万人の行為をうながす、そのような価値的な理念としてかれのユートピアは構想されていた[2]。このような理念的超越性を認識した徂徠の社会像とその構成主体像こそが、「聖人の道」という、「学」の取り組みにおいて追求すべき価値理念（目標）を規定したのである。その場合、古聖人という超越的普遍者を信ずるとともに、この「道」の憬仰すべき偉大さを讃え、それを知ろうとする孔子の「学」の認識志向を根本的に尊重した。したがって、"孔子を学ぶ"、ではなく、"孔子の学ぶところを学ぶ"ことが決定的に重要だった。そのことは学の目標とともに、学の方法的な基本様式をも規定した。すなわち、「道」の追求を媒介とする師弟の絆が尊重されねばならない。（第3章第3節）。普遍的真理への接近機会を師友の切磋をつうじて拡大することを重んずる仁斎の陶冶論的教授思想のなかの「公学」の理念（第2章）をうけ継いでいる。その追求の取り組み方について、仁斎は学習者の自発性への期待をこめて、「優優洋洋」といった。徂徠も同様な期待をもって「自得」や「長養」の説を述べていたが、学習者の側とともに、「道」の高遠ということ、その理念的超越性をも顧慮して、「急ならず惰らず優柔の道」といった（第3章第2節）。徂徠が想定する、秩序と人間のあり方にかかわる「道」は、けっして容易には達しがたい。長い時間がかかる。それゆえにカントのいう「無限の進行」あるいは、マンハイムのいう「無限接近」(unendliche Annäherung) [3] として不断の努力を要すること、その覚悟がこうしたことばによって強調された。

その一方、後世の学者自身が古聖人を信ずることなく、むしろ「自らを聖とする」ことをかれは不遜とし、根本的欠陥とうけとめた。そのような不遜とは、カントの概念でいえば、「謙抑（知性的軽蔑）」(Demütigung〔intellectuelle Verachtung〕)の姿勢を欠落させて、みずからを「測り損ねる」(vermessen) ことを意味し、ヴェーバーの概念でより端的にいえば、「神によって充たされた状態」という意味での「自己神化」そのものを指す。しかもこの種の人間のあり方を厳密な経学上の認識としても、徹底的に問題にしていた。「僭に非ずんばすなはち妄にして、またみづから揣らざるの甚だしきなり」(『弁道』3) という種類の批判は、「道体の見」として、あるいは「道学先生」批判として言明されていた（第3章第3節）。
　こうした問題認識のうちに根本的重要性をもって明らかにされていたのは、信と知の協働という姿のみではない。教育思想として注目すべきなのは、尺度による測定ということが——度量衡という社会的諸制度においてのみならず——人間の主体的形成にとっても根本的な課題たりうる、という点であった。たしかにこれまでの徂徠学の教育思想研究[4]が近代的と評したように、その「気質」論では、「性は人人殊なり」という認識に基づいて各人の個性の伸張（発達）を徂徠は重んじていた（第3章第2節）。「職分」の遂行においても、「気質」の個体性の契機は不可欠的に重要であった（第3章第4節）。その点は疑いない。しかし、同時に着目されねばならないのは、理想的な社会とそれを構成する人間主体のあり方に関する超越的な——「一聖人終身の力」をもってしても成しがたいほどに人格を越えた——「道」という公共善の理念を示した価値尺度（「極」）をもっていかに自己を対象として適切に測定するか、そしてその自己のありようが示す能力的な微弱性をいかに認識するかということも、自己を対象として自己自身が主体として支配する人間形成に関する課題として明確に自覚されていたことであった。そうした根本的な自覚態度は、万人ではなく、為政者としての武家の人間形成をめざす「学」の課題として限定された形で主張されていたにせよ、特殊な倫理、すなわち「孝」を中心とする「人間関係優先主義」(Personalismus) をこえた普遍的な理念的尺度の重みを含んでい

第6章　日本近世教育思想史における「ヴェーバー的問題」の思想構造

た（第3章第3節の注55）を参照）。この点で徂徠の「学」の概念は、ヴェーバー「考量」概念をも規定した「測定術」のＧ系統の課題として性格づけられる要素を含んでいたのである。

　ここに、超越する「道」を志向することが重んじられていたが、しかし、この場合たんに主観的な認識基準（「己が意」）あるいは主観的な価値志向（「誠」）によって「我が心を以て我が心を治むる」のではなく、「道」を具現化する歴史的な文化的事物（詩・書・礼・楽）といってよい「物」そのものを"確実性"をもった「教えの条件」として捉え、その「物」それ自身に没我的に追求する方法的態度であった。『礼記』中の一篇だった『大学』の「格物」の「格」を「至る」と解し、「物の理に窮め至る」と一方的に能動的姿勢（主体性）を重んじて意解（朱子『大学章句』）するのではなく、徂徠は「物格(きた)る」と訓じた。先例（後漢の鄭玄）にもしたがったそうした読み換えが学問的見解として妥当かどうかは別として、そう読み換えることによって、対象そのものが「彼より来り至る」（『弁名』物）をうけとめようとするこの方法——酒井直樹の把握[5]にしたがえば、古代中国という「内部」へ参入し「内部」に生きるという徹底的な実践をともなった方法態度を意味する——は、思想的態度としてヴェーバー「考量」概念を規定する「即事性」（Sachlichkeit）の追求という人間形成の内容・方法の原理と近似する。禁欲的プロテスタンティズムの「職業」への専心態度と較べて、それぞれの内容の違いはいうまでもないが、対象への没我的な専心の契機を不可欠とする態度の点では近似するものであった。この点では、「測定術」のＷ系統の課題がともに重んじられていることがわかる。ただし徂徠学の場合、長短得失ある「気質」の個体性について徹底的な認識が示されていたという事情はなお注意を要する。その場合に、素朴に一方的にみずからの個性の積極的な実現が主張されていたわけではなかった。両極的な緊張をもって、個性の実現とその伸張（発達）とともに、没我的ともいえる献身をもって、超越的理念を志向するとともに、「事柄」（Sache）への献身——「ひたむきに即事的な合理主義」（rein sachlicher Rationalismus）として特徴づけられる態度——が、その人間形成の方法的

474

態度を基礎づけていたのである。その意味で徂徠は、「歴史主義」と称しうる思想傾向を肯定的に推しすすめるとともに、それがはらむ「危機」をも乗りこえる視点をも同時にそなえていた。こうした両面性は、徂徠学のきわだって独自な位置を証示する。

　この両面性の一方にかかわる超越的な理念（「道」）と、それと緊密に結びついた事柄（「物」）への外的関心とともに、徂徠学の場合、人間の内部秩序の問題にも関心がむけられていた。この場合、「何事モ皆当坐賄ニ事ヲスル」習慣性（『政談』巻之二）を「自由便利」な都市社会（城下）のひとびとに見出し、また、「みずから高しとせず」を意味する「恭」という徳とは反対の「倨」という反道徳的な自然の傾向性を後世の儒家たちにかれは認めていた。この点では、本研究の第１章でふれたカントやヴェーバーの人格論に見られたような、人間性に内在する悪徳への自然的傾向性を直視していた事例と類似するかに見える。けれども、こうした傾向はたしかに批判の対象と鮮烈に意識されていたとはいえ、人間形成の主体（為政者と万人）の側の問題性としてとくに認識されていたわけではなかった。それゆえこうした自然的傾向性を直視したうえでその抑制＝節制をもとめるという意味にかぎってのＳ系統の課題の思想は、徂徠の場合にわれわれは見出せない。けれども、それとは対比して、両極の諸契機の混合配分を適正にもとめるということが人間形成の課題として認識されていたことを、われわれはここに見落とすことはできない。すなわち、人間の両極的なあり方の諸課題、運命的受動と人為的変化、統合化と個性伸張、そして安定化と生々、こうした「両端」といえる諸課題が択一されることなく、両極的な課題として重んじられていた。この点で、「測定術」のＳ系統の課題の基本的意味はかれの場合にもたしかに明確に認めることができた。ここに「制度」（礼楽制度）の人間形成諸機能――「性・情を理むるに楽を以てす」など――が認識され、その確立が主張されていた。それによって徂徠は、両極的均衡を確保した、いわば活動する生に対する適切な形式づけを根本的に重要なものとして顧慮した（第３章第５節）。このＳ系統の課題の自覚という点でも、日本近世の特殊な枠をこえた普遍的な意味をもってい

第6章　日本近世教育思想史における「ヴェーバー的問題」の思想構造

た。その場合、生そのものの活動性（「活物」）を尊重しつつも、その不可測性を本質とすることなく、生を「ワザノ仕カケ」（ひとびとを持続的に習慣づける）というエートスとともに統御支配することに人間形成の方法をもとめるという点で、ヴェーバーの「考量」概念を規定する計算可能性を準則とした「自己支配」の課題と近似していた。

　以上のように「測定術」の思考様式の概念とともに、それに基礎づけられたM．ヴェーバーの「考慮」概念を手がかりとして、徂徠学の人間形成思想の展開を捉えるならば、ヴェーバーのそれと類比しうる一種の——中国儒教の「秩序の合理主義」ではなく、禁欲的プロテスタンティズムに見出された——Rationalismusという意味でのmodernとして特徴づけられうる教育思想の特質を把握することができる。それはまた、思慮というべき徳性をもった人間のあり方を理想としていた。しかも、その教育思想は、内容的な点では、「聖人の世には、棄材なく、棄物なし」という万人相互の「職分」遂行によって協働的に実現される公共善の理想社会の秩序構想という理念をめざしていた。

　徂徠学の人間形成思想における公共性という目的理念の特徴をきわだたせる意味で、別個の公概念にもふれておこう。とくに「学」の概念の特質にあらためて着目したい。この点でも、M．ヴェーバーの「考量」概念との近似性が留意される。ヴェーバーの「人格」論で明るみにされた計算可能性を準則とする「考量」概念は、どのような倫理的道徳的意味を示していただろうか。K．レーヴィットが指摘（第1章第1節の1）し、本研究の第1章でも中心的に論じたように、四元徳の一つとしての「思慮」との類似性が強調されうる場合には、つぎのような人間のあり方との対置が注視された。すなわち、専門的分業がおこなわれ計算可能性を準則とする近代官僚制が進行する近代の歴史的社会的現実のなかで、とりわけ「魂の分割」をひき起こすそのただなかの状態を直視し、それでもなお（dennoch）計算可能性の準則にしたがう——計算可能性を放棄して、不可測性に逃れるのではなく、それでもなおこの可能性に準拠する——人間のあり方との対置的関係であった。同様に徂徠の場合にもこのような対置的関係が峻厳

476

に自覚されていたかどうか。

　そうした問いかけはけっして強引なものではない。

　上にいう公共性を実現する担い手は、士農工商…といった無数といってよい万人であって、公権力を実現する武家官僚には限定されてはいない。私、すなわち「己の独り専らにする所」と、領域的に区別される公、すなわち「衆の同じく共にする所」を「聖人の道」との関連で捉えれば、万人の公共的な働きを指している。

　しかし、それにしても、公権力を担う幕府の官僚制的組織の確立——自然的な成りゆきではなく、為政者による主体的作為をもっての制度としての確立——をも徂徠が同時に主張していたこともたしかであって、この点では、ヴェーバー「考量」概念との対比が注意されるであろう。それとの関連で、徂徠の「学」の概念はどのような特質を示していただろうか。

　20世紀初頭のヴェーバー（1864–1920）「考量」概念の場合には、かれ自身「倫理」論文のなかで意識していたアクィナス、その「思慮」概念とわれわれが対比することによって明らかにできたことは、こうだった。自己一身を支配するという教育課題をみずから遂行するにさいして、支配する主体性にかかわる2つの重要な依拠しうる選択肢を提起するものであること、すなわち、アンシュタルト（Anstalt）に順応するか、それとも諸個人の「内面的な習得」（innerliche Aneigung）に依拠するか、という選択であった。より明確にいえば、摂理という形で権威づけられた所与としてのアンシュタルト組織とその組織の職務上の権威者に対して、「恩寵」（聖霊の賜物）をうけているという認識——ヴェーバーのいう「官職カリスマ」の性格が与えられるという認識——をもって無条件的な信仰とともにしたがうか、それとも、権威的な所与としての組織ではなく、個人の人格的資質に対して、みずからの知性的判断をもって帰依（信託）に値する価値理念の「証し」（Bewährung）が認められるというかぎりで随行するか、という問いであった。こうした宗教的価値とそれに隣接した知性の働きとのあいだの「緊張関係」をともなう選択にかかわる問いを、「考量」という概念はその思想史的課題として提起していた（第1章）。

だが、18世紀初頭の徂徠（1666-1728）の「学」の概念の場合には、こうした「緊張関係」の認識はその概念構成のなかに不可欠な契機としては、見られない。たしかに政権内部の官僚組織の職務を意味する「政務」と、「国天下を治める」ことを主要な目的とする「聖人の道」を学ぶ「学問」のあいだの両立関係の厳しさについての認識はあった（第3章第2節）。しかし自然的な成りゆきではなく、主体的作為によって成り立つものとして「制度」を規定した徂徠の場合には、「制度」としての官僚制的組織の確立はむしろ当為的な課題に属する事柄であった。すなわち、この組織の基本的特質は、ヴェーバーがmodernの主張（「現世支配」のRationalismus）とともに、modern批判の要素をもって魂の「分割状態」（第1章第1節の1）をもたらすものとして冷徹に認識するところとは違って、不可避的な所与の現実として把握されてはいなかった。18世紀の徂徠学的主体の形成では、20世紀のヴェーバー的主体の形成に見られた意味での「緊張関係」の自覚は検出されることはなかった。

4

以上の人間形成思想を導く理念的超越性の契機は、徂徠学（「道」を主題として原理的に論じた『弁道』が成稿した1717年を目安としておこう）以降、「道」をめぐる同意と批判の系列のなかで後退していった。

その一方、現実的所与性を根本的に重んずる立場が、徂徠学以降18世紀後半において展開した。それは、ヴェーバーの指摘する、現実的所与の立場からの「人間関係優先主義」（Personalismus）というべきものであった。すなわち、「所与の秩序において自分にもっとも近く位置する具体的な、生存する、あるいは故人となった人間に対する敬虔」（ヴェーバー「儒教と道教」）を、なによりも――「理念」（Idee）や「事柄」（Sache）に対する敬虔ではなく――重んずる態度である。

徂徠は公的領域と私的領域を分け、「聖人の道」を前者にかかわるものとして捉えていた。この2つの領域の方向に、たがいに非対称的であるが、それぞれこうした現実的所与性を重んずる心的態度が示されていた。

すなわち、公的方向（とくに官僚制的権力機構の領域）には天明・寛政期の「正学」派朱子学（頼春水）が、私的方向（とくに「親密圏」にかかわる領域）には宣長学が、それぞれ展開することになった。一方は春水が「学政」論のなかで示した、家産官僚制的な師弟の固定的な結びつきを主張（1789〔寛政元〕年）したもので、「官職カリスマ」としての性格をそなえた教師のへ随順を重んじたものだった。他方は、宣長が儒教規範に対する反撥（「道」は「物に行く道」でしかないと明言した『直霊』の成稿は1771年）とともに主張したもので、「ありのまま」なる心情への随順を重んじるものだった。いずれも、当事者の主観的意図を別にして思想そのものを客観的対象として捉え、その継受のいかんを見れば、人間形成における理念的超越性の契機を断ち切り、仁斎学の両極志向性のうちのもう一方の現実的所与性志向をうけ継いでいた。その場合の両者の公私の概念は、ともに現実的所与であると同時に価値的意味をも示し、H．リッケルト——M．ヴェーバーの価値論に決定的な影響を与えた——の概念（第5章）でいえば、「価値現実」(Wertwirklichkeit)の意味をもった現実的所与性として、制度も心情も性格づけられる。その特性が思想的立場としての重みをもつことによって、ヴェーバーの用語でいえば、"働き"ではなく、"状態性"そのものの固定的な持続を意味するStereotypierung（停滞、定型化、固定化）を重んずる人間形成に関する思想を特徴づけることになる。

　たしかにこうした現実的所与性の立場は、公と私の領域以上の違いを教育領域に示していた。すなわち、理想的な人間のあり方の実現をめざして意図的努力をもって人間を形成するという作為の立場に属する教育の働きを、一方は積極的に推しすすめたが、他方は拒絶した。すなわち、「正学」派朱子学者であり藩校の教授でもある春水は、「現世適応」的な藩秩序を維持する教授・学習のあり方を構想した。そしてこの立場から一種の指導教官制、すなわち、師弟関係を制度的に固定する「師弟分け」の必要を主張していた。他方、宣長はといえば、儒教批判の文脈で、「道」は「物にゆく道」（道路）と捉え、現実的所与（「ありのまま」）に根拠づけられない一切の当為的規範の定立を拒絶し、イデオロギー暴露の現実主義を導く〈生〉

479

第6章　日本近世教育思想史における「ヴェーバー的問題」の思想構造

の立場にたった。そしてこの立場から、「神の所為」の絶対視と表裏して、人間の主体的作為そのものを原理的に否認し、教育の働きについては「おのずから」にまかせ、その価値実現にむけて人為をもって意図的に形成する働きの必要を認めなかった（「生れつるまにまに、身にあるべきかぎりの行は、おのづから知りてよく為る物」）。

　このように両者の教育認識は対照的ではあったが、両者の自覚をこえてたがいに親和的関係をもって同時代において結びついている部分があることに、われわれはいまここで注意をむけたい。いわゆる「義理と人情」が公的領域と私的領域に分かれながらも、「情的でパーソナルな人間関係において成立」する一組の心情道徳である[6]とすれば、本研究で着目した制度（家産官僚制）と心情（「物の哀れを知る心」）への随順も、同様に一組のもので、それぞれが支配と服従の態度を論理的に基礎づけるとともに、ともに情的な紐帯を主要な部分をもっていること、しかも道徳的判断の根拠をなにかしら（「道」）の知的認識から導くのではなく、この情的紐帯を中核とした「人間関係優先主義」（Personalismus）にもとめているという意味において、両者は親和的関係を示している。この点で、知的認識＝「究理」に対し、より「徳行」を重んじ、とりわけ「深く人の心を体察」することによる「憐れむ可く宥む可きの情」（『童子問』上59）の実現を根本的に重視していた仁斎学の心情の所与性の契機はこの点からも重要な歴史的意義を示していたことがわかる。こうした思想構造は、「ヴェーバー的問題」設定が仮定する「アジア的・後進的社会の歴史的問題性」を例証する人間形成の思想風土を理解するという意味で、決定的な重要性を示している。

　徂徠の人間形成思想において、すでにふれたように超越的な価値理念の実現を志向するという場合、知性をもってしては「測りがたい」古聖人の偉業を「道」という超越的な価値理念として憬仰する、なによりも信ずるという精神の働きが根底にあった。その前提のうえに、「物」という、「道」を具現化する文化財そのものに対する没我的な知性の働きが要請されていた。そして「物格る」というSachlichkeitといえる態度が期待されたのだった。こうした知性の働きと信仰の働きがたがいに分離するとともに、協

480

働的にかかわり、そのうえに人間形成の思想が成り立っていた。このような精神構造の点でも、「考量」概念を中核とするM．ヴェーバーのRationalisumusの人間形成の思想は、それを視角として捉えれば、たしかに対応する類似物を徂徠学に明確に見出すことができたのだった。その場合にはキリスト教の「神」と儒教の「聖人」の違いをこえる。

　しかし、現実的所与性の立場にささえられた情的紐帯の場合では、なるほど信仰の要素は皆無ではなかったが、儀礼化するか（春水の場合、孔子像の礼拝）、儀礼化を免れていれば、知性の働きを棄却（宣長の場合、「人の智恵(ちえ)は限りありて、得測りしらぬところ多ければ、すべてその浅はかに愚かに聞ゆる事に、返って限なく深き妙理はあること」（『玉かつま』）と記し、不合理なるゆえに、まさにそのゆえに信ずるに値すると主張）しているのだった。いずれにせよ、知性と信仰の分離に基づく協働作用は、この情的な紐帯ではうかがえない。この点にこそ、人間形成の思想的契機となる価値理念の超越化をさまたげている問題の本質的構造がある。

5

　18世紀後半の現実的所与性の立場はたしかに徂徠学の理念的超越性の立場を断ち切ったが、しかし、この所与性の立場はその思想構造として捉えてみるならば、超越化への方向を含んだ思想態度へと発展しうる可能性を内包していたことに、ここでわれわれはあらためて注意をむけたい。このことは、その立場の内外の2つの点から想定できる。

　一つは、所与性の立場の思想の内部から。そのなかに2つの契機が見出される。第一は、公的領域に属する一種の封建的忠誠の思想。君主の側における、君、君たらざれば、すなわち臣、臣たらず、という君主（自己）を越える価値への忠誠、そして、臣下の側における、君、君たらずとも、臣、臣たらざるべからず、という自己の君主を越える価値への忠誠、とが「正学」派朱子学者・頼春水によって重んじられていた。第二に、私的領域に属する文芸上の仮構（「作り事」）の立場。和歌の道においては、心の「アリテイ」をそのまま模写するのではなく、「優美の辞」をもって形式的

に人為的な技巧をもって整えることが、根本的に重要であると宣長は主張していた。その方法態度はたんなる「イツハリ」ではない。「偽ニシテ偽ニアラズ」と捉えられるべきものであった。一方は垂直的な方向への忠誠であり、他方は理想状態を構想しうる立場である。それぞれ公・私それぞれの領域に属するが、構築された超越的価値理念に対する没我的忠誠という形で両者は結びつくならば、現実的所与性を越えてゆく人間形成思想が展開しうる可能性を包蔵している。

　もう一つは外部から。徂徠に先行した仁斎学には「道」をめぐって両極志向性が示されていたことにふたたび注意をむけたい。「道」は人性を超越するとしても日常「卑近」なものであることが仁斎によって重視されていた。その実現可能性をもっぱら強調して、人格のうちに「道」そのものを体現するものと見なす権威主義的の振る舞いも根拠づけられよう。程朱の「道体」説がそうだった。しかし、仁斎も徂徠と同様にそうしたあり方を峻拒し——ただし徂徠は仁斎の孔子像は「道体」説に近いと、『論語』子罕篇における顔淵の孔子評についての注釈で難じていたのであったが——、「道」そのものの追求を第一義にめざし、なにほどか「道」の一部分の証跡を具現している場合に限定して師の人格に対する尊敬をもとめる師説を展開していたのだった。ここに証跡というものは、カントがいう意味での「証拠」(Beweise) あるいは「証蹟」(Spuren) の近い。この種の部分を具現した師に対する尊敬の態度——「道」そのものへの絶対的畏敬と表裏して、師弟関係の同朋性を尊重せんとした徂徠には、こうした師への尊敬態度は仁斎ほどきわだってはいなかった——は、「道」への明確な自覚がない場合でも、師の人格を超越する価値理念へのまなざしを自発的にうながす思想的契機となるであろう。

6

　さいごに本研究では究明されずに残された問題にふれておこう。
　ⅰ）徂徠学の教育思想そのものについて。本研究が記述したことは限定された視角や概念から、しかも限られた著作を手がかりに方法主義的に把

握したものであって一面にすぎない。あらかじめ限定した視角・概念を仲だちにせずして、対象主義的に徂徠学それ自身の内部に分け入って発見された人間形成の思想はどのようなものとして浮き上がってくるか、なお検討の余地を十分に残している。徂徠学そのものは、汲み尽くしがたい豊かさを包蔵しているにちがいない。

　徂徠学以後については、思想界に与えた知的衝撃を中心に先行研究の豊かな蓄積がある。反徂徠学の教育思想史的研究も魅力的であるが、以下では明治以降の教育史の動向に目をむけておく。

　ⅱ）師範教育との関連について。超越的理念（「道」）の追求において、師弟の絆が重要な助けになっていた。理念の「証跡」としての師に対する尊敬とともに、「学」者に対する師の導きの役割が、仁斎においても、徂徠においても根本的に重要なものとして認識されていた。本研究の第4章の末尾でも関連してふれたが、明治以降、近代国家と国民を創出するために、政府は師の役割の重要性に自覚し、師範の計画的養成という方策を国家的規模において推進するにいたる事情をわれわれはすでに知っている。その経緯のなかで、人間形成における思想的契機であった理念的な超越性ということを、養成制度において期待される師範たちはどう認識したのだろうか。あるいは師範教育論において、どう認識することが期待されたのだろうか。このような点も、検討すべき課題といえるだろう。

　ⅲ）「学」の主体について。この点を以下ややたち入って述べておきたい。徂徠学の人間形成思想では、公共的な「職分」の遂行をつうじて「道」の一端にそれぞれ与る担い手として期待されていたのは、たしかに万人であったが、しかし、この超越する「道」を追求することが期待された「学」の主体として想定されていたのは、さきにもふれたように為政者としての武家という社会層であった。対比してヴェーバーの「考量」する行為の主体として想定されていたのは、現世内でそれぞれの「職業」をみずからの天職として励む市民層（中産的生産者層に属する信徒）であった。この点の違いはたしかに無視できない。一般市民を主体とした、「測定術」の課題をうけ継ぐとともに、「考量」の精神態度にささえられた――したがって理

念的超越性の契機をうしなっていない——行為論は、19世紀以後、とりわけ幕末・維新期においてどのように展開していったか、あるいはまったく断ち切られたか。「棄材なく、棄物なし」という「道」の実現状態が「職分」をつうじての万人相互の公共的な働きにかかわることを重んじるならば、この問いは重要である。儒教を代表とする伝統的な思考様式に対する徹底的な批判を展開した明治期啓蒙思想家のなかでも、明治初年、国民一般に「学問」への専念を呼びかけた福沢諭吉（1835-1901、天保6-明治32）は、「ヴェーバー的問題」に関する歴史的課題を思想的営為としてどのように取り組んだであろうか。

まことに興味深いことだが、福沢に対しては、この接近とは別の方向からも可能である。徂徠学の経学・経世の領域とともに教育思想に対する批判、人間一般の、とりわけ一般庶民の才能の特殊な生得性を強調する徂徠の制限的な見方に対する経書研究をふまえた徹底的な批判を展開した懐徳堂との思想的関連である。中井竹山（1703-1804、元禄16-文化元）、中井履軒（1732-1817、享保17-文化14）、山片蟠桃（1748-1821、寛延元-文政4）といったこの学問所に集まったひとびとの「孟子」を基礎にした教育構想の展開を究明したナジタ・テツオ[7]は、その一連の思想を明治啓蒙主義のなかにうけ継ぐ人物として福沢に着目していた。大阪懐徳堂にほど近いところの適塾で学んだ福沢が、「学問」という形でおこなわれる後天的努力による万人の一種の人間の完成可能性を主張していたという点では、たしかに福沢はかれ自身の自覚のいかんをこえて懐徳堂の後継者としての資格をもっているといえるだろう。

しかし、徂徠学との連続的関連を注視せんとする福沢に対する本研究の上記の問いも、けっして唐突なものではない。かつて丸山眞男は「福沢に於ける「実学」の転回——福沢諭吉の哲学研究序説——」（1947）のなかで、「福沢は数学と物理学を以て一切の教育の根底に置くことによって、全く新たなる人間類型、彼の所謂「無理無則」の機会主義を排してつねに原理によって、日常生活を絶えず予測と計画に基いて律し、試行錯誤（trial and error）を通じて無限に新しき生活領域を開拓して行く奮闘的人間——

の育成を志したのであった」[8]と指摘していた。こうした教育思想をもったと指摘される諭吉についても、「ヴェーバー的問題」に関する上の問いを、徂徠学との思想的親和性に留意しつつ、いっそう掘り下げて再検討されねばならない。また、同様に両者の親和性という点で、「福沢に於ける秩序と人間」[9]との関連も、徂徠の場合と対比して注意がむけられるべきだろう。

　残された課題については、今後の取り組みに期したい。本章のさいごに本研究の範囲で確認できたことをいま一度要括しておこう。要するに一種の両面性、すなわち、人間の主体的形成における理念的超越性と現実的所与性の思想的契機にかかわる歴史的構造の問題が、18世紀全体の教育思想史的景観に存することである。すなわち、「アジア的・後進的社会の歴史的問題性」といえる、Personalismusとその人間関係に基づくStereotypierungを基調とする現実的所与を重んずる人間形成の思想が、18世紀後半の思想領域に見出されるとともに、他方、その問題性を乗りこえる可能性を含んだmodernといえるヴェーバー的な契機をもった徂徠学の人間形成思想も、高度な達成をもって18世紀の前半に見出されるものであった。そのありようは、丸山が『日本政治思想史研究』のあとがきで回顧していた、「日本思想の近代化の型(パターン)、それが一方西欧に対し、他方アジア諸国に対してもつ特質」の一つを教育思想領域において把握したことになろう。ヴェーバー的な契機をもった徂徠学のその思想は、とりわけ自然法的普遍的理法への根本的懐疑をともなった、公共善をめざす理念的超越性を、その本質的な契機としていた。その特徴をここに3つに整理しておこう。

　ⅰ）聖人（堯、舜、等）という名の超越的普遍者が「道」という理念的準則の確立者として規定されていたこと。その場合、かれらへの信仰において、社会的秩序の制作という点のみならず、人間の主体的形成という課題でも、キリスト教の神に類似する役割をかれらが担うものとして知的に認識され、敬仰されていたこと。したがって、信ずることと知ることという2つの精神態度が協働していたこと。

485

ⅱ）その超越性をもった理念的準則との比較なしに、「傲然としてみずから高しと」するように、自己のあり方を尊大ならしめること、そのようなことなく、その超越性をもった理念的準則との比較において自己のあり方を適切に測定することによって自己支配し、諸個人の精神的自立をめざすという教育課題が、18世紀はじめの日本においても——Ideeという超感性的な思惟や聖書的伝統の乏しいこの日本においても——実践的知性の働きとして「道」の論理から必然的に要請され、その課題はたんに精神的機能の一つとして認識されるにとどまらず、西欧的伝統にそえば、枢要徳の一つとしての「思慮」と近似的な徳性をもったものとして尊重さたこと。

ⅲ）諸個人に対するこうした測定の準則となった、「道」というその理念の内容は、「天下に棄材なきに在る」という公共善といえるものだった。それを実現する方策は、万人がみずからの長短得失のある個体性の長ずるところに対応する、もっともその個性に適合的なそれぞれの「職分」の働きをすること、いいかえると、万人が不可欠な「役人」となること、そうした協働関係によって、公共善の一端を各人が実現する、という教育課題をひきうける方策であった。

以上、ⅰ）ⅱ）ⅲ）の人間形成の思想は、聖人を信じ、その「道」にかなった現実のあり方を追求した徂徠の根本的志向に準拠するならば、個々の歴史的状況に対して当為的な教育課題としての意味をおびてくる。この点で徂徠学の人間形成思想は一個のユートピアとしての理念として未発の契機たり続けている。その歴史的状況そのものの特徴を歴史主義的潮流を背景として「傲然としてみずからを高しとする」問題状況——カントのことばでいえば、各人がみずからを「測り損ねる」（vermessen）こと、ヴェーバーの概念でいえば、「自己神化」——として捉えるならば、普遍的な価値的尺度に拠りどころをもとめる徂徠学の人間の主体的形成の思想の意義は、日本における近代的な教育思想の形成史のなかできわだって大きい。

その思想を今日でも人間の主体的形成に関する実践的課題とするかどう

か。この点は、歴史的現在についての事実認識とともに、われわれ各人の主体的な実践的価値判断の次元にかかわる問題である。その場合には、まずもって、理念（Idee）の力を信ずるかどうか、この点が決定的に重要であるにちがいない。

注

1) おもな業績をあげれば、「教育システム」という上位概念を導入して、「統一的学校体系」が成立し機能することをもって近代の指標として捉えることを提起する、入江宏「教育史における時期区分試論」『日本の教育史学』第34集、1991、国民教育（「人間学」）の自覚を特筆する石川謙の石門心学史の研究（『近世日本社会教育史の研究』青史社1976）、「経済的合理化」に着目するR. N. ベラーの心学研究（『日本近代化と宗教倫理』未来社、1966）、思想の社会的機能として農村社会における「生産性向上」とそのための教育活動に注目する芳賀登の国学研究（『幕末国学の展開』塙書房、1963、等）、などをただちに想起することができよう。徹底的に在村的立場から現実に沈潜して村落の生活安定という目的のために知的認識を展開する在村知識人の活動を実証的に跡づけ、「政治的主体」としての自己形成をもとめる思想などを明らかにしている川村肇『在村知識人の儒学』ぺりかん社、1996、もこの芳賀の研究の方向に属している。山中芳和『近世の国学と教育』多賀出版、1998、も「学習熱」の高まりを実証する近年の成果としてあげられる。とりわけヴェーバーとの関連では、ベラーの研究（本研究の第1章の注1）を参照）とともに安丸良夫『日本の近代化と民衆思想』青木書店、1974、もやはり逸することはできない。心学、報徳、大原幽学の思想など「民衆的諸思想」の勤勉、倹約、正直、孝行等の通俗的道徳の実践をつうじて民衆間に「自己形成・自己鍛錬」の努力が広汎になされたことを論証し、その結果、「日本近代化の原動力（生産力の人間的基礎）」（p. 9）となったことを指摘していた。なお、これらの自己規律のあり方が示していた外的環境の問題解決に対する関心は別として、その内面的な志向性の点で類似する中江藤樹の「心学」も、注意される。「富貴・禍福・名利・生死」など一切について「どの損どの益といづれか重きと、利害を分別して、邪念」をとり除く精神的態度をかれは「苦楽損益の対算」と呼んでいた。『藤樹先生全集』第二冊、岩波書店、1940、p.383、p.392、p.402、p.404、p.484など。斉藤太郎「中江藤樹に関する一考察——その思想と妥当性の問題——」『東京農業大学一般教育学術集報』第7巻、1979、参照。本研究でとりあげた「測定術」の課題の一つ（S系統）と類似する発想がうかがえる。だがしかし、この場合では外的に超越する尺度との関係ではなく、もっぱら精神主義的に自己完結する形で把握されていた。

2) Karl Mannheim, *IDEOLOGIE UND UTOPIE*, Dritte,vermehrte Aufl., Frankfurt / Main, G.Schulte-Bulmke, 1952, S.191, K・マンハイム『イデオロギーとユートピ

第6章　日本近世教育思想史における「ヴェーバー的問題」の思想構造

　　ア』高橋徹・徳永恂訳、世界の名著68、中央公論社、1979、p.338。
3) Ebenda, S.193, 同上、p.340。
4) 山路愛山『荻生徂徠』1893、岩橋遵成『徂徠研究』1934、以来の教育思想研究がそれに該当する。本研究では第3章第2節。
5) 酒井直樹『過去の声──18世紀日本の言説における言語の地位──』以文社、2002、第7章。
6) 源了圓『義理と人情──日本的心情の一考察──』中央公論社、1969。
7) ナジタ・テツオ『懐徳堂──18世紀日本の「徳」の諸相──』子安宣邦訳、岩波書店、1992。
8) 丸山『福沢諭吉の哲学　他六編』岩波書店、2001、所収。
9) 丸山『戦中と戦後の間』みすず書房、1977、所収。

引用書目

　本研究で引用した文献名をその編著者のABC順に、以下に配列した。それらは、主要な研究対象として引用した文献、研究対象についての先行研究として参照した文献、研究方法として利用した文献、その他を含む。その扱いについても、たとえ一部分でも内容的に重点的に掘りさげたものから、たんに名称のみ掲示したものだけのもの、その扱いの濃淡はさまざまであるが、その違いを度外視して本研究で引用したものをここに一覧しておく。

A

- 青山秀夫「ウェーバーの中国社会観序説」(1947)『マックス・ウェーバーの社会理論』岩波書店、1950
- H．アーレント『人間の条件』志水速雄訳、筑摩書房、1994
- 同『過去と未来の間』引田隆也、斎藤純一訳、みすず書房、1994
- 同『カント政治哲学の講義』浜田義文監訳、法政大学出版会、1987
- 浅見絅斎『剳録』(『山崎闇斎学派』日本思想大系31、岩波書店、1980)
- 同講述『拘幽操師説』(『山崎闇斎学派』日本思想大系31、岩波書店、1980)
- ARISTOTERES WERK IN DEUTSCHER ÜBERSETZUNG (Hrsg. Ernst Grumach) Bd. 6, NIKOMACHISHE ETHIK, Darmstadt, Wissenschaftliche Buchgesellschaft, 1956 (『ニコマコス倫理学（上）』高田三郎訳、岩波書店、1971)
- 安藤英治他編『マックス・ヴェーバーの思想像』新泉社、1969
- 安藤英治「ヴェーバーにおけるRationalisierungの概念」大塚久雄編『マックス・ヴェーバー研究』東京大学出版会、1965
- 同『マックス・ウェーバー研究』未来社、1965
- 安藤東野『東野遺稿』(『詩集日本漢詩』第14巻、汲古書院、1989)
- APELT, OTTO(Hrsg.), PLATON SÄMTLICHE DIALOG, Bd.6., FELIX MEINER, 1988
- アウグスティヌス『カトリック教会の道徳』熊谷賢二訳、創文社、1963
- 同『信の効用』(『アウグスティヌス著作集』第4巻、赤木善光訳、教文館、1979)
- SUMMA THEOLOGICA, Übersetzt und Kommentiert von DOMINIKANERN UND BENEDIKTINERN DEUTSCHLANDS UND ÖSTERREICHS. Bd.17B, F. H. Kerleu. Styria, 1966
- 相見英咲「徂徠学の論理と構造」『思想』第697号、岩波書店、1982

B
- 幕末維新学校研究会編『幕末維新期における「学校」の組織化』多賀出版、1996
- 尾藤正英『日本封建思想史研究』青木書店、1961
- 同「封建倫理」『講座日本歴史』第10巻、1967
- 同「国家主義の祖型としての徂徠」『荻生徂徠』日本の名著、第16巻、中央公論社、1974
- 同「伊藤仁斎における学問と実践」『思想』第2号、岩波書店、1968
- 同「荻生徂徠の思想——その人間観を中心に——」『東方学』第58輯、1979
- 尾藤二洲『正学指掌』(『徂徠学派』日本思想大系37、岩波書店、1972)
- Baumgarten, Eduard, ERFOLGETHIK UND GESINNUNGSETHIK, in : Blatter für deutsche Philosophie, Bd.17
- エドマンド・バーク『崇高と美についてのわれわれの観念の起源の哲学的研究』1757 (『崇高と美の観念の起原』中野好之訳、みすず書房、1999)
- ベラー R. N.『徳川時代の宗教』池田昭訳、岩波文庫、1966
- Bollnow, Otto Friedrich, DILTHEY EINE EINFÜHRUNG IN SEINE PHILOSOPHIE, Stuttgart, B. G. Teubner, 1936
- ——, Mass und Vermessenheit des Menschen, Göttingen, Vandenhoeck & Ruprecht, 1962
- ボルノー『徳の現象学』森田孝訳、白水社、1983
- ——, EXISTENZPHILOSOPHIE UND PÄDAGOGIK, W. Kohlhammer, 1959
- アラン・ブルーム『アメリカン・マインドの終焉』菅野盾樹訳、みすず書房、1988

C
- コプルストン F.『中世哲学史』箕輪秀二、柏木英彦訳、創文社、1970
- CASSIRER,E. , KANTS LEBEN UND LEHRE, Berlin, verlegt bei Bruno Cassirer, 1921 (『カントの生涯と学説』門脇卓爾・髙橋昭二・浜田義文監訳、みすず書房、1986)
- ——, DETERMINISMUS UND INDETERMINISMUS IN DER MODERNEN PHYSIK, 1937, in : ZUR MODERNEN PHYSIK, 5., unveränderte Aufl. , Darmstadt, Wissenschaftliche Buchgesellschaft, 1980 (『現代物理学における決定論と非決定論』山本義隆訳、学術書房、1994)
- ——, DAS ERKENNTNISPROBLEM IN DER PHILOSOPHIE UND WISSENSCHAFT DER NEUEREN ZEIT, IV (1956) , Sonderausgabe, Darmstadt, Wissenschaftliche Buchgesellschaft, (『認識問題 4』山本義隆・村岡晋一訳、みすず書房、1996)
- ——, Die Philosophie der Aufklärung, Tübingen, J.C.B.Mohr, 1932 (『啓蒙主義の哲学』中野好之訳、紀之国屋書店、1962)

D
- 太宰春台『聖学問答』(『徂徠学派』日本思想大系37、岩波書店、1972)
- Dilthey, Wilhelm, EINLEITUNG IN DIE GEISTESWISSENSCHAFTEN, in:

引用書目

GESAMMELTE SCHRIFTEN 1. Band,6.Aufl. Stuttgart, B,G.Teubner, 1966（『精神科学序説』上巻、山本英一、上田武訳、以文社、1979）
・――, GESAMMELTE SCHRIFTEN, Bd.9, 4. unveränderte Aufl., Stuttgart / Göttingen,（『教育学論集』日本ディルタイ協会訳、以文社、1987）
・Dewey, John., DEMOCRACY AND EDUCATION, New York, The Free Press, 1966（『民主主義と教育』上、松野安雄訳、岩波文庫版、1975）
・――, HUMAN NATURE AND CONDUCT, New York, The Modern Library, 1957（『人間性と行為』河村望訳、人間の科学社、1995）

E
・江森一郎「貝原益軒の教育観――学習法的教育観――」『教育学研究』第45巻第1号、1978
・同『「勉強」時代の幕開け』平凡社、1990

F
・Fowler,D.H., The Mathematics of Plato's Academy, Oxford, Clarendon, 1987
・ミッシェル・フーコー『監獄の誕生』田村俶訳、新潮社、1977
・同『性の歴史Ⅱ』田村俶訳、新潮社、1986
・藤井讓治『幕藩領主の権力構造』岩波書店、2002

G
・E．ジルソン『中世における理性と啓示』峠尚武訳、行路社、1982
・ガーダマー『真理と方法』轡田収・麻生建・三島憲一・他訳、法政大学出版会、1986
・Gaudig, Hugo, Die Idee der Persölichkeit und ihre Bedeutung für Pädagogik, Quelle & Meyer, 1912

H
・原念斎『先哲叢談』（源了圓・前田勉校注『先哲叢談』東洋文庫、平凡社、1994）
・久松潛一『日本文学評論史』（近世近代篇）至文堂、1952
・長谷川如是閑「自然主義者としての本居宣長」『改造』1930.3
・同「本居宣長集解題」『本居宣長集』近世社会経済学説大系、第7巻、誠文堂新光社、1936
・羽仁五郎『日本における近代思想の前提』岩波書店、1949
・Hartmann, Nicolai, Ethik, Walter de Gruyter, 1926
・Hennis, Wilhelm, Max Weber Wissenschaft vom Menschen, Tübingen, J. C. B. Mohr, 1996
・同『マックス・ヴェーバーの問題設定』雀部幸隆、嘉目克彦、豊田謙二、勝又正直訳、恒星社厚生閣、1991
・HOBBES,THOMAS, Leviathan (Cambridge texts in the history of political thought, Cambridge University Press, 1991, p.22（ホッブス『リヴァイヤサン（1）』水田洋訳、岩波文庫、1954）
・芳賀登『幕末国学の展開』塙書房、1963

491

・同『近世知識人社会の研究』教育出版センター、1985
・橋本昭彦『江戸幕府試験制度史の研究』風間書房、1993
・平石直昭『荻生徂徠年譜考』平凡社、1984
・同「初期宣長の思想形成——『古道』論を中心に——」『社会科学研究』(東京大学社会科学研究所紀要) 第35第5号、1984
・日野龍夫「徂徠学における自然と作為」『講座日本思想』第1巻（自然）、東京大学出版会、1983
・同『宣長と秋成』筑摩書房、1984
・波多野精一『時と永遠』1943（『波多野精一全集』第4巻、岩波書店）
・半沢孝麿「思想形成期の田中耕太郎——地上における神の国の探究——」『日本における西欧政治思想』日本政治学会年報、岩波書店、1975
・広岡亮蔵「封建反動の教育」（『近代教育史』第1巻、誠文堂新光社、1951）
・ハーバーマス『コミュニケーション的行為の理論（上）』未来社、1985

・一海知義、池澤一郎『江戸漢詩選』第2巻儒者、岩波書店、1996
・伊東多三郎『国学の史的考察』大岡山書店、1932
・同「江戸時代の学者の生態と学者批判論」（1970）『近世史の研究　第三冊』吉川弘文館、1983
・池田元『長谷川如是閑「国家思想」の研究——「自然」と理性批判——』雄山閣、1981
・伊藤仁斎（林景范筆写本）『童子問』天理図書館所蔵、1704
・同（林景范筆写本）『論語古義』天理図書館所蔵、1704
・『伊藤仁斎集』筑摩書房、1970
・『仁斎日札』（『仁斎日札　たはれ草　尽言　無可有郷』新日本古典文学大系99、岩波書店、2000）
・家永三郎『日本思想史に於ける否定の論理の発達』弘文堂、1930（新泉社、1969）
・石川謙『日本庶民教育史』玉川大学出版部、1972
・同『日本学校史の研究』日本図書センター、1977
・石井紫郎「近世国制における『武家』と『武士』」『近世武家思想』日本思想大系、岩波書店、1974
・石田一良『春鑑抄』『三徳抄』校注（『藤原惺窩　林羅山』日本思想大系28、岩波書店、1975）
・岩田靖夫『アリストテレスの倫理思想』岩波書店、1985
・池田昭『ヴェーバーの日本近代化論と宗教』岩田書店、1999
・井上哲次郎『日本古学派の哲学』冨山房、1902
・岩橋遵成『徂徠研究』名著刊行会、1934
・今中寛司『徂徠学の基礎的研究』吉川弘文館、1966
・同『徂徠学の史的研究』思文閣出版、1992
・同『新訂日本文化史研究』三和書房、1967

引用書目

- 入江宏「教育史における時期区分試論」『日本の教育史学』第34集、1991
- 岩田　隆「徂徠書簡二首」『名古屋工業大学国語国文学』第23号、1968

J
- 『荀子』(下) 岩波文庫、1962
- ジャンセン, M. B. 編『日本における近代化の問題』細谷千博編訳、岩波書店、1968
- Jeager, Werner, PAIDEIA DIE FORMUNG DES GRIECHISCHEN MENSCHEN, Berlin, Walter de Gruyter, 1989

K
- 加藤仁平『日本精神の発展と教育』同文書院、1934
- 小林秀雄『本居宣長』新訂小林秀雄全集、第13巻、新潮社、1979
- 「『本居宣長』補記」同全集別巻1、新潮社、1979
- 勝野尚行『教育基本法の立法思想──田中耕太郎の教育改革思想研究──』法律文化社、1989
- 河原国男「江戸後期ヨーロッパ系医学書の運動障害認識に関する一考察」『特殊教育学研究』(日本特殊教育学会)第23巻第2号、1985
- 川村肇『在村知識人の儒学』ぺりかん社、1996
- 小島康敬『徂徠学と反徂徠学』ぺりかん社、1987
- 同「荻生徂徠の『学』──身体の了解と模倣・習熟・思慮の問題をめぐって──」『理想』619号、理想社、1984
- 同「近世日本における『心』と『形』──本居宣長と『型』・宣長論への助走──」源了圓編『型と日本文化』創文社、1992
- 久富木成大他『山井崑崙・山県周南』明徳出版、1988
- 唐木順三『日本人の心の歴史』下 (筑摩叢書)、1976
- 子安宣邦『宣長と篤胤の世界』中央公論社、1977
- 同『伊藤仁斎』東大出版会、1982
- 同『「事件」としての徂徠学』青土社、1990
- 同『本居宣長』岩波書店、1992
- 同『「宣長問題」とは何か』青土社、1995
- 同『江戸思想史講義』岩波書店、1998
- 韓愈「師説」(『文章軌範 (正篇) 下』新釈漢文大系18、明治書院、1962)
- Kant, Emanuel, Kritik der praktischen Vernunft, in : Kant's gesammelte Schriften, Hrsg. v. kön. preuss. Akadem. d. wiss., Bd.5, 1913 (『実践理性批判』波多野精一、宮本和吉、篠田英雄訳、岩波文庫版、1979)
- ──, K ritik der Urtheilkraft, in : Kant's gesammelte Schriften, Hrsg. v.kön. preuss. Akadem. d. wiss., Bd.5, 1913 (『判断力批判』上、篠田英雄訳、岩波文庫版、1964)
- ──, Metaphysik der Sitten. Zweiter Teil: Metaphysische Anfangsgründe der Tugendlehre, in : Kant's gesammelte Schriften, Hrsg. v.kön. preuss. Akadem. d. wiss., Bd.6, 1907 (『道徳哲学』白井成允・小倉貞秀訳、岩波文庫

版、1954)
・――, Die Religion innerhalb der Grenzen der blossen Vernunft, in : Kant's gesammelte Schriften, Hrsg. v.kön. preuss. Akadem. d. wiss., Bd.6, 1907 (『カント全集』第9巻、飯島宗享・宇都宮芳明訳、理想社、1974)
・――, Pädagogik, in : Kant's gesammelte Schriften, Hrsg. v.kön. preuss. Akadem. d. wiss., Bd.9, 1923 (『カント全集』第16巻、理想社、1966)
・Kaesler, Dirk, Einführung in das Studium Max Webers, München, C.H.Beck, 1979 (『マックス・ウェーバー　その思想と全体像』森岡弘通訳、三一書房、1981)
・Kries, J.v., Über den Begriff der objektiven Möglichkeit und einige Anwendungen desselben, in : Viertejahrsschrift für wissenschaftliche Philosophie, Bb.12, 1988
・貝塚茂樹「ウェーバーの儒教観」(1951)『古い中国と新しい中国』創文社、1954
・川田熊太郎「プラトンの測定学に就いて」『ギリシャ哲学研究』河出書房、1946
・加藤明彦『社会科学方法論序説』風間書房、1991
・川崎修『アレント』講談社、1998
・川森康喜『ボルノウ教育学の研究』ミネルヴァ書房、1991
・黒住　真「荻生徂徠――差異の諸局面――」(1982)『現代思想』9月臨時増刊号、第10巻第12号（同『近世日本社会と儒教』ぺりかん社、2003、所収）
・同「徂徠における学問の基底――学と主体の『大』『小』をめぐって――」『日本思想史叙説』所収、ぺりかん社、1982（同『近世日本社会と儒教』ぺりかん社、2003、所収）
・同「伊藤仁斎の倫理――基底場面をめぐって――」『思想』、第4号、岩波書店、1988（同『近世日本社会と儒教』ぺりかん社、2003、所収）
・厚東洋輔「ヴェーバーのアジア社会論の射程と限界」『思想』第849号、岩波書店、1995
・黒田亘『行為と規範』勁草書房、1992
・栗原剛「伊藤仁斎における他者」『季刊日本思想史』第59号、ぺりかん社、2001
・倉沢剛『幕末教育史の研究　三』吉川弘文館、1986
・勝野尚行『教育基本法の立法思想――田中耕太郎の教育改革思想研究――』法律文化社、1989

L
・Loewith, Karl, Max Weber und Karl Marx, in : ARCHIV FÜR SOZIALWISSENSCHAFT UND SOZIALPOLITIK, Bd.67, Tübingen, J. C. B. Mohr, 1932 (『ウェーバーとマルクス』柴田治三郎、脇圭平、安藤英治訳、未来社、1966)
・同『学問とわれわれの時代の運命』上村忠男・山之内靖訳、未来社、1989

M
・Mannheim, Kar, IDEOLOGIE UND UTOPIE, Dritte, vermehrte Aufl., Frankfurt

/ Main, G. Schulte-Bulmke, 1952（K・マンハイム『イデオロギーとユートピア』高橋徹・徳永恂訳、世界の名著68、中央公論社、1979）
・本居宣長、清水吉太郎宛書簡（『本居宣長全集』第17巻、筑摩書房、以下「全集・17」と略記）
・同『送藤文輿肥序』（『詩文稿』「全集・18」）
・同『排蘆小舟』（「全集・2」）
・同『安波礼弁』（「全集・4」）
・同『紫文要領』（「全集・4」）
・同『石上私淑言』（「全集・2」）
・同『直霊』（「全集・14」）
・同『答問録』（「全集・1」）
・同『くず花』（「全集・8」）
・同『真暦考』（「全集・8」）
・同『呵刈葭』（「全集・8」）
・同『秘本玉くしげ』（「全集・8」）
・同『玉くしげ』（「全集・8」）
・同『玉勝間』（「全集・1」）
・同『宇比山踏』（「全集・1」）
・同『真暦不審考弁』（「全集・8」）
・同『大祓詞後釈』「全集・7」）
・同『古事記伝』（「全集・11」）
・同『古事記伝』（「全集・9」）
・同『玉鉾百首』（「全集・18」）
・同『本居宣長随筆』（「全集・13」）
・同『末賀之比礼』（「全集・8」）
・松本三之介「国学の成立」『岩波講座日本歴史』第12巻、岩波書店、1967
・同「近代思想の萌芽」(1966)『近世日本の思想像——歴史的考察——』研文出版、1984
・マッキンタイヤー『西洋倫理思想史　上』菅豊彦他訳、九州大学出版会、1985
・同『美徳なき時代』箱崎栄訳、みすず書房、1993
・牧野宇一郎『デューイ価値観の研究』東海大学出版会、1968
・丸山眞男『日本政治思想史研究』東京大学出版会、1952
　　　　第1章「近世儒教の発展における徂徠学の特質並にその国学との関連」『国家学会雑誌』1940
　　　　第2章「近世日本政治思想における「自然」と「作為」——制度観の対立としての——」『国家学会雑誌』1941-12
・同「忠誠と反逆」(1960)『丸山眞男集』第8巻、岩波書店、1996
・同「思想史の考え方について——類型・範囲・対象——」(1961)『丸山眞男集』第9巻、岩波書店、1996

- 同『日本の思想』岩波書店、1961
- 同『増補版　現代政治の思想と行動』未来社、1964
- 同「戦前における日本のヴェーバー研究」(1965)『丸山眞男集』第9巻、岩波書店、1996
- 同『戦中と戦後の間』みすず書房、1977
- 同「荻生徂徠の贈位問題」(家永三郎教授東京教育大学退官記念論集刊行委員会編『近代日本の国家と思想』三省堂、1979)
- 同「闇斎学と闇斎学派」『山崎闇斎学派』日本思想大系31、岩波書店、1980
- 同『丸山眞男講義録』第7冊、東京大学出版会、1998
- 同『丸山眞男講義録』第5冊、東京大学出版会、1999
- 同「政事（まつりごと）の構造——政治意識の執拗低音——」『現代思想』第22巻第1号、青土社、1994
- 同『福沢諭吉の哲学　他六編』岩波書店、2001
- 丸山眞男・加藤周一『翻訳と日本の近代』岩波書店、1998
- 丸谷晃一「伊藤仁斎における『同一性』批判の構造——人我相異論の形成過程——」『季刊日本思想史』第27号、ぺりかん社、1986
- 同「伊藤仁斎の『情』的道徳実践論の構造」『思想』第10号、岩波書店、1992
- 向井守『マックス・ウェーバーの科学論』ミネルヴァ書房、1997
- 森岡弘通「事実認識と価値判断——マックス・ヴェーバーの学問論の思想史的把握に寄せて——」『実践紀要』第20集、1978
- 同「訳注」(エドワルト・マイヤー　マックス・ヴェーバー『歴史は科学か』森岡弘通訳、みすず書房、改訂版1987)
- 守本順一郎『東洋政治思想史研究』未来社、1967
- Münsterberg, Hugo, GRUNDZÜGE DER PSYCHOLOGIE, 2.Aufl., Leipzig, Johann Ambrosius Barth, 1918
- 溝上茂夫「ウィルマンの教育思想の研究——永遠教育学の視点を中心として——」『教育哲学研究』第11号、1965
- 宮川康子『富永仲基と懐徳堂』ぺりかん社、1998
- 三宅正彦『京都町衆伊藤仁斎の思想形成』思文閣、1987
- 源了圓『義理と人情——日本的心情の一考察——』中央公論社、1969
- 同『徳川合理思想の系譜』中央公論社、1972
- 同「徂徠試論——徂徠の政治思想における文化と宗教の問題をめぐって——」『季刊日本思想史』第2号、ぺりかん社、1976
- 同『近世初期実学思想の研究』創文社、1980
- 村岡典嗣『本居宣長』岩波書店、1928
- 同「本居宣長の古伝説信仰の態度」(1927)『増訂日本思想史研究』所収、岩波書店、1940
- 同「徂徠学と宣長学との関係」(1943)『日本思想史研究　第三』岩波書店、1948
- 本山幸彦「国学におけるヒューマニズム」『近世日本の人間尊重思想　下』福村書店、

1969
- 同『近世国家の教育思想』思文閣、2001
- 三輪貴美枝「Bildung 概念の成立と展開について──教育概念としての実体化の過程──」『教育学研究』第61巻第4号、1994
- Meinecke, Friedrich, Die Entstehung des Historismus, FRIEDRICH MEINECKE WERK, 4.Aufl., München, R.Oldenbourg, 1965 (『歴史主義の成立 上』菊盛英夫・麻生健訳、筑摩書房、1967)
- ──, Kausalitäten und Werte in der Geschichte, 1928, in : FRIEDRICH MEINECKE WERKE. Bd. IV, Zur Theorie und Philosophie der Geschichte, Stuttgart, K. F. Köhlner, 1965
- ──, Friedrich Meinecke, „Erwiderung" in : Historische Zeitschrift, Bd.77,1896, FRIEDRICH MEINECKE WERKE. Bd. Z, Zu Geschichte der Geschichtsschreibung, München, R.Oldenbourg, 1968

N
- 中村忠行「儒者の姿勢──『六論衍義』をめぐる徂徠・鳩巣の対立──」『天理大学学報』第78輯、1972
- テツオ・ナジタ『懐徳堂──18世紀日本の「徳」の諸相──』子安宣邦訳、岩波書店、1992
- Natorp, Paul, SOZIALPÄDAGOGIK, 5. Aufl., Stuttgart, FR. Frommanns Verlag, 1922
- 野崎守英氏『道──近世日本の思想──』東京大学出版会、1979
- 野崎敏郎「ヴェーバー日本封建制論の文献学的考察──比較村落構造論のために (二)──」『社会学雑誌』10号、1993
- 同「ヴェーバー日本生活精神論の文献学的考察──比較村落構造論のために (三)──」『社会学雑誌』11号、1994
- 中内敏夫「十九世紀における非朱子学的方法意識の発達」『国学院大学教育学研究室紀要』第7号、1971
- 中泉哲俊『日本近世教育思想の研究』吉川弘文館、1966
- Nelson, Daniel Mark, The Priority of Prudence Virtue and Natural Law in Thomas Aquinas and the Implications for Modern Ethics, The Pennsylvania State U.P., 1992
- 野口武彦『江戸文学の詩と真実』中央公論社、1971
- 同『荻生徂徠』中央公論社、1993

O
- 大石慎三郎『将軍と側用人の政治』講談社、1995
- 岡野光雄『刑法における因果関係の理論』成文堂、1972
- 『論語徴』(『荻生徂徠全集』第3巻、以下「全集・3」のように略記、みすず書房、1977)
- 『論語徴』(「全集・4」1978)

・『読荀子』(『徂徠山人外集』審美書院、1931)
・『大学解』(「全集・2」河出書房新社版、1978)
・『中庸解』(「全集・2」河出書房新社版、1978)
・『弁名』(『荻生徂徠』日本思想大系36、以下「大系」と略記、岩波書店、1973)
・『弁道』(「大系」)
・『学則』(「大系」)
・『徂徠先生學則』(「全集・1」1973)
・『蘐園十筆』(「全集・17」1976)
・『蘐園随筆』(「全集・17」)
・『徂徠先生詩文國字牘』(「全集・1」)
・『經子史要覽』(「全集・1」)
・『徂徠先生答問書』(「全集・1」)
・『学寮了簡書』(「全集・1」)
・『譯筌初編巻首』(「全集・2」1974)
・『徂徠集』(「大系」)
・『徂徠集』(近世儒家文集集成、第3巻、ぺりかん社、1985)
・『譯筌初編巻首』(「全集・2」)
・『太平策』(「大系」)
・『政談』(「大系」)
・『南留別志補遺』(「全集・18」1983)
・『琴学大意抄』東北大学所蔵本
・『荻生徂徠』(日本の名著)、中央公論社、1974
・大濱皓『朱子の哲学』勁草書房、1983
・大浦猛「デューイにおける教育目的設定の態度」『日本デューイ学会紀要』第1号、1960
・小倉志祥『M.ウェーバーにおける科学と倫理』清水弘文堂、1971
・小笠原真『近代化と宗教──マックス・ヴェーバーと日本──』世界思想社、1994
・小笠原道雄編著『精神科学的教育学の研究』玉川大学出版部、1999
・大塚久雄『社会科学の方法』岩波書店、1966
・大塚久雄編『マックス・ヴェーバー研究』東京大学出版会、1965
・同「東西文化交流における宗教社会学の意義」(武田清子編『思想史の方法と対象』創文社、1961)
・大石学「日本近世国家における公文書管理──享保の改革を中心に──」歴史人類学会編『史境』第36号、1998
・岡阪猛雄「徂徠の言語記号説」『京都教育大学紀要A』第36号、1969
・緒形康「荻生徂徠の言語論──『読荀子』から『弁名』へ──」『寺子屋語学・文化研究所論叢』第2号、1983

P
・デートレフ・ポイカート『ウェーバー 近代の診断』雀部幸隆、小野清美訳、名古屋

大学出版会、1994

R
- Rickert, Heinrich, DIE GRENZEN DER NATURWISSENSCHAFTLICHEN BEGRIFFSBILDUNG Eine logische Einleitung in die historischen Wissenschaften, 3. und 4.Aufl. Tübingen, J. C .B. Mohr, 1921
- ──, GRUNDPROBLEME DER PHILOSOPHIE, 1.Aufl. Tübingen, J. C. B. Mohr, 1934,(『哲学の根本問題』湯浅誠之助訳、理想社、1938)
- ──, Die Methode der Philosophie und das Unmittelbare, in : Logos, Bd.12, Heft2, Tübingen, 1923
- ──, Vom Anfang der Philosophie, in : Logos, Bd.14, Heft2 / 3, Tübingen, J. C. B. Mohr, 1925,
- ──, Das Eine, Die Eineheit und die Eins, 2.Aufl., Tübingen, J. C. B. Mohr, 1924(『一者、統一及び一』伊藤一郎訳、岩波書店)
- ──, DIE PHILOSOPHIE DES LEBENS. 2.Aufl.Tübingen, J. C. B. Mohr, 1922(『生の哲学』小川義章訳、改造社、1923)
- ──, DER GEGENSTAND DER ERKENNTNIS, 6.Aufl. Tübingen, J. C. B. Mohr, 1928(『認識の対象』山内得立訳、岩波書店、1927、ただし第2版の訳)
- ──, KULTURWISSENSCHAFT UND NATURWISSENSCHAFT, 6. /7. Aufl. Tübingen, J. C. B. Mohr(『文化科学と自然科学』佐竹哲雄、豊川昇訳、岩波書店、1939)
- ──, Die Methode der Philosophie und das Unmittelbare, in : Logos, Bd.12, Tübingen, 1923, Heft2
- ──, KANT ALS PHILOSOPH DER MODERNEN KULTUR, 1.Aufl., Tübingen, J. C. B. Mohr, 1924(『現代文化の哲人カント』三井善止・大井精志郎訳、理想社、1981)
- ──, SYSTEM DER PHILOSOPHIE, ERSTER TEIL : ALLGEMEINE GRUNDLEGUNG DER PHILOSOPHIE, Tübingen, J. C. B. Mohr, 1921
- 頼祺一『近世後期朱子学派の研究』溪水社、1986
- 「春水遺響」『広島県史』近世資料編Ⅵ、1976
- 頼春水『学統論』(『近世後期儒家集』日本思想大系47、岩波書店、1972)
- 同「いしづゑ」『日本教育文庫』(家訓篇)日本図書センター、1977
- Radbruch, Gustav, Die Lehre von der adäquaten Verursachung, 1902, in : Gesamtausgabe, Bd.7, Heidelberg, C. F. Müller, 1995
- Ritter, Constantin, PLATON, Ⅱ, München, C. H. Beck, 1923
- ルソー『社会契約論 人間不平等起源論』作田啓一、原好男訳、白水社、1991

S
- 斉藤太郎「中江藤樹に関する一考察──その思想と妥当性の問題──」『東京農業大学 一般教育学術集報』第7巻、1979
- 同「横井小楠における儒学の妥当性の問題」『東京教育大学教育学部紀要』第13巻、

499

1967
・酒井直樹『日本思想という問題――翻訳と主体――』岩波書店、1997
・同『過去の声――18世紀日本の言説における言語の地位――』以文社、2002
・佐藤学「教育史像の脱構築へ――『近代教育史』の批判的検討――」『教育学年報6』世織書房、1997
・Salber, Wilhelm, Psycologischer Exkurs zur Abhandlung des Thomas von Aquin über die Klugheit, in : SUMMA THEOLOGICA, Übersetzt und Kommentiert von DOMINIKANERN UND BENEDIKTINERN DEUTSCHLANDS UND ÖSTERREICHS. Bd.17B, F. H. Kerleu. Styria, 1966
・清水正之「国学と神話」『現代のエスプリ別冊　江戸とは何か　3、江戸の思想と心情』至文堂、1985
・三枝康高『国学の運動』風間書房、1966
・沢井啓一「荻生徂徠の『大学』解釈」『フィロソフィア』第70号、1982
・同上「習熟と思慮――徂徠学の方法論――」『寺小屋語学・文化研究所論叢』第2号、1989
・佐藤宣男「漢語文典とテニオハ――『訳文筌蹄』『訓訳示蒙』を中心に――」竹岡正夫編『国語学史論叢』笠間書院、1982
・鈴木博雄「徂徠学における政治と教育」『教育学研究』第26巻第4号、1959
・同「寛政期の学政改革と臣僚養成」『横浜国立大学教育紀要』第3輯、1963
・雀部幸隆「マックス・ウェーバーの儒教論――ウェーバー批判への一視角――」『法政論集』名古屋大学法学部、39号、1967
・篠原助市『教育学』岩波書店、1939
・杉本つとむ「徂徠とその言語研究――蘭語学との関連を主として――」『国文学研究』1981
・相良亨『本居宣長』東京大学出版会、1978
・同『日本人の心』東京大学出版会、1984
・同「人倫日用における超越」相良編『超越の思想』、東京大学出版会、1993
・佐藤俊樹「『儒教とピューリタニズム』再考――ウェーバーの比較社会学に対する批判的一考察――」『社会学評論』第41巻第1号、1990
・ストロバンスキー『J.-J.ルソー　透明と障害』松本勤訳、思索社、1973
・荘子邦雄『刑法総論』青林書院新社、1969
・アンドレ・コント＝スポンヴィル『ささやかながら、徳について』中村昇・小須田健・コリーヌ・カンタン訳、紀伊国屋書店、1999
・W. シュルフター『近代合理主義の成立』嘉目克彦訳、未来社、1987
・Schluchter, Wolfgang, RELIGION UND LEBENSFÜHRUNG, Bd.1 (STUDIEN ZU MAX WEBERS KULTUR UND WERT-THEORIE, Frankfurt a. M., Suhrkamp, 1988 (『信念倫理と責任倫理』嘉目克彦訳、風媒社、1996)
・Spranger, Eduard, DAS GESETZ DER DER UNGEWOLLTEN NEBENWIRKUNGEN IN DER ERZIEHUNG, Heiderberg, Quelle & Meyer, 1962

引用書目

・Simmel, Georg, LEBENSANSCHAUUNG Vier metaphysische Kapital, 2.Aufl. München/ Leipzig, 1922 (『生の哲学』ジンメル著作集9、茅野良男訳、白水社、1994)
・住谷一彦『マックス・ヴェーバー——現代の思想的視座——』日本放送協会、1970
・Stenzel, Julius, PLATON DER ERZIEHER, Leipzig, Felix Meiner, 1928
・佐藤一斎『言志四録』(『佐藤一斎全集』第11巻、明徳出版社)
・島田虔次『大学・中庸(上)』中国古典選6、朝日新聞社、1978
・須藤敏夫『近世日本釈奠の研究』思文閣出版、2001
・菅野覚明「国学における信と知」日本倫理学会編『信と知』慶応通信、1993

T
・田中加代『広瀬淡窓の研究』ぺりかん社、1993
・田中裕「宣長の『新古今』理解」『季刊日本思想史』第11号、ぺりかん社、1979
・田中耕太郎『教育基本法の理論』有斐閣、1961
・津田左右吉『文学に現はれたる国民思想の研究』第3巻、岩波書店、1953
・同『文学に現はれたる国民思想の研究』第4巻、岩波書店、1955
・『津田左右吉全集』第16巻、岩波書店、1965
・田尻祐一郎「徂徠学の礼楽観」『日本思想史研究』第11号、1979
・田原嗣郎『徳川思想史研究』未来社、1967
・同『徂徠学の世界』東京大学出版会、1991
・辻本雅史「荻生徂徠の人間観——その人材論と教育論の考察——」『日本史研究』第164号、1976
・同「十八世紀後半期儒学の再検討——折衷学・正学派朱子学をめぐって——」『思想』第4号、岩波書店、1988
・同『近世教育思想史の研究——日本における「公教育」思想の源流——』思文閣、1990
・高橋正夫『本居宣長——済世の医心——』講談社、1986
・高木靖文「近世藩校職制の発達と教師の選任」『講座 日本教育史』第2巻、第一法規、1984
・テノルト(H.Elmer Tenorth)『教育学における「近代」問題』小笠原道雄、坂越正樹監訳、玉川大学出版部、1998
・田花為雄『ガウディヒ派教育学』新思潮社、1962
・田中真晴「因果性問題を中心とするウェーバー方法論の研究」1949 (安藤英治他編『マックス・ヴェーバーの思想像』新泉社、1969)
・富永健一「ヴェーバーと中国および日本の近代化」『思想』767号、岩波書店、1998
・陶徳民『懐徳堂朱子学の研究』大阪大学出版会、1994

U
・梅沢伊勢三「宣長学の性格と古事記」『季刊日本思想史』第11号、ぺりかん社、1979
・海原徹『近世私塾の研究』思文閣出版、1983
・上田辰之助『トマス・アクィナス研究』みすず書房、1987

501

- 植手通有『日本近代思想の形成』岩波書店、1974
- 内田芳明『ヴェーバー社会科学の基礎研究』岩波書店、1968
- 同『ヴェーバーとマルクス』岩波書店、1972
- 同「文化受容としてのヴェーバー受容」『歴史と社会』第2号、リブロポート、1983
- 梅根悟『労作教育新論』(1933)(『梅根悟教育著作選集 1』明治図書、1977)

V
- Volkelt, Johannes Immanuel, ERFAHRUNG UND DENKEN, Hamburg u.Leipzig, Leopold Voss, 1886
- Handbuch philosophisher Grundbegriffe, Band 3, München, Kösel, 1973

W
- 和辻哲郎『日本倫理思想史　上』和辻哲郎全集、第12巻、1962
- 渡辺浩「『道』と『雅び』(一)――宣長学と『歌学』派国学の政治思想史的研究――」『国家学会雑誌』第87巻9、10号、1974
- 同「『道』と『雅び』(三)――宣長学と『歌学』派国学の政治思想史的研究――」『国家学会雑誌』第88巻3、4号、1975
- 和島芳男『日本宋学史の研究　増補版』吉川弘文館、1988
- ヴァン・デル・ウァルデン『数学の黎明』村田全、佐藤勝造訳、みすず書房、1984
- マリアンネ・ウェーバー『マックス・ウェーバー』大久保和郎訳、みすず書房、1987
- Weber, Max、Roscher und Knies und die logischen Plobleme der historischen Nationalökonomie, 1903-1906, in : Gesammelte Aufsätze zur Wissenschaftslehre, 6.Aufl. Tübingen, J. C. B. Mohr, 1985、以下、WL.と略記(『ロッシャーとクニース』松井秀親訳、未来社、1988)
- ――, Die »Objektivitat« sozialwissenschaftlicher und sozialpolitischer Erkentnis in : WL. (「社会科学および社会政策認識における『客観性』」富永祐治、立野保男訳、折原浩補訳、岩波文庫、1998)
- ――, Kritische Studien auf dem Gebiet der Kulturwissenschaftlichen Logik, 1906, in : WL. 「文化科学の論理学の領域における批判的研究」森岡弘通訳(『歴史は科学か』みすず書房、1965
- ――, Wissenschaft als Beruf, in : WL. (「職業としての学問」尾高邦雄訳、岩波文庫、改訳、1980)
- ――, Über einige Kategorien der verstehenben Soziologie, in : WL. (『理解社会学のカテゴリー』林道義訳、岩波文庫、1968)
- ――, Der Sinn der »Wertfreiheit« der soziologischen und ökonomischen Wissenschaften, 1907, in : WL. (『社会学および経済学における「価値自由」の意味』松代和郎訳、創文社)
- ――, Sozialogische Grundbegriffe, in : WL. (「社会学の基礎概念」濱島朗訳(『現代社会学大系 5　社会学論集』青木書店、1971)
- ――,WIRTSCHAFT UND GESELLSCHAFT, 1.Halbband, 5. rev. Aufl., Tübingen, J. C. B. Mohr, 1976, 以下 WuG. 1 と略記、Kapital II Soziologische Grundkatego-

rien des Wirtschaftens（「経済行為の社会学的基礎範疇」富永健一訳（『ヴェーバー』世界の名著 61、中央公論社、1979）
・——, WuG.1, Kapital Ⅲ Die Typen der Herrschaft（『支配の諸類型』世良晃志郎訳、創文社、1970）
・——, WuG.1, Kapital Ⅳ Stande und Klassen 1. Begriffe（『支配の諸類型』世良晃志郎訳、創文社、1970）
・——, WuG.1, Kapital Ⅴ Religionssoziuologie（『宗教社会学』武藤一雄・薗田宗人・薗田担訳、創文社、1976）
・——, WuG.2, Kapital Ⅸ Soziologie der Herrschaft（『支配の社会学1』世良晃志郎訳、創文社、1960、『支配の社会学2』世良晃志郎訳、創文社、1962）
・——, Zur Psychophysik der industriellen Arbeit（1908－1909）, Studienausgabe der Max Weber-Gesamtausgabe Band I / 11, Tübingen, J. C. B. Mohr, 1998（『工場労働調査論』鼓肇雄訳、日本労働協会、1975）
・——, Über »die wirtschaftlichen Unternehmungen der Gemeinden«（1909）, Gesammelte Aufsätze zur Soziologie und Sozialpolitik, Tübingen, J. C. B. Mohr, 1924（「市町村の経済的事業によせて」（中村貞二訳）『政治論集1』みすず書房、1982）
・——, Die protestantishe Ethik und der Geist des Kapitalismus, GESAMMELTE AUFSÄTZE ZUR RELIGIONSSOCIOLOGIE（以下RS.と略記）, 1.Bd.5. Aufl., Tübingen, J. C. B. Mohr（『プロテスタンティズムの倫理と資本主義の精神』大塚久雄訳、岩波文庫、1989）
・——, Konfuzianismus und Taoismus, in : RS1（『儒教と道教』木全徳雄訳、創文社、1971、『儒教と道教』森岡弘通訳、筑摩書房、1970）
・——, Zwischenbetrachtung : Theorie der Stufen und Richtungen riligioser Weltablehnung, in : RS.1（「中間考察：宗教的現世拒否の段階と方向に関する理論」『現代社会学大系5　社会学論集』青木書店、1971、『宗教社会学論選』大塚久雄、生松敬三訳、みすず書房、1972、『ウェーバー　宗教・社会論集』安藤英治他訳、河出書房新社、1988）
・——, Hinduismus und Buddhismus, in : RS.2, 4., Aufl., Tübingen, J. C. B. Mohr, 1966（深沢宏訳『世界諸宗教の経済倫理Ⅱ　ヒンドウー教と仏教』日貿出版社、1983、部分訳として、池田昭、山折哲雄、日隈威徳訳『アジア宗教の基本的性格』勁草書房、1970、「アジア的宗教の一般的性格」（安藤英治訳）『ヴェーバー　宗教・社会論集』河出書房新社、1988など）
・Windelband, Wilhelm, EINLEITUNG IN DIE PHILOSOPHIE, 2.Aufl. Tübingen, J. C. B. Mohr, 1923（『哲学概論』清水清訳、玉川大学出版部、1960）
・——, DIE LEHREN VOM ZUFALL, Tübingen, J. C. B. Mohr, 1916
・——, Über Willensfreiheit, 3.Aufl. Tübingen, J. C. B. Mohr, 1918（『意志の自由について』戸坂潤訳、大村書店、1924）
・——, Präludien,2.Bd., Tübingen, J. C. B. Mohr, 1921

・——, LEHRBUCHE DER GESCHICHTE DER PHILOSOPHIE, 4. durchgesehne Aufl. Tübingen, J. C. B. Mohr, 1907（『一般哲学史』第2巻、井上欣治訳、第一書房、1941）
・Willmann, Otto, DIDAKTIK ALS BILDUNGSLEHRE, Sechste, unveränderte Aufl. Herder, 1957（その部分訳『陶冶論としての教授学』竹田清夫、長谷川栄訳、明治図書、1973）
・Wundt, Wilhelm, LOGIK, Bd.Ⅲ Logik der Geisteswissenschaften, Stuttgart, Ferdinand Enke, 1908
・若水俊『徂徠とその門人の研究』三省社、1993
Y
・山路愛山『荻生徂徠』(1893)（『北村透谷　山路愛山集』現代日本文学大系6、筑摩書房、1969）
・山田洸「明六社同人の儒教意識」研究代表者子安宣邦『徂徠以後——近世後期倫理思想の研究』(科研費補助金研究成果報告書、1988)
・山中芳和『近世の国学と教育』多賀出版、1998
・吉本隆明「丸山真男論」(1963)『吉本隆明全著作集』第12巻、勁草書房、1969
・山形周南『作文初問』(『少年必読日本文庫』第11巻)
・山下龍二「徂徠『論語徴』について（二）」『名古屋大学文学部論集』第75号（哲学25）、1978
・山下久夫『本居宣長と「自然」』沖積舎、1988
・山崎闇斎『本然気質性講説』(『山崎闇斎学派』日本思想体大系、第31巻、岩波書店、1980)
・同『敬斎箴講義』(同上)
・山本正身「伊藤仁斎における『拡充』説の思想構造について——その教育思想としての特質——」『教育学研究』第67巻第3号、2000
・吉川幸次郎『仁斎・徂徠・宣長』岩波書店、1975
・同上『本居宣長』筑摩書房、1977
・山中敬一『刑法における因果関係と帰属』成文堂、1984
・同『刑法における客観的帰属の理論』成文堂、1997
・山崎高哉「ケルシェンシュタイナーにおける『即物性』の概念とその教育的意義」『京都大学教育学部紀要』第38号、1992
・山之内靖『ニーチェとヴェーバー』未来社、1993
・同『マックス・ヴェーバー入門』岩波書店、1997
・同「日本の社会科学とマックス・ヴェーバー体験」『現代思想』第27巻第5号、青土社、1999
・嘉目克彦『マックス・ヴェーバーの批判理論』恒星社厚生閣、1994
・同『ヴェーバーと近代文化人の悲劇』恒星社厚生閣、2001

初出一覧

　本研究は、書き下ろした論述部分と、既発表論文を加除修正した論述部分から構成される。既発表論文の原題と初出掲載誌を以下に記しておく。

本研究の課題と方法…
　　　　書き下ろし

第1章　問題の設定　——日本近世教育思想史における「ヴェーバー的問題」——
　　第1節　…
　　　　　＜思慮＞概念とその近代的な「緊張関係」構造
　　　　　——M.ヴェーバー人格論における「考量」概念 »Erwägung« 概念についての教育思想史的考察——
　　　　　『宮崎大学教育文化学部紀要（教育科学）』第2号、2000年3月
　　第2節　…
　　　　　日本近世教育思想史における「ヴェーバー的問題」
　　　　　——M.ヴェーバー儒教論における「合理主義」の2類型とその教育史的問題の構成——
　　　　　『教育学研究』第69巻第1号、2002年3月

第2章　人間形成における理念的超越性と現実的所与性の志向
　　　　——仁斎学における陶冶論的教授の思想——
　　　　書き下ろし

第3章　理念的超越性の立場からの徂徠学の構想
　　　　——秩序構成主体に関する種々の人間形成思想の展開——
　　第1節　…
　　　　　書き下ろし
　　第2節　…
　　　　　徂徠学における主体形成の方法認識に関する一考察
　　　　　——「気質」「長養」「自得」の思惟とその展開を中心に——
　　　　　『教育学研究』第52巻第4号、1985年
　　第3節　…
　　　　　徂徠学における「学」の概念に関する一考察
　　　　　——媒介的師弟関係の思想——

　　　　　　　『宮崎大学教育学部紀要（教育科学）』第73号、1993年
　　第4節　…
　　　　　　　徂徠学における発達観念に関する一考察
　　　　　　　　――「気質」と「職分」の関係の問題を手がかりに――
　　　　　　　『教育学研究』第54巻第4号、1987年
　　第5節　…
　　　　　　　徂徠学における「制度」の人間形成機能・論に関する一考察
　　　　　　　　――2項対立的人間観との関係において――
　　　　　　　『宮崎大学教育学部紀要（教育科学）』第68号、1990年

第4章　公的領域における現実的所与性の立場
　　　　――「正学」派朱子学者頼春水の「学政」論の一特質――
　　　　書き下ろし

第5章　私的領域における現実的所与性の立場
　　　　――宣長学における一元論的思惟傾向と教育認識の問題性――
　　　　宣長学における＜生＞の立場とその一元論的思惟傾向に関する一考察
　　　　――人格主体の意図的形成についての否定の思想――
　　　　『宮崎大学教育学部紀要（教育科学）』第80号、1996年

第6章　日本近世教育思想史における「ヴェーバー的問題」の思想構造
　　　　――人間形成思想における理念的超越性の契機の後退――
　　　　書き下ろし

あとがき

　「徂徠学の教育思想史的研究」と本研究は題した。しかし、徂徠学の教育思想について私が理解したと思われる部分は、題目があらわす全体のなかのわずかな一部にすぎない。それでも理解しえたかぎりの徂徠学は、私に一つの歴史像にむかいあわせてくれる。
　その歴史像とは、"生の問題"に繋がり、「思慮」ということばで指示できる実践的知性の観念の顛末にも深くかかわっていた。要するに、徂徠学のなかに見出された、人間の主体的形成における理念的超越性の契機が、18世紀半ば以降にいたって後退してゆく、そのような歴史像である。
　この連続・非連続のうつりゆきに関して、本論でもふれたつぎの見解をここで思い起こしたい。「道は知り難く、また知り難し。その大なるがための故なり」という徂徠『弁道』(1717年成稿)冒頭の見解と、一切の規範化を斥け、規範の意味で「道」というならばそれは「言挙げ」であって、伝統的な用法でいえばただ「物にゆく道」(道路)でしかないという宣長の現実主義的な見解(『直毘霊』1771年成稿)である。
　かつて小林秀雄氏は両者の連続性にふれ、「徂徠が『六経』といふ『物の格(きた)る』のを待ったやうに、宣長は『古事記』といふ物を『むかへ』に行った」(『本居宣長』34)と記しておられた。私はそのような理解の部分的な正当性を認めつつも、本研究ではむしろ隔たりを注視した。前者(徂徠)は一方において、個体性の認識とともに、固有な価値理念にみちびかれた発達の観念をもって、歴史主義を積極的に推しすすめた。しかし他方において、各人の主観性を各人がそれぞれ絶対化する(「各々見る所を道とす」)ことによる歴史主義の"危機"に対して、価値的には特殊性を根本的に重んずる姿勢——ヴェーバーの用語でいえば、Personalismusとして特徴づけられる「孝」の重視——を越えたところの、普遍的で公共性をもった価値理念的な"尺度"によって乗り越えるという観念世界を築き上げてい

た。その世界は、現実の状況的世界と経学の普遍的世界を往還する、という作業によって構築され、その意味で強靱な精神の働きを要するものだった。このような歴史主義に対する両面的な立場を示した徂徠と、「神の御所為」を強調するとともに「直に触れて来る物の経験」(小林)、その「物のたしかな感知」(同)を根本的に重んずる宣長のあいだには、教育思想史の視角から見ても、――架橋できる部分が含まれているにせよ(第6章)、また文芸領域での感情の解放という周知の共通部分があるにしても――やはり大きな断層を認めざるをえない。

　こうした断層が見出されたとすれば、そのなかで未発の契機として残された徂徠学のなかに包蔵されていた思想の諸要素、すなわち、超越する「道」への眼ざし、信ずること知ることという2つの精神態度とその緊密なかかわり、生を形づける媒介的な師弟の絆、この絆に基づく対話的関係、人性における働き(「運用営為」)の才と協働性の資質の認識、この人性認識にささえられた、万人が「役人」としてそれぞれの職分の働きをつうじて協働的に公共善の一端を実現する教育の目的理念、対象そのものに没我的に打ち込む姿勢、一挙ではなく長期的な視野のもとで不断の努力をつうじて目標を実現しようとする態度(「優柔の道」)、これらを諸要素として含んだ徂徠学の近代性(モダニテート)(一種のRationalismus)ついて、私はただ研究上の一つの対象として「価値自由」に認識するのみならず、実践的な価値判断の態度をもって評価したい。そして、「聖人の世には、棄材なく、棄物なし」という認識は理想的社会像をあらわす理念として、これらの諸要素を導き出す含意をもったことばであったと、私は思う。それらは、現代でもなお――「道」がすでに「漠然とした言葉」(漱石『こころ』)となりはて世俗化がいっそうすすみ、個我の欲望の噴出とその競い合いともいうべき状況が私的領域のみならず公的領域でも浸潤し、「価値現実」(Wertwirklichkeit)な自然の成りゆきとして肯定されるように思われる、戦後の流動する歴史的現代でもなお、あるいは、そのような現代であるがゆえに――ユートピア的特性をもった教育思想として「未完のプロジェクト」たり続けているのではないか。本研究が、こうした歴史的事情のたとえその一端でも明らかに

あとがき

できたとするならば、一教育史研究者として私はなにほどかの達成感をいだくことができよう。

もちろん研究課題は残されている。教育思想史研究をこえた課題もあるだろう。思想そのものだけでなく、徂徠学的ともいうべき教育実践を考えるならば、どのように近現代の教育史の現場において展開しているかどうか、という点も私の切実な興味をひかないではおかない。それを記録すること——分析概念で記述するという本研究のアプローチとは異なって、資料そのものをできるだけ加工しないで記録することも、私自身の責務の一つであると感じる。

こうした感想をも私は抱くが、本研究そのものは妄想の産物以外のものではないと思っている。「護教的」という批判などがあるとすれば、それを私は甘受したい。

いろいろと問題を含むにしても、これまでの私の研究活動は、卓越した先行業績のほか、多くの方々の力添えなしには成り立ちえなかった。その方々は、私の研究活動をみちびき、力強く推しすすめ、なおかつ幾分かの深みを与え、なしえなかった限界や残された課題を知らせてくださった。本研究が成り立つ諸事情などにも深くかかわるので、この場で謝辞とともにたち入ってふれさせていただきたい。

大塚の東京教育大学の学生のころから筑波大学の研究科のころまで私の身近でご指導下さったのは、斉藤太郎先生（現、桜花学園大学教授）であった。先生からは研究方法の最初の一歩から、多くのことを学んだ。とりわけ思想史研究におけるKlassikerとしての丸山眞男へ導いて下さったのは、先生であった。本書はけっして丸山研究をめざしたものではないが、丸山理解という点で、多少なりとも適切な部分があるとすれば、先生のご指導の賜物といってよい。どこか飄逸とした趣のともなうリベラルな気風で先生は私たちに接しておられ、演習の場での私たちの発言——たとえそれが、素朴で、どこか的はずれのものであっても——に対しても丁寧にメモされていた。目前の相手を正面にうけ容れてむきあう、「知的誠実」とも

いうべき抑制された姿勢は、テキストに対しても同様であって、テキストそのものの個性的世界にじっくりとむきあう理解の仕方を示された。その点で、F. マイネッケ『歴史主義の成立』（菊盛英夫・麻生建訳）上下、川喜田愛郎『近代医学の史的基盤』上、などのテキスト全体を私は先生と読み合わす機会をえたことは、今にして思えば、ゆったりとした充実した時の流れを自覚できた贅沢なひとときであった。本研究の仕上げにさいしても、今年（2003年）数ヶ月のあいだ詳細なコメントとアドバイスを何度もいただくことができた。それらは、研究科を離れて以後の知的空白を埋める密度をもっていた。主として読み手を意識した論述作法に関する基本的な諸事項について、適切に修正をほどこすことができた。本研究が自閉的な世界から抜け出すことに多少なりとも成功したとするならば、先生の知性の助けによるものである。

　大学院のころ、日本史の素養のまるでない——いまでもそう変わりないが——私をたえず温かい包容力をもって、日本史研究室に出入りさせてくださったのは、芳賀登先生（筑波大学名誉教授）であった。愛知県の豪農古橋家の合宿調査にも一度参加させていただいた。このたびの私の研究方法のスタイルは、「草莽の精神」を力強く、つぎつぎと掘り起こされる先生の学風から、遠いところに来てしまったようである。けれども、学問そのものに先生が吹き込まれた「世直し」の精神にふれて、学問が知的認識を基本目標とするとはいえ、けっして知的な高踏的玩物にとどまってはならないこと、ひとびとの公共的社会の課題に与っていなくてはならないこと、こうした学問そのものの基本的姿勢は、いまでも私はうけ継ぎたいと思っている。と同時に、先生の親身に激励してくださる御人柄に当時の私もまた、どれだけ精神的な意味でささえられ、そして鼓舞されたか、感謝の念を禁じえない。宮崎の職場についてからは、一度もお目にかかっていないけれど、いまもなお励ましのことばをありがたく頂戴している。

　日本史研究室では、思想史研究の先輩として池田元さん（現、筑波大学教授）を知ることが出来た。長谷川如是閑に関する学位（請求）論文を提出されたころで、研究会での報告では、思想を論理的に凝縮して緻密に把握

あとがき

してゆかれる方法態度に接し、私は圧倒された。池田さんからは、そののち本研究の諸論稿の内容や方法に対して、おりにふれ詳細なコメントをいただいた。第1章第1節のヴェーバー論文に関しては、つぎのように問いかけられた。「倫理」論文で示された「通説」の近代的人間像（類型）とどのくらいかけ離れているのか、これまでとは違った「新しい近代人像」は呈示されたのかどうか、そして、この問いに関連して、通俗道徳など「絶対神などとはかかわりない形で規範を獲得する『セルフコントロール』の可能性（主体形成の可能性）」もあるとすれば、「ヴェーバー的主体形成をモデルにして、近世儒学をみなおそうとすることの可能性と限界」を私（河原）がどう認識しているか、という問いである（2000.4.14の日付の書簡）。「学」の主体として想定される社会層の問題とともに、戦後思想との距離感をどうもつか、という点にもかかわる重要な問いかけとしてうけとめた。私自身の位置関係をはっきりさせる意味でも、この忌憚のないご指摘はありがたかった。

　大学院を終え、明治学院大学で非常勤講師をさせていただいたころ、徂徠学についての論文の抜き刷り（第2節・第4節の論文）をお送りした丸山眞男先生から葉書でいくつかコメントをいただいた（『丸山眞男書簡集』みすず書房、に収録）。第3節の学の基本的様式（初出論文では「学の概念」）については、直接個人的にお目にかかってご意見をうかがうことができた。1992（平成4）年の秋（10月27日）、熱海市伊豆山のマンションでその機会をえた。先生はテープにご自身で録音されていたが、私のそのおりのノートを頼りにしてみずから把握できた内容をそのときの用語法にできるだけ即して、いまあらためて整理すれば——したがって『丸山眞男手帖』にほぼ毎号掲載されている、先生の発言を収録したテープからの復元の記録とは違って、誤解も含めて私自身のフィルターを介して把握されたものにとどまる——その要点はつぎのようだった。

1. 学の概念について。前提として第一に、教え—学ぶという人格的関係を前提とする学（学問）と、こうした関係を前提としないbookishな学（学問）を区別すること。徂徠であってもこの点明確に分離してい

511

なかった。西洋における学は、ギリシャ以来のロゴスの学がはやくからあって、非人格的な数学がモデルとされていたこと。第二に、学校と学（学問）とを区別すべきこと。塾とも区別される学校は一種のアンシュタルトとして把握できること（その例として、異学の禁を先駆的に、しかも厳格に実施した、頼春水を教授とする広島藩藩校と、この異学の禁によって家塾を開いた徂徠学派の儒者のことが先生によって言及されていたことを、私はこのたび自分のノートを見て確認した）。師が真理を独占している度合いが強いほど、第一の前提となる両者が混同される。第三に、学問と信仰との区別について。西洋思想史における学問と信仰の世界との峻烈な闘争と対比して、東洋の場合、区別が曖昧であった。徂徠の場合にはこれを区別し、経験科学の方向を切りひらくとともに、聖人への信仰を求め超越者への信仰の契機をとり入れた。宣長の場合には、テルトゥリアヌスの「非合理なるゆえに我信ず」という信仰の世界での居直りに近い。

2. 思想史（発展史）の概念について。「思想史」と名のる以上は、自然的な歴史経過ではない時間の流れの意味をもとめることが重要である。思想論としてではなく、歴史のなかの対話として、先人（経学的著述ではなく学説史を書いた井上哲次郎等）の蓄積の上に後人の仕事を加えるものとして思想史が構成される。進歩の観念を否定するあまり、思想史における「歴史的発展」の意味を見失ってはならない。

3. 日本思想の翻訳について（2の「対話」の契機の重要性と関連して）。対象にとらわれる（「日本独特主義」）と動きがとれない。当の対象をこえて言い換え自由でなければならない。

4. 人間形成の概念について。ⅰ）人間を形成するのか、人間が形成されるのか、この区別が必要であること。その場合、生と形式との関連で、さらに、形づける＝formenこと（とくにユートピア的理念をもって形づけること）と、形成されたもの＝das Geformteとの区別がある。宣長の場合、その古道は形式拒否と「生命」尊重、しかしその歌道は形式を重んず。その矛盾をどう捉えるか。わが国における現実形式の尊

重の典型例として模範国という意識がある。ユートピアとしての形式という意識が欠如している。ⅱ）個人の内面性に関わる道徳と集合的な諸個人の道徳との区別（個と集団の区別）が重要であり、学校教育の大切な課題でさえあるが、人間形成という場合にいう人間ははたして複数概念として把握できるか。

丸テーブルに両肘をつき手をあわせ、先生は私の論文草稿の内容にそくしつつ、以上のことなどを整然とお話になられた。私のノートを頼りにしているので正確に伝えていない部分があることを怖れるが、私にとってはほんとうに有り難い、日本・教育・思想史・研究に関するレクチュアといえるものだった。そのほか、岩波の「日本思想大系」では一番好きな「徂徠」と一番嫌いな「闇斎」を担当したことなどを率直におっしゃられたことも愉快であった。昼過ぎから夕食まで長時間にわたる先生の語りは、まことに啓発的であった。諸氏の証言するとおりであった。といっても、私のような者にはそれに対してただちに俊敏に応答することはできなかった。『座談』集となんと違うことか！　確認の問いかけをする以外、ただただ筆記するに精一杯というところだった。私の内側の思考は、このときにおいても、いつもながら澱み、鈍重だった。それに比べ、部屋一杯に見晴らせる海の澄み渡り、ぬけるような青さがなんと鮮やかだったことか。マンションの一室での論議、そして近くのレストランで奥様をまじえた夕食をすませ熱海駅までのタクシーのなかで、先生の語りは、「自由」の主張（容認）とともに避けがたく生ずる恣意とエゴイズムの問題におよんだ。わずかな時間だったが、私個人としてはこれまでの著述にうかがい知れない内容の展開だったので、私はこの話題についても興味深くきき入り、この点も教育思想の問題としてうけとめなければならないと強く思ったのを、いまも鮮明に覚えている。

伊豆で半日ほど丸山先生にお目にかかり贅沢な個人的なレクチュアをうけた濃密な時間以来、本書の刊行までに11年の歳月が流れた。私は、先生のそのおりの語りの全体を一つの問いかけとしてうけとめ、それに対していま本書をもって、このように理解しましたと応答できる思いである。

『自己内対話』(みすず書房、1998)のなかでヴェーバー「科学論文集」から「思慮」について論じた箇所が引用されていること (p.60) を確認して、私の「研究」もそう見当はずれでもないかも知れないと思った。とはいえ、その成果も全体として見れば、「研究」とは名ばかりで、極論と誤解、そして妄想以外のなにものでもない気もする。それでも、この成果をもって、無名な、しかも同門でもない、たんに思想史を愛好するにすぎない若輩に対する身に余るご厚誼にいくらかでも応えることができ、ここに幾歳月をへてようやく「対話」の一場面が成り立ちえたであろうかと勝手に思う。そして、この上ない安堵と喜びを感ずる。

　丸山先生にお目にかかれたことは私にとって得難く身に余ることだったが、もう一つそれに類するのは、宮崎にご自宅のある縁で本山幸彦先生（京都大学名誉教授）をいくたびか訪ねる機会をえて、先生が公刊される直前の手書きの原稿（『明治国家の教育思想』）の全体をいくつかに分けて数ヶ月拝読できる得難い幸運にもめぐまれたことである。政治権力の中枢にいる人物の政策上の発言内容のなかに教育思想を摘出して、資本主義発展の状況を主軸にして開明派の方向と伝統派の方向とが拮抗しながら明治国家の教育思想が展開してゆく、その様相が具体的に描出されている。こうした研究に接して、私の場合は、歴史的場との関連づけによって個々の言説の意味を読み解いてゆく作業が視野の外におかれていることに気づかされる。そのことは研究の必要な限界づけというよりも、場合によっては立論の浅さとして表出されるかもしれない。政治と教育との関連をつねに問われる先生は、徂徠学の政治的論理にも当然関心をむけられ、時の幕府権力の政策は古聖人の「作為」の論理のアナロジーによって恣意的に絶対的な正当性を確保することにはならないのか、とご自身の見解を述べられた。研究史（田原嗣郎氏、植手通有氏等）のなかでも重んじられてきた、「道」の普遍性と歴史的個体性との関連にかかわる根本的な問いかけだった。それは、徂徠学に対してユートピアとしての要素を重視していた、ほとんど無自覚ともいえる私自身の姿勢を明確にするうえで決定的に有益だった。

　宮崎で本山先生に出会えたことは、「僥倖」に属する。同様に、宮寺晃

あとがき

夫先生に出会えたこともありがたかった。先生には、宮崎大学に1988（昭和63）年着任するにあたって一方ならずお世話になった。以後もたえず研究上そのつど、過分なほどの理解を示し、後押しして下さった。残念ながら、先生はご自身の『現代イギリス教育哲学の展開』(1997) を上梓し、その年4月に筑波大学へ出されたが、その前後からお会いするごとに、これまでの論文をまとめるようにと激励してくださった。先生の積極的な励ましがなかったら、私の作業はこのような形で区切りをつけられなかったと断言できる。9年間同じ職場の教室でふだん接することができたことも、その励ましとともに有意義であった。思想史研究においても理念的志向と現実的感覚とが不可欠で、それらが緊張感をもって研究姿勢を律することが肝要であると私は思っているが、リベラリズムの教育についての先生の穏健であると同時に果敢な教育哲学研究は、そのような姿勢を見事に示しておられたように拝見する。こうした先生と日ごろ接したことによって、私自身のこの思いも、いつのまにか心の習慣としてなにほどかは形づけられたような気がする。このことを、私的な一身上の事柄でのご厚誼とともに感謝せざるをえない。

　M．ヴェーバーから私はこのたびの研究のための「近代」の概念的指標を選びとった。そのヴェーバーに関連して、社会学を研究されているUrsula Richter先生に同じ職場の同僚として出会えたことにふれたい。それもまた「僥倖」に属する出来事だった。思慮深く、成熟した人格性を感じさせる先生とは家族ぐるみでもお付き合いさせていただいているが、本研究に関わっては、先生がミュンヘン大学の院生だったころの指導教授で、ヴェーバー研究の第一線で活躍されているDirk Kaesler先生をご紹介し、かずかずの便宜をはかってくださったのも先生、そして旦那様のHeiner Richterさんだった。2001（平成13）年3月ケスラー先生を宮崎大学に大学としてお招きし、ヴェーバーの「職業として学問」について講演していただいて（今日の大学を取り巻く所与の状況との緊張感をもったその格調高い講演内容を、翌年3月の宮崎大学教育文化学部紀要に私は収録した）以後、昨年(2002) 5月私はケスラー先生の案内で、ヴェーバーが最晩年を過ごした

ミュンヘンのシュヴァービング地区に隣接した湖畔通 (Seestrasse) に残された、こじんまりした仮の旧宅の場所をたずねることができた。その家屋はイギリス式庭園に面していた。「ヴェーバーの書斎はささやかな庭に面し、二本の白樺の幹と一本の赤葉無の若木が向かいの醜い防火壁をかくしていた。街路のほうを見ても高原に産する赤松と白樺の小さな森があった。通りがイギリス公園に合しているところにイザール河の支流がさざめいており、さらに幾歩か行くと大きな湖で、鴨や鷗が群がっている。…大都市の街々の冷い石の牢獄に閉じこめられたのではなかったということは、何というありがたいことか！」。ヴェーバー夫人はこう記していたが、その記述（大久保和郎訳）を思い浮かべつつ、人格と生涯と学問を視野に入れることをもとめるケスラー先生の説明をうけて、庭園内の小路、おそらくは大学への行き帰りヴェーバーも歩いたであろう新緑の小路を歩いた。私はこのささやかな、しかし得難い体験をしながら、私自身のヴェーバー理解の皮相さを自覚するとともに、論説それ自体をとりあげるにしても、それとともにヴェーバーの精神史を理解するということも媒介すべき問題領域として残されていることを感じた。ケスラー先生とともにリヒター夫妻のかわらぬご厚誼に対して、私は心から深く、深く感謝したい。

　以上の方々のほかにも、書面をつうじて、あるいは直接に、諸先生から励まし、助言、尽力をいただいた。院生のころ E．カッシーラー『実体概念と関数概念』を読み合わす機会をつくって下さった山本恒夫先生（筑波大学名誉教授）、優秀な院生諸氏との交流も含め社会学的雰囲気に近づけて下さった門脇厚司先生（筑波大学教授）、宮寺先生とともに宮崎から筑波へ転出されたが、宮崎におられるあいだ、研究室で徂徠学における制度と教育の関連について真剣に骨太く論議し胸をかして下さった教育政治学の堀和郎先生、教育史の碩学といえる入江宏先生（宇都宮大学名誉教授）、長尾十三二先生（中央大学名誉教授）、そして政治思想史の石田雄先生（東京大学名誉教授）、松本三之介先生（東京大学名誉教授）、などである。これらの方々からの忌憚のない意見をもっと摂取できる機会をもとめたなら、私の拙劣な仕事もより健全なものになったにちがいないと、いまさらながら悔やま

あとがき

れる。

　直接的にはこのたびの研究内容には関係しなかったが、研究諸条件の確保の点で節目節目でいろいろとお世話になった、石部元雄先生（筑波大学名誉教授）、山口満先生（同名誉教授）、かつての同僚滝充先生（現在、国立教育政策研究所総括研究官）、元学部長の北村虎雄先生（宮崎大学名誉教授）、そしてこの点でも門脇先生、もうながいあいだご自宅で自由な語らいの場を提供して下さる畏敬すべきお二人、すなわち同じ職場で副学長として激務を淡々と処理された芋生紘志先生（生物学）と哲学の松尾雄二先生、いろいろな折りに私の幼稚なドイツ語の相談に親切に応じてくれる竹川昭男先生（ドイツ文学）にも、この場を借りて、厚くお礼を申し上げたい。独文の要旨作成にあたっては、竹川先生とともに、同じ職場のバルムシュ（Petra Balmus）さんにも何度も厳しくご指導していただいた。日本思想の「翻訳」にすこしでも寄与することになれば、女史の忍耐強いチェックの賜物といえる。

　また、私の拙い論文に目をとめて、著作という形で世に送り出すことを薦めて下さった、溪水社社長の木村逸司氏に心から感謝したい。本書の編集・校正の作業でお世話になった同社の西岡真奈美さんにもお礼をいいたい。本書は幸にも日本学術振興会の平成15年度科学研究費補助金（研究成果公開促進費）の交付を受けることができた。ここに関係各位に感謝の意を表したい。

　さいごに私事にわたり恐縮であるが、田舎の家族に本書の出版を報告したい。また、私のかけがえのないもう一つの家族、妻子理恵と萌とともに、本書の出版をよろこびたい。

　2003（平成15）年10月27日

河 原 国 男

Zusammenfassung

Eine ideengeschichtliche Studie der Gedanken Ogyu Sorais[1] zur Menschenbildung
Die sogenannte „Max Weber-Problematik"
im Bereich des erzieherischen Denkens im Japan der frühen Neuzeit

Kunio KAWAHARA

Einleitung

1) Aufgabe

Die vorliegende Arbeit untersucht die Geschichte des Denkens über die Menschenbildung im Japan des 18. Jahrhunderts. Forschungsgegenstand ist eine Reihe von Diskursen der Fragen nach dem als „Weg" (jap. michi) bezeichneten praktischen Prinzip. Die Träger dieser Diskurse sind uns schon seit Maruyama Masaos zwei Aufsätzen (1940, 1941-2)[2] gut bekannt. Es sind die folgenden vier „Weg" -Forscher: Ito Jinsai (1627-1705) und Ogyu Sorai (1666-1728), die beiden repräsentativen Vertreter der Alten Schule (*kogaku-ha*, vom 17. Jahrhundert an), die sich gegen das Naturrecht-Denken des Sung-Konfuzianismus richteten und darauf zielten, direkt zum Urkonfuzianismus zurückzukehren; Rai Shunsui

---

[1] Die japanischen Namen schreibe ich in der in Japan üblichen Reihenfolge, die den Nachnamen voranstellt.

[2] Deutschen Forschern ist neben der Studie Maruyamas sicher auch die Arbeit von Klaus Kracht (1986) gut bekannt, der sich dort ebenfalls zum Denken in der Tokugawa-Zeit geäußert hat. Ferner dürfen wir auch die Forschung von Inoue Tetsujiro (1913) nicht vergessen.

[3] Um in dieser Arbeit den Begriff „modern" zu bestimmen, gilt meine

(1748-1816), einer der bedeutendsten Verfechter des „orthodoxen" Sung-Konfuzianismus gegen die Sorai-Schule, sowie Motoori Norinaga (1730-1801), der antikonfuzianische Vertreter der Nationalen Schule (Nativist). Die Grundaufgabe der Arbeit besteht darin, in diesem historischen Zusammenhang hauptsächlich den Sondercharakter der philosophischen, wissenschaftstheoretischen und sozialanalytischen Werke von Ogyu Sorai (Maruyama et. al. 1973) deutlich zu machen. Ebenso wie Maruyama richte ich mein Hauptinteresse auf die Herausbildung des modernen Denkens in der Tokugawa-Zeit. Mit diesem Hintergrund berücksichtige ich folgende tiefgreifende Fragen: Gab es auch unter den besonderen Bedingungen der Feudalgesellschaft ein Denken zur „modernen" [3] Menschenbildung? Wenn ja, in welchem Sinn kann das Denken als „modern" bezeichnet werden? Entwickelte sich dieses Denken weiter oder nicht? Traten dabei Schwierigkeiten auf ?

2) Methode

Vor allem Maruyamas zweiter Aufsatz (1941-2), der Ogyus Begriffspaar „Gestaltung" und „Natur" übernimmt und als „Logik der Gestaltung" (*sakui no ronri*) im Vergleich mit der „Logik der Natur" (*shizen no ronri*) hervorhebt, ist für meine Arbeit bedeutsam. Darin ist hypothetisch erkennbar, daß sich die „Logik der Gestaltung" nicht allein durch die Idee zur Konstruktion der Gesellschaft entwickelt hat, was Maruyama hauptsächlich am Beispiel des politischen Denkens Ogyus zeigte, sondern auch

---

Aufmerksamkeit dem individuellem Wertbewußtsein. Dabei berücksichtige ich eines der Modernisierungsmerkmale, die John Whitney Hall 1960 auf der „Hakone-Conference" bei der konzeptionellen Diskussion über die Moderinisierung Japans ausführlich zusammenfaßte: „...secular, and increasingly scientific, orientation of the individual to environment" (Hall 1965:19). Ich gehe der Frage nach, ob diese Erscheinung bereits in der Feudalgesellschaft (Tokugawa-Zeit: 1603-1867) vorhanden ist.

Zusammenfassung

durch die Gedanken zur Menschenbildung. In der Tokugawa-Zeit blieb Ogyus Auffassung dazu unberücksichtigt. Aufgrund Ogyus scheinbarem Desinteresse für die Selbsterziehung wurde die Sorai-Schule von den Sung-Konfuzianern verworfen. Doch wir dürfen Ogyus Gedanken zur Menschenbildung nicht übersehen. In diesem Zusammenhang gibt es noch einen weiteren wichtigen Aspekt. Vorstellbar ist, daß die „Logik der Natur" als Prinzip der Lebensführung den Gedanken der „unmittelbaren Gegebenheit" bedeutete. Das Prinzip stellt uns vor ein Problem: Was bedeutet dieses Prinzip für die Menschenbildung als eine Art der „Gestaltung" ?

Ich bin der Meinung, daß die „Logik" im Aufsatz Maruyamas allein nicht genügt. Wenn für die als „modern" gekennzeichnete Menschenbildung die autonome Beherrschung des Selbst mit dem auf eine „überpersönliche Wertidee" gerichteten Bewußtsein unentbehrlich ist, dann handelt es sich dabei um die Frage nach der Bedeutung des *Maßes* und des *Messens* für den Menschen. Mit Rücksicht auf diese erzieherische Aufgabe und Methode benütze ich als analytisches Grundmerkmal die Konzepte Max Webers (1864-1920) zur Erklärung historischer Wirklichkeiten. Webers Konzepte (1906, 1916a, b, c) über die praktische Lebensführung, die er in der vergleichenden Religionssoziologie „Rationalismus" nannte, sind die folgenden:

a) die Lebensführung der „rationalen Beherrschung der Welt";
b) die Lebensführung der „rationalen Anpassung an die Welt".

Durch die ideengeschichtliche Erkenntnis und die Anwendung dieser Konzepte versuche ich eine Modernität und einen Stillstand der Zeit im Bereich der Gedanken über die Menschenbildung selbst deutlich zu machen. (Dabei ist die häufig gestellte Frage, ob Lebensführung oder Menschenbildung mit der Entstehung des japanischen Kapitalismus verbunden waren, für mich nicht von Belang.) In diesem Sinn möchte ich mit meiner Arbeit die sogenannte „Max Weber-Problematik" in der japanischen Weberforschung (Uchida 1972: 6-13)[3] im Bereich der Geschichte des erzieherischen Denkens im Japan der frühen Neuzeit verdeutlichen.

Im Folgenden werde ich auf die einzelnen Kapitel der Arbeit eingehen.

1. Kapitel: Problemstellung

1.1 Der erzieherische Sinn des Begriffs „Erwägen" bei Max Weber

In Bezug auf die rückhaltlose Hingabe an eine „Sache" bemerkte Max Weber (1917/18: 494), daß „...eine ›Persönlichkeit zu sein‹ etwas ist, was man nicht absichtlich wollen kann" . Diese Bemerkung zeigt nicht Webers Indifferenz gegenüber der Menschenbildung, sondern vielmehr seine grundsätzliche Auffassung, wie man jemanden zu einer „ethischen Persönlichkeit" machen kann.[4] Webers Interesse galt der Erziehung. Weber betonte die rückhaltlose Hingabe an eine „Sache" als praktische Lebensführung[5] vor allem für den asketischen Protestantismus. Die Lebensführung war, wie wir im soziologischen Werk Webers (1906) erfahren, auf die „rationale Beherrschung der Welt" gerichtet.

In meiner Arbeit verdeutliche ich geistesgeschichtlich die Frage: Welche Aufgaben der Menschenbildung sind für die Lebensführung notwendig? Meiner Meinung nach sind die Hauptaufgaben der Menschenbildung die folgenden:

---

[3] Vgl. zur Verdeutlichung der Probleme die Aussage Maruyamas zum Max Weber-Symposion in Tokyo 1964, die Anlaß für Uchidas Buch war. Meine Vermutung ist, daß der Modernisierungsgedanke im Werk Max Webers als methodisches Hilfsinstrument auch für die erzieherische Aufgabe in der Zukunft Japans seine große Bedeutung nicht verliert. In dieser Hinsicht bringe ich dem Politologen Maruyama Masao und dem Wirtschaftshistoriker Otsuka Hisao Sympathie entgegen, die—nach Schwentker (1998:348) — die Hauptvertreter

Zusammenfassung

1) in Bezug auf das Streben nach einer transzendenten Wertidee die eigene Geringfähigkeit richtig einzuschätzen;
2) mit Hingabe an die „Sache" die Willkürlichkeit der durch Sinneseindrücke beeinflußten eigenen Unmäßigkeit und des eigenen Urteils zu überwinden;
3) durch eine ausgewogene Mischung der Polaritäten der menschlichen Natur sich selbst zu beherrschen.

Gemäss Weber kann die intellektuelle Gesinnung dieser Aufgaben als „Erwägen" begriffen werden. Die „erwägende" Persönlichkeit postuliert wesentlich die Fragen nach der Bedeutung des *Maßes* und des *Messens* für den Menschen (Löwith 1932: 63-99). In dieser Hinsicht waren die Fragestellungen Webers mit der Platonschen „Meßkunst" (Ritter 1923: 191) verwandt. Darüber hinaus stehen die Fragestellungen dem erzieherischen Gedanken Eduard Sprangers (1962) gegenüber, der als einer der Nachfolger der geisteswissenschaftlichen *Pädagogik das unberechenbare Rätsel* des Lebens achtete.

1.2 Die ideengeschichtliche Konstruktion der sogenannten „Max Weber-Problematik" in Japan

Weber stellte die Hingabe an die „Sache" kontrastiv dem „Personalismus" im chinesischen Konfuzianismus gegenüber. Bei diesem „Personalismus" handelte es sich nicht um eine transzendente Verankerung der Ethik, sondern um „Pietät gegen konkrete, lebende oder tote Menschen,

---

der dritten Phase der Wirkungsgeschichte Webers in Japan waren.
[4] Für die wissenschaftstheoretische Diskussion über die Persönlichkeit siehe Weber (1903-1906).
[5] Einig war Weber in der Einstellung „Sachlichkeit" mit Kerschensteiner (1854-1932). Dieser bezeichnete eine solche Einstellung jedoch hauptsächlich als Bildungsmethode in der Arbeitsschule (1923:58).

die ihm durch die gegebenen Ordnungen nahestanden" (1966a: 523). Bei dieser vergleichenden soziologischen Betrachtung ging Weber auf den „Zustand des feudalen Japan" in der Tokugawa-Zeit ein. Dabei versuchte er, die soziokulturelle Lage Japans vor allem zwischen Europa und China zu erkennen. Hier existieren fragmentarische Diskussionen über Japan (1916c: 295ff.). Von auschlaggebender Bedeutung für meine Untersuchung ist dabei Webers Schlußbemerkung über die „asiatische Intellektuellenkultur" : „Der Gedanke, durch schlichtes Handeln gemäß der ›Forderung des Tages‹ jene Beziehung zur realen Welt zu gewinnen, welche allem spezifisch occidentalen Sinn von ›Persönlichkeit‹ zugrunde liegt, bleibt ihr ebenso fern wie der rein sachliche Rationalismus des Westens, der die Welt praktisch durch Aufdecken ihrer eigenen unpersönlichen Gesetzlichkeiten zu meistern trachtet." (377) Vom Standpunkt des erzieherischen Gedankens aus fand ich in den Diskussionen die nachzuprüfenden, zu spezialisierenden und zu lösenden Probleme. Daher stellte sich von meiner eingegrenzten Perspektive aus die Grundfrage: Wie weit lag das erzieherische Denken im Japan der Tokugawa-Zeit von dem in Europa entfernt?

2. Kapitel: Die didaktische Bildungslehre bei Ito Jinsai: Aufgrund der überpersönlichen und immanent-persönlichen Weg-Diskurse
Ito Jinsai stand dem Sung-Konfuzianismus und dessen Naturrecht-Denkart, die das Naturgesetz dem ethischen Gesetz gleichsetzte, kritisch gegenüber. Andererseits verfolgte er den „Weg" als ethisches Gesetz, vor allem die Tugend der Großzügigkeit. Im „Weg" -Diskurs Itos zeigt sich eine gegensätzliche Denkhaltung: die nach der Tugendidee überpersönlich transzendente Richtung sowie die empirische Richtung der vier ursprünglichen Güten der menschlichen Natur (*shitan*). Aufgrund dieser Polarität entwickelte Ito in einem seiner Hauptwerke *Gespräche mit dem*

Zusammenfassung

Meister (*doujimon*) die didaktische Bildungslehre. In der Bildungslehre wurden nicht nur die Analekte des Konfuzius (*rongo*) als das trefflichste Bildungsgut selbst berücksichtigt, sondern auch als entscheidendes Element die ungezwungene Zusammenarbeit des Meisters und seiner Schüler. Zwischen den beiden Elementen, dem objektiven und dem subjektiven, versuchte Ito die erzieherische Wahrheit zu finden. Unerläßliche Bedingungen waren für ihn, daß sich die Schüler den gegebenen Gegenstand aneignen und daß die geistige Tätigkeit vermehrt, gehoben und veredelt wird (vgl. Willmann 1957: 325).

3. Kapitel: Die überpersönlich transzendenten Gedanken zur Menschenbildung bei Ogyu Sorai

Aufgrund der Gegensätzlichkeit der Gedanken Itos betonte Ogyu die Richtung des Strebens nach der überpersönlichen Wertidee. Obwohl sich Inhalt und Sinn der Wertideen der beiden Wissenschaftler im Weg-Diskurs unterschieden, war Ogyus politische Ansicht über die große Wertidee - der Weg der Weisen (*seijin no michi*) für den Bereich der Gedanken zur Menschenbildung von entscheidender Bedeutung. Die von Ogyu mehrfach nachdrücklich betonten Hauptaufgaben der Menschenbildung sind folgende:

1) Im Vergleich mit dem „Maß" (*kikujunjou*) der großen Wertidee, die nur die Weisen des Altertums erlangen können, sollte jeder Militärherrscher seine eigene Geringfähigkeit realistisch einschätzen. Diese Selbsteinschätzung bedeutete keinesfalls etwas Negatives, vor allem nicht Selbstverkleinerung. Vielmehr mußte der Grundstil des „Lernens" der Herrscher nun aufgrund der Selbsteinschätzung zum „Weg" hin orientiert werden. Von Bedeutung war das Streben nach einem transzendenten Ziel („Weg"). Laut Ogyus Kommentar (*rongocho*) ist die freundschaftliche Zusammenarbeit des Meisters und seiner Schüler — wie bei Konfuzius und

seinen Schülern — von großer Bedeutung. In diesem Punkt wurde das Ziel — gemäß der Terminologie Max Webers — in einen schroffen Gegensatz zu der „Selbstvergottung" oder der „Selbstvervollkommnung" im sung-konfuzianischen Sinne gesetzt. Ein solches erzieherisches Ideal bedeutete „Vermessenheit".

2) Mit Rücksicht auf die allgemeine Wertidee sollte jeder Herrscher die Willkürlichkeit der eigenen Erkenntnis der Tatsachen und seiner Wertentscheidung überwinden. Dazu bemerkte Ogyu, daß jeder Herrscher sich den kulturellen Dingen (*mono*) des Altertums „sachlich" hingeben müsse. Der Versuch der Aneignung benötige methodische Grundsätze für das Lernen der Herrscher:

a) die Verwirklichung der Individualität des Einzelnen (*kishitsu*);

b) nicht das passive Aufnehmen, sondern das aktive Verstehen (*jitoku*);

c) die langjährige langsame Entwicklung wie bei den Pflanzen unter dem „gnädigen Regen" (*choyou*).

3) Als erzieherische Aufgabe aller Menschen, die Mitglieder einer idealen öffentlichen Gesellschaft werden sollen, erwartete Ogyu die Beherrschung des Selbst. Denn er fand doppelseitig im Gleichgewicht zu haltende Aufgaben für das Dasein des Menschen. D. h.:

a) in Grenzfällen sich selbst zu erkennen und durch die Gewöhnung sich selbst zu verändern;

b) alle Individuen zu einer kollektiven Gesamtheit zusammenzuführen und die Individualität des Einzelnen zu verwirklichen;

c) sich selbst zu stabilisieren und sich zu entwickeln.

Um diese erzieherischen Aufgaben zu lösen, betonte Ogyu weder die Tätigkeit der ausgesprochenen „Lehren" noch die Schul-*Anstalten*, in denen für die Studenten eine gewisse Zwangslage unabdingbar war. Vielmehr betonte er — so paradox es klingt — die unausgesprochenen und *vorausberechenbaren* Bildungsfunktionen der Institutionen, d. h. die

Zusammenfassung

mannigfaltigen Ritualien (*rei*) und die klassische Musik (*gaku*). Sie wurden als Sittlichkeit (Ethos) charakterisiert. Er erwartete, daß die Herrscher die Menschen an diese Institutionen gewöhnten (*narau*).

Die oben unter 1) - 3) erwähnten Hauptaufgaben der Menschenbildung sind - nicht als inhaltliche Gedanken, sondern als Denkstile gesehen - dem Weberschen Konzept über die Lebensführung der „rationalen Beherrschung der Welt" ähnlich.

Von entscheidender Bedeutung ist auch bei Ogyus Gedanken über die Menschenbildung sein Beharren auf dem Wertsinn des *Maßes* und des *Messens*. Damit versuchte Ogyu, obwohl er zwar die individuelle Entwicklung des Einzelnen betonte, die gefährlich relativen Tendenzen des Historismus zu überwinden. Wenn Ogyu auch als Konfuzianer die Analekten des Konfuzius (*rongo*) kommentierte (*rongocho*), unterschied sich seine Auffassung von dem Konzept über die Lebensführung der „rationalen Anpassung an die Welt", die als Besonderheit des chinesischen Konfuzianismus von Weber geschildert wurde. Gerade deshalb stand die Stellungnahme Ogyus zu der tranzendenten Idee des „Wegs" (*michi*) und der Sachlichkeit (*kakubutsu*) in einem schroffen Gegensatz zum Weberschen Begriff „Personalismus".

4) Neben den bereits genannten gab es noch eine vierte Hauptaufgabe der Menschenbildung. Nach Meinung Ogyus müßten ausnahmslos alle Menschen — nicht nur Militärherrscher, sondern auch Bauer, Kaufmann, Handwerker, Schauspieler, Wissenschaftler, Behinderter u. a. — als Mitglieder der öffentlich auf das Gemeinwohl zielenden Gesellschaft zu einem „Beamten" (*yakunin*) werden. Um diese schwerwiegende und deshalb erhabene Aufgabe zu lösen, erwartete Ogyu von den Herrschern nicht allein, daß sie begabte Menschen suchen sollten, vielmehr sollten sie als ein spezielles Gebiet der Hauptaufgaben den Ausgleich zwischen einzelner menschlicher Natur (*kishitsu*) und einzelner Aufgabe des

typischen Berufs (*shokubun*) erzieherisch berücksichtigen.

In dieser Hinsicht gibt es zwischen Ogyu und Weber einen unübersehbaren Unterschied der Konzeption „Öffentlichkeit" . Bei Weber wurde die Aufmerksamkeit auf die inmitten der Beherrschung des bürokratischen Apparates stehende Persönlichkeit gerichtet. Eine Person, die im ethischen Sinn teleologisch „erwägen" soll, muß gleichzeitig durch die Zugehörigkeit zur „Gnadenanstalt" als Kardinaltugenden Gehorsam und Unterwerfung besitzen (Löwith 1932: 97). Gerade deshalb muß eine Person das moderne „Spannungsverhältnis" (Weber 1916b) zwischen Religion und intellektuellem Erkennen aufrechterhalten. Bei Ogyu, der sowohl Vertreter der öffentlich auf das Gemeinwohl zielenden Gesellschaft als auch der wichtigste Vertreter der bürokratischen Institutionen des 18. Jahrhunderts war, gibt es andererseits nicht die Erkenntnis eines solchen Spannungsverhältnisses.

4. Kapitel: Rai Shunsuis politische und erzieherische Meinung zur Schulreform und seine Stellungnahme zur patrimonialbürokratischen Gegebenheit

Die „Politisierung des Konfuzianismus", die Maruyama bei Ogyu Sorai hervorhob, wurde später vom Sung-Konfuzianismus übernommen. Rai Shunsui, einer der wichtigsten Verfechter des „orthodoxen" Sung-Konfuzianismus, der auch die „Geringschätzung" der Erziehung bei Ogyu als „heterodoxe Lehre" (*igaku*) ablehnte, äußerte seine politische und erzieherische Meinung zur Schulreform. Die wesentliche Eigentümlichkeit war gemäß der Terminologie Max Webers „patrimonialbürokratisch". Die erzieherische Bedeutung lag darin, daß von diesem Standpunkt aus Gewicht auf die Ausbildung der Lehensbeamten gelegt wurde, die eine Lebensführung der „rationalen Anpassung an die [feudalistische] Welt" haben und dabei ihr Verhalten wenigstens äußerlich reglementieren

Zusammenfassung

sollten. Rais Lehre der Ausbildung könnte nicht als theoretische, sondern als praktische Pädagogik vom Standpunkt der Schulordnung aus bezeichnet werden. Rai war, wie alle Lehrer dort, amtlich an der Schule des Lehens Hiroshima beschäftigt. Die Bindung der Schüler an ihren Lehrer erfolgte dort durch strenge Legitimität, d. h. ohne Auswechselung des büroamtlich zugewiesenen Lehrers. Hier gab es eine mit der orthodoxen Lehre verbundene Stellungnahme der unmittelbaren Gegebenheit des Amtranges. Unter der Bedingung der Lehrer-Schüler-Bindung vertrat Rai eine ausführliche Meinung nicht nur zur Lehrmethode, sondern ebenso zur Verwaltung der Lehensschule. Der Grundstil des „Lernens" war dabei nicht auf eine überpersönliche Wertidee, sondern streng auf die „Lehre" des einzelnen Lehrers selbst gerichtet. Als Folge der Patrimonialbürokratie eigneten sich die vor allem büroamtlich hochgeachteten Lehrer ihr persönliches „Amtscharisma" im Weberschen Sinne an.

5. Kapitel: Die Einstellung der gefühlsmonistischen Gegebenheit und daraus folgend die Vernichtung der Menschenbildung bei Motoori Norinaga

Hinsichtlich der „Logik der Gestaltung" bei Ogyu, die Maruyama betonte, gab es eine enge Verwandtschaft von Ogyu und Motoori. Ogyus „Weise" und Motooris „Geister" waren wesentlich Agens der „Gestaltung" . Die erzieherische Bedeutung bei Motoori besteht darin, daß die „Logik der Gestaltung" die menschliche Lebensführung bestimmt, die gemäß der Terminologie Heinrich Rickerts (1863-1936) dem „Gefühlsmonismus" (1921: 250-2) ähnlich war. Dabei handelte es sich um die Lebensführung der „Gefühlsmäßigkeit" oder „Naturgemäßigkeit" (*onozukara*), die sowohl Existenz- als auch Wertbegriff ist. Sie bedeutete nicht nur bewußte Verneinung des ausgesprochenen „Lehrens" , sondern in der Tat die Vernichtung von Eigenschaften der Menschenbildung.

a) Verneinung von allem, was man tun soll, d. h. aller Tugenden und des sittlichen Ideals des Menschen, insofern sie nicht etwas Tatsächliches (*arinomama*) sind.

b) Unterschiedslosigkeit von Subjekt und Objekt, durch die die Menschenbildung nicht als bloß spontane Entstehung, sondern als eine Art Kunst im Prinzip möglich ist.

c) Leugnung des menschlichen Strebens nach dem „Gestalten" aufgrund der „Logik der Natur" .

Andererseits führte der „Gefühlsmonismus" bei Motoori als Art der Lebensführung nicht zu einer „rationalen Anpassung an die Welt". Vielmehr führte er zu nicht selbständigem, d. h. zu passivem Gehorsam. Deswegen bedeutete diese Lebensführung im strengen Sinn des Wortes, daß sie sich, wenn auch ich sie hier „Gefühlsmonismus" nenne, nach dem „Weg der Geister" oder der „Logik der Natur" nicht als eine Art „Ismus", sondern als Anti-„Ismus" von den „Wertewirklichkeiten" zur gefühlsmäßig unmittelbaren Gegebenheit orientierte.

6. Kapitel: Die Gedankenstruktur der „Max Weber-Problematik "

Schließlich stelle ich fest, daß die Gedanken über die Menschenbildung im 18. Jahrhundert weder *schon zu modern* noch *noch vormodern* sind, sondern vielmehr eine *beiderseitige* geschichtliche Denkstruktur von Modernität und Stillstand zeigen. Im umfassenden Sinne Max Webers gesehen bedeutet Modernität „Rationalismus" für „eine heilige ›Sache‹ oder ›Idee‹" (1916a: 523). Stillstand bedeutet „unelastische Stereotypierung" (1916c: 296). In der Phase des historischen Übergangs ist Ogyus Modernität-Moment verschwunden.

Zwischen diesen beiden gibt es einen offensichtlichen Unterschied in der Denkweise, d. h. zwischen dem Verhältnis von Glauben und Wissen. Ogyu verweist auf die transzendenten Werte-Gebiete des Glaubens, die

Zusammenfassung

nach menschlichem Wissen *unberecqhenbar* sind. Trotzdem oder gerade deshalb war das ununterbrochene Streben nach dem rechten Erkennen der überpersönlichen Wertidee selbst von entscheidender Wichtigkeit. Wie bei Ogyu finden sich auch in Motooris Gedankengang die transzendenten Werte-Gebiete des Glaubens wieder, die nach menschlichem Wissen *unberechenbar* und *unerreichbar* sind. Im Gegensatz zu Ogyu betont Motoori jedoch das Tertullianussche „Opfer des Intellekts". Die Gedanken Rais weisen eine gewisse Ähnlichkeit mit denen Motooris insoweit auf, daß Rai das Streben des rechten Erkennens nach der überpersönlichen Wertidee nicht erwartete. Die erzieherische Absicht Rais war eng auf die tatsächlichen Gegebenheiten der Lehranstalt in der feudalen Gesellschaftsordnung begrenzt. Dabei entwickelte sich das Moment des Glaubens *nicht* zur geistigen Haltung auf den transzendenten Gebieten, die aufgrund menschlichen Wissens *unberechenbar* und *unerreichbar* sind, *sondern* zu einer Haltung der *rituellen* „Stereotypierung", vor allem der weltlich ausgeführten Zeremonie für den Konfuzius-Kult (*sekiten*).

Fraglos war die erzieherische Modernität Ogyus begrenzt. Die soziale Schicht, an die Ogyu als „Lerner" (*gakusha*) dachte, waren gar nicht die Bürger, sondern die Militär*herrscher* als grundsätzliche Reformer der Feudalgesellschaft. Andererseits waren in den Stillstand-Gedanken Rais und Motooris gewisse Möglichkeiten einer anderen Rationalität als „Rationalismus der Ordnung" enthalten. In den erzieherischen Idealen Rais, der in Edo auch als Lehrer des jungen Lehnsherren diente, gab es als Kardinaltugend eine nicht büroamtliche, sondern vielmehr rein persönliche, „treue" Hingabe an den eigenen Herrn und ein an ritterlichen Konventionen orientiertes Gefühl für „Ehre", gerade wie Max Weber betont: „Rittersitte und Ritterbildung wie im Mittelalter des Occidents, nicht Prüfungsdiplom und Scholarenbildung wie in China ... bestimmte das praktische Verhalten" (1916c: 300). Mit einer solchen Kombination von

531

„Ehre" und „Treue" würde sich der Keim des modernen „Rationalismus" für „eine heilige Sache" oder „Idee" entwickeln. Im künstlerischen Ideal Motooris lag eine ideelle Konstruktion des Nirgendwo (Utopie), unter der nicht nur die Bildung des Kunstwerkes (*tanka* [Kettengedicht]), sondern auch die Bildung zu einer ethischen Persönlichkeit verstanden werden kann. Solche ethische Persönlichkeit wird nicht durch etwas Tatsächliches, sondern durch transzendentes *Sollen* bestimmt.

Unter dem Gesichtspunkt der theoretischen Auseinandersetzung über die Menschenbildung bleibt eine Modernisierung der Gedanken zu einer Erziehung, die ein überpersönliches Wertmaß benötigt, in der Gegenwart Japans noch *unvollendet*. In dieser Hinsicht zeigen Ogyu — und im 20. Jahrhundert sowohl Maruyama als auch Weber — im Zusammenhang mit der japanischen Geschichte die allgemeingültige (vor allem bürgerliche) Bedeutung für die Bildung einer „ethischen Persönlichkeit" in der Gesellschaft auf, wobei jedes Individuum öffentlich auf das Gemeinwohl zielen und sich im Weberschen Sinne in seinem „Beruf" (oder gemäß Ogyus Ausdruck „*shokubun*") verwirklichen soll.

Bibliographie

Hall, John Whitney (1965): Changing Conceptions of the Modernization of Japan. In: Marius B. Jansen (Edited): *Changing Japanese Attitudes Toward Modernization.* Princeton, New Jersey: Princeton University Press.

Inoue,Tetsujiro (1913): Die japanische Philosophie. In: Paul Hinneberg (Hrsg.): *Allgemeine Geschichte der Philosophie.* Leipzig, Berlin: Teubner.

Kerschensteiner, Georg (1923): Der pädagogische Begriff der Arbeit. In: Schöninghs Sammlung pädagogischer Schriften (1968): *Georg Kerschensteiner.* Band II. Paderborn: Ferdinand Schöningh.

Kracht, Klaus (1986): *Studien zur Geschichte des Denkens im Japan des 17.*

bis 19. Jahrhunderts. Chu-His-konfuzianische Geist-Diskurse. Wiesbaden: Otto Harrassowitz.

Löwith, Karl (1932): Max Weber und Karl Marx. In: *Archiv für Sozialwissenschaft und Sozialpolitik*, Bd. 67.

Maruyama, Masao (1940): *Kinseijukyou no hatten ni okeru soraigaku no tokushitsu narabi ni sono kokugaku to no kanren.* [Der Sondercharakter der Sorai-Schule in der Entwicklung des frühneuzeitlichen Konfuzianismus und seine Beziehung zur Nationalen Schule.] In: Ders. (1952): *Nihon seiji shisoushi kenkyu.* [Studien zur Geschichte des politischen Denkens in Japan.] Tokyo: Tokyo Daigaku Shuppankai. [Ins Amerikanische übersetzt von Hane, Mikiso (1974): *Studies in the Intellectual History of Tokugawa Japan.* Tokyo: Univ. of Tokyo Press.]

Maruyama, Masao (1941-2): *Kinseinihonseijishisou ni okeru shizen to sakui.* [„Natur" und „Gestalten" im politischen Denken des frühneuzeitlichen Japan: Als Gegensatz der Anschauungen der Institutionen.] In: A. a. O.

Maruyama, Masao und Koujirou Yoshikawa (1973-1987) (Hrsg.): *Ogyu Sorai Zensyu.* [*Ogyu Sorai Gesamtausgabe.*] Bd.1 (1973), 2 (1974), 3 (1977), 4 (1978), 13 (1987), 17 (1976), 18 (1983), Tokyo: Misuzusyobou.

Maruyama, Masao et. al. (1973) (Hrsg.): *Ogyu Sorai.* Nihon Shiso Taikei Bd. 36. Tokyo: Iwanami.

Rickert, Heinrich (1921): *System der Philosophie I.* 1. Aufl. Tübingen: J.C.B. Mohr.

Ritter, Constantin (1923): *Platon II.* München: C.H. Beck.

Schwentker, Wolfgang (1998): *Max Weber in Japan.* Tübingen: J.C.B. Mohr.

Sprangers, Eduard (1962): *Das Gesetz der ungewollten Nebenwirkungen in der Erziehung.* Heidelberg: Quelle & Meyer.

Uchida, Yoshiaki (1972): *Weba to Marukusu.* [*Max Weber und Karl Marx.*] Tokyo: Iwanami.

Weber, Max (1906): Die protestantische Ethik und der Geist des Kapitalismus. In: *Gesammelte Aufsätze zur Religionssociologie (RS)* (1963). 1. Bd., 5.Aufl. Tübingen: J.C.B.Mohr.

—(1916a): Konfuzianismus und Taoismus. In: *RS.1.* A. a. O.

—(1916b):Zwischenbetrachtung: Theorie der Stufen und Richtungen reliligiöser Weltablehnung. In: *RS.1.* A. a. O.

—(1916c): Hinduismus und Buddhismus. In: *RS*(1966). 2, 4. Aufl. Tübingen: J.C.B. Mohr.

—(1917/18): Der Sinn der ›Wertfreiheit‹ der soziologischen und ökonomischen Wissenschaften. In: Gesammelte Aufsätze zur Wissenschaftslehre (*WL*) (1985). 6.Aufl. Tübingen: J.C.B. Mohr.

—(1904-1906): Roscher und Knies und die logischen Plobleme der historischen Nationalökonomie. In: *WL*, a. a. O.

—(1906): Kritische Studien auf dem Gebiet der kulturwissenschaftlichen Logik. In: *WL*, a. a. O.

Willmann, Otto (1957): *Didaktik als Bildungslehre.* 6., unveränderte Aufl. Freiburg: Herder.

基本概念解説

 これまでの日本近世教育思想史研究には馴染みない、奇異でもある概念を本研究は分析的な道具として構築し、使用することになった。それらの概念は、もとよりそれらが適用される実際の論述（事項索引参照）によって、その使用価値が問われるであろう。けれども、読者の側に生じたかも知れぬ違和の感覚をできるだけ除去するために、ここに若干の基本概念を本論で記述した経験的内容をも含めて解説した。とりあげた事項数として限られているが、本論での論述の不備をいささかでも補うことを期待した。

 ヴェーバー的問題
 「戦前における日本のヴェーバー研究」（大塚久雄編『マックス・ヴェーバー研究』東京大学出版会、1965）のなかで、丸山眞男によって「ヴェーバー研究」と区別して使用され、内田芳明『ヴェーバーとマルクス』岩波書店、1972、によって、K.レーヴィットにならってマルクスとの関連を意識しつつ、レーヴィットとは異なってアジアとの関連を視野に入れて明確に規定された。
 本研究では、内田の規定を参照しつつも、マルクスとの直接的な関連にはふれずに、ヴェーバー社会科学の方法や成果を自覚的に応用することによって、「アジア的・後進的社会の歴史的問題性」を解明しようとする基本的な意図から設定される問題群の意味で捉えた。
 その場合、産業資本主義の発展の推進力となる「合理的経済倫理」があったかどうか、という問いかけ（源了圓「近世日本における宗教と経済倫理――マックス・ヴェーバーと日本――」『近世初期実学思想の研究』1980）は、もちろんヴェーバーの宗教社会学上の業績に沿ったものといえるが、本研究では第一義的な考慮の対象にはしなかった。本研究では、当の推進力になったかどうかという点ではなく、どのような教育とその思想がヴェーバーの理論的・実証的な研究によって認識されていたかどうか、という点に主要な関心をむけた。そのうえで、確認されたヴェーバー社会科学の諸概念をもって徂徠学を中心とした日本近世教育史の展開に照明をあてた。そして、視角としてのその中心的諸概念（考量、Sachlichkeit、現実的所与、Personalismusなど）との等質、近似、相違をきわだたせようとした。

535

18世紀初頭の徂徠学の秩序構成主体にかかわる人間形成思想は、「考量」概念を規定した理念的超越性の立場から構想され、人間の価値的な変化とそれをめざす人為的な取り組みをもとめる近代性を示していた。しかし他方、徂徠学以降18世紀後半の頼春水と本居宣長の思想においては、むしろ「考量」概念とは対照的に、固定的な状態性の持続を根本的に重んずるStereotiepierung（ステレオタイプ化）とヴェーバーが記すところの現実的所与性の思想傾向がそれぞれの教育認識の基本的立場を特徴づけていた。
　こうした両面性は、西欧的な近代性の後退とアジア的な持続性の出現をあらわし、18世紀日本の教育思想史における「ヴェーバー的問題」の思想的構造を顕著に示している。

　理念的超越性
　人間形成における思想的契機の一つとして、現実的所与性と対概念として用いた。
　人間の形成が、自然的な形成として受動的におこなわれるのではなく、自覚的な形で理想的人間のあり方の実現をめざして能動的におこなわれるとき、その理想がなんらかの価値理念と結びついて導かれる場合がある。その理念が現実の所与に対して超越性が認識される場合、その理念的な超越性は当の人間の現実的所与の持続的な状態を越えて、価値的変化を積極的にもたらす重要な契機として作用する。その意味で、近代的といえる教育思想を導く基本条件を形づくる。
　マックス・ヴェーバーは、こうした契機を没我的な態度で職業に専心するプロテスタンティズムの諸派の人間形成思想のうちに見出し、中国儒教の人間形成思想における現実的所与性の契機と対比させた。
　この理念的超越性は、「作為」の論理に基づきながら、人性に対する「道」の外在とともに超越を強調した徂徠学の人間形成思想を構想する基本立場となっていた。しかし、こうした理念的超越性は現実そのものではないという点で、虚偽として批判の対象にもなりうる。宣長は、一方で芸術上作品制作における虚構（「作り事」）の意義を重視しつつも、人間のあり方にかかわる儒教批判においては、実現不可能にもかかわらずそれが可能であるかのように見せる虚偽性に対する問題意識を根本においていた。

基本概念解説

現実的所与性

人間形成における思想的契機の一つとして、理念的超越性と対概念として用いた。

人間の形成が、自然的な形成として受動的におこなわれるのではなく、自覚的な形で理想的人間のあり方の実現をめざして能動的におこなわれるとき、その理想的な人間のあり方の実現を根拠づけるものとして、現実的所与性が重視される場合がある。たとえば、人性の自然として認められる「四端」(仁斎) や「相愛し相養ひ相輔し相成すの心」、「運用営為の才」(徂徠) などである。これらは、それ自身としては、人間の価値的な変化を積極的にうながす契機にはなりがたいが、その素地として重視されうる。

しかし、現実的所与性そのものが素地にとどまらず人間形成のあり方を規定する根本的立場として重んじられる場合がある。マックス・ヴェーバーは、そのような立場の代表的なものとして理念 (Idee) や事物 (Sache) ではなく、身近な自然的な人間関係の絆を中心にするPersonalisumus (人間関係優先主義とも、人間中心主義とも訳された) と指摘し、その事例を親先祖と子の自然的な人間関係の絆 (孝) を中心とする中国儒教の人間形成思想に見出した。

日本近世においても、こうした思想傾向は公・私の領域で顕著に見出される。代表的なものとしては心情の所与性と共感 (本居宣長)、そして、家産官僚制的な藩校組織のなかで、天合的 (君臣義合ではなく、君臣が先天的な結合関係をもった天合として) な所与性あらわし、したがって拘束的なものとしての理解が要請される、教官と諸生の関係の所与性 (頼春水)、がある。いずれにしても、Stereotiepierung (ステレオタイプ化) の特質が強調されていた。

測定術 (Meßkunst)

プラトン対話篇 (『プロタゴラス』『ピレボス』『政治家』など) に典拠をもつ。コンスタンチン・リッター『プラトン——生涯・著作・学説——』第2巻 (1923)、川田熊太郎「プラトンの測定学について」(1941) 等によって積極的にとりあげられてきた。2種類の測定術にわけられる。第一は理論的な測定学、第二は応用的で、倫理学、政治学、建築学などにかかわる測定術である。本研究では、後者にかかわる人間形成の技術の一つとしての側面で捉えた。

人間形成が自覚的に理想的人間のあり方の実現をめざしておこなうさい、理想の準則や根拠そのものが各人の内側に確認される (たとえば、誠、「真心」「本然の性」) のではなく、各人の外側に超越する価値理念として追求される場合が

537

ある。そのさい、価値理念は、尺度としての基本的性格をもって各人の存在や価値的意味を測定することが期待されるケースがある。測定術はそのような課題を担っている。そのとき、測定する精神の働きは人間形成の技術として重視される。

人間形成の技術としての測定術が課題とする人間のあり方は、人間がおかれた外的秩序と人間自身における内的秩序に即して、つぎのように整理できる。ⅰ）とりわけ尺度の価値的な超越性がきわだって認識されるとき、それにともなって自己の身の程を適切に測ることが要請される。そして諸個人の道徳的価値の低さの自覚をうながし、けっして「自らを聖とする」ことなく、謙抑することがもとめられる。ⅱ）尺度の客観的確実性にかかわって、ひとびととの共有性という点、あるいは個人的なものでも予測性の高さという点で、自己の感覚的な判断の恣意性に対する自覚がうながされ、その限界をどう乗りこえるかが要請される。ⅲ）、内的秩序にかかわる尺度の規範性という点を強調すれば、自己の過度の激情などを抑制することや、精神的諸部分の両極的な均衡をもとめるといった自己支配が課題としてもとめられる。

尺度に根本的な関心をむけて、しかも人間の外的秩序と内的秩序のあり方の課題の二重性を視野におさめながら、理想的な社会秩序を構成する人間主体をめざす改革を、人間形成課題として受けとめた徂徠にとって、「規矩準縄」としての「道」や、「礼楽」を内容とする人倫的な慣習制度は、こうしたⅰ）ⅱ）ⅲ）の測定が期待される政治的・教育的意義をもった準則でもあった。

考量（Erwägen）
計算可能性を準則として確実性のある行為を導く実践的知性の働きをあらわす。

マックス・ヴェーバー自身は、「考量」ということばを一個の項目という形で自覚的に基本概念として行為のあり方を特徴づけていたわけではない。けれども、行為論や宗教社会学の実証的論述のなかで、そのことばはしばしば強調符をもって使用されている。そのことばは、目的の設定、手段の選択とともに、価値への志向、行為の結果についての見通し、現実結果に対する責任の自覚、など一連の行為を実現するにさいしての確実性をもとめる実践的知性の働きを指している。その場合、この確実性をきわだってあらわす表現として、しばしば「計算可能な」（berechenbar）と表記される。

そうした精神は、ヴェーバー自身規定するように、官僚制組織における没人

格的に公正な職務処理の態度を規定する。そして、この精神の働き方は、現実の状況では「魂の分割状態」などともいわれる近代の合理化が孕む問題性をもたらす側面をもっている。

けれども、ヴェーバーは「考量」という精神の働きを他方では職業をつうじての倫理的な生活習慣の精神的特性をあらわし教育目標として重視されている事例を跡づけていた。禁欲的プロテスタンティズムの諸派の人間形成思想にかれが見出し、積極的に記述していたのは、この意味での考量の精神の働きであった。ヴェーバーのこの教育認識には、超越的な価値理念に対する志向がかれら信徒にとって決定的な重みをもっていたこととかかわって、「測定術」と類似する前記ⅰ）ⅱ）ⅲ）の課題が把握されていた。その場合、「考量」することそれ自身がかれら信徒たちにとって教育の基本的目標であったが、同時に、つぎの意味もヴェーバーは強調していた。すなわち、超越的価値を志向し、没我的な姿勢（Sachlichkeit）をもって職業的課題そのものに取り組むことが、結果的に「人格」（Persönlichkeit）をもたらすという点である。それゆえヴェーバーが重視する「考量」概念は、「人格」形成の方法としての意味も示していた。

徂徠はこれまでの「価値合理性」を中心とする儒教を批判し、「目的合理性」を中心とする政治思想へと儒教を転換したという源了圓の的確な論文（「徂徠試論」1976）がある。徳もまた目的合理的性格のものへと解釈しなおされた、という源の指摘をうけ継ぎつつ、ヴェーバーの「考量」概念をもって徂徠学の人間形成思想の一面を捉えるならば、「考量」概念にうかがえる測定術の課題意識も徂徠学に即して明確にすることができる。

ユートピア

現実存在を超越した内容の観念で、しかも、いまだ実現されてはいないその要素によって、観念内容に現実が合致するように行動に方向づけを与える性格をもったものとして捉えた。

マンハイムの規定（『イデオロギーとユートピア』）にしたがったこうしたユートピア概念は、徂徠学の中心的価値理念（「道」）と人間形成思想を理解するうえで重要な諸側面を明らかにする。

ⅰ）現世の日常的出来事との関連をもった此岸としての性格。「聖人の道」の根拠づけているのは中国古代の堯舜も先王と呼ばれる実在の君主の治世だった。けっして彼岸の幻想的な世界秩序を内容とするのではない。その治世にあっては、ひとびとは「みな一材を成し」ている。おのおのの性に近い部分に即して、

それぞれが公共的な職分をはたしている状態と認識される。そして「聖人の世は、棄材なく、棄物なし」と公共善の状態が強調されていた。

　ⅱ）理念としての性格。「棄材なし」というその理想社会の状態について、徂徠はしばしば比喩をもってあらわした。「椎鑿刀鋸備わりて、しかるのち匠事なすべく、寒熱補瀉備りて、しかるのち医術施すべきに辟ふ」という。こうした説明に示されているのは、情念的なものの噴出に訴えるのではなく、理念による説明であった。その場合、けっして静的な事実認識にとどまる理念ではない。日常卑近な事実の類推のうえに、われわれはかくあるべし、という当為的な指令と形成力をもって万人の行為をうながす、そのような理念の力にかれは期待した。

　ⅲ）無限接近としての当為的行為の性格。「聖人の道」を実現した理想状態は、現世内の日常の出来事に即しているとはいえ、一挙には実現できない。今ここにある現実そのもの、あるいは過去のものをそのまま、いずれにせよ存在するもの（Sein）を直接的にもとめるものでもない。将来における実現のためには、不断の努力を要する。瞬時の実現を意味する「一旦豁然の説」を批判し、「急ならず惰らず、優柔の道」ということを徂徠はしばしば強調し、その認識のうえに主体形成の思想（「長養」など）を展開していた。

　ⅳ）対抗ユートピアとしての性格。「聖人学んで至るべし」という朱子学の主張もまた、徂徠から見れば、虚偽性の部分を含んだ一個のイデオロギーであったが、人間形成に関する実践的な努力をひき起こす主張という点ではユートピアでもあった。とりわけそのユートピアとの対抗的関係から徂徠の人間形成思想を捉えれば、理想的社会秩序を集合的に構成する主体としての万人が、それぞれが「職分」をはたし「役人」たらねばならない、という理想像が着目される。

イデオロギー

　ユートピアと同様に、その内容は存在を超越して、けっして実現されない観念でありながらも、しかし、ユートピアとは異なって、現実を変革し形成する働きをもつのではなく、むしろ現実を超越することによって現実を覆い隠す働きをもつ観念を指すものとして、本研究では捉えた。ユートピア概念とともに、マンハイムの規定にしたがう。

　こうしたイデオロギーの要素をも同時に「聖人の道」の思想のなかに見出すことは、その主張者である徂徠の社会的な存在位置、とりわけ将軍の側用人を学問的に補佐する儒臣としての立場との結びつきを重視し、その「意識の存在

被拘束性」に留意するならば、けっして不可能なことではない。とりわけ「作為」の論理にしても、時の君主としての将軍の政策的行為を正当化するイデオロギーの要素をもっていた。また、万人が役人たることを要請するかれの「職分」の思想も、その時代状況では実現不可能な虚偽性をもっており、思想の現実機能としては日本近世社会に一般にひろく流通していた体制維持的な「分限」の教えと変わりなく回収されるものと見える。

このような現実を超越し、現実を覆い隠す機能をもった観念内容として、宣長は知的権力性をもった儒教の教えを捉え、いかにその観念内容が現実と一致していないか、そのイデオロギー性（虚偽意識）を批判し、感情の「ありのまま」に生きることが現実にかなっているとかれは評した。研究史（相良亨『本居宣長』1978、など）でひろく認められる、神のしわざに対する人間の絶対的随順の姿勢とは、こうした宣長の思想のあらわれであった。このような宣長のイデオロギー暴露において、見落とすことができない点は、価値的理念と結びついて人間の現実的所与を越えて人間の理想的あり方を実現をめざす取り組みをも、現実のありのままを尊重する姿勢から否認された、という問題性であった。

事項索引

ア行

愛…180,189
相愛し相養ひ相輔け相成すの心…4,306,311,332,537
　→職分
　→万人役人説（論）
　→棄材なく、棄物なし
　→公共善
悪の実在（出現）…458,459
アジア（的）…23,25,95,97,153,168,169,467,480,485,536
異国…433
あはれ…389,409,410
あや（文）をなす…398
争の道…272-274,289
ありのまま…398,479
闇斎学（派）…179,202,203,208,381,423
アンシュタルト（Anstalt）…90,92,143,258,364,366
　→学校
アンシュタルト的恩寵（Anstaltsgnade）…89,149,151
安穏…333
異学（の禁）…356,370,379
息（長息）…409,410,412,451
　→気
　→生気性
　→思無邪
　→活物
　→自然、おのずから
いきほひ…451
意志行為（Willenshandlung）…35
異端…10
一張一弛の道…258
一元論（Monismus）…389,390,391,429,439,440,441,444
　→価値現実
　→直観主義の一元論
一旦豁然の説…190,286,296,540
　→優優洋洋
　→優柔の道
　→長養
　→習熟
偽事（虚構、仮構）…398,404,481,482,436
　→作り事
イデー(Idee)…42,151,159,160,206,284,285,310,370,386,438,469,472,478,483,487,536-541
イデオロギー(Ideologie)…16,18,212,417,540
　→偽事
　→ユートピア
意図せざる結果（ungewollter Erfolg）…

543

125,136,470
因果性（Kausalität）、因果性原則（Grundsatz der Kausalität）、因果必然性（Kausalenotwendigkeit）、因果法則（Kausalgesetz）、因果性法則（Kausalitätgesetz）、因果同等性（Kausalgleichheit）…40,62-64,68,71,72,129,455
因果的考量（Kausalzurechnung）…133
因果関係不可解性の原理（Prinzip der Unbegreiflichkeit des Kausalverhältnisse）…40,135
ヴェーバー的問題（Max Weber- Problematik）…3,23,26,29,48,153,155,167,168,169,180,211,286,467,470,480,484,485,535
訟ふるの道…265,272,273
蛆虫感（Wurmgefühl）…76
　→贅流
　→謙抑
　→脆弱性の意識
　→棄物
移る（移化）…288,302,332,338
運用営為の才…21,213,294,306,307,311,314,315,317,332,333,471,537
　→働き
S系統の課題…45,47,49,55,58,77,78,85,158,217,328,344,470,475,487
江戸の思想…13
エートス（Ethos）…124,346
教え…3,187,181,201,206,387,388,414,417,420,421,424,425
教えの功…181
教えの否定…387,388,416,417,442,450

推量ごと…404
己れに施す…216,346
　→人に用いる
思無邪…271,409
　→活物
　→気
　→息
　→真情

カ行

階級…294,296
階梯…294
開導…198,199,201,205
懐徳堂…11,236,355,484
外内を合す…233,433
開発、開発主義…16,207
嘉右衛門流…226,297,265
　→闇斎学派
学者…181,182,186,188,199,200,203-205,235,236,350
格物（物格る）…177,260-263,268,291,474,480
拡充…185,187,190
学政（一致）…168,192,236,355
確実性（Gewissheit）…30-32,35,38,47,51,68,69,74,84,85,94,98,130,157,249,415,468,469,477
賭（Wagnis）…137,138
楽律…277,278
形、形式、形づける、形式づける（formen）…105,187,207,351,399-401,475
　→形成的

544

事項索引

価値関係、価値へと関係づける（Wertbeziehung, auf Werte zu beziehen）…71, 74,75,126,269,335,430,431,432
価値と現実との識別…67,147,151,156, 162,391,394,395,412,416,429,431, 441,455,469
価値現実（Wertwirklichkeit）…147,390, 412,416,417,429,434
価値合理性（wertrational）…93,128, 154,539
価値自由（wertfrei）…67,115
価値の複数性…151
　→徳の多様性
学校…92,258,259,263,265,277,326,327, 344,347
　→アンシュタルト
　→強制状態
活物…179,187,190,221,234,271,274,278, 311-313,317,319,325,344,345,395, 471,476
　→気
　→生気性
　→息
　→自然、おのずから
可能性判断（Möglichkeitsurteilen）… 66,68,152
神 …76,77,80,85,86,141,143-145,148, 149,368,416,419,425,426,428,434, 436,437,449,450,453,454,457,480, 481
神々の闘争…36
神の道具（Werkzeug）…80,139,140,142, 149

神の容器（Gefäss）…80,139,140
下問…190
漢意…414
寛、寛裕…199,205,307
官学…8
官人…297,364
完成可能性…314,331,484
　→聖人学んで至るべし
　→人皆聖人たるべし
　→多面性の追求
勘定高さ（Rechenhaftigkeit）…164
感情の一元論（Gefühlmonismus）…429, 440
官職カリスマ（Amtscharisma）…91,147, 372,477
官僚制、近代官僚制、家産的官僚制 （Patrimonialbüreaukratie）…23,35,109, 147,149,203,235,297,322,356-359, 362,369,373,375-377,477,479,480, 537,538
気（一元気）…179,187,190,271,274,281, 395,451
　→活物
　→生気性
　→息
　→自然、おのずから
規矩準縄…212,215,247,249
起源…15,16,96,417,426
戯言…298
棄物…279,338
　→蛆虫感
　→贅流
　→脆弱性の意識

545

→謙抑
棄材なく棄物なし…247,291,309,320,321,
　　326-328,343,362,433,471,484,486,540
　　→公共善
　　→万人役人説
　　→運用営為の才
　　→相愛し相養ひ相輔け相成すの心
騎士（Ritter）…165,166,374
気質…219-224,226-228,232-235,301-306,
　　308,320,327,328,345,473
気質と職分との適合…217,294,304, 306-
　　312,363
貴族的、貴族主義（Aristkratie）…90,
　　146,166,168
きはやかに、堺を立て定む…404,450,451
来経ゆき…403
希望（Hoffnung）…137,138
　　→教育の非連続的形式
客観的可能性（objektive Möglichkeit）
　　…130
毀誉…190,199
恭…22,475
倨…475
教育…34,105,189,387,388,423
教育学（Pädagogik）…130
教育可能性…15,314
教育史研究会…14
教育的関係…189,202,248,358,369
　　→師弟関係
教育的なもの（pädagogisch）…36
教育の非連続的形式…138
郷往…276,285,287
共感…385,432,462

教官…266
教義（Dogma）…144,145
教義的問答教授（dogmatische Lehrart）
　　…58
教材研究…191
教師（Lehrer）…88-90,142,143
　　→指導者
教授学的陶冶（didaktische Bildung）
　　…346
恭順（Pietät）…92
強制状況（Zwangslage）…142,258,347
業績（Leistung）…162,376
　　→働き
　　→運用営為の才
教壇評価（Kathederwertung）…127,143
共通感覚…31,102,103
教養（Bildung）…164,165
極…98,214,271,335
義理…242,255,260,262,295
義理と人情…480
規律・訓練（Discipline）…96,149
儀礼主義（Ritualismus）…146,371
議論之文…230
　　→義理
近代（Moderne）、近代性（Modernität）、
近代的（modern）、近代化…3,4,13-16,20,
　　23,25,169,376,453,454
近代意識…12
近代教育思想…4,14,15,17,24,467
近代教育史…14,16
近代教育思想史研究会…15
「近代教育フォーラム」…14
近代日本研究会議…23

緊張、内面的緊張、緊張関係（Spannungsverhältnis）…36-38,89-95,105,150,124,204,474,477
偶然性（Zufälligkeit）、偶然的（zufällig）…125,130,134
　→教育の非連続的形式
苦楽損益の対算…487
君子…159-163,216,217,219,232,235,236,252,253,294,299
君臣（の義）…368,374-376,379,381,481
君師…198
敬…178,179,206,423
啓…252
稽古…366,377,378
計算（Berechnung）、計算可能性（Berechenbarkeit）、計算測定（Messen）、計算不可能性（Unberechenbarkeit）…24,30-33,35,36-39,41,42,45,49,51,57,58,62,63,65,66,68-70,72,75,82,92,93,113,138,167,211,216,236,396,430,434,445,469,538
　→不可解
形而上学的目的論（metaphysische Teleologie）…128
経書人（Schrift-Mensch）…164
継承（Nachfolg）…55,123
形成的、形成する、形成への意志…20,21,34,215
　→形づける
傾倒…272,287
啓発…252
下学…193
結社（Verein）…126,241,249,258,364,378,382
　→藝園
　→アンシュタルト
決定論（Determinismus）…125,134
権…19,155
　→道
権威（主義）…148,149
権衡尺度…189
藝園塾…6,241
賢才を挙げる…320
現実的所与（性）…3,21,25,48,162,185,204,355,368,376,386,387,389,391,415,416,468,470,478,479,481,482,485,535-537
現世への合理的適応（rationale Anpassung zur Welt）…155,204,359
現世の合理的支配（rationale Beherrschung der Welt）…155,359
現世の価値喪失（Entwertung der Welt）…34,106
建築・医療の比喩…9,212,309,310,351,362,472,540
謙抑（Demut）…52-55,58,77,107,139,473,538
　→蛆虫感
　→脆弱性の意識
　→贅流
　→賛嘆
　→棄物
　→賛嘆
賢慮…31,103
公…25,95,169,188,302,322,355,357,358,363,375,376,385

547

孝（Pietät）…160,163,164,165,190,193,294,300,374,473
講演（Vortrag）…143
　→指導者
講釈（説）…7,8,241,242,265-268,297,347
公学…188,190
好学（学を好む）…8,190,235,247
狡猾さ（Gerissenheit）…35,102
講義（Vorlesung）…142
　→教師
公教育…16,356,357,373,376
公共性（Öffentlichkeit）…363,476,477
公共善…9,309,311,320,321,394,471,476,485,486
　→棄材なく棄物なし
　→万人役人説（論）
　→運用営為の才
　→職分
　→相愛し相養ひ相輔け相成すの心
孔子の学ぶところを学ぶ…247-249,284,287,289,364,378,472
後生畏るべし…277,285
功績（Verdeinst）…54,55
向上…15,190,197,288,462
傲然…22,299,486
効法…248,292
　→模擬
　→倣効
孔門…198,199,246-257,259,268,285
合法的支配(rationale Herrschaft)…368
考量（Erwagen）…24,29,41,59,66,74,78,79,82,83,93,94,101,118,131-133,136,140,141,151-153,156-158,164,167,211,216,435,445,470,467,469,474,476,477,481,483,535,536,538
合理性（Rationalität）…23,110,116
合理主義(Rationalismus)…23,24,97,125,153-155,158,167,286,469,470,474,476,478,481
　→即事的な合理主義
　→秩序の合理主義
合理化…24,35,444
合理的目的論（rationalistischer Teleologie）…128
古学…10,13,177,179,275
国学…4,5
古今華夷之分…339
刻薄（の流）…199,201
個性、個体性、個別性（Individualität）、個性伸張…12,62,63,179,221,224,234,248,253,267,305-308,316,320,332,335,336,343,363,473-475
個別的因果連関（individuelle Kausalzusammenhang）…128-130
言挙げ…406,407,442
言と事と心…405,406
国家主義…16,323,356
五倫…190,192,183,307,349,366

サ行

才知…217,302,320
Sache,Sachlichkeit,versachlichtung（事柄への没我的献身、即事性、即物性）…61,62,124,142,156-160,162,167-

事項索引

169,171,217,233,236,260,346,349,
364,369,377,397,469,470,474,478,
480,535,539
賛嘆…197,250
→脆弱性の意識
→謙抑
→蛆虫感
→贅流
作為、主体的作為…13,17-20,21,25,214,
215,313,318,319,362,386-388,394,
396,397,404,418-421,423,428,436,
437,443,444,447,449,450,451,468,
471,478-480,536
三分損益法…277,396
志…187
私…25,376,385
G系統の課題…41,44,47,49,52,76,77,83,
85,92,158,216,217,286,470,474
始源(Anfang)…426,434,438
→流出論
自己完成(Selbstvervollkommnung)…
161
自己教育(Selbsterziehung)…178,182,
236,373
→他者教育
自己支配(Selbstbeherrschung)…21,22,
86,87,90,140,161,168,182,217,473,
538
自己神化(Selbsvergöttung)…58,122,
139,151,285,474,486
→自らを聖とす
→傲然
自己統御(Selbstkontroll)…77,78,81

自己否認(Selbstverleugnung)…53,431
事実の確定(Tatsachenfeststellung)…
269,431
詩書礼楽…217,219,223,232,233,235,
236,241,251,261
→文化財
実践的知性(praktische Intellekt)…31,
125,158,435,468,469,486
実践的必然性(praktische Notwendigkeit)
…51
師資の道…196
師説…196-205
師弟分け…204,295,360,367,368,369,
373,375,479
師弟之統紀…368,379
師道…183,188,203,242,257,258
師為るの道…198
師の計画的養成…200,201,382
師友の素…273,289
師傅…201,365,375
師を求むるの道…200
四端…21,185,187,190,206,537
実学…154,484
指導…191,203
指導者(Fuhrer)…88,90,94,142
→教師
→講演
自得…199,219,220,222-227,229,230,
232,234,235,238,241,252,254,255,
472
師表…201
支配権力の極小化(Minimisierung der
Herrschaftgewalt)…146

549

自暴自棄…190,216
社会的効用、有用、功利…301,322,400,401
尺度（Maß,Maßstab）…21,22,35,45,49,50,59,35,99,107,212-217
侏離鴃舌…228,232
生ずる（の道）…315,317-319,321
生ずるを竢（ま）つ…318
職分…12,88,143,169,235,301,304,306,307-312,315,320,322,323,327,328,355,357,361,362,363,385,471,481,483,486,540,541
　→万人役人説（論）
　→棄材なく棄物なし
　→公共善
　→相愛し相養ひ相輔け相成すの心
　→運用営為の才
職人…9,214
職業（Beruf）…76,77,79,82,142-144,154,167,377,483
思慮（Weisheit / Klugheit）…24,29,31-36,38-42,47-49,59-62,69,74,75,82-94,100-104,108,109,114,129,141,142,148-152,241,263,470,476
熟慮（Überlegung）…49
自然（的）、おのずから…4,13,20,21,386,387,414,418,419,423,426,428,437,441,447,450,451
　→成る、成りゆく
自然法的思考法（Naturrecht-Denkart）
　…177,179,356,468
自然法的秩序像、世界像（Naturrecht-Weltbild）…20,96

自然法的普遍的理法…4,21,155,168,215,471
自然主義的用法…36,68,158
自然的所与…162,433,450
　→現実的所与
　→ありのまま
自然法則（Naturgesetz）…4
修為…181,183,191,206,355
修己…19,22,471
修身（身を修める）…19,236,370,401,420
宗教教育（religiöse Erziehung）…75
宗教的問答教授（Religionskatechismus）
　…91
習熟…241,263,286
　→長養
習俗の見…402
主客の分離（区別）…21,34,105,214,388,422,423,425,426,444
朱子学（説）、宋儒（Sung-Konfuzianismus）
　…3,13,14,16,20,21,168,177-179,180,182,185,196,197,202,203,204,208,228,232,292,351,264,319,317,459
儒学の有効性…18,380
儒臣…7,8,234,366
出席…258,347
出勤停止…379
　→強制状態
　→アンシュタルト
呪縛力としての近代…14
縄尺…189
証蹟(Spuren)…55,197,203,208,288,482,483
証拠（Beweise）…55,208,482

550

賞罰…190
助成的事情（begünstigender Umstand）
　…64,125
助産的働き…199,205,254
　→開導
　→善誘
　→自得
所与性（Gegebenheit）…169
　→現実的所与
自立、自律的態度…21,435
信…254,255
仁…190
仁斎学…177-208,242,286,471,479,480,
　482
　→伊藤仁斎
人格（Persönlichkeit）…24,29,60-62,66,
　69,72-74,82,94,100,111,161,377,388,
　434,435,452,469,476,539
人格的なものの崇拝
　（Kult des Persönlichen）…61,159,165,
　167,368
人格教育学（Persönlichkeitspädagogik）
　…124
人格と生活秩序（Personlichkeit und Le-
　bensordnung）…111
人格の完成…163
新カント主義（Neukantianismus）…40
神義論（Theodiezee）…458
信仰と知（Glauben und Wissen）…38,
　144,147,309,430,431,456,457,459,
　472,473,480,481,485
順応性（Belehrbarkeit）…86,87,89,92,
　94

人材登用策…320
斟酌…338,339
心情倫理（Gesinnungsethik）…68,80,111
心情の所与性…480
心情の純粋さ…155
人心は面の如し…273
人生の諸時期…316
親密圏…358,432,479
人欲の私…190
慎慮（Prudence）…103
慎重（Sorgfalt）…104
推服…285
崇高（Erhaben）…50-52
枢要徳,元徳（Kardinaltugend）…4,24,
　100,101,106,109,142,150,151,160,
　163,470,486
スコラ哲学…96
性悪論…351
聖像…371
制規的（statutarisch）…148
聖人は学んで至るべし（至るべからず）…
　259,315,345,540
　→完成可能性
　→人皆聖人たるべし
政治の発見…180,356
　→文化的諸領域の固有法則性
制作…9,214,247
制度…326,327,330,334-346
釈奠…371,380
石門心学…97,154,406,467,487
Stereotypierung（ステロ化）…168,359,
　362,369,373,467,479,485,536,537
　→働き

→運用営為の才
正義（Gerechtigkeit）…41,100
生気性（Lebendigkeit）、生々…179,271, 408-413,451
　→活物
　→気
　→自然
　→息
精神科学（Geisteswissenschaft）…40, 136,138
精神科学的教育学（geisteswissenschaftliche Padagogik）…135
性・道・教…181,185,190,193,206
性即理…177,178,181,196,203,394
正学…10,14,16,168,356-358,360,365, 369-371,373-375,381,479,481
　→頼春水
正統性（Orthodoxie,Legitimitat）…381
生の形成（Formung des Lebens）…115
生と形式…187,278,345,395,396,461
生の他者…432
生の直接性（Unmittelbarkeit des Lebens）…187,349
生の謎（Rätzsel des Lebens）…134,137
生の測り難さ（Unberechenbarkeit des Lebens）…134,135
生の問題（Lebensproblem）…15,468
生より以上（Mehr-als-Leben）…433, 461, 462
青藍の誉れ…190
贅流…279
　→棄物
　→脆弱性の意識

→蛆虫感
→賛嘆
脆弱性の意識（Bewustsein der Gebrechlichkeit）…53,54,216
責任、責任倫理（Verantwortungsethik）…59
節制（Besonnenheit,Mäßigkeit）…41,102, 106,107,158,217
切磋琢磨…187,188,190
せむかたなし…437
善誘…254,255,285
　→産婆術
　→自得
戦後教育学…14
争競心…207
創造説、創造的なもの（das Schöpferische）…69-73,94
測定（Messung）、測定術（Meßkunst）、測る（messen）、測り損ねる（sich vermessen）、秤（Waage）…22,24,25,41-43, 45,47,48,50,52,56,58,60,76,94,102, 105,114,117-121,133,140,172,211, 212,216,217,244,286,334,344,349, 423,470,473-476,483,486,537
ソフィア…102
ソーフロシュネー（sophrosyne）…101, 107,108
即事的合理主義（sachlicher Rationalismus）…24,158,469,474
即物性、即事性
　→Sache, Sachlichkeit
束縛…182,190,199
促迫…190,207

事項索引

徂徠学…3,4,8,9-13,15,16,18-20,22-26,29,95,101,168,169,177,211-351,355-358,361-364,366,370,375,394-397,431
　→荻生徂徠
徂徠以後…3
側用人…17,18,380

　　　　タ行

体験（Erlebnis）…402,404,405,408,412,416,422
大学…19,177,259,265,326
対神的徳…103
対話…5,195,196,272,289
対話的教授（dialogische Lehrart）…58
対話的系列…5
他者（理解）…391,432,433,462,463
他者教育（Objekterziehung）…191,373,423,424
　→自己教育
匠…8,9,20,214,237
多数者の専制…146
賜物（Gnadengabe）…86,91,124
民を安んず（安民）…154,212,247,302,320,362
　→治国平天下
多面性（Allseitigkeit）の追求…110,161
　→万徳円満
W系統の課題…41,44,47,49,75,79,82,84,92,217,286,329,423
魂の分割状態（Parzellierung der Seele）…35,48,110-111,476,478,539

嘆息…197,250
　→贅流
　→棄物
　→脆弱性の意識
　→蛆虫感
　→謙抑
端本の説…293
小さな歯車（Rädchen）…35
知（Wissen）…164
知と徳（Wissen und Tugend）…460
知性的徳…31
知性の犠牲（Opfel des Intellekts）…430
知性主義（Intellektualismus）…430,457
治国平天下…212,219,236,355
　→民を安んず
秩序構成主体…20-22,25,215,218,219,320,321,346,471,536,540
秩序の合理主義（Rationalismus der Ordnung）…24,171,469,476
中…348
中世的、中世的世界像（mittelalterliches Weltbild）、中世的秩序…34,215
忠義…376,381
中立化（neutralisieren）…191
中庸（Mäßigung）…107
超越的（transzendent）超越化…461,462
直観（Intuition）…402-404,408,412
直観主義…291,389,390,412,429,441,444,454
直情径行…395
直接性（Unmittelbarkeit）…261,349,405,422,462
長養…221-223,225,230-232,234,235,472

553

→習熟
　→優々洋々
　→優柔の道
作り事…398-401,412,419,428,481,536
　→偽事
適合的（adäquat）…66
適合的（相当）因果連関説（Lehre von der adäquaten Verursachung）…40,64,65,68,93,112,115,116,125,129,130,469
出会い（Begegnung）…137,138
手本（Muster）…55,208
展開（Entfaltung）…318
天職（Beruf）…75,94,154
典籍的教養（Buchbildung）…164
天理…314
伝統的支配（traditionelle Herrschaft）…172,368
統一…332,342
統一的学校体系…4
統合…16,169,203,357
統名…285,290
道学先生…208,257-268,284,296,401,473
洞察（Einsicht, insight）…32,33,114,216
当座賄い…9,214,475
道徳教授（Moralunterweisung）…57
道徳の責任…453
道徳的陶冶（sittliche Bildung）…49,52,54,58,123,208
道徳的問答教授（moralische Katechismus）…91,123,124
答問…289
陶冶（Bildung）…364,437

陶冶論的…191,201,203,205
道体の見、道体説…196,197,203,208,250,251,255,284,293,473,482
　→自己神化
　→自らを聖とす
東洋社会停滞論…153
道徳的完全性（moralische Vervollkommenheit）…49,54,58
道徳的統計論（moralische Statistik）…66
独学…188,190
読書…190,217,220-232,347
特殊主義（Particularismus）…95
特殊日本…434
徳の優劣…253
徳の多様性…310,311
徳の美…288
徳は知…42
徳論（Tugendlehre）…49
努力（Streben）…54
　→無限接近

ナ行

名と物…290,291,324
成る、成りゆく…419,421-423,450,451
　→気
　→自然
　→活物
人間関係優先主義（Personalismus）…156,159,165,167,169,300,368,376,379,473,478,480,535,537
習い、習慣づけ（Gewöhnung）…3,190,311,341,346

事項索引

→習熟
難儀苦労（困窮）…302,315,317,318,333
南総時代…6,9,270,274
二重真理（zweifache Wahrheit）…430
日本精神（japanische Geist）…453
人情…330-336,338-340,345,346,350
宣長学…385-463,479
　　→本居宣長

ハ行

パイデイア（Paideia）…43
媒介物、媒介的、媒介する働き（Versuch der Vermittlung）…93,150,243
媒介的師弟関係…255,257,283,287-289
博学…190,281,276
幕末国学…467,487
箱根会議…23
働き（Wirkung）…162,168,307,315,357,479
　　→運用営為の才
　　→業績
　　→Stereotyiepierung
　　→伏蔵するもの
発達…179,301,303,304,327,328,331,333
発展思想（Entwicklungsgedanke）…72,73,438,455
藩校…365,375,376,382,479
　　→アンシュタルト
　　→強制状態
反省的な原理的倫理（reflexive Prinzipienethik）…36
反省（Reflexion）…108

晩成…276
万殊…305,332
反権威的（autoritätsfeindlich）…148
反徂徠…169,355,483
万人役人説（論）…19,169,303,304,322,338,540,541
　　→棄材なく、棄物なし
　　→公共善
　　→職分
　　→運用営為の才
　　→相愛し相養ひ相輔け相成すの心
万民…332,336-338
繁を御するの術…213,214,335,408,455
美…288,299
卑近…186,194,284,423
ヒュブリス（Hybris）…45
不遜（Vermessenheit）…53,107
非合理性…67
非即事性（Unsachlichkeit）…156,165
被造物（geschöpfliches Dasein）…76,86,157
必然的判断（Notwendigkeitsurteil）…63
否定（Negation）…428,435,463
人を知る…320
人に用いる…216,346
人皆聖人たるべし…345
　　→聖人学んで至るべし
　　→完成可能性
飛耳長目…280,402
批判的主観主義（kritische Subjektivismus）…83,92,98,99,151
批判主義（Kritizismus）…99,442
　　→文化的諸領域の固有法則性

555

批判的方法…99
風雅…398
風俗…12
武士土着論…5
普遍史的な問題（universalgeschichtliche Probleme）…95,152
不可解、解きがたさ（unauflösebar）、計算不可能（unberechenbar）…40,70,134,135,137,331,430,455,458
　→計算可能性
服従（gehorsam）…92,151,146
伏蔵するもの…315,318
　→働き
フロネーシス（phronesis）…39,100,103,102,104
触る…402,403
文化財（Kulturgut）、文化的諸事物（kulturelle Dinge）…182,191,219,236,260,262,364,391,435
文化的諸領域の固有法則性（Eigengesetzlichkeit der verschiedenen Kulturgebiete）…13,96,150,180,356,373,376,381,396,401,442,443,447,454
　→批判主義
文化の多元性…23
分限…406,541
文質…299,398
文献的勉学（literarisches Studium）…162,163
文治主義…8
平準化（Nivellierung）…146-148
勉強…190,191,207
変動…331,333

法家…264
封建制（Feudalismus）…97,165
封建日本（feudales Japan）…165
倣傚…288,300
　→模擬
　→傚法
方法的熟慮（methodische Überlegung）…82
朋友の切磋…281,282,289
本然の性…21,220,232,293,303,314,537

マ行

真心（情）…391,411,412,415,416,429,430,432,537
万徳円満…296
　→多面性
自ら聖とする…22,284,538
　→自己神化
　→傲然
　→道体説
道…3-5,12,17,19,21,22,25,168,177,180-183,185,186,189-191,194,196-207,212,213,219,222,232,233,235,236,238,241,247-251,255-257,272,277,283-285,288-291,293,297,326,339,340,346,362-364,368,370,374-376,378,379,387,394-396,401,406,407,416-419,430,433,434,442,449,467,471-475,477-480,482-486,536,538-540
見通し（foresight）…32,33
見る所…290,329,330,348

事項索引

雅（の趣）…398,400,401,408,410,411
妙理…278,430,459
　→計算不可能
身を修むるを急にす…183,199,243
民主主義…146
民衆的諸思想…487
無節制（Maßlosigkeit）…107
民族…72-74,433
無限接近（unendlicheAnnäherung）…321,346,351,472
　→努力
　→優優洋洋
矛盾（Konflikte）…359,369
命…331
明六社…10
名誉（Ehre）…163,165-167
目的合理性,目的合理的（zweckrational）…93,126,128,154,539
目的論的な合理的行為（teleologisch-rationales Handeln）…65-67,93,127,156,397,435,447
目的論的因果性（teleologische Kausalität）…68,127,397
目的変生（Heterogonie der Zweck）の原理…136,138
物…260,262,263,268,362
物にゆく道…387,479
物のあはれ（を知る）…409,410,443,459,480
模範、模範者、模範的人間（exemplarischer Mensch）…54,55,159
模範的預言（exemplarische Prophetie）…149

模倣（Nachahmung）…54,55
模擬…241,266,274,273,445,446
　→倣法
　→倣倣
問答…192-196
問答的教授（katechetische Lehrart）…57
問難…273

ヤ行

役にはまる…315
役儀にはまる…302
柳沢経筵…7,8,234
優柔（の道）…223,231,351,472,540
優優洋洋…190,205,207,472
　→長養
予測可能性（Vorausberechenbarkeit）
　→計算可能性
役人…303,304,309,320,328,338,344,486
遊技（Spiel）…166,168
勇気…41
湯島聖堂…8,265
油然の生…317,318
ユートピア（Utopie）…16-22,152,351,472,539
　→イデオロギー
より以上の生（Mehr-Leben）…432,461,462

ラ行

理…4,177,182,232,314
　→性即理
　→気
　→活物
理一分殊…203,208
流出論（Emanatismus）…74,139,426,452,456
旅宿の境界…232,333
理念
　→イデー
理念的超越性…3,21,25,48,185,197,206,211,212,218,233,250,248,300,310,355,362,382,468,470-472,478-482,485,536
両端（Polarität）…334,343,348,349,475

倫理的人格（ethische Persölichkeit）…36,62,66,69,158,470
倫理的預言（ethische Prophetie）…149,171
倫理の根拠づけ（Verankerung der Ethik）…172
礼楽（制度）…12,219,233,242,243,252,261,326-328,334-338,340-347,349,474,538
歴史主義（Historismus）…179,180,468,475,486
歴史の学…235
労作教授（Arbeitunterricht)…124

ワ行

事（ワザ）…242,252,327,345,341
ワザの仕掛け…340-342,346,476

人名索引

A

相見英咲…236
アウグスティヌス（Augstinus）…84,148
青山秀夫…115,170,173
アクィナス（Thomas Aquinas）…31,40, 41,83-94,102,106,129,141-143,145, 148,151
浅見絅斎…202-204,208,381
アペルト（Otto Apelt）…117
アリストテレス（Aristoteles）…31,39, 42,84,106
アリエス（Philippe Aries）…149
アーレント（Hannah Arendt）…103,104, 152,385,432
安藤英治…96,115,124
安藤東野…6,241,278-283,289
安藤帯刀…237,381

B

バウムバルテン（Eduard Baumgarten）…104
バーク（Edumund Burke）…122
バーリン（Isaiah Berlin）…106
尾藤正英…18,19,178,205,207,234,240, 322,323,380

尾藤二洲…322,356
ブルーム（Allan Bloom）…116
ベラー（Robert N. Bellah）…97,154,482
ベルグソン（Henri Bergson）…440
ボルノー（Otto Friedrich Bollnow）… 107, 109,120,137,138
ボルケナウ（Franz Borkenau）…376

C

カッシーラー（Ernst Cassirer）…48,58, 99,100,112-114,119,121,456,457
コプルストン（Frederick Copleston）… 454

D

太宰春台…6,207,241
ディルタイ（Wilhelm Dilthey）…40,114, 135-137,438,454,455
デュウイ（John Dewey）…14,32,33,51, 93
ドーア（R. P. Dore）…15

E

江森一郎…16,240,382

F

福沢諭吉…484
フーコー（Michel Foucault）…96,108,149
ファイト（Warner Fite）…119
藤井譲治…377

G

ガウデッヒ（Hugo Gaudig）…124,125,435,436
ガーダマー（Hans-Georg Gadamer）…103,152
ジルソン（Etienne Gilson）…456,459
五井蘭州…355

H

林羅山…178,179,296
林鳳岡…297
芳賀登…460,487
橋本昭彦…15,296
服部南郭…6,241
長谷川如是閑…439,453
波多野精一…292
ハーバーマス（Jürgen Habermas）…116,117
羽仁五郎…439,454,460
ヘニース（Wilhelm Hennis）…36,39,111,114
原念斎…7
ハルトマン（Nicolai Hartmann）…24,106
半沢孝麿…435
東より子…459
久松潜一…444,453
日野龍夫…291,324,443,447
平石直昭…6-9,297,298,459
広岡亮蔵…14
疋田族…234
ホッブス（Thomas Hobbes）…10,31,103
堀景山…269,271-274,283,287,289
堀尾輝久…14

I

家永三郎…11,96
池田元…441
池田昭…97
石井紫郎…322,379
石田一郎…205
石川謙…8,15,96,347,356,376,487
石山脩平…291
市川鶴鳴…417
伊藤仁斎…3-6,11,13,21,25,97,177-208,211,215,242,269-272,287,373,378,537
→仁斎学
伊東多三郎…19,355,453,453,460
井上哲次郎…10,96
今中寛司…11,236,290,322
入江宏…487
岩橋遵成…12,236,488

人名索引

岩田靖夫…102
岩田　隆…297
一海知義…8
池沢一郎…8

J

イエガー（Werner Jeager）…43,119
ジャンセン（Marius Berthus Jansen）…23
荀子…351

K

海後勝雄…14
貝塚茂樹…170
貝原益軒…234
勝野尚行…435
香川南浜…366,369
加藤周一…239,463
加藤仁平…453
加藤明彦…115
唐木順三…444
川崎修…104
川田熊太郎…114,118,537
川村肇…487
川森康喜…138
亀井南冥…16
川辺信一…403
カント（Emanuel Kant）…37,39,48-60,75,77,90,93,149,434,472,473,482
管野覚明…456
木全徳雄…156

管茶山…19
韓愈…201
衣笠安喜…356
倉沢剛…378,382
クニース（Karl Knies）…62,125,126
クリース（Johanes von Kries）…40,64
熊沢蕃山…200
栗原剛…206
黒住真…9,11,290
黒田亘…108
久富木成夫…298
ケスラー（Dirk Kaesler）…93,150
ケルシェンシュタイナー（Georg Kerschensteiner）…93,150,171,470
孔子…181,194,198,246-257,284,298,364,472
厚東洋輔…97
小島康敬…11,290,445
小林秀雄…443,444
子安宣邦…10,11,206,207,355,444,460,463

L

レーヴィット（Karl Loewith）…36,38,110,116,147,476

M

マイネッケ（Friedrich Meinecke）…70,134,135,179,438,445,468
前田勉…7

561

牧野宇一郎…104
マッキンタイヤー（Alasdair MacIntyre）
　…34,103,106,109,116,151
松平定信…360
松本三之介…441,442
丸谷晃一…206
丸山眞男…3,4,11-13,19,20,23,25,26,95,
　96,153,169,173,177-180,206,215,236,
　239,243,244,291,322,350,356,357,
　361,374,376,377,379,381,386,387,
　389,391,418,419,436,437,439,442,
　443,451,453,467,471,484,485,488,
　535
マンハイム（Karl Mannheim）…16,346,
　351,448,472,487,539,540
溝上茂夫…207
水足博泉…269,276-278,287,289
水野弥兵衛…234
源了圓…7,13,154,170,205,460,462,488,
　535,539
宮川康子…11
三宅正彦…5,205,207
ミュンスターベルク
（Hugo Münsterberg）…130,131,469
ミル（John Stuart Mill）…146
三輪貴美枝…438
向井守…115,121,130
村岡典嗣…392,443,444,453,456
本居宣長…3,4,25,212,271,385-463,479,
　481,536
　→宣長学
室鳩巣…297
本山幸彦…8,381,441

森岡弘通…139,152,170
森田伸子…14
守本順一郎…170

N

中井竹山…355,484
中井履軒…484
中泉哲俊…207
中江藤樹…487
中内敏夫…236
中村忠行…297
長尾十三二…14
ナジタ　テツオ…11,236,355,484,488
ナトルプ（Paul Natorp）…437,438
西山拙斎…356
新渡戸稲造…166
ネルソン（Daniel Mark Nelson）…114
野口武彦…12,444
野崎守英…291
野崎敏郎…170

O

大石慎三郎…18
大石学…322
大浦猛…32
大濱皓…239
岡阪猛雄…323
小笠原真…97
小笠原道雄…135
緒形康…323
岡野光雄…115

人名索引

荻生徂徠…3,4,6-13,16-19,22,25,30,97,
143,179,180,183,198,199,203,211-351,
355,356,360-364,378,380,385,386,
388,391,392,394-397,407,423,432,
433,471-478,480,482,486
→徂徠学
小倉志祥…111,112,116
大塚久雄…171,173
大原幽学…487
オッカム（William of Ockham）…96,453,
454

P

プラトン（Platon）… 22,31,36,41-48,
50,52,56,58,60,76,77,79,82,83,85,93,
94,100,101,105-107,111,112,114,135,
141,152,162,172,244,470
ポイカート（Detlev J. K. Peukert）…116

R

頼山陽…374
頼祺一…378,379,381
頼春水…3,4,25,180,355-382,385,479,481,
536,537
ラートゲン（Karl Rathogen）…165
ラードブルッフ（Gustav Radbruch）…40
リッケルト（Heinrich Rickert）…40,67,
94,98,99,126,127,128,136,147,151,
389-391,394,412,429,430,440-442,
444,453,455,457,461-463,479
リッター（Constantin Ritter）…42,118,
120,537
ルソー（Jean-Jacques Rousseau）…14
ロッシャー
（Wilhelm Georg Friedrich Roscher）…
62,73

S

斉藤太郎…18,487
酒井直樹…239,463,474,488
三枝康高…443
相良亨…155,204,206,208,437,444,541
雀部幸隆…170
佐藤俊樹…170
佐藤学…14
佐藤昌介…325
佐藤宣男…238
佐藤一斎…198,207
ザルバー（Wilhelm Salber）…109,142
沢井啓一…290,347
島田虔次…205
清水正之…444,462
清水幾太郎…104
篠原助市…291
杉本つとむ…238
下村寅太郎…100
朱子…178,196,264,474
シュルフター（Wolfgang Schluchter）…
36-39,106,111,116,117
シュプランガー（Eduard Spranger）…
14,125,137,138
シュテンツェル（Julius Stenzel）…118
荘子邦雄…115

563

ジンメル（Georg Simmel）…431,461,462
鈴木博雄…236,358
須藤敏夫…380
ストロバンスキー（Jean Starobinski）…109
スポンヴィル（Andre Comte-Sponville）…109
住谷一彦…152
スコトゥス（Johannes Duns Scotus）…96,453

T

田中加代…11
田中裕…444
田中耕太郎…435
津田左右吉…18,347,443
田尻祐一郎…347
田原嗣郎…12,13,205,240,322
辻本雅史…16,168,236,322,356,357,376-378
高橋正夫…451
高木靖文…382
テノルト（H. Elmer Tenorth）…115
テルトゥリアヌス（Tertullianus）…430,456
田花為雄…125
田中真晴…115,116
富永健一…97,129,152
トクヴィル（Alexis Charles Henri Maurice Clerel de Tocqueville）…146
陶徳民…11

徳川綱吉…6-8,17,380

U

上田辰之助…143
植手通有…240,350
内田芳明…23,35,97,111,115,169,170,467,535
宇都宮三近…269,274-276,283,298
梅根悟…124,171
梅沢伊勢三…442
海原徹…439

V

フォーケルト（Johannes Immanuel Volkelt）…98
ヴィーコ（Giambattista Vico）…31

W

若水俊…290
若林強斎…202,208
渡辺浩…18,444,446,463
和島芳男…7,8
和辻哲郎…437
ヴァン・デル・ウァルデン…119
ウェーバー、マリアンネ（Marianne Weber）…150
ヴェーバー、マックス（Max Weber）…3,13,23,24,26,29,34,33,35-41,48,58-98,101-106,109-118,121-136,138-173,204,208,211,216,217,233,236,249,

285-287,300,346,355,358,359,362,
364,368,369,371,373,374,376,380,
389,427,430,431,434,435,445,457,
458,467-470,473-481,483-485,487,
535-539
→ヴェーバー的問題
ヴィンデルバンド
(Wilhelm Windelband)…40,95,113,125,
133-135,434,439,463
ヴィルマン (Otto Willmann)…191, 207
ヴント (Wilhelm Wundt) …70-73,138,
469

Y

安丸良夫…487
柳治男…149
柳沢吉保…6-8,234,380

藪震庵…7
山鹿素行…200
山形周南…7,241,269,278-283,289,298
山片蟠桃…484
山﨑高哉…124,171
山崎闇斎…14,178,179,202,226,265,293
山路愛山…16,488
山之内靖…24,116
山本正身…206
山中敬一…115
山中芳和…487
山下龍二…291
山下久夫…437,442,444,462
山田洸…10
湯浅常山…7
吉川幸次郎…11,206,236,290,439
嘉目克彦…115
吉本隆明…436

〈著者略歴〉

河原 国男（かわはら　くにお）

1954（昭和29）年　埼玉県生まれ。
1978（昭和53）年　東京教育大学教育学部卒業。
1986（昭和61）年　筑波大学大学院博士課程教育学研究科単位取得退学。
現在、宮崎大学教育文化学部教授。

徂徠学の教育思想史的研究
―― 日本近世教育思想史における「ヴェーバー的問題」――

平成16年2月25日　発 行

著　者　河 原 国 男
発行所　株式会社 溪水社
　　　　広島市中区小町1-4（〒730-0041）
　　　　電　話（082）246－7909
　　　　ＦＡＸ（082）246－7876
　　　　E-mail: info@keisui.co.jp

ISBN4-87440-808-7 C3012
平成15年度科学研究費補助金（研究成果公開促進費）学術図書